Marken und Sport

Holger Preuß • Frank Huber • Holger Schunk
Thomas Könecke
(Hrsg.)

Marken und Sport

Aktuelle Aspekte der Markenführung im
Sport und mit Sport

 Springer Gabler

Herausgeber
Univ.-Prof. Dr. Holger Preuß
Mainz
Deutschland

Univ.-Prof. Dr. Frank Huber
Mainz
Deutschland

Prof. Dr. Holger Schunk
Stuttgart
Deutschland

Thomas Könecke
Mainz
Deutschland

ISBN 978-3-8349-2751-4
DOI 10.1007/978-3-8349-3695-0

ISBN 978-3-8349-3695-0 (eBook)

Die Deutsche Nationalbibliothek verzeichnet diese Publikation in der Deutschen Nationalbibliografie; detaillierte bibliografische Daten sind im Internet über http://dnb.d-nb.de abrufbar.

Springer Gabler
© Springer Fachmedien Wiesbaden 2014, korr. Nachdruck 2014

Lektorat: Barbara Roscher, Angela Pfeiffer

Gedruckt auf säurefreiem und chlorfrei gebleichtem Papier

Springer Gabler ist eine Marke von Springer DE. Springer DE ist Teil der Fachverlagsgruppe Springer Science+Business Media
www.springer-gabler.de

Vorwort

Die Idee zu diesem Herausgeberband resultierte aus der Beobachtung, dass der Themenbereich „Marken und Sport" immer weitreichendere Bedeutung gewinnt, sich jedoch bisher kein einschlägiges Handbuch hierzu fand. Unser Ziel war es folglich, diesen Themenkomplex erstmals umfassend zu beleuchten. Zu diesem Zweck wurden verschiedene Perspektiven auf Markenstrategien, Instrumente der Markenführung und des Markencontrollings sowie markenrechtliche Aspekte zusammengestellt. In erster Linie werden in diesem Rahmen Sportorganisationen und weitere Akteure im Sport bzw. deren „Markenmanagement im Sport" betrachtet. Selbstverständlich wird das „Markenmanagement mit Sport", also die Nutzung der Strahlkraft des Sports von Markeninhabern aus anderen Bereichen zu Kommunikationszwecken, ebenfalls thematisiert.

Der nun vorliegende Herausgeberband „Marken und Sport – Aktuelle Aspekte der Markenführung im Sport und mit Sport" stellt somit ein erstes deutschsprachiges Kompendium zum Themenkomplex Marken und Sport dar. Es kann sowohl für die Lehre an Hochschulen als auch für die Anwendung in der Praxis genutzt werden und richtet sich in erster Linie – aber nicht nur – an folgende Zielgruppen:

- Wissenschaftler, Dozierende und Studierende aus den Bereichen (Sport-)Marken, (Sport-)Marketing, (Sport-)Markenrecht sowie (Sport-)Management
- Praktiker aus dem Marken- und Sport-Management sowie dem Markenrecht und (Sport-)Markenschutz
- Führungskräfte mit Aufgaben in der (Sport-)Markenführung und dem (Sport-)Sponsoring

Die einzelnen Kapitel bieten den Lesern die Möglichkeit, sich eine umfassende, wissenschaftlich und/oder praktisch fundierte Basis hinsichtlich zahlreicher Facetten dieses faszinierenden und dynamischen Gebietes zu erschließen. Durch Literaturhinweise am Ende der einzelnen Beiträge können die gewonnenen Erkenntnisse je nach Bedarf weitergehend vertieft werden. Zahlreiche Hinweise zur akademischen und praktischen Relevanz sowie Fallstudien erleichtern die Anwendung der dargebotenen Erkenntnisse. Um eine bessere Übersichtlichkeit und einen leichteren Zugang zu gewährleisten, wurde dieser Band in die folgenden fünf thematischen Abschnitte gegliedert, denen die Beiträge der Autoren zugeordnet wurden:

- Teil I: Grundlagen zu Marken und Markenführung im und mit Sport
- Teil II: Besonderheiten von Marken und Markenführung im und mit Sport
- Teil III: Rechtliche Aspekte von Marken und Sport
- Teil IV: Controlling von Marken im Sport
- Teil V: Fallstudien

Diese Gliederung stellt keine „Reihenfolge" dar, in der die Beiträge gelesen werden sollten, sondern dient lediglich der Strukturierung. Gleiches gilt für die Aufteilung innerhalb der einzelnen Abschnitte des Buches. Jeder Aufsatz kann aus sich selbst heraus verstanden werden, wenngleich sich natürlich viele Schnittstellen zu anderen Artikeln ergeben, so dass es grundsätzlich sinnvoll sein dürfte, das Buch umfassender zu nutzen.

Da die Erstellung dieses Herausgeberbandes nicht ohne tatkräftige Unterstützung möglich gewesen wäre, möchten wir an dieser Stelle all denen sehr herzlich danken, die hieran einen Anteil haben. Ohne dass die folgende Aufzählung abschließend wäre, möchten wir zuerst den Verfassern danken, die bereitwillig ihr Wissen und ihre Zeit in die Beiträge dieses Bandes fließen ließen. Ferner danken wir dem Verlag Gabler Springer Fachmedien, der unser Projekt von Anfang an tatkräftig und produktiv unterstützt hat. Zu guter Letzt möchten wir den vielen Kollegen sowie unseren Familien und Freunden ein Dankeschön aussprechen, die uns in vielfältiger Weise bei der Umsetzung unserer Idee begleitet haben.

Mainz, 15. Februar 2014   Holger Preuß
                                                                            Frank Huber
                                                                          Holger Schunk
                                                                        Thomas Könecke

Inhaltsverzeichnis

Autorenverzeichnis

Dr. Frank Alexa Köln, Deutschland
E-Mail: frank.alexa@egonzehnder.com

Prof. Dr. André Bühler Nürtingen, Deutschland
E-Mail: andre.buehler@sportmarketing-institut.de

Univ.-Prof. Dr. Christoph Burmann Bremen, Deutschland
E-Mail: burmann@uni-bremen.de

Prof. Dr. Rainer Cherkeh Hannover, Deutschland
E-Mail: cherkeh@kern-cherkeh.de

Dr. Christian Durchholz Bayreuth, Deutschland
E-Mail: dlm@uni-bayreuth.de

Nils Fischer Karlsruhe, Deutschland
E-Mail: nils.fischer@badischer-hv.de

Julia Hamprecht Mainz, Deutschland
E-Mail: hamprecht@uni-mainz.de

Dr. Marco Hartmann-Rüppel Hamburg, Deutschland
E-Mail: mhr@taylorwessing.com

Prof. Dr. Thomas Heun Kamp-Lintfort, Deutschland
E-Mail: thomas.heun@hochschule-rhein-waal.de

Prof. Dr. Julian Hofmann Esbjerg, Dänemark
E-Mail: hof@sam.sdu.dk

Univ.-Prof. Dr. Frank Huber Mainz, Deutschland
E-Mail: huber@marketing-mainz.de

Dirk Kaiser Köln, Deutschland
E-Mail: sportoekonomie@uni-mainz.de

Prof. Dr. Sebastian Kaiser Heidelberg, Deutschland
E-Mail: sebastian.kaiser@hochschule-heidelberg.de

Prof. Dr. Karsten Kilian Würzburg, Deutschland
E-Mail: kilian@markenlexikon.com

Thomas Könecke Mainz, Deutschland
E-Mail: koenecke@uni-mainz.de

Kevin Krüger Karlsruhe, Deutschland
E-Mail: sportoekonomie@uni-mainz.de

Michael Linley Melbourne, Australien
E-Mail: sportoekonomie@uni-mainz.de

Univ.-Prof. Dr. Carsten Momsen Hannover, Deutschland
E-Mail: carsten.momsen@jura.uni-hannover.de

Christian Müller Dresden, Deutschland
E-Mail: sportoekonomie@uni-mainz.de

Prof. Dr. Gerd Nufer Reutlingen, Deutschland
E-Mail: gerd.nufer@sportmarketing-institut.de

Michael Payne Monaco, Monaco
E-Mail: sportoekonomie@uni-mainz.de

Andreas Pohlmann Bonn, Deutschland
E-Mail: andreas.pohlmann@bisp.de

Jan Pommer Köln, Deutschland
E-Mail: sportoekonomie@uni-mainz.de

Univ.-Prof. Dr. Holger Preuß Mainz, Deutschland
E-Mail: preuss@uni-mainz.de

Ruben Püschel Oppenheim, Deutschland
E-Mail: ruben.pueschel@email.de

Prof. Dr. Stefanie Regier Karlsruhe, Deutschland
E-Mail: sportoekonomie@uni-mainz.de

Prof. Dr. Florian Riedmüller Nürnberg, Deutschland
E-Mail: florian.riedmueller@th-nuernberg.de

Daniel Sautter Griesheim, Deutschland
E-Mail: mail@daniel-sautter.de

Dr. Michael Schade Bremen, Deutschland
E-Mail: mschade@uni-bremen.de

Thorsten Scheuermann Jettingen, Deutschland
E-Mail: sportoekonomie@uni-mainz.de

Prof. Dr. Holger Schunk Stuttgart, Deutschland
E-Mail: sportoekonomie@uni-mainz.de

Prof. Dr. Benoît Séguin Ottawa, Kanada
E-Mail: sportoekonomie@uni-mainz.de

Dr. Tim Ströbel Bayreuth, Deutschland
E-Mail: dlm@uni-bayreuth.de

Prof. Dr. Marcus Stumpf Puch bei Salzburg, Österreich
E-Mail: info@marcus-stumpf.de

Anna Maleen Ulbricht Bremen, Deutschland
E-Mail: m.ulbricht@uni-bremen.de

Univ.-Prof. Dr. Herbert Woratschek Bayreuth, Deutschland
E-Mail: dlm@uni-bayreuth.de

Dr. Julia Wulf Frankfurt am Main, Deutschland
E-Mail: j.wulf@taylorwessing.com

Die Autoren

Frank Alexa ist Personalberater bei Egon Zehnder in Düsseldorf. Der Fokus seiner Beratungstätigkeit liegt in den Bereichen Konsumgüter, Handel, E-Commerce und Sport. Zuvor arbeitete er bei McKinsey & Company als Berater, insbesondere in den Bereichen Sports Industry und Retail. Seit 2005 hat er zahlreiche Projekte für Fußballvereine, Sportinstitutionen und sportnahe Unternehmen im In- und Ausland durchgeführt. Im Jahr 2009 schloss er seine Promotion zur „Markenpersönlichkeit von Fußballvereinen" am Institut für Marketing und Management (M2) der Leibniz Universität Hannover ab.

André Bühler ist Professor für Marketing an der Hochschule für Wirtschaft und Umwelt (HfWU) Nürtingen-Geislingen. Nach seiner Promotion an der englischen University of Plymouth war er u.a. als Marktforschungsleiter iür ein internationales Sport-Research-Unternehmen tätig. Vor seinem Wechsel nach Nürtingen war André Bühler Professor für Sport- und Eventmanagement an der Macromedia Hochschule für Medien und Kommunikation in Stuttgart. Seine Forschungs- und Beratungsschwerpunkte sind Sportmanagement und Sportmarketing. Zusammen mit Gerd Nufer leitet er seit 2012 das Deutsche Institut für Sportmarketing (DISM).

Christoph Burmann ist seit 2002 Inhaber des Lehrstuhls für innovatives Markenmanagement (LiM) und Professor für Marketing und Markenmanagement am Fachbereich Wirtschaftswissenschaft der Exzellenz Universität Bremen. Sein Forschungsinteresse liegt insbesondere im Markenmanagement, der Marktforschung, dem strategischen und dem internationalen Marketing.

Rainer Cherkeh ist Partner der Sozietät KERN I CHERKEH Rechtsanwälte in Hannover (www.sportrechtskanzlei.de) und Honorarprofessor für Sportrecht und Vermarktung und Recht an der Ostfalia-Hochschule. Er ist Lehrbeauftragter für das Modul „Nationales und Internationales Sportrecht" an der Universität Oldenburg sowie Lehrbeauftragter für das Modul „Profisport und Recht" an der Universität Jena. Er berät Sportunternehmen, Verbände, Vereine, Sponsoren und Athleten im Bereich des Vertrags- und Medienrechts sowie des Vereins- und Sportrechts und vertritt diese vor Verbandsgerichten, staatlichen Gerichten sowie (internationalen) Schiedsgerichten.

Christian Durchholz ist Wissenschaftlicher Assistent und Dozent am Lehrstuhl für Dienstleistungsmanagement der Universität Bayreuth. Er ist Mitglied des Arbeitskreis Sportökonomie und der European Association for Sport Management (EASM).

Nils Fischer ist seit September 2011 Geschäftsführer des Badischen Handball-Verbandes e.V. (BHV). Im Anschluss an sein Studium der Sportwissenschaft mit dem Schwerpunkt Sportökonomie, welches er an der Johannes Gutenberg-Universität Mainz absolvierte, war der passionierte Handballer zuvor im Marketing und Sports Division Management des Sportartikelherstellers ERIMA beschäftigt.

Julia Hamprecht ist Doktorandin am Lehrstuhl von Prof. Huber. Nach ihrem Abschluss als Diplomkauffrau an der Universität Mainz mit den Schwerpunkten Marketing und Organisation hat Frau Hamprecht als Consultant einer inhabergeführten Strategie und Managementberatung in Frankfurt nationale und internationale Beratungsprojekte betreut. Im Anschluss arbeitete sie als wissenschaftliche Mitarbeiterin am Lehrstuhl von Prof. Huber mit dem Schwerpunkt Markenmanagement. Ihr Forschungs- und Beratungsschwerpunkt liegt in der strategischen Markenführung sowie im Bereich Marktforschung.

Marco Hartmann-Rüppel ist Rechtsanwalt und Partner in der internationalen Sozietät Taylor Wessing. Er ist spezialisiert auf deutsches und europäisches Kartellrecht, allgemeines Europarecht sowie Sport- und Glücksspielrecht. Dabei berät er insbesondere Unternehmen aus den Bereichen Technologie, Medien und Sport, Konsumgüterindustrie und Einzelhandel. Zudem verfügt er über langjährige Prozesserfahrung vor deutschen Gerichten und dem EuGH. Dr. Hartmann-Rüppel ist u.a. Mitglied der TW Sports Group und Lehrbeauftragter für Kartellrecht an der Humboldt Universität in Berlin.

Thomas Heun lehrt als Professor für Konsumentenverhalten und -forschung an der internationalen Hochschule Rhein Waal. Vor dieser Tätigkeit hat er lange Jahre für Unternehmen der Werbe- und Medienindustrie als Marktforscher, Strategischer Planer und Innovationsentwickler gearbeitet. Sein Forschungsschwerpunkt liegt im Bereich der sozialwissenschaftlichen Konsumforschung.

Julian Hofmann ist seit Mai 2013 Assistenzprofessor für Sport-Marketing an der Universität von Süddänemark in Esbjerg. Seine Forschungsschwerpunkte liegen im Bereich Sport-Marketing, Human Brands, Medienmanagement sowie methodisch im Bereich Metaanalysen. Zuvor arbeitete er als wissenschaftlicher Mitarbeiter und Doktorand am Seminar für Marketing und Markenmanagement der Universität zu Köln. Sein Studium der Betriebswirtschaftslehre an der Universität Hamburg mit den Schwerpunkten Marketing und Industrielles Management schloss Julian Hofmann als Diplom-Kaufmann ab.

Frank Huber ist seit 2003 Inhaber des Lehrstuhls für Marketing an der Johannes Gutenberg-Universität Mainz und Gründungsgesellschafter der internationalen Unternehmensberatung 2hm&Associates. In seiner Laufbahn als Forscher hat er über 300 Publikationen
in Zeitschriften veröffentlicht und war an über 20 Büchern als Autor beteiligt. Aufgrund
dieser starken Forschungstätigkeit ist Prof. Huber im Handelsblatt-Ranking 2012 unter
den 15 forschungsstärksten Marketingprofessoren im deutschsprachigen Raum gelis-
tet und gehört zu den 150 forschungsstärksten BWL-Professoren im deutschsprachigen
Raum. Forschungsschwerpunkte sind das Marken- und Produktmanagement.

Dirk Kaiser verantwortet seit 2005 den Bereich Kommunikation & Medien bei der BBL
GmbH. Der gebürtige Hagener war zuvor, von 2002 bis 2005, im Rahmen eines Joint Ventures mit dem Deutschen Sportverlag (DSV), für die Presse- und Öffentlichkeitsarbeit der
Liga zuständig. Beim DSV arbeitete er in dieser Zeit als verantwortlicher Redakteur für die
wöchentlich erscheinende Special-Interest-Publikation Basketball. Nach Abschluss seines
Studiums an der Deutsche Sporthochschule Köln (1993) volontierte der Diplom-Sportleh-
rer noch im selben Jahr beim Kurt Stoof Verlag in Köln. 2001 baute er die Online-Redak-
tion des Verlages auf und leitete diese.

Sebastian Kaiser ist Professor für Sportmanagement an der SRH Hochschule Heidelberg und Herausgeber der Zeitschrift Sportwissenschaft für den geistes- und sozialwissenschaftlichen Bereich. Er beschäftigt sich in Forschung und Lehre schwerpunktmäßig
mit besonderen Herausforderungen an das Management und Marketing im/von Sport. In
den vergangenen Jahren unterrichtete er an diversen Hochschulen, u.a. an der Deutschen
Sporthochschule Köln, der Bergischen Universität Wuppertal, der Carl von Ossietzky
Universität Oldenburg und der Hochschule Heilbronn.

Karsten Kilian ist Professor für Markenmanagement an der Hochschule Würzburg-
Schweinfurt. Mit Markenlexikon.com hat er das größte Markenportal im deutschspra-
chigen Raum aufgebaut. Nach seinem BWL-Studium an der Universität Mannheim und
der University of Florida arbeitete er mehrere Jahre als Consultant bei Simon-Kucher &
Partners. Seit vielen Jahren lehrt der an der Universität St. Gallen promovierte Diplom-
Kaufmann an Hochschulen im In- und Ausland, berät mittelständische Unternehmen in
Markenfragen und hält Vorträge auf Konferenzen und Kongressen.

Thomas Könecke studierte Wirtschaftswissenschaften, Wirtschaftspädagogik und Sportwissenschaft in Vallendar bei Koblenz, Mainz, Matanzas (Kuba) und São Paulo (Brasilien).
Seit 2009 ist er wissenschaftlicher Mitarbeiter am Fachgebiet Sportökonomie und Sportsoziologie des Instituts für Sportwissenschaft der Johannes Gutenberg-Universität Mainz.
Seine Forschungsinteressen umfassen eine Vielzahl von ökonomischen, betriebswirtschaftlichen, regulatorischen und sportsoziologischen Themen. Praktische Erfahrungen
sammelte und sammelt er in Wirtschaftsunternehmen und in der Beratung.

Kevin Krüger ist Master-Student der Wirtschaftsinformatik an der Hochschule Karlsruhe – Technik und Wirtschaft. Auch seinen Bachelor of Science hat er dort erfolgreich absolviert. Zuvor war er für 1&1 Mail & Media im Business Developement und im Online Marketing tätig.

Michael Linley ist Gründer und Hauptgeschäftsführer von BrandCapital International, einem unabhängigen Spezialisten für Markenstrategien und Management-Anwendungen mit Sitz in Melbourne, Australien. In dieser Funktion entwickelte im Auftrag von Klienten aus den verschiedensten Branchen und Ländern Modelle, die praktische Erfahrungen und wissenschaftliche Erkenntnisse zusammenführen, wie z.B. die EventCities-Studie, welche die Auswirkungen eines Events auf die Ausrichterstadt erfasst. Seit Kurzem leitet er außerdem das „ISEA Project for the Global Sports Index (GSI)" an der Victoria University in Australien.

Carsten Momsen ist Direktor des Kriminalwissenschaftlichen Instituts der Leibniz Universität Hannover und Inhaber des Lehrstuhls für Strafrecht, Strafprozessrecht und Wirtschaftsstrafrecht. Seine Forschungsschwerpunkte liegen im Wirtschafts- und Sportstrafrecht, im Strafprozessrecht sowie im Bereich Compliance.

Christian Müller ist seit Juni 2012 Geschäftsführer von Dynamo Dresden. Zuvor war er seit Oktober 2011 Dozent für Sportmanagement an der SRH Hochschule Heidelberg. Von 2001 bis 2010 war er Geschäftsführer und danach bis 2011 Berater der DFL Deutsche Fußball Liga GmbH in Frankfurt, qua Amt auch Vorstandsmitglied des Ligaverbandes und des DFB und außerdem im Gründungsvorstand der Bundesliga-Stiftung. Bei der DFL verantwortete er das Ressort Finanzen, Lizenzierung und Services. Vor Eintritt in die DFL war er u.a. als Unternehmensberater, als wissenschaftlicher Mitarbeiter bei Professor Dr. Egon Franck an der TU Freiberg und als Vorstandsassistent beim 1. FC Köln tätig.

Gerd Nufer ist Professor für Betriebswirtschaftslehre mit den Schwerpunkten Marketing und Sportmanagement an der ESB Business School der Hochschule Reutlingen und Privatdozent für Sportökonomie und Sportmanagement an der Deutschen Sporthochschule Köln. Er leitet das Institut für Marketing, Marktforschung & Kommunikation an der Knowledge Foundation @ Reutlingen University. Seine Lehr-, Forschungs- und Beratungsschwerpunkte sind Sport- und Event-Marketing, Sponsoring, Ambush Marketing, Marketing below the line/innovatives Marketing sowie internationale Marktforschung. Zusammen mit André Bühler leitet er seit 2012 das Deutsche Institut für Sportmarketing (DISM).

Michael Payne entwickelte 1983 die erste weltweite Marketingstrategie für die Olympischen Spiele, das TOP-Programm. 1988 wurde er der erste Marketing-Direktor des IOC und übernahm 2002 die neu geschaffene Stelle des Direktors für weltweite Olympia-Übertragungen und Neue-Medien-Rechte. 2004 verließ Michael Payne das IOC, um eine Stelle im Management-Team der Formel 1 anzutreten.

Andreas Pohlmann vertritt im Bundesinstitut für Sportwissenschaft (Bonn) als Wissenschaftlicher Direktor das Fachgebiet Pädagogik, Ökonomie, Recht. Er studierte an der Fachhochschule für Finanzen in Nordkirchen und an der Deutschen Sporthochschule Köln, wo er seit 1999 nebenberuflich als Lehrbeauftragter für das Institut für Sportökonomie und Sportmanagement tätig ist. 2003/04 begleitete er im Bundesministerium des Innern die Leipziger Bewerbungsinitiative um die Olympischen Sommerspiele 2012.

Jan Pommer ist seit April 2005 Geschäftsführer der BBL GmbH. Der gebürtige Oldenburger verantwortet in dieser Funktion die konzeptionelle und strategische Weiterentwicklung der Liga. Nach seinem Studium der Kunstgeschichte und Rechtswissenschaften an den Universitäten Würzburg, Freiburg, Salamanca und Köln war der Jurist zunächst als Rechtsanwalt in der Kanzlei Cornelius und Thiel tätig. Danach beriet er große, international tätige deutsche Unternehmen in seiner Funktion als Justiziar, Prokurist und Bereichsleiter Sponsoring der Kommunikationsagentur Bob Bomliz Group.

Holger Preuß ist Professor für Sportsoziologie und Sportökonomie an der Johannes Gutenberg-Universität Mainz und für Eventmanagement an der Molde University College, Norwegen, sowie Adjunct Professor an der Universität Ottawa, Kanada. Seit 2007 ist er außerdem „International Scholar in Sport Management" an der New York State University (SUNY, Cortland). Außerdem ist Holger Preuß Editor der Zeitschrift „European Sport Management Quarterly" sowie Associate Editor des „Journal of Sport & Tourism". Seine Forschungsschwerpunkte liegen im Bereich der sozio-ökonomischen Wirkungsmessung von Sportgroßveranstaltungen.

Ruben Püschel studierte Sportwissenschaft mit dem Schwerpunkt Sportökonomie/-management und arbeitet seit 2003 in der Fitnessbranche, zurzeit als Leiter eines gesundheitlich ausgerichteten Fitnessstudios. Mit dem Thema Markenführung beschäftigte er sich intensiv während seiner Tätigkeit bei der Institut für Markenwert GmbH in Frankfurt.

Stefanie Regier ist Professorin für Marketing und Marktforschung an der Hochschule Karlsruhe – Technik und Wirtschaft und arbeitet als freiberufliche Beraterin. Vor ihrer Zeit an der Hochschule war sie als Senior Consultant in der Strategie- und Managementberatung tätig.

Florian Riedmüller ist seit 2010 Professor für Marketing an der Technischen Hochschule Nürnberg. In seiner bisherigen beruflichen Laufbahn mit Stationen in der Marktforschung, bei internationalen Sportartikelherstellern und an verschiedenen Hochschulen hat er die Themen Sport und Marketing an der Schnittstelle von Wissenschaft und Praxis eingehend verfolgt. In diesem Bereich ist er neben seiner Hochschultätigkeit auch als Referent, Autor und Berater tätig.

Daniel Sautter arbeitete als akademischer Mitarbeiter am Institut für Sport und Sportwissenschaft der Universität Heidelberg im Bereich Sportorganisation/Sportökonomie. Seine Forschungsschwerpunkte liegen in den Bereichen Branding und Markenführung, Sportgroßveranstaltungen sowie Vermarktung von Nonprofit-Organisationen. Von 2009 bis 2013 war er Geschäftsführer des Vereins Sportregion Rhein-Neckar, der in der Metropolregion Rhein-Neckar Projekte im Sport initiiert, fördert und begleitet. Daniel Sautter engagierte sich zudem in unterschiedlichen Funktionen ehrenamtlich in verschiedenen Sportverbänden.

Michael Schade ist seit Mai 2011 Habilitand am Lehrstuhl von Prof. Dr. Burmann an der Exzellenz Universität Bremen. Seine Forschungsschwerpunkte liegen in den Bereichen Markenmanagement, Sportmarketing und der Markenführung von Städten. Er hat zur identitätsbasierten Markenführung von professionellen Sportvereinen promoviert. In verschiedenen Forschungsprojekten hat er Vereinsmarken der ersten Fußball-, Basketball- und Handballbundesliga sowie die BEKO Basketball Bundesliga analysiert und daraus Empfehlungen für die zukünftige strategische Ausrichtung der Marken abgeleitet. Er hat zudem einen Forschungsaufenthalt an der University of the Free State in Bloemfontein (Südafrika) absolviert.

Thorsten Scheuermann ist studierter Betriebswirt (B.A. Betriebswirtschaft und Sportmanagement) und absolviert derzeit das international ausgerichtete Masterprogramm M.S. Sport Management an der Deutschen Sporthochschule in Köln. Gleichzeitig arbeitet er als Marketing Supervisor für die VELUX EHF Champions League sowie als Werkstudent für die LANXESS arena in Köln.

Holger Schunk ist Professor für Medienmanagement, Lehrgebiet Markenkommunikation und Werbung, an der Macromedia Hochschule für Medien und Kommunikation (MHMK) in Stuttgart. Er verfügt über mehr als 14 Jahre Erfahrung in der Unternehmensberatung. Im Rahmen seiner Consulting-Tätigkeit berät der Diplom-Kaufmann sowohl DAX-Unternehmen als auch Mittelständler unterschiedlicher Branchen im In- und Ausland. Seine Forschungs- und Beratungsinteressen liegen in monetärer Markenbewertung, wertbasierter Markenführung, strategischem Marketing sowie Marktforschung.

Benoît Séguin ist Professor für Sport-Management, insbesondere Sport-Marketing, an der University of Ottawa (Kanada). In seiner durch das Internationale Olympische Komitee (IOC) unterstützten Promotion beschäftigte er sich mit Ambush Marketing und dessen Auswirkungen auf die Marke „Olympia". Vor seiner heutigen Tätigkeit arbeitete er z.B. als Professor an der Laurentian University (Kanada) sowie als Marketingleiter zweier kanadischer Sportorganisationen.

Tim Ströbel ist Wissenschaftlicher Assistent und Dozent am Lehrstuhl für Dienstleistungsmanagement der Universität Bayreuth. Er ist Mitglied des Arbeitskreis Sportökonomie und der European Association for Sport Management (EASM).

Marcus Stumpf war als Geschäftsführer der Service GmbH des Deutschen Turner-Bundes zuletzt u.a. verantwortlich für die Vermarktung der Turn-Nationalmannschaft, der EnBW Turn-Weltmeisterschaften 2007 sowie des Internationalen Deutschen Turnfestes 2009. Seit dem Jahre 2009 ist er nun Inhaber der Professur für „Marketing und Relationship Management" an der Fachhochschule Salzburg sowie Gründer und Direktor des Salzburger Marketing-Institutes (SMI). Neben seiner hauptberuflichen Tätigkeit ist Stumpf als Fachautor und selbständiger Berater tätig, u.a. zu den Themen Non-Profit- und Verbandsmarketing, Mitgliederorientierung, Markenführung, Integrierte Kommunikation sowie Sponsoring und Ambush Marketing.

Anna Maleen Ulbricht ist seit November 2011 Doktorandin und wissenschaftliche Mitarbeiterin am Lehrstuhl von Prof. Burmann. Neben einem Doppel-Bachelorabschluss in BWL/Internationales Management der Hochschule Bremen und Universidad de Valéncia (Spanien) sowie einem Masterabschluss in Betriebswirtschaftslehre der Exzellenz Universität Bremen hat Frau Ulbricht umfassende Berufserfahrungen im Bereich Marketing und Markenmanagement gesammelt.

Herbert Woratschek ist Inhaber des Lehrstuhls für Dienstleistungsmanagement der Universität Bayreuth. Er ist Mitglied im Editorial Board der European Sport Management Quarterly (ESMQ), des Journal of Sport Finance und des Journal of Sport Marketing and Sponsorship. Darüber hinaus ist er Mitglied des Arbeitskreis Sportökonomie und seit 2009 Vize-Präsident der European Association for Sport Management (EASM).

Julia Wulf ist als Rechtsanwältin und Notarin Partnerin der internationalen Anwaltskanzlei Taylor Wessing. Sie ist Spezialistin im gewerblichen Rechtsschutz und Urheberrecht. Sie sichert und verteidigt Schutzrechte und entwickelt dazu Lizenz-, Franchise- und Vertriebsverträge. Ihre Mandanten sind Unternehmen aller Branchen und Größenordnungen. Frau Dr. Wulf wurde mit einer Arbeit zum Marken- und Wettbewerbsrecht promoviert. Sie lehrt Urheber-, Marken- und Designrecht an der Hochschule für Gestaltung, Offenbach.

Teil I
Grundlagen zu Marken und Markenführung im und mit Sport

Bedeutung und Arten von Marken im Sport

1

Holger Preuß

1.1 Einleitung

Der Sport ist ein wichtiger Bestandteil unserer Gesellschaft, vermittelt er doch Lebensfreude und Erlebnisse. Die Deutschen geben ca. 7–10 % ihres Einkommens direkt und indirekt für Sport aus (Preuß et al. 2012). Im Laufe der Zeit sind zahlreiche Sachgüter und Dienstleistungen für und durch den Sport entwickelt worden, die heute mit „starken Marken" auf sich aufmerksam machen. Außerdem ist eine Vielzahl von Organisationen entstanden, die sich im Sport und mit Sport beschäftigen und ihre eigenen Marken entwickelt haben. Mit zunehmender Kommerzialisierung des Sports wurden außerdem zahlreiche Sportkampagnen, Orte und selbst Personen „gebrandet".

Marx schrieb, dass der mystische Charakter einer Ware nicht, wie bisher gedacht, allein aus ihrem Gebrauchswert entspringt (Marx 1867). Damit meinte er im übertragenen Sinne, dass es nicht ausschließlich funktionale Eigenschaften eines Sachgutes oder einer Dienstleistung sind, die den Wert eines Gutes ausmachen. Dies kann jeder nachvollziehen, der Fan eines Vereins ist und feststellt, dass Spieler, Trainer und auch das Management eines Fußballvereins im Grunde ununterbrochen wechseln, wir aber Fan „unseres" Vereins bleiben. Was ist es eigentlich, was uns an einen Verein bindet? Esch und Wicke (1999) meinen, dass diese Bindung durch „die mit einer Marke verbundenen Gefühle und Erfahrungen" entsteht. Marx trifft mit seinen Äußerungen zum Charakter einer Ware also den Kern dessen, was eine Marke ausmacht. „Sie ist stark von subjektiven Eindrücken geprägt und spiegelt sich vor allem in den Köpfen und Vorstellungen der Konsumenten ab." (Esch und Wicke 1999) Dies ist gerade bei Marken im Sport besonders gut zu beobachten.

Über die Vorstellungen in unseren Köpfen nimmt die Marke Einfluss auf unsere Einstellung zu einem Gut, einer Dienstleistung oder einem Verein. Demnach überträgt sich

H. Preuß (✉)
Mainz, Deutschland
E-Mail: preuss@uni-mainz.de

H. Preuß et al. (Hrsg.), *Marken und Sport,*
DOI 10.1007/978-3-8349-3695-0_1, © Springer Fachmedien Wiesbaden 2014

3

das Image einer Marke auf einzelne wahrgenommene Produkteigenschaften (sog. Halo-Effekt, siehe Kroeber-Riel und Weinberg 1996). Beispielhaft zeigt dies eine Befragung von Zuschauern des olympischen Fußballturniers 2004 in Athen ($n = 1.096$) (Preuss 2005). Dort wurden die Zuschauer nach dem Image des olympischen Fußballturniers und dem der FIFA Fußball WM befragt (5-Likert Skala sowie der Wert Null) (Abb. 1.1).

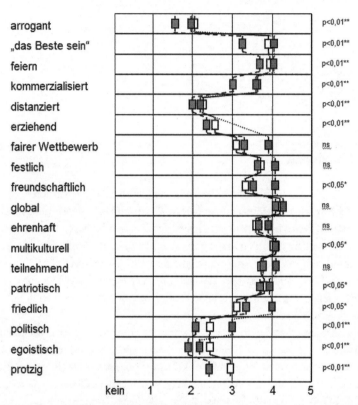

$\square$ = Assoziationen mit FIFA Fußball WM (Männer)

$\blacksquare$ = Assoziationen mit Olympischem Fußballturnier (Männer)

$\blacksquare$ = Assoziationen mit Olympischen Ringen

Abb. 1.1 Imageprofile olympisches Fußballturnier, FIFA Fußball WM und Olympische Ringe, Preuß (2005); Edgar, Dunn & Company, IOC (1999)

Beim Vergleich des olympischen Fußballturniers (grau) mit der FIFA Fußball WM (weiß) zeigt sich, dass viele Attribute signifikant unterschiedlich sind (letzte Spalte in Abb. 1.1), obwohl bei beiden Turnieren die Nationalmannschaften gegeneinander antreten und um den Turniersieg kämpfen. Mit wenigen Ausnahmen sind die wahrgenommenen Attribute des olympischen Fußballturniers in Richtung der Wahrnehmung olympischer Attribute (schwarz) beeinflusst. Die Tatsache, dass das gesehene Fußballspiel im Rahmen der Olympischen Spiele ausgetragen wurde, beeinflusst also die Imageattribute des olympischen Fußballturniers.

Da das Feld des Sports sehr heterogen und zudem interdisziplinär ist, ist die Vielfalt der heute im Sport anzutreffenden Marken groß. Dieser Beitrag soll ein grundlegendes Verständnis für die Bedeutung von Marken im Sport und ihre verschiedenen Ausprägungsformen und Funktionen entwickeln. Dem folgt eine Diskussion der verschiedenen Marken im Sport mit ihren Besonderheiten im Gegensatz zum traditionellen Verständnis von Marken erwerbswirtschaftlich orientierter Unternehmen. In diesem Beitrag soll auch gezeigt werden, dass das Thema Marke für viele im Sport tätige Personen relativ neu und mitunter diffus ist, sieht man von den Marken der Sportartikelindustrie ab. Mittlerweile hat sich auch unter den gemeinnützigen Sportverbänden und Sportvereinen die Erkenntnis durchgesetzt, dass es sich bei einer Marke um einen wertvollen Vermögensgegenstand handelt. So ermöglicht oft erst die Markierung der eigenen Organisation eine kommerzielle Nutzung des Sports, um beispielsweise Sponsoren zu gewinnen oder Lizenzgebühren zu verlangen. Dies wird im letzten Abschnitt dieses Beitrags näher erläutert.

1.2   Ursprünge von Marken und Marken im Sport

Die Entstehungsgeschichte der Marke geht bis in das ägyptische und römisch-griechische Altertum zurück (Bruhn 2001), in dem „die für den Markenartikel wesensnotwendige Markierung" (Dichtl 1992, S. 2) auf Amphoren und Bildschrifttafeln nachgewiesen wurde. Im Mittelalter setzte man dazu Güte- und Garantiestempel sowie Meister- und Zunftmarken ein, auch um auf die Echtheit des jeweiligen Produktes hinzuweisen (Adjouri 2004). Die Markierung gab dem Produkt damit ein Identifikationsmerkmal, das zum einen Vertrauen in das Produkt stiften sollte und zum anderen eine konstante Qualität versprach. Die aus dem Mittelalter stammenden Eigentums-, Herkunfts- und Zunftzeichen gelten somit als Vorläufer der modernen Marke (Bruhn 2001). Zünfte und Gilden, in denen sich Anbieter der gleichen Branche zusammenschlossen, versuchten durch das Einführen streng regulierter Produktions- und Qualitätsanforderungen klare wirtschaftliche Strukturen innerhalb der Städte, in denen sie produzierten, zu schaffen und zu überwachen (Berekoven 1992; Dichtl 1992).

Im Sport gab es bereits im Mittelalter bei den Ritterwettkämpfen Markierungen in Form von Wappen und Bannern, die die Wettkämpfer gekennzeichnet haben. Mit Gründung der ersten Vereine nach 1814 schufen sich diese durch Vereinslogos ein ähnliches Identifikationsmerkmal. Der älteste noch existierende Sportverein ist der TSV Friedland 1814, der 1922 sein Banner als Markenzeichen des Vereins einweihte. Es hatte die Inschrift „Frisch, frei, stark, treu" (o. V. 2012) in offensichtlicher Anlehnung an Jahns Turnerspruch „Frisch, Fromm, Fröhlich, Frei". Aus den vier „F" schuf Johann Heinrich Felsing 1843 das bis heute als Markenzeichen der Turner verwendete Logo (Braun 1996).

Die eigentliche Geburtsstunde der Marke liegt allerdings in der Mitte des 19. Jahrhunderts (Berekoven 1992). In dieser Zeit gab es gravierende Veränderungen im Zuge der Industrialisierung. Durch die einsetzende Kommerzialisierung und den Übergang von der Auftragsproduktion zur Massenproduktion und Produktion auf Lager, fanden diese Produkte über den stark expandierenden Groß- und Einzelhandel den Weg zum Verbraucher. (Hansen 1970). Die Massenproduktion von Gütern durch anonyme Hersteller erhöhte das Bedürfnis der Konsumenten nach einer Marke als „Botschafter" für die Qualität und Herkunft eines Gutes.

Hüttenberger (1990) analysierte die Marken der deutschen Sportverbände nach 1945 und stellte fest, dass diese wenig aufwändig und überwiegend schmucklos sind (Tab. 1.1). Die Landessportverbände übernahmen die Wappen der Länder, und der Deutsche Sportbund sowie die Sportfachverbände entwickelten eine eigene „Zeichensprache mit gelegentlich heraldischen Bezügen"- (Hüttenberger 1990, S. 277). Einundzwanzig der insgesamt fünfundzwanzig Organisationen wählten lediglich leicht umgeformte Anfangsbuchstaben ihrer Namen. Die Fechter und Reiter bedienten sich ikonischer Zeichen in Wappenform, was eine Anspielung auf ihre ritterliche Tradition sein könnte, und die Kanuten und Ruderer griffen auf Flaggen zurück, ein Hinweis auf nautische Tradition (Hüttenberger 1990). Heute sind alle Markenzeichen der Verbände überarbeitet und modernisiert und haben sich oft in ihrer Grundstruktur verändert.

Die Herkunft des Begriffs Marke ist nicht ganz klar. So hat er seinen Ursprung zum einen im französischen Wort „marque" (Kennzeichen) und stellt dem entsprechend zunächst allgemein ein Merkmal bzw. ein Zeichen dar (Sommer 1998). Andererseits leitet sich der Begriff von dem germanischen Ausdruck „Marken" ab, was so viel bedeutet wie Grenzen setzen, sein Territorium kennzeichnen (Sommer 1998). Beide Bezeichnungen lassen also schon Spielraum zur Interpretation. Während die Bedeutung von Zeichen doch recht offenkundig Markierung zu sein scheint, könnte man für das germanische „Marken" durchaus unterschiedliche Wortbedeutungen zulassen. So kann man u. a. durch Marken ein Territorium auf dem Markt abgrenzen, durch einen starken Markenaufbau ungeliebte Wettbewerber verdrängen oder durch klare Markenbotschaften scharfe Grenzen um Produktinhalte ziehen. All diese Funktionen von Marken werden im Folgenden näher betrachtet.

1.3 Grundlagen zur Form von Marken und Markenträgern im Sport

Seit Beginn einer systematischen Auseinandersetzung mit dem Begriff Marke herrscht bis heute allerdings Uneinigkeit über eine genaue Definition (Weber 2010, Baumgarth 2008). Dies liegt u. a. in dem über die Zeit veränderten Markenverständnis und in der unterschiedlichen (umgangssprachlichen) Verwendung des Begriffs begründet. Auch der jeweiligen Herkunft der Wissenschaftler und dem Untersuchungszweck bzw. den gelegten Schwerpunkten innerhalb der Markenansätze und Definitionen ist es geschuldet, dass man bis heute keine einheitliche Definition der Marke findet (Baumgarth 2008, Bruhn 2001,

Tab. 1.1 Vergleich der Marken von Sportverbänden 1951 und 2012

Verband	1951	2012
Deutscher Basketball-Bund		
Deutscher Fechter-Bund		Deutscher Fechter-Bund
Deutscher Fußball-Bund		
Deutscher Handball-Bund		DHB Deutscher Handballbund
Deutscher Hockey-Bund	DHB	
Deutscher Kegler-Bund		DKB
Bund Deutscher Radfahrer	BDR	BDR Bund Deutscher Radfahrer e.V.
Deutscher Athleten-Bund		aufgelöst
Deutscher Tennis-Bund		DTB
Deutscher Tischtennis-Bund	TDT B	DEUTSCHER TISCHTENNIS BUND
Deutscher Turner-Bund	DTB	DTB DEUTSCHER TURNER-BUND
Deutscher Bob- und Schlitten-Verband	DBS	Bob- und Schlittenverband für Deutschland
Deutscher Amateur-Box-Verband	DBv	
Deutscher Eissport-Verband - 2006 aufgelöst in Deutscher Eishockey-Bund Deutsche Eislauf-Union Deutscher Eisstock-Verband Deutscher Curling Verband		deu deutsche eislauf-union DEU
Deutscher Golf-Verband	DGv	G
Deutscher Kanu-Verband		Deutscher Kanu-Verband
Deutscher Leichtathletik-Verband	DLV	Deutscher Leichtathletik Verband DLV
Arbeitsgemeinschaft Reiten (heute Dt. Akademischer Reiterverband)		DAR
Deutscher Rollsport-Verband	DRv	DRV Deutscher Rollsport und Inline-verband
Deutscher Ruder-Verband		Deutscher Ruderverband DRV
Deutscher Rugby-Verband		DRV RUGBY DEUTSCHER RUGBY VERBAND

Tab. 1.1 (Fortsetzung)

Deutscher Schwimm-Verband		
Deutscher Segler-Verband		
Deutscher Ski-Verband		

Bruhn 2004). Da es sich hierbei allerdings um wissenschaftliche Nominal- und nicht um Realdefinitionen handelt, bleibt festzuhalten, dass alle diese unterschiedlichen Definitionen bezüglich des jeweiligen speziellen Falles eine Existenzberechtigung haben.

Da im Sport sehr viele Arten von Marken auftreten (Tab. 1.2), fällt es auch hier schwer, sich auf eine Definition festzulegen. Erst seit 1995, mit der Verabschiedung des Markengesetzes, spricht man nach heutigem Verständnis von einer Marke (im Sinne von Trademark), die sowohl eine Ware als auch eine Dienstleistung markieren kann (Bruhn und G.E.M. 2004). Nach dem Markengesetz sind Marken:

> „alle Zeichen, insbesondere Wörter einschließlich Personennamen, Abbildungen, Buchstaben, Zahlen, Hörzeichen, dreidimensionale Gestaltungen einschließlich der Form einer Ware oder ihrer Verpackung sowie sonstiger Aufmachungen einschließlich Farben und Farbzusammenstellungen […], die geeignet sind, Waren oder Dienstleistungen eines Unternehmens von denjenigen anderer Unternehmen zu unterscheiden." (Markengesetz § 3 Abs. 1)

Auch Kotler et al. (2011) definieren Marke allgemein als einen Namen, einen Begriff, ein Zeichen, ein Symbol, ein spezielles Design oder eine denkbare Kombination aus diesen, die dazu verwendet werden, Sachgüter oder Dienstleistungen eines Anbieters oder einer Gruppe von Anbietern zu markieren. Nach Nieschlag et al. (1997, S. 242) versteht man unter einer Marke ein Kennzeichen, das „es dessen legitimem Verwender (Inhaber oder Lizenznehmer) erlaubt, seine Ware(n) im Sinne eines Exklusivrechts von der bzw. denen der Wettbewerber abzuheben."

Ein Markenzeichen ist „der erkennbare, jedoch nicht wiedergebbare Teil der Marke, z. B. ein Symbol, eine Gestaltungsform, eine charakteristische Farbgebung oder Schrift" (Kotler und Bliemel 1999, S. 689). Den Definitionen und Beispielen von (Esch 2012) folgend, können Marken verschiedene Formen annehmen oder eine Kombination dieser sein. Alle Arten der Markierung sind im Sport gegenwärtig (Tab. 1.3).

Die Tabelle zeigt auch, dass sich die Sportmarken nicht nur auf Sachgüter oder Dienstleistungen beziehen, sondern häufig auch andere Träger kennzeichnen. Das Markengesetz berücksichtigt die Möglichkeit, auch diese anderen Träger schützen zu lassen. So kann man heute in der Markenrolle neben klassischen Waren- und Dienstleistungsmarken auch geographische Herkunftsangaben, klassische Produktdesigns, Farbvarianten, Werbeslogans sowie Organisationskennzeichen und Werktitel (Tonstück, Film, Druckschrift, Bühnenstück) schützen lassen.

Tab. 1.2 Klassifikation der Erscheinungsformen von Marken im Sport. (Quelle: in Anlehnung an Linxweiler (2004); Bruhn (2004); Welling (2005); Ströbel (2011); eigene Ergänzungen)

Kriterium	Markentyp	Beispiele
Anzahl der markierten Nutzenbündel	Mono-/Einzelmarke	Ironman Hawaii, Millerntor-Stadion
	Familienmarke	FitnessFirst (es gibt verschiedene Clubs: Platinum, Black Label, Lifestyle, Women)
	Dachmarke	FIA, Adidas, Fußball Bundesliga
Geografische Reichweite der Marke	Lokalmarke	Fortuna Mombach (Verein aus Mainz)
	Regionalmarke	SWHV (Südwestdeutsche Handball-Verb.)
	Nationale Marke	DFB
	Internationale Marke	UEFA
	Globale Marke	IOC, IIHF
Markenanbieter (institutionelle Stellung)	Herstellermarke	NIKE
	Handelsmarke	Victory (Deichmann), Crane (Aldi)
	Dienstleistungsmarke	McFIT - Fitnessstudio
Preisdifferenzierungsgrad der Marke	Erstmarke	Olympische Spiele
	Zweitmarke	Olympische Winterspiele
	Drittmarke	Olympische Jugendspiele
Anzahl der Markeneigner	Individualmarke	FIFA Fußball WM
	Kollektivmarke	Basketballvereine besitzen die BEKO Basketball Bundesliga
Inhaltlicher Bezug der Marke	Firmenmarke	New Balance
	Phantasiemarke	Crane (Aldi)
Herstellerbekenntnis	Eigenmarke	Wimbledon, Tour de France
	Fremdmarke	Bundesligavereine (spielen in Bundeliga)
	Lizenzmarke	New York Knicks (Lizenznehmer NBA)
Art der Markierung	Siehe Tab. 2	

Feldmann (2007) unterscheidet Sportmarken (Fußball Bundesliga, Berlin Marathon, FC Bayern München oder Tiger Woods) von Marken im Sport (Adidas, Nike). Ähnlich, aber weiter gefasst, differenzieren Ströbel (2011) und Woratschek und Beier (2001) ein Markenmanagement *von* Sport (z. B. Verband, Liga, Verein) von einem Markenmanagement *mit* Sport (z. B. Produzent). Die Erscheinungsformen von Marken lassen sich vielfältig differenzieren (Tab. 1.2).

In Anlehnung an die in der Markenrolle einzutragende Vielfalt von zu schützenden Trägern von Marken kann dies auch auf den Sport übertragen werden. Tab. 1.4 zeigt die unterschiedlichen Markenträger im Sport.

Markierungen können zwar geschützt werden, sie werden aber erst zu „Marken", wenn gewisse Faktoren vorliegen (Adjouri 2004). Diese Betrachtung ist von Interesse, da kontrovers diskutiert wird, ob es „Personenmarken" wie die von Boris Becker oder Michael Schumacher gibt bzw. wann sie zu einer Marke werden. Erst seit knapp 10 Jahren wird auch bei Sportlern von „Marken" gesprochen (Mazurkiewicz und Thieme 2008; Mohr und Merget

Tab. 1.3 Art der Markierung von Marken im Sport. (Quelle: Esch 2012, S. 236)

Art der Markierung	Beispiel	
Buchstaben	FFFF für Turnerkreuz, Schalke 04	
Eigennamen	Burton, Spalding	
Begriff / Wort anderer Art	Germina	
Akronym	ASICS = Anima Sana In Corpore Sano K2 Sports = 2 Kirchner Brüder (Gründer) und der zweithöchste Berg der Welt K2	
Bild / ikonische Zeichen	Puma, Deutsche Reiterliche Vereinigung	
Design	Piktogramme der Olympischen Spiele München 1972	
graphisches Zeichen/ Symbol	adidas Streifen, Olympische Ringe	
Zahl	TSV 1860 München	
Hörzeichen	Melodie vom Sportstudio	http://www.youtube.com/watch?v=hQA0dVR_oGE
dreidimensionale Gestalt, inkl. der Form einer Ware/ Verpackung	Fußball von Adidas zur Fußball WM 2002 „Fevernova", Champions League Pokal	
Farbe bzw. Farbzusammenstellung	BVB Borussia Dortmund	

2004). Nach Bezold et al. (2007) sind Bekanntheit, Erfolg, Persönlichkeitsmerkmale und das damit verbundene Image wichtige Faktoren, um eine Person zur Marke zu machen.

Adjouri (2004) beschreibt fünf notwendige „Bausteine", um von einer Marke zu sprechen. An diese soll sich hier ergänzend angelehnt werden:

1. **Differenzierendes Zeichen:** Das Zeichen muss sich von anderen Zeichen deutlich unterscheiden und einen bestimmten Träger (Tab. 1.4) markieren. Unter Zeichen werden alle Formen verstanden, die in Tab. 1.3 dargestellt sind.
2. **Bekanntheit und** (positive) **Assoziationen:** Die Bekanntheit ist eine Voraussetzung für eine Marke, wobei sie sich durchaus auf Nischen beschränken kann (z. B. Lifestylemarken, regionale Marken). Erst die direkte kognitive oder emotionale Assoziation mit einem Markenzeichen entwickelt eine Marke.
3. **Klare Botschaft:** Die Botschaften in Bezug auf eine Marke müssen gleichbleibend, klar und prägnant sein.

Tab. 1.4 Markenträger im Sport

Markenträger	Beispiele	
Organisation	Verein (Mainz 05), Verband (DOSB)	
Sachgut, Dienstleistung	Schuh	
Sportstätte	Gottlieb-Daimler-Stadion, Kletterwald Darmstadt	
Ort	Olympiaparks München, Skigebiet Zugspitze	
Person	Boris Becker (Tennistasche), Michael Schumacher	
Mannschaften	Deutsche Olympiamannschaft	
Liga	Handball Bundesliga, Basketball Bundesliga	
Event, Veranstaltung	DFB Pokal, Olympische Spiele München 1972, Fußball WM 2006	
Informationsformat (Sendung)	Sportschau	
Kampagne / Slogan	„Trimm Dich", „Sport tut Deutschland gut"	

4. **Kontinuierliche Entwicklung/Kommunikationsbeziehung:** Die Entwicklung eines klaren Markenbildes bedarf einer kontinuierlichen Erzeugung von Assoziationen, die mit der Marke verbunden werden. Auf Kontinuität ausgelegte Botschaften stärken eine Marke, lassen diese erst entstehen und stärken sie durch kontinuierliche „Einzahlungen". Radikale Veränderungen sind für einen Markenwertaufbau kontraproduktiv.

5. **(Langfristiger) Erfolg:** Der Erfolg in Form der Zuschreibung von Attributen durch häufiges Auftreten in der Öffentlichkeit ist ein prägendes Merkmal einer Marke. Nur erfolgreiche Markenträger schaffen es, eine Marke zu bilden. Im Sportartikelbereich kann ein Zeichen zur Marke werden, wenn das Produkt einen gewissen Marktanteil bzw. Umsatz erzielt. Im Allgemeinen spricht man von einer zehnjährigen Aufbauzeit einer Marke. Im Sport gilt dies allerdings nicht. So ist die Marke der Olympischen Spiele in London 2012 nur kurze Zeit, und zwar vor den Spielen präsent gewesen, aufstrebende Vereine wie RB Leipzig, erst 2009 gegründet, gelten schon heute als Marke. Auffallend ist jedoch, dass diese kurzfristig neu aufgebauten Marken jeweils die Unterstützung einer bekannten etablierten Marke nutzen.

Die Gründe für einen Markenaufbau und die häufig kostenintensive Markenpflege sind vielfältig. Sie liegen in den verschiedenen positiven Funktionen einer Marke. Marken erfüllen vielfältige Zwecke, die in den unterschiedlichen Definitionen von Marken zu finden sind. Welche Funktionen Marken im Allgemeinen zugeschrieben werden und wie dies in Bezug auf den Sport zu sehen ist, wird im Folgenden – differenziert nach Nachfragern und Anbietern – beschrieben (vgl. Essig et al. 2010; Weis und Huber 2000; Schilhaneck 2008).

1.4 Funktionen einer Marke für die Konsumenten

Unterscheidungs-/Identifikationsfunktion Die Begriffe Unterscheidungs-, Herkunfts- und Identifikationsfunktion werden verwendet, wenn die Idee, durch eine Markierung ein Sachgut- oder Dienstleistungsangebot unterscheidbar zu machen, im Vordergrund steht (Mellerowicz 1963). Diese Funktion entspricht somit auch der juristischen Sicht, nach der eine Marke vorrangig der Unterscheidung dient. Für den Schutz eines Zeichens als Marke muss dieses markenfähig sein, d. h. es muss selbstständig, einheitlich und graphisch darstellbar sein (Bruhn und G.E.M. 2004).

Aus Konsumentensicht ist eine Marke ein „in der Psyche des Konsumenten und sonstiger Bezugsgruppen der Marke fest verankertes, unverwechselbares Vorstellungsbild von einem Produkt oder einer Dienstleistung" (Meffert et al. 2005). Im Gegensatz zu vielen anderen Definitionen basiert die Unterscheidungsfunktion einer Marke nach Esch und Wicke (1999) jedoch nicht auf der Markierung, sondern auf der durch sie kommunizierten einzigartigen funktionalen oder psychologischen Eigenschaft des Produktes. Demnach unterscheidet eine Marke ein Sachgut oder eine Dienstleistung von ähnlichen Angeboten auf der Basis einzigartiger vom Verbraucher wahrgenommener Eigenschaften, wobei es sich um funktionale, aber auch psychologische Eigenschaften handeln kann.

Eine Marke erfüllt nach Kotler (1991) den Zweck der Identifikation gegenüber dem Angebot der Konkurrenz, womit letztlich ebenfalls die Unterscheidungsfunktion gemeint ist. Baumgarth beschreibt die Identifikationsfunktion indirekt, indem er sagt, die Marke ist ein „Name, Begriff, Zeichen, Symbol, eine Gestaltungsform oder eine Kombination aus diesen Bestandteilen, welches den relevanten Nachfragern bekannt ist und im Vergleich zu den Konkurrenzangeboten ein differenzierendes Image aufweist, welches zu Präferenzen führt" (Baumgarth 2008).

Diese Funktionen sind für viele Konsumenten im Sport wichtig, da es oft nur die Markenzeichen sind, die Mannschaften und Athleten oder Vereine unterscheidbar machen. Die grundsätzlich hohe Austauschbarkeit der Athleten und Trainer macht diese Identifikationsfunktion für den Sport äußerst wichtig. „These [.] are introduced, they live and disappear, but brands endure" (Kapferer 1992, S. 19).

2002 wurde eine aktualisierte Marken-Definition von Bruhn zusammen mit der Gesellschaft zur Erforschung des Markenwesens e. V. (G.E.M.) herausgebracht, die nach Schlottog (2010) den heutigen Anforderungen an eine Marke entspricht:

Tab. 1.5 Markendehnung zur schnellen Einführung neuer Marken im Sport

Beispiel	Neues Markenzeichen	Etabliertes Markenzeichen
Rasen Kraftsport Leipzig e.V. seit Mai 2009		
Olympische Spiele 2012 seit Juni 2007		
Fußball WM 2006 seit November 2002		

„Als Marke werden Leistungen bezeichnet, die neben einer unterscheidungsfähigen Markierung durch ein systematisches Absatzkonzept im Markt ein Qualitätsversprechen geben, das eine dauerhaft werthaltige, nutzenstiftende Wirkung erzielt und bei der relevanten Zielgruppe in der Erfüllung der Kundenerwartungen einen nachhaltigen Erfolg im Markt realisiert bzw. realisieren kann." (Bruhn und G.E.M. 2004, S. 18)

Diese Definition spricht von weiteren Funktionen einer Marke aus Konsumentensicht. Damit wird u. a. die Qualitätsfunktion sowie indirekt die Garantiefunktion angesprochen.

Qualitäts-/Garantiefunktion Grundsätzlich suggerieren Marken dem Konsumenten die gleichbleibende Qualität eines Produktes und schaffen so Vertrauen. „Marken signalisieren eine bestimmte Leistungsqualität" (Schilhaneck 2008). Sie geben dem Nachfrager dadurch Sicherheit und verringern so das Risiko einer Fehlentscheidung beim Kauf. Diese Funktion gilt sicherlich für die Sportartikelindustrie, sie ist aber in Bezug auf viele andere Marken im Sport nicht einfach zu übertragen, zum einen, weil die sportliche Leistung abhängig vom Gegner ist, und zum anderen, weil nicht beeinflussbare Faktoren an der Produktion beteiligt sind. So können beispielsweise Vereine, Mannschaften oder einzelne Athleten kein Qualitätsversprechen für ihre sportliche Leistung abgeben, da sie vom Verhalten des Gegners, von Verletzungen und Tagesverfassungen abhängt. Einflussfaktoren von dritter Seite sind beispielsweise die Schneelage in einem Skigebiet oder die Wetterlage bei einem Outdoor-Event, die Stimmung in einem Stadion, wenn Krawalle einsetzen oder wenn zu wenig Zuschauer vor Ort sind. Die erwartete sportliche Qualität und selbst das Sporterlebnis kann also kaum garantiert werden. Die Einflüsse Dritter auf das markierte Produkt haben für seine Qualität eine sehr große Bedeutung. Äußerst kurzlebige Sportergebnisse, die ihren Wert zudem kurz nach der Entscheidung verlieren können, erzeugen daher auch selten eine „dauerhaft werthaltige [und] nutzenstiftende Wirkung".

Die unsichere Qualität des sportlichen Ausgangs von Sportveranstaltungen führt übrigens anders als in anderen Branchen nicht zum Abwandern der Kunden, sondern ist im Gegenteil gerade das Besondere des Sports. Die Unsicherheit des Ausgangs eines Wettbewerbs ist der Garant für Spannung.

Abb. 1.2 Marken von Fußballclubs des Bundesligisten Mainz 05

Entlastungs-/Orientierungsfunktion Marken ermöglichen die schnelle Identifikation der gewünschten Leistung. Infolgedessen kommt es zu einer Beschleunigung und Vereinfachung der Kaufentscheidung durch die Verringerung des Such- und Informationsaufwandes. Das Wiedererkennen eines Markenzeichens erleichtert den Konsumenten die Orientierung in der Vielfalt der Angebote (Esch und Wicke 1999). Im Sport ist die Kennzeichnung der Athleten/Mannschaften dabei besonders wichtig zur Orientierung der Athleten in Mannschaftssportarten. Diese Funktionen sind jedoch auch für den Sportzuschauer essentiell, denn die Markenzeichen helfen, die eigene Mannschaft, den eigenen Athleten im Wettbewerb auf der Sportfläche zu finden.

Identitätsfunktion In Bezug auf die Identifikationsfunktion überträgt der Nachfrager die Eigenschaften der Marke auf sich selbst und bestimmt dadurch sein Eigenbild. Hierdurch kann er seine soziale Gruppenzugehörigkeit zum Ausdruck bringen (Meffert et al. 2005). Für die Fans eines Vereins ist die Identifikationsfunktion der Clubmarke entscheidend, da diese es unter anderem ermöglicht, die Zugehörigkeit zur Fangemeinde auszudrücken. Dabei kann die Identifikation mit der (Vereins-)Marke mitunter extrem stark ausgeprägt sein, was zu nahezu fanatischen Anhängerschaften unter dem Markenzeichen führt. Die Teilgruppen eines Vereins schaffen dazu wiederum ihre eigenen Zeichen, die dann im Sinne einer Marke wiederum für Mitgliedschaften und zur Sympathiesteigerung eingesetzt werden (z. B. Bundesligist Mainz 05 und sein Ärztefanclub)

Identitätsstiftend sollen auch das Markenzeichen des DOSB in Bezug auf die Olympiamannschaft oder das des DFB auf die Fußball Nationalmannschaft wirken.

Vertrauensfunktion Marken wird aufgrund ihrer Bekanntheit und der durch sie verkörperten Vorstellungen ein gewisses Vertrauen entgegen gebracht, wodurch das wahrgenommene Kaufrisiko reduziert und somit die Kaufentscheidung erleichtert wird. So schaffen starke Marken beispielsweise eine Plattform für neue Produkte (Markendehnung) und können so für Lizenzierungen genutzt werden. Dies zeigt sich klassisch im Bereich der Sportartikelindustrie, die dabei zum Teil sogar ihre Domäne, den Sport, verlässt. So nutzt beispielsweise Adidas seine Marke und verkauft „Sport"-Parfüm.

Vertrauen in markierte Produkte spielt im Zusammenhang mit Sport aber oft eine weit bedeutendere Rolle. Im sportlichen Wettbewerb sind es manchmal qualitative Details von Produkten, die über Sieg oder Niederlage entscheiden. Im Gesundheitssport kann eine mangelnde Qualität eines Sachgutes oder einer Dienstleistung der Gesundheit schaden und im Extremsport entscheidet sie mitunter sogar über Leben und Tod. Daher ist das

Qualitätsversprechen von Markenartikeln und damit das Vertrauen in ihre Produkte im Sport des Öfteren bedeutender als in anderen Sektoren.

Darüber hinaus wird im Sport die Vertrauensfunktion einer Marke in der Werbung verwendet. Durch Co-Branding wird das Vertrauen in eine Mannschaft oder einen Athleten (sog. Testimonials) in der Werbung für die Sympathiesteigerung und das Vertrauen in ein Produkt genutzt. Der Athlet als Vorbild erhöht somit die Kaufbereitschaft für ein Produkt, da er dies ja augenscheinlich ebenfalls benutzt.

Prestigefunktion/Statusfunktion Marken kommunizieren aber auch Eigenschaften, Nutzenaspekte, Werte, Kultur, Persönlichkeit und Nutzeridentifizierung (Kotler und Bliemel 1999), die alle zum Prestige dessen beitragen können, der sich mit der markierten Sache umgibt/ausstattet. Prestige oder auch der Status zeichnen den Ruf, das Image einer Person/Personengruppe oder einer Sache (z. B. eines Gegenstandes, eines Ortes oder einer Institution), eines bestimmten kulturellen Umfeldes. Marken signalisieren somit einen gewissen Status an die Umwelt des Nachfragers. Beispiele dafür sind die Teilnahme von Hospitality-Kunden an den Olympischen Spielen, die Ausstattung eines Athleten mit einem Trainingsanzug mit Olympischen Ringen oder für einen Verein wie Bayern München der extrem teure Einkauf eines Spielers wie Martinez.

Die Statusfunktion von Marken zeigt sich auch besonders im Markenbewusstsein von Jugendlichen. Sportschuhe und Sportkleidung dürfen dann mitunter keine „No-Name-Produkte" sein. Bestimmte Marken des Sports haben unter Jugendlichen (in Jugendszenen) einen besonders hohen Statuswert.

1.5 Funktionen einer Marke für die Anbieter

Für den Anbieter haben Marken andere Funktionen als für den Konsumenten. Sie sollen im Weiteren in Bezug auf den Sport betrachtet werden.

Schutz-/Stabilitätsfunktion Starke Marken schützen die eigenen Sachgüter und Dienstleistungen vor Krisen und Einflüssen der Wettbewerber. So kann sich Bayern München auch eine schlechte Saison leisten, ohne starke Einbrüche beim Konsum der Fans (z. B. Merchandise-Artikel), beim Verkauf von Eintrittskarten oder beim Verhandeln neuer Sponsorenverträge zu erleben. Auch die Spiele des 1. FC Köln werden trotz des Abstiegs in die 2. Bundesliga von einer extrem hohen Fangemeinde begleitet und nachgefragt.

Präferenzbildungs-/Erweiterungsfunktion Marken erzeugen Halo-Effekte, wodurch sich die Assoziationen mit der Marke positiv auf die Beurteilung einzelner Markeneigenschaften auswirken. In diesem Zusammenhang fungiert das Markenimage als Präferenzbildungsinstrument (Schilhaneck 2008). Dies ist im Sport ebenfalls an Vereinen gut zu erkennen, denn viele Kinder werden gern Fans von Vereinen mit einer starken Marke (z. B. Bayern München, BVB Dortmund). Starke Marken ermöglichen es außerdem, den Halo-Effekt auf andere (neue) Produkte auszuweiten. Sie können im Sport beispielsweise für Lizenzierungen genutzt werden (Markendehnung). Dass dieser Nutzen aber auch ausbleiben kann, musste der BVB Dortmund erleben. Als erster Sportverein schuf der BVB im Jahr 2000 eine eigene Sportmarke (Goool.de Sportswear GmbH für Sport- und Freizeitbekleidung sowie für Sportartikel), die 2008 wegen Erfolgslosigkeit wieder aufgegeben werden musste.

Differenzierungs-/Werbefunktion Das Markenimage dient dem Unternehmen auch zur Differenzierung bzw. zur Profilierung ihres Angebotes gegenüber Konkurrenzangeboten (Schilhaneck 2008). Wenn zwei deutsche Mannschaften gegeneinander spielen, ist ein Spiel der Championsleague von einem Spiel der Bundesliga im Grunde nur durch die Marke der Veranstaltung zu unterscheiden. Markenzeichen der Liga sind also wichtige Identifikationsmerkmale und suggerieren dem Konsumenten selbst bei gleicher Qualität (dieselben Mannschaften spielen) einen Qualitätsunterschied (Champions League Spiel ist „besser" als ein Freundschaftsspiel).

In Bezug auf Sportartikel gewinnen Marken unter der stetig wachsenden Anzahl von „billigen" No-Name-Produkten an Bedeutung.

Preispolitischer Spielraum Markenprodukte verfügen über einen größeren Preisspielraum. Dieser ist umso größer, je besser es gelingt, die Marke im Vergleich zur Konkurrenz als „einzigartig" darzustellen. Die Konsumenten zahlen dann für die Marke mit (sog. Preispremium).

Insbesondere können Produkte durch Sondereditionen aufgewertet werden. So benannte beispielsweise Adidas früher seine Fußballschuhe nach „Franz Beckenbauer" oder „Gerd Müller" und konnte so einen Preisaufschlag durchsetzen. Ähnliches machte Nike mit seiner ganzen Generation von „Michael Jordan"-Schuhen. Seit Beginn seiner NBA-Karriere wurden jährlich neue Modelle herausgebracht, inzwischen bereits 26 Modelle. Zwischen 1986 und 1998 erzielte Nike mit Michael-Jordan-Produkten einen Erlös von US-$ 2,3 Mrd. (Urresta und Smith 1998). Wenn diese Editionen zeitlich oder von der Produktionsanzahl her streng limitiert sind, so können sich Sammlermärkte bilden, die sehr hohe Preisaufschläge ermöglichen. Dies funktioniert allerdings nur, wenn das „einzigartige Produkt" hinreichend begehrt wird, was typischerweise nur bei Markenprodukten der Fall ist.

Kundenbindungsfunktion Marken erzeugen Kundenloyalität und -bindung. Diese führen für die Unternehmen zu einer erhöhten Planungssicherheit. Sind die Konsumenten mit dem Sachgut oder einer Dienstleistung zufrieden, fühlen sie sich der Marke emotional verbunden. Sie werden – im Idealfall – auch die nächsten Produkte mit dieser Marke kaufen (Markenloyalität). Die Kundenbindung wird von Vereinen oft genutzt, um die Umsätze im Merchandising zu erhöhen. Oft ohne sachliche Notwendigkeit wechseln viele Vereine zu jeder Saison das Design des Trikots der Mannschaft.

Transferfunktion Die positiven Attribute der Marke lassen sich auf andere Produkte übertragen (Markendehnung). Man spricht auch von Co-Branding, das im Sport oft im Hinblick auf das Sponsoring angewendet wird. Der Sport mit seinen bekannten und emotional geladenen Markenbildern hilft so, den Absatz der Produkte des Sponsors zu steigern. Der Sport erhält dafür Gegenleistungen von der Wirtschaft. Allerdings verläuft der Imagetransfer beim Co-Branding zweiseitig.

Das Co-Branding mit Sport ist überwiegend auf die Markenzeichen beschränkt. Auf den Sportflächen (Trikot, Bande) sind nur begrenzt Werbebotschaften zu positionieren (üblicherweise die Marke des Sponsors). Auch auf den Produkten des Sponsors ist nur begrenzter Platz zur Positionierung der Marke des Sports.

1.6 Besonderheiten von Marken im Sport

Nach Meffert et al. (2005) vergleichen Konsumenten das markierte Produkt mit einem ähnlichen nicht markierten Produkt. Das Kauf- bzw. Nutzungsverhalten wird dabei nur dann positiv durch die Marke beeinflusst, wenn der Konsument einen Mehrwert des Markenproduktes erkennt. Der subjektiv wahrgenommene Nutzenvorteil ergibt den Markenwert aus Konsumentensicht.

„Die Marke ist dabei das Ergebnis einer Vielzahl über einen längeren Zeitraum durchgeführter Maßnahmen und der hierauf basierenden Erfahrungen der Nachfrager. [...] Für den Markeneigner [...] besteht das Ziel der Markenführung in der Steigerung des ökonomischen Markenwertes, welcher auf dem von den Nachfragern wahrgenommenen Nutzenvorsprung basiert." (Meffert et al. 2005, S. 9)

Diese für Markenartikel und -dienstleistungen geltende Definition lässt sich allerdings nur begrenzt auf Marken im Sport zu übertragen, da der Sportmarkt oft folgende Besonderheiten aufweist:

1. Die Markeneigner sind monopolistische Anbieter (beispielsweise Verbände (DOSB, DFB), Ligen (Handball Bundesliga), Nationalmannschaften (Olympiamannschaft)). Damit kann auf kein Konkurrenzprodukt ausgewichen werden. In dem Fall sind viele der oben dargestellten Markenfunktionen obsolet.
2. Trotz Homogenität von Produkten machen psychologische Einstellungen, beispielsweise „Fan eines Vereins" zu sein, einen Austausch des Produktes nahezu unmöglich. Obwohl z. B. Bundesligavereine dieselbe Sportart und Spiele in derselben Liga anbieten, können Produkte desselben Vereins nicht einfach durch die Produkte anderer Vereine ausgetauscht werden. Marken im Sport sind mitunter so stark, dass die Marke den überwiegenden Teil des Produktnutzens ausmacht (Merchandising). Eine „falsche" oder fehlende Marke verhindert dann sogar den Kauf, selbst wenn der Produktnutzen gegeben ist. Beispielsweise kauft ein Fan einen Schal wegen des Markenzeichens und nicht wegen der Wollqualität oder um sich zu wärmen.

3. Im Sport bestehen häufig regionale Markenmonopole (Beispiel: Skigebiet oder Sportarena). Die Konsumenten suchen nach einem Produkt an einem bestimmten Ort,
   sodass trotz prinzipiell konkurrierender Angebote letztlich keine andere Marke gewählt
   wird.

Unter den in der Literatur zahlreich vorhandenen Markendefinitionen (s. o.) sind grundsätzlich drei zu unterschieden, die aufgrund der Besonderheiten im Sport aber nur bedingt
für Marken im Sport gültig sind:

a) Merkmalsbezogene Markendefinition Bei der merkmalsbezogenen Markendefinition informiert die Markierung des Produktes oder der Dienstleistung über einen zeitlich
stabilen und prägnanten Eigenschaftskatalog. Außerhalb der Sportartikelindustrie ist dies
für Marken im Sport jedoch häufig nicht zutreffend. Dienstleistungen werden oft durch
Koproduktion mit dem Konkurrenten hergestellt (z. B. Wettkampf), externe Dritte sind
an der Produktion der Dienstleistung beteiligt (z. B. Zuschauer), die Produktion einer
Leistung hängt von der Tagesverfassung eines Menschen ab (z. B. Individualsportler),
die Qualität der Dienstleistung „Eventerlebnis" ist vom Wetter (z. B. Schneelage, Sonnen-
schein), der sportlichen Leistung abhängig. Damit ist diese Definition, die auf eine Markenfunktion bezüglich konstanter oder verbesserter Qualität bei gleich bleibender Menge
und Aufmachung des Produktes oder der Dienstleistung abzielt, mit Ausnahme bei Sport-
markenartikeln, im Sport oft nicht zu erfüllen.

b) Rechtliche Markendefinition Die rechtliche Markendefinition orientiert sich am
Markengesetz, nach dem Marken geschützt werden, sofern sie in die Markenrolle eingetragen sind. Im Sport gibt es einige Markenträger, die geschützte Markenzeichen haben.
Problematisch ist es dann, wenn die Markenassoziationen sich im Wesentlichen auf allgemeine Assoziationen zum Sport beziehen. Dann besteht die Gefahr, dass Konkurrenten
versuchen, dieselben Assoziationen hervorzurufen, ohne das Markenzeichen zu verwenden (siehe Beitrag Pohlmann und Seguin zum Ambush-Marketing in diesem Buch). Das
Ambush-Marketing ist daher gerade im Bereich der Sportveranstaltungen sehr häufig
anzutreffen.

c) Wirkungsbezogene Markendefinition Die wirkungsbezogene Markendefinition
beschreibt den Einfluss von Marken auf den Konsumenten (Esch 2005; Berekoven 1978;
Meffert 1979). Die mit der Marke in Verbindung gebrachten Vorstellungsbilder, Gefühle
und Erfahrungen wirken sich auf die Einstellung des Konsumenten zu dem Produkt aus.
Dies ist für viele Marken im Sport, beispielsweise in Bezug auf Sportvereine, Athleten,
Mannschaften, aber auch auf Orte durch eine große emotionale Bindung stark ausgeprägt
und überschattet damit teilweise auch sportlichen Misserfolg (die fehlende Leistung). Das
Ziel der Unternehmen/Organisationen ist es, wirkungsvoll Gefühle zu erzeugen (Esch
2010; Berekoven 1978). Dadurch haben Marken über den reinen Informationswert hinaus
einen immateriellen Zusatznutzen, der insbesondere von Marken im Sport angesprochen
wird und einen Zusatznutzen für den Konsumenten darstellt. Dieser Zusatznutzen bildet

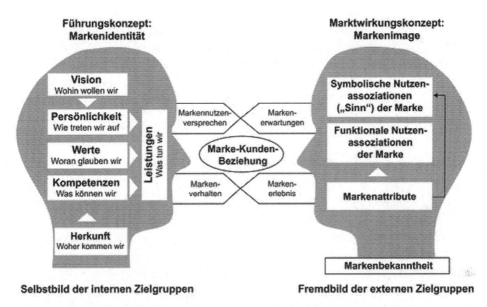

Abb. 1.3 Grundidee des identitätsbasierten Markenmanagements. (Blinda 2003, S. 27)

den eigentlichen Marktwert des Produktes (Kriegbaum 2001), der z. B. bei Merchandising-produkten einen großen Anteil am Gesamtwert des Produktes hat.

1.7 Modell des identitätsbasierten Markenmanagement

Auf Basis der wirkungsbezogenen Markendefinition soll nun der seit Beginn der 1990er Jahre bestehende integrierte Markenansatz erläutert werden (Bruhn und G.E.M. 2004; Meffert und Burmann 2005). Bekannte Vertreter integrierter Ansätze sind Kapferer (1992) und Aaker (1996). Die Grundidee des identitätsorientierten Markenverständnisses ist die Erweiterung der Outside-in-Perspektive (wirkungsbezogene Markendefinition), die auf die einseitige Ausrichtung der Marke vom Fremdbild der Marke externer Zielgruppen (Markenimage) ausgeht, um die Inside-out-Perspektive, die das Selbstbild der Marke (Markenidentität) aus Sicht innerer Zielgruppen der Institution (die die Marke trägt) ausdrückt (Burmann et al. 2003).

Die Markenidentität wurzelt in der Markenherkunft, welche eng mit der Markenhistorie verbunden ist. Sie umfasst alle geografischen, kulturellen, institutionellen Einflüsse, aber auch sämtliche Ereignisse der Vergangenheit, die mit der Geschichte der Marke in Verbindung gebracht werden. Sportvereine oder Verbände blicken üblicherweise auf eine lange Geschichte zurück. Herausragende Sportereignisse der Vergangenheit vermögen daher eine Vereinsmarke in besonderem Maße aufzuladen. In der Markenführung werden einzelne Aspekte hervorgehoben, die dann die Wahrnehmung der Marke besonders prägen. Beispielsweise nutzte St. Pauli am 6.2.2002 den Sieg über den FC Bayern München (derzeit aktueller Weltpokalsieger) zur weiteren Positionierung seiner Marke, indem ein T-Shirt mit dem Aufdruck „Weltpokalsiegerbesieger" vertrieben wurde. So drückt die Fanszene die Rolle des Underdogs aus, der gegen übermächtige, reiche Clubs kämpft. Ausdruck der Fankultur des Vereins ist daher auch der Totenkopf, der in Anspielung auf Piraterie ebenfalls das „Arm gegen Reich" symbolisiert. Gelebt wird dieses Bild dadurch, dass der FC St. Pauli trotz geringer finanzieller Budgets immer wieder achtbare Erfolge zu verzeichnen hat.

Fallstudie: „24.349 Verrückte mit mir im Stadion" – die Marke FC St. Pauli

Ohne Frage handelt es sich beim FC St. Pauli von 1910 e. V. (so der vollständige Name) um eine der attraktivsten Marken im deutschen Sport und weit darüber hinaus. Einer der Lieblingsclubs der Republik, der sogar losgelöst vom sportlichen Erfolg funktioniert, verfügt der FC St. Pauli über eine große, leidenschaftliche und engagierte Fan-Gemeinde, die prägender Teil der Marke ist. Derzeit hat der FC St. Pauli zwar „nur" etwas über 7.800 Mitglieder, aber einer Studie zufolge gibt es allein in Deutschland ca. elf Millionen St. Pauli Sympathisanten!

Der FC St. Pauli ist ein (Gemeinschafts-) Erlebnis, das insbesondere durch die Atmosphäre im Stadion, das Engagement und die Unterstützung durch die Fans, das leicht Chaotische, das dem Verein anhaftet und das Zusammengehörigkeitsgefühl sowohl zwischen den Fans als auch den Fans und der Mannschaft zu etwas Besonderem wird.

Der FC St. Pauli ist Herzenssache, geprägt durch Leidenschaft, lokale Verwurzelung und soziales Engagement, aber auch durch Kreativität, Andersartigkeit und Rebellion – immer gewürzt mit einem Schuss Selbstironie.

Der Charakter der Marke ist durch Werte wie Toleranz, Humor und Freundlichkeit geprägt. Eine reiche Vielfalt an einzigartigen Signalen und Manifestationen macht den FC St. Pauli unverwechselbar erlebbar: die Vereinsfarben Braun-weiß und ein wenig rot, der Totenkopf, das Vereinslogo, das Millerntorstadion und der AC/DC-Klassiker Hells Bells zu Beginn jeden Spiels.

Der FC St. Pauli ist ein Paradebeispiel für eine außergewöhnlich starke Marke: interessant und einzigartig als professioneller, aber unangepasster Verein im Spannungsfeld zwischen Kult und Kommerz mit der buntesten und leidenschaftlichsten Gemeinschaft: The World's tollste Fußball-Club.

Autor: Mark Sassenrath, Sasserath Munzinger Plus GmbH

Ein weiteres auf der Vergangenheit basierendes Element der Markenidentität ist die organisationale Fähigkeit der Marke. Diese basiert darauf, einen von einer Marke versprochenen Kundennutzen mit Substanz zu versehen. Die Markenvision richtet sich auf die Zukunft und soll für alle internen Bezugsgruppen ein Motivations- und Ankerpunkt der idealisierten Identität der Marke sein.

Der Markenidentität entspringen das Markennutzenversprechen und das Markenverhalten. Dieses nimmt der Kunde wahr. Die Markenerwartung und das Markenerlebnis prägen dann das Markenimage. Es ist das gelernte, verankerte Vorstellungsbild von einer

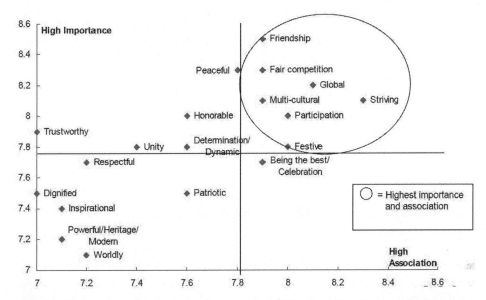

Abb. 1.4 Assoziationen mit den Olympischen Ringen. (Quelle: Edgar, Dunn & Company, IOC 1999)

Marke (Fremdbild) und beinhaltet die Vorstellungen bezüglich der Eigenschaften der Marke. Beispielhaft kann hier das Fremdbild der Olympischen Marke dargestellt werden. 1999 wurden in 11 Nationen 5500 Konsumenten bezüglich ihrer Assoziationen mit den Olympischen Ringen befragt (Abb. 1.4).

Das Markenimage bildet den von der Marke ausgehenden wahrgenommenen funktionalen und symbolischen Nutzen einer Marke ab. Die Elemente der Markenidentität sollen im Markennutzenversprechen derart verdichtet werden, das sie für die Zielgruppe relevant sind. Wird dieses Nutzenversprechen kommuniziert, weckt es Erwartungen beim Nachfrager. Mit diesen Erwartungen tritt der Konsument an das Produkt heran. Damit dieser beim Markenerlebnis an allen Kundenkontaktpunkten nicht enttäuscht wird, sollte das Verhalten der internen Zielgruppen konform zum Markennutzenversprechen sein. Bezüglich der Olympischen Spiele bestehen hohe Erwartungen der Konsumenten an beispielsweise „Fair Play" und „Freundschaft". Dies erklärt die heftige mediale Reaktion auf die 1999 bekannt gewordenen korrupten Beeinflussungen bei der Vergabe der Spiele an Salt Lake City. Letztlich hat das IOC durch seine Reform einen größeren Imageschaden abwenden können.

Entspricht das Markenerlebnis den Markenerwartungen, so verstärkt sich das Markenimage positiv. Die Marke wird dann als glaubwürdig wahrgenommen und es entsteht Vertrauen. Letztlich ist die Kongruenz von Markenerwartung und Markenerlebnis eine wichtige Voraussetzung für den erfolgreichen Aufbau und die langfristige Pflege einer Beziehung zum Konsumenten.

Es zeigt sich immer deutlicher, „dass Profisportvereine mehr und mehr den direkten Zusammenhang von Markenstärke und wirtschaftlicher Potenz erkennen" (Mohr und Merget 2004). Top-Vereine („Top-Brands") stehen dabei immer mehr im Fokus der Unternehmen und nutzen ihre über Jahre hinweg konsequent aufgebaute Marke, um bessere Ausrüster- oder Sponsorenverträge zu bekommen. Sie unterscheiden sich vom Mittelmaß durch ein klares Markenprofil und damit verbundene bewusst hervorgerufene Assoziationen (Mohr und Merget 2004). Viele Manager gehen noch davon aus, dass sportlicher Erfolg – also das Gewinnen von Spielen und Titeln – die einzige Möglichkeit ist, Wert zu generieren. Dies ist aber für den langfristigen Marken- bzw. Vermarktungserfolg nicht zwangsweise notwendig (Woratschek et al. 2008). Das zeigt sich beispielsweise beim FC St. Pauli, dem es gelang, den sportlichen Erfolg vom wirtschaftlichen Erfolg abzukoppeln (ebd.).

1.8 Bedeutung von Marken und Markenführung bei Sportverbänden

Für profitorientierte Unternehmen ist die Führung von Marken seit vielen Jahren ein Schlüsselthema. Praxis und Wissenschaft sind sich einig, dass Marken wichtige Werttreiber sind (Burmann und Frantzen 2012). Der Sport bietet eine geeignete Plattform, um Marken zu entwickeln, zu prägen und populär zu machen. Marken erwerbswirtschaftlicher Unternehmen nutzen dabei immer häufiger den Sport als Kommunikationsplattform im Rahmen ihrer eigenen Markenführung und -erweiterung. Um sich aber optimal verbinden zu können, bedarf es von der Seite des Sports ebenfalls bekannter und erfolgreich geführter Marken.

Die FIFA vermarktet ihre Events als Eigenmarke „FIFA". Gleiches gilt für Wimbledon im Tennissport oder die „Tour de France" im Radsport. Auch die Olympischen Spiele haben mit den Olympischen Ringen eine eigene Marke. Die vier großen US-amerikanischen Sportligen NFL, NBA, NHL und MLB agieren als geschlossene Liga (ohne Auf- und Absteiger), deren Teams die Liga als Dachmarke verstehen und demzufolge ihre eigene Markenführung auch auf die Ligamarke ausrichten (Welling 2005). Hinter allen diesen Marken stehen Organisationen, die ihre Marken entwickeln müssen und führen.

Es bedarf einer eindeutigen strategischen Ausrichtung einer Sportorganisation, um eine Marke zu schaffen, sie zu erhalten und weiterzuentwickeln (siehe dazu den Beitrag Pommer & Kaiser in diesem Buch). Unter Markenführung versteht man im Allgemeinen die „Gesamtheit aller der Zielsetzungen und Leitlinien, die eine Unternehmung zur Führung einer Marke zu beachten hat" (Thiemer 2004, S. 26). Haedrich und Tomczak (1990, S. 11) definieren strategische Markenführung daher als das „Zusammenarbeiten aller Funktionsbereiche des Unternehmens im Sinne der Erstellung einer integrierten Marketingleistung unter Verwendung aller Marketinginstrumente zum Zwecke der Steigerung des Verkaufsvolumens und vor allem der Erzielung von Kundenzufriedenheit".

Eine erfolgreiche Markenführung einer Sportorganisation steigert zum einen die Sympathie und die Loyalität mit der Marke. Zum anderen wird einer starken Marke auch eine

Tab. 1.6 Rangfolge der Bedeutung eines guten Markenimages

Bedeutung Markenimage ...	Rang 2000	Rang 2012	Veränderung 2000 auf 2012
... für das Sponsoring	1,6	2,5	+0,9 = unwichtiger
... als Erkennungsmerkmal	2,5	1,7	-0,8 = wichtiger
... als Magnet für Aktive wichtig	3,1	3,4	+0,3 = unwichtiger
... als Magnet für Zuschauer	3,6	3,3	-0,3 = wichtiger
... für das Merchandising	3,8	4,1	+0,3 = unwichtiger

erhöhte Medienaufmerksamkeit zuteil, was letztlich wiederum einen Einfluss auf den ökonomischen Erfolg einer Sportmarke hat (Ströbel 2011).

Für diesen Beitrag in Deutschland stellt sich über "Marken im Sport" die Frage, inwiefern Sportverbände generell die Bedeutung von Marken für sich erkannt haben und ihre
Verbandsmarke führen. Dazu wurde im Jahr 2000 eine erste Studie durchgeführt, die 2012
wiederholt wurde. Für beide Erhebungen wurden jeweils 58 deutsche Sportfachverbände angeschrieben und gebeten, einen Fragebogen auszufüllen. Der Rücklauf betrug 2000
(31 %) und 2012 (53 %). Befragt wurden jeweils Personen, die entweder mit der Führung
des Verbandes zu tun hatten oder zumindest für das Marketing des Verbandes zuständig
waren.

Die folgenden Ergebnisse der Befragungen sind jeweils so dargestellt, dass die zuerst
genannte Zahl aus der Befragung im Jahr 2000 stammt und die zweite Zahl aus der Befragung im Jahr 2012.

Die Befragten waren zu 72 %/78 % hauptamtliche und 28 %/22 % ehrenamtliche Funktionäre. Die in diese Befragung einbezogenen Verbände vermarkten sich nur zu 50 %/69 %
selber. 28 %/22 % nutzen eine Vermarktungsgesellschaft, (17 %/9 % beauftragen eine Agentur und 5 %/0 % wählten eine Mischform. In einigen Verbänden gibt es keinen speziellen
markenverantwortlichen Bereich (56/57 %). Diese Aufgabe wurde entweder von der Ver-
bandsleitung oder einer externen Vermarktungsgesellschaft übernommen.

Während profitorientierten Unternehmen die Bedeutung einer starken Marke bewusst ist, schafft es die Mehrheit dieser jedoch nicht, ihre Markenziele zu erreichen
(Burmann und Frantzen 2012). Auch die Sportverbände wurden indirekt nach ihren
Markenzielen befragt. Die „Bedeutung eines guten Image" der Verbandsmarke sollte
dazu in eine Rangfolge (mit 1 = am wichtigsten und 5 = am unwichtigsten) gebracht
werden:

Die Tab. 1.6 zeigt, dass für die Verbände das Markenimage als Erkennungsmerkmal (in
Relation zu den anderen Bedeutungen) wichtiger geworden ist, während es für das Sponsoring an Wichtigkeit verloren hat.

Nach Burmann und Frantzen (2012, S. 12) liegt die Hauptursache der vielfach verfehlten
Markenziele der erwerbswirtschaftlichen Unternehmen in einem „stark verkürzten Mar-
kenverständnis". Dies gilt auch für viele Sportverbände wenn auch mit klarer Tendenz zur
Verbesserung in 2012 gegenüber 2000, haben sich doch immerhin 47 %/25 % „noch keine
Gedanken über eine Markenbewertung gemacht". Marken werden häufig noch auf forma-
le Aspekte des Markenimage oder die Logogestaltung reduziert. Burmann und Frantzen

(2012) haben dies für 73 % der Unternehmen festgestellt. Bei den Sportverbänden scheint die Markenführung noch rudimentärer zu sein. Ausreichende Ausgaben für ihre Marke sehen 83 %/48 % allein schon in der Verbandswerbung, im Markenschutz (78 %/56 %) und für die Entwicklung des Logos (56 %/59 %). Marktforschung wird nur von 28 %/15 % als Ausgaben in Hinblick auf Markenführung gesehen.

Anders als bei Sportvereinen sehen Verbände ihre Aufgabe noch weniger in der Erwirtschaftung von Mitteln und stärker in der Steuerung ihres Sports. Wenngleich mit steigender Tendenz haben nur 61 %/71 % der Verbände verbandseigene Sponsoren, die auch wirklich die Marke des Sportverbands nutzen. Bedenkt man, dass 83 %/90 % der Verbände keine Bewertung ihrer Marke durchführen, stellt sich die Frage, wie der Verband den Preis für die Markennutzungsrechte durch einen Sponsor ermittelt. Für Sponsoren ist es wichtig, dass sich das gewünschte Image des Unternehmens mit dem Image des Verbands deckt. Allerdings haben 67 %/55 % der befragten Sportverbände noch nie eine Imageanalyse durchgeführt.

72 %/52 % der Verbände beschaffen sich keine Informationen über die Markenführung. Hier ist von 2000 bis 2012 jedoch eine deutliche Verbesserung der eigenen Informationsbeschaffung festzustellen. 28 %/26 % der Verbände lassen sich diese Informationen von ihrer Agentur/Vermarktungsgesellschaft ermitteln. Insgesamt führen nur 17 %/19 % der Verbände eigene Erhebungen durch.

Obwohl eine Markenbewertung nur selten durchgeführt wird, stimmen 83 %/75 % zu, dass der „Markenwert als Performancemaß [.] einen Anreiz zu einem langfristig markenwertsteigernden Verhalten" liefert.

1.9 Schlussbemerkung

Dieser Beitrag zeigt die Vielfalt der Erscheinungsformen von Marken und deren Bedeutung im Sport, die sich nicht mit der erwerbswirtschaftlicher Unternehmen und deren Vertrieb von Sachgütern und Dienstleistungen vergleichen lässt. Wenngleich das Megathema Marke auch im Sport angekommen ist, so gibt es doch viele markentragende Organisationen, die ihre Marke noch nicht zielorientiert führen. Während zwar oft in Analogie zu Marken von Unternehmen mit Profitorientierung ein Transfer in die Welt des Sports möglich ist, gibt es doch Besonderheiten von Sportmarken, die bei einer Markenführung berücksichtigt werden müssen. Dies sind beispielsweise die extrem starken emotionalen Markenbindungen von Fans, die Monopolstellung von Verbänden oder die durchaus schwankende Qualität der sportlichen Leistung.

Literatur

Aaker, D. A. (1996). *Building strong brands.* Sydney: Simon & Schuster.
Adjouri, N. (2004). *Alles, was Sie über Marken wissen müssen. Leitfaden für das erfolgreiche Management von Marken.* Wiesbaden: Gabler.

Baumgarth, C. (2008). *Markenpolitik: Markenwirkungen – Markenführung – Markencontrolling.* Wiesbaden: Gabler.

Berekoven, L. (1978). Zum Verständnis und Selbstverständnis des Markenwesens. In G. Scheuch, G. Behrens, L. Berekoven, E. Topritzhofer & G. R. Wagner (Hrsg.), *Markenartikel heute: Marke, Markt und Marketing* (S. 35–48). Wiesbaden: Gabler.

Berekoven, L. (1992). Von der Markierung zur Marke. In E. Dichtl & W. Eggers (Hrsg.), *Marke und Markenartikel als Instrumente des Wettbewerbs* (S. 25–45). München: Beck'sche Verlagsbuchhandlung.

Bezold, T., Baumbach, D., & Heim, T. (2007). *Markenwertanalyse im Sport. Modelle, Verfahren, Anwendungsbeispiele.* Künzelsau: Swiridoff.

Blinda, L. (2003). *Relevanz der Markenherkunft für die identitätsbasierte Markenführung. Arbeitspapier Nr. 2 des Lehrstuhls für innovatives Markenmanagement (Lim).* Bremen: Universität Bremen.

Braun, H. (1996). Der Turner/-innen Gruß und Symbol. *Jahn-Report,* (5). Freyburg (Unstrut), S. 10–16.

Bruhn, M. (2001). Begriffsabgrenzungen und Erscheinungsformen von Marken. In M. Bruhn (Hrsg.), *Die Marke. Symbolkraft eines Zeichensystems* (S. 55–74). Bern: Verlag Paul Haupt.

Bruhn, M. (2004). Begriffsabgrenzungen und Erscheinungsformen von Marken. In M. Bruhn (Hrsg.), *Handbuch Markenführung. Kompendium zum erfolgreichen Markenmanagement. Strategien – Instrumente – Erfahrungen* (S. 5–33). Wiesbaden: Gabler.

Bruhn, M., & Gesellschaft zur Erforschung des Markenwesens (G.E.M.) (2004). Was ist eine Marke? Aktualisierung der Definition Marke. *Jahrbuch der Absatz- und Verbrauchsforschung, 1,* 4–30.

Burmann, C., Blinda, L., & Nietschke, A. (2003). *Konzeptionelle Grundlage identitätsorientierten Markenmanagements. Arbeitspapier Nr. 1 des Lehrstuhls für innovatives Markenmanagement (Lim).* Bremen: Universität Bremen.

Burmann, C., & Frantzen, A. (2012). Marken scheitern oft – an ihren Chefs, *FAZ* vom 6.12.2012, S. 12.

Dichtl, E. (1992). *Grundidee, Varianten und Funktion der Markierung von Waren und Dienstleistungen.* In E. Dichtl & W. Eggers (Hrsg.), *Marke und Markenartikel als Instrumente des Wettbewerbs* (S. 1–23). München: Beck'sche Verlagsbuchhandlung.

Edgar, Dunn & Company, & IOC. (1999). Quantitative Brand Assessment. Olympic Global Brand Accessment and Marketing Plan. Lausanne.

Esch, F. R. (2005). *Strategie und Technik der Markenführung.* München: Vahlen.

Esch, F. R. (2010). *Strategie und Technik der Markenführung* (6. Aufl.). München: Vahlen.

Esch, F. R. (2012). *Strategie und Technik der Markenführung* (7. Aufl.). München: Vahlen.

Esch, F. R., & Wicke, A. (1999). *Moderne Markenführung* (2. Aufl.). Wiesbaden: Gabler.

Essig, C., Soulas Russel, D., & Bauer, D. (2010). *Das Image von Produkten, Marken und Unternehmen.* Sternenfels: Verl. Wissenschaft & Praxis.

Feldmann, S. (2007). *Bewertung von Sportmarken. Messung und Wirkungen der Markenstärke von Fußballbundesligavereinen.* Frankfurt am Main: Lang.

Haedrich, G., & Tomczak, T. (1990). *Strategische Markenführung. Planung und Realisierung von Marketingstrategien für eingeführte Produkte.* Bern, Stuttgart: Verlag Paul Haupt.

Hansen, P. (1970). *Der Markenartikel. Analyse seiner Entwicklung und Stellung im Rahmen des Markenwesens.* Berlin: Duncker & Humblot.

Hüttenberger, P. (1990). Symbole, Embleme, Bezeichnungen. In Deutscher Sportbund (Hrsg.). *Die Gründerjahre des Deutschen Sportbundes.* Bd. 1. Schorndorf: Hofmann Verlag.

Kapferer, J. N. (1992). *Strategic Brand Management. New Approaches to Creating And Evaluating Brand Equity.* London.

Kotler, P. H. (1991). *Marketing Management: Analysis, Planning, and Control.* Englewood Cliffs: Prentice-Hall.

Kotler, P. H., & Bliemel, F. (1999). *Marketing Management – Analyse, Planung und Verwirklichung* (10. Aufl.). Stuttgart: Addison-Wesley Verlag.

Kotler, P., Armstrong, G., Wong, V., & Saunders, J. (2011). *Grundlagen des Marketing.* München: Pearson.

Kriegbaum, C. (2001). *Markencontrolling.* München: Verlag Franz Vahlen.

Kroeber-Riel, W., & Weinberg, P. (1996). *Konsumentenverhalten* (6. Aufl.). München: Vahlen.

Linxweiler, R. (2004). *BrandScoreCard. Ein neues Instrument erfolgreicher Markenführung.* Groß-Umstadt: Sehnert.

Marx, K. (1867). *Buch I, Das Kapital. Kritik der politischen Ökonomie.* Hamburg: Verlag Otto Meissner.

Mazurkiewicz, D., & Thieme, L. (2008). Markenmanagement. In T. Bezold, L. Thieme, G. Trosien & R. Wadsack (Hrsg.), *Handwörterbuch des Sportmanagements (Blickpunkt Sportmanagement, Bd. 2, S. 93–93).* Frankfurt am Main: Lang.

Meffert, H. (1979). *Der Markenartikel und seine Bedeutung für den Verbraucher.* Hamburg: Grunder & Jahr.

Meffert, H., & Burmann, C. (2005). Wandel in der Markenführung – vom instrumentellen zum identitätsorientierten Markenverständnis. In H. Meffert, C. Burmann & M. Koers (Hrsg.), *Markenmanagement. Identitätsorientierte Markenführung und praktische Umsetzung* (S. 219–250). Wiesbaden: Gabler.

Meffert, H., Burmann, C., & Koers, M. (Hrsg.). (2005). *Markenmanagement. Identitätsorientierte Markenführung und praktische Umsetzung* (2. Aufl.). Wiesbaden: Gabler.

Mellerowicz, K. (1963). *Markenartikel. Die ökonomischen Gesetze ihrer Preisbildung und Preisbindung* (2. Aufl.). München, Berlin: Beck.

Mohr, S., & Merget, J. (2004). Die Marke als Meistermacher – Strategische Markenführung im Profisport. In K. Zieschang & C. Klimmer (Hrsg.), *Unternehmensführung im Profifußball* (S. 103–120). Berlin: Schmidt.

Nieschlag, R., Dichtl, E., & Hörschgen, H. (1997). *Marketing.* Berlin: Duncker & Humblot.

o. V. (2012). Freie Turnerschaft Friedland. Zuletzt besucht 29.11.2012. http://www.tsv-friedland-1814.de/index.php?id=177. Zugegriffen: 29. Nov. 2012.

Preuß, H. (2005). Analyse des Imageprofils von Olympischen Fußballturnieren und FIFA WM. Unveröffentlichtes Manuskript.

Preuß, H., Alfs, Ch., & Ahlert, G. (2012). *Sport als Wirtschaftsbranche. Der Sportkonsum privater Haushalte in Deutschland.* Wiesbaden: Gabler Verlag.

Schilhaneck, M. (2008). Markenmanagement im Sport. In G. Nufer & A. Bühler (Hrsg.), *Management und Marketing im Sport: Betriebswirtschaftliche Grundlagen und Anwendungen der Sportökonomie* (S. 361–383). Berlin: Schmidt.

Schlottog, J. (2010). *Erfolgsfaktor Marke. Verständnis für Marken entwickeln und deren Möglichkeiten zum Unternehmenserfolg erkennen.* Saarbrücken: Verlag Dr. Müller.

Sommer, R. (1998). *Psychologie der Marke. Die Marke aus Sicht des Verbrauchers.* Frankfurt: Deutscher Fachverlag.

Ströbel, T. (2011). *Die Einflussfaktoren der Markenbewertung im Sport: Eine empirische Analyse der Zusammenhänge bei Klubmarken.* Wiesbaden: Gabler.

Thiemer, J. (2004). *Erlebnisbetonte Kommunikationsplattformen als mögliches Instrument der Markenführung – dargestellt am Beispiel der Automobilindustrie.* Dissertation: Universität Kassel.

Urresta, L., & Smith, E. (1998). The Jordan Effect. The world's greatest basketball player is also one of its great brands. What is his impact on the economy?, *Fortune Magazin,* zuletzt besucht

15.12.2012. money.cnn.com/magazines/fortune/fortune_archive/1998/06/22/244166/index.htm. Zugegriffen: 15. Dez. 2012.

Weber, M. (2010). *Starke Marke. Verbindung von betriebswirtschaftlichen und psychologischen Faktoren als Erfolgsgarant*. Hamburg: Diplomica Verlag.

Weis, M., & Huber, F. (2000). *Der Wert der Markenpersönlichkeit. Das Phänomen der strategischen Positionierung von Marken*. Wiesbaden: Gabler.

Welling, M. (2005). Markenführung im professionellen Ligasport. In H. Meffert, C. Burmann & M. Koers (Hrsg.), *Markenmanagement. Identitätsorientierte Markenführung und praktische Umsetzung* (S. 495–522). Wiesbaden: Gabler.

Woratschek, H., & Beier, K. (2001). Sportmarketing. In D. Tscheulin & B. Helmig (Hrsg.), *Branchenspezifisches Marketing, Grundlagen – Besonderheiten – Gemeinsamkeiten* (S. 205–235). Wiesbaden: Gabler.

Woratschek, H., Kunz, R., & Ströbel, T. (2008). Co-Branding zwischen Sport und Medien: Eine Analyse des Fallbeispiels Schalke 04 TV. In M. Bruhn & B. Stauss (Hrsg.), *Dienstleistungsmarken* (S. 139–161). Wiesbaden: Gabler.

Grundlegende Betrachtung des Sports zur Ableitung von Implikationen für das Markenmanagement im und mit Sport

2

Thomas Könecke

2.1 Einleitung[1]

Wie nicht zuletzt dieser Herausgeberband mit seinen sehr vielfältigen Beiträgen zeigt, gewinnt der Themenbereich „Marken und Sport" immer weitreichendere Bedeutung. Ferner erfahren dessen wissenschaftliche Bearbeitung und das zugehörige praktische Erfahrungswissen eine rasante Zunahme und nachhaltige Differenzierung. Ein Auslöser hiervon ist die seit Jahrzehnten zu beobachtende Bedeutungszunahme des Sports, über den beispielsweise zu lesen ist, dass er die Alltagskommunikation mindestens wöchentlich um neuen Gesprächsstoff bereichere (Weiß 1999) und in dieser gar omnipräsent sei (Digl und Burk 2001). Ferner erreichen Sportsendungen regelmäßig die höchsten Einschaltquoten im Fernsehen[2] (Hackforth 2001, S. 34; Gerhards, Klingler und Neuwöhner 2001, S.

---

[1] In diesem Beitrag werden verschiedene Facetten des Sports, die mit anderer Ziel- und Schwerpunktsetzung und überwiegend in weniger ausführlicher Form in anderen Arbeiten des Verfassers (Könecke 2012; Könecke 2013; Könecke und Schunk 2013) betrachtet wurden, vor dem Hintergrund ihrer Relevanz für das Thema „Marken und Sport" analysiert. Die genannten Texte können ggf. ergänzend zu den hier angestellten Überlegungen herangezogen werden.

[2] In Deutschland etwa erfreut sich der Fußball des mit weitem Abstand höchsten Publikumsinteresses. Insbesondere, wenn die Fußball-Nationalmannschaft der Männer an internationalen Meisterschaften teilnimmt, schaut fast die gesamte Nation zu. Dies führt dazu, dass die Spiele im Rahmen solcher Turniere sämtliche sonstigen populären Sportereignissen und auch die Fußball-Bundesliga hinsichtlich der Zuschauergunst überflügeln. So war es auch bei der letzten Weltmeisterschaft, dem FIFA World Cup™ 2010 in Südafrika. Das Viertelfinalspiel der deutschen Mannschaft gegen Argentinien erreichte beispielsweise, wie n-tv.de berichtete, den bisher höchsten relativen Marktanteil von 89,2 %. Das folgende Halbfinalspiel gegen Spanien übertraf hinsichtlich der absoluten Zuschauer-

---

T. Könecke (✉)
Mainz, Deutschland
E-Mail: koenecke@uni-mainz.de

H. Preuß et al. (Hrsg.), *Marken und Sport,*
DOI 10.1007/978-3-8349-3695-0_2, © Springer Fachmedien Wiesbaden 2014

161). Manche bezeichnen den Sport gar als dominierendes Phänomen der Alltagskultur (Hackforth 2001, S. 34f.; Brinkmann 2001, S. 41ff.). Dass dies nicht nur in Deutschland zutrifft, sondern international Geltung beanspruchen kann, wird bei Megaevents wie den Welt- und Kontinentalmeisterschaften im Fußball, den Olympischen Spielen, dem Rugby World Cup oder anderen internationalen Wettkämpfen etwa im Tennis oder Golf deutlich. Außerdem erfreuen sich immer mehr nationale Sportveranstaltungen, wie z. B. die Super Bowl[3] oder die Entscheidungsspiele um die englische oder die deutsche Fußball-Meisterschaft, weltweiter Aufmerksamkeit.

Diese Beispiele führen deutlich vor Augen, dass der Sport über die Grenzen verschiedener Gesellschaften, Länder und Kulturen hinweg durch mannigfaltige Ähnlichkeiten verbunden ist und verstanden werden kann. So werden heute international grundsätzlich die gleichen Regeln verwandt, es finden Wettkämpfe zwischen Nationen statt und es gibt weltumspannende Sportorganisationen. Zudem finden sich auch über große Zeitabstände viele Parallelen, wie z. B. zwischen dem Sport der Antike und der heutigen Sportpraxis (Elias 1983). Allerdings kann Sport trotzdem „nur in seinen kulturspezifischen Besonderheiten beschrieben und verstanden werden" (Heinemann und Schubert 2001, S. 11; vgl. auch Heinemann 1975, S. 15). Denn „Sport ist ein Abbild der Gesellschaft, aus der er hervorgeht und in die er wieder hineinwirkt" (Voigt 1992, S. 146) er entwickelt sich in Abhängigkeit von ihr und wird durch ihre Werte und Normen geprägt (Weiß 1999). Sport muss folglich als integraler Bestandteil einer Gesellschaft bzw. verschiedener gesellschaftlicher Subsysteme begriffen werden (z. B. Heinemann 1998; Eisenberg 1999).

Im Sport spiegelt sich also das Wertesystem einer Gesellschaft wider (Weiß 1999). Das heißt, dass das Sportverständnis nicht in jedem Land und jeder Kultur zu jeder Zeit gleich ist (Heinemann 1998; Heinemann und Schubert 2001) und die Ähnlichkeiten nicht überbetont werden sollten, da dies dazu führen kann, den Blick für die Unterschiede zu verlieren (Elias 1983). Beispielsweise können die Scham- und Peinlichkeitsschwellen verschieden sein, ebenso die Akzeptanz von Gewalt (Elias 1975, 1983; Heinemann 1998; Weiß 1999). Ferner können sogar innerhalb einer Gesellschaft „die sportbezogenen Bedürfnisse, Werte, Leitbilder, Einstellungen, Verhaltensmuster, Interessen, Leistungsmotive sowie die Leistung anreizende Belohnungen" (Voigt 1992, S. 197; vgl. auch Weiß 1999, S. 13) differieren, weil sie z. B. schichtspezifischen Unterschieden unterworfen sind (Voigt 1992; Heinemann 1998; Eisenberg 1999; Weiß 1999). Der Sport kann folglich als „ein Mikrokosmos der Gesellschaft" (Weiß 1999, S. 10) mit all ihren Facetten beschrieben werden.

In der heutigen Zeit konkretisieren sich einige dieser Zusammenhänge beispielsweise darin, dass bestimmte Sportarten oder Verhaltensweisen im Sport sich in verschiedenen Ländern sehr unterschiedlicher Akzeptanz erfreuen. So ist etwa das in den USA und vielen anderen Ländern sehr beliebte Baseball in Deutschland vergleichsweise unpopulär. Dass solche Unterschiede keinesfalls eine sehr Entwicklung der heutigen Zeit mit ihren stark ausdifferenzierten Sportsystemen sind und sich solche Zusammenhänge im Laufe der Zeit

---

zahl, 31,1 Mio., alle bisherigen Rekorde (n-tv 2010). In Deutschland sahen somit noch nie so viele Menschen eine Fernsehübertragung an, wie dieses Spiel.

[3] Die Super Bowl-Spiel ist das Finalspiel der US-amerikanischen National Football League (NFL).

Tab. 2.1 Markenwert nach Interbrand (2012) – Unternehmen, die als „Olympic Partners" fungieren sind hervorgehoben. (Quelle: Interbrand 2012)

Rang	Marke	Land	Markenwert in Mrd. US-$
1	Coca-Cola[a]	USA	77,83
2	Apple	USA	76,56
3	IBM	USA	75,53
4	Google	USA	69,72
5	Microsoft	USA	57,85
6	GE[a]	USA	43,68
7	McDonald's[a]	USA	40,06
8	Intel	USA	39,38
9	Samsung[a]	Südkorea	32,89
10	Toyota	Japan	30,28
11	Mercedes-Benz	Deutschland	30,09
12	BMW[b]	Deutschland	29,05

[a] „Worldwide Partners" des IOC
[b] London 2012 Olympic Partner

sehr stark ändern können, zeigt z. B. Eisenberg, die darauf hinweist, dass im 18. Jahrhundert Ballspiele wie das Cricket, welches in England auch von Erwachsenen mit viel Enthusiasmus gespielt wurde, von Reisenden aus Deutschland als derer unwürdig eingestuft wurde. Ballspiele (wie auch das Fußballspiel) waren in Deutschland Kinderspiele. Ferner nahmen die Besucher vom Festland an Pferderennen Anstoß, da sie diese herrschaftlichen Tiere so nicht behandelt wissen wollten. Die englische Leidenschaft, in großem Rahmen auf Sportereignisse zu wetten, fehlte in Deutschland, weshalb sportliche Wettkämpfe dieser Art keine Verbreitung gefunden hatten (Eisenberg 1999).[4]

Vor dem Hintergrund der beschriebenen Vielschichtigkeit und Dynamik des Sportsystems ist die Schlussfolgerung naheliegend, dass ein professionelles und zielgerichtetes Markenmanagement im und mit Sport ein komplexes Unterfangen ist. Desungeachtet ist zu beobachten, dass viele der bedeutendsten Unternehmen der Welt sich und ihre Marken(namen) eng mit dem Sport verknüpfen. So fungieren beispielsweise vier derjenigen Unternehmen (Coca-Cola, GE, McDonald's, Samsung), die hinter den zehn wertvollsten Marken der Welt stehen (s. Tab. 2.1), als langfristig engagierte sog. „Worldwide Olympic Partners" im Rahmen des TOP (The Olympic Partners)-Programms des International Olympic Committees (IOC) (Abb. 2.1; vgl. auch IOC 2012). BMW, Inhaber der laut Tab. 2.1 zwölftwertvollsten Marke, war während der Olympischen Spiele in London einer von insgesamt sieben „London 2012 Olympic Partners" (Abb. 2.1). Und Mercedes-Benz, Inhaber der elftwertvollsten Marke, verlängerte im August 2011 seinen Vertrag als „DFB-Generalsponsor" des Deutschen Fußball-Bundes (DFB) vorzeitig bis 2018 (DFB o. J.).

---

[4] Bereits in der Antike setzten sich Denker damit auseinander, dass ein unbedarfter Gast kaum Gefallen an den sportlichen Agonen finden, diese nicht einmal verstehen dürfte (Emrich et al. 2000).

Abb. 2.1 Homepage „Partners" der Olympischen Spiele von London – Ausschnitt mit den „Worldwide Olympic Partners" und den „London 2012 Olympic Partners". (Quelle: London 2012)

Warum inzwischen das Markenmanagement und die Markenführung mit Sport für viele Unternehmen oftmals eine so zentrale Rolle zu spielen scheinen, wird in den Worten des Vorstandsvorsitzenden der Daimler AG, zu der auch Mercedes-Benz gehört, anlässlich der Unterzeichnung der Vertragsverlängerung mit dem DFB deutlich: „Die Zusammenarbeit zwischen Mercedes-Benz und dem Deutschen Fußball-Bund ruht auf einem starken Fundament – den gemeinsamen Werten Verantwortung, Faszination und Perfektion" (DFB o. J.). Unternehmen möchten durch die Verbindung zum Sport Werte transportieren bzw. darstellen.

Dass dies gerade über bzw. durch den Sport möglich scheint, deutet Lenk an, der – zwar in einem anderen Zusammenhang, aber sehr passend – schreibt: „The most important functions of sport are not just sport. They are and remain educational, social and philosophical" (Lenk 2000, S. 155). Laut Morrow ist Sport eine leerlaufende Handlung, sein funktionales Ergebnis, ein Sieg im Fußballspiel oder ein Lauf über 20 km, ergibt an sich keinen Sinn (Morrow 1992). Niemand wird davon satt oder kann darin wohnen bzw. möchte mit dem Lauf ein Ziel erreichen, zu dem er sonst hätte mit dem Bus fahren müssen. Daher eignet sich der Sport hervorragend dazu, mit Funktionen beladen zu werden, die jeweils der Interpretation des- bzw. derjenigen entstammen, der oder die dem Sport diese Funktionen zuschreiben. Das soll nicht heißen, und das ist hier besonders relevant, dass der Sport diese Funktionen für die Betreffenden nicht erfülle. Allerdings kann er das nur, weil diese die nötige Interpretationsleistung erbringen. Für die vorliegende Thematik besonders relevante Bedeutungen, die dem Sport zugeschrieben werden, sind die *Vermittlung von Sinn* (Weiß 1999), *sozialer Anerkennung und Erfüllung* (Weiß 1999), *die Befriedigung des Bedürfnisses nach Anbindung und Identifikation* sowie *die Stimmungsregulation*[5] (Schlicht und Strauß 2003; Alfermann und Stoll 2005). Aufgrund dieser Funktionen wird der Sport oft als Gegenpol zu Arbeit und Alltagsleben gesehen, die vielen Menschen langweilig und unpersönlich erscheinen (Weiß 1999). Auch wird im Sport, anders als in der modernen Industriegesellschaft, eine ideale Form des Leistungsprinzips vorgelebt, welches sonst so nicht existiert. Zwar wird die moderne Industriegesellschaft als Leistungsgesellschaft betitelt, allerdings oftmals als „Erfolgsgesellschaft" (Weiß 1999, S. 156) erlebt. Es ist meist nicht nachvollziehbar, warum jemand beruflich erfolgreich ist. Kein Außenstehender vermag zu sagen, ob er gute Arbeit leistet, gute Beziehungen hat oder sich gut darstellen kann. Sportliche Leistung hingegen kann *miterlebt* werden, sie ist unmittelbar und den Sportanhängern direkt verständlich (Krockow[6] 1972; Emrich und Messing 2001).

Zusammenfassend ist festzustellen, dass „im Sport Sinn produziert, Komplexität reduziert und deutlicher als anderswo eine heile und ideale Welt von Leistung und Belohnung vorgeführt [werden]" (Weis 1995, S. 130; vgl. auch Krockow 1972; Lenk 1972). Über Identifikationsprozesse nimmt der Sportzuschauer an dieser Welt teil und profitiert von ihr. Daher erstaunt auch nicht, dass vielfach untersucht wird, welche Bedeutung der Sport für seine Zuschauer hat (z. B. Cialdini et al. 1976; Cialdini und Richardson 1980) oder wie sich diese als Gruppen im Sport verhalten (z. B. Pilz 2006).

Wie beschrieben, ist das *Markenmanagement mit Sport*, welches im Wesentlichen die langfristige Verbindung von Wirtschaftsunternehmen und anderen Markeninhabern mit dem Sport, Sportlern und/oder Sportorganisationen zwecks Aufbaus und Führung der eigenen Marke/n umfasst, vielen Akteuren ein zentrales Anliegen. Aber auch das *Markenmanagement im Sport*, also die entsprechenden Bemühungen von Markeninhabern, die selbst direkt mit aktiver Sportausübung in Verbindung stehen, wie Sportvereine und -verbände, hat in den letzten Jahren enorm an Bedeutung und Professionalität gewonnen.

---

[5] Manifestationen dieser Funktion des Sports beschreiben z. B. Messing und Lames. Besucher eines Tennisspiels gaben einen „spannungsvollen Verlauf" und „spektakuläre Aktionen" (Messing und Lames 1996c, S. 104ff.), die eines Basketballspiels „schöne Körbe sehen" und „etwas Spannendes erleben" (Messing und Lames 1996 S. 112ff.), die eines Frauenhandballspiel „guten Handball sehen" und „Spannung erleben" (Messing und Lames 1996a S. 141ff.) und Golfzuschauer „hochklassiges Golf sehen" (Messing und Lames 1996b, S. 171ff.) als wichtigste Gründe des Veranstaltungsbesuchs an. Diese Antworten können derart interpretiert werden, dass die betreffenden Veranstaltungen Grund zur Freude bieten (aufgrund hochklassiger oder spektakulärer Leistungen) bzw. der Eintönigkeit des Alltags entgegenwirken sollten (durch Miterleben eines spannenden Spiels).

[6] „Mit alledem erscheint der Sport in der Industriegesellschaft fast wie der Entwurf einer Utopie: als ein Versprechen dessen, was allgemein sein sollte, aber nicht ist. Und darin liegt vielleicht der letzte, schon kaum mehr bewusste Grund für die Faszinationskraft, mit der der Sport Menschen in seinen Bann schlägt" (Krockow 1972, S. 102).

Aufgrund der Bedeutung des *Markenmanagements mit und im Sport*, sollen im Rahmen dieses Aufsatzes einige der wichtigsten charakteristischen Hintergründe beleuchtet werden, die dieses gesellschaftliche Handlungsfeld und die zugehörigen Erwartungen prägen. Hierzu wird im nächsten Kapitel der Frage nachgegangen, welche charakteristischen Erwartungen und Muster den Sport allgemein prägen. Im darauf folgenden Kapitel rücken die Hauptakteure des modernen Mediensports in den Fokus der Betrachtungen. Bezüglich dieser „Helden auf Zeit", wie Tränhardt (1994) exponiert agierende Sportler bezeichnet, hielten Holt und Mangan fest: „A sport without a hero is like Hamlet without the Prince and yet varieties and purposes of sporting heroism are rarely examined" (1996, S. 5). Obwohl sich in jüngerer Zeit einige wissenschaftliche Publikationen dem Phänomen des sozial exponiert agierenden Sportlers widmeten (z. B. Stern 2003; Bertling 2004; Bette 2008a, b), finden sich noch immer nur relativ wenige Betrachtungen hierzu. Folglich soll der Beobachtung Holts und Mangans, „The individual has been rather overlooked" (Holt und Mangan 1996, S. 5), begegnet und herausgearbeitet werden, welchen zentralen „großen Aufgaben" Sportler sich stellen und welchen Erwartungen diese dabei entsprechen müssen. Anschließend werden die gewonnenen Erkenntnisse anhand von vier Fallbeispielen plastisch aufgearbeitet, von denen zwei dem *Markenmanagement mit Sport* und zwei demjenigen *im Sport* entstammen. Abschließend folgt die Schlussbetrachtung, welche der Zusammenfassung zentraler Punkte und dem Aufzeigen weiterer Schlüsse für das Markenmanagement mit und im Sport dient.

2.2 Charakteristische Besonderheiten des Sports

Wie eingangs beschrieben, ist der Sport ein Gesellschaftsbereich, der permanentem öffentlichen Interesse ausgesetzt ist. Ferner ist festzustellen, dass der Sport (vor allem bei Männern) eine besonders exponierte Stellung innehat und für besonders wichtig gehalten wird (Holt und Mangan 1996; Smith 1973). Oftmals wird dem Sport ganz selbstverständlich so herausragende Bedeutung eingeräumt bzw. zugeschrieben, dass er massiv in andere gesellschaftliche Bereiche hineinwirkt oder dies zumindest vermutet wird. So wird z. B. in der Wirtschaftszeitung Handelsblatt der Rückgang der Umsätze an deutschen Börsen, der während der Fußball-Weltmeisterschaft 2006 im Vergleich zum Vormonat 18 % betrug, der Ablenkung durch passiven Fußballkonsum zugeschrieben. Bei den überwiegend von Privatpersonen frequentierten Online-Brokern[7] betrug diese Differenz gar 30 % (o. V. 2006). Dass andere Faktoren, wie der sehr warme Sommer oder die Schulferien, auch eine Rolle gespielt haben könnten, wird nicht weiter thematisiert. *Ob* die genannten Rückgänge bzw. *wie viel* davon wirklich auf die WM zurückzuführen sind bzw. ist, ist hier allerdings nicht entscheidend. Beachtenswert ist vielmehr, *dass* es in einem Artikel in einer der führenden Wirtschaftszeitungen Deutschlands fraglos für möglich gehalten wird, dass ein

---

[7] Hierbei handelt es sich um Banken, die Privatkunden über das Internet die Abwicklung von Wertpapiergeschäften ermöglichen.

solches Ereignis, dessen Ergebnis an sich außerhalb des Sportsystems wertlos ist, derartige Auswirkungen haben *soll*. Ein anderes Beispiel dafür, welche Wirkung und gesellschaftliche Bedeutung dem Fußball zugeschrieben wird, ist Vornbäumens Kommentar zur Rolle Christoph Metzelders in der deutschen Fußball-Nationalmannschaft in der Vorrunde des genannten Turniers: „[Er] hat eine vormals als labil geltende Mannschaft stabilisiert – und wenn es stimmt, was alle sagen, ein ganzes Land gleich mit" (Vornbäumen 2006, S. 24).

Wie sich eine derartige „Stabilisierung" konkret manifestieren kann, schildert Schümann im Abschnitt „Wir Stehaufmänner" seines Artikels „Aus! Aus! Aus!" im Tagesspiegel vom 10. Juli 2006. Der Autor beschreibt im relevanten nachfolgend betrachteten Teil seines Artikels die parasoziale Interaktion der Zuschauer eines Public Viewings mit dem Torwart der deutschen Nationalmannschaft, Jens Lehmann, während des Elfmeterschießens des Viertelfinalspiels Deutschland gegen Argentinien bei der Fußball-Weltmeisterschaft 2006:

> Ich stand inmitten der am Boden und auf Bänken hockenden Kinder vom Bahnhof Zoo und der Obdachlosen, und schaute ihm [Jens Lehmann – Anm. d. Verf.] im Fernsehen zu. Die Kinder und die Obdachlosen sahen sehr fertig aus, fertig von Drogen, von Alkohol, vom Leben, das es nicht gut mit ihnen meinte oder das sie weggeworfen haben. […] Sie sangen: ‚Steht auf, wenn ihr für Deutschland seid.' Die Obdachlosen versuchten zu folgen. All die Penner, die Berber, die Zahnlosen, die Loser wollten sich erheben, sie schwankten, einige fielen wieder um, eine Frau plumpste wieder auf die Fresse. […] Aber die Penner schafften es, sie standen, sie klatschten, sie sangen. Sie konnten den Rhythmus nicht halten, ihr Gesang war unverständlich. Lehmann hielt den Elfmeter. Das war die Stütze. Die Berber strafften sich. Lehmann hielt noch einen Elfmeter. Doch, doch, es war auf einmal Stolz zu sehen in diesen sonst so trüben Augen vom Bahnhof Zoo. Und dann tanzten sie und jubelten und es sah so aus, als spürten sie ihre Würde. Und das haben Jens Lehmann und Oliver Kahn geschafft. (Schümann 2006, S. 24)

Die dem Sport zugeschriebene bzw. in diesen hineininterpretierte Bedeutung führt dazu, dass für das Feld des Sports Folgendes gilt: „[The] sacrifice of health values in favour of values connected with sports successes encounters everywhere social acception" (Swierczewski 1978, S. 92). So kommentierte Reinhold Beckmann die Knieprobleme, welche der Spieler Robert Kovac augenscheinlich während des Vorrundenspiels Brasilien gegen Kroatien bei der Fußball-Weltmeisterschaft 2006[8] hatte, bewundernd mit den Worten, dass dieser „sich immer wieder fit" spritzen lasse und „das [die Schmerzen – Anm. d. Verf.] dem ganz egal ist" (Beckmann 2006). Die Nachrichtenmeldung des Radiosenders FFH am Morgen nach dem EM-Qualifikationsspiel Deutschland gegen Irland am 2. September 2006 zeigt ebenfalls recht eindeutig, welche Qualitäten im Sport sowohl von den Beteiligten als auch von medialer Seite erwartet werden. Neben dem Ergebnis[9] wurden lediglich der Torschütze und die Tatsache genannt, dass der Abwehrspieler Manuel Friedrich trotz einer Verletzung unter Schmerzmitteleinnahme durchgespielt habe und dafür mit einem Sonderlob des Bundestrainers Löw bedacht wurde. Anschließend wurde noch ein diesbe-

---

[8] Das Spiel wurde am 13. Juni 2006 in der ARD übertragen.

[9] Es lautete 1:0 aus Sicht der deutschen Nationalmannschaft (Kicker 2006).

züglicher Kommentar Friedrichs gesendet (FFH GmbH und Co 2006). Diese Besonderheit des Sportsystems, dass die eigene Gesundheit u. U. der Zielerreichung untergeordnet wird bzw. werden sollte, wird bei den nachfolgenden Überlegungen noch von Bedeutung sein.

Vor allem Männer konsumieren zur Stimmungsverbesserung neben aggressiv getönten Filmen gerne Sportveranstaltungen (Schlicht und Strauß 2003). Bemerkenswert ist in dieser Hinsicht das Ergebnis der Studie von Comisky et al., die untersuchten, welche Auswirkungen „Commentary as a Substitute for Action"[10] (Comisky et al. 1977) bei der Rezeption von Eishockeyspielen habe. Sie stellten fest, dass Spielszenen dann als besonders attraktiv eingestuft wurden, wenn der Kommentator diese – ohne dass dies jedoch zutraf – als besonders aggressiv beschrieb bzw. wenn diese (ohne Kommentar) als besonders aggressiv wahrgenommen wurden. Die Autoren folgerten:

> Not only does dramatic commentary affect perception of play, but it is apparently a factor in the enjoyment of televised sports as well. Our findings suggest that the enjoyment of televised sports events closely corresponds with perceptions of roughness, enthusiasm, and even violence in play. (Comisky et al. 1977, S. 152f.)

Zur Steigerung der Attraktivität von Sportsendungen werden diese folglich seitens des Kommentators und der Regie als dramatisch dargestellt (Riha 1980), wodurch „involvement and excitement for the [...] spectator" (Bryant et al. 1977, S. 133) erzeugt werden (vgl. auch Gleich 2001; Schlicht und Strauß 2003). Als Zwischenschritt bleibt festzuhalten, dass ein bedeutender Grund für den passiven Sportkonsum dessen Attraktivität aufgrund von (empfundener) Dramatik zu sein scheint, die wesentlich auf die wahrgenommene Aggressivität, Begeisterung und Gewaltbereitschaft zurückzuführen ist. Das Interesse am Sport und seinen Protagonisten scheint sehr wesentlich durch den demonstrativ zur Schau gestellten Kampf bedingt zu sein.

Vor diesem Hintergrund und hinsichtlich des in der Einleitung angeführten Zitats von Holt und Mangan[11] ist ein Blick auf Williams' Feststellung interessant: „The [sports] telecast tends to present the action of the game in terms of individual performance rather than team effort" (1977, S. 133). Wird den Genannten von Gebauer, „Athleten werden zu Helden aufgrund von Darstellung in Bildern und Texten" (1988, S. 5), sekundiert, drängt sich folgende Schlussfolgerung auf: Sportler verhalten sich dann besonders vorbildlich und werden für ihr Tun dann besonders gelobt, wenn ihr Wirken als dramatisch rezipiert wird. Das ist, zumindest wurde dies für die Spielsportarten Eishockey und Fußball gezeigt, dann der Fall, wenn dieses mit einem gewissen Maß an „roughness", Aggressivität oder gar Gewalt, in Verbindung gebracht wird. Für Spitzensportler kann geschlossen werden, dass von diesen, zumindest in besonderen Situationen, grundsätzlich ein hohes Maß an Kampfbereitschaft und Leidensfähigkeit erwartet werden dürfte.

Die Gelegenheit, diese Qualitäten unter Beweis zu stellen, erhalten Sportler dadurch, dass sie sich regelmäßig mit anderen vergleichen, sich permanent im Wettkampf bewei-

---

[10] So lautet der Titel der Veröffentlichung.

[11] „A sport without a hero is like Hamlet without the Prince [...]" (Holt und Mangan 1996, S. 5).

sen müssen. Dies ist systemimmanent, da die beteiligten Parteien vor einem Wettkampf immer als gleich gelten und dieser dazu dient, eine Hierarchie basierend auf der Wettkampfleistung herzustellen. Die populäre Fußballerweisheit: „Nach dem Spiel ist vor dem Spiel", weist auf diese Eigenheit des Sportlerdaseins hin, die auch in der wissenschaftlichen Literatur häufig beschrieben wird (z. B. Gebauer 1996; Weiß 1999; Emrich und Messing 2001). Dass Sportlern die Vergänglichkeit ihres Ruhmes bewusst ist, zeigt der frühere Weltklassehochspringer Tränhardt, dessen Buch, in dem er Gespräche mit aktuellen und ehemaligen Sportgrößen beschreibt, den Titel „Helden auf Zeit. Gespräche mit Olympiasiegern" (Tränhardt 1994) trägt. Kann ein Sportler keine Erfolge mehr erringen, seinen Ruhm folglich nicht mehr erneuern, verblasst dieser in der Regel schnell.

Gebauer beschreibt dieses Phänomen für die Fußball-Bundesliga, in der „Wegwerfhelden mit der Lebensdauer eines Bundesliga-Wochenendes [produziert werden]. Wer zwei Tore schießt, ist gleich ein Hero – gestern Harry Decheiver, ‚der Knipser', heute Ulf Kirsten, ‚der Knaller'" (Gebauer 1996). Die übliche Bewertung von Fußballspielern mit Schulnoten und die sehr verbreitete Bestimmung von Spielern des Tages, der Woche, des Monats usw.,die nach jedem Bundesliga-Wochenende in Presse, Funk und Fernsehen erfolgen, zeugen ebenfalls von dieser Eigenart des (Medien)Sports.[12]

Izod vergleicht Sportler mit den sog. „year kings" (1996, S. 188), deren kurze Regentschaft damit endete, dass sie geopfert wurden. Die Hingabe ihres Lebens war folglich der Preis für Ruhm und Annehmlichkeiten, was ihnen allerdings bei Amtsantritt schon bewusst war. Sportler werden bekanntlich nach einer Niederlage nicht (mehr)[13] geopfert, aber gerade die geschilderten „Auf- und Abstiegsprozesse" (Heinemann 1998, S. 174), die konstituierend für den Sport sind, sind ein wesentlicher Grund für dessen Attraktivität für Wettkampfathleten und Zuschauer. Ist die Möglichkeit der Niederlage nicht gegeben, verlieren beide das Interesse (Ashworth 1975; Brower-Rabinowitsch 2006). Anders als die „year kings" können Sportler, solange sie nicht zu alt sind,[14] die Zeit ihres Wirkens verlängern, das, wenn es sich denn um ein solches handelt, *Heldentum auf Zeit* fortbestehen lassen: Sie messen sich im Wettkampf.

In den zur Statusfeststellung bzw. Statuszuschreibung dienenden sportlichen Wettkämpfen ist relativ leicht und eindeutig zu erkennen, welche Leistung gut und bewundernswert bzw. welche schlecht ist. So ist einer Tabelle oder der Ergebnisliste einer Weltmeisterschaft leicht zu entnehmen, wer welchen Platz innehat, wie also das (momentane) Abschneiden der betreffenden Mannschaften einzuordnen ist. Jeder weiß, dass der Erst- besser als der

---

[12] Beachtenswert ist in diesem Zusammenhang die Verleihung des Titels „Spieler des Tages" in der gleichnamigen Rubrik des Handelsblatt am 20.11.2006 an Kevin Kuranyi, die vornehmlich damit begründet wurde, dass dieser, trotzdem er mit einem Leistungstief und sportlichen Enttäuschungen zu kämpfen hatte, wieder Tore schoss (o. V. 2006g). Gerade dass er ein *Held auf Zeit* ist, wurde bei der Begründung thematisiert.

[13] Für manche Kulturen ist diese Praxis überliefert.

[14] Bezüglich des altersbedingten „Heldentums auf Zeit" vgl. z. B. Stone 1975, S. 153; Gebauer 1997, S. 306; Gertz 2003, S. 152; Schwerdtfeger 2004/2005, S. 111; Schmidt 2006, S. 8 f.

Zweitplatzierte ist, welcher wiederum besser als der Dritte ist. Nach Wettkämpfen finden oft Siegerehrungen statt, die die gezeigten Leistungen eindeutig bewerten. Anders als es üblicherweise im Alltagsleben der Fall ist, können die Handlungen des Sportlers fast immer direkt bewertet und ihre Auswirkungen und Konsequenzen einfach erfasst werden. Es ist meist unmittelbar (oder nach relativ kurzer Zeit) nachvollziehbar, ob der gewählte Weg richtig war oder nicht. Eine „Komplexitätsreduktion" (Emrich und Messing 2001, S. 63) wird herbeigeführt. Diese beschränkt sich jedoch nicht nur auf die unmittelbare Bewertung der Leistungen, sondern zeigt sich ebenfalls darin, dass Sportler, die (aus Sicht der Anhänger) für die richtige Mannschaft spielen, die „Guten" und Spieler der (ständig wechselnden) Gegenmannschaft die „Bösen" sind.

> Die Rollen [im Sport sind] holzschnittartig auf einfachste Konfrontationen zusammengeschnitzt […]: Gegnerschaft – Kampf – wir – jene – Sieg oder Niederlage – Alles oder Nichts, Ja oder Nein: Die menschliche Neigung zur Zweierklassenbildung, zur Dichotomisierung, zur Wir-Gruppen-Bildung gegen Außenstehende, findet hier ein Darstellungsfeld. (Lenk 1972, S. 157)

Auch die weiter oben genannten Funktionen, Anbindung und Identifikation, die der Sport für viele seiner passiven Konsumenten erfüllt, werden hier deutlich. Es kann erahnt werden, dass der Sportzuschauer über Identifikation mit den Sportlern seinen Wunsch „nach Überlegenheit, nach sozialer Abgrenzung […] stellvertretend verwirklicht" (Messing 1996, S. 17f.) sieht. Durch die leichte Verständlichkeit und klare Zielgerichtetheit sportlicher Handlungen kann sich der Anhänger leicht verorten, kann seine Sympathien ohne große Reflexion vergeben (Cialdini et al. 1976; Cialdini und Richardson 1980; Messing 1996). Wie für den klassischen Heros gilt hierbei für den Sporthelden: „Heroes, of course, [are] not supposed to be too complex or clever" (Holt und Mangan 1996, S. 6). Dies gilt auch für das Sportsystem insgesamt, dessen bessere Verständlichkeit im Vergleich zu anderen Systemen innerhalb einer Gesellschaft oftmals sogar genutzt wird, um außersportliche Zusammenhänge anhand von Vergleichen mit Sportbezug zu verdeutlichen.[15]

2.3 Die „großen Aufgaben" der „Helden auf Zeit"

Nach Betrachtung des Handlungsrahmens, den der moderne (Medien)Sport darstellt, den Gebauer als „Mythen-Maschine" (Gebauer 1996, S. 150; Gebauer 1997, S. 290) bezeichnet, soll nachfolgend ein genauerer Blick auf dessen Akteure geworfen werden. Denn, wie die bereits angeführte Feststellung Williams' besagt: „The [sports] telecast tends to present the action […] in terms of individual performance rather than team effort" (1977, S. 133). Vor

---

[15] Beispielhaft sei hier auf einen Artikel im Handelsblatt verwiesen. Zur Verdeutlichung eines wirtschaftlichen Sachverhalts wird der Volkswagen-Konzern mit dem deutschen Fußballmeister FC Bayern München verglichen (Weidenfeld 2006). Auch wurde bereits darauf verwiesen, wie der Vorstandsvorsitzende der Daimler AG die Unterzeichnung der Vertragsverlängerung mit dem DFB dazu nutzte, gemeinsame Werte herauszustellen, die eher im Sport als bei einem Wirtschaftsunternehmen vermutet werden dürften.

diesem Hintergrund sei auf eine Beobachtung Gebauers verwiesen: „Allein ist der Held nichts. Neben den Mythenmachern braucht er die Zuschauer" (Gebauer 1996, S. 152). Lange formuliert im Rahmen seiner Beschäftigung mit „ausgewählten deutschen Sporthelden der 90er Jahre" (Lange 1998/1999, S. 128)[16] etwas präziser: „Ein Held ist immer nur dann ein Held, wenn er auch für einen solchen gehalten wird" (Lange 1998/1999, S. 128). Ohne detailliert der Frage nachzugehen, ob bzw. wann Sportler zutreffend als „Held" bezeichnet werden können bzw. warum dies häufig der Fall ist (hierzu z. B. Könecke 2012; Könecke 2013), soll in diesem Kapitel erörtert werden, mit welchen allgemeinen Erwartungen die Protagonisten der spitzensportlichen „Mythen-Maschine" seitens der sie bewundernden (und oftmals auch kritisierenden) Zuschauer konfrontiert werden. Da, wie in den bisherigen Ausführungen deutlich wurde, viele der Funktionen und sinnstiftenden Inhalte des Sports aus Interpretationsleistungen resultieren, ist die Kenntnis dieser Erwartungen für die Markenführung und das Markenmanagement mit und im Sport von zentraler Bedeutung. Schließlich sind auch die im sportbezogenen Markenmanagement Tätigen „Mythenmacher" im Sinne Gebauers, die letztendlich (im Idealfall kenntnisreich und verantwortungsvoll – im ungünstigen Fall ahnungslos und fahrlässig) mit erfüllbaren oder auch unerfüllbaren Erwartungen arbeiten.

Ähnlich wie Izod, „[t]he great tasks of the contemporary sporting hero are against all odds to win contests and to strive to break records" (1996, S. 187), formuliert Edmonds die Kernaufgabe der Sportler: „winning in spite of tremendous odds" (1982, S. 40). Emrich und Messing erklären diese Fixierung der Erwartungshaltung auf die Ergebniserzielung im Sport mit der zunehmenden Spezialisierung, „die typisch für unsere Gesellschaften ist" (2001, S. 63). Harris (1994) nennt weitere Autoren, die diese Annahme stützen. Boorstin hielt allerdings bereits in den frühen 1960er Jahren fest, dass für die Bewertung der im Sport handelnden Personen vor allem deren sportlicher Erfolg relevant sei (Boorstin 1961), so dass es sich hier um keine neue Beobachtung zu handeln scheint. Interessant sind ferner die Betrachtungen von Steitz, der bei der Auswertung von Definitionen anderer Autoren feststellte, dass deren wesentliche Gemeinsamkeit die Forderung nach Vollbringung eines Wunders oder einer übermenschlichen Leistung sei (Steitz 2000/2001). Diese Gemeinsamkeit scheint, wenn das Erringen großer Siege oder eines Weltrekordes als einem Wunder gleich angesehen wird, von den ersten Autoren bereits formuliert worden zu sein. Bei genauer Betrachtung fällt jedoch auf, dass deren Ausführungen, wenigsten implizit, noch weiter gehen. Deutlicher wird dies bei Kieffer, der Fußballerbiographien als „moderne Heldensagen" tituliert, deren Protagonist sich stets „gegen mannigf[altige] Widrigkeiten durchsetzen muss, ehe er dort anlangt, wo er hingehört: ganz oben" (2002, S. 28). Differenzierter dargelegt werden die Anforderungen an sozial exponiert agierende Sportler von Izod:

---

[16] Der Titel von Langes (1998/1999) Staatsexamensarbeit lautet: Über die Notwendigkeit der sportlichen Helden in der „entzauberten" Gesellschaft – Entwurf einer Theorie des Helden und deren Überprüfung anhand ausgewählter deutscher Sporthelden der 90er Jahre.

In [all] sports athletes have to face painful difficulties. [...] Equally devastating are the private hell of self-doubt and the public hell of failure and humiliation. [...] Like every other hero, the sporting hero has to be seen to have confronted not only every conceivable external hardship but also all his or her deepest fears and doubts. (Izod 1996, S. 187)

Die Leistung des Sportlers muss also „veredelt" werden. Besondere Begleitumstände sind erforderlich, um sportliche Leistung als bewundernswert erscheinen zu lassen. Auffallend ist, dass nicht nur externe Faktoren („mannigfaltige Widrigkeiten", „every conceivable external hardship") relevant sind, sondern auch der innere Widerstreit („deepest fears and doubts") des Sportlers von entscheidender Bedeutung bei der Bewertung seiner Leistung zu sein scheint.

In diesem Zusammenhang bietet sich wiederum ein Blick auf die Überlegungen von Steitz an, der von einer „Inflation" von Sporthelden im Fernsehen schreibt und daraus schließt, dass diesen eine wichtige Funktion hinsichtlich der Steigerung der Einschaltquoten zukomme (Steitz 2000/2001). Folglich kann davon ausgegangen werden, dass die mediale Darbietung der Sportler dahingehend ausgerichtet sein müsste, dass der Zuschauer den Sportler aufgrund dieser als Sporthelden im Sinne von Steitz, also als besonders bewundernswerten Athleten, wahrnimmt.[17] Daher verdient seine folgende Beobachtung besondere Beachtung: „Auch werden die Sportler oft als Märtyrer dargestellt, die Opfer zugunsten ihrer Leistungsfähigkeit bringen müssen. Der Sieg wird dann praktisch als Ausgleich der zahlreichen erduldeten Qualen angesehen" (Steitz 2000/2001, S. 37). Langes Beobachtungen weisen in dieselbe Richtung: „[Darum] liebt man gerade jenen Fahrer besonders, der es versteht, seine Siege dadurch kostbarer zu machen, daß er die Betrachter an seinem Leid und seinen Niederlagen Anteil haben läßt [sic]" (1998/1999, S. 125). Auch bei Lange wird die Bedeutung des inneren Widerstreits, des (evtl. auch nur unterstellten) inneren Monologs deutlich. Der Sieg im Sport ist deshalb besonders kostbar, weil er verdient werden muss und immer auch eine Niederlage möglich ist.

Welche Bedeutung Niederlagen für Sportler (im Extremfall) haben, zeigt Edmonds: „Defeat is too like death" (1982, S. 40). Daraus schließt er auf eine Aufgabe des bewunderten Sportlers: „overcoming the fear of death" (Edmonds 1982, S. 40). Die Ausführungen der genannten Autoren erinnern an Izods „internal hells" (1996): Die Möglichkeit der Niederlage bedingt die „public hell of failure and humiliation". Auch Izods zweite „Hölle", „the private hell of self-doubt", kann wiedererkannt werden. Deutlich wird sie auch in den Schilderungen Langes. Dieser überprüfte die von ihm entworfene „Theorie des Helden" an den „ausgewählten deutschen Sporthelden" Jan Ullrich, Michael Schumacher und Boris Becker (Lange 1998/1999). Hierbei ergab sich die Gemeinsamkeit, „daß sich alle in Grenzbereiche wagen, die den Betrachter ängstigen" (Lange 1998/1999, S. 129). Der Athlet überwindet folglich stellvertretend für den Zuschauer seine Selbstzweifel und stellt sich der Herausforderung, die ihn ängstigen und der er sich eigentlich entziehen sollte, das macht seine Leistung besonders.

---

[17] Zur Erinnerung: „Ein Held ist immer nur dann ein Held, wenn er auch für einen solchen gehalten wird" (Lange 1998/1999, S. 125).

Als vorläufiges Fazit der bisherigen Betrachtungen lassen sich somit allgemein drei „großen Aufgaben"[18] der exponiert agierenden Akteure des Zuschauersports identifizieren:

- Vollbringen einer herausragenden Leistung.
- Überwinden bedeutender externer Schwierigkeiten.
- Durchschreiten der „internal hells" („private hell" und „public hell").

Bezüglich der Formulierung der ersten Aufgabe muss noch auf Folgendes hingewiesen werden: Bereits bei Lange[19] wird angedeutet, dass ein Sportheld nicht unbedingt siegen muss. Duret führt aus: „L'héroisme n'est pas alors directement tiré des résultats, mais de la manière de gagner ou de perdre"[20] (1993, S. 49). Duret und Wolff kommen zu folgendem Schluss: „Champions […] become real heroes only if they are able, whether through defeat or victory, to win our esteem" (1994, S. 144). Der Sieg erscheint folglich nicht unentbehrlicher Bestandteil des bewundernswerten sportlichen Wirkens zu sein. Holt und Mangan schreiben hierzu: „Surviving setbacks to come back and *attempt* [Hervorh. durch d. Verf.] to win at the highest level has always been inherently heroic. To give all was all any man could do" (1996, S. 6). Später beschreiben sie die erfolglose Aufholjagd Poulidors bei der Tour de France: „The sight of Poulidor seconds behind Ancquetil battling in vain for the lead on the slopes of the Puy de Dôme was thrilling and heroic. The loser in this case was better loved than the winner" (Holt und Mangan 1996, S. 7). Edmonds erfasst die Faszination, die dieses verbissene, obgleich vergebliche sportliche Kämpfen ausstrahlt, mit den Worten: „I love to see the tests of the human spirit. I love to see defeated teams refuse to die, […] the heart that refuses to give in" (1982, S. 40). Bezogen auf die o. g. „großen Aufgaben" zeigt sich in den Äußerungen der Autoren, dass es mitunter wichtiger zu sein scheint, die zweite und dritte „große Aufgabe" bewundernswert, also mutig auf sich zu nehmen und zu *versuchen* zu gewinnen, als letztendlich erfolgreich zu sein. „Mut" ist im vorliegenden Kontext in der Bedeutung zu verstehen, die Emrich und Messing beschreiben: „Kernpunkt des moralischen Mutes ist die Fähigkeit, einem inneren Feind zu widerstehen, also den Leidenschaften, dem Ausweichen vor dem Schmerz, den Leiden" (2001, S. 47). Allerdings muss ein Sportler zumindest den glaubhaften Versuch der „Vollbringung eines Wunders" bzw. „einer übermenschlichen Leistung" (Steitz 2000/2001, S. 10) unternehmen, um für seine Leistungen die Bewunderung der Zuschauer bzw. seiner Anhänger erwarten zu können. Rufen seine Bemühungen eher belächeltes Mitleid als mitleidende Bewunderung hervor, scheint eine positiv konnotierte soziale Exposition unwahrscheinlich und es dürfte eher das Gegenteil der Fall sein.

---

[18] Diese „großen Aufgaben" wurden vom Verfasser erstmals als „great tasks" (Könecke 2012, S. 47) an anderer Stelle beschrieben.

[19] „[…] an seinen *Niederlagen* [Hervorh. durch d. Verf.] Anteil haben läßt" (Lange 1998/1999, S. 125).

[20] „Das Heldentum resultiert also nicht direkt aus dem Ergebnis, sondern aus der Art und Weise, in der man gewinnt oder verliert" (Übers. d. Verf.).

Zusammenfassend wird von Sportlern somit idealtypischerweise erwartet, dass sie ihr Ziel nicht aus den Augen verlieren, sie dessen Erreichung alles unterordnen und sich von Widerständen nicht aufhalten und von Zweifeln nicht überwältigen lassen (Jacobs et al. 2002). Das heißt, dass ein exponiert agierender Athlet angesichts einer drohenden Niederlage nicht aufgeben darf, sondern weiter bereit sein muss, für den Sieg zu kämpfen und alles zu geben. Er muss sich aufopfern für den Sport, die Mannschaft und die Anhänger. „Er leidet für uns [die Anhänger bzw. Zuschauer – Anm. d. Verf.], und je stärker wir das miterleben können, desto stärker scheint auch unsere Identifikation mit ihm" (Lange 1998/1999, S. 128).[21] Der Sportler nimmt, so die Interpretation seiner Bewunderer, die Bewältigung der oben beschriebenen „großen Aufgaben" auf sich und legt so Zeugnis ab für die Wichtigkeit seines Tuns. Denn, wer würde Qualen und gar Gefährdungen der eigenen Gesundheit auf sich nehmen, wenn es wirklich nur um „nichts und wieder nichts" ginge? Durch die zur Schau gestellte Opferbereitschaft beweist der Sportler, dass sein Tun wichtig sein muss.

Eine besondere „individual ability to endure hardships to reach goals" (Harris 1994, S. 72) wird in „das Leistungsprinzip als Legitimation für Statuszuweisungen nutzenden Gesellschaften" (Emrich und Messing 2001, S. 64) bewundert, da Leistungsfähigkeit ohne Zielstrebigkeit nicht unter Beweis gestellt werden kann. Folglich werden im Sport besondere Leiden, die besondere Bereitschaft, sich für eine Sache, ein Kollektiv bzw. dessen Ziel zu opfern, gemeinhin (auch vom Gegner) bewundert. Daraus folgt, dass die Leistung eines Sportlers an Bedeutung gewinnt, je mehr er leidet, je mehr er für die Sache, die Mannschaft, den Sport zu opfern bereit ist. Opferbereitschaft und Leidensfähigkeit sind folglich wesentlicher Bestandteil der Auf- und Abstiegsprozesse, die Sportler in der öffentlichen Wahrnehmung durchlaufen. Letztere wird hierbei als die Fähigkeit eines Sportlers verstanden, extremes Unbill, also etwa Schmerzen, unwirtliches Wetter oder eine besonders aussichtslose Situation, zu ertragen und sich trotzdem nicht entmutigen zu lassen. Ein hohes Maß an Opferbereitschaft wird dem Sportler zugeschrieben, da angenommen wird, dass er dieses Unbill deswegen erträgt, weil es einer höheren Sache dient. Diese kann das Repräsentieren einer sozialen Gruppe, z. B. eines Vereins, einer Universität oder eines Landes, oder das Einstehen für etwas Abstraktes sein, also etwa die Ideale des Sports im Allgemeinen, einer Sportart oder eines Wettkampfes.

Diese Repräsentationsfunktion wird von den Akteuren des Sportsystems, neben den Athleten sind hiermit auch Mannschaften, Vereine, Verbände, deren Funktionäre und sonstige Vertreter gemeint, oftmals nicht aktiv gesucht, sondern ihnen durch eine Interpretationsleistung ihrer Anhänger zugeschrieben. Folglich können *Markenbildung und Markenführung im Sport* nur vor dem Hintergrund der Kenntnis und unter aktiver Einbeziehung dieser Prozesse langfristig erfolgreich sein. Ferner bedient sich gerade die Einbeziehung von Personen, Mannschaften und/oder Organisationen aus dem Sport in das *Markenmanagement mit Sport* ebenfalls dieser Interpretationsleistung der Zuschauer bzw. Adressaten. Daher resultieren aus den geschilderten Zusammenhängen und Spezi-

---

[21] Ähnlich formuliert Edmonds: „In fact, the greater the odds, the more fervent becomes individual identification" (1982, S. 36).

Abb. 2.2 Ausschnitt aus dem
VISA-Werbespot „Michael
Phelps 2008" – letzte Szene vor
der Einblendung des VISA-
Logos und der Olympischen
Ringe. (Quelle: Visa–Phelps
2008, Minute: 0:22)

fika mannigfaltige Erkenntnisse und Implikationen für den Themenkomplex „Marke und
Sport", von denen im folgenden Kapitel einige exemplarisch an Fallbeispielen herausgearbeitet werden.

2.4 Fallbeispiele

2.4.1 Fallbeispiele zur Markenführung mit Sport

2.4.1.1 Michael Phelps: Der Rekordsieger als Markenbotschafter

Aufgrund der Komplexitätsreduktion, welche charakteristisch für das Sportsystem ist, ist
meist leicht erkennbar, ob eine gezeigte sportliche Leistung zum letztendlich gewünschten
Ziel, sportlichem Erfolg, geführt hat. Wie beschrieben wurde, reicht es im Sport allerdings
oftmals nicht aus, „einfach nur" erfolgreich zu sein. Dies zeigt beispielsweise ein Werbespot des Kreditkartenunternehmens VISA, welches einer der „Worldwide Olympic Partners" des IOC ist (wie bereits Abb. 2.1 zu entnehmen war). Dieser kurze Film entstammt
einer Reihe von Werbespots des Unternehmens, die jeweils von einzelnen Sportlern und
ihrem Wirken bei verschiedenen Olympischen Spielen handeln. Porträtiert wird der amerikanische Schwimmer Michael Phelps, der in Peking 2008 acht Goldmedaillen gewann
und somit olympischer Rekordsieger wurde. Folglich wird der Sportler am Ende des Films
vor der Einblendung des VISA-Logos und der Olympischen Ringe in heroischer Sieger-
pose gezeigt (s. Abb. 2.2).

Die englische Tonspur des gut eine halbe Minute langen Films, welche vom Schauspieler Morgan Freeman gesprochen wird, lautet folgendermaßen:

> He has competed against the past. He has competed against the history books. He has com-
> peted against time, expectations and everyone who came before him. – But most of all, he has
> competed against himself.
>   Congratulations, Michael, on having won more gold medals than anybody. Ever!
>   VISA, proud sponsor of the Olympic Games and the only card accepted there.

Wie sich zeigt, reicht es nicht, „nur" Rekordgewinner, also derjenige zu sein, der mehr
Goldmedaillen gewonnen hat, als jeder andere, was in einzigartiger Weise der ersten der

Abb. 2.3 Ausschnitt aus dem
VISA-Werbespot „Michael
Phelps 2008" – der Athlet wird
in sich gekehrt dargestellt.
(Quelle: Visa–Phelps 2008,
Minute: 0:09)

Abb. 2.4 Ausschnitte aus dem
VISA-Werbespot „Michael
Phelps 2008" – der Sportler
scheint mit sich zu hadern.
(Quelle: Visa–Phelps 2008,
Minute: 0:18)

„großen Aufgaben" entspricht. Wie das Beispiel des kurzen Films – der musikalisch entsprechend untermalt wird und dessen Bildsprache die verbalen Ausführung unterstreicht – deutlich macht, sind gerade das Überwinden weitgehender Schwierigkeiten und der Kampf mit sich selbst (s. Abb. 2.3 und 2.4) von zentraler Bedeutung bei der Bewertung sportlicher Leistung.

Markenmanager können diese Erkenntnis – wie hier gezeigt – bei der Gestaltung der entsprechenden Markenführungsinstrumente berücksichtigen. Denn eine zu einseitige Erfolgszentrierung ist evtl. nicht zielführend und kann im Falle schlechter Ergebnisse sehr schnell ihres „argumentativen Kerns" beraubt werden. Außerdem wird durch den Bezug auf diese, die Leistung des Schwimmers zusätzlich veredelnden, Aspekte ein besonders großes Identifikationspotential geschaffen.

2.4.1.2 Derek Redmond: Der tragische Verlierer als Markenbotschafter

Dass allerdings auch der Umgang mit tragischen Niederlagen im Sport dafür genutzt werden kann, sportzentrierte Kommunikation zu betreiben, wird durch einen weiteren athletenzentrierten Kurzfilm von VISA deutlich, der hier als Kontrast zum gerade beschriebenen Beispiel herangezogen wird. Dieser Film erzählt die Geschichte des Ausscheidens des britischen 400-Meter-Läufers Derek Redmond bei den Olympischen Spielen 1992 in Barcelona aufgrund einer Verletzung. Konkret beginnt der Film mit Sequenzen kurz vor

Abb. 2.5 Ausschnitt aus dem VISA-Werbespot „Derek Redmond 2008" – Vorstartphase. (Quelle: VISA-Redmond 2008, Minute: 0:02)

Abb. 2.6 Ausschnitt aus dem VISA-Werbespot „Derek Redmond 2008" – Startphase. (Quelle: VISA-Redmond 2008, Minute: 0:05)

Abb. 2.7 Ausschnitt aus dem VISA-Werbespot „Derek Redmond 2008" – Verletzungsbedingtes Ausscheiden. (Quelle: VISA-Redmond 2008, Minute: 0:09)

dem Start (Abb. 2.5). Es folgen die Startphase des Laufs (Abb. 2.6) und der verletzungsbedingte Zusammenbruch (Abb. 2.7). Dann wird gezeigt, wie der Verletzte zuerst unter großen Schmerzen versucht, auf einem Bein springend das Ziel zu erreichen, um schließlich damit zu enden, dass sein Vater ihm zur Hilfe eilt und den Sportler die verbleibenden Meter zur Ziellinie geleitet (Abb. 2.8).

Der, ebenfalls von Morgan Freeman gesprochene, Text des Clips lautet[22]:

> Derek Redmond didn't finish in first place in the 1992 400 m. He didn't finish in second or third or fourth. – He, and his father, finished dead last.
>
> But he and his father finished.
>
> VISA, proud sponsor of the Olympic Games and the only card accepted there.

---

[22] Der teilweise zusätzlich im Film zu hörende Originalkommentar von der Übertragung des Rennens im Fernsehen wurde nicht transkribiert.

Abb. 2.8 Ausschnitte aus dem
VISA-Werbespot „Derek Redmond 2008" – Zieleinlauf mit
dem Vater. (Quelle: VISA-Redmond 2008, Minute: 0:22)

Obwohl der Sportler, wie extra betont wird, weit abgeschlagen als Letzter ins Ziel kam,
wurde er als Markenbotschafter ausgewählt. Zwar konnte Derek Redmond keinen formalen sportlichen Erfolg erzielen, er entsprach aber trotzdem den Erwartungen, die an
(olympische) Athleten gestellt werden, indem er trotz seiner Verletzung das Rennen beendete. Anders, als in den meisten anderen Kontexten als dem Sport möglich, konnte durch
das Niederkämpfen der Schmerzen und die in Kauf genommene Verschlimmerung der
Verletzung besonderer Leistungswille gemäß der Systemlogik demonstriert und derart
„mitleidende Bewunderung" erlangt werden. Außerdem wurde aufgrund der Darstellung
im Film deutlich, dass Redmond alles andere als chancenlos ins Rennen gegangen war,
er also zumindest in der Lage gewesen wäre, „eine herausragende Leistung" gemäß der
ersten „großen Aufgabe" zu vollbringen. Die extrem kraftvollen Bilder des Films, die der
Sport in mutmaßlich einzigartiger Frequenz liefert, unterstützen hierbei den gesprochenen
Kommentar. Die resultierende Emotionalisierung der Zuschauer dürfte auch diejenigen
erfassen, die nicht leichtathletik- evtl. sogar nicht einmal sportaffin sind. Folglich zeigt
sich wieder, dass die Möglichkeit des Ansprechens der aus der zweiten und dritten „großen
Aufgaben" resultierenden Erwartungen und Emotionen Markenführung mit Sport besonders attraktiv macht und diesen wesentlich von anderen Inhalten differenzieren kann.[23]

2.4.2   Fallbeispiele zur Markenführung im Sport

2.4.2.1   Eddie „the Eagle" Edwards als olympischer Markenbotschafter

Wie gerade dargelegt und in Kap. 2.3 ausführlicher besprochen, kann grundsätzlich angenommen werden, dass ein Sportler den *glaubhaften* Versuch unternehmen muss, eine
sportliche Höchstleistung zu erbringen, um die Bewunderung seiner Anhänger zu gewinnen. Auf den ersten Blick scheint es daher übertrieben, wenn Steitz vom chancenlosen
„Verlierer als Held" (2000/2001, S. 40f.) schreibt. Er nennt als Beispiele Eddie „the Eagle"

---

[23] Dass die Nutzung des Sports als Kommunikationsinhalt harsch überwacht und eine möglichst
große Exklusivität angestrebt wird, zeigt sich in diesem Beispiel daran, dass der Vater Derek Red-
monds eigentlich sowohl auf seiner Kappe als auch auf seinem T-Shirt sehr deutlich erkennbare Aufschriften des Sportartikelherstellers NIKE trug (Gödecke o. J.). Diese wurden jedoch, wie in Abb. 2.8
zu erkennen, bei der Erstellung des VISA-Films entfernt.

Abb. 2.9 Emblem der Olympischen Spiele in London 2012 als „Rahmen" für den Kurzfilm über Eddie „the Eagle" Edwards. (Quelle: London-Eddie Edwards 2012, Minute 3:49)

Edwards, einen als Sonderling und vor allem chronischen Verlierer bekannten Skispringer, und Eric „the Eal" Moussambani, der als Teilnehmer der Schwimmwettbewerbe der Olympischen Spiele 2000 berühmt wurde, da er bei seinem Auftritt im Schwimmbecken chancenlos ausschied und beinahe zu ertrinken schien. Es sei jedoch vor dem Hintergrund dieser von Steitz angeführten Beispiele erneut daran erinnert, dass die *Bewertung* der Handlung des Sportlers letztendlich entscheidend dafür ist, ob er „für einen Helden gehalten" wird oder nicht. Im Umkehrschluss heißt dies, dass vor dem Hintergrund der hier vorgestellten Überlegungen vermutet werden kann, dass Steitz im Handeln der genannten Athleten eine hinreichende Erfüllung der „großen Aufgaben" sieht und diese somit für ihn zu bewundernswerten Figuren werden konnten. Dass Steitz mit dieser Ansicht nicht allein ist, zeigt sich etwa daran, dass u. a. Eddie Edwards einer der kurzen Filme gewidmet ist, die als Werbung für die Olympischen Sommerspiel, welche 2012 in London stattfanden, während der Winterspiele in Vancouver 2010 gezeigt wurden. Durch das Intro und den Abspann, welche als Rahmen jeweils das Emblem – die „Markierung" – der Spiele in London zeigen (s. Abb. 2.9), wird die in den Filmen selbst nicht hergestellte Verbindung des Gezeigten zu der Veranstaltung in London gewährleistet.

Im Wesentlichen dokumentiert der Film, wie es der Engländer in einer in seiner Heimat vollkommen unpopulären Sportart schaffte, an Olympischen Spielen teilzunehmen und sich so einen Lebenstraum erfüllte (s. Abb. 2.10). Hierbei wird sehr deutlich, dass der Skispringer bei seiner Teilnahme an den Wettbewerben in Calgary 1988 im olympischen Wettkämpferfeld völlig chancenlos war. So ist z. B. der Originalkommentar der Übertragung eines seiner Sprünge zu hören, der folgendermaßen lautet: „And there you are. He is safely down" (London-Eddie Edwards 2012, Minute 1:30-1:32). Üblicherweise ist es bekanntlich keines Kommentares wert, dass ein Skispringer seinen Sprung gut überstanden hat.

Aufgrund der Struktur des Films ist offensichtlich, dass der Wille des Sportlers, sein Ziel zu verfolgen und sich weder durch finanzielle Probleme noch durch mehrere Verlet-

Abb. 2.10 Szene aus dem Kurzfilm über Eddie „the Eagle" Edwards, in der dieser zu seiner Olympiateilnahme (s. eingeblendeten Text) interviewt wird. (Quelle: London-Eddie Edwards 2012, Minute 0:19)

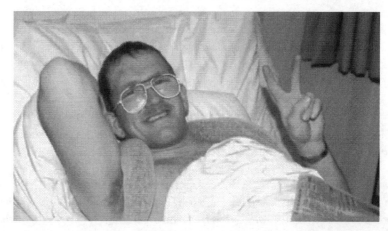

Abb. 2.11 Szene aus dem Kurzfilm über Eddie „the Eagle" Edwards, in der dieser im Krankenhaus gezeigt wird. (Quelle: London-Eddie Edwards 2012, Minute: 1:13)

zungen (s. Abb. 2.11) oder anderes Unbill von seinem Weg abbringen zu lassen, als bewundernswert angesehen werden. Dass er außerdem ein sehr auffälliger „Typ" ist, war seiner Popularität sicherlich nicht abträglich. Interessant ist im hier besprochenen Zusammenhang jedoch vor allem, dass die Marketingverantwortlichen des größten Multisport-Events der Welt extra einen Film über diesen sensationell erfolglosen Athleten produzieren und zum Aufbau der eigenen Marke ausstrahlen ließen. Es zeigt sich somit erneut, dass *im Sport* auch hinsichtlich des Wettkampferfolges sehr schlechte Ergebnisse positiv konnotiert sein und – wie bereits im Falle von Derek Redmond für ein „außersportliches" Wirtschaftsunternehmen – im Rahmen des Markenaufbaus im Sport herangezogen werden können. Wesentlich ist hierbei, dass deutlich wird, wie der Sportakteur den Erwartungen derjenigen genügt, die die weiter oben besprochene Interpretationsleistung in Bezug auf ihn erbringen bzw. erbringen sollen.

2.4.2.2 Nutzung klassischer Legenden zur Markenführung im Sport

Die in den Sport hineininterpretierten Werte und Normen werden im Markenmanagement *im* Sport mitunter dadurch bedient, dass andere Kontexte genutzt werden, um die gewünschte emotionale Aufladung zu gewährleisten. Ein Beispiel hierfür sind die Birkebeiner-Rennen. Das ursprüngliche Birkebeiner-Rennen, eine Skilanglaufveranstaltung, wurde 1932 erstmals aufgrund einer alten norwegischen Legende veranstaltet und nach deren zentralen Charakteren benannt. Die Legende besagt, dass zwei sogenannte „Birkebeiner", die diesen Namen wegen ihres aus Birkenrinde gefertigten Schuhwerks trugen, dem eineinhalbjährigen Königssohn Håkon Håkonson während eines Bürgerkriegs mit einer spektakulären Flucht auf Skiern durch winterliche Unwetter das Leben retteten. Das Kind wurde später König und einte das zerstrittene Norwegen (Birkebeineren o. J.; Sorg 2000/2001). An diese Flucht erinnernd, „findet in jedem Jahr ein Skilanglaufrennen […] statt – das Birke[b]einer-Rennen" (Sorg 2000/2001, S. 7). Bei diesem Rennen tragen die Wettkämpfer in Anlehnung an die Überlieferung bis heute ein mindestens 3,5 kg schweres Bündel mit sich bis ins Ziel (birkebeiner o. J.a), welches das Kleinkind symbolisiert (Sorg 2000/2001). Inzwischen hat sich aus diesem Rennen eine Rennserie mit internationaler Ausstrahlung und Teilnehmerschaft entwickelt, die neben dem ursprünglichen Skilanglauf auch Mountainbikerennen und Laufwettbewerbe für Erwachsene und Jugendliche umfasst (birkebeiner o. J.b). Die erwachsenen Mountainbiker müssen ebenfalls, dem Brauch folgend, einen mindestens 3,5 kg schweren Rucksack bei sich tragen (birkebeiner o. J.c). Darüber hinaus findet sich der Bezug zum Gründungsmythos dieses nunmehr stark diversifizierten „Sportprodukts" auch in dessen Markierung, wie Abb. 2.12, 2.13 und 2.14 zeigen.

Ein weiteres – und das wohl bekannteste – Beispiel dafür, dass sich Sportveranstaltungen auf Legenden bzw. Mythen beziehen, ist der Marathonlauf. Dieser wurde erstmals bei den ersten Olympischen Spielen der Neuzeit in Griechenland 1896 ins Wettkampfprogramm aufgenommen. Die zugrundeliegende Legende besagt, dass der Athener Pheidippides nach einem Sieg über die Perser nach Athen lief, um den Erfolg zu verkünden. Dort brach er zusammen und starb (z. B. Planet-Wissen o. J.; Bergfieber o. J.). Den ersten olympischen Marathonlauf gewann passenderweise der Grieche Spyridon Louis, der daraufhin selbst zur sportlichen Legende wurde. Daher beziehen sich bis heute viele Vereine, die sich dem Laufsport verschrieben haben, in ihrer Namensgebung auf den ersten Olympiasieger, wie etwa der Spiridon-Club Bad Oldesloe – Laufgemeinschaft Trave e. V. (Spiridon-Club Bad Oldesloe o. J.), der Spiridon Club Oberlahn e. V. (Spiridon Club Oberlahn o. J.) oder Spiridon Haltern e. V. (Spiridon Haltern o. J.). Es kann davon ausgegangen werden, dass diese Vereine sich in ihrer Namensgebung vor allem aus Gründen der internen Markenbildung mit dem Namen des längst verblichenen Sportlers schmücken. Festzuhalten bleibt, dass sowohl sportliche als auch außersportliche Legenden grundsätzlich zu Zwecken des

Abb. 2.12 Homepage der Birkebeiner-Rennen (die markierten Ausschnitte werden in den folgenden zwei Abbildungen vergrößert dargestellt). (Quelle: birkebeiner o. J.b)

Abb. 2.13 Vergrößerung aus der Homepage der Birkebeiner-Rennen – Stilisierung der zwei legendären Birkebeiner in der Markierung der Kopfleiste der Homepage. (Quelle: birkebeiner o. J.b)

Abb. 2.14 Vergrößerung aus der Homepage der Birkebeiner-Rennen – Stilisierung der zwei legendären Birkebeiner als Hintergrund eines zentralen Bereichs der Homepage. (Quelle: birkebeiner o. J.b)

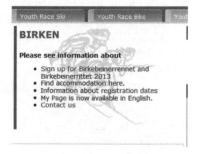

Markenmanagements (nicht nur) im Sport herangezogen werden können, um spezifische Einstellungen und Erwartungen anzusprechen.

2.5 Schlussbetrachtung

Dem Sport werden viele Funktionen zugeschrieben, zu denen die Vermittlung von Sinn, sozialer Anerkennung und Erfüllung oder die Befriedigung des Bedürfnisses nach Anbindung und Identifikation gehören, wie in der Einleitung deutlich wurde. Es muss jedoch betont werden, dass der Sport diese Funktionen nicht per se, also aus sich selbst heraus, erfüllt. Die genannten Funktionen kann der Sport nur erfüllen, wenn ihm diese durch Sporttreibende und/oder Sportzuschauer zugestanden werden. Findet diese interpretative Leistung nicht oder nicht in ausreichendem Maße statt, können der Sport und seine Akteure diese Funktionen nicht oder nur teilweise erfüllen. Auffallend ist, dass sowohl das Sporttreiben wie der Zuschauersport in den meisten Ländern und Kulturkreisen sehr populär sind, so dass fast überall die Worte Smiths Gültigkeit besitzen: „sport is important and worthwhile" (Smith 1973, S. 63). Auch kann sportliches Handeln aufgrund ähnlicher Rahmenbedingungen (die normalerweise durch internationale Verbände vorgegeben werden) üblicherweise nahezu weltweit relativ gut verstanden werden. Allerdings können sich die gerade angesprochenen Funktionen bzw. Bedeutungen des Sports und die damit verbunden Werte – durchaus sehr deutlich – unterscheiden, da diese vom Publikum jeweils kulturspezifisch decodiert werden müssen. Die Bewertung des Geschehens und vor allem das, was implizit in das Handeln im Sport bzw. der Sportler hineininterpretiert wird, hängt also sehr stark vom kulturellen Hintergrund des Betrachters ab.

Für die Markenführung mit bzw. im Sport bedeutet dies, dass viele der durch Sport transportierten Inhalte von einem sehr breiten Publikum grundsätzlich intuitiv „richtig" interpretiert werden können. „Richtig" heißt in diesem Zusammenhang, dass die gewünschten positiven Assoziationen beim jeweiligen Zielpublikum geweckt und – idealerweise – mit den damit in Verbindung stehenden Marken verbunden werden. Diese Assoziationen werden jedoch nicht für jeden der Angesprochenen dieselben sein, sondern werden individuell „geschaffen" (s. o.). So erklärt sich auch die enorme Popularität des Einsatzes von Markenführungsinstrumenten im Umfeld internationaler Sportevents und Sportwettkämpfe. Durch den Sport können Markenmanager derart ein sehr interessiertes und gewogenes internationales Publikum ansprechen. Dieses wiederum interpretiert die Ansprache dann vor dem Hintergrund des positiv konnotierten Sports jeweils auf seine spezifischen Erfordernisse und Bedürfnisse angepasst.[24]

---

[24] Aus diesem Zusammenhang resultiert auch, dass das Ambush Marketing als große Bedrohung gesehen wird, da beispielsweise nicht explizit mit Olympischen Spielen oder einer Fußball-Weltmeisterschaft geworben werden muss, um einen positiven Imagetransfer herzustellen. Bereits das Auftreten einer Marke bzw. eines Markennamens im Umfeld einer solchen Veranstaltung kann dazu führen, dass diese – wiederum interpretativ durch diejenigen, deren Aufmerksamkeit geweckt wird – mit der betreffenden Marke in Verbindung gebracht wird und die korrespondierenden Vorteile entstehen.

Diese Verknüpfung offensichtlicher oder implizierter Leistungen oder Eigenschaften des Sports oder seiner Akteure mit einer Marke oder einer Organisation kann durch entsprechende Markenführungsinstrumente moderiert werden, wenngleich sie aufgrund der Besonderheiten des Sportsystems und der Komplexität derartiger Prozesse nicht vollständig planbar ist. Hieraus resultiert, dass im sportbezogenen Markenmanagement die sportspezifische Charakteristika sowie die speziellen Erwartungen an dessen Akteure i. d. R eine zentrale Rolle spielen (sollten). Für die Markenführungen mit und im Sport bedeutet dies, dass diese im- sowie explizit mit vielen üblicherweise sehr positiv geladenen Assoziationen arbeiten kann und meist auf große Aufmerksamkeit stößt. Anders als häufig angenommen, handelt es sich hierbei jedoch keinesfalls um eine triviale Aufgabe, da die Moderation der resultierenden Erwartungen und Emotionen an viele Einflussfaktoren geknüpft ist, die mitunter nur bedingt durch aktives Management beeinflussbar sind. Hieraus folgt, dass jedwede mittel- und langfristig orientierte Markenführung mit und im Sport, die über reine Werbung als kurzfristige Generierung von Aufmerksamkeit hinausgeht, profunder Kenntnisse der Besonderheiten des Sports und der mit diesem verbundenen Erwartungen, Emotionen und Funktionen bedarf. Andernfalls können die Chancen der sportbezogenen Markenführung nicht umfassend genutzt werden. Außerdem besteht dann die Gefahr, die korrespondierenden Risiken systematisch zu unterschätzen oder zu übersehen, wodurch die betroffene Marke nachhaltig geschädigt werden könnte. Vor dem Hintergrund einschlägiger Kenntnisse und Erkenntnisse kann die Vielseitigkeit des Sports als Plattform jedoch derart genutzt werden, dass erfolgreiche Markenführung mit und im Sport sogar des oftmals als „conditio sine qua non" (o. V. 1994, S. 164) bezeichneten sportlichen Erfolgs – zumindest teilweise oder zeitweise – entbehren kann.

Abschließend sei noch bemerkt, dass die in diesem Aufsatz theoretisch und an einigen Beispielen vorgestellte Stilisierung von Sportlern als durch nichts zu erschütternde „Übermenschen", die selbst im Misserfolgsfall nie in ihrem Streben nachlassen, für die angesprochenen Rezipienten derartiger Kommunikationsmaßnahmen gleichsam sehr schnell unglaubwürdig werden kann. Sportler sind auch nur Menschen, die – bildlich gesprochen – ggf. in aussichtsloser Situation den Kopf hängen lassen. Folglich sollte nicht vergessen werden, dass derart enttäuschte Erwartungen letztendlich neben der Marke (auch) die betroffenen Kommunikationsträger, z. B. die Sportler, treffen (Könecke und Schunk 2013). Der hieraus resultierenden Verantwortung muss ein verantwortungsbewusstes Markenmanagement sowohl in Bezug auf die Marke als auch in Bezug auf die Markenbotschafter aus dem Sport gerecht werden.

Literatur

Alfermann, D., & Stoll, O. (2005). *Sportpsychologie. Ein Lehrbuch in 12 Lektionen.* Aachen.

Ashworth, C. E. (1975). Sport als symbolischer Dialog. In K. Hammerich & K. Heinemann (Hrsg.), *Texte zur Soziologie des Sports. Sammlung fremdsprachiger Beiträge* (S. 51–57). Schorndorf.

Beckmann, R. (2006). Spielbegleitender Kommentar während der Begegnung Brasilien gegen Kroatien, 13. Juni 06, ARD.

Bergfieber. (o. J.). http://www.bergfieber.de/laufen/facts/geschichte.htm. Zugegriffen: 15. Jan. 2013.

Bertling, C. (2004). Tränen, Schweiß und Jubel: Ein Bild von einem Athleten. *Journalistik Journal, 7*(2), 6–8.

Bette, K.-H. (2008a). Heldengeschichten im Sport. *medicalsports network, 3*(6), 60–61.

Bette, K.-H. (2008b). Heldenverehrung im Zuschauersport. *medicalsports network, 3*(4), 14–15.

Birkebeiner. (o. J.a). Birkebeinerrennet 2013, March 16th. http://www.birkebeiner.no/English/Rennet/. Zugegriffen: 15. Jan. 2013.

Birkebeiner. (o. J.b). http://www.birkebeiner.no/English/. Zugegriffen: 15. Jan. 2013.

Birkebeiner. (o. J.c). http://www.birkebeiner.no/English/Birkebeinerrittet/. Zugegriffen: 15. Jan. 2013.

Birkebeineren. (o. J.). The Birkebeiner Story. http://www.birkebeineren.no/en/informasjon/birkebeinerferden. Zugegriffen: 15. Jan. 2013.

Boorstin, D. J. (1961). *The Image or what happened to the American dream.* New York.

Brinkmann, T. (2001). Sport und Medien – Die Auflösung einer ursprünglichen Interessengemeinschaft? Sportvermarktung und Berichterstattung im Widerstreit. In G. Roter, W. Klingler, & M. Gerhards (Hrsg.), *Sport und Sportrezeption* (S. 41–57). Baden-Baden.

Brower-Rabinowitsch, G. (2006). Die Helden müssen bluten. *Handelsblatt,* 24.01.2006, 17, 20.

Bryant, J., Comisky, P., & Zillmann, D. (1977). Drama in sport commentary. *Journal of Communication, 27*(3), 140–149.

Cialdini, R. B., & Richardson, K. D. (1980). Two indirect tactics of image management: Basking and blasting. *Journal of Personality and Psychology, 16*(3), 406–415.

Cialdini, R. B., Borden, R. J., Thorne, A., Walker, M. R., Freeman, S., & Sloan, L. R. (1976). Basking in reflected glory: Three (Football) field studies. *Journal of Personality and Psychology, 12*(3), 366–375.

Comisky, P., Bryant, J., & Zillmann, D. (1977). Commentary as a substitute for action. *Journal of Communication, 27*(3), 150–153.

DFB. (o. J.). DFB-Generalsponsor Mercedes-Benz. http://www.dfb.de/index.php?id=11090. Zugegriffen: 30. Dez. 2012.

Digel, H. & Burk, V. (2001). Sport und Medien. *Entwicklungstendenzen und Probleme einer lukrativen Beziehung.* In G. Roter, W. Klingler & M. Gerhards (Hrsg.), *Sport und Sportrezeption* (S. 15–31). Baden-Baden.

Duret, P. (1993). Sémiotique de l'héroisme sportif. In E. Strähl & G. Anders (Hrsg.), *Spitzensportler – Helden und Opfer: Bericht zum 31. Magglinger Symposium vom 28.–30. Mai 1992. Le sportif de haut niveau: héros et victime. Rapport du symposium de Macolin* (S. 49–61). Magglingen.

Duret, P., & Wolff, M. (1994). The semiotics of sport heroism. *International Review for the Sociology of Sport, 29*(3), 135–145.

Edmonds, A. O. (1982). Sports, ritual, and myth. In D. W. Hoover & J. T. A. Koumoulides (Hrsg.), *Conspectus of history* (S 27–42). Muncie.

Eisenberg, C. (1999). *„English sports" und deutsche Bürger: Eine Gesellschaftsgeschichte 1800–1939.* Paderborn.

Elias, N. (1975). Die Genese des Sports als soziologisches Problem. In K. Hammerich & K. Heinemann (Hrsg.), *Texte zur Soziologie des Sports. Sammlung fremdsprachiger Beiträge* (S. 81–109). Schorndorf.

Elias, N. (1983). Die Genese des Sports. In N. Elias & E. Dunning (Hrsg.) *Sport im Zivilisationsprozeß* (S. 9–46). Münster.

Emrich, E., & Messing, M. (2001). Helden im Sport? Sozial- und zeithistorische Überlegungen zu einem aktuellen Phänomen. In S. Meck & P. G. Klussmann (Hrsg.), *Festschrift für Dieter Voigt* (S. 4–68). Münster.

Emrich, E., Papathanassiou, V., & Pitsch, W. (2000). Zur Diffusion olympiabezogener Werte in die Alltagswelt – aufgezeigt am Beispiel der Laufbewegung. In M. Messing & N. Müller (Hrsg.), *unter der Mitwirkung von Holger Preuß: Blickpunkt Olympia: Entdeckungen, Erkenntnisse, Impulse.* (S. 191–204). Kassel, Sydney.

FFH GmbH & Co. (2006). Nachrichtensendung des Radiosenders FFH am 03.09.2006, 8.00 Uhr.

Gebauer, G. (1988). Einleitung. In G. Gebauer (Hrsg.). *Körper- und Einbildungskraft: Inszenierung der Helden im Sport* (S. 3–7). Berlin.

Gebauer, G. (1996). Die Mythen-Maschine. *Der Spiegel, 50*(35), 150–152.

Gebauer, G. (1997). Die Mythen-Maschine. In V. Caysa (Hrsg.), *Sportphilosophie* (S. 290–317). Leipzig.

Gertz, H. (2003). Kleine Piraten. In *Süddeutsche Zeitung*, 5./6.07.2003, 152, Wochenende I.

Gleich, U. (2001). Sportberichterstattung in den Medien: Merkmale und Funktionen. Ein zusammenfassender Forschungsüberblick. In G. Roter, W. Klingler, & M. Gerhards (Hrsg.), *Sport und Sportrezeption* (S. 167–182). Baden-Baden.

Gödecke, C. (o. J.). Olympische Momente. Zu zweit ins Ziel. http://einestages.spiegel.de/s/tb/25193/olympia-1992-derek-redmonds-schwerstes-rennen.html. Zugegriffen: 15. Jan. 2013.

Hackforth, J. (2001). Auf dem Weg in die Sportgesellschaft? In G. Roter, W. Klingler, & M. Gerhards (Hrsg.), *Sport und Sportrezeption* (S. 33–40). Baden-Baden.

Harris, J. C. (1994). *Athletes and the American hero dilemma*. North Carolina.

Heinemann, K. (1975). Zur Einführung: Gegenstand und Funktionen einer Soziologie des Sports. In K. Hammerich & K. Heinemann (Hrsg.), *Texte zur Soziologie des Sports. Sammlung fremdsprachiger Beiträge* (9–19). Schorndorf.

Heinemann, K. (1998). *Einführung in die Soziologie des Sports* (4. völlig neubearbeitete Aufl.). Schorndorf.

Heinemann, K., & Schubert, M. (2001). Sport und Gesellschaften – Aufgaben und Probleme einer interkulturell vergleichenden Sportsoziologie. In K. Heinemann & M. Schubert (Hrsg.), *Sport und Gesellschaften* (S. 7–34). Schorndorf.

Holt, R., & Mangan, J. A. (1996). Heroes of a European past. *International Journal of the History of Sport, 13*(1), 1–13.

Interbrand. (2012). Best Global Brands. http://www.interbrand.com/en/best-global-brands/2012/Best-Global-Brands-2012-Brand-View.aspx. Zugegriffen: 15. Jan. 2013.

IOC. (2012). Olympic Marketing Fact File. http://www.olympic.org/Documents/IOC_Marketing/OLYMPIC-MARKETING-FACT-FILE-2012.pdf. Zugegriffen: 30. Dez. 2012.

Izod, J. (1996). Television sport and the sacrificial hero. *Journal of Sport and Social Issues, 20*(2), 173–193.

Jacobs, C., Krischer, M., & Wittlich, S. (2002). Rückkehr der Helden. *Focus, 10*(9), 58–66.

Kicker. (2006). EM-Qualifikation, 2006/07, 1. Spieltag, Deutschland – Irland. http://www.kicker.de/news/fussball/em/qualifikation/em-qualifikation/2006–07/1/750770/spielanalyse_deutschland_irland.html. Zugegriffen: 30. Dez. 2012.

Kieffer, S. (2002). Von Neitersen in die Premier League. In *Mainzer Rhein-Zeitung*, 05.03.2002, 54, 28.

Könecke, T. (2012). Long-Lasting social change as ultimate success for heroes out of sport. *Journal of Sport Science and Physical Education, 63*, 46–50.

Könecke, T. (2013). Working Paper No. 10: „Helden im Sport" und „Helden aus dem Sport" – hermeneutische Betrachtungen zu ausgewählten Expositionsprozessen im und durch Sport. Working Paper Series – Mainzer Papers on Sports Economics & Management. http://www.sport.uni-mainz.de/Preuss/Download%20public/Working%20Paper%20Series/Working_Paper_No_10_Helden_im_Sport_Helden_aus_dem_Sport.pdf. Zugegriffen: 15. Feb. 2013.

Könecke, T., & Schunk, H. (2013). Fußball-Nationalspieler als herausragende Akteure des modernen Mediensports – eine sportsoziologische Analyse anlässlich der Fußball-Weltmeisterschaft 2010. In G. Ellert, G. Schafmeister, & S. Brunner (Hrsg.), *Die Fußball-Weltmeisterschaft 2010 im wissenschaftlichen Fokus – interdisziplinäre Analyse einer sportlichen Großveranstaltung* (S. 197–226). Köln.

Krockow, C. G. v. (1972). *Sport und Industriegesellschaft*. München.

Lange, F. (1998/1999). Über die Notwendigkeit der sportlichen Helden in der „entzauberten" Gesellschaft – Entwurf einer Theorie des Helden und deren Überprüfung anhand ausgewählter deutscher Sporthelden der 90er Jahre. Unveröffentlichte Staatsexamensarbeit des Fachbereich Sport der Johannes Gutenberg-Universität Mainz WS 1998/99.

Lenk, H. (1972). *Leistungssport: Ideologie oder Mythos?* Stuttgart.

Lenk, H. (2000). Towards a philosophical anthropology of the Olympic athlete and/as achieving being. In M. Messing & N. Müller (Hrsg.), *unter der Mitwirkung von Holger Preuß: Blickpunkt Olympia: Entdeckungen, Erkenntnisse, Impulse.* (S. 150–174). Kassel, Sydney.

London. (2012). Partners. http://www.london2012.com/about-us/the-people-delivering-the-games/olympic-partners/. Zugegriffen: 30. Dez. 2012.

London-Eddie Edwards (2012). Film über Eddie Edwards. https://www.youtube.com/watch?v=K-SlNNgsWJQ. Zugegriffen: 15. Jan. 2013.

Messing, M. (1996). Sportsoziologische und systemtheoretische Betrachtungen zur Zuschauerrolle. In M. Messing & M. Lames (Hrsg.), *Empirische Untersuchungen zur Sozialfigur des Sportzuschauers* (S. 9–25). Niedernhausen.

Messing, M., & Lames, M. (1996). Basketball: Zur Verflechtung sportinterner und sportexterner Handlungssysteme bei Zuschauern. In M. Messing & M. Lames (Hrsg.), *Empirische Untersuchungen zur Sozialfigur des Sportzuschauers* (S. 107–122). Niedernhausen.

Messing, M., & Lames, M. (1996a). Frauenhandball: Die Bedeutung der lokalen Sportberichterstattung für die Zuschauer. In M. Messing & M. Lames (Hrsg.) *Empirische Untersuchungen zur Sozialfigur des Sportzuschauers* (S. 137–151). Niedernhausen.

Messing, M., & Lames, M. (1996b). Golf: Soziale Selektivität und schichtspezifische Verhaltensstandards. In M. Messing & M. Lames (Hrsg.). *Empirische Untersuchungen zur Sozialfigur des Sportzuschauers* (S. 166–186). Niedernhausen.

Messing, M., & Lames, M. (1996c). Tennis: Die Attraktivität eines Spieles in Abhängigkeit von Spielerverhalten und Spieleigenschaften. In M. Messing & M. Lames (Hrsg.), *Empirische Untersuchungen zur Sozialfigur des Sportzuschauers* (S. 94–106). Niedernhausen.

Morrow, D. (1992). The myth of the hero in Canadian sport history. *Canadian Journal of the History of Sport, 23*(2), 72–83.

n-tv. (2010). Zuschauer-Rekord beim Halbfinale. Online im Internet. http://www.n-tv.de/panorama/Zuschauer-Rekord-beim-Halbfinale-article1013186.html. Zugegriffen: 20. Feb. 2012.

o. V. (1994). Siegfried und Odysseus. *Der Spiegel, 48*(21), 164–169.

o. V. (2006). Bolzplatz statt Börse. In *Handelsblatt*, 11.07.2006, 131, 22.

o. V. (2006g). Spieler des Tages. In *Handelsblatt*, 20.11.2006, 224, 24.

Pilz, G. A. (2006). *Wandlungen des Zuschauerverhaltens im Profifußball*. Schorndorf.

Planetwissen. (o. J.). Marathon. http://www.planet-wissen.de/sport_freizeit/laufen/marathon/index.jsp. Zugregriffen: 15. Jan. 2013.

Riha, K. (1980). Männer, Kämpfe, Kameras. Zur Dramaturgie von Sportsendungen im Fernsehen. In R. Lindner (Hrsg.), *Der Fußballfan* (S. 165–182). Frankfurt.

Schlicht, W., & Strauß, B. (2003). *Sozialpsychologie des Sports*. Göttingen.

Schmidt, J. (2006). Leid und Leidenschaft. In *echt. Das Magazin ihrer evangelischen Kirche* o. Jg. (1), 8–9.

Schümann, H. (2006). Aus! Aus! Aus! (Abschnitt: Wir Stehaufmänner.) In *Der Tagesspiegel*, 10.07.2006, 19.245, 24.

Schwerdtfeger, M. (2004/2005). Heute ein Heiliger, morgen ein Niemand – Moderne Spitzensportler als Helden und Verlierer. Unveröffentlichte Magisterarbeit des Fachbereich Sport der Johannes Gutenberg-Universität Mainz WS 2004/05.

Smith, G. (1973). The sport hero: An endangered species. *Quest, 19,* 59–70.

Sorg, S. N. (2000/2001). Die Olympischen Winterspiele 1994 in Lillehammer. Chance der kulturellen Selbstdarstellung auf der Grundlage wiederbelebter und neu entdeckter Traditionen. Unveröffentlichte Diplomarbeit des Fachbereich Sport der Johannes Gutenberg-Universität Mainz WS 2000/01.

Spiridon Club Oberlahn. (o. J.). Der Verein stellt sich vor. Allgemeines. http://www.spiridon-club-oberlahn.de/Verein%20Vorstellung.html. Zugegriffen: 15. Jan. 2013.

Spiridon Haltern. (o. J.). Wer oder was ist Spiridon? http://www.spiridon-haltern.de/default.asp?Site=UnserVerein&SubNavi=Spiridon. Zugegriffen: 15. Jan. 2013.

Spiridon-Club Bad Oldesloe. (o. J.). Chronik. http://spiridon-oldesloe.de/chronik.html. Zugegriffen: 15. Jan. 2013.

Steitz, S. (2000/2001). Zur Inszenierung des sportlichen Helden im Fernsehen – Ein Vergleich olympischer und paralympischer Medaillengewinner. Unveröffentlichte Diplomarbeit des Fachbereich Sport der Johannes Gutenberg-Universität Mainz WS 2000/01.

Stern, M. (2003). Heldenfiguren im Wagnissport. Zur medialen Inszenierung wagnissportlicher Erlebnisräume. In T. Alkemeyer, B. Boschert, R. Schmidt, & G. Gebauer (Hrsg.), *Aufs Spiel gesetzte Körper. Aufführungen des Sozialen in Sport und populärer Kultur* (S. 37–54). Konstanz.

Stone, G. P. (1975). Ringen – Das große amerikanische Passions-Spiel. In K. Hammerich & K. Heinemann (Hrsg.), *Texte zur Soziologie des Sports. Sammlung fremdsprachiger Beiträge* (S. 151–185). Schorndorf.

Swierczewski, R. (1978). The athlete – the country's representative as a hero. *International Review of Sport Sociology, 13*(3), 89–98.

Tränhardt, C. (1994). *Helden auf Zeit. Gespräche mit Olympiasiegern.* Köln.

VISA–Phelps. (2008). VISA-Werbefilm über Michael Phelps. https://www.youtube.com/watch?v=n7W45Fr6NRA. Zugegriffen: 15. Jan. 2013.

VISA-Redmond. (2008). VISA-Werbefilm über Derek Redmond. http://www.youtube.com/watch?v=BU3jfbb172E (25.2.). Zugegriffen: 15. Jan. 2013.

Voigt, D. (1992). *Sportsoziologie. Soziologie des Sports. Mit Exkursen von Dorothee Alfermann u. a.* Aarau.

Vornbäumen, A. (2006). Aus! Aus! Aus! (Abschnitt: Und Ballack Platt.) In *Der Tagesspiegel*, 10.07.2006, 19.245, 24.

Weidenfeld, U. (2006). Und Bayern München? In *Handelsblatt*, 09.05.2006 89, 31.

Weis, K. (1995). Sport und Religion. Sport als soziale Institution im Dreieck zwischen Zivilreligion, Ersatzreligion und körperlich erlebter Religion. In J. Winkler & K. Weis (Hrsg.), *Soziologie des Sports: Theorieansätze, Forschungsergebnisse und Forschungsperspektiven* (S. 127–150). Opladen.

Weiß, O. (1999). *Einführung in die Sportsoziologie.* Wien.

Williams, B. R. (1977). The structure of televised football. *Journal of Communication, 27*(3), 133–139.

Theorie und Praxis der Markenführung im Sport

3

Sebastian Kaiser und Christian Müller

3.1 Einführung

Der Markensoziologe Kai-Uwe Hellmann beschreibt das Phänomen ‚Marke' als „faszinie-rend aber auch höchst fluide" (2003). Diese Beschreibung beinhaltet zwei für eine Wesens- und Standortbestimmung zentrale Bezugspunkte: Faszinierend ist das Thema zunächst mit Blick auf die Geschichte der Marke. So lassen sich, folgt man den „archäologischen Bemühungen" (Hellmann 2003) der Marken-Genealogie bzw. einiger ihrer Vertreter, die Ursprünge des Markenwesens bis zu den Ursprüngen der menschlichen Gesellschaft an sich zurückverfolgen. Nach Schirm etwa werden Marken durch ihre Signalfunktion dem grundlegenden Erfordernis der Komplexitätsreduktion gerecht, dessen Erfüllung eine „Grundbedingung des Lebens" auf allen Evolutionsstufen darstelle (Schirm 1982). Das Attribut „fluide" ist geeignet, die Vielfalt der Perspektiven, unter denen Marken analysiert und der Funktionen, die ihnen zugeschrieben werden und, nicht zuletzt, die zunehmende Dynamik des Wandels dieser Sichtweisen und Funktionszuschreibungen, zu kennzeichnen.

Die Auseinandersetzung mit Theorie und Praxis der Markenführung im Sport offenbart eine Reihe von besonderen Herausforderungen aber auch Chancen. Die Übertragung eines allgemeinen, produktorientierten Markenverständnisses, bzw. von Ansätzen und Konzepten der Markenführung, wie sie von Unternehmen außerhalb der Sportwirtschaft eingesetzt werden, sind nicht angemessen, um den vielfältigen Besonderheiten gerecht zu

S. Kaiser (✉)
Heidelberg, Deutschland
E-Mail: sebastian.kaiser@hochschule-heidelberg.de

C. Müller
Dresden, Deutschland
E-Mail: sportoekonomie@uni-mainz.de

H. Preuß et al. (Hrsg.), *Marken und Sport,*
DOI 10.1007/978-3-8349-3695-0_3, © Springer Fachmedien Wiesbaden 2014

werden. Der vorliegende Beitrag veranschaulicht dies anhand der typischen, mehrstufigen Produktions- und Vermarktungsstruktur im professionellen Mannschaftssport.

3.2 Historie des Markenwesens und Entwicklung des Markendiskurses

Den Ausgangspunkt des modernen Markenwesens bildet die Einführung der Markenschutzgesetzgebung mit dem Erlass des Gesetzes „zum Schutz der Warenbezeichnungen" im Jahr 1894 und der Einrichtung der „Warenzeichenrolle"[1]. Diese „Zäsur im Lebenslauf der Marke" (Hellmann 2003) markiert auch den Beginn des Markendiskurses, der sich seit den 20er Jahren des vergangenen Jahrhunderts zunehmend verwissenschaftlicht hat („Wissenschaft vom Markenwesen", Hellmann 2003). Er ist gekennzeichnet durch mehrere Paradigmenwechsel, im Rahmen derer sich die Sichtweisen wie auch die Zugänge zum Markenthema maßgeblich verschoben haben, und die wesentlich durch eine zunehmende Hinwendung zum Verbraucher geprägt sind: von der engen Produktbindung einer ursprünglich merkmals- bzw. objektbezogenen Perspektive, welche „ingenieurhafte" Techniken der Markenführung hervorbrachte (vgl. Kocks und Klünder 2009), zu einer Sichtweise, die die Marke als ein Vorstellungsbild (u. a. Esch 2012) versteht, als ein psychisches Konstrukt, das als „Metaprodukt" (Linn 1992) vor allem in den Köpfen der Konsumenten existiert. Sie ist damit nicht mehr Folge ihrer Materialität sondern „das was übrigbleibt, wenn man das physische Produkt entfernt" (Linn 1992). Diese Verselbständigung der Marke unter zunehmender Emanzipation vom Produkt kommt besonders deutlich im Begriff der Markenpersönlichkeit zum Ausdruck (u. a. Aaker 1997). Die wechselseitige Beziehung zwischen Selbstbild und Fremdbild der Marke stellt den zentralen Bezugspunkt des identitätsbasierten Markenmanagementansatzes (IM) dar, der die oben genannte angebots- und nachfrageorientierte Perspektive integriert (Meffert und Burmann 2002; vgl. u. a. Kapferer 1992; Aaker 1996). Die Markenidentität ist hiernach als bestimmender Faktor anzusehen, der einer Marke Authentizität verleiht und sie nachhaltig differenziert. Gegenüber diesem Konstrukt, welches auch als Selbstbild der Marke bezeichnet wird, verkörpert das Markenimage ihr Fremdbild, also die Perspektive externer Anspruchsgruppen. Vor dem Hintergrund der oben genannten genannten Zugänge lässt sich schließlich ein wesentlicher Bezugspunkt der Entwicklung des Markendiskurses in der zunehmenden Verschiebung von einer unternehmens- zu einer verbraucherzentrierten Sicht ausmachen, welche zentraler Bestandteil des aktuellen Kommunikationsparadigmas bzw. der Sichtweise der Marke als Kommunikation ist. Will man die Bedingungen der erfolgreichen Kommunikation von Marken verstehen, gilt es zu verstehen, wie Verbraucher verstehen, was die Notwendigkeit einer Hinwendung zum Unbewussten mit sich bringt (vgl. Hellmann 2003).[2]

---

[1] Zur Geschichte der Marke sowie zu den ökonomischen Wurzeln des Markenwesens in der Zunftwirtschaft des Mittelalters vgl. u. a. Kühn 1963; Leitherer 1956.

[2] Der Versuch, biologische bzw. neurophysiologische Aspekte der Markenwahrnehmung zu entschlüsseln und die gewonnenen Einsichten für die Praxis des Marketings nutzbar zu machen, firmiert

Eine umfassende Darstellung der Geschichte des Markendiskurses ist an dieser Stelle nicht möglich und wird auch nicht angestrebt. Zusammenfassend lässt sich seine Entwicklung seit Mitte des vergangenen Jahrhunderts aber an folgenden Eckpunkten festmachen:

- am *Wandel des Markenverständnisses*: merkmalsorientiertes Verständnis (u. a. Mellerowicz 1963), wirkungsorientiertes Verständnis (u. a. Berekoven 1978), imageorientiertes Verständnis (u. a. Gardner und Levy 1955; Trommsdorff 1975), identitätsorientiertes Verständnis (u. a. Kapferer 1992; Burmann und Meffert 2005), Marke als Persönlichkeit (u. a. Plummer 1985; Aaker 1997), als Kommunikation (u. a. Linn 1992; Kapferer 1992; Karmasin 1998) bei zunehmender
- *Verschiebung der Betrachtungsperspektive* von einer unternehmens- zu einer kundenzentrierten Sichtweise,
- an der Ausweitung der *Funktionen*, die Marken zugeschrieben werden: u. a. Unterscheidungs- und Identifizierungsfunktion, Entlastungs- und Orientierungsfunktion, Garantie- und Vertrauensfunktion, Kommunikations- und Inklusionsfunktion (Hellmann 2003),
- an der (innerbetrieblichen) *Bedeutungsaufwertung* des Markenthemas unter zunehmender Durchdringung einzelner betriebswirtschaftlicher Funktionsbereiche außerhalb des Marketings,
- an der *Ausweitung des Markenkonstrukts* auf diverse Lebensbereiche unter Verwendung im nicht-(erwerbs)wirtschaftlichen Kontext (Vereine als Marken, Menschen als Marken, Länder als Marken u. s. w.),
- an der Ausdifferenzierung und Professionalisierung der Techniken der Markenführung und des Markenmanagements bei gleichzeitig
- zunehmender *Verwissenschaftlichung* des Markendiskurses unter wachsender Interdisziplinarität bzw. Diskussion und Ausweitung der disziplinären „Zuständigkeitsbereiche" (Wirtschaftswissenschaft/BWL, Psychologie, Soziologie).

---

unter dem Titel Neuromarketing. Erkenntnistheoretisch besteht die Leistung dieser Forschungsbemühungen, denen vielfach euphorisch enormes Potenzial attestiert wird und deren Perspektiven gegenwärtig auch in der sportbezogenen Literatur diskutiert werden (vgl. Bühler und Häusel 2011; Schilhaneck und Walzel 2011), letztlich in einer „immer tieferen Durchdringung der Vorläufigkeit aller menschlichen Erkenntnis" (Baecker 2005). So lässt sich zwar beispielsweise die Aktivierung unterschiedlicher Hirnareale bei der Betrachtung von Logos starker und schwacher Marken (vgl. Möll 2007) abbilden. Rückschlüsse auf das Wesen und die Bedingungen emotional-kognitiver Bewertungs- und Entscheidungsprozesse im Gehirn lassen sich dadurch jedoch nur bedingt treffen. Nicht zuletzt sind entsprechende Arbeiten, gemäß ihrer oftmals kommerziellen Logik, nicht dem „Verstehen von Verstehen" (v. Förster 2003) sondern vielmehr dem Verweis auf ihre potenziellen Erklärungs- und Gestaltungsbeiträge (mit Blick auf zukünftige Werbe- und Beratungserfolge) verpflichtet. Damit liegt der Verdacht nahe, dass sie diejenigen Erkenntnisse, die diesen entgegenstehen oder sie in Frage stellen, eher verschweigen als offen zur Diskussion stellen.

3.3 Relevanz von Marken

Angesichts der wachsenden Unübersichtlichkeit des Angebots an Gütern und Dienstleistungen in modernen Volkswirtschaften wird vor allem die Differenzierungs- und
Orientierungsfunktion von Marken immer wieder hervorgehoben. Sie bieten Diskrimi-
nierungspotenziale jenseits des Preismechanismus. Als „Markierungen im Markt" (Grünewald 1997) bzw. „Leuchttürme im Meer des Warenangebots" (Hellmann 2003) machen
sie Märkte überschaubarer und versprechen damit eine Befreiung aus der Abhängigkeit
von der „Tyranny of choice" (Trout und Rivkin 2008, vgl. u. a. Schwartz 2004). Marken gelten zudem als besonders vertrauenswürdig. Sie genießen Vertrauen, „weil sie die Versprechen, die sie geben, in der Regel halten" (Hellmann 2003). Diese Vertrauensfunktion wird
bereits von Domizlaff (1939) besonders unterstrichen. Ihm zufolge gäbe es keine Dauer-
verbraucher, „die einen anderen Kaufanlass anerkennen als den Glauben an die Qualität, die Preiswürdigkeit oder eine langjährige Gewohnheit, d. h. zusammengefasst: Das
Markenvertrauen" (Domizlaff 1939, zit. n. Hellmann 2003). Diese Bedeutungsaufwertung
von Marken als Kommunikations- und Zeichensysteme bietet dabei durchaus Anlass einer
kritischen Bewertung: Nach Karmasin stellen sie „Bedeutungen auf Dauer" (2004) und
benützen „kulturelle Konzeptionen des Wünschenswerten", die sie „zusammen mit all den
ideologischen Ordnungsmustern, die damit verknüpft sind" transportieren (dies. 1998).
Damit üben Marken letztlich einen (sozialen) Zwang aus, dem man sich nicht leicht entziehen kann (vgl. Hellmann und Co., Web).[3]

Aus Unternehmensperspektive liegt die hohe und steigende praktische Relevanz des
Markenthemas, vor dem Hintergrund der o. g. Entwicklung, in erster Linie in deren zunehmend komplexer Kommunikationssituation begründet, die nach Unger und Fuchs (1999)
von Veränderungen im wirtschaftlichen Umfeld, im sozial-gesellschaftlichen Bereich und
im kommunikativen Bereich bestimmt wird. Sie kommt ferner in dessen Ausweitung auf
und zunehmenden Durchdringung von betriebswirtschaftlichen Funktionsbereichen
außerhalb des Marketings zum Ausdruck, z. B. im Zuge der wachsenden Bedeutung von
Marken für den Unternehmenswert. In der unternehmerischen Praxis haben Marken
in den vergangenen Jahren vor allem aufgrund ihrer wertschöpfenden Eigenschaften an
Bedeutung gewonnen (vgl. Burmann et al. 2003). „Marken schaffen beim Konsumenten
einen emotionalen Mehrwert, der für Unternehmen kapitalisierbar ist" (Burmann et al.
2003). Nach einer aktuellen Studie der Wirtschaftsprüfungs- und Beratungsgesellschaft
Pricewaterhouse-Coopers (PwC) erfolgt der Einsatz von Bewertungsmodellen zur Ermitt-

---

[3] Hellmann und Pichler (2004) bezeichnen Marken daher, in Anlehnung an Durkheim, als eine „soziale Tatsache". Damit ist zugleich eine Differenz gegenüber dem juristischen und dem ökonomischen Verständnis von Marken aufgezeigt: „Während eine Marke im juristischen Sinne schon dann
existiert, wenn der Markenschutz rechtlich erworben wurde, und die ökonomische Bedeutung von
Marke sich zumeist darauf konzentriert, die Voraussetzungen für den Kommunikationserfolg einer
Marke seitens der Unternehmen in Form von Name, Verpackung, Werbung und Vertrieb zu ermitteln, soll von Marke als sozialer Tatsache erst dann die Rede sein, wenn im Markt selbst, also bei den
Verbrauchern, eine real nachweisbare Annahme und Anerkennung einer Markenbotschaft, die sog.
‚Verkehrsgeltung' vorhanden sind" (Hellmann und Pichler 2004).

lung des Markenwerts[4] gegenüber 2005 weniger zu Zwecken der Markensteuerung und -kontrolle, sondern zunehmend mit Blick auf den Finanzmarkt, etwa in Zusammenhang mit geplanten Verkäufen/Fusionen oder mit dem Ziel einer Besicherung von Bankkrediten (PwC 2012). Wie andere Vermögensgegenstände werden Marken ferner zunehmend zum Gegenstand von „Sale and Lease Back" Transaktionen und verbreitern so das Instrumentarium der Unternehmensfinanzierung.[5]

3.4 Markenführung im Sport: Relevanz und Herausforderungen

Auch für Sportorganisationen ist das Markenthema von wachsender Bedeutung.[6] Mediale Reizüberflutung, hybrides Konsumverhalten, zunehmend austauschbare Produkte und, nicht zuletzt, ein Glaubwürdigkeits- und Imageverlust der Massenmedien haben zu Effizienzverlusten klassischer Kommunikations- und Werbemaßnahmen geführt (vgl. Görgen 2005; Rust 2007), was auch für Sportorganisationen in der Regel die Ansprache, Überzeugung und Bindung aktueller und potenzieller Kunden erschwert (vgl. Kaiser 2011). Die besondere Relevanz einer Auseinandersetzung mit den Perspektiven der Markierung von Sportgütern und Dienstleistungen ergibt sich zunächst „aus dem Umstand einer besonders komplexen ,Gemengelage' von Markt-, Leistungs- und Akteursbeziehungen" im Sport (Schubert 2010) bzw. der typischen Heterogenität und Komplexität der sportbezogenen

---

[4] Eine umfassende Darstellung einzelner finanz- und absatzorientierter Verfahren zur Messung des Markenwerts findet sich bei Esch 2012, S. 656 ff. In den vergangenen Jahren haben zudem eine Reihe von Institutionen Verfahren zur Standardisierung der monetären Bewertung von Marken ins Leben gerufen (vgl. PwC 2012), u. a. das Brand Valuation Forum, ein Arbeitskreis der Gesellschaft zur Erforschung des Markenwesens (GEM) und des Markenverbandes e. V.: „zehn Grundsätze der monetären Markenbewertung" (2007), das Institut der Wirtschaftsprüfer in Deutschland e. V. (IDW): „Grundsätze zur Bewertung immaterieller Vermögenswerte" (2007) sowie die International Standards Organization (ISO): Norm 10668 „Markenbewertung – Anforderungen an die monetäre Markenbewertung" (2010).

[5] Durch das Bilanzrechtsmodernisierungsgesetz (BilMoG 2009) wurde das bis dahin bestehende Aktivierungsverbot für selbstgeschaffene Vermögensgegenstände (VG) des Anlagevermögems aufgehoben. Selbstgeschaffene immaterielle Wirtschaftsgüter können seither als Aktivposten in die Bilanz aufgenommen werden (§ 248 Abs. 2 HGB). Selbstgeschaffene Marken sind hiervon zwar explizit ausgenommen. Sie sind nach wie vor nur bilanzierungsfähig, wenn sie entgeltlich von Dritten erworben wurden. Der Verkauf und das anschließende „Zurückmieten" von Markenrechten an eine Leasinggesellschaft bieten allerdings eine Möglichkeit, die verborgenen stillen Reserven des Markenwerts aufzudecken und gleichzeitig die Liquidität des Unternehmens zu steigern.

[6] „Sport" soll im Folgenden, aus ökonomischer Sicht und in Anlehnung an Horch (1994), verstanden werden als ein Komplex von nutzenstiftenden knappen Gütern, die mit sportlichen Aktivitäten verbunden sind. Die Begriffe „Sportorganisation" und „Sportbetrieb" werden synonym verwendet. Sie sind geeignet, die Vielfalt der Institutionen abzubilden, in denen in unserer Gesellschaft Sportprodukte hergestellt werden. Von der Betrachtung ausgeschlossen sind private Haushalte. Von „(Sport-) Unternehmen" wird nur dann gesprochen, wenn es speziell um (Sport-)Betriebe mit erwerbswirtschaftlicher Zielsetzung geht (vgl. Horch 1994; Kaiser 2011).

Angebots- und Marktstrukturen, die auf drei Ebenen zum Ausdruck kommt (Schubert 2010):

1. auf der Ebene der *Produkte* durch das heterogene Spektrum von Erscheinungsformen und Gütertypen: aktiver und passiver Sportkonsum, Sachgüter, Dienstleistungen und Technologien, Sport-Infrastruktur, Sportrechte usw.,
2. *organisationsbezogen* durch die ausgesprochene Heterogenität der Betriebs- und Organisationstypen: Dienstleistungs- vs. Sachgüterproduzenten, For-Profit- vs. Non-Profit Organisationen, Investitions- vs. Konsumgüterhersteller, Betriebe für aktives und passives Sporttreiben usw., sowie
3. auf der Ebene des *Sportmarktes* durch die hohe Anzahl unterschiedlicher Anspruchsgruppen sowie die Fragmentierung einzelner Marktsegmente.

Die hohe und steigende Relevanz des Markenthemas im Sport ergibt sich nicht zuletzt aus dem Wandel der Sportlandschaft, der u. a. durch Deinstitutionalisierungsprozesse und den relativen Bedeutungsverlust des Organisierten Sports, Kommerzialisierung und Professionalisierung, Vervielfachung der Sportmotive sowie Ausdifferenzierung neuer Sportmodelle, die Finanzkrise der öffentlichen Hand, u. v. a. m. gekennzeichnet ist.

Gegenüber den o. g. Aspekten, die besondere Herausforderungen an das Markenmanagement bedeuten, wird der Aufbau starker Markenbindung im Sport aber auch durch eine Reihe von Aspekten *besonders begünstigt* (vgl. Kaiser 2011). Zunächst ist, gegenüber anderen Bereichen der Wirtschaft, in denen schlechte bzw. schwankende Qualität zu Abwanderung bzw. Anbieterwechsel führt, besonders auffällig, dass Sportfans oftmals eine hohe Identifikation mit „ihrem" Verein bzw. Team entwickeln und dass die Fanbindung auch unabhängig von dessen aktuellem Leistungsniveau bestehen bleibt.[7] Den (passiven) Zuschauersport kennzeichnen zudem die Ästhetik sportlicher Bewegung sowie seine typische Dramaturgie, die neben der Vergänglichkeit der Ergebnisse sportlicher Wettkämpfe,

---

[7] Individuen neigen dazu, sich an erfolgreiche Teams zu binden und von weniger erfolgreichen zu distanzieren. Diese mit den Akronymen BIRG („Basking in reflected glory", Cialdini et al. 1976) und CORF („Cutting of reflected failure", Snyder et al. 1986) umschriebenen Grundannahmen erklären die Bedingungen unter denen sog. „Fairweather Fans" sich einzelnen Teams zu- oder von ihnen abwenden. Die theoretischen Wurzeln dieser Arbeiten verorten Dalakas et al. (2004) in Heiders Balance- oder Konsistenztheorie (1958), der Emotionsforschung von Ortony et al. (1988) sowie der Theorie der sozialen Identität (Tajfel und Turner 1986; Hogg et al. 1995). Demgegenüber sind für extreme (Fußball) Fans ein besonders hoher Identifikationsgrad sowie eine enge Bindung an ihren jeweiligen Club typisch, die auch in Zeiten des Misserfolgs bestehen bleiben. Woratschek et al. (2007) sehen diese sog. „Fanatics", unter Verweis auf Muniz und O'Guinn (2001) und aufbauend auf eigenen videographischen Analysen, als Gemeinschaft von Konsumenten („Brand Communities"), die u. a. dadurch gekennzeichnet ist, dass soziale Beziehungen innerhalb der Gruppe entscheidend die Loyalität gegenüber der Marke prägen. „Fantouristen lassen sich sogar als Musterbeispiel einer Brand Community beschreiben, denn sie verhalten sich in einem außergewöhnlich hohen Maße, ja geradezu bedingungslos, loyal ihrem Verein gegenüber. Dies geht soweit, dass die Loyalität zum Verein (zur Vereinsmarke) die Loyalität zu Spielern und Trainer überdeckt und sogar manchen Fans der Spielausgang nebensächlich ist" (Muniz und O'Guinn 2001).

einen besonderen Reiz ausmacht (vgl. Neidhardt 2007). Besondere Chancen ergeben sich darüber hinaus aus der typischen Motivstruktur bzw. den Determinanten der Nachfrage nach aktivem Sport: auch er ist in der Lage „ein hohes Maß an Bindewirkung zu entfalten" (Schubert 2005). Das typische Fehlen natürlicher Sättigungsgrenzen begünstigt dies zusätzlich. So führt das Erreichen bestimmter Ziele im Sport häufig weniger zu einer Befriedigung eines Bedürfnisses, sondern lediglich zu einer Steigerung des Anspruchsniveaus (sog. „Steigerungsimperativ", Schubert 2005). Emotionale und rationale Appelle, denen die Werbepsychologie allgemein eine hohe Bedeutung beimisst, sind im Sport, etwa bezugnehmend auf seine potenziell gesundheitsfördernden Aspekte, besonders glaubhaft einzusetzen (vgl. Kaiser 2011). Die besondere Attraktivität des Sports für die Medien und seine daraus resultierende zunehmende Mediatisierung schließlich bilden weitere günstige Bedingungen des Aufbaus und der Pflege von Marken.[8]

3.5 Markenführung im professionellen Mannschaftssport

Die Kommerzialisierung und Professionalisierung des Sports haben dazu geführt, dass Sportanbieter zunehmend als Umsatzmaximierer operieren, indem sie danach streben, Erlöspotenziale, wo immer sie sich bieten, zu erschließen. Neben attraktivitätssteigernden Regelanpassungen oder der Ausdehnung ihrer Absatzmärkte nutzen sie vermehrt die Schaffung, Pflege und Weiterentwicklung ihrer Marken, zur gezielten Profilierung sowie zum Aufbau von Reputationskapital.[9] Die hohe und steigende Bedeutung des Marken-

---

[8] Sie bedeuten allerdings auch besondere Herausforderungen (vgl. Kaiser 2010). So ergeben sich vor allem aus der besonderen Beziehung von Sportorganisationen zu den Medien vielfältige Konsequenzen, die in Abhängigkeit der Nachfrage von Seiten der Medien differenziert zu betrachten sind: Während im Falle geringer Mediennachfrage – typischerweise bei kleineren Sportorganisationen bzw. Randsportarten – die besondere Herausforderung darin besteht, das Interesse der Medien überhaupt zu wecken, so gilt es bei hoher Nachfrage der Medien, deren Informationsinteresse zu befriedigen und dabei sicherzustellen, dass sich die Kommunikation und mit ihr Bezugspunkte der Markenführung nicht dem eigenen Einfluss entzieht. Sportorganisationen können dieser Gefahr z. B. dadurch entgegen wirken, dass sie als professionelle Anbieter von Mediencontent in Erscheinung treten, etwa durch die gezielte Aufbereitung von Beiträgen oder die Produktion eigener Medienformate. Zum komplexen Beziehungsgeflecht zwischen Sport und Medien, zum Sport als Gegenstand medialer Berichterstattung sowie Aspekten seiner Medialisierung und Telegenisierung siehe u. a. Schauerte und Schwier 2004; Schierl 2004; Gleich 2008.

[9] So erhielt Borussia Dortmund bei der vom Fachmagazin „Absatzwirtschaft" und dem Deutschen Marketingverband ausgerichteten „Night of the Brands" im März 2012 einen Sonderpreis für den Marken-Relaunch mit dem Claim „Echte Liebe". Damit wurde der Preis erstmals an einen Wirtschaftsbetrieb aus dem Profisport verliehen. Die Jury war der Ansicht, dass „die Markenstrategie des BVB nach den finanziellen Problemen entscheidenden Anteil daran gehabt (habe, d. V.,) dem Club etwas wirtschaftliche Unabhängigkeit vom sportlichen Erfolg zu verschaffen". Die Neupositionierung der Marke erfolgte durch eine mehrjährige Kampagne über klassische Kanäle wie Anzeigen, Plakate und das Stadionmagazin „Echt" ebenso wie über soziale Netzwerke wie Facebook und Twitter (vgl. Eberhardt 2012, o. S.).

themas im Sport zeigt sich zudem an der Vielzahl der betreffenden Fachkongresse und -publikationen, gerade in jüngerer Zeit (vgl. u. a. Alexa 2009; Keller 2008).

Am Beispiel des professionellen Mannschaftssports zeigt sich, dass sich ein allgemeines, produktorientiertes Markenverständnis sowie Ansätze und Konzepte der Markenführung, wie sie von Unternehmen außerhalb der Sportwirtschaft eingesetzt werden, nicht uneingeschränkt und kritiklos auf den Sport übertragen lassen (vgl. Kaiser 2010). Die Stärke einer Marke und ihr Bindungspotenzial hängen zunächst wesentlich von einer dauerhaft hohen Qualität der betreffenden Produkte und Dienstleistungen und damit ihrer besonderen Vertrauenswürdigkeit ab. Qualität wird im vorliegenden Fall allerdings nicht von (objektiv messbaren) Produkteigenschaften, sondern der sportlichen Leistung (kurzfristig am Spieltag, mittelfristig anhand der Position in der Liga, langfristig über den Verbleib in der Spielklasse) bestimmt. Dabei hat die typische Vergänglichkeit der Ergebnisse sportlicher Wettkämpfe, welche gerade die besondere Attraktivität des passiven Sportkonsums für Zuschauer und Medien ausmacht, zur Folge, dass Clubs und deren Marken Qualitätsbeweise mit Hilfe sportlicher Leistung immer wieder aufs Neue, zudem unter sich ständig wandelnden Produktionsbedingungen, erbringen müssen. Diese Qualität ist aber nur bedingt anbieterseitig kontrollierbar. Sie wird von einer Reihe exogener (Wetter, Skandale etc.) und externer Faktoren der Dienstleistungsproduktion (Zuschauer, Schiedsrichter etc.) mitbestimmt und ist, nicht zuletzt, wesentlich von den Anstrengungen bzw. der Investitionsbereitschaft und infolgedessen der Leistung des Gegners abhängig. Die Dienstleistung „Professioneller Mannschaftssport" entsteht, im Zuge der typischen Teamproduktion, erst aus dem Zusammenwirken mindestens zweier beteiligter Mannschaften. Wenn nicht dieses Teamprodukt vermarktet wird, sondern der jeweilige Input dazu, wird jeder Club versuchen, den Wert seines Inputs ohne Rücksicht auf den Wert der anderen Inputs sowie des Teamprodukts zu maximieren. Durch Zentralvermarktung und anschließende Umverteilung lassen sich so entstehende Wohlfahrtsverluste vermeiden (Dietl et al. 2005). Schließlich ist sportliche Leistung im Mannschaftssport keine absolute, sondern eine relative Größe, die in einem Positionsrennen über das Ergebnis des Vergleichs mit Gegnern operationalisiert wird. Die Folge ist ein positionaler negativer externer Effekt: eine durch eine Verstärkung erreichte Erhöhung der Spielstärke einer Mannschaft bewirkt in den meisten Fällen einen Erlösrückgang der anderen (vgl. Canes 1974; Franck und Müller 2000).

Gerade vor dem Hintergrund der o. g. besonderen Herausforderungen ist die strategische Gestaltung der Clubmarke für Organisationen des professionellen Mannschaftssports von hoher und steigender Bedeutung (vgl. Keller 2008). „Als zentrale Reputationsressource macht sie (die Marke, d. V.) Erlös- und Kapitalströme unabhängiger von sportlichen Ergebnissen" (Keller 2008). Entsprechend sollten, aufgrund der strukturbedingten Unvorhersagbarkeit des Ergebnisses und der damit hohen Enttäuschungsanfälligkeit, das sportliche Geschehen sowie die betreffenden Leistungskomponenten nicht den Schwerpunkt der Markenpositionierung bilden. Vielmehr sollte den begleitenden Komponenten sowie institutionellen und historisch-kulturellen Rahmenbedingungen der Leistungserstellung besondere Aufmerksamkeit beigemessen werden (Clubgeschichte, regionale Verankerung, aktuelle und frühere Funktionsträger etc., vgl. Keller 2008; Kaiser 2010). Dies gilt umso mehr, als „eine starke Clubmarke nicht zwingend ein superiores Leistungsvermögen der Mannschaft, herausragende Spielerpersönlichkeiten oder große sportliche Erfolge in der Clubhistorie erfordert" (Keller 2008). Eine starke Positionierung der Clubmarke über einzelne Akteure gefährdet nicht zuletzt, bei längeren Verletzungen, Clubwechsel, erst recht bei opportunistischem Verhalten, die Kontinuität des Markenprofils (Keller 2008).

3.6 Die mehrstufige Produktions- und Vermarktungsstruktur im professionellen Mannschaftssport

Es wurde gezeigt, dass strategische Markenführung für Organisationen des professionellen Mannschaftssports von hoher und steigender Bedeutung ist, insofern, als die Marke eines Clubs dessen Vermarktungsmöglichkeiten ein Stück weit und für einen gewissen Zeitraum von sportlichen Resultaten entkoppeln kann. Besondere Herausforderungen ergeben sich dabei aus der Vielzahl der an den relevanten Produktions- und Vermarktungsprozessen Beteiligten. Die betreffenden Akteurs- und Interaktionsbeziehungen liegen teilweise auf derselben Ebene (horizontale Interaktion), teilweise aber auch auf vor- bzw. nachgelagerten Stufen (vertikale Interaktion).

Es handelt sich bei dem Wertschöpfungsprozess im professionellen Teamsport um einen mehrstufigen Teamproduktionsprozess. Auf der ersten Wertschöpfungsstufe, auf Ebene der einzelnen Clubs, investieren die Verantwortlichen durch Verpflichtung, Ausbildung und Weiterentwicklung der Spieler in die Spielstärke der Mannschaft. Mit dieser allein können sie jedoch kein marktfähiges Produkt anbieten, sie brauchen mindestens eine gegnerische Mannschaft zum Austragen eines Spiels. Die Teamproduktion nach Alchian und Demsetz (1972) umfasst diejenigen Herstellungsprozesse, bei denen ein wahrnehmbares und konkret zurechenbares Leistungsergebnis auf der Teamebene, aber nicht auf der Ebene der einzelnen Teammitglieder anfällt. Die Inbeziehung-Setzung aller Spiele im Rahmen eines Wettbewerbs bedeutet eine zusätzlich Abnehmerwert generierende Dimension und damit einen Produktionswertsprung; sind einzelne Spiele in einen komplexen (Meta-) Wettbewerb eingebettet, so steigt deren Wert.[10] Auf der zweiten Wertschöpfungsstufe, der der Liga, stellen somit die einzelnen Spiele den Input dar, der durch den institutionellen Rahmen einer Liga zu einem Meisterschaftsrennen veredelt wird. Durch die Organisation des europäischen Clubfußballs ergibt sich schließlich ein „Meta-Metawettbewerb" der in den Meisterschaftsrennen der europäischen Ligen topplatzierten Clubs. Die UEFA Champions League etwa lässt sich somit als weitere Wertschöpfungsstufe interpretieren, auf welcher der Output der vorgelagerten Stufe, d. h. die topplatzierten Clubs der nationalen Meisterschaften, als Input in eine übergeordnete Meisterschaft eingeht.

Franck (1995) benennt drei wesentliche markenbildende Anforderungen an Meisterschaften oder Veranstaltungsserien professionell betriebenen und vermarkteten Sports:

---

[10] Die Bedeutung dieser Dimension geht über die einzelne Saison hinaus, so unterstreicht Franck (1995) den markenbildenden Charakter der „Geschichte der Meisterschaftsrennen".

„Gibt es das Teamprodukt normierter, integrer und aussagefähiger Meisterschaftsrennen, dann wird es automatisch in jedem Spiel mitvermarktet" (Franck 1995). Zunächst wird eine nachvollziehbare, transparente Vergleichsbasis benötigt, um die Leistungen der beteiligten Sportler und Mannschaften objektiv zu messen und in eine unstrittige, eingängige Rangfolge zu bringen, also Tabellen, Punktwertungen usw. Zweitens sollte die Meisterschaft oder Veranstaltungsserie aussagefähig sein, also der Gewinner der UEFA Champions League als bester europäischer Club einer Saison gelten, der Stanley Cup-Sieger als bester Eishockey-Club Nordamerikas (aufgrund des Marktpotentials der NHL wohl auch der ganzen Welt) oder der Formel 1-Champion als weltbester Rennfahrer.[11] Daraus leitet sich die „definitorische" Monopolstellung (Franck 1995) der etablierten Wettbewerbe des Profisports ab, die von den Kartellbehörden weitgehend akzeptiert wird. Ein Nebeneinander konkurrierender Wettbewerbe würde deren Vermarktbarkeit und Marke signifikant beeinträchtigen und wäre keinesfalls im Interesse der Verbraucher. Drittens beeinflusst die von den Konsumenten wahrgenommene Integrität und Glaubwürdigkeit der sportlichen Wettbewerbe deren Ansehen und Reputation bei den potentiellen Konsumenten und damit auch deren Vermarktbarkeit. Integre Wettbewerbe mit glaubwürdigen Resultaten zeichnen sich durch klar definierte Spielregeln für die Teilnehmer und deren konsequente Durchsetzung aus, auf dem Spielfeld und hinter den Kulissen. Stichworte für Gefährdungen integren Sports und Verzerrungen fairen Wettbewerbs sind

- unerlaubte Mittel zur individuellen Leistungssteigerung (Doping),
- manipulierte Spielausgänge (oftmals im Zusammenhang mit Wettbetrug),
- Störungen der ordnungsgemäßen Durchführung von Spiel- oder Veranstaltungsplänen, die durch einen durch finanzielle Schieflage oder Insolvenz bedingten Rückzug einzelner Teilnehmer im noch laufenden Wettbewerb ausgelöst werden und somit den Leistungsvergleich beeinträchtigen (vgl. Müller 2003),
- eine als übermäßig empfundene stetige Zuführung finanzieller Mittel durch Eigentümer oder Gönner einzelner Clubs, bei denen die Aufwendungen für die Inputs die erzielten Erlöse bei weitem übersteigen, zur Aufrechterhaltung der Zahlungsfähigkeit und zur Fortsetzung einer solchen Geschäftspolitik (vgl. Müller et al. 2012).

Bei jedem Freundschaftsspiel, jeder Bundesliga-Begegnung und jedem Spiel der Champions League treten zwei Clubs mit ihren Markenzeichen (Vereinsname, -farben, -emblem) an

---

[11] Eine Zwischenstellung zwischen Einzel- und Teamsportarten im Hinblick auf seine Produktions- und Vermarktungsstruktur nimmt der Motorsport ein. In der Formel 1 oder der Deutschen Tourenwagenmeisterschaft treten von Rennställen oder Autoherstellern angestellte Fahrer gegeneinander an. Qualität und Leistung des „Sportgerätes" Auto sind für den Erfolg im Motorsport kaum weniger maßgeblich als das fahrerische Können. Begeisterung und Leidenschaft von Formel 1-Anhängern kann sich auf einen bestimmten Fahrer unabhängig von seinem Team ebenso wie etwa auf Ferrari beziehen, unabhängig davon, wer dort gerade fährt. Durch die Inbeziehung-Setzung einer Serie von Rennen und deren Ergebnissen zur Ermittlung des Formel 1-Weltmeisters entsteht auch hier ein vermarktbarer Mehrwert für jedes einzelne Rennen.

und sorgen für eine horizontale Doppelmarkierung. Dieses Co-Branding ist konstitutiv für die vermarktungsfähigen Teamprodukte in den professionell betriebenen Mannschafts-sportarten. Da auch der Ligaverband (und dessen operativer Arm DFL Deutsche Fuß-ball Liga GmbH) als Veranstalter des Meta-Wettbewerbs Bundesliga sowie die UEFA für die Champions League den Markenaufbau für ihren Wettbewerb verfolgen, tritt zu der horizontalen Doppelmarkierung durch die am Spiel beteiligten Vereinsmarken noch eine vertikale Zusatzmarkierung hinzu. Dies geschieht durch das auf dem Fernsehbild durch-schimmernde Ligalogo als „Wasserzeichen", durch das Ligalogo auf den Trikotärmeln oder auch auf dem Briefpapier und den Homepages der Bundesliga-Clubs usw.). Die Folge ist ein „multiples Branding" (Alexa 2009). Die Marke des Meta-Wettbewerbs ist dabei keine Dachmarke im klassischen Sinne, die alle Leistungen eines bestimmten Unternehmens markiert. Vielmehr kennzeichnen die Wettbewerbsmarken des Teamsports Leistungen verschiedenster, rechtlich selbständiger Anbieter. Die Marken „Bundesliga" oder „Cham-pions League" stehen in einem hierarchisch übergeordneten Verhältnis zu den teilneh-menden Clubs und markieren die von allen Clubs gemeinsam produzierten Teamproduk-te. Der jeweilige Wettbewerbsveranstalter UEFA oder Ligaverband legt die Spieltermine fest, vermarktet Rechte wie z. B. den gemeinsamen Spielball, definiert Lizenzierungsregeln als Zugangsvoraussetzungen usw.

Die Wettbewerbe des Teamsports oder die Formel 1 eröffnen ein breites Spektrum absatzfähiger (Team-)Produkte. Dazu zählen Zutrittsrechte zu den Spielen oder Rennen (Tickets) sowie Rechte, im Umfeld der Spiele/Rennen oder mit einzelnen Beteiligten zu werben oder darüber medial zu berichten. Aber auch Merchandising-Artikel und Lizenz-rechte, die einen Bezug zu einem am Wettbewerb teilnehmenden Sportler oder Club/Team aufweisen, sind Teamprodukte, deren Vermarktung prinzipiell auf drei Ebenen erfolgen kann. Unternehmen können einzelne Fußball-Stars oder Rennfahrer als Überbringer von Werbebotschaften engagieren mit der Absicht, dass deren Popularität/Markenwert auf die Bekanntheit oder das Image ihrer Produkte abstrahlt. Sehr verbreitet ist dies bei der so-genannten Ausrüsterwerbung. Die größten Sportartikelhersteller buhlen um die Gunst der größten Stars und setzen sie als „Testimonials" ein, indem sie ihnen die Sportkleidung stellen und Geld zahlen, während die Sportler die Produkte des Ausrüsters anpreisen. Hier entstehen häufig Konfliktpotentiale, wenn ein Spieler von einem Konkurrenten des Aus-rüsters seines Clubs ausgestattet wird.[12] In Europa entfällt der größte Teil der Werbeerlöse auf Trikotsponsoring durch werbetreibende Unternehmen auf Ebene der Clubs, während in den nordamerikanischen Ligen individuelle Trikotwerbung nicht zugelassen ist. Dort werben Unternehmen überwiegend auf Ligaebene, etwa durch exklusiven Zugriff auf

---

[12] Bis vor wenigen Jahren versuchten die mit einem Sportartikelhersteller vertraglich verbundenen Bundesliga-Clubs, alle ihre Spieler zum Tragen der Schuhe dieses Unternehmens anzuhalten. Da-neben werben seit jeher die herausragenden Spieler individuell für Ausrüster. Durch den Wechsel eines Testiomonals zu einem Club mit konkurrierendem Ausrüster entstand häufig Streit, da der Ausrüster des Clubs bzw. der Clubs selbst verhindern wollten, dass ein neu hinzugekommener Star mit Konkurrenzprodukten aufläuft. Inzwischen haben die Ausrüster jedoch diesbezüglich resigniert bzw. trösten sich damit, dass auch ihre Testimonials bei Clubs der Konkurrenz die angestrebte Ein-heitlichkeit bei der Schuhwahl durchbrechen.

Werbemöglichkeiten vor und während der Fernsehübertragungen oder auf (zunehmend virtuellen) Banden rund um das Spielfeld. Allerdings nimmt auch in Europa das zentral vermarktete, exklusive Sponsoring von Wettbewerben zu. So ist die Barclays Bank seit Jahren Namenssponsor der Premier League und tritt so neben die einzelnen Clubsponsoren, darunter – je nach Ausmaß der im Wettbewerbsreglement zu definierenden Exklusivität – direkte Wettbewerber aus dem Finanzsektor. Ähnliche Probleme rivalisierender Werbebotschaften rund um einen Club entstehen durch die Qualifikation für die Champions League, in der sechs Hauptsponsoren als exklusive Partner der UEFA vielfältige Werberechte auf Stellwänden, Banden und beim Presenting der Fernsehübertragungen erworben haben, die bei regulären Meisterschaftsspielen anderweitig und dezentral vermarktet worden sind. Der Aufwand, nach einem Premier League-Spiel das Stadion eines englischen Clubs für ein Match in der Champions League umzurüsten, ist erheblich.

Die US-amerikanischen Major Leagues sind völlig unverdächtig, potentielle Werbeerlöse bei der Festlegung ihrer Werberegeln außer Acht zu lassen. Bewusst präsentieren sie sich als nach außen homogene Einheit, bei der der Liga-Markenname und dessen Vermarktung als Markenartikel im Vordergrund stehen, und die Werbemöglichkeiten auf den nachgeordneten Ebenen der Clubs und Spieler, aufgrund der begrenzten kognitiven Fähigkeiten der Konsumenten und der Konkurrenzbeziehungen zwischen den Produktionsstufen eingeschränkt werden. Effiziente Werberegeln sind solche, die die Maximierung der Werbeerlöse aller Wettbewerbsbeteiligten, also des Veranstalters, der teilnehmenden Clubs und Spieler, zulassen. Die Ratio zugunsten des Wettbewerbsveranstalters bzw. der Liga eingeschränkter Werbung auf Ebene der Teilnehmer bzw. Clubs ist, dass insgesamt höhere Erlöse erzielt werden, durch deren Verteilung auch die besser gestellt werden können, die aufgrund der Regulierung von Werberechten auf den ersten Blick eine Einbuße erlitten haben. Dasselbe gilt für Spieler: Ihre entgangenen individuellen Werbeeinnahmen können durch höhere Gehälter kompensiert werden. Aufgrund des Nebeneinanders nationaler Ligen und der Meta-Wettbewerbe auf europäischer Ebene stellt sich die Lage für die europäischen Sportverbände viel komplexer dar. Zum einen lassen sich die wichtigsten Regeln der nationalen Ligen kaum vereinheitlichen, wie sich z. B. an der in Spanien immer noch angewandten dezentralen Vermarktung der Fernsehrechte zeigt. Zum anderen lassen sich innerhalb einer nationalen Liga die auf die Markenbildung auf den verschiedenen Ebenen bezogenen Interessen der Clubs, welche regelmäßig an der Champions League teilnehmen, kaum mit denen der übrigen Ligateilnehmer vereinen. Angesichts der erheblichen Unterschiede von Anziehungskraft und Markenwert der Clubs in den europäischen Ligen erscheint es außerdem unvorstellbar, dass die überall praktizierte dezentrale Vermarktungszuständigkeit für Werberechte auf Trikots und Banden sowie das Recht zur vollständigen Aneignung der dabei erzielten Einnahmen ernsthaft zur Debatte gestellt werden könnten. Wie könnte erreicht werden, dass sich etwa Bayern München oder Real Madrid bei einem solch gravierenden Eingriff in ihren Besitzstand nicht verschlechtern würden? Im Ergebnis führt dies dazu, dass das Markenbild im europäischen Teamsport viel zersplitterter ist und bleiben wird als in Nordamerika.

3.7 Fazit

Die Auseinandersetzung mit Theorie und Praxis der Markenführung im Sport offenbart eine Reihe von besonderen Herausforderungen, aber auch Chancen. Am Beispiel des professionellen Mannschaftssports zeigt sich, dass sich ein allgemeines, produktorientiertes Markenverständnis, sowie Ansätze und Konzepte der Markenführung, wie sie von Unternehmen außerhalb der Sportwirtschaft eingesetzt werden, nicht uneingeschränkt und kritiklos auf den Sport übertragen lassen. Besonderheiten ergeben sich hier insbesondere aus der typischen, mehrstufigen Produktions- und Vermarktungsstruktur. Im Mannschaftssport treten nicht einzelne Sportler, sondern von Clubs aufgebotene Mannschaften gegeneinander an. Verschiedene Inputlieferanten formieren sich zu einem Teilnehmer am Wettbewerb, darunter die Sportler zu einer von Trainern angeleiteten und von Betreuern umsorgten Mannschaft, eingebettet in die Struktur eines Clubs oder Teams, zu dem auch Sachkapital (z. B. Sportgeräte, Trainingsfazilitäten), bereitstellende Akteure und angestellte Nichtsportler in der Geschäftsstelle gehören. Die aus ökonomischer und ethischer Perspektive spannende Frage lautet, ob ein einzelner Spieler oder ein eine Mannschaft aufbietender Club, der seinen Produktionsbeitrag und seinen Markenwert in einen sportlichen Wettbewerb einbringt, diesen, bezogen auf seinen Anteil an der Teamproduktion verursachungsgerecht, realisieren kann. Die komplexe Produktionsstruktur vieler professionell betriebener und vermarkteter Sportarten setzt voraus, die Vermarktungszuständigkeiten (Spezifizierung und Zuordnung von Vermarktungsrechten auf die beteiligten Akteure) sowie die Verteilung der durch die Vermarktungsaktivitäten auf ggf. verschiedenen Ebenen erzielten Erlöse einer institutionellen Regelung zu unterwerfen. Es muss demnach erstens festgelegt werden, wer überhaupt Zutritts-, Werbe- oder mediale Rechte und Merchandisingartikel verkaufen und zweitens, ob sich der zuvor bestimmte Verkäufer die Einnahmen aneignen darf oder ob diese ganz oder teilweise einem Umverteilungsprozess unterzogen werden.

Lionel Messi beispielsweise, als derzeit wohl weltbester Fußballspieler, lässt sein außergewöhnliches Können seit kurzem mit einem eigenen Logo vermarkten. Davon wird auch die Markenwahrnehmung seines Arbeitgebers profitieren, ebenso wie die beiden Wettbewerbe Primera Division und UEFA Champions League, an denen der FC Barcelona regelmäßig teilnimmt. Zur Durchsetzung von Arbeitsverträgen und Spielregeln, ebenso wie zur effizienten, also umsatzmaximierenden Allokation von Markenwert, ist es dabei vorteilhaft, dass kein Spieler/Sportler mehr Durchsetzungsfähigkeit und Strahlkraft aufweist als sein Club/Team, und kein Club/Team größeren Einfluss und Markenwahrnehmung genießt als der Wettbewerb, an dem er/es teilnimmt. Weder darf die Vermarktbarkeit des Ferrari-Rennstalles (und erst recht der Formel 1) ausschließlich von Michael Schumacher abhängen, oder die des 1. FC Köln oder des FC Barcelona (erst recht die der Bundesliga bzw. der Primera Division) von Lukas Podolski bzw. Lionel Messi, noch darf die Attraktivität und Markenwahrnehmung der UEFA Champions League von der Teilnahme Real Madrids bzw. die der Formel 1 von der Teilnahme Ferraris abhängen, woraus diese z. B. bei der Verteilung der Erlöse einsetzbares Hold-up-Potential oder für das große Ganze nachteilige Sonderrechte ableiten könnten. Der Slogan „die Mannschaft ist der Star" beschreibt nicht nur ein Spielsystem, bei dem die Performance eines Teams weniger auf einzelne Ausnahmekönner, sondern vielmehr auf mannschaftliche Geschlossenheit abstellt. Darüber hinausgehende Relevanz hat dieser Slogan im Hinblick auf eine idealtypische Allokation von Markenwert. Entsprechend kann ein Wettbewerb wie die Champions League besondere Attraktivität und Marken-Strahlkraft gewinnen, wenn nicht einzelne Clubs Seriensieger werden und das Bild der Liga gleichsam exklusiv verkörpern, sondern wenn er durch Integrität und Spannung sowie wechselnde Sieger zu charakterisieren ist. Die Sorge vieler Fußball-Fans, dass die UEFA wegen der immensen Strahlkraft etwa der Marke Real Madrid bei der Durchsetzung des neuen Financial Fair Play-Reglements vom Gleichbehandlungsgrundsatz abweichen und im Falle der populärsten Clubs vom Ausschluss aus ihrem Wettbewerb absehen könnte, sollte die Markenverantwortlichen auf den Plan rufen und sie bewegen, zum Schutz der Metamarke Champions League eine konsequente Regelanwendung zu versprechen.

Literatur

Aaker, J. L. (1996). *Building strong brands*. New York.

Aaker, J. L. (1997). Dimensions of brand personality. *Journal of Marketing Research, 34*, 347–356.

Alchian, A. A., & Demsetz, H. (1972). Production, information costs, and economic organization. *The American Economic Review, 62*, 777–795.

Alexa, F. (2009). Markenpersönlichkeit von Fußballvereinen. Eine empirische Untersuchung. Göttingen.

Baecker, D. (2005). Kommunikation. Stuttgart.

Berekoven, L. (1978). Zum Verständnis und Selbstverständnis des Markenwesens. In C.-A. Andrae (Hrsg.), *Markenartikel heute* (S. 35–48). Wiesbaden.

Burmann, C., & Meffert, H. (2005). Managementkonzept der identitätsorientierten Markenführung. In H. Meffert, C. Burmann & M. Koers (Hrsg.), *Markenmanagement. Identitätsorientierte Markenführung und praktische Umsetzung* (S. 73–114). Wiesbaden.

Bühler, A., & Häusel, H.-G. (2011). Neuromarketing im Sport. In G. Nufer & A. Bühler (Hrsg.), *Marketing im Sport*. Berlin.

Canes, M. E. (1974). The Social Benefits of Restrictions on Team Quality. In R. G. Noll (Hrsg.), *Government and the Sports Business* (S. 81–113). Washington.

Cialdini, R. B., Borden, R. J., Thorne, A., Walker, M. R., Freeman, S., & Sloan, L. R. (1976). Basking in reflected glory: Three (football) field studies. *Journal of Personality and Social Psychology, 34*, 366–375.

Dalakas, V., Madrigal, R., & Anderson, D. F. (2004). „We are number one!": The phenomenon of basking-in-reflected-glory and its implications for sports marketing. In L. R. Kahle & C. Riley (Hrsg.), *Sports marketing and the psychology of marketing communication* (S. 67–80). Mahwah.

Dietl, H., Franck, E., & Hasan, T. (2005). Entscheidungsrechte in Sportligen. In H.-D. Horch, G. Hovemann, S. Kaiser & K. Viebahn (Hrsg.), *Perspektiven des Sportmarketing – Besonderheiten, Herausforderungen, Tendenzen* (S. 43–54). Köln.

Domizlaff, H. (1939). *Die Gewinnung des öffentlichen Vertrauens. Ein Lehrbuch der Markentechnik*. Hamburg.

Eberhardt, H. (2012). BVB erhält Preis für Markeninszenierung, Sponsors, abgerufen am unter. www.sponsors.de/index.php?id=485&tx_ttnews[tt_news]=28007. Zugegriffen: 14. Mar. 2012.

Esch, F.-R. (2012). *Strategie und Technik der Markenführung.* München: Vahlen

Foerster, H. v. (2003). *Understanding understanding. Essays on cybernetics and cognition.* New York u. a.: Springer.

Franck, E. (1995). *Die ökonomischen Institutionen der Teamsportindustrie. Eine Organisationsbetrachtung.* Wiesbaden: Deutscher Universitätsverlag

Franck, E., & Müller, J. C. (2000). Problemstruktur, Eskalationsvoraussetzungen und eskalationsfördernde Bedingungen sogenannter Rattenrennen. *Zeitschrift für betriebswirtschaftliche Forschung, 52,* 3–26.

Gardner, B. B., & Levy, S. J. (1955). The Product and the Brand. *Harvard Business Review, 33*(1955), 33–39.

Gleich, U. (2008). Die Wirkung von Sportkommunikation: Ein Überblick. In H. Schramm (Hrsg.), *Die Rezeption des Sports in den Medien* (S. 185–213). Köln: Herbert von Halem

Görgen, F. (2005). *Kommunikationspsychologie in der Wirtschaftspraxis.* München: Oldenbourg Wissenschaftsverlag

Grünewald, S. (1997). Moderne Marken-Mythen und Marketing-Irrtümer. *Planung & Analyse, 1,* 9–17.

Heider, F. (1958). *The psychology of interpersonal relations.* New York: John Wiley and Sons, Inc

Hellmann, K.-U. (2003). *Soziologie der Marke.* Frankfurt/Main: Suhrkamp

Hellmann, K.-U., & Pichler, R. (2004). Ausweitung der Markenzone, 2. Wiesbadener Gespräche der AG Konsumsoziologie. http://www.konsum-soziologie.de/marke.htm. Zugegriffen: 27. Mai 2012.

Hogg, M. A., Terry, E. J., & White, K. M. (1995). A tale of two theories: A critical comparison of identity theory with social identity theory. *Social Psychology Quarterly, 58*(4), 255–269.

Horch, H.-D. (1994). Besonderheiten einer Sport-Ökonomie. *Freizeitpädagogik, 16*(1994), 243–257.

Kaiser, S. (2010). Kommunikationsmanagement im Sport. In G. Nufer & A. Bühler (Hrsg.), *Management im Sport: Betriebswirtschaftliche Grundlagen und Anwendungen der modernen Sportökonomie* (S. 437–461). Berlin: ESV

Kaiser, S. (2011). Besondere Herausforderungen an die Werbung für den Sport. In T. Schierl & D. Schaaf (Hrsg.), *Sport und Werbung* (S. 239–254). Köln: Herbert von Halem Verlag

Kapferer, J.-N. (1992). *Die Marke – Kapital des Unternehmens.* Landsberg/Lech: Verlag moderne Industrie

Karmasin, H. (1998). *Produkte als Botschaften. Individuelles Produktmarketing, konsumentenorientiertes Marketing, Bedürfnisdynamik, Produkt- und Werbekonzeption, Markenführung in veränderter Umwelt.* Landsberg am Lech: mi-Fachverlag.

Karmasin, H. (2004). *Produkte als Botschaften.* Frankfurt am Main/Wien: Wirtschaftsverlag Carl Ueberreuter

Keller, C. (2008). *Steuerung von Fußballunternehmen. Finanziellen und sportlichen Erfolg langfristig gestalten.* Berlin: ESV

Kocks, K., & Klünder, J.-P. (2009). Ur- und Abgründe der Markentechnik – Hans Domizlaff als Großvater der PR. In K. Merten (Hrsg.), *Konstruktion von Kommunikation in der Gesellschaft, Festschrift für Joachim Westerbarkey* (S. 215 ff.). Wiesbaden: GWV

Kühn, D. (1963). *Der Markenartikel, Wesen und Begriff, seine Entwicklung in der Literatur.* Berlin: Duncker & Humblot

Leitherer, E. (1956). Das Markenwesen der Zunftwirtschaft. *Der Markenartikel, 18,* 685–707.

Linn, C. E. (1992). Das Metaprodukt. Produktenwicklung und Marketing von Markenartikeln. Landsberg/Lech: Verlag moderne Industrie

Meffert, H., & Burmann, C. (2002). Managementkonzept der idetitätsorientierten Markenführung. In H. Meffert, C. Burmann & M. Koers (Hrsg.), *Markenmanagement – Grundfragen der identitätsorientierten Markenführung* (S. 73–98). Wiesbaden: Gabler

Mellerowicz, K. (1963). *Markenartikel. Die ökonomischen Gesetze ihrer Preisbildung und Preisbindung.* München: Beck

Möll, T. (2007). *Messung und Wirkung von Markenemotionen – Neuromarketing als neuer verhaltens-wissenschaftlicher Ansatz.* Wiesbaden: Gabler

Muniz, A. M., & O'Guin, T. C. (2001). Brand Community. *Journal of Consumer Research, 27*(4), 412–432.

Müller, J. C. (2003). Das lizenzierungsverfahren für die Fußball-Bundesliga. *Betriebswirtschaftliche Forschung und Praxis, 55,* 556–570.

Müller, J. C., Lammert, J., & Hovemann, G. (2012). The Financial Fair Play Regulations of UEFA: An Adequate Concept to Ensure the Long-Term Viability and Sustainability of European Club Football? *International Journal of Sport Finance, 7,* 117–140.

Neidhardt, F. (2007). Sport und Medien. Rede anlässlich der Verleihung der Honorarprofessur an Dr. Georg Anders am 18. November 2006 an der Deutschen Sporthochschule Köln. *Deutsche Sporthochschule Köln, Universitätsreden, 13,* 1–18.

Ortony, A., Clore, G. L., & Collins, A. (1988). *The cognitive structure of emotions.* Cambridge: University Press

Plummer, J. T. (1985). How Personality Makes a Difference. *Journal of Advertising Research, 24,* 27–31.

PwC, PricewaterhouseCoopers AG Wirtschaftsprüfungsgesellschaft (2012) (Hrsg.). *Markenstudie 2012.* München.

Rust, H. (2007). Theorie der Werbung. In R. Burkart & W. Hömberg (Hrsg.), *Kommunikationstheorien: Ein Textbuch zur Einführung* (S. 174–197). Wien: Braumueller Wilhelm

Schauerte, T., & Schwier, J. (2004). Die Telegenisierung von Sportereignissen – Anpassung von Sportarten und ihrem Regelwerk an mediale Bedingungen. In T. Schierl (Hrsg.), *Die Visualisierung des Sports in den Medien* (S. 164–186). Köln: Herbert von Halem

Schierl, T. (2004) (Hrsg.). *Die Visualisierung des Sports in den Medien.* Köln: Herbert von Halem

Schirm, R. W. (1982). Signale für eine „verlässliche" Welt. In W. Disch (Hrsg.), *Wundersame Welt der Markenartikel* (S. 69–80). Hamburg: Marketing Journal

Schilhaneck, M., & Walzel, S. (2011). Markenkommunikation mit Sport – Optimierungsansätze durch das Neuromarketing. In T. Schierl & D. Schaaf (Hrsg.), *Sport und Werbung* (S. 309–325). Köln: Herbert von Halem

Schubert, M. (2005). Sport-Marketing – einige Überlegungen zu den konstitutiven Grundlagen eines neuen Forschungs- und Aufgabenfeldes. In C. Breuer & A. Thiel (Hrsg.), *Handbuch Sportmanagement* (S. 239–257). Schorndorf: hofmann

Schubert, M. (2010). *Sportmarketing.* Carl von Ossietzky Universität Oldenburg, unveröffentlichte Studiengangsunterlagen.

Schwartz, B. (2004). The Paradox of Choice. New York: HarperCollins Publishers Inc.

Snyder, C. R., Lassegard, M., & Ford, C. E. (1986). Distancing after group success and failure: Basking in reflected glory and cutting off reflected failure. *Journal of Personality and Social Psychology, 51*(2), 382–388.

Tajfel, H., & Turner, J. C. (1986). The social identity theory of intergroup behavior. In S. Worchel & W. G. Austin (Hrsg.), Psychology of intergroup relations (S. 7–24). Chicago: Nelson-Hall

Trommsdorff, V. (1975). *Die Messung von Produktimages für das Marketing. Grundlagen u. Operationalisierung.* Köln u. a.: Carl Heymanns

Trout, J., & Rivkin, S. (2008). *The Tyranny of Choice. Differentiate or Die: Survival in Our Era of Killer Competition.* Hoboken: Wiley

Unger, F., & Fuchs, W. (1999). *Management der Marketing- Kommunikation.* Heidelberg: Springer

Woratschek, H., Horbel, C., Popp, B., & Roth, S. (2007). Verrückte Typen. *spectrum, 2,* 34–37.

Marken-Management für Vereine als Ansatz zur Sicherung langfristiger sportlich-wirtschaftlicher Erfolge

4

Florian Riedmüller

4.1 Professionelles Sportmarketing für Vereine

4.1.1 Die Abhängigkeit von sportlichem und wirtschaftlichem Erfolg

Jubelnde Meister, Tränen beim Abstieg – die Wege vieler Sportvereine gleichen einer emotionalen Achterbbahnfahrt. Höhenflüge und Abstürze auf der sportlichen Seite müssen durch wirtschaftlich fundierte Konzepte getragen werden. Für den nachhaltigen Erfolg eines Sportvereins muss das Team hinter dem Team die Einnahmen in geordnete Bahnen lenken. Dazu ist es in einem ersten Schritt wichtig, die Erfolgsfaktoren des sportlichen und wirtschaftlichen Bereichs, sowie die dabei existierenden Interdependenzen zu analysieren.

Der sportliche Erfolg lässt sich durch die systemimmanenten Wettbewerbsstrukturen des Sports anhand der erreichten Leistung bzw. der erzielten Platzierung eindeutig messen. Im Bereich des Ausdauersports (z. B. Radfahren) werden Zeiten zueinander in Relation gesetzt, bei den technischen Sportarten (z. B. Skispringen) die erzielten Höhen bzw. Weiten und bei ästhetischen Sportarten (z. B. Eiskunstlauf) der athletische und künstlerische Eindruck anhand von Noten. Bei den Ballsport-Wettbewerben entscheidet die Anzahl der erzielten Tore bzw. Punkte über Sieger und Verlierer. Mehrklassige Liga- bzw. Qualifizierungssysteme bei bestimmten Wettbewerben schaffen ein Raster für die relative Einordnung der erzielten Leistungen: So ist die Wertigkeit von Meisterschaften in der ersten, zweiten oder dritten Liga auch für absolute Sportlaien leicht nachvollziehbar.

Die Bestimmung von Einflussgrößen auf den sportlichen Erfolg ist hingegen eine der komplexesten Fragestellungen der Sportwissenschaft, die in der Medienöffentlichkeit mit jedem neuen sportlichen Ergebnis wiederholt hinterfragt wird: „Was hat den Ausschlag gegeben, dass Sie diesen Wettbewerb gewonnen haben?" ist eine Frage, die in keinem

F. Riedmüller (✉)
Nürnberg, Deutschland
E-Mail: florian.riedmueller@th-nuernberg.de

H. Preuß et al. (Hrsg.), *Marken und Sport,*
DOI 10.1007/978-3-8349-3695-0_4, © Springer Fachmedien Wiesbaden 2014

Interview nach der Siegerehrung fehlt und die von den Sportlern selbst in der Regel nur unzureichend beantwortet werden kann. Zu interdependent ist im professionellen Sport das Zusammenspiel zwischen mentaler und physischer Leistungsfähigkeit, zwischen Technik und Taktik, zwischen Sportler und Trainer bzw. zwischen Wettbewerbsbedingungen und Wettbewerbsumfeld. Entsprechend häufig antworten Sportler auf die oben gestellte Frage auch mit dem Hinweis auf eine Co-Produktion zwischen verschiedenen Faktoren, die an diesem Tag einfach optimal zusammengepasst hätten. Aufgrund dieser besonderen Bedeutung hat sich der Begriff der „Co-Produktion" auch in der Fachwissenschaft des Sportmanagements durchgesetzt und wird immer wieder als eine der zentralen Besonderheiten bei der Produktion von sportlichen Leistungen hervorgehoben (Heinemann 2001).

In einer empirischen Untersuchung zu den Einflussgrößen auf den sportlichen Erfolg von Vereinen in der Fußballbundesliga konnte Teichmann insgesamt acht co-produzierende Einflussgrößen extrahieren, nämlich die Besetzung des Spielerkaders, die Besetzung der Trainerposition, die Besetzung des Managementteams, die Gestaltung des Stadions, die Vermarktungsaktivitäten, die Diversifikationsaktivitäten, die organisatorische Vereinsstruktur und das Finanzierungsportfolio (Teichmann 2007). Unterteilt man diese acht Einflussgrößen entsprechend ihrem Bezug zum sportlichen Geschehen und der damit verbundenen Leistungserstellung bei sportlichen Wettbewerben, so lassen sich zwei Gruppen bilden. Die Spieler, der Trainer, der Verein und das Stadion sind unmittelbar mit dem sportlichen Wettbewerb verbunden und können entsprechend als sportliche Leistungsfaktoren bezeichnet werden. Das in der wirtschaftlichen Einheit des Vereins organisierte Managementteam mit den Aufgabenbereichen der Finanzierung, Vermarktung und ggf. Diversifikation stellt hingegen wirtschaftliche Leistungsfaktoren dar. Im Gegensatz zu den sportlichen Leistungsfaktoren haben sie nur einen mittelbaren Einfluss auf den sportlichen Erfolg: Die wirtschaftlichen Leistungsfaktoren schaffen für die sportlichen Leistungsfaktoren einen organisatorischen und finanziellen Rahmen, in dem die Mannschaft, der Trainer und das sie umgebende Stadion ihre Potenziale im sportlichen Wettbewerb optimal realisieren können (Augustin 2008). Meisterschaften werden also – entsprechend der öffentlichen Wahrnehmung – von den Spielern auf dem Platz und dem sie anleitenden Trainer entschieden. Ermöglicht wird diese Leistung aber erst durch ein funktionierendes „Team hinter dem Team".

Die wirtschaftliche Leistung eines professionellen Sportvereins kann zusätzlich zum sportlichen Erfolg als weitere Erfolgsgröße angeführt werden. Als Maßeinheiten für den wirtschaftlichen Erfolg bieten sich grundsätzlich die finanziellen Kennzahlen des Gewinns oder des Return on Investments an. Da professionelle Sportvereine in den bestehenden Organisationsformen in der Regel keine Gewinne ausschütten, sondern in den sportlichen bzw. organisatorischen Bereich reinvestieren, kommt der nachhaltigen Cash-Flow-Maximierung als finanzwirtschaftlichem Ziel eine besondere Bedeutung zu (Galli et al. 2002). Nachhaltig bedeutet in diesem Zusammenhang eine Optimierung der laufenden Nettoerträge unter Berücksichtigung der folgenden Spielzeiten.

Der wichtigste Einflussfaktor auf den wirtschaftlichen Erfolg eines professionellen Sportvereins ist dessen sportlicher Erfolg. Meisterschaftstitel sind mit unmittelbaren Er-

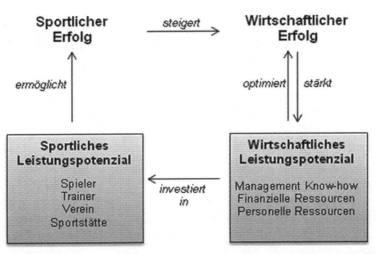

Abb. 4.1 Zusammenhang zwischen sportlichem und wirtschaftlichem Erfolg. (Quelle: Riedmüller 2011, S. 26)

folgsprämien aus dem jeweilig organisierenden Ligasystem verbunden. Wesentlich höher sind in vielen Fällen zusätzlich noch die über Sponsoringverträge zu erzielenden Prämien, da sportlicher Erfolg mit der für Sponsoren relevanten Medienpräsenz verbunden ist. In der Regel ziehen sportlich erfolgreiche Vereine auch mehr Zuschauer vor Ort an und können entsprechend von den Eintrittsgeldern profitieren (Riedmüller 2003). In einer empirischen Untersuchung zu den Cateringumsätzen in Fußballstadien konnte sogar nachgewiesen werden, dass die Einnahmen aus dem Verkauf von Essen und Getränken an einem Spieltag um 20 % höher ausfallen, wenn das Heimteam gewinnt (Schmidt 2010).

Eine weitere Einflussgröße auf den wirtschaftlichen Erfolg ist die Effizienz des Clubmanagements in Form von qualifizierten Mitarbeitern, Vermarktungs-Know-how und den Organisationsstrukturen. So konnte in einer Untersuchung unter den Vereinen der Handballbundesliga der Frauen beispielsweise ermittelt werden, dass sich ein Management mit hauptamtlichen Mitarbeitern gegenüber rein ehrenamtlich arbeitenden Mitarbeitern deutlich positiv auf die Vermarktungserlöse auswirkt (Mielke 2010).Die wirtschaftlichen Leistungsfaktoren haben also neben ihrem mittelbaren Einfluss auf den sportlichen Erfolg auch einen unmittelbaren Einfluss auf den wirtschaftlichen Erfolg, der sich durch eine höhere Effizienz des Potenzialeinsatzes auszeichnet (siehe Abb. 4.1).

Bestimmte Standortkonstellationen, wie z. B. die geografische Lage eines professionellen Sportvereins in einer dichtbesiedelten oder wirtschaftlich starken Metropolregion, können den sportlichen und wirtschaftlichen Erfolg ebenfalls beeinflussen. Sponsoren sind in solchen Regionen zahlreicher vorhanden, Zuschauer haben kürzere Anfahrtswege und Sportstätten können ggf. multifunktional und damit kosteneffizienter genutzt werden. Allerdings sind die vermeintlichen Vorteile eines attraktiven Umfelds in der Regel auch mit einer höheren Konkurrenzsituation verbunden, so dass hier kein eindeutiger Zusammenhang mit den sportlichen oder wirtschaftlichen Erfolgsgrößen formuliert werden kann (Korthals 2005).

Die Wirkungen des Modells in Abb. 4.1 können zunächst als statische Einzelzusammenhänge betrachtet werden: Ein Team mit guten Spielern, einem engagierten Trainer und einer attraktiven Spielstätte ermöglichen dem Verein sportliche Erfolge, die den wirtschaftlichen Erfolg steigern. Der ökonomische Erfolg führt zu einem stärkeren wirtschaftlichen Leistungspotenzial, das in den sportlichen Bereich investiert und gleichzeitig die innerstrukturelle Effizienz optimiert. Somit können zur Steigerung des sportlichen Erfolgs in einem Verein einmalige Impulse im Bereich des sportlichen oder wirtschaftlichen Leistungspotenzials gesetzt werden. Beim Handball-Traditionsclub SG Leutershausen entstand ein solcher Impuls z. B. im Jahr 2007, als sich nach der Insolvenz des Vereins und dem Zwangsabstieg in die Oberliga Baden-Württemberg frühere Handballgrößen ehrenamtlich engagierten und den Verein zurück in die Erfolgsspur führten. Die ehemaligen Nationalspieler Michael Roth und Holger Löhr übernahmen die Funktionen des Managers bzw. Trainers in Leutershausen, überzeugten junge Talente vom Potenzial des Vereins und schafften die Rückkehr in die Regionalliga (Ketterer 2010). An diesem Beispiel wird deutlich, dass das wirtschaftliche Leistungspotenzial nicht nur aus potenten Geldgebern bestehen muss, sondern kaufmännischer Sachverstand und ein gutes Beziehungsnetzwerk in der jeweils relevanten Sportart ebenfalls wertvolle Leistungsimpulse setzen kann.

Durch die saisonal-wiederkehrende Struktur in den Ligawettbewerben können sich Impulse auch langfristig über mehrere Spielzeiten entfalten. So kann z. B. die Investition in ein neues Stadion mit modernen Businessplätzen die Einnahmestruktur an den Spieltagen nachhaltig verändern und eine sportlich-wirtschaftliche Kettenreaktion hin zu einer längerfristig gesicherten Position im jeweiligen Ligasystem bedeuten. Im Eishockey konnten die Iserlohn Roosters beispielsweise ihre Kapazität an Business Seats von der Saison 2002/2003 bis zur Saison 2009/2010 durch bauliche Veränderungen von 250 auf 750 Plätze kontinuierlich steigern. Bei einem Listenpreis von 4.400 EURO für das Business Saisonticket und einer kalkulierten Auslastung von 90 % führt dies zu Mehreinnahmen von ca. 2 Millionen Euro. Durch diese infrastrukturelle Investition können ca. 30 % des inzwischen ebenfalls erhöhten Saisonetats der Roosters gedeckt werden und ermöglichen dem Verein eine saisonübergreifend deutlich ausgewogenere Planungssicherheit (Stelmaszyk 2010).

4.1.2 Marken-Management für Vereine

Spieler, Trainer, Vereinsorganisation und Sportstätte bilden das sportliche Leistungspotenzial und sind für den sportlichen Erfolg verantwortlich. Der sportliche Erfolg steigert den wirtschaftlichen Erfolg des professionellen Sportvereins und damit die wirtschaftlichen Leistungspotenziale in Form von finanziellen und wirtschaftlichen Ressourcen sowie Management Know-how. Diese wirtschaftlichen Ressourcen können wiederum in die sportlichen Leistungspotenziale reinvestiert werden und den Kreislauf von neuem anstoßen. Würde dieser theoretische Regelkreis der Praxis entsprechen, so hätte die Platzierung eines Vereins in der Abschlusstabelle einer einzelnen Saison einen wesentlichen Einfluss auf die weitere sportliche Zukunft. Der Wettbewerb innerhalb einer professionellen Liga wäre einer entsprechenden Dynamik mit rotierenden Teilnehmern und wechselnden Meistern unterworfen.

In der Realität beobachten wir, dass eine relativ konstante Anzahl an Vereinen über Jahre hinweg das sportliche Geschehen in der jeweiligen Liga bestimmt. Die Vereine THW Kiel, TV Großwallstadt oder VfL Gummersbach stehen für kontinuierlichen Erfolg im Handball, Alba Berlin, die Brose Baskets und der TSV Bayer Leverkusen dominieren die Meisterstatistik der letzten beiden Jahrzehnte im Basketball, die Eisbären Berlin und die Adler Mannheim bestimmen das Geschehen der letzten Jahre in der Deutschen Eishockeyliga und der VfB Friedrichshafen ist der Abonnement-Meister der Deutschen Volleyballliga (jeweils Spielklassen der Männer). Eine quantitative Analyse der Teilnehmer und Meister in der Fußballbundesliga verdeutlicht diese Konzentration erfolgreicher Mannschaften: Seit der Gründung der Fußballbundesliga im Jahr 1963 mit 16 Vereinen und zwei bis drei Aufsteigern in jedem Jahr, wäre es bis heute theoretisch knapp 150 Vereinen durch Auf- bzw. Abstieg möglich gewesen, zumindest eine Saison in der Bundesliga zu spielen. Tatsächlich waren aber nur 51 unterschiedliche Vereine in der höchsten deutschen Spielklasse vertreten, wobei der FC Augsburg in der Saison 2011/2012 der jüngste Neuzugang war. Die 49 Meisterschaften verteilen sich auf nur 12 Vereine, die am Ende der jeweiligen Spielzeit den Titel erringen konnten.

Weiterhin kann beobachtet werden, dass etablierte Vereine in einem Ligasystem einzelne Spielzeiten auch ohne sportliche Erfolge kompensieren können und selbst im Fall eines Abstiegs nach kurzer Zeit wieder im erstklassigen Ligageschehen auftauchen. Im Fußball stieg der Traditionsverein 1. FC Nürnberg z. B. in der Saison 1995/1996 in die damals drittklassige Regionalliga Süd ab, schaffte aber in drei Spielzeiten die Rückkehr in die erste Bundesliga. Im Handball wurde z. B. der Verein TUSEM Essen in der Saison 2005/2006 wegen finanzieller Probleme in die Regionalliga zurückgestuft, erreichte aber über zwei Spielzeiten die unmittelbare Rückkehr in die erste Handballbundesliga. Die Analyse der abnehmenden Spannungskurven in Ligasystemen unterstützt die anhand dieser Einzelfälle akzentuierte Beobachtung, dass neben den dynamischen Zusammenhängen innerhalb des Regelkreislaufs noch ein weiterer Faktor Einfluss auf den sportlichen und wirtschaftlichen Erfolg eines professionellen Sportvereins hat: Die über Jahre bzw. Jahrzehnte generierte Marke eines Vereins.

Eine Marke ist für Konsumenten ganz allgemein „ein Nutzenbündel mit spezifischen Merkmalen, die dafür sorgen, dass sich dieses Nutzenbündel gegenüber anderen Nutzenbündeln, welche dieselben Basisbedürfnisse erfüllen, aus Sicht der relevanten Zielgruppen nachhaltig differenziert" (Burmann et al. 2005). Übertragen auf einen professionellen Sportverein kann man diese Definition so verstehen, dass ein Verein als Marke dem Zuschauer, Sponsor oder Medienvertreter zusätzlich zu der Basisleistung „Teilnahme an einem professionellen Liga-Spielbetrieb" noch eine einzigartige Projektionsfläche bietet, die ihn von den anderen Vereinen in der jeweiligen Liga unterscheidet. Die Anziehungskraft eines Vereins entsteht durch implizite Prozesse, die seiner Marke Bedeutung und Belohnung zuweisen (Scheier und Held 2009). Man geht im Fußball nicht einfach nur zu einem Bundesligaspiel des Heimatvereins in München, sondern zu „den Bayern" mit allen damit verbundenen Assoziationen über vergangene Erfolge, Imageeigenschaften oder Statussymbole.

Marken entstehen folglich durch ein Zusammenspiel der sportlichen und wirtschaftlichen Leistungspotenziale eines professionellen Sportvereins: Die Spieler, der Trainer, das Stadion und der Vereinsname als zentrale Bestandteile der sportlichen Dimension verfügen jeweils über bestimmte Imageeigenschaften, die ihnen in einer kurzfristigen Projektion von außen zugeschrieben werden. Ein Spieler wird z. B. als besonders schnell wahrgenommen, ein Trainer als sehr akribisch, ein Stadion als modern oder ein Verein als gut organisiert. Durch das gemeinsame Auftreten dieser sportlichen Komponenten entsteht ein ganzheitliches Bild, das von den Zuschauern, Sponsoren und Medienvertretern aufgenommen wird. Sie sprechen dann z. B. von „den jungen Wilden", „dem Arbeiterverein" oder „den Galaktischen". Dieses zunächst generische Bild des sportlichen Leistungspotenzials kann vom Managementteam auf der wirtschaftlichen Seite des Sportvereins durch die Veröffentlichung von Texten und Bildern in eine bestimmte Richtung gestaltet werden. Man spricht bei solchen Maßnahmen von Markenpositionierung durch Kommunikation. So kann die Abbildung von schwarz-weiß-Motiven mit historischer Anmutung den Verein in eine traditionelle Richtung steuern oder die Verwendung von goldenen Rahmen den angestrebten Erfolg visualisieren (Munzinger und Musiol 2008). Natürlich kann Markenkommunikation die bestehenden Assoziationen nicht beliebig steuern, sondern nur im Sinne einer identitätsorientierten Markenführung akzentuieren.

Da professionelle Sportvereine nicht nur im hier und jetzt leben, sondern auf eine mehr oder weniger lange Historie zurückblicken können, hat auch diese Geschichte Einfluss auch die Wahrnehmung der Vereinsmarke. Insbesondere die langfristige Teilnahme an einem sportlichen Wettbewerb oder das Erringen eines Meisterschaftstitels führen zu besonders positiven Assoziationen für einen professionellen Sportverein. So wird in Berichterstattungen über die Handball-Bundesliga immer wieder hervorgehoben, dass der VfL Gummersbach als einziger Verein seit dem Start der Handballbundeliga kontinuierlich in der höchsten Spielklasse vertreten war. Im Fußball hat der Hamburger Sportverein denselben Status als einziges durchgehend beständiges Mitglied der Fußballbundesliga, der von den Marketingverantwortlichen durch eine große Digitaluhr im Stadion visualisiert wird. Auf dieser Uhr läuft eine Zeitmessung in Jahren, Monaten, Stunden und Sekunden und zeigt die Zeitspanne an, seit der der HSV ununterbrochen in der Fußballbundesliga spielt. Meistertitel oder Pokalsiege eines Vereins erhöhen ebenfalls dessen Markenstärke, da sie Messgrößen des Erfolgs darstellen. In der Markenkommunikation werden sie durch die Verbindung der Jahreszahlen der Titelgewinne mit dem Vereinslogo eingesetzt oder seit ein paar Jahren auch durch Sternsymbole auf den Trikots aufmerksamkeitsstark hervorgehoben.

Markenassoziationen entstehen also kurzfristig durch das sportliche und wirtschaftliche Leistungspotenzial innerhalb einer Saison und werden langfristig durch die Historie des jeweiligen Vereins geprägt. In der Marketingliteratur wird dieses Zusammenspiel auch häufig durch das Bild eines Eisbergs visualisiert, dessen sichtbare Spitze über dem Wasser zu sehen ist. Der wesentlich größere und wichtigere Teil liegt allerdings unsichtbar unter Wasser und steht für das über Jahrzehnte erworbene Vertrauensguthaben einer

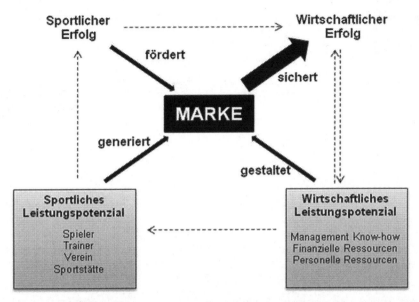

Abb. 4.2 Zusammenhang zwischen Marke und sportlich-wirtschaftlichem Erfolg. (Quelle: Riedmüller 2011, S. 36)

Marke (Andresen und Esch 2001). Entsprechend verfügen Vereine mit einer langen und erfolgreichen Tradition bei den Zuschauern, Sponsoren und Medienvertretern über ein Markenguthaben, das ihnen über kurzfristige sportlich-wirtschaftliche Krisen hinweghelfen kann (siehe Abb. 4.2). Ein professioneller Sportverein kann sein wirtschaftliches Leistungspotenzial durch erfolgreiches Markenmanagement sicherstellen und damit auf vielfältige Weise profitieren. Zunächst wird die Bindung der Zuschauer, Sponsoren und Medien an den Verein gestärkt, da Erfolg und klar definierte Imageeigenschaften die Vermittlung von gemeinsamen Wertvorstellungen erleichtern. Aus einer stärkeren Bindung folgt zum einen ein hohes Weiterempfehlungspotenzial, durch das der Kontakt mit neuen Kunden in den verschiedenen Bereichen erleichtert wird. Zum anderen können auch höhere Preise durchgesetzt werden, da die Konsumenten der Marke in der Regel eine überdurchschnittlich hohe Qualität zusprechen (Kotler et al. 2007).

In einer Studie aus dem Jahr 2009 konnten diese positiven Preiseffekte einer starken Marke für den Bereich der professionellen Fußballigen nachgewiesen werden. Die Untersuchung stellt die Einnahmezuwächse von Vereinen, die in die erste Fußballbundesliga aufsteigen den Einnahmerückgängen gegenüber, die mit einem Abstieg aus der ersten Bundesliga verbunden sind. Der Aufstieg in die erste Bundesliga bringt im Durchschnitt fast eine Verdoppelung des jeweiligen Etats mit sich. Bei einem Abstieg gehen die Einnahmen hingegen nur um durchschnittlich 15–40 % zurück und begünstigen dadurch häufig den direkten Wiederaufstieg (Sport + Markt 2009). Der Absteiger profitiert also langfristig von seinem Status „Ex-Bundesligist", den der Verein durch einen auch nur kurzfristigen Aufenthalt in der ersten Liga erreichen kann.

Auch für den Teilbereich des Merchandisings konnte in einer Langzeitstudie nachgewiesen werden, dass der Status eines Vereins einen wesentlichen Einfluss auf dessen

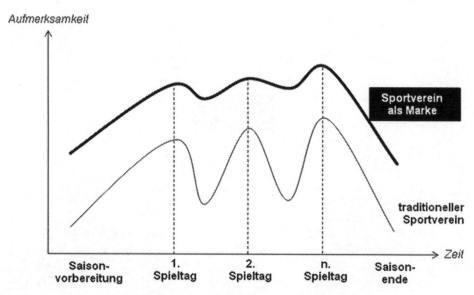

Abb. 4.3 Aufmerksamkeit gegenüber Sportvereinen mit und ohne Markenprofil. (Quelle: Riedmüller (2011), S. 38)

Einnahmepotenzial für Fanartikel hat. Steigt ein Traditionsverein aus der Fußballbundesliga in die zweite Liga ab, so profitiert er weiterhin von überdurchschnittlich hohen Erlösen aus dem Verkauf von Fanartikeln, durch die Zuschauer ihre Verbundenheit mit dem Club ausdrücken (Rohlmann 2008).

Professionelle Sportvereine mit einer starken Markenausstrahlung profitieren weiterhin von einer höheren und kontinuierlicheren Medienpräsenz. Das Medieninteresse bei einem Verein ohne besondere Markenausprägung konzentriert sich vor allem auf seine Teilnahme am Ligaspielbetrieb mit den entsprechend erzielten Ergebnissen. In den Zeiträumen zwischen den Spieltagen finden noch Vor- bzw. Nachberichterstattungen statt, die aber immer in einen unmittelbaren Bezug zu dem jeweiligen Spiel stehen. In der Pause zwischen den Spielzeiten tendiert die öffentliche Aufmerksamkeit gegenüber diesen Vereinen gegen null und sie erscheinen erst wieder mit der Vorschau auf die anstehende Saison auf der medialen Bildfläche (Weber und Willers 2009). Vereine mit einem ausgeprägten Markenprofil profitieren hingegen von einer intensiveren und vor allem fortlaufenden Berichterstattung, die sich wiederum positiv auf die an Kommunikationsleitung interessierten Sponsoren auswirkt (siehe Abb. 4.3).

Durch die den Vereinen klar zugeordneten Imageattribute werden sie medial nicht nur als Sportverein, sondern auch als Bestandteil einer themenübergreifenden Unterhaltungsindustrie aufgegriffen. Entsprechend ist die Berichterstattung über professionelle Vereine mit starken Marken auch nicht auf die Sportredaktionen beschränkt, sondern findet sich ebenfalls in Kultur- und Wirtschaftsreportagen wieder. Um eine kontinuierliche Medienpräsenz sicherzustellen werden durch die Presse- und Öffentlichkeitsarbeit eines Vereins Nachrichten rund um die wichtigsten Leistungspotenziale entwickelt: Berichte über die persönlichen Hintergründe der Spieler, den Aberglauben des Trainers, Umbaumaßnah-

men am Stadion oder Jubiläen des Vereins bzw. besondere Ereignisse in der Vereinschro-
nik. Das mediale Umfeld erhält dadurch kontinuierlich Neuigkeiten, die sie den Anhängern zwischen den Spieltagen präsentieren und damit die kontinuierliche Berichterstattung sicherstellen können. Es lässt sich feststellen, dass die langfristige Entwicklung und
Mobilisierung einer eigenen Marke wichtiger ist als kurzfristig in Profisportler oder Sach-
anlagen zu investieren. Die Marke generiert den Wert für die Interessensgruppen des Vereins, sichert den Fortbestand und verursacht regelmäßige Auszahlungen (Galli et al. 2002).

Erfolgreiches Markenmanagement setzt professionelle Strukturen und eine umfassende
Orientierung an den relevanten Anspruchsgruppen voraus. Das Zusammenspiel von Fans,
Medien und Sponsoren muss verstanden und im Rahmen der Planung, Umsetzung und
Kontrolle von markenbildenden Maßnahmen berücksichtigt werden (Mullin et al. 2007).
Noch ist das Markenmanagement im deutschen Profisport relativ unprofessionell. Das
Management der professionellen Sportvereine steht den Interessen und Wünschen Ihrer
wichtigsten Stakeholder grundsätzlich positiv gegenüber, zeigt aber Defizite in der regelmäßigen Analyse konkreter Kennzahlen, die eine gezielte Steuerung ermöglichen würden.
In einer repräsentativen Befragung der Vereine der 1. und 2. Fußballbundesliga, der 1.
und 2. Handballbundesliga und der Verbände DFL, HBL, DFB und DHB wurde z. B. festgestellt, dass nur 50 % der Organisationen außersportliche Ziele für ihre Saisonplanungen
schriftlich festlegen (Baumeister 2008).

4.1.3   Markenmanagement als Prozess

Der Begriff Markenmanagement im Sport umfasst alle Aktivitäten eines Vereins, die darauf ausgerichtet sind, Angebote und Leistungen hervorzuheben und sie gegenüber Wettbewerbern in einer für die Kunden relevanten Weise abzugrenzen (Mazurkiewicz und
Thieme 2008). Diese Hervorhebungen können auf einer regionalen Ebene (z. B. Chemnit-
zer FC als Fußball-Traditionsverein in Sachsen), einer nationalen Ebene (z. B. FC St. Pauli
als alternativer Verein der Fußballbundesliga) oder auf internationaler Ebene (z. B. Real
Madrid als elitärer Teilnehmer der Champions League) vorgenommen werden. Zur Umsetzung der Hervorhebung setzt Markenmanagement einen in mehrfacher Hinsicht integrierten Ansatz voraus. Formal müssen Zeichen und Markierungen zu einem konsistenten
Gesamtbild zusammengefasst werden. Inhaltlich müssen Botschaften und Werte aufeinander abgestimmt werden. Zeitlich muss ein mehrstufiger Prozess zur Planung und Ab-
stimmung des Markenleitbildes mit allen relevanten Anspruchsgruppen definiert werden.

Betrachtet man die Praxis des Markenmanagements in den deutschen Profivereinen,
so sind leider vielfach Defizite festzustellen. Der hohen Bekanntheit von Vereinen durch
ihr sportliches Mitwirken in den höchsten Spielklassen stehen diffuse Markenbilder bei
den zentralen Zielgruppen gegenüber, die nur in den seltensten Fällen mit differenzierenden Imageattributen verbunden werden (Schilhaneck 2007). Eishockeyclubs werden
z. B. pauschal die sportartspezifischen Eigenschaften „kampfbetont, schnell und aggressiv"
zugeschrieben. Tischtennisclubs werden eher mit den übergreifenden Imageitems „tech-
nisch, präzise und seriös" dieser Rückschlagsportart identifiziert. Grundsätzlich ist diese

Zuordnung positiv zu bewerten, da sie eine Differenzierung im interdisziplinären Wettbewerb mit anderen Sportarten im regionalen Umfeld zulässt. Sobald ein Verein aber eine überregionale Wahrnehmung anstrebt, muss er sich aus dem Schatten der generischen Sportartassoziationen lösen und die eigene Identität im jeweiligen Ligawettbewerb entwickeln. Die Wahrnehmung eines Vereins innerhalb des jeweiligen Ligasystems darf nicht die „eines von vielen" sein, der im Falle eines sportlichen Abstiegs beliebig austauschbar ist. Der Verein sollte sich vielmehr durch eine eigenständige und prägnante Positionierung auszeichnen. Die individuelle Positionierung kann entsprechend der im weiteren Verlauf dieses Kapitels vorgestellten Herangehensweise z. B. in Bezug auf die Herkunft (heimatlich/traditionell), die Exklusivität (prestigeträchtig/elitär), die Begeisterungsfähigkeit (leidenschaftlich/faszinierend) oder auch die Aggressivität (z. B. provokativ/skandalös) herausgestellt werden.

Die Erarbeitung eines Imageprofils ohne eine strukturierte Herangehensweise ist eher ein Glücksspiel, als eine sinnvolle Investition von Zeit und Geld. Die Grundlage für eine erfolgreiche Positionierung im Sportmarkt ist daher in einem systematischen Entscheidungs- und Planungsverhalten zu sehen, das völlig unabhängig von der organisatorischen Struktur eines Vereins als klassischem e. V. oder als ausgegliederter Kapitalgesellschaft durchgeführt werden kann (Riedmüller 2008). Entsprechend der aus dem Marketing-Management bekannten Herangehensweise mit den vier Schritten der Analyse, Planung, Umsetzung und Kontrolle bietet es sich an, diesen Ansatz auch auf die Generierung von Marken im Sport zu übertragen.

Als ersten Schritt eines Markenmanagement-Prozesses wird in der Analysephase die Identitätsfindung für einen professionellen Sportverein in den Mittelpunkt gestellt. Dazu gehören Recherchen zur historischen und aktuellen Wahrnehmung des Vereins als Basis für eine realistische Selbsteinschätzung. Fragen wie z. B.: „für was stehen wir?", „Woher kommen wir?", „Wie werden wir gesehen?", „Wie werden wir dargestellt?" oder „Welchen Erwartungen stehen wir gegenüber?" müssen in Bezug auf die relevanten Anspruchsgruppen geklärt werden (Wiedmann 2008).

Aufbauend auf den Erkenntnissen der Analysen wird in der Planungsphase die Markenidentität des Vereins gestaltet. Der analysierten Ist-Position wird eine Soll-Position gegenübergestellt und damit die Frage „Wie möchten wir wahrgenommen werden?" beantwortet. Das Selbstverständnis des Vereins wird auf Basis des Inputs der verschiedenen Anspruchsgruppen definiert und daraus werden Anforderungen an die Vereinsziele und –werte abgeleitet. Da es bekanntlich immer verschiedene Wege zu einem Zielposition gibt, wird durch die Definition der Markenvision, der Markenmission und der Markenwerte der spätere Handlungsrahmen vorgegeben („Wie kommen wir zur Zielposition?").

Nach der Planungsphase wird im Rahmen der Umsetzungsphase dafür Sorge getragen, dass die neue Markenidentität des Vereins vermittelt wird. Umsetzungen sind in diesem Verständnis nichts anderes als zum Leben gebrachte Strategien. Insbesondere konkrete Markensignale und -assoziationen für einen Verein müssen bereits frühzeitig berücksichtigt und über den gesamten Prozess gemanagt werden (Munzinger und Musiol 2008). Die Fragen „Wie treten wir auf?" bzw. „Wie kommunizieren wir?" müssen in dieser Phase detailliert beantwortet werden.

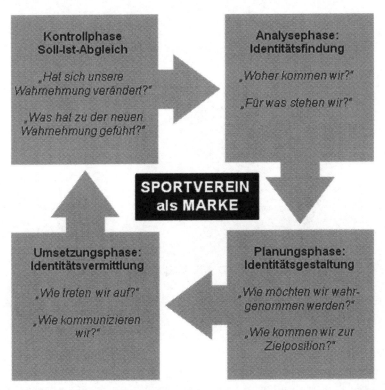

Abb. 4.4 Prozess zur Steuerung der Markenidentität eines Vereins. (Quelle: Riedmüller (2011), S. 51)

Schließlich muss in der Kontrollphase noch ein Soll-Ist-Abgleich durchgeführt werden um sicherzustellen, dass die Umsetzung auch zum gewünschten Ergebnis führt. Durch die Fragen „Hat sich unsere Wahrnehmung verändert?" und „Was hat zu der neuen Wahrnehmung geführt?" wird sichergestellt, dass sowohl die Zielerreichung als auch der Weg zu diesem Ziel im Sinne einer Prozesskontrolle überprüft werden. Die Ergebnisse des Soll-Ist-Abgleichs zur Markenposition fließen unmittelbar in die weitere Analysephase ein, so dass ein Regelkreis im Sinne eines ganzheitlichen Markenmanagementprozesses entsteht (siehe Abb. 4.4).

4.2   Identitätsfindung für Vereine

Den Ausgangspunkt zur Steuerung der Markenidentität eines Vereins sollte eine umfassende Situationsanalyse der Marke darstellen. Das wesentliche Ziel dieser Analyse ist die Sensibilisierung der Vereinsführung für den Status des Vereins innerhalb seiner unmittelbaren Umwelt. Entsprechend wichtig ist es, die Perspektive eines neutralen Betrachters für diese Bestandsaufnahme einzunehmen und sich von dem rein internen Selbstverständnis eines Vereins zu lösen.

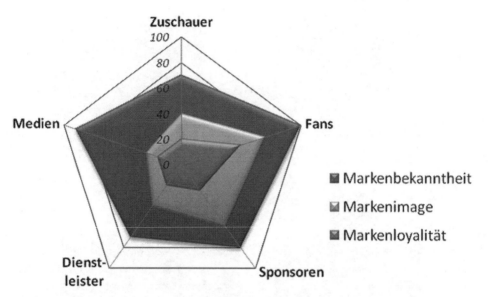

Abb. 4.5 Netzdiagramm zur Darstellung des Markenstatus eines Vereins. (Quelle: Riedmüller 2011, S. 66)

Über den Erfolg einer Vereinsmarke entscheiden letztendlich die Kunden eines Vereins. Sie treffen immer wieder Entscheidungen darüber, ob sie als Zuschauer ein Heimspiel besuchen, ob sie als Vereinsmitglieder die bestehende Mitgliedschaft verlängern, ob sie als Redakteure über den Verein berichten oder sich als Sponsoren engagieren. Die Entscheidung für oder gegen einen Besuch, eine Mitgliedschaft, einen Bericht oder ein Sponsorship ist dabei nicht nur eine nüchterne Abwägung der Leistungseigenschaften und des jeweiligen Preises. Sie wird auch wesentlich von den Vorstellungen über und den Erwartungen an einen Verein bestimmt. Welche Vorstellungen und Erwartungen ein Verein in den Köpfen der jeweiligen Entscheidungsträger weckt, entscheidet er selbst durch seine aktuell und in der Vergangenheit entwickelte Persönlichkeit.

Zur Analyse dieser Markenpersönlichkeit bietet sich ein Transfer des in der Marketingpraxis etablierten Konzepts des Markendreiklangs an. Der Markendreiklang setzt sich aus Messwerten zur Bekanntheit, Sympathie und Verwendung einer Marke zusammen und analysiert deren Stärken und Schwächen bei unterschiedlichen Zielgruppen. Die Markenbekanntheit misst, welcher Prozentsatz der jeweiligen Anspruchsgruppe den Verein kennt. Das Markenimage analysiert, wie viele Personen bzw. Unternehmen einem Verein besonders positive Attribute zuschreiben und die Markenverwendung ist eine Maßzahl für die Inanspruchnahme von Vermarktungsangeboten eines Vereins (Gruner + Jahr 2008).

Für die ganzheitliche Darstellung der verschiedenen Markendimensionen und Messgrößen bietet sich ein Netzdiagramm an, das als Kategorien die Zuschauer, Fans, Sponsoren, Dienstleister und Medienpartner eines Vereins ausweist. Für diese Kategorien werden in einem zweiten Schritt die jeweiligen Messwerte für die Markenbekanntheit, das Markenimage und die Markenloyalität ausgewiesen. Für alle Messwerte gilt dabei die gleiche Orientierung: Die positiven Werte liegen einheitlich außen. Im Beispiel in Abb. 4.5 wird dies durch die Prozentzahlen 0-100 verdeutlichet, wobei 100 dem bestmöglichen Wert und damit einem vollständigen Vorhandensein der jeweiligen Ausprägung entspricht.

Die Relationen dieser drei Messgrößen zeigen an, ob und ggf. wie stark die Marke von den Kunden eingeschätzt wird. So unterschiedlich sich die einzelnen Markenpositionen in den verschiedenen Sportdisziplinen auch darstellen mögen, die Mechanismen für den Markterfolg sind im Grunde immer gleich: Sportvereine, die über eine hohe Bekanntheit in Verbindung mit einem positiven Markenimage verfügen, können sich einer hohen Loyalität bei ihren verschiedenen Anspruchsgruppen sicher sein. Im Eishockey kann dieser Zusammenhang z. B. anhand des Eishockey-Zweitligisten Hannover Indians nachgewiesen werden. Obwohl in der Stadt Hannover ebenfalls der erstklassige DEL-Club Hannover Scorpions beheimatet ist, verfügen die Indians über ein ausgesprochen hohes Markenprofil. „Hannover ist Indianerland" lautet der Schlachtruf der Anhänger und für sie sind die Indians, als der seit 60 Jahren in der Stadt beheimatete Traditionsclub, Kult. Ein Zuschauerschnitt von knapp 4.000 Fans in den letzten Spielzeiten, ein Sponsorenpool mit elf überregionalen Premium-Partnern und ein eigenes Club-TV haben dazu geführt, dass der Gesamtumsatz des Vereins zwischen 2006 und 2009 verdoppelt werden konnte (Oediger 2010).

Marken mit einem hohen Bekanntheitsgrad, die nicht mit positiven Sympathiewerten aufgeladen sind, haben es hingegen schwer loyale Kunden für sich zu gewinnen. Man spricht hier von den sogenannten „grauen Mäusen" der jeweiligen Top-Ligen. Diese Vereine verfügen über eine sportlich und wirtschaftlich ausgeglichen positive Bilanz, ihnen fehlt aber die Identifikation einer breiten Masse. Gerade im sportlichen Umfeld mit emotional aufgeladenen Atmosphären muss neben der Bekanntheit eines Vereins auch ein Identifikationspotenzial für Fans und Unternehmen bestehen.

4.3 Identitätsgestaltung durch Vereine

Für die Steuerung von Marken ist es notwendig, ihre angestrebte Identität zu definieren. Die Markenidentität bringt zum Ausdruck, wofür eine Marke stehen soll und umfasst die drei wesentlichen und charakteristischen Merkmale einer Marke: Das erste Merkmal ist das Eigenbild, das der Vereinsvorstand bzw. die Geschäftsführung von einem Verein hat. Das zweite Merkmal sind zeitlich stabile und wahrnehmbare Eigenschaften, durch welche die Markenidentität für die unterschiedlichen Zielgruppen des Vereins geprägt wird. Das dritte Merkmal ist das Fremdbild bei den unterschiedlichen Zielgruppen, das durch die tatsächliche Wahrnehmung der Eigenschaften entsteht (Esch und Hartmann 2008).

In Abb. 4.4 zum ganzheitlichen Steuerungsprozess der Markenidentität wurde die Planungsphase der Identitätsgestaltung bereits durch die Frage „Wie möchten wir wahrgenommen werden?" charakterisiert. Zur Beantwortung dieser Frage müssen eine Vielzahl sachlicher, emotionaler, verbaler und nonverbaler Eigenschaften festgelegt werden. Manche dieser Eigenschaften sind mit der Herkunft eines Vereins verbunden und können nicht beliebig gestaltet werden, wie z. B. das Gründungsjahr oder besondere sportliche Erfolge in der Vergangenheit. Diese faktischen Gegebenheiten haben einen wesentlichen Einfluss auf die emotionale Wahrnehmung eines Vereins. So werden Vereine mit einem historischen Gründungsjahr und Meistertiteln in der Vergangenheit als Traditionsclubs bezeichnet, wie z. B. der FC Schalke 04 im Fußball, der TV Großwallstadt im Handball oder die Kölner Haie im Eishockey. Tradition ist nebenbei eine der grundlegenden Eigenschaft von professionellen Sportvereinen, die sich nicht künstlich hinzufügen lassen.

Viele Eigenschaften eines Vereins können aber gestaltet – oder zumindest akzentuiert dargestellt – werden. Entsprechend wichtig ist es, dass ein Verein Leitlinien zur Markenidentität erarbeitet, in denen die Markenvision, die Markenmission und die zentralen Markenwerte definiert werden.

Bei der Vision einer Marke handelt es sich um die auf die langfristige Zukunft ausgerichtete, richtungsweisende und normative Vorstellung der zentralen Zielsetzung einer Marke (Hermanns et al. 2007). Die Vision entspricht der ursprünglichen Idee der Markengründung und gibt die grundsätzliche Richtung der weiteren Markenentwicklung vor. Übertragen auf einen professionellen Sportverein bedeutet diese Definition, dass dessen Markenvision knapp und präzise beschreibt, warum ein Verein existiert und welcher Zweck durch das Agieren seiner Mitglieder erfüllt werden soll. Die Vision muss prägnant, klar und deutlich, erinnerbar, motivierend, ehrgeizig und gleichzeitig realistisch sein (Schmidt 2008).

Bei Vereinen wird die Vision häufig in der Satzung als Vereinszweck festgeschrieben. Sportartübergreifend kann z. B. definiert werden: „Der Verein fördert die Funktion des Sports als verbindendes Element zwischen Nationalitäten, Kulturen, Religionen und sozialen Schichten" (§ 2.5 der Satzung von Werder Bremen e. V.). Weiterhin können regionale oder sportartspezifische Schwerpunkte gesetzt werden, wie z. B. „Zweck des Vereins ist die Förderung des Sports in Berlin … Der Verein darf sich zu diesem Zweck auch an anderen Vereinen, Verbänden oder Gesellschaften beteiligen, insbesondere an einer Gesellschaft für professionellen Basketballsport" (§ 2.1 der Satzung des Alba Berlin Basketballteams e. V.). Die Vision beschreibt damit kein konkretes Leistungsziel, sondern ein abstraktes Selbstverständnis des Vereins in Bezug auf seine unmittelbare Umwelt.

Die Markenvision erfüllt für einen Verein grundsätzlich drei Funktionen: Zum einen soll ein Zukunftsbild des Vereins beschrieben werden, das ihn einzigartig, unverwechselbar und differenzierungsfähig macht. Das Hervorheben der sportlichen Werte grenzt einen Verein zunächst von anderen Unterhaltungsangeboten ab. Ein Hinweis auf die sportlichen und regionalen Schwerpunkte schafft darauf aufbauend eine Differenzierung gegenüber anderen Vereinen im unmittelbaren Umfeld. Die zweite Funktion der Markenvision liegt in der Motivation der aktiven und passiven Mitglieder in einem Verein. Durch ein festgeschriebenes Selbstverständnis wird die Identifikation der Sportler, Trainer, Manager und Mitglieder eines Vereins erleichtert, da ihnen der tiefere Sinn und Nutzen ihres Einsatzes verdeutlicht wird (Wadsack 2003). Als dritte Funktion sorgt eine Markenvision für eine Mobilisierung der Zielgruppen eines Vereins. Die Vision soll alle Partner rund um einen Verein anregen, das angestrebte Zukunftsbild als gemeinsames Ziel zu verfolgen.

Die Mission einer Marke ist der Vision untergeordnet und konkretisiert die Aufgabe des Vereins in seinem Wettbewerbsumfeld. Dabei wird definiert, in welchem Wettbewerbsumfeld sich der Verein durch welche Besonderheit auszeichnen möchte (Riedmüller und Höld 2008). Diese Grundrichtung wird in der Regel in drei Schritten erarbeitet:

Im ersten Schritt wird zunächst die eigene Leistung in Relation zu den konkurrierenden Wettbewerbern festgelegt und damit das Hauptziel des Vereins bestimmt. Ein Eishockeyverein könnte für sich z. B. festlegen, dass er in seiner Stadt inkl. eines bestimmten Einzugskreises die besten Hallensporterlebnisse bieten möchte. Durch den Begriff „Hallensporterlebnis" setzt sich der Eishockeyverein in die bewusste Konkurrenz zu anderen Sportvereinen, die in der jeweiligen Region ebenfalls Indoor-Veranstaltungen durchführen und damit den Zielgruppen vergleichbare Rahmenbedingungen bieten (Unabhängigkeit von Wettereinflüssen, Nähe zum Spielgeschehen, gute Akustik,…).

Im zweiten Schritt wird darauf aufbauend der potentielle Wettbewerbsvorteil näher beschrieben. Am Beispiel des Eishockeyvereins müsste der Begriff des „besten" Hallensporterlebnisses durch konkretisierende Adjektive, wie z. B. hochklassigste Leistung (in Bezug auf das Liganiveau), schnellste Action (in Bezug auf die Spielgeschwindigkeit) oder unterhaltsamste Erlebnisse (in Bezug auf die Entertainment-Komponente) erläutert werden. Dadurch wird das für den Markterfolg kritische Unterscheidungsmerkmal eines Leistungsangebots zum Wettbewerb definiert.

Im dritten Schritt muss die Unternehmensmission aufgrund der multiplen Kundengruppen im Bereich der professionellen Sportvermarktung auf die unterschiedlichen Geschäftsfelder bezogen werden. Es muss herausgearbeitet werden, welchen Nutzen das „unterhaltsamste Hallensporterlebnis" z. B. den Zuschauern, Fans, Sponsoren, Lizenzpartnern und Medien jeweils bieten kann. Damit werden die Konsequenzen der Markenmission für die Kooperation mit den jeweiligen Geschäftspartnern verdeutlicht und können an die jeweiligen Besonderheiten in der Zusammenarbeit angepasst werden.

Unter Markenwerten versteht man die für einen Verein definierten Haltungen, die dem Handeln seiner Mitarbeiter zugrunde liegen. Sie müssen an der Markenvision orientiert sein und die in der Markenmission beschriebenen Wege zur Zielerreichung unterstützen (Schmidt 2008). Markenwerte bestimmen die Spielregeln für den Umgang innerhalb eines Vereins, so wie auch jede Person ihre Regeln für das Miteinander in ihrem persönlichen Umfeld aufstellt. Wenn man sich als Sportler z. B. dem Verhaltenskodex des Fair Play unterwirft und in einem Wettbewerb ein irreguläres Tor erzielt, wird man dies dem Schiedsrichter entsprechend seiner ehrlichen Grundhaltung anzeigen. Wenn sich die Haltung hingegen an der individuellen Gewinnmaximierung orientiert, wird man auch irreguläre Tore auf dem Weg zum sportlichen Sieg billigend akzeptieren, da der Erfolg in diesem Wertesystem die Mittel heiligt. Dieses Beispiel verdeutlicht, dass die Formulierung abstrakter Markenwerte durchaus einen konkreten Einfluss auf alltägliche Entscheidungen zwischen unterschiedlichen Handlungsalternativen haben kann.

Häufig werden die Markenwerte zunächst in Vereinsgrundsätzen formuliert. Vereinsgrundsätze leisten Beschreibungen zur allgemeinen Ausrichtung der Vereinspolitik. Ein Verein kann sich selbst z. B. als „solidarisch", „leistungsorientiert" oder auch „alternativ" bezeichnen. Der Vorteil solcher relativ knappen Beschreibungen liegt in der leichten Durchsetzbarkeit innerhalb eines Vereins, da sich jeder Mitarbeiter und jedes Mitglied ein Bild dieser Begriffe machen kann und sie leicht zu merken sind. Weiterhin kann die Durchsetzung dieser Begriffe im Rahmen der Analysen zum Markenimage abgefragt und dem Verein dadurch zurückgespielt werden, ob seine intern definierten Vereinsgrundsätze bei den Zielgruppen entsprechend eines Soll-Ist-Abgleichs ankommen. Zur Verdeutlichung der Vereinsgrundsätze können ergänzend auch noch Vereinsleitsätze entwickelt werden. Diese liefern in Form von kompletten Sätzen eine ausführlichere Interpretation der Grundsätze. So kann der Grundsatz „leistungsorientiert" z. B. durch die Leitsätze „Wir bieten mit unserer Profimannschaft absolute Spitzenleistungen im sportlichen Wettbewerb. Auch im Bereich des Vereinsmanagements streben wir nach Perfektion. Nichts ist bei uns so gut, dass es nicht noch verbessert werden könnte" ergänzt werden.

4.4   Identitätsvermittlung durch Vereine

Das zentrale Ziel der Identitätsvermittlung eines Vereins ist die Herstellung einer Übereinstimmung zwischen der Ist-Persönlichkeit und der Soll-Persönlichkeit einer Marke. In Abschn. 1.2 wurde vorgestellt, wie die Ist-Identität eines Vereins ermittelt wird und in Abschn. 1.3 wurde dargelegt, auf welchen Ebenen die Soll-Identität gestaltet werden kann. Ein Verein könnte in einer Befragung der unterschiedlichen Zielgruppen z. B. feststellen, dass die intern definierten Markenwerte „innovativ" oder „professionell" nicht dem tatsächlichen Bild der Außenwahrnehmung entsprechen. Diese Abweichung muss zum Anlass genommen werden, um zunächst die Gültigkeit der ursprünglich formulierten Zielposition zu hinterfragen. Im Fall einer Bestätigung der anvisierten Markenwerte müssen die verfügbaren Identitätsinstrumente eingesetzt werden, um die zukünftige Wahrnehmung des Vereins in die gewünschte Richtung zu lenken.

Die Möglichkeiten zur operativen Steuerung einer Markenidentität setzen sich für Vereine aus den Bereichen der Struktur, der Symbolik, der Kommunikation und des Verhaltens zusammen (Einwiller 2007). Strukturelle Markenentscheidungen beziehen sich auf die Markenarchitektur und legen fest, welche organisatorischen Einheiten eines Vereins unter einer Marke geführt werden. Symbolische Markenentscheidungen fassen alle visuell-stilistischen Ausdrucksformen zusammen und werden auch als Corporate Design bezeichnet. Die kommunikative Gestaltung im Rahmen der Markenführung heißt in der Fachterminologie Corporate Communication und befasst sich mit dem integrierten Einsatz aller Kommunikationsinstrumente. Das Verhalten im Sinne der Corporate Behavior drückt sich im schlüssigen Handeln der Mitarbeiter eines Vereins aus. Das Zusammenspiel zwischen Markenarchitektur, Corporate Design, Corporate Communication und Corporate Behavior nennt man den Corporate Identity Mix, der ein abgestimmtes Zusammenspiel dieser vier Einzelbereiche zum Ziel hat.

Das Corporate Design stellt die visuelle, akustische und zum Teil auch haptische und olfaktorischen Umsetzung der Markenidentität in symbolischen Elementen dar (Einwiller 2007). Hierunter fallen neben Markenzeichen auch Personen oder Gebäude, durch welche die Identität eines Vereins ihren Ausdruck findet. Uwe Seeler ist als sportliche Ikone z. B.

ein Symbol für den Hamburger Sportverein und die Wahrnehmung der TSG 1899 Hoffenheim wird stark durch das Bild ihres Mäzen Dietmar Hopp symbolisiert.

Von zentraler Bedeutung im Rahmen des Corporate Design sind die Zuweisung eines Markennamens zu einem Verein und die darauf aufbauende Gestaltung eines Mar-
kenbilds. Verknüpfungen von inhaltlich übereinstimmenden Namen und Bildern werden
dabei schneller verarbeitet als sich widersprechende Kombinationen. Gute Beispiele für
positive Wort-Bild-Kombinationen sind die Marken Bayern München oder Eisbären Berlin. In beiden Fällen ist das Markenbild die visuelle Umsetzung des Markennamens, der
seinerseits einen Rückschluss auf die Markenherkunft zulässt. Der Markenname Bayern
München beinhaltet einen Bezug zum Bundesland der Landeshauptstadt und integriert
die weiß-blaue Raute des Bundeslandes in das Vereinslogo. Bei den Eisbären Berlin symbolisiert der Eisbär den Bezug zur Wintersportart Eishockey. In der grafischen Umsetzung
des Vereinslogos verzichtet der Verein sogar auf ein Ausschreiben des Vereinsnamens,
sondern signiert die inzwischen bekannte Silhouette des Eisbärenkopfs nur noch mit dem
Absenderhinweis Berlin.

Die Corporate Communication übersetzt die Identität eines Vereins in Kommunikation und bildet das strategische Dach für alle Kommunikationsaktivitäten nach außen und
innen. Für die Identitätsvermittlung ist die Corporate Communication das flexibelste Instrument. Kommunikative Maßnahmen können strategisch-langfristig, aber auch taktisch-
kurzfristig geplant und umgesetzt werden (Hermanns et al. 2007). Wichtig ist, dass alle
kommunikativ umgesetzten Maßnahmen zur Identität des Vereins passen und die Markenwerte aufgreifen.

Die gestalterische Umsetzung der Corporate Communication erfolgt über verschiedene
Kommunikationsinstrumente eines Vereins. Das wichtigste Instrument ist die Öffentlichkeitsarbeit (Public Relations), in der die Beziehung zwischen dem Verein und seinen zentralen Zielgruppen kommunikativ gestaltet wird um Verständnis, Sympathie und Vertrauen
zu erreichen (Hermanns und Marwitz 2008). Organisatorisch wir die Öffentlichkeitsarbeit
vom Pressesprecher eines Vereins übernommen, der als zentraler Ansprechpartner für alle
Fragen bereitsteht und die Botschaften im Sinne der Markenmission und der Markenwerte
steuert. Im Unterschied zur klassischen Werbung bezieht sich die Öffentlichkeitsarbeit auf
die Berichterstattung in den redaktionellen Teilen der Medien und ist entsprechend mit
keinen Schaltungskosten verbunden. Aus Markensicht ist es bei der Öffentlichkeitsarbeit
eines Vereins besonders wichtig, dass neben den aktuellen sportlichen Ergebnissen auch
immer wieder Hintergrundberichte über die Geschichten und Besonderheiten des Vereins
veröffentlicht werden, die zu einer Wiedererkennung abseits der sportlichen Bühne führen
(Rehm 2009).

Einen ganz wesentlichen Beitrag zur Markenidentität eines Vereins leisten seine Mitarbeiter. Nur wenn die definierten Markenwerte das tägliche Handeln dieser Personen beeinflussen, wird das Markenmanagement den geplanten Erfolg erzielen (Einwiller 2007).
Insbesondere für Sportvereine, bei denen die Spieler, Trainer, Manager und Mitarbeiter in
der Geschäftsstelle im direkten Kontakt zu den unterschiedlichen Kundengruppen stehen,
ist die Corporate Behavior besonders wichtig, da ein Fehlverhalten im Umgang mit den
Kunden einen negativen Einfluss auf die Markenwahrnehmung des gesamten Vereins hat.

Maßnahmen zur Corporate Behavior in Vereinen zielen darauf ab, bei den Mitarbeitern das Wissen über die Markenpositionierung zu verankern und ein entsprechendes Verhalten zu erzielen. Hierzu sind verschiedene Möglichkeiten denkbar. Zunächst kann bei der Auswahl von Spielern und Trainern darauf geachtet werden, dass sie zu den Vereinswerten passen. Im Fußball kann man am Beispiel des spanischen Fußballclubs Athletico Bilbao beobachten, dass eine solche über den Rekrutierungsprozess gesteuerte Corporate Behavior trotz aller Internationalisierungstendenzen durchsetzbar ist. Der 111 Jahre alte Verein aus der Grenzregion zwischen Spanien und Frankreich an der Atlantikküste repräsentiert das Baskenland und hat die Werte und Traditionen der baskischen Kultur in seine Markenidentität übernommen. Als einziger Fußballverein des Kontinents verpflichtet er entsprechend nur Spieler, die aus dem Baskenland stammen. Durch diese Selbstverpflichtung schafft Athletico Bilbao in seiner Heimatregion eine einzigartige Identifikation, begrenzt sich aber gleichzeitig in seiner nationalen Ausstrahlungskraft (Radler 2004). Sicherlich stellt diese Selektionsverpflichtung eine Extremform bei der Spielerauswahl dar. Es kann aber auch an vielen anderen Beispielen beobachtet werden, dass Spieler mit einer Herkunft aus dem unmittelbaren Umfeld des Vereins eine höhere Identifikation mit den Vereinswerten aufweisen und dadurch auch eine höhere Akzeptanz bei den Fans erfahren. Bei aller Notwendigkeit für die regelmäßige Erneuerung des Spielerkaders sollte darauf geachtet werden, dass ein Kern der Aktiven in einem Verein konstant bleibt, um die Markenwerte konservieren und weitergeben zu können.

Die Markenwerte sollten den bestehenden Spielern, Trainern und Mitarbeitern eines Vereins vermittelt und trainiert werden. Für eine interne Schulung bieten sich Videos an, in denen die Geschichte des Vereins und die damit verbundenen Besonderheiten vermittelt werden. Über den Internetauftritt oder Imagebroschüren können besondere Momente der Vereinsgeschichte herausgestellt werden, die symbolisch für das Selbstverständnis des Vereins stehen. Um die Verbindung zur traditionsreichen Vergangenheit herzustellen, hat z. B. der Handballverein Frisch Auf Göppingen im Jahr 2007 von seinen Handballfans unter dem Motto die „Legenden in Grün & Weiß" die besten Spieler des Vereins aus den letzten Jahrzehnten wählen lassen. Die gewählten ehemaligen Spieler wurden eingeladen und im Anschluss an eine Ehrung mit dem aktuellen Kader bekannt gemacht. Der kommunikative Leitspruch des Vereins „Die Tradition lebt, die Hölle Süd brennt", konnte so für alle Beteiligten in ein aktives Erlebnis umgewandelt werden (Hofele 2008).

Für die Durchsetzung der Corporate Behavior spielt weiterhin das Führungsverhalten der verantwortlichen Leiter des sportlichen und wirtschaftlichen Bereichs eines Vereins eine wichtige Rolle. Die Mitglieder der Vereinsführung sollten mit einem guten Beispiel vorangehen und in ihrem Verhalten und ihrer Kommunikation dem Verein als Marke eine klare und positive Ausstrahlung verleihen. Durch diese Vorbildfunktion erleichtern sie den Mitarbeitern das Verständnis für ein wertekonformes Verhalten im täglichen Umgang.

Zusammenfassend soll für den Prozess des Markenmanagements im Sport festgehalten werden, dass ein strukturierter Ablauf der Identitätsfindung, der Identitätsgestaltung und der Identitätsvermittlung für die Marke eines Vereins die drei folgenden zentralen Effekte erzielen kann:

▸   Klare Profilierung des Vereins bei den internen und externen Zielgruppen
- Eindeutige Abgrenzung gegenüber konkurrierenden Vereinen
- Stärkere Identifikation bei allen Mitarbeitern

Literatur

Andresen, T., & Esch, F.-R. (2001). Messung der Markenstärke durch den Markeneisberg. In F.-R. Esch (Hrsg.), *Moderne Markenführung* (S. 1081–1104). Wiesbaden.

Augustin, J. (2008). *Strategisches Management in der Fußball-Bundesliga.* Hamburg.

Baumeister, M. (2008). Kommunikationsdefizite kosten Geld. *Sponsors, 04,* 40.

Burmann, C., Meffert, H., & Koers, M. (2005). Stellenwert und Gegenstand des Markenmanagements. In C. Burmann, H. Meffert & M. Koers (Hrsg.), *Identitätsorientierte Markenführung und praktische Umsetzung* (S. 3–17). Wiesbaden.

Einwiller, S. (2007). Corporate Branding – Das Management der Unternehmensmarke. In A. Florack, M. Scarabis & E. Primosch (Hrsg.), *Psychologie der Markenführung* (S. 113–133). München.

Esch, F.-R., & Hartmann, K. (2008). Aufgabe und Bedeutung der Markenkommunikation im Rahmen der identitätsorientierten Markenführung. In A. Hermanns, T. Ringle & P. Overloop van (Hrsg.), *Handbuch Markenkommunikation* (S. 55–69). München.

Galli, A., Wagner, M., & Beiersdorfer, D. (2002). Strategische Vereinsführung und Balanced Scorecard. In A. Galli et. al. (Hrsg.), *Sportmanagement* (S. 209–228). München.

Gruner + Jahr (2008). *Brigitte Kommunikationsanalyse 2008.* Hamburg.

Heinemann, K. (2001). Grundprobleme der Sportökonomie. In A. Hermanns & F. Riedmüller (Hrsg.), *Management-Handbuch Sport-Marketing* (1. Aufl., S. 15–32). München.

Hermanns, A., & Marwitz, C. (2008). *Sponsoring – Grundlagen, Wirkungen, Management und Markenführung.* München.

Hermanns, A., Kiendl, S., & van Overloop, P. (2007). *Marketing – Grundlagen und Managementprozess.* München.

Hofele, G. (2008). Legenden in Grün & Weiß – die beste FRISCH AUF! Mannschaft aller Zeiten, in: FRISCH AUF! Geschichte. http://www.frischauf-gp.de/tradition/le-genden.html. Zugegriffen: 18. Feb. 2012.

Ketterer, F. (2010). Handball Club SG Leutershausen – Eine Herzensangelegenheit, in Spiegel online vom 28. Juni 2010 http://www.spiegel.de/sport/sonst/0,1518,698334,00.html. Zugegriffen: 08. Feb. 2012.

Korthals, J. P. (2005). *Bewertung von Fußballunternehmen: Eine Untersuchung am Beispiel der deutschen Fußballbundesliga.* Wiesbaden.

Kotler, P., Keller, K., & Bliemel, F. (2007). *Marketing-Management, Strategien für wertschaffende Unternehmen.* München.

Mazurkiewicz, D., & Thieme, L. (2008). Markenmanagement. In T. Bezold et al. (Hrsg.), *Handwörterbuch des Sportmanagement* (S. 93–96). Frankfurt.

Mielke, G. (2010). *Vermarktung des Spitzenhandballs.* Wiesbaden.

Mullin, B., Hardy, S., & Sutton, W. (2007). *Sport Marketing.* Champaign IL.

Munzinger, U., & Musiol, K. (2008). *Markenkommunikation.* München.

Oediger, F. (2010). Das Wunder vom Pferdeturm. *Sponsors, 1,* 28.

Radler, T. (2004). Das baskische Prinzip, in: Spiegel online vom 16.3.2004. http://www.spiegel.de/sport/fussball/0,1518,290094,00.html. Zugegriffen: 08. Feb. 2012.

Rehm, H. (2009). Affinity Tracer Frauenfußball 2009: Zwischen Potenzial und Nachholbedarf. *Sponsors, 3,* 28–39.

Riedmüller, F. (2003). *Dienstleistungsqualität bei professionellen Sportveranstaltungen.* Frankfurt.

Riedmüller, F. (2008). Marketingkonzepte für Anbieter im Sportmarkt. In A. Hermanns & F. Riedmüller (Hrsg.), *Management-Handbuch Sport-Marketing* (2. Aufl., S. 101–127). München.

Riedmüller, F. (2011). *Professionelle Vermarktung von Sportvereinen: Potenziale der Rechtevermarktung optimal nutzen.* Berlin.

Riedmüller, F., & Höld, A. (2008). Identitätsorientierte Markenkommunikation am Beispiel adidas. In A. Hermanns, T. Ringle & P. Overlopp van (Hrsg), *Handbuch Markenkommunikation* (S. 71–89). München.

Rohlmann, P. (2008). Durchschnittliche Merchandising-Umsätze. *Sponsors, 3,* 29.

Scheier, C., & Held, D. (2009). *Was Marken erfolgreich macht.* München.

Schilhaneck, M. (2007). Markenmanagement im professionellen Teamsport, In H.-D. Horch et al. (Hrsg.), *Qualitätsmanagement im Sport* (S. 281–290). Köln.

Schmidt, K. (2008). Identitätsorientierung als Leitlinie der Markenführung, In A. Hermanns, T. Ringle & P. Overlopp van (Hrsg), *Handbuch Markenkommunikation* (S. 15–29). München.

Schmidt, K. (2010). A question of eating culture. *Horizont sports venue report, 2010,* 32–35.

Sport + Markt (2009). Fahrstuhl fahren in der Bundesliga lohnt sich. *Sponsors, 9,* 56.

Stelmaszyk, L. (2010). Kalte Suppe geht nur bei Siegern. *Sponsors, 1*(2011), 42–43.

Teichmann, K. (2007). *Strategie und Erfolg von Fußballunternehmen.* Wiesbaden.

Wadsack, R. (2003). *Ehrenamt attraktiv gestalten.* Planegg.

Weber, T., & Willers, C. (2009). Erfolg allein macht noch kein Testimonial. *absatzwirtschaft, 12,* 33–34.

Wiedmann, K.-P. (2008). Corporate Identity und Corporate Branding, In A. Hermanns, T. Ringle & P. Overloop van (Hrsg.), *Handbuch Markenkommunikation* (S. 31–51). München.

Identitätsbasierte Markenführung im Sport – Herausforderung Brand Delivery

Christoph Burmann, Anna Maleen Ulbricht und
Michael Schade

5.1 Aktuelle Herausforderungen der Markenführung

Die Führung von Marken ist seit vielen Jahren das Schlüsselthema der Unternehmensführung. Die globale Bedeutung von Marken spiegelt ebenfalls die Relevanz der Markenführung wider. Allein in dem Zeitraum zwischen 2006 und 2009 wurden über 50.000 internationale Marken registriert bzw. erweitert. Die Ausgaben für die Markenkommunikation erreichten im Jahr 2008 weltweit über 480 Billionen US-Dollar. Somit wird hierbei ein Niveau erreicht, dass über dem Bruttoinlandsprodukt vieler Staaten liegt (vgl. Riesenbeck und Perrey 2009). In Folge dessen sind sich Praxis und Wissenschaft einig, dass Marken wichtige Werttreiber für Unternehmen darstellen und eine große Bedeutung für Nachfrager besitzen.

Diese Erkenntnisse konnten in einer Anfang 2012 veröffentlichten Studie von PricewaterhouseCooper belegt werden. Bei der Hälfte der untersuchten Unternehmen war der Markenwert für mindestens 50 % des Unternehmenswertes verantwortlich (PricewaterhouseCoopers AG 2012). Des Weiteren zeigt auch eine Studie des Lehrstuhls für innovatives Markenmanagement (LiM) der Universität Bremen zusammen mit der KEYLENS Management Consultants aus dem Jahr 2012, dass vielen Unternehmen die hohe Bedeutung von Marken bewusst ist (vgl. umfassend Abschn. 4).

Die Marke ist nicht nur für klassische Konsumgüterhersteller sondern auch für Sportvereine und -ligen zu einem Schlüsselthema geworden. Denn starke Sportvereins- und

C. Burmann (⊠)
Bremen, Deutschland
E-Mail: burmann@uni-bremen.de

A. M. Ulbricht
E-Mail: m.ulbricht@uni-bremen.de

M. Schade
E-Mail: mschade@uni-bremen.de

H. Preuß et al. (Hrsg.), *Marken und Sport,*
DOI 10.1007/978-3-8349-3695-0_5, © Springer Fachmedien Wiesbaden 2014

Ligamarken können unabhängig vom sportlichen Erfolg der Mannschaften das Verhalten externer Zielgruppen (Spielbesuch, Kauf von Merchandising-Artikeln etc.) beeinflussen und damit zur wirtschaftlichen Stärkung der Vereine und Ligen beitragen (vgl. Burmann und Schade 2012; Welling 2004).

Im weiteren Verlauf dieses Aufsatzes werden zunächst die Funktionen von Marken aus Nachfragersicht erläutert. Im Anschluss daran wird der fünfstufige Managementprozesses der identitätsbasierten Markenführung vorgestellt, der zur Planung, Koordination und Kontrolle einer starken Marke notwendig ist. Anschließend werden die zentralen Ergebnisse der Brand Delivery Studie des Lehrstuhls für innovatives Markenmanagement umfassend erläutert. Diese Studie belegt die hohe Bedeutung der konsequenten Markenumsetzung als zentralen Erfolgsfaktor für die Markenführung. Anhand des Best Practice der BEKO Basketball Bundesliga wird abschließend die hohe Relevanz der Markenumsetzung zur Führung von Marken im Sport veranschaulicht.

5.2 Nachfragerseitige Markenfunktionen

Die hohe Bedeutsamkeit von Marken (vgl. Abschn. 1) resultiert insbesondere aus den sich ergebenen Funktionen einer Marke für Nachfrager und andere Bezugsgruppen. Insgesamt verfügt eine Marke über drei nachfragerseitige Funktionen: die Orientierungs- und Informationsfunktion, die Vertrauensfunktion sowie die symbolische Funktion (vgl. Abb. 5.1 sowie umfassend Burmann et al. 2012).

Für Unternehmen ergeben sich aus diesen nachfragerseitigen Markenfunktionen eine Vielzahl an Möglichkeiten und Potenzialen. So sollte eine Marke durch die absatzfördernde Wirkung vor allem zur Steigerung des ökonomischen Wertes der Marke führen. Durch ein professionell geführtes Markenmanagement können zudem Präferenzen für das Leistungsangebot geschaffen werden, um sich dadurch gleichzeitig von Angeboten der Wettbewerber zu differenzieren. Um diese angestrebten Ziele erreichen zu können, ist es notwendig die Herausforderungen der Markenführung zu meistern (vgl. Burmann et al. 2012).

Die wahrgenommene Austauschbarkeit von Marken seitens der Nachfrage stellt dabei die zentrale Herausforderung an die Markenführung. Es ist für Marken immer schwieriger sich von konkurrierenden Angeboten der Wettbewerber positiv hervorzuheben und eine Differenzierung bzw. Markenprofilierung zu erzielen. Vielen Marken fehlt es an Differenzierungskraft. Häufig basiert eine Kaufentscheidung seitens der Nachfrager lediglich auf einen reinen Preisvergleich der verschiedenen Angebote. Zentrales Ziel eines Unternehmens sollte es daher sein, sich aufgrund von Alleinstellungsmerkmalen und Wettbewerbsvorteilen von konkurrierenden Angeboten abzuheben. Mittels des Konzepts der identitätsbasierten Markenführung, kann es Unternehmen gelingen für deren Marken eine solche Differenzierungskraft zu erzeugen und in einem kontinuierlich durchgeführten Managementprozess die Marke langfristig erfolgreich zu führen.

Abb. 5.1 Funktionen der
Marke für den Nachfrager.
(Quelle: Burmann et al. 2012,
S. 2)

Orientierungs- und
Informationsfunktion

Funktionen
der Marke für
Nachfrager

Symbolische   Vertrauens-
Funktion   funktion

5.3   Grundlagen der identitätsbasierten Markenführung und des Managementprozesses

Über die Jahre hinweg wurde sowohl in der Wissenschaft als auch in der Praxis der Terminus „Marke" sehr unterschiedlich definiert. Im Rahmen der identitätsbasierten Markenführung wird unter dem Begriff „Marke" in Anlehnung an Keller (2008) „ein Nutzenbündel mit spezifischen Merkmalen, die dafür sorgen, dass sich dieses Nutzenbündel gegenüber anderen Nutzenbündeln, welche dieselben Basisbedürfnisse erfüllen, aus Sicht relevanter Zielgruppen nachhaltig differenziert" (Burmann et al. 2003) verstanden.

Das Markenverständnis der identitätsbasierten Markenführung grenzt sich somit klar von anderen Markendefinitionen in der Literatur ab, welche die Marke lediglich als ein Zeichenbündel (vgl. Welling 2003), ein gewerbliches Schutzrecht (vgl. Schröder 2001), ein Vorstellungsbild im Kopf der Konsumenten oder ein markiertes Produkt (vgl. Mellerowicz 1963) definieren.

Eine Vielzahl von Markenführungsansätzen fokussiert sich primär auf eine absatzmarktbezogene Sichtweise. Der Ansatz der identitätsbasierten Markenführung geht über diese sogenannte Outside-in-Perspektive hinaus und wird um eine innengerichtete, unternehmensbezogene Perspektive (Inside-out-Perspektive) erweitert. Hierbei rückt die Identität der Marke in den Fokus der Betrachtung. Diese spiegelt das Selbstbild der Marke aus Sicht der internen Zielgruppe (z. B. Mitarbeiter, Führungskräfte, Eigentümer) wider und erklärt deren Verhalten (umfassende Erläuterung zur Markenidentität in Burmann et al. 2012). Die Markenidentität umfasst demnach „diejenigen raum-zeitlich gleichartigen Merkmale der Marke, die aus Sicht der internen Zielgruppen in nachhaltiger Weise den Charakter der Marke prägen" (Burmann und Meffert 2005).

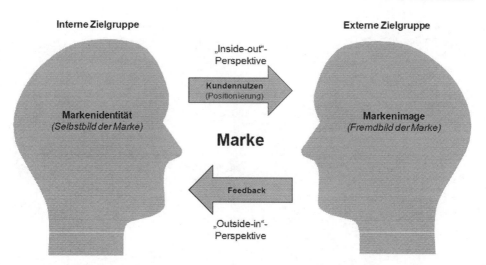

Abb. 5.2 Grundidee des identitätsbasierten Markenmanagements. (Quelle: Meffert et al. 2012, S. 360)

Die Identität einer Marke formt sich durch die Wechselwirkung der internen Gruppe untereinander sowie der Interaktion mit den externen Zielgruppen. Im Fokus des identitätsbasierten Ansatzes steht somit die Wechselseitigkeit der externen Markenwahrnehmung (Markenimage) und der internen Reflexion des eigenen Tuns (Markenidentität) (vgl. Abb. 5.2).

Die Markenidentität beinhaltet die essenziellen und wesensprägenden Merkmale einer Marke. Diese Merkmale bringen zum Ausdruck, wofür eine Marke steht bzw. zukünftig stehen soll. Entsprechend kann die Markenidentität im engeren Sinne als Aussagenkonzept und im weiteren Sinne als Führungskonzept begriffen werden. Im Mittelpunkt der Markenidentität steht die Formulierung eines relevanten Kundennutzens, den die Marke aus Sicht des Anbieters erfüllen soll und der im täglichen Verhalten aller Mitarbeiter gelebt wird (vgl. Burmann et al. 2012).

Eine klare Definition der Markenidentität, die sich durch den Managementprozess der Markenführung bildet, und eine konsistente Umsetzung sind fundamental, damit sich zeitverzögert und über einen längeren Zeitraum hinweg ein klares Markenimage (auch Fremdbild) bei den verschiedenen externen Zielgruppen bilden kann. Das Markenimage wird auch als Akzeptanzkonzept der Nachfrager bezüglich deren Beurteilung des der Marke versprochenen Kundennutzens interpretiert. Nach Burmann et al. (2003) ist das Markenimage definiert als „ein in der Psyche relevanter externer Zielgruppen fest verankertes, verdichtetes, wertendes Vorstellungsbild von einer Marke".

Der Schlüssel zum Aufbau einer starken Marke liegt in der Formulierung eines klaren Markennutzenversprechens, dass als Markenpositionierung bezeichnet wird (vgl. Abb. 5.2). Die Positionierung einer Marke entsteht durch die Verdichtung der Markenidentität zu einem symbolisch-funktionalen Nutzenbündel und erfordert eine klare Fokussierung auf wenige für den Nachfrager verhaltensrelevante Dimensionen. Das Ziel ist es, eine dominierende Stellung der eigenen Marke in der Psyche der Konsumenten und eine hinreichende Differenzierung gegenüber konkurrierenden Marken im Wettbewerb zu erreichen. Durch eine klare Markenpositionierung werden bei den Konsumenten Erwartungen aufgebaut. Um diese Erwartungen beim Markenerlebnis an den Kundenkontaktpunkten (Brand Touch Points) nicht zu enttäuschen, muss das Verhalten der internen Zielgruppe der Markenpositionierung entsprechen (vgl. Meffert et al. 2012).

Der Markenmanagementprozess der identitätsbasierten Markenführung dient dazu, um alle Maßnahmen, die zur Planung, Koordination und Kontrolle einer starken Marke notwendig sind, zu verfolgen. Der Prozess setzt sich aus drei Teilprozessen zusammen: das strategische und operative Markenmanagement sowie dem Markencontrolling. Um eine starke Marke aufzubauen und im Anschluss auch weiterhin erfolgreich zu führen, ist es wichtig, dass der Managementprozess kontinuierlich durchlaufen wird und nicht als einmaliges Vorgehen verstanden werden darf. Die Ergebnisse aus dem Markencontrolling ergeben ein wichtiges Feedback für das strategische Markenmanagement, dass dadurch, die strategische Planung optimieren kann und ebenfalls die operative Ausgestaltung beeinflusst.

Die Situationsanalyse stellt den ersten wichtigen Prozessschritt dar. Innerhalb dieser Prozessstufe sollte zum einen eine externe Situationsanalyse durchgeführt werden, um die Zielgruppenbedürfnisse, den wahrgenommenen Markennutzen im Vergleich zu Wettbewerbsmarken sowie alle Kundenkontaktpunkte, an der die Marke von der relevanten Zielgruppe erlebt wird, identifiziert werden. Zum anderen ist es ebenfalls notwendig, eine interne Situationsanalyse durchzuführen, in der die eigenen Ressourcen, die organisationalen Fähigkeiten, die Unternehmenskultur sowie die mitarbeiterbezogenen Zielgrößen analysiert werden. Darauf aufbauend können die Markenziele definiert werden, die die Vorgabe zur Konzeption der Markenidentität bilden (vgl. Meffert et al. 2012).

Die Situationsanalyse bildet den Ausgangspunkt für die Entscheidung der angestrebten Positionierung und für die strategische Ausrichtung der Marke im Wettbewerbsumfeld (vgl. Burmann et al. 2012).

Innerhalb des Teilprozesses des operativen Markenmanagements muss die zuvor entwickelte Positionierung sowohl durch die interne als auch die externe Markenführung umgesetzt werden. Die Aufgabe des internen operativen Markenmanagements ist es, ein abgestimmtes Markenverhalten aller Mitarbeiter an allen Kundenkontaktpunkten zu erzielen. Nachfrager erleben eine Marke nur dann als glaubwürdig und vertrauenswürdig, wenn das kommunizierte Markennutzenversprechen auch dem tatsächlichen Verhalten aller Markenmitarbeiter entspricht (vgl. ausführlich Piehler 2011 sowie Burmann et al. 2012).

Die Übersetzung der Markenidentität in die Marketing-Mix Instrumente, um ein klares, für die Zielgruppen verständliches und verhaltensrelevantes Markennutzenversprechen zu entwickeln, ist Aufgabe der externen operativen Markenführung. Wichtig für den Erfolg von Marken ist, dass deren Ausgestaltung inhaltlich, zeitlich und formal aufeinander abgestimmt ist (vgl. Meffert et al. 2012).

Die Aufgabe des Markencontrollings umfasst die Informationsversorgung und Beratung aller mit der Markenführung befassten Stellen, verbunden mit einer übergeordneten

Koordinationsfunktion zur Unterstützung aller im Unternehmen betreffenden marken-spezifischen Planungs-, Steuerungs- und Kontrollprozesse (vgl. Meffert et al. 2012). Das Markencontrolling beinhaltet die Teilbereich der internen und externen Markenerfolgs-messung sowie die Markenbewertung. Die Markenerfolgsmessung dient zur Evaluation der Ergebnisse aus der internen und externen Markenführung und ermöglicht eine Dia-gnose ihrer Ursachen. Mit Hilfe der Markenbewertung ist die Ermittlung eines ökonomi-schen Markenwertes möglich (vgl. Jost-Benz 2009).

Auf Basis des zuvor dargestellten Managementprozesses der identitätsbasierten Mar-kenführung lassen sich im Detail fünf Schritte ableiten: 1) Markenanalyse, 2) Entwick-lung der Markenstrategie inklusive Markenpositionierung, 3) konsequente Umsetzung des strategischen Plans über alle Elemente des Marketing-Mix, 4) Schaffung von strategiead-äquaten Markenerlebnissen an allen Kontaktpunkten und 5) professionelle Steuerung der Marke im Rahmen des Markencontrollings.

Die Relevanz der einzelnen Prozessschritte wurde in der aktuellen Brand Delivery Stu-die des LiM untersucht. Die zentralen Studienergebnisse werden im Folgenden dargestellt.

5.4 Aktuelle Studie zur Herausforderung ‚Brand Delivery'

Zu Beginn des Jahres 2012 hat der Lehrstuhl für innovatives Markenmanagement in Ko-operation mit KEYLENS Management Consultants eine Studie zum Thema ‚Brand Delive-ry' durchgeführt. Diese Studie wurde aufgesetzt, da sich sowohl Wissenschaft als auch Pra-xis durchaus über die hohe Bedeutung von Marken für den Unternehmenserfolg bewusst sind (vgl. Abschn. 1). Dennoch schaffen es viele Unternehmen nicht, Markenstrategien mit dem gewünschten wirtschaftlichen Erfolg umzusetzen. Das Problem ist insbesondere die konsequente Umsetzung der zuvor formulierten Markenstrategien. Die Kernfrage, die mit Hilfe der Studie beantwortet werden sollte ist: Warum scheitern Marken oftmals an der Umsetzung?

Neben der Beantwortung der zentralen Kernfrage wurde zudem das Ziel verfolgt, wei-tere Erkenntnisse von Entscheidungsträgern aus Marketing und Vertrieb zu folgenden Punkten zu erlangen:

- das Verständnis des Markenbegriffs sowie den aktuellen Status der Marke im Unterneh-men;
- den Status der Markenumsetzung und deren Hindernisse;
- die ganzheitliche Umsetzung der Markenstrategie in ein konsistentes Kundenerlebnis über den gesamten Marketing-Mix und an allen Kundenkontaktpunkten hinweg.

Im Rahmen der Untersuchung wurden 77 Top-Level Manager (Unternehmensleitung so-wie Manager der zweiten Führungsebene) aus den Bereichen Marketing und Vertrieb aus deutschen Unternehmen mit mindestens 200 Mitarbeitern befragt. Im Ganzen ergab sich eine große Streuung der Stichprobe über Unternehmensgrößen und Branchen hinweg. Ein

n = 77 Befragte aus der Geschäftsleitung und Entscheidungsträgern aus Marketing/Vertrieb von mittleren und großen Unternehmen   ab 200 Mitarbeiter

Abb. 5.3   Marke ist Chefsache. (Quelle: LiM/KEYLENS 2012)

Großteil der befragten Unternehmen ist in der Banken- und Versicherungsbranche (26 %), Handels- und Konsumgüterbranche (18 %) oder in der Anlagenbau- und Industriegüter-branche (13 %) tätig. Weitere vertretene Branchen sind unter anderem IT & Telekommuni-kation (9 %), Gesundheit & Pharma (7 %), Tourismus & Verkehr (7 %), Chemie (4 %) oder Bau, Modernisierung & Sanierung (3 %).

Die Ergebnisse der Studie zeigen, dass sich die Mehrheit der befragten Manager über die hohe Bedeutung von Marken durchaus bewusst ist. In knapp 70 % der Unternehmen ist Marke heute „Chefsache", zumindest nach offizieller Sprachregelung. Dennoch wurde sichtbar, dass es der Mehrheit der Unternehmen nicht gelingt, ihre Markenziele zu errei-chen (vgl. Abb. 5.3).

Häufig mangelt es an der Professionalität in der Markenführung. Die „Chef's" beschäf-tigen sich zu oft lediglich mit formalen Schönheiten von Markenlogos und nicht mit den Wünschen ihrer Zielgruppe oder der konsequenten Umsetzung der Markenstrategien an allen Kundenkontaktpunkten (vgl. Abb. 5.4).

Hauptursache der vielfach verfehlten Markenziele ist ein stark verkürztes Markenver-ständnis. Marken werden nach wie vor nur auf formale Aspekte und Images reduziert. Dementsprechend ist es nicht verwunderlich, dass sich bei 73 % der befragten Unterneh-men die Aufgaben der Markenführung nur auf die Logogestaltung und bei 64 % auf die Messung von Markenimages in Marktforschungsstudien beschränkt. Dieses sehr enge Ver-ständnis von Markenführung hat zur Konsequenz, dass Marke und Unternehmensstra-tegie nichts miteinander zu tun haben. Das PR-Statement „Marke ist bei uns Chefsache" verkommt so mehr zu einem „Lippenbekenntnis".

Ein wichtiger erster Schritt für die Verknüpfung von Unternehmensstrategie und Mar-kenführung wäre zunächst eine gründliche Analyse der relevanten Zielgruppen der Mar-ke und die Identifikation ihrer Bedürfnisse. Die Wichtigkeit der Zielgruppenbedürfnisse

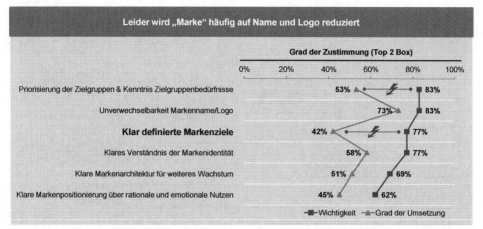

n = 77 Befragte aus der Geschäftsleitung und Entscheidungsträgern aus Marketing/Vertrieb von mittleren und großen Unternehmen ab 200 Mitarbeiter

Abb. 5.4 Markenführung ohne Ziele und ohne Zielgruppenfokus. (Quelle: LiM/KEYLENS 2012)

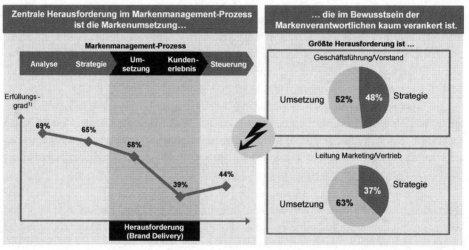

1) Top 2 Boxes in %

n = 77 Befragte aus der Geschäftsleitung und Entscheidungsträgern aus Marketing/Vertrieb von mittleren und großen Unternehmen ab 200 Mitarbeiter

Abb. 5.5 Herausforderung Brand Delivery wird von Markenverantwortlichen häufig nicht wahrgenommen. (Quelle: LiM/KEYLENS 2012)

und eine darauf ausgerichtete Markenpositionierung werden von den Unternehmen dabei durchaus bereits erkannt. Die Studienergebnisse zeigen hingegen auch, dass nur 53 % der befragten Unternehmen tatsächlich eine Analyse der relevanten Zielgruppe vornimmt und nur 42 % klare Markenziele definieren (vgl. Abb. 5.5). Vor diesem Hintergrund überrascht es dann nicht mehr, dass markenbezogene Zielvorgaben für das Verhalten von Mitarbeitern – vor allem an den Kundenkontaktpunkten – bei den meisten der befragten Unter-

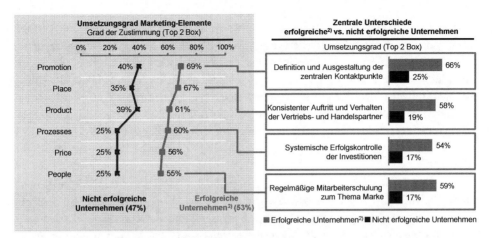

1) In Anlehnung an die sog. „7 Ps" nach Meffert/Bruhn; ohne „Physical Facilities", da keine valide Abfrage möglich
2) Jene, die nach eigenen Angaben die mit den Markeninvestitionen die angestrebten Ziele erreicht haben

Abb. 5.6 Ganzheitliche Umsetzung über alle relevanten Aspekte des Marketing-Mix wird meist nicht konsequent verfolgt. (Quelle: LiM/KEYLENS 2012)

nehmen ebenso wenig Bestandteil der Markenführung sind, wie eine darauf ausgerichtete Gestaltung der Anreizsysteme. Das Erfolgspotenzial der Marke und einer modernen Markenführung wird somit nicht ausgeschöpft.

Viele Unternehmen stehen vor der Schwierigkeit, formulierte Markenstrategien und Positionierungskonzepte konsequent und professionell umzusetzen. Die Studienergebnisse zeigen, dass 63 % der befragten Manager aus den Bereichen Marketing und Vertrieb der Meinung sind, die Umsetzung einer Markenstrategie sei eine größere Herausforderung als deren Erarbeitung (vgl. Abb. 5.6). Wie ist es aber zu erklären, dass trotz „Chef-Einbindung" viele Marken an der Umsetzung scheitern und deswegen ihre Ziele nicht erreichen?

Die Antwort auf die Frage ist einfach: Die Unternehmensleitung trägt zwar offiziell die Markenverantwortung, es fehlt ihr aber in vielen Fällen das notwendige Problembewusstsein für die enormen Herausforderungen der Markenumsetzung (Brand Delivery). Die große Gefahr besteht somit darin, dass die Unternehmensleitung Markenprojekte falsch priorisiert und personelle wie finanzielle Ressourcen nicht optimal allokiert werden. Daher verwundert es nicht, dass die Ergebnisse der Studie hinsichtlich des „Return on brand investment" sehr ernüchternd sind. Nur etwa die Hälfte der Unternehmen ist mit den Ergebnissen der in die Marke getätigten Investitionen zufrieden (vgl. Abb. 5.3).

Die Prozessschritte Markenumsetzung und Kundenerlebnisse, die zentraler Bestandteil des fünfstufigen Managementprozesses der identitätsbasierten Markenführung sind, bilden zusammen die größte Herausforderung der Markenführung, die Brand Delivery. Deswegen existieren hier die größten Optimierungspotenziale. Die Studienergebnisse machen deutlich, dass der Professionalisierungsgrad der befragten Unternehmen bei der Brand Delivery am niedrigsten ist: Während sich immerhin 69 % der befragten Unternehmen bei der Markenanalyse gut aufgestellt sehen, sind es bei der Schaffung strategieadäquater Kundenerlebnisse lediglich 39 % (vgl. Abb. 5.5).

Bei einem direkten Vergleich der Markeninvestitionen von „erfolgreichen" und „erfolglosen" Unternehmen (Aufteilung beruht auf einer Selbsteinschätzung der Befragten) ist ein
klares Muster erkennbar. Unternehmen, die ihre Markenziele erreicht haben, übersetzen
ihre Markenstrategie konsequent in alle Bereiche des Marketing-Mix. Erfolgreiche Unternehmen sind auch deutlich weiter bei der strategieadäquaten Ausgestaltung der Kundenkontaktpunkte mit der Marke, beim konsistenten Auftritt der Vertriebs- und Handels-
partner, bei der Marken- und Kundenorientierung der Mitarbeiter und hinsichtlich einer
mit Ressourcen, Prozessen und Strukturen gut ausgestatteten Markenorganisation (vgl.
Abb. 5.6).

Auf Basis der Studienergebnisse sind die Handlungsempfehlungen für das Management
eindeutig. Zunächst muss das Bewusstsein dafür geschaffen werden, dass Marken nur
dann zur Zielerreichung von Unternehmen beitragen können, wenn sie auf Befriedigung
klar definierter Zielgruppenbedürfnisse ausgerichtet sind. Dies kann hingegen nur dann
gelingen, wenn die Markenführung sehr eng mit der Unternehmensstrategie verknüpft
wird. Darüber hinaus muss die notwendige Einsicht dafür geschaffen werden, dass mit
der Fertigstellung der Markenstrategie die eigentliche Arbeit erst beginnt. Professionelle Umsetzung einer Markenstrategie bedeutet eben nicht nur gute Werbung zu machen,
sondern muss sich konsequent mit der Gestaltung aller Kundenkontaktpunkte mit der
Marke beschäftigen. Dies schließt natürlich alle vertrieblichen Aspekte ein. Der wichtigste
Hebel ist dabei insbesondere das markenbezogene Verhalten aller Mitarbeiter. Nur wenn
jeder Mitarbeiter die Identität, Positionierung und Strategie der Marke kennt und weiß,
wie er sich im täglichen Tun an seinem Arbeitsplatz verhalten soll, können markenkonforme Kundenerlebnisse geschaffen und der Erfolg der Markenführung sichergestellt werden.

Übergreifend sind Branchen heute durch sinkendes Differenzierungspotential, steigende Kundenerwartungen bei gleichzeitig zunehmendem Wettbewerbs- und Kostendruck
gekennzeichnet. Kritischer denn je ist es daher, auf Basis einer klaren, zielgruppenorien-
tierten Markenstrategie ein für den jeweiligen Kunden konsistentes Erlebnis an allen Kontaktpunkten zu liefern. Darüber hinaus ist aufgrund der Breite der anzugehenden Themen
ein wesentlicher Erfolgsfaktor bei der Brand Delivery die Entwicklung eines fundierten
Umsetzungsplanes. Wichtig dabei ist, dass nicht alle Handlungsfelder parallel angegangen werden können und sollten. Eine Priorisierung der Handlungsfelder und ihr Abgleich
mit relevanten, bereits im Unternehmen angestoßenen Projekten verhindert eine Über-
forderung der personellen und finanziellen Ressourcen des Unternehmens. Dies ist kein
leichtes, aber ein sehr lohnendes Unterfangen: Nur durch eine konsequente Umsetzung
einer differenzierenden Markenstrategie kann der Werttreiber Marke erfolgreich sein Um-
satz- und Ertragspotential entfalten.

Die aufgezeigten Studienergebnisse haben auch für Marken im Sport eine große Relevanz. Dies wird im Folgenden anhand des Best Practice der BEKO Basketball Bundesliga
veranschaulicht.

5.5   Praktische Anwendung des Markenmanagementprozesses bei professionellen Sportligen dargestellt am Beispiel der BEKO BBL

Der fünfstufige Managementprozess wurde beim Aufbau der Marke BEKO Basketball Bundesliga (BEKO BBL) komplett durchlaufen (vgl. dazu ausführlich den Aufsatz „BEKO Basketball Bundesliga – die Schaffung und Positionierung einer neuen Marke" in diesem Sammelband).

Die Markenanalyse der Basketball Bundesliga wurde 2008/2009 durch den Lehrstuhl für innovatives Markenmanagement (LiM) durchgeführt. Dem Ansatz der identitätsbasierten Markenführung folgend, sollten bei der Markenanalyse die Sichtweisen interner und externer Zielgruppen berücksichtigt werden. Daher wurden sämtliche relevanten internen (Verantwortliche der Liga und Vereinsverantwortliche) und externen Zielgruppen (Sportjournalisten, Sponsoren sowie aktuelle und potentielle Zuschauer) befragt. Beim Aufbau von Ligamarken ist die Einbindung der Vereinsverantwortlichen von besonderer Bedeutung, denn diese Gruppe muss die neue Markenstrategie vor Ort an den Ligastandorten umsetzen. Darüber hinaus sollten neben den aktuellen und potentiellen Zuschauern auch die Sponsoren als wichtige Geldgeber einer Sportliga und die Sportjournalisten als Multiplikatoren in die Analyse integriert werden. Inhaltlich wurden bei der internen Markenanalyse die Stärken und Schwächen der Liga sowie die zentralen Identitätsmerkmale (vgl. Abschn. 3) ermittelt. Bei den externen Zielgruppen stand die Analyse verhaltensrelevanter Nutzen und die Ermittlung von Differenzierungspotentialen im Fokus. Auf Basis dieser umfassenden Studie wurde die Positionierung der Ligamarke abgeleitet.

Für eine erfolgreiche Positionierung müssen folgende drei Kriterien erfüllt sein: 1) Verhaltensrelevanz, 2) Differenzierungspotentiel und 3) Fit zur Markenidentität (vgl. Schade 2012). Die Markenanalyse der BBL zeigte eindeutig, dass der Nutzen „Spannung" für die externen Zielgruppen hoch relevant ist, ein Differenzierungspotential gegenüber den anderen Sportligen aufweist und aus interner Sicht ein zentrales Identitätsmerkmal der Basketball Bundesliga darstellt. Damit erfüllt der Nutzen „Spannung" alle drei Anforderungen an eine erfolgreiche Positionierung. Auf Basis dieses zentralen Nutzenversprechens hat die BEKO BBL ein Leitbild entwickelt, welches den Begriff „Spannung" in den Mittelpunkt stellt.

Wie die zuvor dargestellte Brand Delivery-Studie (vgl. Abschn. 4) gezeigt hat, ist die Markenumsetzung (Prozesschritte 3 und 4) von zentraler Bedeutung. Zumeist beginnt die Umsetzung des Nutzensverpsrechens mit der Gestaltung von Logo und Claim. Auch die BEKO BBL hat ein neues Logo entwickelt. In diesem Logo symbolisiert eine Herzfrequenz-Kurve das „Mitfiebern der Zuschauer". Das Nutzenversprechen „Spannung" wird zudem durch den neuen Claim „Spürst du das Dribbeln?" vermittelt. Bei der Kommunikation einer Markenpositionierung sollten die Gestaltung von Logo und Claim aber nur der erste Schritt sein. Darauf aufbauend gilt es, das Nutzenversprechen durch den integrierten Einsatz aller Marketing-Mix-Instrumente und die Schaffung von Markenerlebnissen zu vermitteln. Um diesen Anforderungen gerecht zu werden, hat die BEKO BBL u. a. ihre Homepage komplett überarbeitet, ihre Social-Media-Aktivitäten deutlich ausgeweitet sowie eine PR- und Werbekampagne gestartet.

Die Schaffung von Markenerlebnissen ist bei der Markenführung im Sport von besonderer Bedeutung. Daher hat die BEKO BBL u. a. den ALLSTAR Day reformiert: Bei diesem Event spielten bis zum Jahr 2011 die besten Spieler der Nordvereine gegen die besten Spieler der Südvereine. Die Analyse des LiM hat jedoch gezeigt, dass der ALLSTAR Day aus Sicht aller befragten Zielgruppen nicht mit „Spannung" verbunden wird. Daraufhin hat die Liga den Modus verändert und seit dem Jahr 2012 treten die besten Deutschen gegen die besten Ausländer der Liga an. Damit wird die häufig von BEKO BBL-Zuschauern geäußerte Kritik, in der Liga gäbe es kaum gute deutsche Spieler, aufgenommen und der ALLSTAR Day beinhaltet nun einen besonderen „Spannungs-Moment".

Die vom Lehrstuhl für innovatives Markenmanagement im Jahr 2012 durchgeführte Markencontrolling-Studie belegt, dass die Umsetzung des Nutzenversprechens durch die BEKO BBL erfolgreich war. So wird die Liga von externen Zielgruppen verstärkt mit dem Merkmal „Spannung" assoziiert und vor allem die wichtige junge Zielgruppe bewertet die Marke deutlich besser als in der ersten Studie 2009. Dies zeigt sich u. a. in einer gestiegenen Verhaltensabsicht gegenüber der Marke BEKO Basketball Bundesliga.

Das zuvor beschriebene Beispiel BEKO BBL veranschaulicht die hohe Bedeutung der Umsetzung der Markenpositionierung für eine erfolgreiche Markenführung.

Literatur

Burmann, C., & Meffert, H. (2005). Theoretisches Grundkonzept der identitätsorientierten Markenführung. In H. Meffert, C. Burmann, M. Koers (Hrsg.), *Markenmanagement – Identitätsorientierte Markenführung und praktische Umsetzung* (2. Aufl., S. 37–72). Wiesbaden: Gabler Verlag.

Burmann, C., & Schade, M. (2012). *Benefits of Sport-Teams-Modell (BoST-Modell) – Eine empirische Analyse verhaltensrelevanter Markennutzen professioneller Sportvereine. Marketing ZFP,* 34(4), 316–335.

Burmann, C., Blinda, L., & Nitschke, A. (2003). *Konzeptionelle Grundlagen des identitätsbasierten Markenmanagements,* Arbeitspapier Nr. 1 des Lehrstuhls für innovatives Markenmanagement (LiM). Universität Bremen.

Burmann, C., Halaszovich, T., & Hemmann, F. (2012). *Identitätsbasierte Markenführung. Grundlagen – Strategie – Umsetzung – Controlling.* Wiesbaden: Springer-Gabler Verlag.

Jost-Benz, M. (2009). *Identitätsbasierte Markenbewertung – Grundlagen, theoretische Konzeptionalisierung und praktische Anwendung am Beispiel einer Technologiemarke.* Wiesbaden: Gabler Verlag.

Keller, K. L. (2008). *Strategic brand management: building, measuring, and managing brand equity* (3. Aufl.). Upper Saddle River: Pearson/Prentice Hall.

LiM/KEYLENS (2012). *Excellence in „Brand Delivery". Fehlanzeige beim Kundenerlebnis – Marken scheitern häufig in der Umsetzung.* Studie des Lehrstuhl für innovatives Markenmanagement (LiM), Universität Bremen und KEYLENS Management Consultants. Veröffentlichte Studie 2012.

Meffert, H., Burmann, C., & Kirchgeorg, M. (2012). *Marketing. Grundlagen marktorientierter Unternehmensführung. Konzepte – Instrumente – Praxisbeispiele* (11. überarbeitete und erweiterte Auflage). Wiesbaden: Gabler Verlag.

Mellerowicz, K. (1963). *Markenartikel. Die ökonomischen Gesetze ihrer Preisbildung und Preisbindung* (2. Aufl.). München: Beck Verlag.

Piehler, R. (2011). *Interne Markenführung: Theoretisches Konzept und fallstudienbasierte Evidenz.* Wiesbaden: Gabler Verlag.

PricewaterhouseCoopers AG (2012). *Markenstudie 2012.*

Riesenbeck, H., & Perrey, J. (2009). *Power brands: Measuring, making and managing brand success* (2. Aufl.). Weinheim: Wiley-VCH Verlag.

Schade, M. (2012). *Identitätsbasierte Markenführung professioneller Sportvereine – Eine empirische Untersuchung zur Ermittlung verhaltensrelevanter Markennutzen und der Relevanz der Markenpersönlichkeit.* Wiesbaden: Gabler Verlag.

Schröder, H. (2001). Neue Entwicklungen des Markenschutzes. In R. Köhler, W. Majer, & H. Wiezorek (Hrsg.). *Erfolgsfaktor Marke – Neue Strategien des Markenmanagements* (S. 309–322). München: Vahlen Verlag.

Welling, M. (2003). *Ökonomik der Marke: Ein Beitrag zum Theorienpluralismus in der Markenforschung.* Wiesbaden: Gabler Verlag.

Welling, M. (2004). *Die (Fußball-)Vereinsmarke – Konzeptionelle Grundlagen und ausgewählte Besonderheiten der Markenführung von Fußballvereinen.* In: P. Hammann, L. Schmidt, & M. Welling (Hrsg.), Ökonomie des Fußballs – Grundlegungen aus volks- und betriebswirtschaftlicher Perspektive (S. 391–418). Wiesbaden.

Sportsponsoring und Co-Branding – innovative Markenstrategien zur Bildung von Allianzen

6

Herbert Woratschek, Tim Ströbel und Christian Durchholz

6.1 Einleitung

Das Sponsoring von Sportorganisationen oder Sportveranstaltungen kann auf eine noch relativ junge Geschichte zurückblicken. Im Rahmen der Olympischen Spiele wurde z. B. erst 1984 in Los Angeles die Vermarktung derart geöffnet, dass durch Sponsoring ein finanzieller Überschuss erzielt werden konnte. In Deutschland finden sich zum Thema Sportsponsoring auch bereits in den 1970er Jahren erste Ansätze, z. B. für Trikotsponsoring in der Fußball Bundesliga. Aufgrund der zu dieser Zeit bereits zunehmenden Informationsüberflutung der Konsumenten und der voranschreitenden Anonymisierung der Märkte mussten sich werbetreibende Unternehmen stets neue und innovative Strategien im Rahmen ihrer Kommunikation einfallen lassen. Sponsoringengagements im Sport stehen in diesem Zusammenhang aus der Perspektive des Sponsors bis heute für eine ideale Möglichkeit, sich von der Masse abzuheben und die Konsumenten in dem emotionalen Umfeld des Sports gezielt zu erreichen. Aus der Perspektive des Gesponserten ergeben sich auch weitreichende Vorteile, in erster Linie natürlich finanzieller Natur.

Die Bedeutung des Sportsponsorings kann dabei an einem Beispiel verdeutlicht werden: Im Bereich des Fußballs erzielten in der Saison 2009/2010 alle 18 Bundesligisten durch Sportsponsoring einen Gesamterlös von 512 Mio. €. Dieser Betrag macht dabei ganze 29 % des Gesamtumsatzes der Liga aus. Damit stellt das Sportsponsoring neben den Spieltagerlösen und der medialen Vermarktung die wichtigste Einnahmequelle der Fußball Bundesligisten dar (DFL GmbH 2011).

Aufgrund dieser enormen Bedeutung des Sportsponsorings und seiner damit verbundenen weit verbreiteten Anwendung in den verschiedensten Bereichen des Sports gilt es

H. Woratschek (✉) · T. Ströbel · C. Durchholz
Bayreuth, Deutschland
E-Mail: dlm@uni-bayreuth.de

H. Preuß et al. (Hrsg.), *Marken und Sport,*
DOI 10.1007/978-3-8349-3695-0_6, © Springer Fachmedien Wiesbaden 2014

Abb. 6.1 Ökonomische Zielgrößen und Prädiktoren des ökonomischen Erfolgs

auch in Zukunft immer wieder neue und innovative Ansätze zu entwickeln, um Konsumenten gezielt anzusprechen.

6.2   Sportsponsoring – Quo vadis?

Sportsponsoring wird traditionsgemäß als kommerzielles Kommunikationsinstrument verstanden, bei dem durch die Bereitstellung von Geld- und/oder Sachmitteln, Dienstleistungen und weiteren Kompetenzen eine Gegenleistung vertraglich festgelegt wird, um hieraus einen Wert zu generieren. Meenaghan (1991) fasst Sportsponsoring demnach als „… an investment, in cash or in kind (Anm. d. Verf.: goods or services that may be provided by the sponsor), in activity, in return for access to the exploitable commercial potential associated with that activity" zusammen. Die zentrale Aussage dieser Definition fokussiert die gezielte Investition eines Sponsors, welche sich durch den Zugang zu Exklusivrechten in finanziellen und/oder nichtfinanziellen Größen niederschlägt, um durch diesen Return on Investment (ROI) den ökonomischen Erfolg des Sponsors langfristig zu erhöhen (Bruhn 2010).

Oftmals werden die generellen Ziele eines Sportsponsoring-Engagements in ökonomische und außerökonomische bzw. psychografische Größen untergliedert (Bruhn 2010; Hermanns und Marwitz 2008; Bagusat et al. 2007). Dieser Trennung wird jedoch an dieser Stelle nicht gefolgt, da auch psychografische Größen, wie z. B. die Kundenzufriedenheit oder Kundenloyalität monetäre Auswirkungen auf den Unternehmenserfolg haben. So stellen betriebswirtschaftlich arbeitende Unternehmen ihre Kunden nicht zufrieden, weil sie altruistisch handeln, sondern weil zufriedene Kunden den ökonomischen Erfolg steigern, wie es z. B. in der Service-Profit Chain modelliert wird (Heskett et al. 1994). Daher unterscheiden wir zwischen ökonomischen Zielgrößen und Prädiktoren des ökonomischen Erfolgs. Abbildung 6.1 veranschaulicht die unterschiedlichen Sponsoringziele.

Sponsoringmaßnahmen zählen zu den populärsten Kommunikationsinstrumenten. Insbesondere die unbewusste Kundenansprache in einem angenehmen und emotionalen Umfeld wird als zentraler Vorteil gegenüber klassischen Werbemaßnahmen angesehen. Hierbei ist jedoch zu beachten, dass Sponsoring nicht uneingeschränkt anwendbar ist und in seiner Effektivität teilweise eingeschränkt ist. Daher muss man sich darüber im Klaren

Abb. 6.2 Stärken und Schwächen von Sponsoringaktivitäten

sein, welche Aspekte mit Hilfe von Sponsoringaktivitäten unterstützt werden können und welche nicht (siehe Abb. 6.2).

Die emotionale Assoziation mit einer Marke basiert darauf, dass die Kunden im Umfeld ihrer persönlichen Interessen und Leidenschaften angesprochen werden, bspw. bei dem Besuch eines Events (Sport, Musik, Kunst etc.). Hierdurch reduzieren sich nahezu automatisch die Streuverluste, da die Besucher eines Events als Zielgruppe fokussiert werden können. Darüber hinaus kann die Sponsoringaktivität im Rahmen eines Events genutzt werden, um diese Partnerschaft in die globale Kommunikationsstrategie zu integrieren.

Dies bedeutet auch, dass eine Vernetzung mit anderen Marketing-Kanälen erforderlich ist, um eine optimale Sponsoringwirkung zu erzielen. Grundsätzlich sollten daher Markenbotschaften nicht als einzelne Details transportiert werden, da diese aufgrund der begrenzten Werbeflächen (Trikot, Banden, Aufsteller, etc.) und der räumlichen Distanz für den Kunden nicht wahrnehmbar sind. Ergänzend sollten Sponsoringverantwortliche stets berücksichtigen, dass sich insbesondere Markenbekanntheiten und Sympathiewerte durch langfristige Partnerschaften aufbauen. Abschließend ist zu beachten, welche weiteren Marken bzw. Unternehmen ebenfalls Sponsoringpartner eines Events sind, da jegliches Sponsoringengagement von den weiteren involvierten Unternehmen beeinflusst wird und demzufolge häufig kein Alleinstellungsmerkmal vorliegt (Bruhn 2010; Hermanns und Marwitz 2008; Bagusat et al. 2007).

Betrachtet man bspw. die Entwicklungsphasen der Unternehmenskommunikation so wird schnell deutlich, dass die werbetreibenden Unternehmen vor neuen Herausforderungen stehen. So genügte es in den 70er Jahren in einer zunehmenden Wettbewerbssituation der Unternehmen neue innovative Kommunikationskanäle zu nutzen, um Produkte, Dienstleistungen, Marken usw. effektiv zu transportieren. Hierbei sei auf das damals innovative Trikotsponsoring von Jägermeister bei Eintracht Braunschweig im Jahre 1973 verwiesen. Zu dieser Zeit herrschte vereinfacht dargestellt eine 1-zu-1-Beziehung, in der eher in lokalen Dimensionen stufenweise agiert wurde. Innerhalb des Marketings etablierte sich zusätzlich die Einstellung, dass das Unternehmen (vorwiegend produzierendes Gewerbe) jegliche Kompetenzen innehatte und der Kunde als berechenbar, nicht sonderlich anspruchsvoll sowie eher passiv betrachtet wurde, den man mit ausreichend hohem Marketingaufwand früher oder später zum Konsumieren bringen konnte. Für den Konsum einer Leistung wurde demnach seine Konsumentenrente abgeschöpft, da der Kunde durch die Nutzung des Angebots den Wert verringert und diesen „Verlust" monetär entschädigte. Diese Perspektive wird in der aktuellen Marketingwissenschaft als sogenannte güterdominierende Logik bezeichnet, indem der Wert einer Leistung während des Produktionsprozesses einseitig (durch das Unternehmen) geschaffen und das Produkt anschließend mit Hilfe von Werbemaßnahmen vermarktet wird. Die Kunden werden für die Abnutzung bzw. Zerstörung des Angebots (=Inanspruchnahme der Leistung) zur Kasse gebeten. Diesem grundlegenden Wertschöpfungsprozess liegt Porters sequentielle Wertschöpfungskette zu Grunde (Porter 1985), die jedoch für viele Leistungen, insbesondere dienstleistungsnahe Leistungen, nicht geeignet ist (Stabell und Fjeldstad 1998; Woratschek et al. 2007).

Nichtsdestotrotz wurde dieses transformationsorientierte Wertschöpfungsverständnis auf viele dienstleistungsnahe Aktivitäten, u. a. auch auf das Sportsponsoring, übertragen. So versuchen die Organisationen eines Events auf der einen Seite einen hochkarätigen Wettkampf sowie erstklassige Rahmenbedingungen zu schaffen, um das Event gewinnbringend zu vermarkten. Der potentielle Sponsor auf der anderen Seite sucht sich das passende Event aus und möchte durch seinen Markenauftritt u. a. die Bekanntheit seiner Marke und bestimmte Image-Attribute steigern. Hierdurch wird ersichtlich, dass zwar die beteiligten Akteure kooperieren, jedoch der Wertschöpfungsprozess anhand von einseitigen Kennzahlen (z. B. Einnahmen durch Sponsoring aus Eventsicht und Steigerung der Bekanntheit einer Marke aus Sponsorensicht) bewertet wird.

Schließlich stellen der Wandel der Gesellschaft und die einhergehenden Rahmenbedingungen weitere Herausforderungen an eine erfolgreiche Kommunikationspolitik, da das Konsumentenverhalten durch folgende Besonderheiten maßgebend beeinflusst wird:

a. Die zunehmende Digitalisierung führt zu einer besseren Vernetzung der Kunden und eröffnet neue Konsumsituationen über mobile Endgeräte.
b. Konsumenten sind zunehmend zeit- und ortsunabhängig und nutzen vermehrt mehrere Medien parallel (TV, Laptop, Telefon usw.).
c. Die Fülle an verfügbaren Informationen kann nicht mehr gänzlich wahrgenommen werden und führt zu einer Selektion von Reizen („Information Overload").
d. Kunden entwickeln sich von passiven zu aktiven Akteuren, indem sie Informationen, Meinungen, Wünsche und Kritik mit relativ geringem Aufwand in ihrem Netzwerk streuen (vom Konsumenten zum Mitgestalter, Multiplikator etc.).
e. Schnell verfügbare Informationen sowie der Kampf der Medien um Aufmerksamkeit erhöhen das Machtpotential der Kunden, da sie einerseits durch ein gesteigertes Wissen Angeboten kritischer gegenüberstehen können und andererseits selbst entscheiden, wann sie welche Medien bzw. Botschaften aufnehmen möchten.

Die veränderte Konsumsituation verdeutlicht, dass die etablierten Sponsoringansätze sowie deren zugrunde liegende Denkweise angepasst werden müssen, um den Herausforderungen eines Sportsponsoring 2.0 gerecht zu werden.

6.3   Die servicedominierende Logik als Perspektivenwechsel im Sportmanagement

Die Wissenschaft prophezeite bereits in den 70er Jahren einen rasanten Veränderungsprozess. Alvin Toffler beschreibt in seiner Trilogie „Future Shock" (Der Zukunftsschock), „The Third Wave" (Die dritte Welle) und „Powershift" (Machtbeben) die Folgen der Informationsüberflutung, mit denen Marktteilnehmer in Zukunft umgehen müssen und der damit einhergehenden wachsenden Bedeutung von „Wissen" als sogenannter „Treibstoff" für die Bewältigung immer schneller werdender Veränderungsprozesse. Toffler's Argumentation basierte u. a. auf den zunehmend besser informierten und aktiven Konsumenten, die durch die nicht aufzuhaltende Entwicklung der IT-Welt entstehen. Er führte dabei den Begriff „prosumer" ein. Konsumenten erwerben (consume) nicht nur Sach- und Dienstleistungen, sondern produzieren (produce) solche auch aktiv. Durch die Integration des externen Faktors in den Leistungserstellungsprozess wird der Konsument Teil wertgenerierender Aktivitäten und somit auch zu einem gewissen Grad zum Produzenten des Angebots (Toffler 1970, 1980, 1990).

Der angesprochene Aspekt der Integration des externen Faktors „Kunde" in den Leistungserstellungsprozess wurde in der Forschung zunächst typischen Dienstleistungen zugesprochen und ausführlich diskutiert (Engelhardt et al. 1993; Woratschek 1996, 1998, 2001, 2003). Eine Revolution sowie eine Forderung nach einer radikalen Änderung der Sichtweisen innerhalb der Marketingwissenschaft forderten Stephen L. Vargo und Robert F. Lusch mit ihrem Artikel „Evolving to a New Dominant Logic for Marketing" im Journal of Marketing im Jahre 2004 (Vargo und Lusch 2004). Vargo und Lusch gaben somit den Anstoß zu einer grundlegenden Debatte um das Verständnis des „Marketing". Sie brachen die bis dato gefestigte Denke der Marketingwissenschaft und -praxis auf, indem sie diese güterdominierende Logik (Goods-Dominant Logic „GDL") mit ihrer Perspektive der servicedominierenden Logik (Service-Dominant Logic „SDL") kontrastierten. Dabei sind insbesondere vier Aspekte der insgesamt zehn fundamentalen Prämissen hervorzuheben (Vargo und Lusch 2004):

a. Keine Unterscheidung zwischen Dienstleistungen und Produkten: „Service is the fundamental basis for exchange".

b. Werte werden gemeinsam ko-kreiert / geschaffen:
„The customer is always a co-creator of value".

c. Von einem Unternehmen werden lediglich anbieterseitige Wertvorschläge angeboten bzw. eine Plattform bereitgestellt, auf der Werte gemeinsam ko-kreiert werden: „The enterprise cannot deliver value, but only offer value propositions". Dies trifft in besonderer Weise für jedes Sportevent zu, so dass die Service-Dominant Logic einen deutlich besseren Analyserahmen darstellt als die traditionelle Goods-Dominant Logic.

d. Ko-Kreation von Werten findet immer im Kontext statt: „Value is always uniquely and phenomenologically determined by the beneficiary".

Im Sinne der servicedominierenden Denkweise wird Service als ein Prozess gesehen, in dem ein Akteur durch die Anwendung spezialisierter Ressourcen für einen anderen Akteur einen Wertbeitrag schafft. Diese generelle Betrachtung macht eine Unterscheidung von Sach- und Dienstleistungen überflüssig, da letztendlich auf den Nutzen des Leistungsempfängers abgestellt wird und dieser als individueller Wert definiert ist, der nicht nur auf Produkt- oder Dienstleistungsmerkmale zurückzuführen ist.

Entgegen der güterdominierenden Denkweise wird in der SDL angenommen, dass der Wert einer Leistung erst während der Inanspruchnahme der Leistung geschaffen wird. Dies impliziert zum einen, dass der Kunde stets an den wertschöpfenden Aktivitäten beteiligt ist und zum anderen, dass der Anbieter alleine per se keinen Wert im Sinne eines Produktionsprozesses kreiert. Das Sportevent ist demnach lediglich als Wertvorschlag zu sehen, bei dem sich der Wert während des Besuchs des Sportevents erst noch entwickelt und sich zudem individuell entfaltet. So spielt insbesondere das individuell erworbene Konsumkapitel des Zuschauers bei der Werteentstehung eine enorm wichtige Rolle. Versteht ein Zuschauer bspw. die Regeln, Taktiken, Spielzüge oder technischen Feinheiten nicht und weist demnach ein geringes Konsumkapital auf, so zieht er weniger Wert aus dem Sportevent als ein Zuschauer mit hohem Konsumkapital (Schellhaaß und Hafkemeyer 2002). Zudem dürften sich die Werte der unterschiedlichen Zuschauergruppen erheblich unterscheiden. Zuschauer im VIP-Bereich kreieren beispielsweise Werte eher aus Geschäftsbeziehungen im Gegensatz zu den Fans in der Kurve, deren Werte durch Freizeitaktivitäten determiniert sind.

Schließlich reduziert die Perspektive der SDL die Wertekreation nicht nur auf eine Beziehung zwischen zwei Parteien, sondern berücksichtigt darüber hinaus auch alle weiteren beteiligten Akteure. Denn der Wert eines Sportevents hängt u. a. nicht nur von der Attraktivität bzw. Qualität des Wettkampfs und der Qualität der Arena ab, sondern kann entscheidend durch andere anwesende Personengruppen und deren Verhaltensweisen beeinflusst werden. Demnach ist es vorstellbar, dass die Fanbeiträge der eigenen oder gegnerischen Fans einerseits den Wert durch Choreographien, Sprechgesänge etc. positiv beeinflussen können und andererseits auch durch aggressives, provozierendes und gewaltbereites Verhalten den Spaß an der Veranstaltung sogar zerstören. Dieses Beispiel verdeutlicht die Notwendigkeit des zugrundeliegenden Kontexts, da dieser den Wert eines Sportevents nicht nur beeinflussen, sondern sogar dominieren kann.

Innerhalb der SDL wird in diesem Zusammenhang auch von einem Wertschöpfungsnetzwerk gesprochen und der zeitliche Aspekt weiter gefasst. So werden alle beteiligten Akteure eines Sportevents (Sportler, Zuschauer, Medien, Agenturen, Sponsoren, Vereine, Verbände, Staat, Kommunen sowie die Öffentlichkeit) als wertschaffende Größen betrachtet und der Ko-Kreationsgedanke nicht nur auf die Zeit des Sportevents, sondern auch auf den Zeitraum vor und nach dem Ereignis erweitert. Dies schließt zusätzlich mit ein, dass nicht nur das fertige „Produkt" Sportevent vermarktet werden kann, sondern jede Phase der Leistungserstellung (bspw. vor, während und nach dem Spiel) Ko-Kreationsprozessen unterliegt und somit vermarktungsfähigen Wert anbietet. Dies zeigt sich beispielsweise in den Vor- und Nachberichterstattungen bei Sportevents.

Zusammenfassend lässt sich sagen, dass im Rahmen der SDL eine beziehungsorientierte Sichtweise im Vordergrund steht, welche den zugrundeliegenden Kontext als zentrale Einflussgröße berücksichtigt. Die SDL kontrastiert somit die klassische güterdominierende Perspektive, da diese davon ausgeht, dass Werte erstellt werden können, die unabhängig vom Kontext aufrechterhalten werden können. Demnach fokussiert die GDL stark die transaktionsorientierte Sichtweise, obwohl dieser Ansatz durch die oben aufgeführten Beispiele (Konsumkapitel und Einfluss anderer Personen) stark in Frage zu stellen ist.

Merz, He und Vargo übertragen diesen Perspektivenwechsel der SDL in ihrem Beitrag „the evolving brand logic" schließlich auch auf das Management von Marken. Dazu teilen sie unterschiedliche Perspektiven des Markenverständnisses in entsprechende zeitliche Epochen ein. Im Zuge dessen werden die „individual goods-focus brand era" von 1900 bis 1930, die „value-focus brand era" von 1930 bis 1990, die „relationship-focus brand era" von 1990 bis 2000 und schließlich die „stakeholder-focus brand era" von 2000 an unterschieden. Hierbei wird im Rückblick klar, dass das Markenmanagement früher eher aus der Perspektive der GDL betrachtet wurde, wohingegen sich heutzutage Marken innerhalb stakeholder-orientierter Prozesse wiederfinden. Dies hat zur Folge, dass ein zeitgemäßes Markenmanagement grundsätzlich immer als kontinuierlicher, sozialer und äußerst interaktiver Prozess zwischen einem Anbieter, seiner Marke und allen weiteren involvierten Akteuren verstanden werden muss (Merz et al. 2009).

Anhand dieses generellen Verständnisses der Ko-Kreation von Werten und der gesellschaftlichen sowie technologischen Entwicklung wird im Folgenden näher auf die gemeinsame Wertschaffung im Rahmen des Markenmanagements eingegangen, um dessen Potential im Sportsponsoring aufzuzeigen.

6.4 Markenstrategien zur Bildung von Allianzen

Markenallianzen bestehen grundsätzlich aus der Kombination von mindestens zwei Marken, um Kräfte zu bündeln und hieraus Vorteile gegenüber einer separierten Nutzung einzelner Marken zu erarbeiten (Esch 2010). Dieses Verständnis ermöglicht eine Vielzahl an möglichen Kooperationsformen, um die gemeinschaftliche Wertschaffung zu forcieren. Um einen Überblick über die bestehenden Aktivitäten mehrerer Marken zu erlangen, wird eine Auswahl der bekanntesten strategischen Markenführungsinstrumente kurz dargestellt (Esch 2010; Meyer und Schade 2007):

- Co-Promotions/Joint Promotions: eher kurzfristige Kooperationsform auf der Ebene der Kommunikationspolitik (z. B. Die Bahn & Lidl sowie Die Bahn & Tchibo).
- Ingredient Branding: Vertikale Markenkooperation auf unterschiedlichen Absatzstufen, wodurch Bestandteile markiert werden, die in anderen Produkten eingesetzt werden (z. B. Gore-Tex bei Adidas).
- Cross-Selling: die kooperierenden Partner nutzen den Absatzkanal des jeweils anderen Unternehmens (z. B. Hilton & Sixt).

- Naming Rights: längerfristige Vermarktung bspw. eines Stadions durch den Verkauf der Namensrechte (z. B. Allianz Arena München)
- Co-Branding: Kooperationsform verschiedener Marken auf horizontaler Ebene, um ein neues Produkt auf den Markt zu bringen (z. B. Ritter Sport & Smarties).

Anhand der Erläuterung zum Sportsponsoring und den aufgezeigten Formen der Marken-kooperationen ist ersichtlich, dass der Übergang vom traditionellen Sportsponsoring zu einer langfristig und intensiven Verbindung zweier bzw. mehrerer Marken im Sinne einer Markenallianz einen fließenden Charakter aufweist. So werden bei einzelnen Sportspon-soringaktivitäten bereits Verknüpfungen zwischen den Unternehmen angestrebt. Um die-se Assoziation der Markenakteure zu forcieren, bieten sich einerseits längerfristige Arran-gements an (= Naming Rights). Andererseits kann darüber hinaus durch die Schaffung eines neuen Angebots auf Basis einer Markenallianz (= Co-Branding) die Verbindung der Unternehmen weiter intensiviert werden.

6.4.1 Markenallianzen im Sportsponsoring durch Namensrechte

Die Vermarktung von Namensrechten ist ein beliebtes Instrument innerhalb des Sportsponsoringmix von Unternehmen. Insbesondere im Sport finden sich zahlreiche Ko-operationen von Firmen und Sportorganisationen:

- Stadien (Commerzbank Arena, Frankfurt)
- Vereine (Brose Baskets, Bamberg)
- Ligen (Toyota Handball-Bundesliga)
- Events (Audi FIS Ski Weltcup)
- Streckenabschnitte (Warsteiner Kurve am Nürburgring)
- u. v. m.

Diese Form der Markenkooperation hebt sich insofern von den klassischen Sportsponso-ringmaßnahmen ab, da die zugrundeliegenden Verträge meist längerfristig (zwischen 15 und 20 Jahre) angelegt sind (Crompton und Howard 2003). Der Erwerber der Namens-rechte (= Sponsor) profitiert neben der offiziellen Bezeichnung seines Sponsoring-Objekts durch weitere multiplikative Verwendungen der Markenkooperation. So ist bspw. auf je-der Eintrittskarte der Name des Stadions bzw. der Teams und der dazugehörigen Liga zu lesen. D. h. in Abhängigkeit der Ausgestaltung des zugrundeliegenden Vertrags wird bei jeder kommunikativen Maßnahme eine Assoziation zwischen dem Sponsor und dem Ge-sponserten hergestellt. Dies hat zur Folge, dass die reine Markenpräsenz wesentlich höher ist und die Marke des Sponsors auch bei den Konsumenten eher wahrgenommen und verinnerlicht wird. Die Zusammenarbeit in Form von Naming-Rights im Vergleich zu einem einmaligen Sportsponsoringengagement kann folglich als eine vertiefte Markenalli-anz interpretiert werden. Die Verbindung der involvierten Marken wird demnach stärker und führt bei den Kunden zu einer höheren Markenbekanntheit. Aus betriebswirtschaftlicher Perspektive ist dies von enormem Vorteil, da die Markenbekanntheit einen zentralen Prädiktor des ökonomischen Erfolgs verkörpert und somit für die Kaufentscheidung von größter Bedeutung ist.

Um die strategische Markenführung zweier oder mehrerer Marken intensiver zu gestalten und die Verbindung bei den Konsumenten zu manifestieren, erfordert es allerdings noch die zusätzliche Schaffung eines neuen Angebots, welches aus der Zusammenarbeit zweier Unternehmen resultiert. Hierdurch wird auch dem angesprochenen Perspektivenwandel im Markenmanagement und der einhergehenden gemeinsamen Wertschaffung entsprochen, da die Geschäftsaktivitäten von transaktionsorientierten Prozessen zu längerfristigen und beziehungsorientierten Handlungen verlagert werden. Unter der Berücksichtigung des Kunden bei der Schaffung von neuen Leistungen und deren Einfluss bei der Ausgestaltung des Angebots wird die Bedeutung der Ko-Kreation von Werten zudem ersichtlich. Daher wird im Folgenden auf die innovative Markenstrategie des Co-Branding detailliert eingegangen und anhand von zwei Fallstudien erörtert.

6.4.2 Co-Branding als innovative Markenstrategie

Die Strategie des Co-Branding wird bereits seit mehreren Jahren als innovatives Konzept im Rahmen der Markenführung von Unternehmen diskutiert. Ritter Sport und Smarties, Siemens und Escada, Lufthansa und Visa stellen dabei einige der bekanntesten Beispiele zur Bildung von Markenallianzen dar. Aber auch im Sportbusiness hat das Co-Branding schon längst Einzug gehalten. Eines der populärsten Beispiele stellt dabei das Nike-iPod-Sportskit dar, bei dem ein im Turnschuh eingelegter Chip bspw. mit einem iPod verbunden wird. Neben einer neuartigen Trainingssteuerung werden hierbei sogar völlig neue Sportevents ko-kreiert, z. B. der Wettbewerb „Men vs. Women", bei dem Sportler weltweit insgesamt 295 Mio. km gelaufen sind.

Aber was ist im Allgemeinen unter Co-Branding zu verstehen? Die Meinungen und Definitionen dazu gehen durchaus auseinander, so dass man sich dieser Thematik aus sehr unterschiedlichen Perspektiven her nähern kann. Baumgarth (2004) definiert z. B. Co-Branding als „die systematische Markierung einer Leistung durch mindestens zwei Marken, wobei diese sowohl für Dritte wahrnehmbar sind als auch weiterhin eigenständig auftreten müssen." Geht man von einem weiter gefassten Begriffsverständnis aus, dann arbeiten beim Co-Branding eigenständige Marken in einem bestimmten Marketingkontext zusammen (Thun 2004), um aus dieser Kooperation eine Win-win-Situation zu erreichen und Synergien zu erzielen.

Die wichtigsten Gründe für den Einsatz einer Co-Branding-Strategie können in den Signalling-Effekten und den interdependenten Imageverbesserungen der beteiligten Marken gesehen werden (Helmig et al. 2007). Im Kern soll den Konsumenten also in erster Linie durch das Signalling der am Co-Branding beteiligten Marken die Unsicherheit genommen werden. Zudem geht man bei solchen Markenallianzen auch immer davon aus, dass

Marktbezogen	Unternehmensbezogen
Chancen		
Positiver Imagetransfer	Umgehung von Markteintrittsbarrieren
Erhöhte Aufmerksamkeit und Markenbekanntheit	Vermeidung hoher Anfangsinvestitionen für Neumarken
Abdeckung eines breiteren Assoziationsfelds	Kostenreduktion
Vertrauensbonus	Ausnutzung von Synergien
Ansprache neuer Zielgruppen	Verringerung des Floprisikos bei Neuprodukteinführungen
Risiken		
Diffuses Markenimage	Diffuse Markenidentität
Negativer Imagetransfer	Beschränkung des Handlungsspielraums der einzelnen Marken
Erosion der Identität der Muttermarke	Koordinationsaufwand
Kannibalisierung bei homogenen Produkten	Markenüberdehnung
Verlust der Kernverwenderschaft	Fehlende Positionierungsfreiräume

Abb. 6.3 Chancen und Risiken von Markenallianzen. (Quelle: In Anlehnung an Meffert 2002, 2004)

es zwischen den am Co-Branding beteiligten Marken zu gegenseitigen Verbesserungen des Images kommt. Allerdings liegt hier auch die große Gefahr einer Co-Branding-Strategie. Schließlich kann es aufgrund dieser alternierenden Effekte grundsätzlich auch zu negativen Imagewirkungen kommen. Abgesehen davon bedeutet eine Kooperation in diesem Sinne auch immer, dass Kompromisse und möglicherweise sogar Zugeständnisse in der eigenen Markenführung eingegangen werden müssen. Je nach dem Ausmaß dieser Eingriffe in die eigene Markenführung kann es zu einer Verwässerung der eigenen Markenidentität kommen. Der Schlüssel zu einem erfolgreichen Co-Branding ist also regelmäßig in der Kooperation und dem Willen zur Zusammenarbeit der beteiligten Marken zu suchen. Idealerweise lässt es diese Kooperation zu, dass jede Marke ihre eigene Markenidentität ohne Veränderungen beibehält, ohne dass es zu Konflikten kommt (Meffert 2002).

Demnach ist es essentiell, dass sich die am Co-Branding beteiligten Marken im Rahmen ihrer Kooperation ergänzen und einen Fit erzielen. Dieser Fit kann bspw. in einem jeweils zueinander passenden Image der beiden Marken liegen. Letztendlich sollte der Fit spätestens im Rahmen der Positionierung des Co-Brandings deutlich werden, damit im Sinne der Co-Branding-Strategie für die beteiligten Marken eine Win-win-Situation erreicht wird, die ohne die Kooperation nicht möglich gewesen wäre.

Im Allgemeinen lassen sich Chancen und Risiken von Markenallianzen nach markt- bzw. unternehmensbezogenen Kriterien differenziert wie in Abb. 6.3 darstellen.

Wie bereits oben erwähnt, hält das Co-Branding auch verstärkt in das Sportbusiness Einzug. Dabei beschränken sich die Markenallianzen in diesem Bereich nicht nur auf Kooperationen zwischen produzierenden Unternehmen, wie im Fall von Nike+, einem Sportartikelhersteller und einem Konsumgüterhersteller. Insbesondere im Sport eröffnen sich hier neue Dimensionen für das Markenmanagement, da der Sport auf der einen Seite das

Abb. 6.4 Markenmanagement im Sport. (Quelle: In Anlehnung an Woratschek und Beier 2001)

Mittel zum Zweck für ein erfolgreiches Markenmanagement sein kann. Auf der anderen Seite kann der Sport aber auch der zentrale Bestandteil der Markenstrategie sein. Dieser Unterschied wird deutlich, wenn man sich die Grafik oben vor Augen führt, in der zwischen einem Markenmanagement mit Sport und einem Markenmanagement von Sport unterschieden wird (Abb. 6.4).

Die im weiteren Verlauf zu behandelnden Co-Brandings setzen genau in dem Spannungsfeld zwischen den beiden oben aufgezeigten Perspektiven des Markenmanagements im Sport an. Dazu wird einerseits die strategische Kooperation zwischen dem Dienstleister im Medienbereich maxdome und dem Fußballklub FC Schalke 04 näher untersucht. Die Analyse der in diesem Co-Branding entstandenen Internetplattform Schalke 04 TV erlaubt ein tiefergehendes Verständnis insbesondere in Bezug auf die Rollenverhältnisse der beiden beteiligten Marken. Auf der anderen Seite werden die während der FIFA WM 2006 weltweit in den Fokus gerückten Public Viewings näher erläutert, da sich die Public Viewings als ideale Plattform für Co-Branding-Strategien von Sportsponsoren eignen. Hierbei wird v. a. deutlich, dass sich Co-Branding-Aktivitäten u. a. sehr gut bei der Etablierung innovativer Technologien eignen. Im Speziellen werden an diesem Beispiel die Möglichkeiten des Co-Brandings zwischen einer Destinationsmarke, insbesondere der Ländermarke Deutschland, und einer Veranstaltungsmarke, in diesem Fall der FIFA Fußball-Weltmeisterschaft Deutschland 2006™, aufgezeigt.

6.5   Fallstudien zum Co-Branding: Schalke 04 TV und Public Viewing

6.5.1   Schalke 04 TV

Der FC Schalke 04 zählt seit vielen Jahren zu den Top-Klubs der Fußball Bundesliga. Herausragende sportliche Erfolge wie der Gewinn des UEFA-Pokals 1997, des DFB-Pokals 2001, 2002 und 2011 sowie mehrere Vize-Meisterschaften in den letzten zwölf Jahren untermauern diese nationale wie internationale Bedeutung. Darüber hinaus spielt der FC Schalke 04 in einem der modernsten Stadien, der Veltins-Arena, die seit ihrer Einweihung

Abb. 6.5 Co-Branding am
Beispiel Schalke 04 TV   Dienstleistungen ➡  ⬅ Verein / Klub

regelmäßig ausverkauft ist. Außerdem kann der Verein mittlerweile über 100.000 Mitglieder vorweisen, verpflichtet immer wieder internationale Top-Spieler und stellt für global agierende Unternehmen, wie z. B. Gazprom, ein interessantes Sponsoringobjekt dar (FC Schalke 04 2012).

Maxdome präsentiert sich selbst als „Deutschlands größte Online-Videothek" (maxdome 2012). In der Fachsprache handelt es sich bei maxdome um ein Video-On-Demand-Portal, das auf Abruf audiovisuelle Inhalte gegen Entgelt anbietet. Das Angebot umfasst dabei u. a. eine breite Palette an Spielfilmen, Serien, Comedy-Sendungen, Dokumentationen, Zeichentrickfilmen und Musikvideos (Abb. 6.5).

Das Online-Portal maxdome weist eine deutlich jüngere Geschichte auf als der Fußballklub Schalke 04. Daher nutzte das Video-On-Demand-Portal von 2007 bis 2009 den FC Schalke 04 als Exklusivpartner für die Nachverwertung der Spiele. So konnten alle Nutzer direkt nach Abpfiff die Wiederholung, bestimmte Highlights oder Interviews abrufen. Die Kosten bewegten sich dabei im Rahmen von 0,49 € bis 1,49 €. Die gesamten Inhalte konnten auch im Komplettpaket zu einem Pauschalpreis von 2,99 € pro Monat abonniert werden.

Laut der Studie Sportprofile AWA 2010 von Sportfive und dem Institut für Demoskopie Allensbach befinden sich unter den insgesamt Fußballinteressierten in Deutschland 68,7 % Internetnutzer, was einer konkreten Nutzerzahl von knapp 29 Mio. entspricht (Sportfive 2010). Diese Zahlen verdeutlichen das eigentliche Potenzial hinter dem Co-Branding Schalke 04 TV. Darüber hinaus ergeben sich aus diesem Co-Branding, wie bereits oben erläutert, sowohl für den Fußballklub als auch für den Dienstleister im Medienbereich zahlreiche Chancen. In diesem Zusammenhang sind für den FC Schalke 04 sicherlich die Vermeidung hoher Anfangsinvestitionen und die Kostenreduktion zu nennen. Allerdings stellen auch die Ansprache neuer Zielgruppen, in diesem speziellen Fall der Internetnutzer, und die Abdeckung eines breiteren Assoziationsfelds attraktive Ziele dar. Maxdome profitiert hierbei v. a. von einer erhöhten Aufmerksamkeit und Markenbekanntheit. Zudem steht sicherlich auch der positive Imagetransfer bei der Etablierung dieses Co-Brandings für maxdome im Vordergrund.

Trotz all dieser offensichtlichen Chancen kam es, wie bereits oben festgehalten, 2009 zu einer Auflösung der Zusammenarbeit des FC Schalke 04 und maxdome. Die Gründe für das Ende des Co-Brandings sind sicherlich mit den im Rahmen dieser Allianz einhergehenden Risiken verbunden, die letztendlich überwogen haben. Dabei dürften insbesondere der zwischen beiden Marken entstandene Koordinationsaufwand, die Einschränkung des Handlungsspielraums und die Gefahr eines negativen Imagetransfers zu der Entscheidung beigetragen haben (Woratschek et al. 2008). Entscheidend für die Auflösung ist das unausgeglichene Machtverhältnis der beiden Marken zueinander. Im Rahmen dieser Markenallianz ist davon auszugehen, dass die deutlich stärkere Position beim Fußballklub

Abb. 6.6 Co-Branding am Beispiel Public Viewing

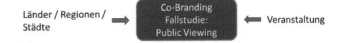

Länder / Regionen / Städte ⟹ Co-Branding Fallstudie: Public Viewing ⟸ Veranstaltung

FC Schalke 04 liegt. Durch die ausreichend gesammelte Erfahrung im Bereich des Video-On-Demand mit dem Medienexperten maxdome kann der Fußballklub schließlich selbständig ein Video-Portal auf seiner eigenen Homepage einrichten. Diese Fallstudie zeigt somit deutlich, dass neben den genannten Chancen und Risiken auch ein ausgeglichenes Machtverhältnis der beiden Co-Brands beachtet werden sollte.

6.5.2   Public Viewing

2009 haben Hudson und Ritchie festgehalten, dass nahezu alle im Wettbewerb befindlichen Destinationen heutzutage spektakuläre Landschaften, herausragende Attraktionen, freundliche Menschen und eine einzigartige Kultur und Tradition bieten (Hudson und Ritchie 2009). In diesem Zusammenhang versuchen immer mehr Destinationen Ländern, Regionen oder auch Städten eine Art Markenstatus mit einzigartigem Markenimage zu verschaffen, um sowohl in ökonomischer, kultureller als auch sozialer Hinsicht zu profitieren (Hankinson 2007).

Dazu nutzen bereits viele Destinationen insbesondere Sportevents, um ihre Marke dadurch entsprechend zu positionieren (Smith 2005). Generell sind dabei verschiedene Herangehensweisen erkennbar, allerdings gehört die Veranstaltung von Mega Events wie z. B. die Olympischen Spiele oder auch die FIFA WM sicherlich zu den in vielerlei Hinsicht bedeutendsten. Somit ergeben sich gerade zwischen Destinationsmarken auf der einen Seite und Veranstaltungsmarken auf der anderen Seite vielfältige Synergiepotenziale für Co-Branding. Im Rahmen der hier gewählten Fallstudie Public Viewing findet das Co-Branding zwischen der Destinations- bzw. Ländermarke Deutschland und der Veranstaltungsmarke Fußball-Weltmeisterschaft Deutschland 2006™ statt (Abb. 6.6):

Das Phänomen Public Viewing hat während der FIFA WM 2006 seinen Durchbruch gefeiert und ist seitdem im Rahmen von Mega-Events nicht mehr wegzudenken. Das gemeinsame Verfolgen von Live-Übertragungen auf Riesenleinwänden an öffentlichen Orten zeichnet sich v. a. dadurch aus, dassie Besucher eines Public Viewings sowohl in den Genuss der von den üblichen Fernsehübertragungen bekannten TV-Qualität kommen als auch eine dem Stadionerlebnis sehr nahe kommende Atmosphäre erleben. Diese beiden Perspektiven waren bislang nicht vereinbar und können erst mit der Einrichtung von Public Viewing-Plattformen, die mehrere Tausend Zuschauer aufnehmen können, auf innovative Art und Weise in einem Szenario umgesetzt werden.

Der Erfolg der Public Viewings während der FIFA WM 2006 kann an einigen Eckdaten veranschaulicht werden. Laut dem Abschlussbericht der Bundesregierung zur FIFA Fußball-Weltmeisterschaft Deutschland 2006™, herausgegeben vom Presse- und Informationsamt der Bundesregierung im November 2006, wurden in den offiziellen WM-Städten ca. 18 Mio. Besucher der Public Viewings gezählt. Insgesamt wurden von offizieller Seite beinahe 2.000 Public Viewings während der FIFA WM 2006 registriert. Herausragend dabei war die Tatsache, dass ca. 2 Mio. Besucher der Public Viewings aus dem Ausland anreisten. Eine Befragung der ausländischen Gäste ergab, dass 76 % aufgrund der Public Viewings nach Deutschland gereist waren (Presse- und Informationsamt der Bundesregierung 2006).

Betrachtet man nun diese ausländischen Besucher der Public Viewings etwas genauer, stellt man schnell fest, dass sich dahinter sowohl von ökonomischer als auch psychologischer Seite her äußerst interessante Potenziale verbergen. Dies wird bereits dadurch deutlich, dass viele Public Viewing-Besucher nicht einfach nur in einer Stadt geblieben sind, sondern die Public Viewings auch als Zwischenziele genutzt haben, um durch Deutschland zu reisen. Durch diese Möglichkeit und das äußerst offene Verhalten der Deutschen, ganz getreu dem Motto „Die Welt zu Gast bei Freunden", erwarb sich Deutschland zu dieser Zeit ein zuvor nie gekanntes Image eines freundlichen, aufgeschlossenen und sympathischen Landes, das schnell als idealer Gastgeber für Mega Events galt und bis heute immer wieder damit in Verbindung gebracht wird.

Alles in allem veränderte sich aber nicht nur die Perspektive von außerhalb des Landes, sondern auch innerhalb der deutschen Bevölkerung entwickelte sich ein Nationalstolz, der den Umgang mit dem eigenen Land und der eigenen Nationalität nachhaltig verändert hat. Letztendlich profitiert auch die FIFA als Organisation bis heute von dieser Entwicklung, da sie sich als Pionier für die Durchführung und Etablierung von Public Viewings betrachten kann. Somit zeigt diese Fallstudie deutlich für beide Markenpartner Deutschland und die FIFA WM die erfolgreiche Umsetzung eines Co-Brandings, bei dem vielfältige Chancen, die sich aus dieser Form der Markenallianz ergeben, genutzt werden konnten. Dabei muss an dieser Stelle sicherlich insbesondere der gegenseitige positive Imagetransfer der beiden Marken zueinander hervorgehoben werden.

6.6 Implikationen

Auf Basis der grundlegenden Analyse der Entwicklung des Sportsponsorings konnte gezeigt werden, dass im Zuge der Veränderungen in unserer Gesellschaft auch in diesem Bereich ein bedeutender Perspektivenwechsel stattgefunden hat. Das traditionelle Verständnis des Sportsponsorings im Sinne einer Leistung um Gegenleistung wird in der Praxis längst durch innovative Formen von Markenallianzen ergänzt. Theoretisch kann dieser Perspektivenwechsel durch die servicedominierende Logik untermauert werden, da dort die Ko-Kreation sozialer Akteure als wertschöpfend angesehen wird. Markenallianzen kommen schließlich auch immer durch die Ko-Kreation mindestens zweier Anbieter und deren Kunden zustande. Dies konnte beispielhaft an der Vergabe von Namensrechten im Sport gezeigt werden. Am deutlichsten offenbart sich diese Entwicklung allerdings bei der Analyse von Co-Branding-Strategien. Dabei wird schließlich der Weg vom traditionellen Sponsoring hin zur innovativen Umsetzung von Co-Branding-Strategien offensichtlich.

So können neue und innovative Strategien im Sportsponsoring, wie bspw. die Integration von Public Viewing-Veranstaltungen im Rahmen von Mega-Events, den Sponsoren helfen, auf die veränderte Umwelt erfolgreich zu reagieren. Gerade im Zusammenhang mit dem neuen Verständnis der proaktiven Rolle der Konsumenten und der gemeinsamen Ko-Kreation von Werten liefern strategische Allianzen Anhaltspunkte für innovative Markenstrategien im Sport.

Darüber hinaus ermöglichen diese innovativen Co-Branding-Strategien im Vergleich zu traditionellen Sponsoringpartnerschaften, dass weit mehr Konsumenten angezogen und insgesamt viel spezifischer angesprochen werden können. Diese zielgenauere Erfüllung der Bedürfnisse von Sportkonsumenten führt schließlich zu einer höheren Zufriedenheit. Je zufriedener die Konsumenten sind, desto höher ist die Wahrscheinlichkeit für loyales Verhalten und somit für einen wiederholten Kauf von Videoangeboten oder den vermehrten Besuch von Sportveranstaltungen. Dabei gilt es zu beachten, dass selbst wenn die Konsumenten aufgrund anderer Umstände nicht loyal agieren, davon ausgegangen werden kann, dass sie das Angebot weiterempfehlen und dadurch wiederum neue Konsumenten angesprochen werden. Letztendlich können somit innovative Co-Branding-Strategien im Rahmen eines Sponsoringengagements im Sport zu einer höheren Reputation und damit zu einem höheren Return on Investment aller beteiligten Organisationen führen.

Zusammenfassend haben dabei die beiden Fallstudien Schalke 04 TV und Public Viewing gezeigt, dass Co-Brandings zwischen den Perspektiven eines Markenmanagements mit Sport und eines Markenmanagements von Sport innovative Strategien zur Bildung von Markenallianzen darstellen. Die in diesem Zusammenhang untersuchten Co-Branding-Strategien eröffnen zudem neue Wege zur gezielten Ansprache von Sportkonsumenten, die allerdings nicht nur Chancen, sondern auch Risiken mit sich bringen. Wie es sich im Fall von Schalke 04 TV bestätigt hat, sind unterschiedliche Machtverhältnisse ein Risikofaktor, der Markenallianzen zum Scheitern verurteilen kann. Der Fall der Public Viewings zeigt, dass man sich im Sportmanagement überlegen sollte, die starke Marke FIFA WM mit „schwachen" Ländermarken zu verbinden. Es bleibt abzuwarten, wie sich diesbezüglich die Wertekreation der Markenallianz z. B. im Rahmen der Ausrichtung der FIFA WM 2022 in Katar im Vergleich zur FIFA WM 2006 in Deutschland darstellt. Aufgrund der hier angestellten Überlegungen ist es zu bezweifeln, dass in Katar ähnlich erfolgreiche Effekte erzielt werden können, als dies im „Sommermärchen 2006" der Fall war.

Literatur

Bagusat, A., Marwitz, C., & Vogl, M. (2007). *Handbuch Sponsoring: Erfolgreiche Marketing- und Markenkommunikation*.

Baumgarth, C. (2004). *Markenpolitik* (2. Aufl.). Wiesbaden.

Bruhn, M. (2010). *Sponsoring. Systematische Planung und integrativer Einsatz* (5. Aufl.). Wiesbaden.

Crompton, J. L., & Howard, D. R. (2003). The American experience with facility naming rights: opportunities for English professional football teams. Managing Leisure, 8(4), 212–226.

DFL GmbH. (2011). Bundesliga Report 2011 – Die wirtschaftliche Situation im Lizenzfußball. Frankfurt.

Engelhardt, W. H., Kleinaltenkamp, M., & Reckenfelderbäumer, M. (1993). Leistungsbündel als Absatzobjekte. *Zeitschrift für betriebswirtschaftliche Forschung, 45,* 395–426.

Esch, F.-R. (2010). *Strategie und Technik der Markenführung* (6. Aufl.). München.

FC Schalke 04. (2012). Homepage FC Schalke 04. www.schalke04.de. Zugegriffen: 21. Mai. 2012.

Hankinson, G. (2007). The management of destination brands: Five guiding principles based on recent developments in corporate branding theory. *Journal of Brand Management, 14*(3), 240–254.

Helmig, B., Huber, J.-A., & Leeflang, P. (2007). Explaining behavioural intentions toward co-branded products. *Journal of Marketing Management, 23*(3/4), 285–304(20).

Hermanns, A., & Marwitz, C. (2008). *Sponsoring. Grundlagen Wirkungen Management Markenführung* (3. Aufl.). München.

Heskett, J. L., Jones, T. O., Loveman, G. W., Sasser, W. E., & Schlesinger, L. A. (1994). Putting the service-profit chain to work. *Harvard Business Review, 72*(2), 164–175.

Hudson, S., & Ritchie, B. (2009). Branding a memorable destination experience. The case of 'Brand Canada'. *International Journal of Tourism Research, 11,* 217–228.

maxdome. (2012). Homepage maxdome. www.maxdome.de. Zugegriffen: 21. Mai. 2012.

Meenaghan, T. (1991). The role of sponsorship in the marketing communications mix. *International Journal of Advertising, 10,* 35–47.

Meffert, H. (2002). Strategische Optionen der Markenführung. In H. Meffert et al. (Hrsg.), *Markenmanagement – Grundfragen der identitätsorientierten Markenführung* (1. Aufl., S. 135–165). Wiesbaden.

Meffert, H. (2004). Einführung in die Themenstellung. In H. Meffert, et al. (Hrsg.), *Co-Branding – Welche Potenziale bietet Co-Branding für das Markenmanagement?* Dokumentationspapier Nr. 177 der Wissenschaftlichen Gesellschaft für Marketing und Unternehmensführung e. V., Münster.

Merz, M. A., He, Y., & Vargo, S. L. (2009). The evolving brand logic: A service-dominant logic perspective. *Journal of the Academy of Marketing Science, 37*(3), 328–344.

Meyer, T., & Schade, M. (2007). Cross-Marketing – Allianzen, die stark machen. Mit Partnern schneller erfolgreich warden, Göttingen.

Porter, M. (1985). *Competitive advantage: Creating and sustaining superior performance.* New York.

Presse- und Informationsamt der Bundesregierung. (2006). Fußball-WM 2006 – Abschlussbericht der Bundesregierung, http://www.bmi.bund.de/SharedDocs/Downloads/DE/Veroeffentlichungen/wm2006_abschlussbericht_der_bundesregierung.html?nn=110430, Zugegriffen: 06. Juni. 2012.

Schellhaaß, H. M., & Hafkemeyer, L. (2002). *Wie kommt der Sport ins Fernsehen? Eine wettbewerbspolitische Analyse.* Köln.

Smith, A. (2005). Reimaging the city – The value of sport initiatives. *Annals of Tourism Research, 32*(1), 217–236.

Sportfive. (2010). *Sportprofile AWA 2010 – Potenziale und Zielgruppenstrukturen für die Sponsoringplanung.* Hamburg.

Stabell, C. B., & Fjeldstad, Ø. D. (1998). Configuring value for competitive advantage: On chains, shops, and value networks. *Strategic Management Journal, 19*(5), 413–437.

Thun, S. (2004). Welche Potenziale bietet Co-Branding für das Markenmanagement? In H. Meffert et al. (Hrsg.), *Co-Branding – Welche Potenziale bietet Co-Branding für das Markenmanagement.* Dokumentationspapier Nr. 177 der wissenschaftlichen Gesellschaft für Marketing und Unternehmensführung e. V. 2004.

Toffler, A. (1970). *Future shock.* New York.

Toffler, A. (1980). *The third wave.* New York.

Toffler, A. (1990). *Powershift.* New York.

Vargo, S. L., & Lusch, R. F. (2004). Evolving to a new dominant logic for marketing. *Journal of Marketing, 68*(1), 1–17.

Woratschek, H. (1996). Die Typologisierung von Dienstleistungen aus informationsökonomischer Sicht. *der markt – Zeitschrift für Absatzwirtschaft und Marketing, 35*(1), 59–71.

Woratschek, H. (1998). *Preisbestimmung von Dienstleistungen – Markt- und nutzenorientierte Ansätze im Vergleich.* Frankfurt a. M.

Woratschek, H. (2001). Zum Stand einer „Theorie des Dienstleistungsmarketing". *Die Unternehmung, Schweizerische Zeitschrift für betriebswirtschaftliche Forschung und Praxis, 4/5,* 261–278.

Woratschek, H. (2003). Neue Forschungsperspektiven im Dienstleistungsmarketing unter besonderer Berücksichtigung von Kooperation und Wettbewerb. In S. Fließ (Hrsg.), *Tendenzen im Dienstleistungsmarketing – vom Marketing zum Management* (S. 221–238). Wiesbaden.

Woratschek, H., & Beier, K. (2001). Sportmarketing. In D. Tscheulin, & B. Helmig (Hrsg.), *Branchenspezifisches Marketing, Grundlagen – Besonderheiten – Gemeinsamkeiten* (S. 205–235). Wiesbaden.

Woratschek, H., Roth, S., & Schafmeister, G. (2007). Ansätze zur Analyse von Wertschöpfungsprozessen – Eine theoretische und empirische Betrachtung der Besonderheiten bei Dienstleistungen. In M. Bruhn, & B. Stauss (Hrsg.), *Forum Dienstleistungsmanagement: Wertschöpfungsprozesse bei Dienstleistungen* (S. 29–49). Wiesbaden.

Woratschek, H., Kunz, R., & Ströbel, T. (2008). Co-Branding zwischen Sport und Medien – Eine Analyse des Fallbeispiels Schalke 04 TV. In M. Bruhn, & B. Stauss (Hrsg.), *Forum Dienstleistungsmanagement* (S. 140–161). Wiesbaden.

Kult, Tradition, Champions, lokale Helden und Retorte – Eine empirische Markenklassifizierung im Sport

7

André Bühler und Thorsten Scheuermann

7.1 Einleitung

„Volkswagen ist eine echte Traditionsmarke, die perfekt zum Traditionsverein 1. FC Kaiserslautern passt." Diese Aussage des FCK-Vorstandsvorsitzenden Stefan Kuntz bei der Bekanntgabe des neuen Exklusivpartners (1. FCK 2010), steht exemplarisch für die Aussagen vieler Vereinsverantwortlicher, die ihren Verein gerne als echte Marke darstellen. Den Beweis einer systematischen Markenführung bleibt ein Großteil der deutschen Vereine allerdings schuldig.

Dabei besteht das Problem nicht nur in einer defizitären Markenführung, sondern auch in einem deutlichen Mangel einer einheitlichen Markenklassifizierung. Vielmehr werden in der Praxis immer öfter Clubs pauschal, d. h. ohne wissenschaftliche Fundierung, als Kult- oder Traditionsmarken bezeichnet. Damit wird zum einen unterstellt, dass es sich bei den Vereinen bereits um Sportmarken handelt. Zum anderen kommt es dadurch zur Unterscheidung in verschiedene Klassen bzw. zu Markenpositionierungen. Daraus ist abzuleiten, dass eine entsprechende Markenklassifizierung auf Basis wissenschaftlicher Forschung auch von Seiten der Praxis als wünschenswert betrachtet wird, da eine klare und systematische Markenklassifizierung zur Markttransparenz der Teamsportmarken beiträgt und gleichzeitig als Grundlage für Entscheidungen bzw. markenrelevante Überlegungen der Proficlubs dient. Neben der markenrelevanten Notwendigkeit für die Praxis erscheint die Entwicklung einer einheitlichen, systematischen Markenklassifizierung im Sport auch für den akademisch-wissenschaftlichen Bereich des Sportmarketings längst überfällig.

A. Bühler (✉)
Nürtingen, Deutschland
E-Mail: andre.buehler@sportmarketing-institut.de

T. Scheuermann
Köln, Deutschland
E-Mail: sportoekonomie@uni-mainz.de

H. Preuß et al. (Hrsg.), *Marken und Sport,*
DOI 10.1007/978-3-8349-3695-0_7, © Springer Fachmedien Wiesbaden 2014

Denn während in anderen Branchen, wie etwa der Automobilindustrie, längst eine einheitliche Markenklassifizierung entwickelt wurde, ist dieser Bereich noch ein weißes Feld auf der Landkarte der Sportmarketing-Wissenschaft.

Dieser Beitrag nimmt sich der oben erwähnten Problematik an, indem zunächst die Grundlagen des Markenmanagements erläutert und allgemeine Markenklassifizierungen vorgestellt werden. Anschließend wird die Bedeutung der Marke für Sportvereine diskutiert und schließlich eine aktuelle empirische Studie vorgestellt, die einen ersten Schritt zu einer einheitlichen Markenklassifizierung im Sport darstellen soll.

7.2   Grundlagen des Markenmanagements

In der Betriebswirtschaft ist der Gegenstand der Marken seit langer Zeit ein zentrales Thema der marktorientierten Unternehmensführung und damit ex definitione im Bereich des Marketings angesiedelt (Burmann et al. 2005). Der Terminus Marke selbst ist in der Literatur nicht einheitlich gefasst. So bestehen mehrere Ansätze zur Begriffserklärung. Eine der griffigsten und gleichsam eingängigsten Definitionen liefern Burmann, Meffert und Koers. Ihnen zufolge sind Marken ein „in der Psyche des Konsumenten und sonstigen Bezugsgruppen der Marke fest verankertes, unverwechselbares Vorstellungsbild von einem Produkt oder einer Dienstleistung" (Burmann et al. 2002). Dieses Bild im Kopf des Konsumenten resultiert nach allgemeiner Auffassung aus Marketingmaßnahmen, die über einen längeren Zeitraum erfolgen und bei den Marktteilnehmern direkte sowie indirekte Erfahrungen hervorrufen (Esch 2003; Schilhaneck 2011).

Die im heutigen Marketing erworbene Schlüsselrolle hat sich das Thema Marken auf Grund ihrer vielseitigen Vorteile bzw. Funktionen erworben. Hierbei wird zwischen Funktionen aus Nachfrager- und Anbietersicht differenziert. Aus Sicht der Nachfrager, und damit der Kunden, bieten Marken zum einen eine Orientierungs- und Informationsfunktion. Eine Marke kann für einen Konsumenten aus rein transaktionstheoretischer Sicht Kosten verringern, da sich der Konsument durch das Wiedererkennen einer Marke leichter und damit schneller in der Menge der Angebote zurechtfindet (Schilhaneck 2011). Auf diese Weise fungiert die Marke als Orientierungshilfe und entlastet den Kunden bezüglich dessen Informations- und Suchaufwandes (Burmann et al. 2005). Zum anderen bietet die Marke für den Nachfrager aber auch eine Vertrauens- und Qualitätsfunktion. Darauf aufbauend signalisiert eine Marke folglich das Versprechen einer bestimmten Leistungsqualität. Besonders bei Produkten, die ein hohes Maß an Vertrauenseigenschaften aufweisen, ist die Funktion des Nutzenversprechens entscheidend. Dementsprechend trägt sie zur Reduktion des subjektiv empfundenen Risikos bei (Burmann et al. 2002). Aus Sicht der Anbieter, und damit der Unternehmen selbst, bietet eine Marke eine Differenzierungs-, Präferenzbildungs-, Kundenbindungs-, sowie Stabilisierungsfunktion. Darüber hinaus ergibt sich bei starken Marken, die es verstehen sich mittels Alleinstellungsmerkmalen als einzigartig gegenüber konkurrierenden Marken darzustellen, zudem ein erweiterter preispolitischer Spielraum (Burmann et al. 2005; Schilhaneck 2011).

Die richtige Positionierung im Markt legt den Grundstein für den Aufbau einer starken Marke (Burmann 2008). Weiter schreiben Burmann und Meffert (2005) der Markenpositionierung zweierlei Intentionen zu. Zum einen wird mit Hilfe der Produkteigenschaften das Ziel verfolgt, näher an den Idealvorstellungen der Nachfrager im Vergleich zur Konkurrenz zu sein. Somit wird eine dominierende Rolle im Markt bzw. in der Psyche der Konsumenten angestrebt. Gleichzeitig beabsichtigt man durch hinreichende Differenzierung eine unverwechselbare Stellung gegenüber den relevanten Wettbewerbern zu erreichen.

Die gewählte Positionierung sollte dabei mittels der Marketinginstrumente in ausreichendem Maße unterstützt werden, um einen einheitlichen und unmissverständlichen Markenauftritt auf allen Ebenen des Marketing-Mixes zu garantieren. Somit ist auf Basis der Markendefinition auf eine stetige Markenpositionierung zu achten, da dauerhafte Wechsel das Vorstellungsbild der Konsumenten verwässern lässt. Allerdings kann es in vielen Fällen notwendig sein, sich im Hinblick auf Veränderungen des Wettbewerbs, des zu bearbeitenden Marktsegments oder des technischen Fortschritts neu auszurichten. Insofern gilt es, eine Balance zwischen aktiver und reaktiver Positionierung sowie der Fokussierung auf wenige Markenkompetenzen zu finden. Die Markenkompetenz begründet hierbei nach Burmann und Meffert (2005) „den spezifischen Wettbewerbsvorteil der Marke und sichert diesen ab."

Für die Erreichung der angestrebten Markenpositionierung ist es zudem notwendig, langfristige Verhaltenspläne aufzustellen (Schilhaneck 2011). Diese Markenstrategien legen dabei die Art, Dauer, Intensität und den Verbreitungsgrad der jeweiligen Maßnahmen fest.

7.3 Klassifizierung von Marken

Bereits 1957 wurde im Rahmen einer diplomatischen Konferenz in Nizza eine internationale Klassifizierung von Waren und Dienstleistungen für die Eintragung von Marken festgelegt (DPMA 2011). Marken werden seitdem in 45 Klassen eingeteilt, wobei für Waren 34 und für Dienstleistungen elf Klassen bereitgestellt sind. Die sogenannte Nizza-Klassifikation erleichtert die Übersicht über die Vielzahl an nationalen und internationalen Marken und zeigt gleichzeitig an, für welche Waren oder Dienstleistungstypen die Marke geschützt ist. Im Falle eines Rechtsstreits erfolgt dann ausgehend von der Klassifizierung eine Abwägung über Produkt- und Zeichenähnlichkeit bzw. mögliche Imagetransfers, im Sinne einer Verwechslungsgefahr nach § 14 MarkenG.

Abgesehen von dieser rein rechtlichen Funktion, besitzt eine brancheninterne Markenklassifizierung durch die entstehende Markttransparenz für alle Marktteilnehmer Vorteile. So bietet die Deutsche Hotelklassifizierung vom Deutschen Hotel- und Gaststättenverband e. V., mittels der Vergabe von bis zu fünf Sternen und auf Basis eines einheitlichen Kriterienkataloges, den Gästen von Beherbergungsbetrieben eine sichere und einfache Leistungs- und Angebotsübersicht (DEHOGA 2011). Auch im Einzelhandel sind Klassifizierungen schon längst gängige Praxis. Betriebe werden hier anhand verschiedener

Kriterien wie der Ladenfläche, Produktvielfalt und Preisstrategie beispielsweise in Discounter, Supermärkte, SB-Warenhäuser und Cash + Carry-Märkte eingeteilt (Handelsverband Deutschland 2011; The Nielsen Company Germany GmbH 2011). Das womöglich ausgereifteste Beispiel einer brancheninternen Klassifikation liefert der Automobilmarkt. Hier teilt man die Produkte in sogenannte Segmente. Das deutsche Kraftfahrt-Bundesamt unterscheidet mit Hilfe unterschiedlicher Kriterien (optischer, technischer und marktorientierter Merkmale) zwischen Fahrzeugen aus der Ober-, Mittel-, Kompaktklasse etc. (Kraftfahrt-Bundesamt 2011). Die Nachfrager können sich mittels der Klassifizierung und der damit gegebenen Transparenz leichter im Markt zurechtfinden. Gleichzeitig steigt das Bewusstsein der Hersteller über die Konkurrenzprodukte bzw. -marken in einer Klasse und in diesem Zusammenhang ihre eigene Stellung bzw. Positionierung zu den Wettbewerbern.

7.4 Sportmarken im Sportmarketing

Bereits bei der Markendefinition wurde aufgezeigt, dass Marken im Themenfeld der marktorientierten Unternehmensführung anzusiedeln sind. Dies ist auch im Sport so. Jedoch existieren in der Literatur zwei Auffassungen bezüglich des Begriffs Sportmarketing (Woratschek und Baier 2001; Nufer und Bühler 2013; Bühler und Nufer 2008; Freyer 2011). Auf der einen Seite wird der Sport nur als Mittel zum Zweck gesehen, wie von Kaser und Oelkers (2005) postuliert: „Sports marketing means using sports to market products." Auf der anderen Seite kann bei der Definition des Sportmarketings die Sicht der Anbieter eingenommen werden. Dabei wird der Sport selbst als zu vermarktendes Produkt verstanden und als „Marketing von Sport" bezeichnet. Von letzterer Begriffserklärung wird nachfolgend ausgegangen, da der Aufbau von Clubmarken als Marketinginstrument der Sportorganisationen gesehen wird, um die eigenen Zuschauersport bzw. Zusatzleistungen, wie Merchandiseprodukte zu vermarkten. Für die Sportbranche bzw. den professionellen Teamsport gelten nachfolgend die gleichen Anforderungen der allgemeinen Markendefinition, wobei ein fest verankertes Vorstellungsbild in den Köpfen der Konsumenten verlangt wird (Burmann et al. 2002).

Die Bedeutung der Marke für Sportvereine macht Jorge Valdano, zum damaligen Zeitpunkt Sportdirektor von Real Madrid, deutlich: „Jeder Verein ist eine Marke mit Marketing-Produkten. Es kommt nicht mehr nur darauf an, was auf dem Platz passiert. Das Image ist enorm wichtig" (Mohr und Merget 2004). In der Tat ist neben den Einnahmen der Vereine auch der Anspruch gewachsen, im Markt als professionelles Wirtschaftsunternehmen zu agieren. Denn auch der Sport muss sich den betriebswirtschaftlichen Grundproblematiken stellen und im Wettbewerb um knappe Ressourcen wie Zuschauer oder Sponsoren bestehen. Folglich schreiben die Vereine zukünftig der eigenen Inszenierung als Sportmarke und deren Vermarktung eine bedeutende Rolle zu.

Dabei ist das Ziel der gesamten Marken-Überlegungen im professionellen Sport mit den Marken-Zielen von Unternehmen anderer Branchen durchaus vergleichbar: ein durchdachter Markenauftritt soll sich mittel- bis langfristig auch ökonomisch bezahlt machen. Die ökonomische Bedeutung der Marken für den Sport stellen nicht zuletzt Gladden und Milne (1999) bzw. Bauer et al. (2004) fest, deren Studien einen signifikanten Einfluss der Clubmarken auf den ökonomischen Erfolg messen. Der zentrale Gedanke der Vereinsverantwortlichen scheint allerdings die zumindest teilweise Loslösung des wirtschaftlichen vom sportlichen Erfolg und somit das Nutzen der Stabilisierungsfunktion der Marken zu sein.

Orientiert man sich international, haben die Spitzenvereine in Deutschland auch allen Grund, sich mit der eigenen Marke zu beschäftigen. So werden bereits enorme Anstrengungen von europäischen Clubs unternommen, um neue Absatzmärkte zu erschließen. Der FC Bayern München versucht beispielsweise in Asien und die Handball-Bundesliga in den USA Fuß zu fassen (Handelsblatt 2005, 2009). Laut Sportmarketing-Experte Hartmut Zastrow können „einige (Marken) der Klubs in puncto Markenstärke durchaus mit Dax-Unternehmen mithalten" (Handelsblatt 2010). Jedoch stehen dieser Meinung diverse Marktforschungsergebnisse entgegen. Denen zufolge erzielen Teamsportmarken zwar einen hohen nationalen Bekanntheitsgrad, aber die mit ihnen verbundenen Vorstellungsbilder stellen sich als unscharf bzw. diffus dar und entsprechen infolgedessen nicht den Ansprüchen der Markendefinition (Schilhaneck 2011).

7.5 Klassifizierung von Sportmarken

„Der Schlüssel zum Aufbau einer starken Marke liegt in der Markenpositionierung" (Burmann 2008). Die Stellung der eigenen Marke gegenüber dem Wettbewerb ist folglich Dreh- und Angelpunkt eines erfolgreichen Markenmanagements. Wie bereits erläutert ist es in vielen Industrie- und Dienstleistungsbranchen üblich, Marktanalysen an den Anfang aller weiteren Markenentscheidungen zu stellen. Hier wird das eigene Produkt bzw. die eigene Marke mit anderen Markenprodukten verglichen und entsprechend eingestuft. Durch diesen Prozess werden verschiedene Klassen oder Klassifizierungen deutlich. Somit können Marken anhand bestimmter Kriterien voneinander abgegrenzt werden.

Durch die angesprochenen Analysen wird der Markt nicht nur für die Hersteller-, sondern gleichzeitig auch für die Abnehmerseite transparenter. Im Falle der Sportbranche zieht in erster Linie die Anbieterseite aus der eigenen Positionierung bzw. aus dem Verhältnis zu anderen Marken – innerhalb ihres Marktes – Vorteile. Durch die wissenschaftliche Betrachtung und der Einteilung in Markengruppierungen sind die Verantwortungsträger der Sportmarken zunächst in der Lage, festzustellen, mit welchen Vereinen sie sich auf Augenhöhe befinden. Im nächsten Schritt kann, aufbauend auf den gewonnenen Erkenntnissen, versucht werden, die eigene Marke systematisch weiter zu entwickeln. Dies schließt Maßnahmen von Neu- und Re-Positionierung genauso mit ein wie eine bewusstere Profilierung am Markt.

Der erste Schritt ist dabei die Klassifizierung verschiedener Markentypen innerhalb der jeweiligen Sportligen. Diesbezüglich existiert in vielen Fanköpfen durchaus ein klares

Vorstellungsbild diverser Sportvereine. So wird der FC Bayern München beispielsweise gerne als Rekordmeister benannt, während Vereine wie Borussia Dortmund oder der FC Schalke 04 als Arbeitervereine tituliert werden. Aber auch in der medialen Berichterstattung werden diverse Clubs häufig als Traditions-, Kult- oder Retortenvereine bezeichnet (Süddeutsche Zeitung 2011; Südwestpresse 2011). Dennoch existiert im Sportbusiness – anders als in anderen Branchen – bisher keine einheitliche, systematische Markenklassifizierung. Dieser Problematik haben sich die Autoren dieses Beitrags angenommen und anhand einer eigenen Studie einen ersten empirischen Versuch zu einer einheitlichen Markenklassifizierung im deutschen Sport unternommen.

7.6   Studie „Markenklassifizierung im deutschen Profisport"

Um die unterschiedlichsten Vorstellungsbilder von Vereinen in einheitliches Markenmuster zu überführen und diese Markenklassifizierung empirisch zu testen, wurde im Jahr 2011 eine groß angelegte Studie mit 5.400 Probanden durchgeführt. Einige Auszüge aus der 139-Seiten umfassenden Studie „Markenklassifizierung im deutschen Sport" werden auf den folgenden Seiten vorgestellt.

7.6.1   Ausgangslage

Obgleich das Thema Sportmarke bzw. Markenmanagement im Sport in den letzten Jahren verstärkt in den Fokus wissenschaftlicher Forschung und Abhandlungen geraten ist (z. B. Mohr und Merget 2004; Bauer et al. 2005; Couvelaere und Richelieu 2005; Welling 2005; Schilhaneck 2011) existiert bis dato keine allgemeingültige Auffassung darüber, was eine Sportmarke ist und welche Eigenschaften eine Sportorganisation zu einer echten Marke im Sport machen. Zugleich bezeichnen sich immer mehr Vereine, Verbände und Einzelsportler als Marke ohne aber den Beweis einer stringenten Markenführung anzutreten.

Während in anderen Wirtschaftsbereichen klar definierte Marken-Klassifizierungen existieren (als Beispiel sei hier noch einmal die Automobilwirtschaft mit ihrer Unterteilung der Marken in Ober-, Mittel- und Kompaktklasse genannt), sucht man eine einheitliche Markenklassifizierung im Wirtschaftsmarkt Sport hingegen noch vergeblich. Dieses klare Defizit versucht die hier vorgestellte Studie zu beheben. Ausgehend vom Markenbegriff nach Burmann et al. (2002), die von Marken als ein „in der Psyche des Konsumenten und sonstiger Bezugsgruppen der Marke fest verankertes, unverwechselbares Vorstellungsbild" sprechen, sind die Autoren dieser Studie zu folgenden Schlussfolgerungen gelangt:

1. Von Marken im Sport kann man immer dann sprechen, wenn Sportvereine, Verbände oder Einzelsportler ein bestimmtes Vorstellungsbild in den Köpfen der Konsumenten erzeugen.

2. Da dieses Vorstellungsbild einen unverwechselbaren Charakter haben muss und unterschiedliche Sportorganisationen unterschiedliche Vorstellungsbilder erzeugen, gibt es auch unterschiedliche, unverwechselbare Markentypen im Sport.

Daraus ergeben sich wiederum die folgenden Forschungsfragen:

1. Welche Markentypen existieren im Kontext des professionellen Sports?
2. Welche Sportorganisationen verkörpern den jeweiligen Markentypus?

Aus Gründen der Komplexitätsreduktion und zur besseren Vergleichbarkeit konzentrierten sich die Autoren bei der Beantwortung dieser Fragen auf den Bereich des professionellen Teamsports im Zuschauermarkt, und hier vor allem auf Vereine der höchsten deutschen Fußball-, Handball- und Basketballligen. Das methodische Vorgehen entspricht einem zweistufigen deduktiven-induktiven Ansatz. Zunächst wurden die 36 Vereine des deutschen Profifußballs bezüglich ihrer Markenattribute analysiert, um unterschiedliche und unverwechselbare Markentypen zu identifizieren. In einem zweiten – induktivem – Schritt wurde untersucht, ob die in Schritt 1 identifizierten Markentypen in anderen Sportarten bzw. Sportligen zu finden sind.

Bei einem Blick auf die Clubs der ersten Fußballbundesliga wird schnell deutlich, dass die unterschiedlichen Vereine mit unterschiedlichen Eigenschaften assoziiert werden. Bayern München hängt z. B. die Eigenschaft „arrogant" aber auch „erfolgsorientiert" an, während ein Klub wie der FC Schalke 04 oder der Ruhrpottrivale Borussia Dortmund im Volksmund gerne als „Arbeitervereine" beschrieben werden. Insgesamt konnten die fünf folgenden Markentypen identifiziert werden:

- die **Championsmarke** (Markenattribute: sportliche (und wirtschaftliche) Dominanz des Clubs, polarisierende Wirkung, hohe Zuneigung oder Abneigung der Fans)
- die **Traditionsmarke** (Markenattribute: zahlreiche sportliche Erfolge in der Vergangenheit, hat immer noch einen „guten" Namen und besitzt hohe Sympathiewerte auch bei Anhängern anderer Vereine)
- die **Kultmarke** (Markenattribute: besitzt außergewöhnliches Alleinstellungsmerkmal, hat große und eingefleischte Anhängerschar, erhält auch von Fans anderer Vereine hohe Anerkennung)
- die **Retortenmarke** (Markenattribute: künstlich erschaffener Verein, keine gewachsene Tradition, wenige Anhänger, versucht den sportlichen Erfolg in kurzer Zeit durch hohe Investments zu erkaufen)
- die **lokale-regionale Marke** (Markenattribute: „Local hero", hat eingefleischte Fans hauptsächlich aus der eigenen Region, findet aber außerhalb der Region weniger Beachtung)

7.6.2   Methodisches Vorgehen

Um die oben genannten – eher konzeptionellen – Überlegungen empirisch zu überprüfen, wurde im Zeitraum zwischen Mai 2011 und Juni 2011 eine groß angelegte Online-Befragung unter Sportfans durchgeführt. Gegenstand der Untersuchung waren die zu diesem Zeitpunkt in der ersten Fußball-, Handball- und Basketballbundesliga spielenden Vereine. Als Grundgesamtheit wurden im Internet aktive Sportfans (mit besonderem Bezug zu den Sportarten Fußball, Handball oder Basketball) definiert. Als Erhebungsmethode wurde aus Kostengründen eine Online-Befragung (CAWI) gewählt. Dazu wurde die Erhebung in den gängigsten Fußball-, Handball- und Basketball-Internetforen erklärt und die jeweiligen Foren-User aufgerufen, an der Befragung teilzunehmen. Insgesamt 5.432 Sportfans (davon 1.615 Fußballfans, 2.574 Handballfans und 1.243 Basketballfans) kamen diesem Aufruf nach und beantworteten den gesamten Fragebogen, der zuvor einem Pre-Test unterzogen wurde. Die Daten wurden schließlich mithilfe des Statistikprogramm SPPS (Version 19.0) aufbereitet und analysiert.

7.6.3   Ergebnisse

Zunächst wurde nach der Bedeutung der Marke im Sport gefragt. Weniger als die Hälfte der befragten Sportfans gab dabei an, dass es für sie im Allgemeinen wichtig sei, dass ein Club eine echte Marke darstellt (Abb. 7.1). Allerdings steigt die Bedeutung der Marke wenn es um den eigenen Lieblingsverein geht. Sechs von zehn Sportfans finden es wichtig, dass ihr jeweiliger Lieblingsclub eine echte Marke darstellt (Abb. 7.2).

Im Vergleich zwischen den Sportarten scheinen die befragten Handballfans am markenaffinsten zu sein. Am wenigsten interessiert am Thema Marken sind gemäß den Ergebnissen die befragten Fußballfans. Interessanterweise wird bei allen drei Sportarten die Bedeutung des Image der Vereine höher bewertet als die Bedeutung der Marke. Das lässt darauf schließen, dass es den Sportfans zwar wichtig ist, wie sich Vereine in der Außenwirkung darstellen, es den Sportfans aber weniger wichtig ist, dass Vereine echte Marken sind. Das mag unter Umständen auch daran liegen, dass Sportfans mit nur ganz wenigen echten Vereinsmarken konfrontiert werden beziehungsweise nur wenige Vereine ein systematisches Markenmanagement betreiben. Immerhin schätzen sieben von zehn Sportfans die gegenwärtige Bedeutung der Marke für Clubs als wichtig bzw. sehr wichtig ein. Und immerhin acht von zehn befragten Sportfans erwarten, dass die Bedeutung der Marken im Sport in den nächsten fünf Jahren weiter steigen wird.

Die Sportfans wurden unter anderem auch befragt, von welchem Verein sie ein klares Vorstellungbild haben und wissen, wofür der jeweilige Club steht. Als „echte" Marke haben sich in der Fußball-Bundesliga den Ergebnissen zufolge vor allem zwei Vereine etabliert: der FC Bayern München und der FC St. Pauli (Abb. 7.3). In der Basketball-Bundesliga wurden ebenfalls zwei Vereine als echte Marken genannt (Alba Berlin und Brose Baskets) während es in der Handball-Bundesliga mit dem THW Kiel nur eine echte Marke zu geben scheint.

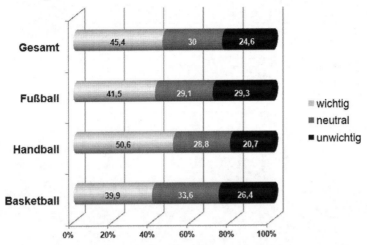

Wie wichtig ist es für Sie, dass ein Club eine echte Marke darstellt?

Basis: Gesamt: 5.432 Sportfans / Fußballfans : 1.615 / Handballfans: 2.574 / Basketballfans: 1.243 / Mai & Juni 2011 / Angaben in Prozent
Frage: Wie wichtig ist es für Sie, dass ein Club eine echte Marke darstellt?

Abb. 7.1 Bedeutung der Marke im Sport (Allgemein). (Quelle: Bühler und Scheuermann 2011, S. 12)

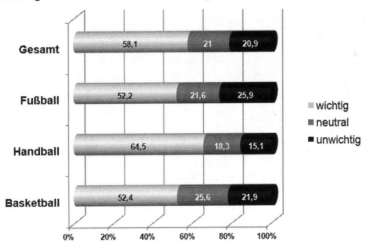

Wie wichtig ist es für Sie, dass Ihr Lieblingsclub eine echte Marke darstellt?

Basis: Gesamt: 5.432 Sportfans / Fußballfans : 1.615 / Handballfans: 2.574 / Basketballfans: 1.243 / Mai & Juni 2011 / Angaben in Prozent
Frage: Wie wichtig ist es für Sie, dass Ihr Lieblingsclub eine echte Marke darstellt?

Abb. 7.2 Bedeutung einer Marke (Lieblingsclub). (Quelle: Bühler und Scheuermann 2011, S. 13)

Die befragten Sportfans wurden außerdem gebeten, die Vereine der jeweiligen Ligen den fünf definierten Markentypen (Championsmarke, Kultmarke, Retortenmarke, Traditionsmarke und regionale Marke) zuzuordnen. Dadurch konnten sowohl für die verschiedenen Ligen als auch die individuellen Clubs sogenannte Markennetze erstellt wer-

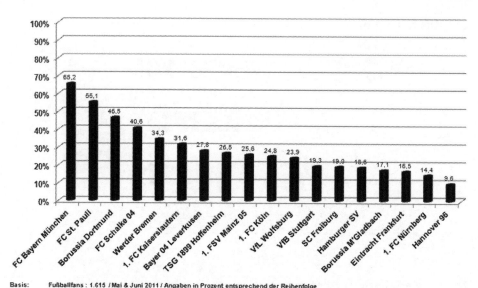

Basis: Fußballfans : 1.615 / Mai & Juni 2011 / Angaben in Prozent entsprechend der Reihenfolge
Frage: Marken sind Vorstellungsbilder in den Köpfen der Konsumenten lautet eine Markendefinition. Von welchem Bundesligisten haben Sie ein
           klares Vorstellungsbild und wissen, wofür der Club steht?

Abb. 7.3 Echte Marken in der Fußball Bundesliga. (Quelle: Bühler und Scheuermann 2011, S. 22)

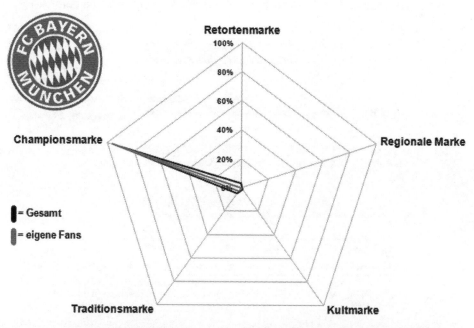

Basis: Gesamt: 1.615 Fußballfans – Eigene Fans: 152 Bayern-Fans / Mai & Juni 2011 / Angaben in Prozent
Frage: Bitte ordnen Sie die Clubs den einzelnen Kategorien zu: Championsmarke, Traditionsmarke, Kultmarke,
           Retortenmarke, Regionale Marke

Abb. 7.4 Markennetz FC Bayern München. (Quelle: Bühler und Scheuermann 2011, S. 38)

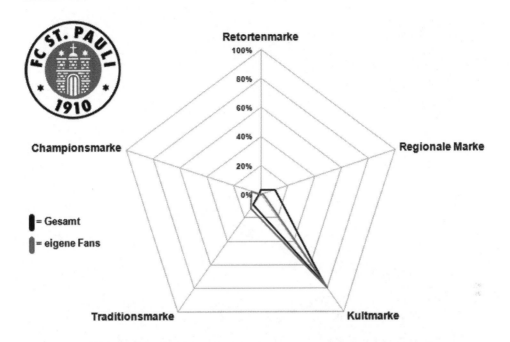

Basis: Gesamt: 1.615 Fußballfans – Eigene Fans: 78 St.-Pauli-Fans / Mai & Juni 2011 / Angaben in Prozent
Frage: Bitte ordnen Sie die Clubs den einzelnen Kategorien zu: Championsmarke, Traditionsmarke, Kultmarke,
            Retortenmarke, Regionale Marke

Abb. 7.5 Markennetz FC St. Pauli. (Quelle: Bühler und Scheuermann 2011, S. 40)

den. Im Hinblick auf die inviduellen Markennetze der Vereine konnte außerdem zwischen der Wahrnehmung der Gesamtheit aller befragten Fans und der Wahrnehmung der jeweils eigenen Fans unterschieden werden. Im Folgenden werden einige Markennetze individueller Vereine exemplarisch dargestellt (Abb. 7.4 und 7.5).

Der FC Bayern München wird von der klaren Mehrheit aller befragten Fußballfans (89,7) eindeutig als Championsmarke wahrgenommen. Dies sieht auch nahezu jeder Bayern-Fan (96,6 %) so (Abb. 7.4).

Ein ähnlich eindeutiges Bild ergibt sich beim Markennetz des FC St. Pauli. Der Kiezclub wird bei den befragten Fußballfans eindeutig als Kultmarke wahrgenommen (76,2 %). Dieser Wert wird in der Wahrnehmung der eigenen Fans mit 8 % sogar noch gesteigert (Abb. 7.5).

Ein weitaus differenzierteres Markenbild ergibt sich beim Fußball-Bundesligisten FC Schalke 04. Jeder zweite befragte Fußballfan (49,8 %) nimmt den FC Schalke 04 als Traditionsmarke wahr und jeder vierte Fußballfan (26 %) sieht in dem Club eine Kultmarke. Während allerdings nur jeder achte Fußballfan (12,9 %) den FC Schalke 04 als Championsmarke definiert, betrachtet jeder Dritte der eigenen Anhängerschar (33,3 %) den Revierclub als Championsmarke. Dennoch sieht auch die Mehrzahl der Schalke-Fans (47,2 %) den Verein als Traditionsmarke (Abb. 7.6).

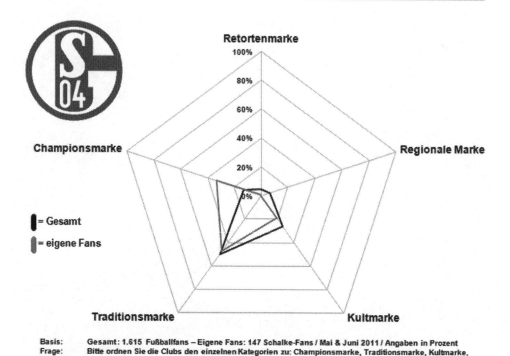

Basis: Gesamt: 1.615 Fußballfans – Eigene Fans: 147 Schalke-Fans / Mai & Juni 2011 / Angaben in Prozent
Frage: Bitte ordnen Sie die Clubs den einzelnen Kategorien zu: Championsmarke, Traditionsmarke, Kultmarke,
           Retortenmarke, Regionale Marke

Abb. 7.6 Markennetz FC Schalke 04. (Quelle: Bühler und Scheuermann 2011, S. 39)

Beim FSV Mainz 05 wird eine deutliche Diskrepanz zwischen der Wahrnehmung der Fußballfans im Allgemeinen und der Wahrnehmung der eigenen Fans deutlich. Der FSV Mainz 05 wird von zwei Drittel aller befragten Fußballfans als regionale Marke wahrgenommen. Immerhin 23,5 % bescheinigen dem FSV Mainz 05 eine Kultmarke zu sein. Die klare Mehrheit der eigenen Fans (63,6 %) sehen ihren Verein hingegen als Kultmarke, knapp ein Drittel (31,8 %) erkennt den eigenen Verein als regionale Marke (Abb. 7.7).

Interessant ist das Markennetz der TSG 1899 Hoffenheim. Für die eindeutige Mehrheit aller befragten Fußballfans (93,3 %) ist die TSG 1899 Hoffenheim eine Retortenmarke. Erstaunlicherweise sehen das auch 42,9 % der eigenen Fans so. Darüber hinaus nimmt ein Drittel der TSG-Fans ihren Verein vor allem als regionale Marke wahr. Und rund jeder zehnte Hoffenheim-Fan sieht in der TSG 1899 Hoffenheim eine Championsmarke (9,5 %) bzw. eine Kultmarke (9,5 %) (Abb. 7.8).

Betrachtet man die Wertnetze der einzelnen Ligen, so wird auf einen Blick die Zuordnung der jeweiligen Bundesligisten in die fünf Markentypen deutlich. Während es in der Fußball-Bundesliga nach Ansicht der befragten Fußballfans mit dem FC Bayern München nur eine eindeutige Championsmarke und mit dem FC St. Pauli nur eine explizite Kultmarke gibt, tummeln sich acht Vereine in der Kategorie Traditionsmarke. Fünf Vereine werden primär als regionale Marke wahrgenommen. Interessanterweise bescheinigt die Gesamtheit der befragten Fußballfans drei Vereinen, eine Retortenmarke zu sein (Abb. 7.9).

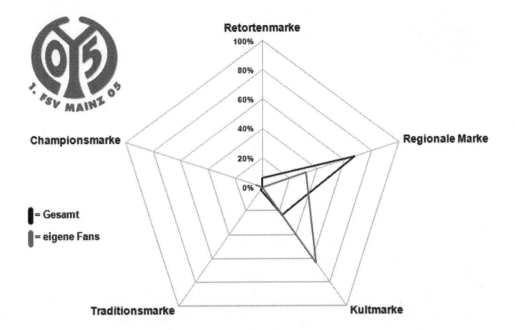

Basis: Gesamt: 1.615 Fußballfans – Eigene Fans: 23 Mainz-Fans / Mai & Juni 2011 / Angaben in Prozent
Frage: Bitte ordnen Sie die Clubs den einzelnen Kategorien zu: Championsmarke, Traditionsmarke, Kultmarke,
         Retortenmarke, Regionale Marke

Abb. 7.7 Markennetz FSV Mainz 05. (Quelle: Bühler und Scheuermann 2011, S. 41)

In der Handball-Bundesliga ergibt sich ein ähnliches Markenbild wie in der Fußball-Bundesliga. Nach Ansicht der befragten Handballfans gibt es mit dem THW Kiel nur eine eindeutige Championsmarke, wohingegen sechs bzw. acht Vereine den Kategorien Traditionsmarke und regionale Marke zugeordnet werden können. Gleich drei Vereine werden von der Gesamtheit der Handballinteressierten als Retortenmarke betrachtet. Jedoch kann nach Meinung der Fans in der HBL keine klare Kultmarke ausgemacht werden (Abb. 7.10).

In der Basketball-Bundesliga gibt es nach Meinung der befragten Basketballfans zwei Championsmarken (Alba Berlin und Brose Baskets), zwei Retortenmarken (Gloria GIANTS Düsseldorf und DB Skyliners) sowie zwei Traditionsmarken (Lti Giessen 46ers und Telekom Baskets Bonn). Die restlichen Clubs werden primär als regionale Marke betrachtet. Am ehesten als Kultmarke kann die BG Göttingen ausgemacht werden (Abb. 7.11).

7.6.4   Fazit der Studie

Die hier vorgestellte Studie ist die erste umfassendere Markenklassifizierung im deutschen Profisportbereich. Da es sich bei der Erhebungsmethode um eine Online-Befragung mit Selbstselektion handelt, können die Ergebnisse selbstverständlich nicht repräsentativ für die deutschen Sportfans sein. Allerdings spricht die Teilnahme von insgesamt 5.432 Sport-

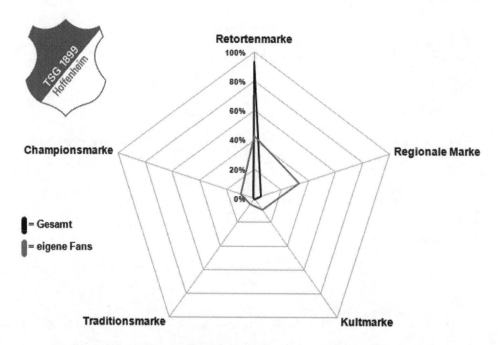

Basis:　Gesamt: 1.615 Fußballfans – Eigene Fans: 23 Hoffenheim-Fans / Mai & Juni 2011 / Angaben in Prozent
Frage:　Bitte ordnen Sie die Clubs den einzelnen Kategorien zu: Championsmarke, Traditionsmarke, Kultmarke, Retortenmarke, Regionale Marke

Abb. 7.8　Markennetz TSG 1899 Hoffenheim. (Quelle: Bühler und Scheuermann 2011, S. 46)

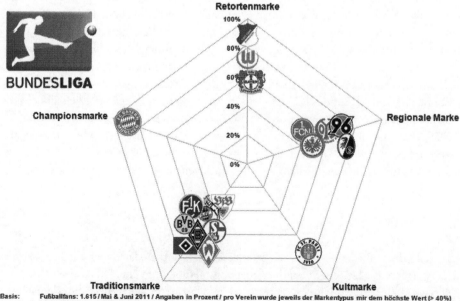

Basis:　Fußballfans: 1.615 / Mai & Juni 2011 / Angaben in Prozent / pro Verein wurde jeweils der Markentypus mir dem höchste Wert (> 40%) herangezogen
Frage:　Bitte ordnen Sie die Clubs den einzelnen Kategorien zu: Championsmarke, Traditionsmarke, Kultmarke, Retortenmarke, Regionale Marke

Abb. 7.9　Markennetz Fußball-Bundesliga. (Quelle: Bühler und Scheuermann 2011, S. 49)

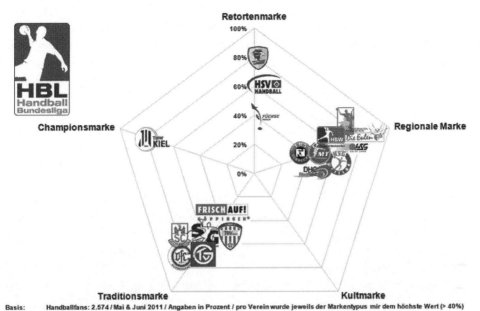

Abb. 7.10 Markennetz Handball Bundesliga. (Quelle: Bühler und Scheuermann 2011, S. 89)

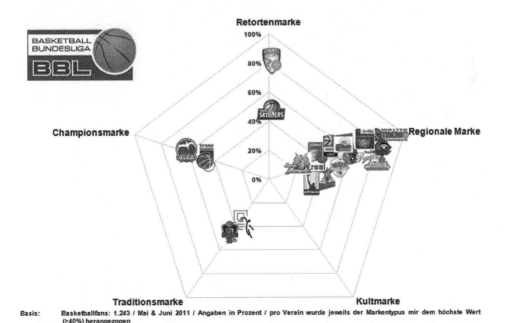

Abb. 7.11 Markennetz Basketball-Bundesliga. (Quelle: Bühler und Scheuermann 2011, S. 129)

fans an der Befragung für eine breite Datenbasis und daher für durchaus seriöse Ergebnisse, die man nicht negieren sollte. Ein weiteres Problem stellt die ungleiche Verteilung der verschiedenen Fangruppen dar. So waren den an der Handballbefragung teilnehmenden Handballfans rund 48 % dem Lager des THW Kiel zuzuordnen. Gleichzeitig entfielen auf die Fans der MT Melsungen und der TSG Ludwigshafen-Friesenheim noch nicht einmal ein Prozent. Dadurch kommt es naturgemäß zu verzerrten Ergebnissen. Allerdings ist hierbei anzumerken, dass die starke Diskrepanz in der Stärke der verschiedenen Fangruppen durchaus der Realität entspricht. Es ist ein nicht zu ignorierendes Faktum, dass der THW Kiel bundesweit mehr Fans hinter sich weiß als die eher kleineren Vereine, deren Fans in der Erhebung unterdurchschnittlich vertreten sind. Für die Erhebung der Fußball- und Basketballbundesliga gilt dasselbe. Auf eine statistische Gewichtung im Rahmen der Datenanalyse wurde daher verzichtet. Auch wenn die Ergebnisse der hier vorgestellten Studie keinen Anspruch auf Repräsentativität erheben, können aufgrund der breiten Datenbasis dennoch einige bemerkenswerte Aussagen über die Markenwahrnehmung der deutschen Sportfans getroffen werden.

Insgesamt scheint das Thema Marke eine hohe Bedeutung bei den befragten Sportfans zu haben. Allerdings sind zwischen den untersuchten Sportarten erhebliche Unterschiede festzustellen. Die höchste Bedeutung scheinen markenrelevante Aspekte bei den Handballfans zu haben, etwas weniger wichtig ist das Thema Marke bei den Basketballfans und am wenigsten wichtig bei den befragten Fußballfans.

Die Markennetze der drei untersuchten Bundesligen verdeutlicht die Existenz der unterschiedlichen Markentypen innerhalb der deutschen Fußball-, Handball- und Basketballbundesliga. Interessanterweise existieren bei allen drei Sportarten eindeutige Champions- und Retortenmarken, wohingegen nur in der Fußballbundesliga eine Kultmarke identifiziert werden konnte. Darüber hinaus werden in der Fußball- und Handballbundesliga überraschend viele Vereine als Traditionsmarken wahrgenommen. Weniger überraschend ist die hohe Anzahl an regionalen Marken, die in allen drei untersuchten Ligen zu finden sind.

Dass nur zwei Fußball- und Basketballvereine und gar nur ein Handballbundesligist von der Mehrheit der befragten Sportfans als echte Marke wahrgenommen wird, steht in diametralem Gegensatz zu den Aussagen der vielen Vereinsverantwortlichen, die ihren jeweiligen Verein gerne als Marke bezeichnen. Hier stimmt das Selbstbild der Vereine offensichtlich nicht mit der tatsächlichen Wahrnehmung der Sportfans überein.

Die hier vorgestellte Studie aus dem Jahr 2011 soll als ein erster Schritt zu einem allgemeinen Markenverständnis im Bereich des professionellen Teamsports in Deutschland zu verstehen sein. In der Zwischenzeit wurde die Studie in einem größeren Rahmen repliziert: in der Studie „Marken im deutschen Profisport 2012/2013" wurden die Vereine der 1. und 2. Fußball-Bundesliga, der Handball-Bundesliga, der Basketball-Bundesliga sowie der Deutschen Eishockey Liga hinsichtlich ihrer Markenwahrnehmung untersucht (Bühler und Scheuermann 2013). Neben einer umfangreichen Fanerhebung wurden auch die Bundesligisten selbst befragt. Nähere Information zu der aktuellen Studie sind auf der Website des Deutschen Instituts für Sportmarketing (www.sportmarketing-institut.de) erhältlich. Selbstverständlich sind noch weitere quantitative – aber auch qualitative – Untersuchungen nötig, um ein tieferes Verständnis für die unterschiedlichen Markentypen im deutschen Profisport und deren Wahrnehmung durch die die Sportfans zu generieren. Aufgrund der breiten Datenbasis können aus dieser Studie allerdings schon erste wichtige Anhaltspunkte gezogen werden, die es in Zukunft noch weiter zu vertiefen gilt.

7.7 Schlussbetrachtung

Das Thema „Marken im Sport" ist ein bislang noch relativ unerforschter Bereich in der aktuellen Sportmarketing-Wissenschaft. Gleichzeitig kann man feststellen, dass es für (professionelle) Sportvereine immer wichtiger wird, sich als Marke darzustellen. Dazu gehört die systematische Entwicklung und Etablierung eines sinnvollen Markenbildes ebenso wie die klare Abgrenzung zu anderen Sportmarken. Während es in anderen Industrie- und Dienstleistungsbereichen allerdings klare Markenklassifizierungen gibt, sucht man im Sportbusiness nach einer solchen Klassifizierung diverser Markentypen bisher vergeblich. Die Adaption bestehender Klassifikationssysteme auf den Bereich des Sports macht hingegen wenig Sinn, da im Bereich des Sportmarketings auch immer die Besonderheiten des Sports und seiner Marktteilnehmer beachtet werden sollten. Vielmehr ist die Entwicklung einer auf den Sport zugeschnittenen Markenklassifizierung vonnöten. Diesbezüglich konnten die Autoren anhand einer aktuellen Studie verdeutlichen, dass deutsche Profisportvereine von den Fans durchaus unterschiedlich wahrgenommen werden und auch unterschiedlichen Markentypen zugeordnet werden können. Die von den Autoren vorgeschlagene Klassifizierung in Championsmarke, Traditionsmarke, Kultmarke, Retortenmarke und regionale Marke konnte dabei weitestgehend auf die Vereine der deutschen Fußball-, Handball- und Basketballbundesliga übertragen werden. Ob und inwiefern diese Markenklassifizierung auch auf Vereine anderer nationaler bzw. internationaler (sowie gegebenenfalls auch unterklassiger) Ligen angewandt werden kann, müssten weitere Studien zeigen.

Wichtig bei alldem ist, dass eine Marke nicht dadurch bestimmt wird, wie sich ein Verein gerne selbst darstellen möchte, sondern wie ein Verein in den Köpfen der Fans wahrgenommen wird. Am deutlichsten wird diese Diskrepanz zwischen Anspruch des Vereins und der Wahrnehmungswirklichkeit durch die Fans beim Fußball-Bundesligisten TSG 1899 Hoffenheim. Hier wurde durch diverse Marketingmaßnahmen (wie etwa die Betonung des Gründungsjahrs 1899) versucht, ein Markenattribut (hier: die Tradition) vorzugeben, das dieser Verein in der Wahrnehmung der Fans allerdings gar nicht besitzt. Über 90 % der befragten Fußballfans und immerhin über 40 % der eigenen Fans nehmen die TSG 1899 Hoffenheim trotz zahlreicher Marketingaktionen nicht als Traditionsverein, sondern als Retortenmarke wahr. Ein Umstand, der auch vom ehemaligen Trainer Holger Stanislawski angemahnt wurde: „Der Club hat eine Zeit lang immer darum gebuhlt, geliebt zu werden. Und das ist – glaube ich – der völlig verkehrte Weg. Wer Fan ist von der TSG 1899 – herzlich willkommen! Aber für Außenstehende, für Freiburger oder Stuttgarter, da gilt: Keiner muss uns lieben!" (Südwestpresse 2011). Die Besinnung auf die eigenen Markenattribute und eine darauf aufbauende Markenstrategie erscheint – nicht nur im Fall Hoffenheim – als sinnvoll. Da sich sowohl die Sportmarketing-Praxis als auch die Sportmarketing-Wissenschaft erst jetzt ernsthaft mit dem Thema Markenmanagement auseinandersetzen, kann man davon ausgehen, dass in den nächsten Jahren einige Entwicklungssprünge zu beobachten sein werden. Dafür sind aber sowohl zusätzliche Studien seitens der Wissenschaft nötig, als auch die Bereitschaft der Praxis, die empirischen Ergebnisse in tatsächliche Strategien umzusetzen. Nur gemeinsam kann dieses bedeutende und hochinteressante Thema weiter vorangebracht werden.

Literatur

1. FCK. (2010). Volkswagen Partner der Pfalz sind neuer Exklusivpartner, 1.FC Kaiserslautern e. V. http://www.fck.de/de/aktuell/news/details/article/4102-volkswagen-partner-der-pfalz-sind-neuer-exklusivpartner.html. Zugegriffen: 17. Apr. 2011.
Bauer, H., Sauer, N., & Schmitt, P. (2004). *Die Erfolgsrelevanz der Markenstärke in der 1. Fußball-Bundesliga*. Wissenschaftliches Arbeitspapier Nr. W75. Institut für Marktorientierte Unternehmensführung, Universität Mannheim.
Bauer, H., Exler, S., & Sauer, N. (2005). Brand Communities im professionellen Teamsport. *Thexis*, 3, 11–15.
Bühler, A., & Nufer, G. (2008). Markting im Sport. In G. Nufer & A. Bühler (Hrsg.), *Management und Marketing im Sport* (S. 325–360).
Bühler, A., & Scheuermann, T. (2011). *Marken im deutschen Profisport – der Versuch einer empirischen Klassifizierung*. Stuttgart.
Bühler, A., & Scheuermann, T. (2013). *Marken im deutschen Profisport 2012/2013*, Reutlingen/ Stuttgart.
Burmann, C., Meffert, H., & Koers, M. (2002). Stellenwert und Gegenstand des Markenmanagements. In H. Meffert, C. Burmann, & M. Koers (Hrsg.), *Markenmanagement – Identitätsorientierte Markenführung und praktische Umsetzung; mit Best Practice-Fallstudien* (1. Aufl., S. 3–16). Wiesbaden.
Burmann, C., Meffert, H. & Koers, M. (2005). Grundlagen der Markenführung. In H. Meffert, C. Burmann, & M. Koers (Hrsg.), *Markenmanagement – Identitätsorientierte Markenführung und praktische Umsetzung; mit Best Practice-Fallstudien* (2. Aufl., S. 3–17). Wiesbaden.
Burmann, C., & Meffert, H. (2005). Managementkonzept der identitätsorientierten Markenführung. In H. Meffert, C. Burmann & M. Koers (Hrsg.), *Markenmanagement – Identitätsorientierte Markenführung und praktische Umsetzung; mit Best Practice-Fallstudien* (2. Aufl., S. 74–114). Wiesbaden.
Burmann, C. (2008). Führung von Sportvereinsmarken. *USP Menschen im Marketing, 3*, 14–15.
Couvelaere, V., & Richelieu, A. (2005). Brand strategy in professional sports: The case of French soccer teams. *European Sport Management Quarterly, 5*, 23–46.
DEHOGA. (2011). Klassifizierung, Europäische/Internationale Klassifizierung, Deutscher Hotel- und Gaststättenverband e. V. http://www.dehoga-bundesverband.de/klassifizierung. Zugegriffen: 27. Dez. 2011.
DPMA. (2011). Nizza-Klassifikation, Deutsches Patent- und Markenamt. http://www.dpma.de/service/klassifikationen/nizzaklassifikation/index.html. Zugegriffen: 02. Mai. 2011.
Esch, F. (2003). *Strategie und Technik der Markenführung* (5. Aufl.). München.

Freyer, W. (2011). *Sport-Marketing. Modernes Marketing-Management für die Sportwirtschaft* (4. Aufl.). Berlin.

Gladden, J., & Milne, G. (1999). Examining the importance of brand equity in professional sports. *Journal of Marketing, 1,* 1–22.

Handelsblatt. (2005). DFL will Milliardenmarkt Asien weiter erschließen. In Handelsblatt Online, http://www.handelsblatt.com/sport/fussball/nachrichten/dfl-will-milliardenmarkt-asien-weiter-erschliessen/2561928.html. Zugegriffen: 11. Okt. 2005.

Handelsblatt. (2009). Handballer zielen auf den US-Markt. In *Handelsblatt.* Nr. 184 (24.09.09), S. 16.

Handelsblatt. (2010) Haben Fußballklubs die Grenzen des Wachstums erreicht? Mitnichten. Die Stärke ihrer Marken bietet viele Chancen für die weitere Expansion. In *Handelsblatt.* Nr. 186 (27.09.2010), S. 32.

Handelsverband Deutschland. (2011). Wichtige Betriebstypen im Einzelhandel. In Handelsverband Deutschland, http://www.einzelhandel.de/pb/site/hde/node/28105/Lde/index.html. Zugegriffen: 27. Dez. 2011.

Kaser, K., & Oelkers, D. (2005). *Sports and entertainment marketing.* Mason.

Kraftfahrt-Bundesamt. (2011). Segment. http://www.kba.de/cln_016/nn_125264/SharedDocs/GlossarEntry/S/Segment.html. Zugegriffen: 30. März. 2011.

Mohr, S., & Merget J. (2004). Die Marke als Meistermacher – Strategische Markenführung im Sport. In K. Zieschang & C. Klimmer (Hrsg.), *Unternehmensführung im Profifußball* (S. 103–120). Berlin.

Nufer, G., & Bühler, A. (2013). Sportmarketing: Einführung und Perspektive. In: G. Nufer & A. Bühler (Hrsg.), *Marketing im Sport – Grundlagen und Trends des modernen Sportmarketing* (3. Aufl. S. 3–25). Berlin.

Schilhaneck, M. (2011). Markenmanagement im Sport. In G. Nufer. & A. Bühler (Hrsg.), *Marketing im Spory* (2. Aufl. S. 117–141). Berlin.

Süddeutsche Zeitung. (2011). Fußball: 1860 vor der Insolvenz, Bangen um eine Kultmarke. http://www.sueddeutsche.de/sport/fussball-vor-der-insolvenz-bangen-um-eine-kultmarke-1.1073711. Zugegriffen: 31. Dez. 2011.

Südwestpresse. (2011). Holger Stanislawski: „Keiner muss uns lieben". http://www.swp.de/ulm/sport/fussball/ueberregional/Bundesliga-Hoffenheim-Stanislawski;art1157834,1268442. Zugegriffen: 31. Dez. 2011.

The Nielsen Company Germany GmbH. (2011). Universen 2010 Deutschland, Lebensmitteleinzelhandel und Drogeriemärkte – Definition der Einzelhandelstypen. http://www.acnielsen.de/pubs/documents/UNIVERSEN_2010.pdf. Zugegriffen: 27. Dez. 2011.

Welling, M. (2005). Markenführung im professionellen Ligasport. In H. Meffert, C. Burmann, & M. Koers (Hrsg.), *Markenmanagement* (2. Aufl. S. 496–522). Wiesbaden.

Woratschek, H., & Beier, K. (2001). Sportmarketing. In D. Tscheulin & B. Helmig (Hrsg.), *Branchenspezifisches Marketing* (S. 203–235). Wiesbaden.

Ambush Marketing im Sport – Wie Nicht-Sponsoren Sportveranstaltungen zur Markenkommunikation nutzen

8

Gerd Nufer und André Bühler

8.1 Einleitung

Insbesondere internationale sportliche Großereignisse wie Fußball-Welt- und Europameisterschaften oder Olympische Spiele bilden für zahlreiche Unternehmen die ideale Plattform, um ihr Markenmanagement und ihre kommunikative Zielgruppenansprache in ein attraktives sportliches Umfeld einzubetten. Sport-Event-Veranstalter verkaufen deshalb privilegierte Vermarktungsrechte ihres Events an offizielle Sponsoren, die im Gegenzug exklusive Möglichkeiten erwerben, das Event werblich für sich zu nutzen. Ambush Marketing dagegen kennzeichnet die Vorgehensweise von Unternehmen, die keine Vermarktungsrechte an einer Veranstaltung besitzen, aber dennoch durch ihre Marketingmaßnahmen in unterschiedlicher Art und Weise eine Verbindung zu diesem Event aufbauen. Der Grat zwischen der Verletzung von Sponsorenrechten und kreativ-innovativer Kommunikationspolitik ist dabei oft sehr schmal, weswegen Ambush Marketing kontrovers diskutiert wird (Meenaghan 1994; O'Sullivan und Murphy 1998; Bruhn und Ahlers 2003).

Das Phänomen Ambush Marketing ist nicht neu, hat jedoch in den letzten Jahren in der Praxis deutlich an Bedeutung und Professionalität hinzugewonnen (Zanger und Drengner 2005; Pechtl 2007). Von theoretischer Seite wurde die Thematik bislang überwiegend von angloamerikanischen Wirtschaftswissenschaftlern (z. B. Meenaghan 1994; Shani und Sandler 1998; McDaniel und Kinney 1998; Lyberger und McCarthy 2001) und von Juristen (z. B. Bean 1995; Wittneben und Soldner 2006; Melwitz 2008; Heermann 2011) aufge-

G. Nufer (✉)
Reutlingen, Deutschland
E-Mail: gerd.nufer@sportmarketing-institut.de

A. Bühler
Nürtingen, Deutschland
E-Mail: andre.buehler@sportmarketing-institut.de

H. Preuß et al. (Hrsg.), *Marken und Sport,*
DOI 10.1007/978-3-8349-3695-0_8, © Springer Fachmedien Wiesbaden 2014

griffen. Die Intensivierung des Wettbewerbs in den Kommunikations- und Sponsoringmärkten hat jedoch dazu geführt, dass der Einsatz von Ambush Marketing als Marketing-
Instrument heute weltweit beobachtet werden kann und neben rechtlichen auch weitere
Aspekte für eine kritische Evaluierung von Bedeutung sind. Eine fundierte Auseinandersetzung mit der Thematik scheint somit auch in der deutschsprachigen Marketing-Wis-
senschaft geboten (Nufer 2010; Nufer 2011).

8.2 Grundlagen des Ambush Marketing

„Ambush" bedeutet wörtlich übersetzt „Hinterhalt", „to ambush" soviel wie „aus dem Hinterhalt überfallen". Ambush Marketing (oder Ambushing) kennzeichnet demzufolge einen
„Marketing-Überfall aus dem Hinterhalt". In eher populärwissenschaftlichen Quellen
wird Ambush Marketing häufig synonym verwendet zu Begriffen wie „Trittbrettfahren",
„parasitäres Marketing" und „Schmarotzer-Marketing" (Sportlink 2003; Bortoluzzi Dubach und Frey 2002). Offizielle Sponsoren bezeichnen diesen Überfall aus dem Hinterhalt auf teuer gekaufte Werberechte als „Diebstahl" und betonen die illegalen Aspekte des
Ambush Marketing (Payne 1998; Townley et al. 1998). Es gibt jedoch auch Vertreter einer
Gegenposition. Sie sehen Ambush Marketing als eine „legitime Kraft", die dem Sportspon-
soringmarkt zu mehr Effizienz verhilft: „… all this talk about unethical ambushing is…
intellectual rubbish and postured by people who are sloppy marketers" (Welsh 2002, o. S.).

8.2.1 Definition von Ambush Marketing

Eine frühe wissenschaftliche Definition zum Ambush Marketing stammt von Meenaghan
(1994). Er umschreibt Ambush Marketing als „the practice whereby another company, of-
ten a competitor, intrudes upon public attention surrounding the event, thereby deflecting
attention toward themselves and away from the sponsor".

Eine der ersten deutschsprachigen Definitionen von Ambush Marketing stammt von
Bortoluzzi Dubach und Frey (2002). Sie charakterisieren Ambush Marketing als „un-
erlaubtes Trittbrettfahren, bei dem ein Außenseiter von einem Anlass profitiert, ohne
selbst Sponsor zu sein".

Aus beiden Definitionen wird deutlich, dass Ambush Marketing insbesondere im Rahmen von gesponserten Sport-Events auftritt und häufig von direkten Branchenkonkur-
renten offizieller Sponsoren initiiert wird. Während in der Definition von Meenaghan nur
eines von mehreren Zielen des Ambush Marketing genannt wird, nehmen Bortoluzzi Dubach und Frey im Rahmen ihrer Definition bereits eine Wertung des Ambush Marketing
vor. Beides erscheint im Hinblick auf eine anschließende fundierte Auseinandersetzung
mit dem Phänomen gleichermaßen als unzweckmäßig. Für die nachfolgende Betrachtung
soll deshalb folgende Definition verwendet werden (Nufer 2011, 2013):

►   Ambush Marketing ist die Vorgehensweise von Unternehmen, dem direkten
      und indirekten Publikum durch eigene Marketing-, insbesondere Kommu-

Abb. 8.1 Ziele des Ambush Marketing. (Quelle: Nufer 2010, S. 35)

nikationsmaßnahmen eine autorisierte Verbindung zu einem Event zu signalisieren, obwohl die betreffenden Unternehmen keine legalisierten oder
lediglich unterprivilegierte Vermarktungsrechte an dieser von Dritten gesponserten Veranstaltung besitzen.

Die Philosophie des Ambush Marketing besteht darin, konventionelle Marketing-Ziele
mit unkonventionellen Methoden zu erreichen. I. d. R soll mit einem vergleichsweise geringeren Mitteleinsatz eine möglichst große Wirkung erzielt werden. Ambush Marketing
lässt sich somit als ein Instrument des Guerilla Marketing verstehen. „Guerilla Marketing
is a body of unconventional ways of pursuing conventional goals. It is a proven method
of achieving profits with minimum money" (Levinson 2007). Der Einsatz von Ambush
Marketing bewegt sich oftmals an der Grenze der Legalität.

8.2.2   Ziele des Ambush Marketing

Die Idee des Ambush Marketing ist es, von den Erfolgen des Sponsoring von Sport-Events
zu profitieren, ohne die spezifischen Pflichten eines offiziellen Sponsors einzugehen. Damit sind die Ziele von Ambush Marketern weitgehend deckungsgleich mit den Zielen von
Event-Sponsoren, sollen jedoch mit reduziertem finanziellen Aufwand erreicht werden
(Nufer und Bühler 2011b; Pechtl 2007). Die Ziele des Ambush Marketing lassen sich somit
aus den Zielen des Sponsoring herleiten (Bruhn 2010; Hermanns 1997). Im Vordergrund
steht das Erreichen psychologischer bzw. kommunikativer Zielsetzungen (vgl. Abb. 8.1).
    Letztendlich impliziert die Ausschöpfung des Marketingpotenzials eines Sport-Events
ökonomische Ziele wie Absatz, Umsatz, Marktanteil und Gewinn. Dies ist unmittelbar im
Zusammenhang mit dem Angebot von veranstaltungsbezogenen Produkten und Dienstleistungen gegeben (Pechtl 2007).
    Die vor-ökonomischen (psychologischen) Ziele liegen vor allem im Bereich der Kom-
munikationswirkung. Ambusher wie Sportsponsoren streben psychologische Ziele wie die
Aufmerksamkeit gegenüber der eigenen Werbung, die Steigerung ihres Bekanntheitsgrades sowie Aktualität an. Sie erhoffen sich einen Imagegewinn durch ihre (vermeintliche)
Sponsorenschaft (Goodwill) sowie einen Imagetransfer von positiven Eigenschaften des
Sport-Events auf das Produkt- oder Unternehmensimage (Glogger 1999).

Zusätzlich zu diesen, dem Event-Sponsoring analogen Zielen weisen Ambush-Aktionen auch explizit konkurrenzorientierte Ziele auf (Nufer 2010, 2013): Die kommunikationspolitische Wirkung von Sportsponsoring soll vermindert und damit die Konkurrenz geschwächt werden (z. B. durch die Verhinderung der Exklusivität der Sponsorenschaft, die Reduzierung des share of voice der Sponsoren oder die Behinderung der Werbung der Sportsponsoren).

8.3 Systematisierung der Erscheinungsformen des Ambush Marketing

Im Folgenden wird ein Ansatz zur Strukturierung der Erscheinungsformen des Ambush Marketing vorgestellt, der die Ambush-Marketing-Erscheinungsformen in unterschiedliche Kategorien, Fallgruppen und Fälle einordnet (Nufer 2010; Nufer und Geiger 2011).

8.3.1 Differenzierung grundlegender Ambush-Marketing-Kategorien

Im ersten Schritt werden drei grundsätzliche Kategorien von Ambush Marketing voneinander unterschieden.

Zunächst lässt sich das direkte („plumpe") vom indirekten („subtilen") Ambush Marketing differenzieren (Wittneben und Soldner 2006; du Toit 2006; Pechtl 2007). Charakteristikum des direkten Ambush Marketing ist, dass die Aktionen unmittelbar auf die Vermarktungsrechte des Event-Veranstalters oder das Event-Sponsoring abzielen. Im Gegensatz dazu nimmt der Ambusher beim indirekten Ambush Marketing das Sportereignis als Anlass für eigene Marketing-Aktivitäten, weshalb das indirekte Ambush Marketing v. a. im Kommunikationsbereich angesiedelt ist. Diese grundlegende Unterscheidung hat sich in der Literatur zum Ambush Marketing durchgesetzt. Ergänzt wird diese Zweiteilung um eine dritte Kategorie, die sich am trefflichsten als dominant destruktiv-aggressives Ambush Marketing kennzeichnen lässt: Maßnahmen dieser Kategorie haben das maßgebliche Ziel, die Wirkung offizieller Sponsorships durch zerstörerisches Vorgehen zu vermindern. Durch das Blockieren von Maßnahmen der Sponsoren wird i. d. R ein direkter Wettbewerber von einem Ambusher angegriffen und damit die Konkurrenz geschwächt (Nufer 2010).

8.3.2 Zu unterscheidende Ambush-Marketing-Fallgruppen pro Kategorie

Im zweiten Schritt werden diese drei Kategorien jeweils weiter in Fallgruppen untergliedert, in denen einander ähnliche Fälle gruppiert werden.

Im Rahmen des direkten („plumpen") Ambush Marketing werden direkte Ambush-Marketing-Ansätze, die primär produktpolitisch motiviert sind und schwerpunktmäßig

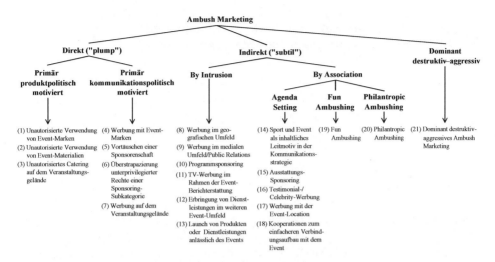

Abb. 8.2 Systematisierung der Erscheinungsformen des Ambush Marketing. (Quelle: Nufer und Geiger 2011, S. 4)

(eher kurzfristige) ökonomische Zielsetzungen verfolgen, getrennt von direkten Ambushing-Aktionen, deren Motivation und Umsetzung in erster Linie im kommunikationspolitischen Bereich liegt und bei denen deshalb (eher mittelfristige) psychologische Zielsetzungen im Vordergrund stehen. Im Rahmen der ersten Fallgruppe werden auf unautorisierte Weise eventaffine Produkte geschaffen und angeboten. Bei der zweiten Fallgruppe wird kommunikativ eine Sponsorenschaft vorgetäuscht, die in Wahrheit nicht gegeben ist.

Das indirekte („subtile") Ambush Marketing wird zunächst in Ambush Marketing by Intrusion und Ambush Marketing by Association untergliedert. Während unter Ambush Marketing by Intrusion sämtliche Ambush-Aktionen im Rahmen eines Sport-Events subsumiert werden, die mit „Nutzen der Gelegenheit" charakterisiert werden können, wird Ambush Marketing by Association weiter differenziert: „Agenda Setting" umfasst alle Ambush-Marketing-Maßnahmen, die sich unter „Positionierung durch Aktualität" subsumieren lassen und das Event als Kommunikationsplattform aufgreifen (Pechtl 2007). „Fun Ambushing" (Nufer 2005) und „Philantropic Ambushing" (Nufer und Geiger 2011) stellen zwei separate Sonderfälle des Ambush Marketing by Association dar.

Die Kategorie „dominant destruktiv-aggressives Ambush Marketing" wird in keine zu unterscheidenden Fallgruppen ausdifferenziert.

Abbildung. 8.2 fasst die vorstehenden Überlegungen zur Strukturierung und Systematisierung der Erscheinungsformen des Ambush Marketing zusammen.

8.3.3 Typologie und Beschreibung der verschiedenen Erscheinungsformen des Ambush Marketing

Im dritten Schritt werden schließlich die den einzelnen Kategorien und Fallgruppen subsummierten insgesamt 21 Fälle des Ambush Marketing voneinander abgegrenzt und anhand von Beispielen illustriert (Nufer und Geiger 2011).

8.3.3.1 Unautorisierte Verwendung von Event-Marken

Eine Event-Marke im Sinne des Markenrechts liegt vor, wenn der Event-Veranstalter für Kennzeichen des Events (Symbole, Bezeichnungen) rechtlichen Schutz (Urheberrecht, Markenrecht) besitzt. Produkte, die Kennzeichen bezogen auf das Sport-Event tragen, werden als Merchandisingware bezeichnet. Ihre Bandbreite reicht von Fanartikeln (z. B. Trikots, Schals), Souvenirs (z. B. Maskottchen, Bücher) über Bekleidung, Computerspiele, Geschenkartikel, Gebrauchsartikel (z. B. Kalender, Schreibwaren) bis zu Lebensmitteln und Sportgeräten. Ein Sport-Event wird genutzt, um neue, eventaffine Produkte zu kreieren. Die damit verbundene Erhöhung der Attraktivität eines eventaffinen Produktes nutzen die Sponsoren und Lizenznehmer für sich – als Gegenleistung für die Sponsorenleistung bzw. Lizenzgebühr. Ambusher, die nicht vom Veranstalter autorisierte Merchandisingprodukte kreieren und anbieten, verfolgen dieselbe Zielsetzung (Noth 2007; Netzle 2006; Wittneben und Soldner 2006). Beispielsweise versuchte ein Unternehmen anlässlich der Fußball-Europameisterschaft, 2004 Fußbälle mit dem Aufdruck „EURO 2004" auf den Markt zu bringen, obwohl sich die UEFA hierfür eine Wort/Bild-Marke im Markenregister hatte eintragen lassen (Heermann 2006).

8.3.3.2 Unautorisierte Verwendung von Event-Materialien

Auch Dienstleistungen sind Event-Marken, wenn die Dienstleistung eine veranstaltungsbezogene Markierung (Namen) trägt. Direktes Ambushing liegt beispielsweise vor, wenn ein Medienunternehmen über ein Sport-Event berichtet, ohne vom Veranstalter dazu autorisiert zu sein, d. h. ohne eine Übertragungslizenz zu besitzen. Hierzu zugehörig ist auch der Fall, dass ein Medienanbieter in seiner Berichterstattung veranstaltungsbezogene Kennzeichen verwendet, für die der Veranstalter Marken- oder Urheberrechtsschutz besitzt. Der Ambusher verwendet diese Kennzeichen, um damit sein eigenes Produkt (z. B. Printmedium, Sendeprogramm) attraktiver zu gestalten – analog dem Fall der Merchandisingware (Reinholz 2005; Pechtl 2007). Ferner besitzt die mediale Übertragung bzw. Dokumentation von Sport-Events ein Marketing-Potenzial für Zweitverwertungen. Wenn z. B. Organisatoren von Public Viewing Eintrittsgelder verlangen und/oder ein gastronomisches Angebot offerieren, um mehr Gäste anzulocken und einen höheren Umsatz erzielen, ist direktes Ambush Marketing gegeben, wenn der Veranstalter des Public Viewing für die Zweitverwertung der medialen Übertragung des Sport-Events keine Übertragungslizenz besitzt (Pechtl 2007).

8.3.3.3 Unautorisiertes Catering auf dem Veranstaltungsgelände

Je nach inhaltlichem Schwerpunkt wird durch unautorisiertes Catering auf dem Veranstaltungsgelände vom Ambusher ein eigenes eventaffines Produkt bzw. eine eigene eventaffine Dienstleistung geschaffen. Verteilt oder verkauft beispielsweise ein Unautorisierter
Essen und Getränke innerhalb des Ereignisses, so liegt direktes Ambushing vor, was noch
eine Steigerung erfährt, wenn es sich bei dem Ambusher um einen direkten Konkurrenten
eines offiziellen Sponsoren handelt (Bruhn und Ahlers 2003).

8.3.3.4 Werbung mit Event-Marken

Um die Aufmerksamkeit des interessierten Publikums auf sich zu ziehen und die mit dem
Event verbundenen positiven Werte auf sich zu übertragen, verwenden Ambusher unauto-
risiert Event-Marken des Veranstalters. Um rechtliche Konsequenzen zu umgehen, greifen
viele Trittbrettfahrer auf vom Kennzeichenschutz vermeintlich ausgeschlossene Zeichen
im Gemeingut zurück, um eine Verbindung mit dem Event herzustellen. So wurde beispielsweise häufig mit dem Wortzeichen „Fußball-Weltmeisterschaft" geworben und die
Meinung vertreten, es würde sich dabei um ein frei zur Verfügung stehendes Zeichen im
Gemeingut handeln (Melwitz 2008; Noth 2007; Netzle 2006).

8.3.3.5 Vortäuschen einer Sponsorenschaft

Bei diesem Fall suggeriert der Ambusher in seinem kommunikativen Auftritt, er sei ein
offizieller Sponsor der Veranstaltung. Dies kann entweder durch explizite diesbezügliche
Aussagen geschehen oder implizit, ohne diese Behauptung tatsächlich aufzustellen, indem
der Eindruck erweckt wird, zum Kreis der offiziellen Sponsoren zu gehören, ohne das Publikum darüber aufzuklären, kein Sponsor zu sein (Wittneben und Soldner 2006; Pechtl
2007; Bruhn und Ahlers 2003). Im Vorfeld der Fußball-Weltmeisterschaft, 2006 warb das
Internetunternehmen AOL, damaliger Namenssponsor des Stadions in Hamburg, aber
nicht offizieller Sponsor der WM, mit einem großen Transparent am unmittelbar gegenüber dem Stadion gelegenen Firmensitz „AOL Arena – Austragungsort der WM 2006"
(Heermann 2006).

8.3.3.6 Überstrapazierung unterprivilegierter Rechte in einer
Sponsoring-Subkategorie

Entscheidet sich ein offizieller Sponsor für ein Engagement im Rahmen einer preiswerte-
ren untergeordneten Sponsoring-Kategorie eines Sport-Events und überstrapaziert dabei
die ihm in dieser Kategorie eingeräumten Rechte, so lässt sich diese Vorgehensweise ebenfalls als Ambush Marketing kennzeichnen (Meenaghan 1998; Bruhn und Ahlers 2003;
Zanger und Drengner 2005). Als Beispiel hierfür dient das Vorgehen des Zustellerunter-
nehmens TNT, das im Vorfeld der Olympischen Sommerspiele, 2000 in Sydney offiziell
die Eintrittskarten verteilte und sich damit als zentraler Partner der Spiele positionierte,
während UPS traditioneller TOP-Sponsor der Olympischen Spiele war (McDonald und
Davidson 2002).

8.3.3.7 Werbung auf dem Veranstaltungsgelände

Zur Kategorie der direkten, kommunikationspolitischen Ansätze zählt schließlich die Werbung von Ambushern auf dem Veranstaltungsgelände von Sport-Events. Während der amerikanische Sportartikelhersteller Nike 1994 die Fußball-Weltmeisterschaft im eigenen Land zunächst wochenlang weitgehend ungenutzt ließ, initiierte die Marke rechtzeitig zum Finale Brasilien gegen Italien in Los Angeles eine sehr aufmerksamkeitserregende Ambush-Marketing-Maßnahme: Vor dem Stadion wurden 70.000 Baseball-Caps in den brasilianischen Landesfarben und mit dem Nike-Swoosh verschenkt, obwohl zum damaligen Zeitpunkt noch der Konkurrent Umbro Ausrüster der Brasilianer war. Dadurch glich das Stadion einem Nike-Meer, was auch in der Fernsehberichterstattung unübersehbar war (Bruhn und Ahlers 2003; Melwitz 2008; Wittneben und Soldner 2006).

8.3.3.8 Werbung im geografischen Umfeld

Die zahlreichen Besucher eines Sport-Events stellen für viele Unternehmen einen Anreiz dar, im geografischen Umfeld des Events werblich oder sogar verkäuferisch tätig zu werden. Die Maßnahmen der Außenwerbung umfassen das Anbringen von Plakatwerbung in von den Zuschauern stark frequentierten Straßenzügen, das Verteilen von Give-aways, das Positionieren von eigenen Markensymbolen im Umfeld des Events bis hin zur Werbung im Luftraum. Die Zielsetzung ist es, den Besucherstrom für eigene Marketingaktivitäten zu nutzen (Pechtl 2007; Noth 2006; Zanger und Drengner 2005; Bruhn und Ahlers 2003). Bei den Olympischen Sommerspielen, 2004 in Athen warb eine griechische Telefongesellschaft, deren Konkurrent nationaler Olympia-Sponsor war, großflächig auf sieben Fähren, die im Hafen von Piräus ankerten – und für die zahlreichen Passanten kaum zu übersehen waren.

8.3.3.9 Werbung im medialen Umfeld/Public Relations

Um die Wirkung obiger Maßnahmen nicht lediglich auf die Besucher eines Sport-Events zu beschränken, ist es für Ambusher von Interesse, zugleich eine Präsenz in den Massenmedien zu erhalten, die über das Ereignis berichten. Die notwendige Aufmerksamkeit für eine Medienberichterstattung gelingt insbesondere dann, wenn Sportstars für Ambushing-Aktionen eingesetzt werden, d. h. wenn eine Kombination mit dem Fall der Celebrity-Werbung vorliegt So ereignete sich ein besonderes Vorkommnis im Umfeld der Olympischen Sommerspiele 1996 in Atlanta: Der 100m-Sprinter Linford Christie erschien zu einer Pressekonferenz und zu Interviews mit blauen Kontaktlinsen, die unübersehbar das Puma-Logo zeigten, obwohl Puma kein offizieller Event-Sponsor war (Bruhn und Ahlers 2003; Wittneben und Soldner 2006).

8.3.3.10 Programmsponsoring

Die Übernahme eines Programmsponsoring ist grundsätzlich legitim, kann jedoch insbesondere dann als Ambush Marketing interpretiert werden, wenn der Programmsponsor Konkurrent eines offiziellen Sponsors ist. Häufig erreichen TV-Programmsponsoren sogar höhere Aufmerksamkeitswerte als offizielle Event-Sponsoren (Meenaghan 1998; Bruhn und Ahlers 2003; Pechtl 2007). Beispielsweise erzielte Bitburger, Programmsponsor im deutschen öffentlich-rechtlichen Fernsehen, im Rahmen der Fußball-Weltmeisterschaft 1998 einen höheren ungestützten Recall-Wert als zwei Drittel der offiziellen Hauptsponsoren der Veranstaltung (Nufer 2008).

8.3.3.11   TV-Werbung im Rahmen der Event-Berichterstattung

Eine vergleichbare Wirkung wie durch Programmsponsoring kann erzielt werden, indem reguläre Werbeplätze zu Sendezeiten belegt werden, die unmittelbar vor, in Pausen oder nach der Übertragung des Sport-Events durch den Fernsehsender liegen. So bewarb im Rahmen der Fernsehübertragungen der Spiele der Fußball-Weltmeisterschaft, 2006 der DFB-Sponsor (aber weder WM- noch Programmsponsor) nutella massiv in klassischen TV-Spots mit deutschen Nationalspielern sein Produkt (Bruhn und Ahlers 2003; Pechtl 2007; Meenaghan 1998).

8.3.3.12   Erbringung von Dienstleistungen im weiteren Event-Umfeld

Ambush Marketing by Intrusion ist schließlich auch gegeben, wenn ein Ambusher publikumswirksame Dienstleistungen im mittelbaren Umfeld des Sport-Events erbringt, obwohl ein offizieller Sponsor aus derselben Branche existiert. Die Folge ist, dass ein Kunde dieser Dienstleistung und womöglich sogar die breite Öffentlichkeit den Ambusher als Sponsor wahrnimmt (Pechtl 2007; Bruhn und Ahlers 2003). Beispielsweise war Kodak offizieller Sponsor der Olympischen Winterspiele 1998 in Nagano. Konkurrent Fuji übte Ambush Marketing aus, indem sie ein nicht offizielles Fotocenter zwar außerhalb des Veranstaltungsgeländes, jedoch unweit des olympischen Pressecenter aufstellten und dort Fuji-Filme verschenkten und gratis entwickelten (Noth 2007).

8.3.3.13   Launch von Produkten oder Dienstleistungen anlässlich des Events

Insbesondere im Rahmen der Fußball-WM 2010 konnten Ambush-Aktionen beobachtet werden, die darauf ausgerichtet waren, das Mega-Event als Gelegenheit zu nutzen, neue Produkte bzw. Dienstleistungen auf den Markt zu bringen (oder bestehende Produkte an das Sport-Ereignis anzupassen und kurzfristig zu modifizieren). Die betreffenden Produkte oder Dienstleistungen und deren Kommunikationsstrategien verwenden dabei typischerweise keine Marken des Events (Heckenberger 2010). Ein Beispiel für diesen Fall des Ambush Marketing ist der Launch des Sportgetränkes „Soccerade". Der Werbebotschafter und Gesellschafter der Marke, Cristiano Ronaldo, führte den Durstlöscher gezielt im April 2010, also unmittelbar vor Beginn der WM, in 30 internationale Märkte ein. Das Getränk war längst entwickelt und getestet, jedoch wurde gezielt das Umfeld der Fußball-WM 2010 genutzt, um es weltweit zu präsentieren (Nufer und Geiger 2011).

8.3.3.14 Sport und Event als inhaltliches Leitmotiv in der Kommunikationsstrategie

Ein Sport-Event wird vom Ambusher als Plattform für die Vermarktung des eigenen Angebots genutzt. Ein internationales sportliches Großereignis bildet häufig den Anlass, die Kommunikationsstrategie für einen längeren Zeitraum an diesem Sport-Event auszurichten, d. h. vor, während und nach dem Ereignis (Melwitz 2008; Pechtl 2007; Bruhn und Ahlers 2003; Zanger und Drengner 2005). Der Elektromarkt Media-Markt startete im Hinblick auf die Fußball-Weltmeisterschaft 2006 bereits ein Jahr zuvor eine intensive Kampagne unter dem Slogan „Wir werden Weltmeister", der später durch „beste Fanausrüster" ersetzt wurde. Die szenische Aufmachung der Spots stellte einen unmissverständlichen Bezug zur WM her (z. B. durch den Auftritt von Fußball-Fans).

8.3.3.15 Ausstattungs-Sponsoring

Sponsoring-Verträge mit einzelnen Mannschaften oder Individualsportlern bescheren zahlreichen Unternehmen sowohl die Präsenz bei und im Umfeld einer Veranstaltungen als auch in der Medienberichterstattung – ohne die Notwendigkeit, offizieller Sponsor der Veranstaltung zu werden (Meenaghan 1998; Bruhn und Ahlers 2003). Großes Aufsehen erregte folgende Ambush-Aktion während der Olympischen Winterspiele 1998 in Nagano: Nike sponserte einen schwarzafrikanischen Ski-Langläufer, der sportlich zwar hoffnungslos unterlegen, dem aber als vermeintlichem „Exoten" in dieser Sportart die Medienaufmerksamkeit gewiss war, was dem Ausstatter Nike zahlreiche Fernseh-Einblendungen bescherte (Nufer 2005).

8.3.3.16 Testimonial-/Celebrity-Werbung

Die Assoziation zu einem Sport-Event kann auch dadurch hergestellt werden, dass bekannte, am Ereignis beteiligte Persönlichkeiten oder Stars einzelner Sportarten in Werbespots auftreten, die im Umfeld des Sportereignisses ausgestrahlt werden (Noth 2007; Meenaghan 1998; Pechtl 2007; Bruhn und Ahlers 2003). Während im Rahmen der Fußball-Weltmeisterschaft, 2006 McDonald's einer der offiziellen Hauptsponsoren war, initiierte Konkurrent Burger King in Deutschland die „Burger King Kahn Aktion" und setzte den Nationaltorhüter Oliver Kahn als Testimonial in seinen TV-Spots ein.

8.3.3.17 Werbung mit der Event-Location

Vergleichbar dem Country-of-origin-Effekt kann auch durch Werbung mit dem Austragungsort eines Sport-Ereignisses ein Imagetransfer vom Event auf das eigene Unternehmen bzw. die beworbenen Marken und Produkte hergestellt werden. Als Austragungsort kann die konkrete Wettkampfstätte, die Gastgeberstadt oder auch das Land des Gastgebers verwendet werden (Noth 2006). Beispielsweise warb Nike während der Olympischen Sommerspiele 1984 in Los Angeles in einer Werbekampagne mit dem Motto „I Love L.A.", um das Interesse des Publikums zu nutzen und eine Verbindung mit dem Event zu suggerieren (Bean 1995).

8.3.3.18 Kooperationen zum einfacheren Verbindungsaufbau mit dem Event

Das Eingehen von Partnerschaften mit sportnahen/-näheren Marken vereinfacht für sportferne/re Unternehmen den Aufbau einer Verbindung zum Sport bzw. einer Sportveranstaltung. Über das Erreichen eines höheren Ambusher-Event-Fits hinaus besteht mit dem Eingehen einer Partnerschaft mit einem offiziellen Sponsor sogar die Chance, dass sich dessen Engagement durch die Kooperation auf den Ambusher abstrahlt. Die Joghurtgetränk-Marke Actimel beispielsweise bot ihren Konsumenten im Rahmen der Fußball-WM 2010 beim Kauf von drei Packungen ihres Produkts die Möglichkeit, die auf den Packungen aufgedruckten Codes gegen ein tipp3-Wettguthaben einzulösen. Der Sportwetten-Anbieter tipp3 erleichterte aufgrund seines besseren Sport-Bezugs somit Actimel den Aufbau einer Verbindung zur Fußball-WM (Nufer und Geiger 2011).

8.3.3.19 Fun Ambushing

Einen Sonderfall des Ambush Marketing by Association stellt Fun Ambushing dar. Anders als in den übrigen Fällen des Ambush Marketing by Association soll Aufmerksamkeit hier nicht über Agenda Setting erzielt werden, sondern vielmehr auf witzige und humorvolle Art und Weise eine Assoziation mit einem Event hergestellt werden (Nufer 2005; Pechtl 2007; Meenaghan 1998). So setzte sich McDonald's anlässlich der Fußball-Weltmeisterschaft 1994 in den USA als „inoffizieller Nahrungslieferant der deutschen Fußball-Fans" in Szene, ohne dafür jegliche Lizenzgebühren zu bezahlen. Anlässlich der Fußball-WM 2010 warb die südafrikanische Fluglinie Kulula mit Billigflügen für jedermann – mit einer Ausnahme: „Sepp Blatter kann mit uns umsonst fliegen". Der FIFA-Präsident nahm das Angebot nicht an, stattdessen meldete sich ein Hundebesitzer aus Kapstadt, der anbot, seinen Hund namens Sepp Blatter mitfliegen zu lassen. Darauf ließ die Airline stolz verkünden: „Es ist offiziell: Sepp Blatter fliegt mit uns!" (Weinreich 2010).

8.3.3.20 Philantropic Ambushing

Das vermeintlich selbstlose und uneigennützige Bestreben von Unternehmen, einer guten Sache zu dienen, wird vorrangig Sponsoren zugeschrieben (Huber et al. 2008; Stipp und Schiavone 1996). Auch Nicht-Sponsoren können altruistische Motive kommunizieren. Beispielsweise implizierte die Molkerei Söbbeke mit der ihrer Afrika-bezogenen Aktion „Söbbeke hilft Ixopo" zur der Fußball-WM 2010 in Südafrika altruistische Leitgedanken, da Teile der Verkaufserlöse an afrikanische Straßenkinder gestiftet wurden. Auch die Supermarktkette Rewe, offizieller Ernährungspartner des DFB, wies am Ende ihres TV-Spots zur WM 2010 mit Lukas Podolski gezielt darauf hin, mit ihren Aktivitäten den deutschen Fußball zu unterstützen (Nufer und Geiger 2011).

8.3.3.21 Dominant destruktiv-aggressives Ambush Marketing

Angriffe gegen Sponsoren liegen vor, wenn bei einem Sport-Event oder im Rahmen dessen medialer Berichterstattung die Marken(namen) offizieller Sponsoren blockiert werden, um sie so der Wahrnehmung durch das Publikum zu entziehen. Ambusher können die Markenzeichen und Werbeflächen offizieller Sponsoren (physisch) verdecken (lassen) und im Steigerungsfall stattdessen sogar ihr eigenes Logo zeigen. So verdeckte der australische Schwimm-Star Ian Thorpe, der persönlich von adidas gesponsert wurde, bei seiner Siegerehrung bei den Olympischen Sommerspielen, 2000 in Sydney mit einem Handtuch das Logo von Nike auf seiner Kleidung, dem offiziellen Ausstatter des australischen Teams (Bruhn und Ahlers 2003; Pechtl 2007; Zanger und Drengner 2005).

In der vorstehenden Charakterisierung der Ambush-Marketing-Fälle wurde insbesondere anhand der aufgezeigten Beispiele deutlich, dass eine trennscharfe Differenzierung nicht immer möglich ist, sondern Überschneidungen vorkommen. D. h. einzelne zu beobachtende Ambush-Aktionen weisen eine multiplen Charakter auf und können (oder müssen sogar) zwei (oder ggf. sogar mehreren) Fällen parallel zugeordnet werden. Auch erhebt die Systematisierung keinen finalen Anspruch auf Vollständigkeit. Aufgrund des hohen Innovationsgehalts des Ambush Marketing mit stetig neu zu beobachtenden kreativen Aktionen handelt es sich vielmehr um eine Momentaufnahme. Die vorgenommene Strukturierung ist deshalb nicht starr, sondern flexibel und offen, um nachträglich neue Fälle aufnehmen und eingliedern zu können.

8.4 Konsequenzen des Ambush Marketing im Sport

Die Hauptbeteiligten des Sportsponsoring tragen die Konsequenzen des Ambush Marketing: Sport-Event-Veranstalter, offizielle Sportsponsoren und Medien. Nachfolgend werden die Konsequenzen des Ambush Marketing zunächst für diese drei Gruppen veranschaulicht, ehe abschließend die Auswirkungen für den gesamten Sportsponsoring- bzw. Sportmarkt betrachtet werden (Nufer 2010; Nufer und Bühler 2011b).

8.4.1 Konsequenzen für die offiziellen Sportsponsoren

Wenn neben offiziellen Sponsoren zusätzlich auch Ambusher an einem Sport-Event partizipieren, bleibt ein geringerer Teil des Vermarktungspotenzials für die Sponsoren und Lizenznehmer übrig. Zunächst besteht dabei eine unmittelbare Rivalität um das Marktpotenzial von Merchandisingprodukten. Sponsoren/Lizenznehmer und Ambusher sind mit ihren jeweiligen Produkten Konkurrenten im selben Geschäftsfeld. Ambusher schöpfen mit ihren eigenen veranstaltungsbezogenen Produkten Kaufkraft der Nachfrager ab (Pechtl 2007). Darüber hinaus hat Ambush Marketing eine Schwächung der kommunikativen Wirkung des Sponsorship eines offiziellen Sponsors zur Folge. Durch Ambush Marketing erhöht sich die Anzahl der Anbieter, die das Sport-Event kommunikationspolitisch nutzen. Es besteht die Gefahr, dass sich die Aufmerksamkeit weg vom Sponsor hin zum Ambusher verschiebt und die angestrebte Bekanntheitsgradsteigerung sowie der anvisierte Imagetransfer nicht im Sinne des Sponsors, sondern zugunsten des Ambushers erfolgen. Dadurch geht die Exklusivität verloren, sich als offizieller Sponsor in unmittelbaren Bezug zum Sport-Event zu setzen. Die damit einhergehende „commoditization" erschwert das Erreichen der von Sponsoren angestrebten Kommunikationsziele (Bruhn und Ahlers 2003; Pechtl 2008; Berberich 2006). Parallel erhöht sich der Werbedruck auf die Zielgruppen, was ein Sinken der Aufmerksamkeit gegenüber Kommunikationsmaßnahmen, die sich auf das Sport-Event beziehen, impliziert. Hierbei besteht nicht nur eine Rivalität unter den Anbietern einer Branche, sondern alle Werbetreibenden konkurrieren um die (knappe) Aufmerksamkeit der Zielgruppe. Sportsponsoren erzielen somit aufgrund von Ambush Marketing einen geringeren „share of voice" in den Zielgruppen (Pechtl 2007).

Diese Erkenntnisse lassen die Folgerung zu, dass Ambush Marketing für Sportsponsoren grundsätzlich eine Abnahme der Effektivität ihrer Sponsoringbotschaft und letztlich einen Wertverlust ihres Sponsorships zur Folge hat (Townley et al. 1998; Meenaghan 1996). Wenn offizielle Sponsoren aufgrund von Ambush-Aktionen nur einen Teil des Marktpotenzials eines Sport-Events realisieren können, ist zu erwarten, dass ihre Zahlungs- und Leistungsbereitschaft zur Unterstützung einer solchen Sportveranstaltung sinkt. Gerade in wirtschaftlich angespannten Zeiten vermag dies häufig eine Neubewertung des Sport-Event-Sponsoring im Rahmen des Kommunikationsmix auszulösen (Bruhn und Ahlers 2003; Meenaghan 1996; Payne 1998).

8.4.2   Konsequenzen für die Veranstalter von Sport-Events

Da das Budget von Sport-Event-Veranstaltern für die Finanzierung von großen Sport-Events in aller Regel nicht ausreicht, sind sie auf die Akquisition finanzstarker externer Partner angewiesen. Für die Veranstalter stellt die Vermarktung des ausgerichteten Events deshalb eine zentrale Zielsetzung dar. Als Gegenleistung bieten sie Sponsoren Kommunikationsmöglichkeiten im Rahmen des Events und ermöglichen den sponsernden Unternehmen, eine Assoziation mit dem Sportereignis zu wecken. Wenn aufgrund von Ambush Marketing diese Assoziation und infolgedessen der kommunikative Erfolg des Sponsoringengagements nicht garantiert ist bzw. mit Nicht-Sponsoren geteilt werden muss, verlieren Sponsorships an Wert. Die Konsequenz daraus ist entweder eine Forderung der Sponsoren nach einer Senkung der Sponsoringgebühren oder sogar ein Rückzug der Sponsoren. Beide Fälle führen zu Unsicherheiten seitens der Veranstalter von Sport-Events und gefährden deren Einnahmequellen (Bruhn und Ahlers 2003; Meenaghan 1996; Townley et al. 1998; Payne 1998).

8.4.3   Konsequenzen für die Medien

Für Medien stellen Sportübertragungen längst einen wesentlichen Programmbaustein und ein wirkungsvolles Instrument zur Profilierung gegenüber der Medienkonkurrenz dar. Bedeutende Sportereignisse bewirken hohe Einschaltquoten und darüber hinaus die Möglichkeit, hohe Werbeeinnahmen durch das Angebot von Werbeblöcken im Umfeld der Übertragung zu realisieren. Unsicherheiten seitens der Veranstalter wirken sich somit auch auf die finanzielle Situation der Fernsehsender aus: Ihnen gehen Programminhal-

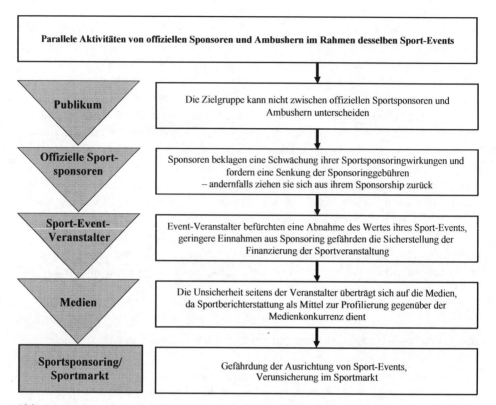

Abb. 8.3 Wirkungskette der Konsequenzen des Ambush Marketing. (Quelle: Nufer und Bühler 2011b, S. 220)

te und damit einhergehend Werbeeinnahmen verloren (Bruhn 2010; Bruhn und Ahlers 2003).

8.4.4 Konsequenzen für die Entwicklung des Sportsponsoring und des Sportmarktes

Insgesamt führen parallele Aktivitäten von Sportsponsoren und Ambushern im Rahmen ein und desselben Sport-Events zu der in Abb. 8.3 dargestellten Wirkungskette.

Aufgrund des Beziehungsgeflechts zwischen den Hauptbeteiligten im Sportsponsoring beschränken sich die Konsequenzen nicht nur auf einzelne Gruppen, sondern führen letztlich zu einer Verunsicherung im gesamten Sponsoringmarkt. Dies hat wiederum negative Folgen für die Entwicklung des Sport-Event-Marktes, wenn sich Sportsponsoren aus ihren Engagements zurückziehen und einer Vielzahl von Sportveranstaltungen die Finanzbasis entzogen wird. Dadurch ist die Ausrichtung bedeutender und beliebter Sport-Großereignisse wie der Olympischen Spiele und Fußball-Welt- oder Europameisterschaften, die typischerweise zwischen 70 und 100 % durch externe Partner finanziert sind (in erster

Linie Sponsoringgelder), mittelfristig gefährdet (McDonald und Davidson 2002; Bruhn und Ahlers 2003; Lentze 2006).

8.5   Chancen und Gefahren von Ambush Marketing

Ambush Marketing ist im Schnittbereich von zwei gegensätzlichen Interessenssphären angesiedelt, die einen Verteilungskampf um das Marketingpotenzial eines Sport-Events führen: Auf der einen Seite stehen die Veranstalter und die offiziellen Sponsoren, auf der anderen Seite die Ambusher. Ambush Marketing stellt aus der Sicht der Veranstalter und Sponsoren eine Bedrohung dar, aus der Perspektive der Ambusher bildet es eine Chance (Pechtl 2007; Noth 2006). Es lassen sich folgende Argumente für und gegen Ambush Marketing vorbringen.

8.5.1   Chancen und Einsatzmöglichkeiten von Ambush Marketing

Aufgrund der hohen Kosten offizieller Sportsponsorships und der zugesicherten Branchenexklusivität seitens der Veranstalter können immer weniger Unternehmen als offizielle Sponsoren an einem Mega-Sport-Event teilhaben. Ambush Marketing entspricht dem Wettbewerbsdenken, Gewinn- und Umsatzchancen nicht ungenutzt zu lassen. Das Fehlen einer eigenen, das Sport-Event unterstützenden Leistung und das Bestreben, an dessen Marketingpotenzial dennoch zu partizipieren, ist per se nicht unlauter. Ein Sport-Event sollte vom Veranstalter und den beteiligten Sponsoren nicht als „geschlossene Gesellschaft" geführt werden.

In letzter Zeit ist zudem eine zunehmende Tendenz zur „Monopolisierung" von sportlichen Großereignissen zu beobachten, die sich teilweise in einer womöglich übertriebenen „Regelungswut" der Veranstalter hinsichtlich der Verwendung ihrer veranstaltungsbezogenen Kennzeichen äußert. Dies ist von der breiten Öffentlichkeit nicht immer nachvollziehbar und erzeugt bisweilen sogar gewisse Sympathien für Ambusher. Zugleich ist durch rigides Vorgehen gegen Ambushing auch ein Mindestmaß an Werbefreiheit gefährdet (Wittneben und Soldner 2006; Pechtl 2007; Bruhn und Ahlers 2003; Welsh 2002; O'Sullivan und Murphy 1998).

Welsh (2002, o. S.) gilt als einer der aktivsten Verteidiger des Ambush Marketing: „When you own and license Kermit you have only given the rights you own to one specific frog, and maybe not even to all green ones. […] Ambush Marketing, correctly understood and rightly practiced, is an important, ethically correct, competitive tool in a non-sponsoring company's arsenal of business- and image-building-weapons. To think otherwise is either not to understand – or willfully to misrepresent – the meaning of Ambush Marketing and its significance for good – and winning – marketing practice."

Die Befürworter des Ambush Marketing bezeichnen Ambushing als legitime, kreative Kraft, die dem Sponsoringmarkt zu mehr Effizienz verhilft. Ambush Marketing sei nur dann möglich, wenn die offiziellen Sponsoren ihre Aktivitäten nicht genügend abschirmen bzw. ihr Potenzial nicht vollständig ausschöpfen (Portmann 2008; Welsh 2002). Ambush Marketing wäre demnach ein neues, innovatives Instrument im Marketing-Mix.

8.5.2 Gefahren und Grenzen von Ambush Marketing

Die offiziellen Sponsoren möchten als Gegenleistung für ihre Sponsoring- und Lizenz-gebühren eine exklusive Ausschöpfung des Marketingpotenzials des Sport-Events erhal-ten. Dies ist auch im Interesse des Veranstalters, der damit höhere Einnahmen aus dem Sponsoring- und Lizenzgeschäft erzielen kann. Dabei ist es von dieser Seite aus betrachtet legitim, dieses übereinstimmende Interesse an Exklusivität durch die Nutzung der zur Ver-fügung stehenden rechtlichen Möglichkeiten zu schützen. Auf juristischem Wege verfolgt werden kann insbesondere die Missachtung der Eigentumsrechte offizieller Sponsoren. Auf Basis des allgemeinen Rechtsempfindens ist argumentierbar, dass nur Unternehmen, die einen finanziellen Beitrag zur Durchführung des Sport-Events geleistet haben, auch den wirtschaftlichen Gewinn abschöpfen dürfen (Wittneben und Soldner 2006; Pechtl 2007; Nufer und Bühler 2011b).

Ambusher verstoßen darüber hinaus gegen die Statuten unterschiedlicher Unterneh-mens- und Agenturverbände, die sich die Förderung eines fairen, ethischen Marketing zum Ziel setzen (z. B. „Standards of Practice" der American Marketing Association of Advertising Agencies, „Code of Ethics" der Business Marketing Association). In dieser Hinsicht ist Ambush Marketing eine Irreführung der Konsumenten (Bruhn und Ahlers 2003; Payne 1998; Wittneben und Soldner 2006). Möglich ist auch ein negativer Image-transfer von Ambush-Maßnahmen auf das initiierende Unternehmen, der insbesondere dann droht, wenn die umworbene Zielgruppe den positiven Fördergedanken offizieller Sponsoren mit der womöglich sogar destruktiv-aggressiven Vorgehensweise des Ambus-hers vergleicht – was sich sogar noch weiter bis hin zum Entstehen von Reaktanz seitens der Rezipienten steigern kann.

Gegner des Ambush Marketing verdammen Ambushing als illegalen Diebstahl teuer erkaufter Werberechte. Eine Aussage des ehemaligen IOC-Marketing-Direktors Michael Payne (zitiert in Sportlink 2003) fasst die Meinung vieler Kritiker zusammen: „Ambush Marketing is not a game. It is a deadly serious business and has the potential to destroy sponsorship. If ambush, or 'parasite' marketing is left unchecked, then the fundamental revenue base of sport will be undermined. [...] Ambush marketers are thieves knowingly stealing something that does not belong to them."

Diese Argumente lassen sich folgendermaßen verdichten: Was wäre, wenn alle Unter-nehmen Ambushing dem Engagement als offizieller Sportsponsor vorziehen würden?

8.6 Schlussbetrachtung

Ambush Marketing ist umstritten und wird deshalb im Rahmen des Marken- und Sportmanagement sehr kontrovers diskutiert. Aus der Sicht der Event-Veranstalter und Sportsponsoren stellt es eine nachvollziehbare Bedrohung dar, aus der Perspektive der Ambusher bietet es die Chance, eingebettet in ein attraktives Umfeld kostengünstig die Zielgruppe zu erreichen.

Insgesamt darf Ambush Marketing aufgrund seiner Umstrittenheit keinesfalls per se in die „Schmuddelecke" des Marketing befördert werden. Vielmehr ist Ambush Marketing als Wettbewerbsinstrument im Zusammenhang mit einem Sport-Event einzuordnen. Dass es sich beim Ambush Marketing oftmals um ein „Hase-Igel-Rennen" handelt, bei dem der Veranstalter die Rolle des Hasen einnimmt, ist deshalb als Zeichen eines funktionierenden Wettbewerbs zu werten, bei dem jeder der beteiligten Akteure seine spezifischen „Waffen" einsetzt (offizielle Sponsorships versus Kreativität). Für den Ambusher kann Ambush Marketing mitunter auch eine gefährliche Wettbewerbsstrategie darstellen: Während der Ambusher allein mit Marketing-Waffen kämpfen kann, können die Veranstalter und Sponsoren/Lizenznehmer den Kampf um das Marketingpotenzial eines Events darüber hinaus mit ihren Rechtspositionen – und damit mit einem zusätzlichen Instrumentarium – austragen. Dies könnte Investitionen in Ambush Marketing auf gerichtlichem Wege zu „sunk costs" für den Ambusher machen (Pechtl 2007; Nufer 2010).

Wie die vorangehenden Ausführungen zeigen, ist eine generelle Beurteilung von Ambush Marketing nicht möglich. Ambush Marketing muss differenziert entsprechend den unterschiedlichen Kategorien betrachtet werden. Folgendes kann festgehalten werden (Nufer 2010):

- Direktes Ambush Marketing agiert größtenteils im Graubereich der Legitimität oder überschreitet diesen sogar bewusst, weshalb diese Kategorie des Ambush Marketing in weiten Teilen als unrechtmäßig zu beurteilen ist.
- Da sich i. d. R das Blockieren bzw. Zerstören der Sponsoringwirkung kaum als gezielte und geplante Behinderung nachweisen lässt, gestaltet sich eine rechtliche Verfolgung des dominant destruktiv-aggressiven Ambush Marketing als schwierig. Geplante Angriffe auf Sponsoren, die das primäre Ziel verfolgen, die Wirkung des offiziellen Sponsoring zu vermindern oder gar zu vernichten, sind jedoch als unmoralisch zu verurteilen.
- Die Rechtssprechung vermag auch indirektem Ambush Marketing oftmals nur wenig entgegenzusetzen. Selbst in ethisch-moralischer Hinsicht fällt es nicht leicht, stichhaltige Argumente gegen kreative Werber vorzubringen. Veranstalter von sportlichen Großereignissen müssen deshalb akzeptieren, dass das Nutzen sich bietender Gelegenheiten bzw. das Anlehnen an ein Event – ohne die Verletzung von Rechten – auch für Nicht-Sponsoren möglich ist.

Einen sachgerechten und verhältnismäßigen Lösungsansatz könnte ein eingeschränkter Veranstaltungsschutz darstellen. Es gilt, ein gutes Mittelmaß zu finden, so dass die Finanzierung sportlicher Großevents gesichert bleibt und parallel ein gerechter Wettbewerb unter werbenden Unternehmen getreu dem Motto „Wer sich nicht unterscheidet, der scheidet aus" (Schulte 2007) stattfinden kann.

Literatur

Bean, L. L. (1995). Ambush marketing: Sports sponsorship confusion and the Lanham Act. *Boston University Law Review, 1099*, 1105–1106.

Berberich, M. (2006). Ambush Marketing bei Sportveranstaltungen – aus wettbewerbsrechtlicher Sicht. *Sport und Recht, 13*(5), 181–185.

Bortoluzzi D. E., & Frey, H. (2002). *Sponsoring. Der Leitfaden für die Praxis,* (3. Aufl.). Bern u. a.

Bruhn, M. (2010). *Sponsoring. Systematische Planung und integrativer Ansatz* (5. Aufl.). Wiesbaden.

Bruhn, M., & Ahlers, G. M. (2003). Ambush Marketing – „Angriff aus dem Hinterhalt" oder intelligentes Marketing? *GfK-Jahrbuch der Absatz- und Verbrauchsforschung, 49*(3), 271–294.

Bühler, A., & Nufer, G. (2010). *Relationship Marketing in Sports,* London.

Du Toit, M. (2006). Ambush Marketing. http://www.bowman.co.za/LawArticles/Law-Article. asp?id=1079997814. Zugegriffen: 27. Dez. 2011.

Glogger, A. (1999). *Imagetransfer im Sponsoring. Entwicklung eines Erklärungsmodells.* Frankfurt a. M u. a.

Heckenberger, T. (2010). *Ambush Marketing anlässlich der Fußball-Weltmeisterschaft 2010.* Bachelor Thesis, Hochschule Reutlingen, ESB Business School.

Heermann, P. W. (2006). Ambush-Marketing anlässlich Sportgroßveranstaltungen. Erscheinungsformen, wettbewerbsrechtliche Bewertung, Gegenmaßnahmen. *Gewerblicher Rechtsschutz und Urheberrecht, 108*(5), 359–367.

Heermann, P. W. (2011). *Ambush Marketing bei Sportveranstaltungen.* Stuttgart.

Hermanns, A. (1997). *Sponsoring. Grundlagen, Wirkungen, Management, Perspektiven* (2. Aufl.). München.

Huber, F., Matthes, I., Dreckmeier, L., & Schunk, H. (2008). *Erfolgsfaktoren des Sportsponsorings bei Großereignissen – Eine empirische Untersuchung.* Wiesbaden.

Lentze, G. (2006). Vermarktung der FIFA WM 2006™. In K. Zieschang & K. Beier (Hrsg.), *Management von Mega-Sportevents. Organisation und Vermarktung anhand der Fußball-WM* (S. 83–92). Berlin.

Levinson, J. C. (2007). *Guerilla marketing. Easy and inexpensive strategies for making big profits from your small business* (4. Aufl.). New York.

Lyberger, M. R., & McCarthy, L. (2001). An assessment of consumer knowledge of, interest in, and perceptions of ambush marketing strategies. *Sport Marketing Quarterly, 10*(2), 130–137.

McDaniel, S. R., & Kinney, L. (1998). The implications of recency and gender effects in consumer response to ambush marketing. *Psychology & Marketing, 15*(4), 385–403.

McDonald, J., & Davidson, J. (2002). Avoiding surprise results at the olympic games. *Managing Intellectual Property, 115*, 22–27.

Meenaghan, T. (1994). point of view: Ambush marketing: Immoral or Imaginative practice? *Journal of Advertising Research, 34*(9/10), S. 77–88.

Meenaghan, T. (1996). Ambush marketing – a threat to corporate sponsorship?. *Sloan Management Review, 38*(1), S. 103–113.

Meenaghan, T. (1998). Ambush marketing: Corporate strategy and consumers reaction. *Psychology & Marketing, 15*(4), 305–322.

Melwitz, N. (2008). *Der Schutz von Sportgroßveranstaltungen gegen Ambush Marketing.* Tübingen.

Netzle, S. (2006). Immaterialgüterrechtlicher Schutz von Sportveranstaltungen im Zusammenhang mit der Werbung. In O. Arter & M. Baddeley (Hrsg), *Sport und Recht, 3,* 67–97. (Tagungsband: Bern).

Noth, M. (2006). Ambush Marketing (Assoziationsmarketing) an Sportveranstaltungen – smart oder rechtswidrig? In O. Arter & M. Baddeley (Hrsg), *Sport und Recht, 3,* 19–65). (Tagungsband: Bern).

Noth, M. G. (2007). *Trittbrettfahren durch Werbung bei Sportveranstaltungen.* Rechtliche Beurteilung von Ambush Marketing und ähnlichen Werbeformen, Bern.

Nufer, G. (2005). Ambush Marketing – Angriff aus dem Hinterhalt oder eine Alternative zum Sportsponsoring? In H.-D. Horch, G. Hovemann, S. Kaiser & K. Viebahn (Hrsg.), *Perspektiven des Sport-marketing. Besonderheiten, Herausforderungen* (S. 209–227) Tendenzen: Köln.

Nufer, G. (2008). Wirkungen von Sport-Event-Sponsoring bei Fußball-Weltmeisterschaften. *Sportwissenschaft, 38*(3), 303–322.

Nufer, G. (2010). *Ambush Marketing im Sport. Grundlagen – Strategien – Wirkungen.* Berlin.

Nufer, G. (2011). Ambush Marketing: Beschreibung, Erscheinungsformen und Grenzen. *Der markt – International Journal of Marketing, 50*(1), 55–69.

Nufer, G. (2013). Ambush Marketing in Sports. Theory and Practice. London/New York.

Nufer, G., & Bühler, A. (Hrsg.). (2011a). *Marketing im Sport. Grundlagen, Trends und internationale Perspektiven des modernen Sportmarketing* (2. Aufl.), Berlin.

Nufer, G., & Bühler, A. (2011b). Ambush Marketing im Sport. In G. Nufer & A. Bühler (Hrsg.), *Marketing im Sport. Grundlagen, Trends und internationale Perspektiven des modernen Sportmarketing* (2. Aufl. S. 203–231). Berlin.

Nufer, G., & Geiger, C. (2011). Ambush Marketing im Sport – Systematisierung und Implikationen für Ambusher. *Sciamus – Sport und Management, 2*(2), 1–18.

O'Sullivan, P., & Murphy, P. (1998). Ambush marketing: The ethical issues. *Psychology & Marketing, 15*(4), 349–366.

Payne, M. (1998). Ambush marketing – The undeserved advantage. *Psychology & Marketing, 15*(4), 323–331.

Pechtl, H. (2007). *Trittbrettfahren bei Sportevents: das Ambush-Marketing.* In Wirtschaftswissenschaftliche Diskussionspapiere Nr. 1/2007, Rechts- und Staatswissenschaftliche Fakultät, Universität Greifswald.

Pechtl, H. (2008). Ambush-Marketing. *WiSt – Wirtschaftswissenschaftliches Studium, 37*(2), 69–74.

Portmann, C. (2008). Ambush Marketing: Legal von Grossereignissen profitieren. http://www.organisator.ch/index.asp?topic_id=2020. Zugegriffen: 30. März. 2009.

Reinholz, F. (2005). Marketing mit der FIFA WM 2006 – Werbung, Marken, Tickets, Public Viewing. *Wettbewerb in Recht und Praxis, 20*(12), 1485–1492.

Schulte, T. (2007). *Guerilla Marketing für Unternehmertypen. Das Kompendium* (3. Aufl.). Sternenfels.

Shani, D., & Sandler, D. M. (1998). Ambush marketing: Is confusion to blame for the flickering of the Flame? *Psychology & Marketing, 15*(4), 367–383.

Sportlink. (2003). Ambush-Marketing. http://www.guerilla-marketing-portal.de/doks/pdf/ppp_ambush-marketing-2003.pdf. Zugegriffen: 27. Dez. 2011.

Stipp, H., & Schiavone, N. P. (1996). Modeling the impact of olympic sponsorship on corporate sponsorship. *Journal of Advertising Research, 36*(4), 22–28.

Townley, S., . Harrington, D., & Couchman, N. (1998). The legal and practical prevention of ambush marketing in sports. *Psychology & Marketing, 15*(4), 333–348.

Weinreich, J. (2010). *Selbst das Königreich FIFA ist machtlos.* Stuttgarter Zeitung, 23.06.2010, S. 34.

Welsh, J. (2002). Ambush marketing. What it is and What it isn't. http://www.poolonline.com/archive/issue19/iss19fea5.html. Zugegriffen: 17. Aug. 2004.

Wittneben, M., & Soldner, A. (2006). Der Schutz von Veranstaltern und Sponsoren vor Ambush-Marketing bei Sportgroßveranstaltungen. *Wettbewerb in Recht und Praxis, 21*(10), 1175–1185.

Zanger, C., & Drengner, J. (2005). *Eventreport 2004. Die Wirkungen von Ambush Marketing bei sportlichen Großevents*. Chemnitz.

Markenpersönlichkeit von Fußballvereinen

Frank Alexa

9.1 Einführung

Der europäische Fußball ist eine Wachstumsindustrie: Bspw. hat sich der Umsatz der englischen Premier League seit der Saison 1995–1996 bis 2005–06 nahezu vervierfacht. Im gleichen Zeitraum erhöhte sich der Umsatz der deutschen Bundesliga von 373 auf 1.287 Mio. €. (Deloitte Touche Tohmatsu 2007a; DFL 2008) Dies ist ein Grund, weshalb sich die Vereine der 1. und 2. Fußball-Bundesliga heute nicht mehr nur als Sportverein verstehen, sondern eher als Wirtschaftsunternehmen und Marke (Rohlmann und Schewe 2005). Daher wird Markenführung zur Sicherung der ökonomischen Unabhängigkeit der Vereine des professionellen Fußballs immer bedeutsamer (Mohr und Bohl 2001; Welling 2004a). Erste Studien belegen, dass durch profilierte Vereinsmarken der sportliche vom wirtschaftlichen Erfolg zumindest partiell getrennt werden kann (vgl. ausführlich für Baseball Boone et al. 1995; vgl. für Fußball bspw. WGZ-Bank und KPMG 2004; Bauer et al. 2004b). Denn Einnahmen aus dem Verkauf von Eintrittskarten (Ticketing) und erweiterten Dienstleistungen (Hospitality), dem Merchandising, der Verwertung sonstiger Marketing- und dezentraler Medienrechte werden durch eine erfolgreiche Markenführung direkt positiv beeinflusst. Die Vereine müssen sich damit neuen Herausforderungen im Hinblick auf die Markenpositionierung und -führung, die Ausweitung der wirtschaftlichen Aktivitäten und die Kunden- bzw. Fanbindung stellen (Bauer et al. 2004a) Schon heute spricht Uli Hoeness, Präsident des FC Bayern München, davon, dass die Marke FC Bayern München ein „Global Player" sei, die es international zu vermarkten gelte, weshalb man auch in neuen Märkten wie Asien oder dem Nahen Osten präsent sein müsse (Schramm 2008; Hofer 2008).

F. Alexa (✉)
Köln, Deutschland
E-Mail: frank.alexa@egonzehnder.com

H. Preuß et al. (Hrsg.), *Marken und Sport,*
DOI 10.1007/978-3-8349-3695-0_9, © Springer Fachmedien Wiesbaden 2014

Dass einigen Fußballvereinen die Etablierung einer starken Marke bereits gelungen ist, zeigt eine Studie von Forbes, die den Markenwert von vier Fußballvereinen auf jeweils über 1 Mrd. US-$ beziffert (Forbes 2008). Der Blick in die englische Premier League und die spanische Primera Division verdeutlicht zudem, dass Fußballvereine mit starken Marken eine überdurchschnittliche mediale Abdeckung erlangen und überproportional von den Entwicklungen im internationalen Pay-TV-Bereich profitieren (Mohr und Merget 2004; Deloitte Touche Tohmatsu 2007b; Ernst & Young 2008).

Welche Implikationen eine stringente Markenstrategie für den wirtschaftlichen Erfolg von Fußballvereinen bei sportlicher Unstetigkeit haben kann, zeigt in Deutschland das Beispiel des FC St. Pauli: Obwohl der Verein im Zeitraum 1995 bis 2004 von der 1. Fußball-Bundesliga bis in die Regionalliga abgestiegen war, haben sich in der gleichen Periode die Merchandisingumsätze des Vereins nahezu vervierfacht (Hoffmeister 2005) Der wirtschaftliche Erfolg des FC St. Pauli basiert auf dem gelungenen Transfer kommunikationspolitischer Ziele: Die definierten Markenwerte des FC St. Pauli, die in allen Kommunikationskanälen aktiv transportiert werden, lauten „weltoffen, rebellisch, kämpferisch, (selbst-) ironisch und auf dem Kiez zu Hause" – damit begibt sich der Verein bewusst in eine Gegenposition zu Vereinen, die versuchen, Kriterien wie sportlichen Erfolg, internationale Reputation oder wirtschaftliche Leistungsfähigkeit als Markenwerte zu nutzen. Durch diese einzigartige Positionierung erzielt der FC St. Pauli positive Effekte bei Fußballinteressierten und -fans. Genau dieses Vorgehen für Vereine empfiehlt auch Rohlmann, der propagiert „eine eigene Markenpersönlichkeit mithilfe einer integrierten Gestaltung aller Identitätskomponenten zu schaffen und sich als Marke zu etablieren." (Rohlmann 2005).

Während also die Fußballvereinsmarke in der Praxis mittlerweile als zentraler Erfolgsfaktor wahrgenommen wird (Mohr und Bohl 2001), wurde sie in der Forschung lange Zeit unzureichend behandelt (Bauer et al. 2004b). Erst in den letzten Jahren haben sich im deutschsprachigen Raum einige Wissenschaftler dem Thema Fußballvereinsmarke genähert und ausgewählte Aspekte in konzeptionellen und empirischen Arbeiten untersucht (Bauer et al. 2004a; Bauer et al. 2004b; Welling 2004a; Welling 2005; Karlowitsch und Michaelis 2005). Dabei wurde auch erarbeitet, dass die differenzierte Positionierung einer Fußballvereinsmarke eine Herausforderung im Rahmen der Vereinsmarkenführung darstellt, unterliegt sie doch einigen Restriktionen und Besonderheiten (Welling 2004a; Welling 2004b; Welling 2005; Adjouri und Stastny 2006): Insbesondere der eindeutige Sportbezug, die Vereinsgeschichte, die regionale Herkunft, die Notwendigkeit zum Co-Branding, die Einbettung in eine Markenpyramide (Sportler, Vereine, Ligen, Verbände), die multiplen Adressaten (B2C und B2B) sowie die Emotionalität einer Vereinsmarke erweisen sich als besondere Herausforderungen im Rahmen der einzigartigen Markenpositionierung und zielgerichteten und unabhängigen Markenführung.

Übertragen aus den Bereichen der Produkt- und Dienstleistungsmarken stellt die Führung von Vereinsmarken anhand ihrer Persönlichkeit ein geeignetes Konzept für das Vereinsmarken-Management dar. Der Ansatz der Markenpersönlichkeit bietet eine Struktur zur Analyse und Darstellung der emotionalen Aspekte einer Vereinsmarke: Diese Struktur ermöglicht eine unverkennbare und nachhaltige Positionierung der Marke und erlaubt durch die Inklusion von Determinanten und Wirkungen eine ganzheitliche Markenführung und -steuerung. Die Persönlichkeit einer Marke kann durch diesen Ansatz anhand von relevanten Verhaltensindikatoren und Dimensionen aufgegriffen und messbar gemacht werden; Soll- und Ist-Positionierungen der Marke, auch im Vergleich zu Wettbewerbern, können veranschaulicht und Handlungsanweisungen zur Änderung der Positionierung abgeleitet werden.

In diesem Beitrag soll die Frage untersucht werden, wie Vereine mit einem Modell der Markenpersönlichkeit wahrgenommene Assoziationen zu ihrer Vereinsmarke messen können, um daraus erfolgreiche Markenstrategien abzuleiten. Das Ziel dieses Artikels besteht daher darin, einen ersten Beitrag zur Messung, Wahrnehmung und den Determinanten sowie zur Wirkungsweise der Markenpersönlichkeit von Fußballvereinen zu leisten. Der Fokus liegt auf der Entwicklung eines eigenständigen Modells der Markenpersönlichkeit und der Messung der Stärke und Differenziertheit von 26 Vereinsmarken der 1. und 2. Fußball-Bundesliga, die zu einer Einteilung in strategische Gruppen führt. Dies stellt die Ausgangsbasis zur Erarbeitung eines integrierten Gesamtmodells zur Steuerung der Vereinsmarke anhand ihrer Persönlichkeit dar. Der Beitrag veranschaulicht dafür die grundlegenden Determinanten und Wirkungsweisen einer Markenpersönlichkeit von Fußballvereinen. Konkret wird der Zusammenhang zwischen einer starken Markenpersönlichkeit und der Bindung von Fußballanhängern nachgewiesen. Abschließend werden Praxisimplikationen skizziert sowie ein Forschungsausblick gegeben.

9.2 Grundlagen, Forschungskonzept und Studiendesign

9.2.1 Grundlagen

Die Markenpersönlichkeit reflektiert nach Jennifer L. Aaker „the set of human characteristics associated with a brand."(Aaker 1997) Folglich ist die Markenpersönlichkeit als Gesamtheit menschlicher Eigenschaften beschreibbar, die ein Rezipient mit einer Marke assoziiert (Alt und Griggs 1988). Sie gilt dabei als wesentlicher steuerbarer, emotionaler Bestandteil des Markenimages (Biel 1993; Upshaw 1995; Baumgarth 2008). Übertragen auf den Bereich des Fußballs werden Vereine häufig auch mit menschlichen Persönlichkeitsbeschreibungen betitelt: So gilt der FC Bayern München bspw. als „bürgerlich", der FC St. Pauli als „rebellisch" und „kämpferisch" oder der SV Werder Bremen als „sympathisch" und „fair" (Welling 2004a; Hoffmeister 2006; Mediaedge: cia 2008). Daher soll die Markenpersönlichkeit eines Fußballvereins in diesem Beitrag als Gesamtheit menschlicher Eigenschaften, die mit einer Fußballvereinsmarke assoziiert werden, definiert werden.

In der sportökonomischen Literatur existieren zahlreiche Untersuchungen zu den Assoziationsdimensionen des Markenimages in der Teamsportindustrie: So haben bspw. Gladden und Funk in ihrer Untersuchung die wesentlichen Assoziations-Dimensionen des Markenimages von Vereinen in der US-Teamsportindustrie analysiert (Gladden und Funk 2001) Bauer et al. übertrugen das Modell erstmalig auf die deutsche Fußball-Bundesliga (Bauer et al. 2004b). Eine Beschreibung von Persönlichkeitsmerkmalen von Sportvereinen im Allgemeinen (Boone et al. 1995; Gladden et al. 1998; Gladden und Milne 1999; Musante et al. 1999; Gladden und Funk 2001; Funk und James 2001; Gladden et al. 2001; Gladden und Funk 2002; Fink et al. 2002; Robinson und Miller 2003; Ross et al. 2006) und Fußballvereinen im Speziellen (Bauer et al. 2004a; Bauer et al. 2004b; Bauer et al. 2007) blieb jedoch bislang aus – ein Messmodell der Markenpersönlichkeit von Fußballvereinen existiert demnach in der sportwissenschaftlichen Forschung nicht. Ansätze aus der Praxis, wie bspw. das sog. GAP-Modell von Welling oder Markenimageanalysen von Fußballvereinen von Sport + Markt, sind zwar thematisch passend, weisen aber keine wissenschaftliche Fundierung auf (Welling 2005; Jung 2006).

Allerdings wurde in der wissenschaftlichen Literatur für Produkt- und Unternehmensmarken im Laufe der letzten Jahrzehnte eine Vielzahl von Ansätzen zur Messung der Markenpersönlichkeit entwickelt (vgl. Abb. 9.1) (Weis und Huber 2000; Hieronimus 2003; Fombrun und van Riel 2004; Fanderl 2005; Mäder 2005). In diesem Zusammenhang lassen sich insbesondere die „Brand Personality Scale" von Jennifer L. Aaker (Aaker 1997), inklusive ihrer produktmarktspezifischen (Hayes 1999; Siguaw et al. 1999; Wysong 2000; Bauer et al. 2000; Villegas et al. 2000; Kim 2000; Huber et al. 2001; Kim et al. 2001; Phau und Lau 2001; Merrilees und Miller 2002; Ekinci und Hosany 2006) und interkulturellen (Ferrandi et al. 2000; Aaker et al. 2001; Smit et al. 2002; Supphellen und Grønhaug 2003) Validierungen, die deutschen Ansätze von Hieronimus und Mäder (Hieronimus 2003; Mäder 2005) und die „Corporate Personality Scale" von Davies et al. im Bereich der Unternehmenspersönlichkeit (Davies et al. 2003) hervorheben, die sich durch eine breite empirische Datenbasis, die methodische Vorgehensweise und eine große Auswahl einbezogener Marken auszeichnen. Eine direkte Übertragung eines der Messmodelle auf Fußballvereinsmarken ist jedoch abzulehnen, da eine exakte Validierung einer der Ansätze bisher noch nicht gelang und sich das Konzept der Markenpersönlichkeit zumeist als produktmarktspezifisch und kulturell abhängig erweist(Mäder 2005); diese Tatsache zeigt auch die variierende Anzahl der Dimensionen der Modelle und deren Inhalte. Da also davon auszugehen ist, dass die genannten Modelle die spezifischen Assoziationen zu Fußballvereinsmarken in Deutschland nicht adäquat aufgreifen können, war die Erarbeitung eines eigenständigen Messmodells der Markenpersönlichkeit von Fußballvereinen notwendig.

9.2.2 Forschungskonzept

Die Entwicklung des Messmodells erfolgte durch einen mehrstufigen Ansatz mit qualitativen Vorstudien, quantitativer Vorstudie und Hauptuntersuchung (Homburg und Giering 1998). Die Identifikation relevanter Indikatoren bei den qualitativen Vorstudien wurde durch folgenden zweistufigen Prozess vorgenommen:

• Nutzung geeigneter Quellen der Markenpersönlichkeitsforschung und des Markenimages von Fußballvereinen sowie
• Durchführung von Experteninterviews mit Vereinen, Fans und Sponsoren.

Autor(en)	Genutztes Modell	Anzahl genutzter Dimensionen/Items	Anzahl gefundener Dimensionen/Items	Anwendungsbereich	Region
Wells/Andriuli/Goi/Seader, 1957	Eigenes	Eindimensional und 108 Items	Eindimensional und 108 Items	Automobilmarken	USA
Birdwell, 1968	Eigenes	Eindimensional und 22 Items	Eindimensional und 22 Items	Automobilmarken	USA
Plummer, 1984	Eigenes	Eindimensional und 50 Items	Eindimensional und 50 Items	Produkt- und Dienstleistungsmarken	USA
Alt/Griggs, 1988	Eigenes	155 Items	3 Dimensionen	Konsumgütermarken	UK
Batra/Lehmann/Singh, 1993	Eigenes	Eindimensional und 555 (Basis)/35 (genutzte) Items	7 unbenannte Dimensionen mit jeweils zwei Ausprägungen	Produkt- und Dienstleistungsmarken	USA
Aaker, 1997	Eigenes	309 (Basis)/114 (genutzte) Items	5 Dimensionen und 42 Items	Produkt- und Dienstleistungsmarken	USA
Strausbaugh, 1998	Myers-Briggs Type Indicator (MBTI)	2 Einstellungen und 4 Grundfunktionen	Reine Anwendung von 2 Einstellungen und 4 Grundfunktionen	Produkt- und Dienstleistungsmarken	USA
Hayes, 1999	Aaker, 1997	42 Items	5 Dimensionen und 14 Items	Sonnenbrillenmarken	USA
Siguaw/Mattila/Austin, 1999	Aaker, 1997	5 Dimensionen und 42 Items	5 Dimensionen	Restaurantmarken	USA
Bauer/Mäder/Huber, 2000	Aaker, 1997	5 Dimensionen und 42 Items	5 Dimensionen	Automobilmarken	Deutschland
Ferrandi/Valette-Florence/Fine-Falcy, 2000	Aaker, 1997	5 Dimensionen und 42 Items	5 Dimensionen (4 inhaltlich mit BPS übereinstimmend) und 33 Items	Produkt- und Dienstleistungsmarken	Frankreich
Kim, 2000	Aaker, 1997	5 Dimensionen und 5 Items	Vergleich nicht möglich	Bekleidungsmarken	USA
Villegas/Earnhart/Burns, 2000	Aaker, 1997	5 Dimensionen und 15 Facetten	4 Dimensionen	PC-Marken	USA
Wysong, 2000	Aaker, 1997	5 Dimensionen und 15 Facetten	5 Dimensionen und 11 Facetten	Biermarken	USA
Aaker/Benet-Martinez/Garolera, 2001	Aaker, 1997, qualitative Konsumenteninterviews	266 (Basis)/77 (genutzte) Items	5 Dimensionen (3 inhaltlich mit BPS übereinstimmend) und 33 Items	Produkt- und Dienstleistungsmarken	Spanien
Aaker/Benet-Martinez/Garolera, 2001	Aaker, 1997, qualitative Konsumenteninterviews	253 (Basis)/100 (genutzte) Items	5 Dimensionen (4 inhaltlich mit BPS übereinstimmend) und 36 Items	Produkt- und Dienstleistungsmarken	Japan
Kim/Han/Park, 2001	Aaker, 1997	5 Dimensionen und 42 Items	5 Dimensionen und 36 Items	Mobiltelefonmarken	Südkorea
Phau/Lau, 2001	Aaker, 1997	5 Dimensionen und 42 Items	5 Dimensionen	Biermarke	Singapur
Merrilees/Miller, 2002	Aaker, 1997	5 Dimensionen und 42 Items	2 Dimensionen	Einzelhandelsmarke	Australien
Smit/van den Berge/Franzen, 2002	Aaker, 1997	102 Items	7 Dimensionen (3 inhaltlich mit BPS übereinstimmend) und 38 Items	Produkt- und Dienstleistungsmarken	Niederlande
Hieronimus, 2003	Aaker, 1997, Aaker/Benet-Martinez/Garolera, 2001	7 Dimensionen und 115 (Basis)/ 19 (genutzte) Items	2 Dimensionen und 10 Items	Produkt- und Dienstleistungsmarken	Deutschland
Supphellen/Gronhaug, 2003	Aaker, 1997	5 Dimensionen und 42 Items	5 Dimensionen (4 inhaltlich mit BPS übereinstimmend) und 35 Items	Automobil- und Bekleidungsmarke	Russland
Mäder, 2005	Eigenes	5.160 (Basis)/144 (genutzte) Items	5 Dimensionen, 9 Facetten und 39 Items	Produkt- und Dienstleistungsmarken	Deutschland
Ekinci/Hosany, 2006	Aaker, 1997	5 Dimensionen und 42 Items	3 Dimensionen (2 inhaltlich mit BPS übereinstimmend) und 12 Items	Urlaubsziele	UK

Abb. 9.1 Ausgewählte Untersuchungen der Markenpersönlichkeitsforschung

Die 140 Indikatoren der Messmodelle von Aaker, Hieronimus, Mäder und Davies et al. wurden als Grundlage der Indikatorenmenge genutzt, da sie den formulierten Entscheidungskriterien „Kulturelle Relevanz" und/oder „Validierter Ansatz" entsprachen. Diesem Basis-Itempool wurden 24 Indikatoren des GAP-Modells von Welling und der Markenimageanalyse von Sport + Markt hinzugefügt, da diese dem dritten Entscheidungskriterium „Themenbezogene Relevanz" genüge taten. Nach Elimination redundanter Indikatoren wurden in Summe 129 persönlichkeitsorientierte Indikatoren zur Relevanzprüfung in den Experteninterviews aufgenommen.[1]

Um ein möglichst breites Spektrum an Einstellungen und Ansichten zu erfassen, wurden daraufhin 20 qualitative, teilstandardisierte Experteninterviews mit Verantwortlichen von Vereinen der 1. und 2. Fußball-Bundesliga (9 Interviews), mit Sponsoren von Fußballvereinen, aber auch anderen Sportarten (5 Interviews) und mit Fans verschiedener Vereine (6 Interviews) geführt. In Bezug auf die Persönlichkeitsmerkmale wurden in den Gesprächen zum einen die eingangs erstellten 129 Indikatoren auf Relevanz zur Beschreibung für Fußballvereine mit den Experten geprüft und zum anderen durch Übungen der freien Assoziation und durch die Beschreibung ausgewählter Vereine 525 neue, persönlichkeitsrelevante Indikatoren aufgenommen. Diese 525 Indikatoren wurden in einer anschließenden Auswertungsphase, bei Notwendigkeit, in mehreren Schritten umgewandelt oder -formuliert (bspw. wurden dichotome Adjektive oder Synonyme vereinheitlicht) und abschließend alle redundanten Indikatoren eliminiert (Mäder 2005; Becker 2006). Nach Abschluss dieses Prozesses verblieben 183 nicht-redundante, persönlichkeitsrelevante Adjektive. In einer nächsten Phase wurden durch Cutoffs der Indikatorenlisten die Anzahl der Items auf eine forschungsökonomisch darstellbare Größe reduziert. Nach dem Cutoff und der Zusammenführung der beiden Indikatorenlisten verblieben für die quantitative Vorstudie 89 nicht-redundante, persönlichkeitsrelevante Adjektive, die sich durch eine besondere Relevanz zur Beschreibung der Persönlichkeit von Fußballvereinsmarken auszeichneten (vgl. Abb. 9.2) (Nunnally 1978; Churchill 1979).

Die Zielsetzung der quantitativen Vorstudie bestand in dem Test der Eignung der Indikatoren zur Beschreibung der Persönlichkeit von Fußballvereinen, der Verbesserung und Reduktion der Indikatorenmenge und einer ersten Abschätzung der Reliabilität und Validität der zur Überprüfung von Forschungshypothesen herangezogenen Indikatoren anhand der Gütekriterien der ersten Generation (Nunnally 1978; Churchill 1979). Die Abfragen der Variablen zur Beurteilung der Fußballvereinsmarkenpersönlichkeit wurden auf siebenstufigen Likert-Skalen per Online-Umfrage erhoben und vollständig randomisiert, um Messfehlern oder -verzerrungen vorzubeugen.

---

[1] Dieser Itempool sollte durch weitere relevante Indikatoren aus Leitbildern und Mission Statements von Bundesligavereinen sowie von erfolgreichen Clubs der sog. Big 5-Ligen (AC Mailand, Manchester United, Real Madrid, Olympique Lyon) ergänzt werden. Zum Zeitpunkt der Recherche (Juni bis Juli 2007) hatte allerdings keiner der betrachteten Vereine ein solches Statement öffentlich formuliert.

Indikator	Fundierung*	Indikator	Fundierung*	Indikator	Fundierung*
aggressiv	E, L	familienorientiert	L	offen	E
aktiv	L	farblos	E, L	professionell	E, L
angesehen	L	fleißig	E	proletarisch	E
arrogant	E, L	freundlich	L	provinziell	E
auffällig	E	fröhlich	E	rational	E
aufregend	L	gesellig	E	regional verwurzelt	E, L
aufstrebend	E, L	glamourös	L	selbstbewusst	L
authentisch	E	glaubwürdig	E	seriös	E
bedeutend	E	hart arbeitend	L	solide	L
begeisternd	E, L	herzlich	E	sozial engagiert	E, L
bekannt	L	innovativ	E	spannend	E
bodenständig	E, L	integrativ	E, L	spendabel	E
charismatisch	L	interessant	E	sportlich	E
divenhaft	E	international	E, L	strategisch	E
dynamisch	E, L	jung	E, L	sympathisch	E, L
echt	L	kämpferisch	E	temperamentvoll	L
ehrgeizig	E, L	kleinstädtisch	E	tolerant	E
ehrlich	E, L	kompetent	L	traditionell	E, L
einfach	L	konservativ	L	traditionsreich	E, L
einfallsreich	L	konstant	E	treu	E
einzigartig	L	kühl	E	unangepasst	E
elitär	E	lebenslustig	E	unkonventionell	L
emotional	E	leidenschaftlich	E, L	unternehmerisch	L
engagiert	L	leistungsorientiert	E, L	verantwortungsvoll	L
erfolgreich	E, L	männlich	E, L	vertrauenswürdig	L
ergebnisorientiert	L	markant	E	vertraut	E
euphorisch	E	maßvoll	E	zeitlos	L
extrovertiert	E	modern	E, L	zurückhaltend	E
fair	E	nahbar	E	zuverlässig	E
familiär	L	natürlich	L		
* E = Experteninterviews, L = Literaturquellen					

Abb. 9.2 Konsolidierte Indikatoren nach Experteninterviews

Zur Distribution der Online-Umfrage wurde eine unpersönliche Einladungsemail mit Angabe des Hintergrunds der Untersuchung, voraussichtlicher Dauer der Bearbeitung und dem Link zur Umfrage an einen diversen Personenkreis geschrieben. Es wurden keinerlei monetäre Teilnahme-Anreize gesetzt. Nach Abschluss des Befragungszeitraums verblieben 197 verwertbare Fragebögen (16 % weibliche Teilnehmer, durchschnittliches Alter 32 Jahre). Nach Prüfung der Güte des Datenmaterials (MSA >0,8) konnte entsprechend gängiger Entscheidungskriterien eine Vier-Faktoren-Lösung extrahiert werden.[2]

Zur Maximierung der Konvergenz- und Diskriminanzvalidität (Heeler und Ray 1972; Bagozzi 1979; Churchill 1979; Bagozzi und Phillips 1982; Bagozzi et al. 1991) wurden hohe Faktorladungen (>0,6) vorausgesetzt.[3] Durch diesen Prozess wurden insgesamt 54 Indikatoren eliminiert; es verblieben 35 Merkmale zur Beschreibung der Markenpersönlichkeit von Fußballvereinen (vgl. Abb. 9.3). Die vier Faktoren wurden unter Vorbehalt der finalen,

---

[2] Die Faktorextraktion fand mittels der Methode der Hauptkomponentenanalyse statt. Zur besseren Interpretation der Faktorladungsmatrix wurde eine Rotation durch das Varimax-Verfahren durchgeführt.

[3] Vgl. zu dieser Vorgehensweise auch (Mäder 2005). Dies führte auch dazu, dass keiner der Indikatoren mehr als 0,45 auf einen zweiten Faktor lud.

Indikatoren	Faktoren 1	2	3	4	Indikatoren	Faktoren 1	2	3	4
professionell	0,873				emotional		0,740		
kompetent	0,847				leidenschaftlich		0,738		
strategisch	0,830				fröhlich		0,725		
seriös	0,817				temperamentvoll		0,712		
erfolgreich	0,797				begeisternd		0,707		
leistungsorientiert	0,784				aufregend		0,692		
unternehmerisch	0,763				lebenslustig		0,687		
zuverlässig	0,760				charismatisch		0,681		
rational	0,747				markant		0,674		
ehrgeizig	0,714				freundlich		0,606	0,408	
international	0,701				gesellig		0,600		
solide	0,669		0,402		arrogant	0,319		-0,742	
modern	0,658	0,436			bodenständig			0,725	
fleissig	0,657				divenhaft			-0,718	
konstant	0,654				traditionell				0,878
ergebnisorientiert	0,643				traditionsreich		0,329		0,836
verantwortungsvoll	0,636								
vertrauenswürdig	0,629		0,444						
glaubwürdig	0,626		0,409						

Faktorladungen < 0,3 sind zur Verbesserung der Übersichtlichkeit nicht dargestellt

Abb. 9.3 Rotierte Matrix der Faktorladungen bei vier Faktoren (35 Merkmale)

Faktor/Dimension	Cronbachsches Alpha	Anzahl Merkmale	niedrigste Item-to-Total-Korrelation Merkmal	korrigierte Item-to-Total-Korrelation
Professionalität	0,952	19	konstant	0,593
Emotionalität	0,895	11	gesellig	0,540
Bodenständigkeit	0,712	3	bodenständig	0,469
Tradition	0,840	2	-	-

Abb. 9.4 Cronbachsches Alpha der Dimensionen (35 Merkmale)

konfirmatorischen Untersuchung mit „Professionalität", „Emotionalität", „Bodenständigkeit" und „Tradition" betitelt. Abschließend wurde zur Prüfung der internen Konsistenz die Reliabilität der Indikatoren anhand der Cronbachschen Alphas (Cronbach 1951; Nunnally 1978; Carmines und Zeller 1979; Churchill 1979; Peter 1979; Gerbing und Anderson 1988; Peterson 1994) für jede Dimension isoliert voneinander getestet Abb. 9.4).[4] Die ermittelten 35 Persönlichkeitsindikatoren stellten danach die Ausgangsbasis für die Hauptuntersuchung dar.

9.2.3 Studiendesign

Da Aspekte der Validität nur relativ zu einem Bezugsrahmen definiert werden können, wurde dieser für die Hauptuntersuchung in Anlehnung an Rossiter für die zu bewertenden Objekte und die beurteilenden Personen wie folgt spezifiziert (Rossiter 2002):

---

[4] Die beiden Indikatoren „arrogant" und „divenhaft" wurden für diese Zwecke rekodiert. Dieses Vorgehen führte zu keinen Änderungen der Faktor- oder Querladungen dieser oder anderer Indikatoren.

- Objekte: Um den Diffusionsprozess der abnehmenden Bekanntheit bei Abwesenheit aus dem professionellen Fußball zu berücksichtigen, wurde ein laufzeitbezogenes Kriterium zur Markenauswahl für die Untersuchung herangezogen. In das Sample der Studie wurden daher nur Marken deutscher Fußballvereine aufgenommen, die in den letzten zehn Jahren mindestens eine Saison in der 1. Fußball-Bundesliga gespielt hatten und heute noch im professionellen Fußball vertreten waren. Dieses Kriterium erfüllten 26 Fußballvereine der 1. und 2. Fußball-Bundesliga in der Spielzeit 2007/2008 (18 Erst- und 8 Zweitligisten). Gleichfalls handelte es sich bei diesen Vereinen auch um jene, die in einer Untersuchung von Sportfive den höchsten Bekanntheitsgrad (Relevanz) im deutschen Fußball aufwiesen. (Sportfive 2007) Zudem verteilten sich diese Vereinsmarken auf das gesamte Bundesgebiet, womit eine breite regionale Abdeckung gegeben war (Varianz).
- Personen: Für eine Bewertung der Markenpersönlichkeit von Fußballvereinen lag es nahe Konsumenten des Leistungsbündels „Fußballspiel"(Welling 2003), also alle Fußballinteressierten, zu befragen. Dieser Gedanke wurde dadurch bestärkt, dass über den ökonomischen (Miss-)Erfolg eines Vereins letztlich nur die Fußballanhänger entscheiden. Auf Grund der schwierigen Abgrenzung konnte dieser Personenkreis jedoch auch Mitglieder oder Mitarbeiter von Vereinen sowie Sponsoren einschließen. Durch den gewählten Personenfokus wurde auch gewährleistet, dass alle Befragten mit den angesprochenen Themengebieten vertraut waren.

Die Hauptuntersuchung wurde in der Winterpause der 1. und 2. Fußball-Bundesliga in der Saison 2007/2008 (Dezember 2007 bis Januar 2008) per Online-Umfrage durchgeführt, um Einflüsse auf die Wahrnehmung der Probanden durch kurzfristige sportliche Erfolge von Vereinen zu minimieren. Die Teilnehmer wurden per direkter Ansprache (Direct-Mailing an Kunden von bwin.com) oder durch Einladung in Fußball-Foren, Vereins-Websites etc. gewonnen. Unter allen Teilnehmern wurden geringe Sachpreise (bspw. Eintrittskarten für ein Zweitliga-Spiel) als Teilnahme-Anreiz verlost.

Zur Entwicklung eines stabilen Messinstrumentes wurde ein duales Vorgehen verfolgt: Neben der Profilierung eines „Lieblingsvereins" (Eigenwahrnehmung, Modul „Lieblingsverein") durch die persönlichkeitsrelevanten Items konnte auch ein zweiter, dem Probanden vertrauter, „Anderer Verein" (Fremdwahrnehmung, Modul „Anderer Verein") aus dem Sample anhand der gleichen Indikatoren beurteilt werden. Alle Indikatoren wurden abermals per siebenstufiger Likert-Skalen abgefragt und vollständig randomisiert. Final wurden 7.885 (Modul „Lieblingsverein") bzw. 6.018 (Modul „Anderer Verein") verwertbare Vereinsmarken-Profilierungen vorgenommen (vgl. Abb. 9.5). 8.400 Fragebögen waren für deskriptive Auswertungen nutzbar (10 % weibliche Teilnehmer, durchschnittliches Alter 31 Jahre). Da die Stichprobe keine Repräsentativität aufwies, sollten Subsampleprüfungen die Stabilität des Messinstruments garantieren.

In der Hauptuntersuchung konnte die vierdimensionale Struktur der Markenpersönlichkeit von Fußballvereinen durch exploratorische und konfirmatorische Faktorenanalysen sowohl für die Eigen- als auch die Fremdwahrnehmung bestätigt werden. Das Messinstrument wurde durch zahlreiche Subsample-Analysen (bspw. weiblich/männlich,

Modul "Lieblingsverein"			Modul "Anderer Verein"		
Verein		**Anzahl**	**Verein**		**Anzahl**
♥	Alemannia Aachen	681	◎	FC Bayern München	379
⚔	1. FC Köln	648	◈	SV Werder Bremen	315
◉	FC Bayern München	605	⬡	FC Schalke 04	313
◎	FC St. Pauli	484	◉	Borussia Dortmund	285
◈	SV Werder Bremen	477	◉	FC St. Pauli	285
◼	TSV 1860 München	459	◉	1. FSV Mainz 05	280
◉	Eintracht Frankfurt	432	◙	Hamburger SV	272
◆	Borussia Mönchengladbach	390	⚔	1. FC Köln	246
♪	SC Freiburg	346	⬡	VfL Wolfsburg	241
◊	VfB Stuttgart	309	◉	1. FC Kaiserslautern	237
◙	Hamburger SV	299	⬡	Bayer 04 Leverkusen	226
◉	Borussia Dortmund	298	◊	VfL Bochum	224
◉	FC Energie Cottbus	260	◉	1. FC Nürnberg	223
◉	1. FC Kaiserslautern	258	◉	Hertha BSC Berlin	214
⬡	FC Schalke 04	243	◆	Borussia Mönchengladbach	214
◉	Bayer 04 Leverkusen	221	◊	VfB Stuttgart	209
◉	Hannover 96	172	♪	SC Freiburg	208
◉	1. FC Nürnberg	171	◉	MSV Duisburg	202
◊	VfL Bochum	164	◉	FC Energie Cottbus	199
◉	1. FSV Mainz 05	163	◉	Karlsruher SC	188
◉	Karlsruher SC	162	◉	F.C. Hansa Rostock	185
◉	F.C. Hansa Rostock	158	◉	Eintracht Frankfurt	182
◉	DSC Arminia Bielefeld	154	◉	Alemannia Aachen	181
◉	Hertha BSC Berlin	148	◼	TSV 1860 München	177
◉	MSV Duisburg	129	◉	Hannover 96	174
◉	VfL Wolfsburg	54	◉	DSC Arminia Bielefeld	160
	Summe 7.885			Summe 6.019	

Abb. 9.5 Anzahl verwertbarer Fragebögen pro Verein

jünger/älter, hohes/geringes Einkommen) der Module „Lieblingsverein" und „Anderer Verein" von Anhängern validiert. Für die Hauptuntersuchung wurde bei den Indikatoren ein noch anspruchsvollerer Wert der Faktorladungen von 0,7 vorausgesetzt. Diese führte nach Iterationsschritten zu einer Reduktion der Messmodelle auf 24 Indikatoren. Eine Facettenstruktur innerhalb der Faktoren konnte nicht bestätigt werden. Das erarbeitete sog. „PEBT-Modell" (P = „Professionalität", E = „Emotionalität", B = „Bodenständigkeit" und T = „Tradition") der Markenpersönlichkeit von Fußballvereinen hielt dabei allen Prüfungen auf Validität und Reliabilität von lokalen und globalen Gütekriterien der ersten und zweiten Generation stand (vgl. Abb. 9.6 und 9.7).

9.3 Ergebnisse der empirischen Studie

9.3.1 PEBT-Modell zur Messung der Markenpersönlichkeit von Fußballvereinen

Das PEBT-Modell unterscheidet vier Dimensionen: „Professionalität", „Emotionalität", „Bodenständigkeit" und „Tradition", die wiederum durch 24 Indikatoren konstituiert werden (vgl. Abb. 9.8). Die Dimension „Professionalität" umfasst das wahrgenommene Geschäftsgebaren (bspw. „professionell", „seriös") und die Herangehensweise (bspw. „leistungsorientiert", „verantwortungsvoll") in Zusammenhang mit einem positiven Ergebnis der Handlungen (bspw. „erfolgreich") einer Persönlichkeit. Mit elf Indikatoren wird die-

Abb. 9.6 Globale Gütekriterien der Messinstrumente (24 Merkmale)

Globalkriterien	Modul	
	"Lieblingsverein"	**"Anderer Verein"**
GFI	0,972	0,959
AGFI	0,966	0,950
RFI	0,956	0,947
NFI	0,961	0,940
RMR	0,064	0,083

se Dimension durch die meisten Merkmale konstituiert. Dies ist auch ein Zeichen dafür, dass in der Wahrnehmung von Vereinsmarken dem Aspekt der „Professionalität" eine besondere Bedeutung zugemessen wird. „Emotionalität" beinhaltet die Leidenschaft (bspw. „leidenschaftlich", „temperamentvoll"), Freude (bspw. „fröhlich", „lebenslustig") und den Gemeinschaftsaspekt (bspw. „gesellig") der Persönlichkeit, welcher für die Sportart Fußball charakterisierend ist. Die Dimension „Emotionalität" wird durch acht Indikatoren gebildet, was ebenfalls vom Stellenwert dieser Dimension zeugt. Auch wenn „bodenständig" als Indikator nicht mehr in der Dimension „Bodenständigkeit" vertreten geblieben ist, blieb die inhaltliche Interpretation dieser Dimension erhalten. Eine „bodenständige" Persönlichkeit erweist sich als bescheiden, nicht arrogant und wenig divenhaft – vielmehr also unprätentiös, nahbar und natürlich. Die drei Indikatoren der Dimension „Bodenständigkeit" bestätigen die Herkunft der Vereine und des „Fußballspiels". Die „Traditions"-Dimension schließlich beherbergt sowohl gelebte Traditionen in Form von ritualisierten Verhaltensmustern einer Persönlichkeit als auch als die Aspekte einer durch die Historie

Faktor/Dimension	Indikator	Modul "Lieblingsverein"			Modul "Anderer Verein"		
		Indikator-reliabilität	Faktor-reliabilität	DEV	Indikator-reliabilität	Faktor-reliabilität	DEV
Professionalität	professionell	0,654			0,607		
	kompetent	0,717			0,715		
	strategisch	0,535			0,480		
	seriös	0,628			0,599		
	erfolgreich	0,474			0,495		
	leistungsorientiert	0,478	0,935	0,570	0,417	0,921	0,539
	zuverlässig	0,593			0,640		
	solide	0,527			0,562		
	konstant	0,418			0,467		
	verantwortungsvoll	0,630			0,615		
	vertrauenswürdig	0,611			0,563		
Emotionalität	leidenschaftlich	0,571			0,690		
	fröhlich	0,505			0,607		
	lebenslustig	0,539			0,654		
	emotional	0,488			0,600		
	temperamentvoll	0,415	0,894	0,514	0,572	0,933	0,635
	begeisternd	0,642			0,742		
	gesellig	0,433			0,580		
	aufregend	0,517			0,640		
Bodenständigkeit	divenhaft (RC)	0,235			0,210		
	arrogant (RC)	0,346	0,715	0,473	0,486	0,782	0,567
	bescheiden	0,839			1,006		
Tradition	traditionell	-*	-*	-*	-*	-*	-*
	traditionsreich	-*			-*		
*Zur Ermittlung dieser lokalen Gütekriterien ist eine Mindestzahl von drei Indikatoren notwendig							
RC = rekodiert							

Abb. 9.7 Lokale Gütekriterien der Messinstrumente (24 Merkmale)

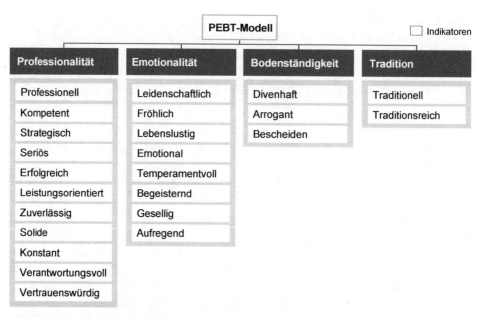

Abb. 9.8 PEBT-Modell der Markenpersönlichkeit von Fußballvereinen

geprägten Reife. „Traditionell" und „traditionsreich" stellen die Extrakte einer für Fußballvereinsmarken sehr spitzen Dimension „Tradition" dar.

Der Vergleich des PEBT-Modells mit ausgewählten Modellen der Markenpersönlichkeitsforschung und der Markenimageanalyse von Fußballvereinen aus der Praxis offenbart
folgendes: Die Gegenüberstellung mit der Brand Personality Scale von Aaker und dem Ansatz von Mäder zeigt, dass das PEBT-Modell insbesondere die Dimension „Professionalität" mit diesen Modellen teilt. Auch die Dimension „Emotionalität" findet sich, zumindest
partiell, bei allen drei Modellen wider. Die interkulturelle und produktmarktspezifische
Beständigkeit dieser Dimensionen konnte im Kontext anderer durchgeführter Studien bereits bestätigt werden. Diese Dimensionen stellen auch jene dar, die in Übereinstimmung
mit der menschlichen Persönlichkeitsstruktur liegen. Weitere Dimensionen scheinen aus
kulturellen oder produktmarktspezifischen Besonderheiten erwachsen zu sein. Die Dimension „Tradition" konnte bspw. weder durch die Brand Personality Scale noch durch das
Modell von Mäder bestätigt werden. Die Differenzen zum GAP-Modell von Welling und
der Markenimageanalyse von Sport + Markt zeigten, dass das PEBT-Modell eine Innovation im Bereich der praxisorientierten Markenanalyse darstellt. Zwar teilten die Praxisins-
trumente den Bezug zur Dimension „Tradition", jedoch konnten ansonsten nur minimale
Überschneidungen festgestellt werden – eine Mehrdimensionalität der anderen Modelle
besteht zudem nicht. Aus dem Vergleich wird auch deutlich, dass die häufig genutzten
Attribute „sympathisch" oder „regional verwurzelt" nicht zur wahrgenommenen Differenzierung von Vereinsmarken beitragen.

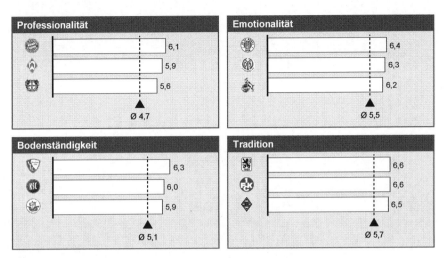

Abb. 9.9 Top-3 Stärke der Markenpersönlichkeit (Modul „Lieblingsverein")

9.3.2   Wahrnehmung der Markenpersönlichkeit

Insgesamt wurde in der Eigen- und Fremdwahrnehmung die Dimension „Tradition" der Vereinsmarken am höchsten (Mittelwert 5,7 bzw. 4,8) und die Dimension „Professionalität" am schwächsten (Mittelwert 4,7 bzw. 4,1) bewertet, allerdings mit deutlichen Unterschieden in der absoluten Höhe der Ausprägungsstärke in den beiden Modulen.[5] Durch die dedizierte Betrachtung der Vereine entlang der einzelnen Dimensionen konnten die stärksten Markenpersönlichkeiten ermittelt werden (vgl. Abb. 9.9 und 9.10).

- Dimension „Professionalität": Die Vereinsmarken des FC Bayern München, vom SV Werder Bremen und von Bayer 04 Leverkusen erwiesen sich in beiden Modulen als ausprägungsstärkste Marken.
- Dimension „Emotionalität": Der FC St. Pauli, der 1. FSV Mainz 05 und der 1. FC Köln wurden in beiden Modulen in identischer Reihenfolge als stärkste Vereinsmarken auf dieser Dimension wahrgenommen.
- Dimension „Bodenständigkeit": Während im Modul „Lieblingsverein" die Marken des VfL Bochum 1848, des Karlsruher SC und des F.C. Hansa Rostock als führend betrachtet wurden, positionierten sich in der Fremdwahrnehmung die Vereinsmarken des SC Freiburg, vom FC Energie Cottbus und dem Karlsruher SC vorne.
- Dimension „Tradition": Sowohl in der Eigen- als auch in der Fremdwahrnehmung werden die Vereinsmarken des TSV 1860 München, des 1. FC Kaiserslautern und von Borussia Mönchengladbach als besonders stark eingestuft.

---

[5] Das Stärkemaß wurde als arithmetisches Mittel aller Profilierungen einer Vereinsmarke bei Gleichgewichtung aller Indikatoren ermittelt. Ein höherer durchschnittlicher Ausprägungswert kann folglich als starke Markenpersönlichkeit interpretiert werden.

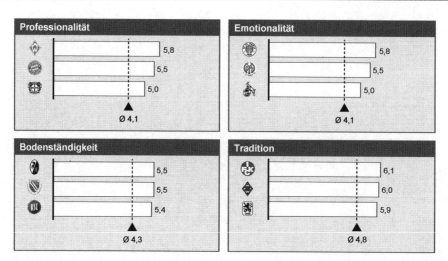

Abb. 9.10 Top-3 Stärke der Markenpersönlichkeit (Modul „Anderer Verein")

Es zeigte sich in der Eigen- und Fremdwahrnehmung der Vereinsmarken eine hohe Verlaufsähnlichkeit bei den jeweils stärksten Vereinsmarken mit deutlichen Unterschieden in der absoluten Höhe der Beurteilungen (geringe Distanzähnlichkeit) – die grundsätzliche Konsistenz der beiden Module konnte jedoch bestätigt werden.

Da jedoch neben der Stärke auch die Differenziertheit der Vereinsmarken für das Markenmanagement von Bedeutung ist, wurden zwei Differenziertheitsmaße entwickelt. Durch die Bildung von Mittelwerten über die Vereinsmarken im Sample entlang einer Dimension oder über die vier Dimensionen entlang einer Vereinsmarke konnten absolute (Branchendifferenziertheit) bzw. relative (Vereinsdifferenziertheit) Maße der Differenziertheit gewonnen werden.[6] Mit Hilfe der Analyse der Vereinsmarken anhand der Branchendifferenziertheit wird bspw. deutlich, dass

- die Dimensionen des PEBT-Modells inter- und intrakategorial differenzierend sind,
- die jeweiligen Dimensionen unterschiedlich stark trennen und
- einige Vereinsmarken in der Lage sind, sich deutlich positiv vom Wettbewerb abzuheben.

So gelingt bspw. dem FC Bayern München im Modul „Lieblingsverein" das höchste Maß der Branchendifferenzierung des Gesamtsamples auf der Dimension „Professionalität": rund 1,3 Skalenpunkte erweist sich die Vereinsmarke hier besser als der Branchendurchschnitt, während der der VfL Wolfsburg von den eigenen Anhängern rund 2,1 Skalenpunkte schwächer als der Durchschnitt auf der Dimension „Tradition" rezipiert wird.

---

[6] Zur Messung der Differenziertheit wurde die durchschnittliche Distanz der Markenpersönlichkeitsstärke zur durchschnittlichen Branchen- bzw. Vereinsstärke als Proximitätsmaß herangezogen.

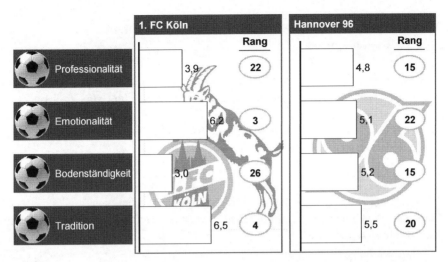

Abb. 9.11 Vergleich der Markenpersönlichkeitsprofile des 1. FC Köln und Hannover 96 (Modul „Lieblingsverein")

Die Vereinsdifferenziertheit gibt Aufschluss über die relativen Stärken der Vereinsmarken auf den einzelnen Dimensionen. Entlang der vier Dimensionen können ganzheitliche Markenpersönlichkeitsprofile von Vereinen abgeleitet werden. Es kann diesbezüglich angenommen werden, dass Fußballvereine bei Medien und potenziellen Sponsoren ihre Marke insbesondere dann erfolgreich vermarkten können und für Fans interessant sind, wenn sie auf einzelnen Dimensionen des PEBT-Modells Stärken aufweisen und sich in der Wahrnehmung der Anhänger positiv vom Wettbewerb differenzieren. Während bspw. der 1. FC Köln für seine Fans ein scharfes Profil hat (Stärken bei „Emotionalität" und „Tradition", Schwächen bei „Professionalität" und „Bodenständigkeit") und damit klar positioniert ist, nehmen die Anhänger von Hannover 96 ihren Lieblingsverein eher undifferenziert und zusätzlich unterdurchschnittlich stark entlang der vier Dimensionen wahr (vgl. Abb. 9.11) – dieses Profil erschwert die glaubhafte Vermittlung eines eindeutigen Markenversprechens.

Die Untersuchung der Ausprägungsstärke und Differenziertheit der Vereinsmarken entlang der vier Dimensionen offenbarte sehr unterschiedliche Markenpersönlichkeitsprofile der Vereine. Eine Detailanalyse der 24 Indikatoren ermöglichte zudem eine zusätzliche Ausdifferenzierung dieser Profile und die Ableitung konkreter Stärken-Schwächen-Profile, zusätzlich unterschieden nach Eigen- und Fremdwahrnehmung. Diese Status quo-Betrachtung ist insbesondere für Marketing-Manager von Vereinen von Interesse, um faktenbasiert zu erfassen, wie die eigene Marke von eigenen aber auch anderen Anhängern wahrgenommen wird und darauf aufbauend fundierte Überlegungen für eine mögliche oder notwendige (Re-)Positionierung anzustellen.

9.3.3 Strategische Gruppen der Markenpersönlichkeit von Fußballvereinen

Mittels der Dimensions-Profile der Vereinsmarken des Moduls „Lieblingsverein" wurden durch eine hierarchische Clusteranalyse homogene, strategische Gruppen gebildet, um Aussagen über direkte und indirekte Wettbewerber (bspw. um potenzielle Sponsoring-gelder) treffen zu können.[7] Es zeigte sich, dass die 26 Vereinsmarken in vier strategische Gruppen aufgeteilt werden können:

1. „Unprofessionelle Emotionale": Die vier Vereinsmarken dieser Gruppe (1. FC Köln, 1. FC Kaiserslautern, FC St. Pauli, TSV 1860 München) zeichnen sich durch eine relative Stärke auf der Dimension „Emotionalität" und eine relative Schwäche auf der Dimension „Professionalität" aus.
2. „Traditionelle": Diese zahlenmäßig größte Gruppe wird aus 15 Vereinsmarken gebildet, welche gesamthaft überdurchschnittlich stark auf der Dimension „Tradition" wahrgenommen werden wie bspw. der 1. FC Nürnberg, Borussia Mönchengladbach oder der Hamburger SV.
3. „Moderne Professionelle": Die sechs Vereinsmarken SV Werder Bremen, Bayer 04 Leverkusen, FC Energie Cottbus, SC Freiburg, 1. FSV Mainz 05 und VfL Wolfsburg teilen wahrgenommene Stärken auf der Dimension „Professionalität" und relative Schwächen auf der Dimension „Tradition".
4. „Glamouröser Professioneller": Dieses Cluster besteht lediglich aus der Vereinsmarke des FC Bayern München. Das Markenpersönlichkeitsprofil des Vereins ist im Vergleich zu den anderen Vereinen derart differenziert, dass eine Zusammenführung zu anderen Gruppierungen nur schwerlich möglich ist. Die deutliche Stärke auf der Dimension „Professionalität" und die ausgewiesene Schwäche auf der Dimension „Bodenständigkeit" zeichnen diese Vereinsmarke im Besonderen aus.

Insbesondere anhand der Dimension „Professionalität" können danach Vereinscluster unterschieden werden.

9.3.4 Determinanten der Markenpersönlichkeit von Fußballvereinen

Mögliche Determinanten wurden zunächst allgemein konzeptionell-theoretisch aus der Markenpersönlichkeitsforschung hergeleitet (Hieronimus 2003; Aaker 2005) und anschließend spezifisch auf den Bereich der Vereinsmarkenpersönlichkeiten übertragen.

---

[7] Als gruppierungsrelevante Variablen wurden die durchschnittlichen, standardisierten Faktorwerte der 26 ausgewählten Vereine entlang der vier Dimensionen für die Clusteranalyse herangezogen. Zur Ermittlung der Distanz wird die quadrierte Euklidische Distanz als Spezialform der sog. „Minkow-ski-Metrik" genutzt, als Fusionierungsalgorithmus das Ward-Verfahren. Als Maß der Heterogenität wurde die Fehlerquadratsumme eingesetzt.

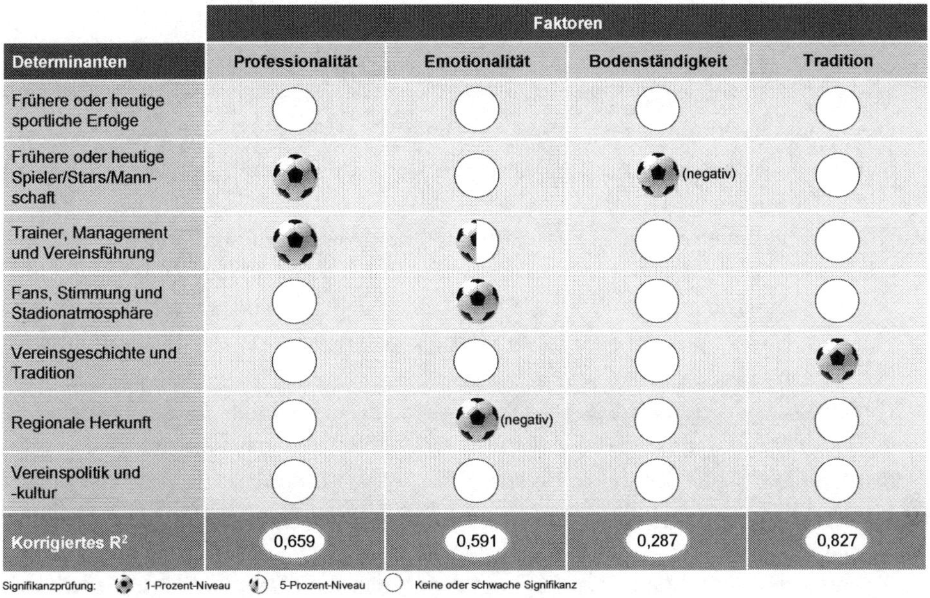

	Faktoren			
Determinanten	**Professionalität**	**Emotionalität**	**Bodenständigkeit**	**Tradition**
Frühere oder heutige sportliche Erfolge	○	○	○	○
Frühere oder heutige Spieler/Stars/Mannschaft	⚽	○	⚽ (negativ)	○
Trainer, Management und Vereinsführung	⚽	⚽	○	○
Fans, Stimmung und Stadionatmosphäre	○	⚽	○	○
Vereinsgeschichte und Tradition	○	○	○	⚽
Regionale Herkunft	○	⚽ (negativ)	○	○
Vereinspolitik und -kultur	○	○	○	○
Korrigiertes R²	0,659	0,591	0,287	0,827

Signifikanzprüfung: ⚽ 1-Prozent-Niveau ⚽ 5-Prozent-Niveau ○ Keine oder schwache Signifikanz

Abb. 9.12 Überblick der Ergebnisse der schrittweisen Regressionsanalyse

(Schofield 1983; Trujillo und Krizek 1994; Wakefield et al. 1996; Branvold et al. 1997; Gladden et al. 1998; Gladden und Milne 1999; Gladden und Funk 2001; Gladden und Funk 2002; Bauer et al. 2004b; Bauer et al. 2004a; Ross et al. 2006; Bauer et al. 2007) Anschließend wurden die aus der Literatur erarbeiteten Determinanten in den Experteninterviews diskutiert und modifiziert, die relevantesten für die empirische Untersuchung ausgewählt und Wirkungszusammenhänge sachlogisch und mit Hilfe der Experten aufgestellt. Bei den geprüften Determinanten handelte es sich um

- „Trainer, Management und Vereinsführung" (Annahme: Einfluss auf Dimension „Professionalität"),
- „Früherer oder heutiger sportlicher Erfolg" (Annahme: Einfluss auf Dimension „Professionalität"),
- „Frühere oder heutige Spieler/Stars/Mannschaft" (Annahme: Einfluss auf Dimension „Professionalität"),
- „Vereinspolitik und -kultur" (Annahme: Einfluss auf Dimension „Professionalität"),
- „Fans, Stimmung und Stadionatmosphäre" (Annahme: Einfluss auf Dimension „Emotionalität"),
- „Regionale Herkunft" (Annahme: Einfluss auf Dimension „Bodenständigkeit") und
- „Vereinsgeschichte und Tradition" (Annahme: Einfluss auf Dimension „Tradition").

Die Prüfung der postulierten Zusammenhänge fand mittels blockweisen Regressionsanalysen statt; die Ergebnisse wurden auf einem Signifikanzniveau von 0,95 bestätigt und alle relevanten Gütekriterien erfüllt. Für die einzelnen Dimensionen des PEBT-Modells lässt sich nach der Prüfung und zusätzlichen Ermittlung des effizientesten Schätzmodells mittels schrittweiser Regressionsanalyse Folgendes festhalten (vgl. Abb. 9.12):

- Dimension „Professionalität": „Professionalität" wird signifikant durch die Determinanten „Frühere oder heutige Spieler/Stars/Mannschaft" und „Trainer, Management und Vereinsführung" geprägt.
- Dimension „Emotionalität": „Fans, Stimmung und Stadionatmosphäre" stellt die entscheidende Determinante für die Dimension „Emotionalität" dar. Zwar haben auch „Trainer, Management und Vereinsführung" einen signifikant positiven und „Regionale Herkunft" einen signifikant negativen Effekt, jedoch wirkt die erste Einflussgröße deutlich stärker.
- Dimension „Bodenständigkeit": Vereinsmarken, die kaum durch „Frühere oder heutige Spieler/Stars/Mannschaft" geprägt werden, weisen Stärken bei der Dimension „Bodenständigkeit" auf. „Regionale Herkunft" hat, wie angenommen, zwar einen positiven Einfluss, aber keine Signifikanz auf einem 1-Prozent-Niveau
- Dimension „Tradition": Der angenommene Zusammenhang zwischen der Determinante „Vereinsgeschichte und Tradition" und der Dimension „Tradition" konnte empirisch bestätigt werden.

Die empirischen Ergebnisse der Messung der Markenpersönlichkeitsstärke konnten durch die ermittelten Determinanten plausibilisiert werden: Vereinsmarken mit spezifischen Stärken auf einzelnen Dimensionen wurden besonders stark durch die zu Grunde liegenden Treiber determiniert. So wird bspw. der FC Bayern München in der Wahrnehmung der Anhänger stark durch „Frühere oder heutige sportliche Erfolge" (Rang 1) und „Frühere oder heutige Spieler/Stars/Mannschaft" (Rang 1) geprägt. Da auch der Einfluss durch „Trainer, Management und Vereinsführung" (Rang 4) ausgeprägt ist, erklärt sich die Stärke der Vereinsmarke auf der Dimension „Professionalität". Die Persönlichkeit einer Vereinsmarke kann folglich durch die gezielte Beeinflussung einzelner Determinanten langfristig modifiziert oder zielführend gesteuert werden.

9.3.5 Wirkungen der Markenpersönlichkeit

Die theoretischen Ansätze über die Wirkungszusammenhänge der Markenpersönlichkeit erlaubten die Annahme, dass eine starke Markenpersönlichkeit positive Wirkungen auf einstellungs- und verhaltensbezogene Größen hat.(Sirgy 1982; Sirgy 1986; Aaker 1996; Fournier 1998; Blackston 2000) Eine Übertragung der Theorien auf die Wirkung der Markenpersönlichkeit von Fußballvereinen erscheint plausibel, da die beschriebenen Effekte wie bspw. Identifikation (Self-Expression Model) oder beziehungsähnliche Freundschaften (Relationship Basis Model) bei Anhängern von Fußballvereinen wiedergefunden werden können. Die Ergebnisse US-amerikanischer und deutscher Untersuchungen in der Teamsportindustrie stützten insbesondere die Annahme positiver Wirkungen starker Vereinsmarken auf die Markenverbundenheit und -bindung von Anhängern (Boone et al. 1995;

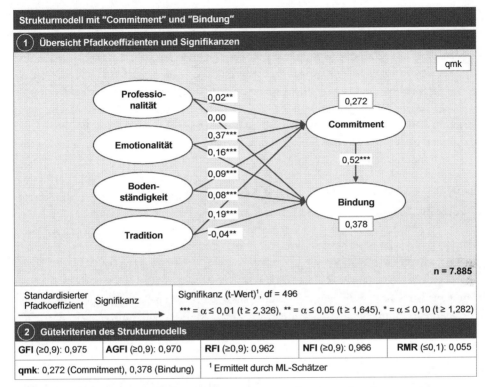

Abb. 9.13 Ergebnis des Strukturmodells mit „Commitment" und „Bindung"

Gladden et al. 1998; Gladden und Milne 1999; Musante et al. 1999; Mahony et al. 2000; Funk und James 2001; Gladden und Funk 2001; Gladden und Funk 2002; Fink et al. 2002; Bauer et al. 2004b; Bauer et al. 2004a; Funk und James 2006; Bauer et al. 2007) – zusammen werden diese Größen auch als „Loyalität" von Fans verstanden. Während „Commitment" diesbezüglich als einstellungsorientierte Größe zu verstehen ist (z. B. Identifikation, Stolz), erzeugt „Bindung" darüber hinaus eine Verhaltenswirksamkeit (z. B. Kauf von Eintrittskarten oder Merchandisingartikeln).

Analog zum Vorgehen bei den Determinanten wurde die Annahme des Zusammenhangs zwischen der Markenpersönlichkeit und dem „Commitment" und der „Bindung" zunächst in den Interviews mit den Experten diskutiert. Nach deren Bestätigung wurden die Wirkungen auf Basis allgemeiner marketingwissenschaftlicher sowie teamsportspezifischer Untersuchungen operationalisiert und in der Hauptuntersuchung über jeweils sechs Variablen indirekt über siebenstufige Likert-Skalen abgefragt. Die Prüfung auf Reliabilität und Validität der Konstrukte mittels konfirmatorischer Faktorenanalyse führte zu einer Reduktion auf fünf („Commitment") bzw. zwei („Bindung") Items. Anschließend wurden sachlogische Zusammenhänge zwischen der Markenpersönlichkeit und den Wirkungen angenommen und durch Strukturgleichungsanalysen überprüft. Die Mindestwerte der Gütemaße des Strukturmodells wurden alle übertroffen.

Es lässt sich gesamthaft feststellen, dass die Markenpersönlichkeit von Vereinen einen deutlich positiven Effekt auf „Commitment" und „Bindung" von Fußballanhängern hat. Zudem sind mit gebundenen Anhängern höhere relative Ausgaben (Ausgaben im Monat im Verhältnis zum Nettoeinkommen) assoziiert, so dass eine starke Markenpersönlichkeit einen direkten ökonomischen Effekt mit sich bringt. Darüber hinaus konnte erarbeitet werden, dass die Dimension „Emotionalität" am stärksten auf Verbundenheit und Bindung von Fans wirkt, während „Professionalität" keinen Effekt auf einem 1-Prozent-Niveau und damit den geringsten Einfluss der vier Dimensionen hat (vgl. Abb. 9.13). Dies impliziert, dass Vereine mit einer wahrgenommenen Stärke auf der Dimension „Emotionalität" am ehesten ihre Anhänger langfristig binden können und somit loyales Verhalten erzeugen. So lässt sich der Erfolg des FC St. Pauli beim Merchandising auch auf seine Stärke auf der Dimension „Emotionalität" zurückführen.

9.3.6 Implikationen

Für Vereinsmarken konnte anhand einer breiten empirischen Basis gezeigt werden, dass die Markenpersönlichkeit ein allgemein relevantes Markensteuerungskonzept darstellen kann. Die statistisch signifikante Wirkung der Markenpersönlichkeit auf die einstellungs- und verhaltensbezogenen Konstrukte „Commitment" und „Bindung" impliziert, dass mittels einer gezielten Steuerung der Markenpersönlichkeit positive (ökonomische) Effekte bei Anhängern erzielt werden können. Dies konnte nicht nur indirekt, sondern auch konkret mittels der höheren relativen Ausgaben von Anhängern bestätigt werden. Folglich ist dem Aufbau einer starken und differenzierten Markenpersönlichkeit von Vereinsmarken eine hohe Bedeutung beizumessen.

Die Dimensionen der Vereinsmarkenpersönlichkeit besitzen bei der Ausgestaltung von Fanbindung unterschiedliche Relevanz: Während die Dimension „Emotionalität" deutlich den stärksten Einfluss auf die Wirkungsgrößen hat, führt die Dimension „Professionalität" kaum zu positiven Effekten. „Bodenständigkeit" und „Tradition" wirken ebenfalls positiv, wenn auch schwächer als die Dimension „Emotionalität". Dies impliziert, dass in Bezug auf eine Erzielung maximal positiver Effekte bei den Anhängern die Markenpersönlichkeit in Richtung der Dimension „Emotionalität" modifiziert werden sollte. Konkret kann daher auch angenommen werden, dass der 1. FC Köln über gebundenere Anhänger verfügt als Bayer 04 Leverkusen, obwohl zuletzt genannter Verein im vergangenen Jahrzehnt sportlich erheblich erfolgreicher war und sich auf der Dimension „Professionalität" deutlich vom 1. FC Köln distanzieren kann. Vereine mit relativen Stärken auf der Dimension „Emotionalität" sollten daher mittels der Determinanten „Fans, Stimmung und Stadionatmosphäre" sowie „Trainer, Management und Vereinsführung" versuchen die wahrgenommenen Attribute weiter zu intensivieren. Insbesondere letztere Determinante liegt im unmittelbaren Einflussbereich des Managements.

Die 26 ausgewählten Vereinsmarken weisen signifikante Unterschiede in den gemessenen Markenpersönlichkeitsprofilen auf. Da neben der Dimension „Emotionalität" auch für die Dimensionen „Bodenständigkeit" und „Tradition" positive Effekte auf die Einstellungs- und Verhaltensorientierung von Anhängern (B2C) festzustellen sind, erscheint es für viele Vereinsmarken plausibler, die bestehende(n) Stärke(n) auf einer oder zwei Dimension(en) auszubauen als einen langfristigen und mit zahlreichen Risiken behafteten Relaunch der Markenpersönlichkeit in Richtung „Emotionalität" zu planen. Dadurch kann am ehesten eine dominante Stellung der Vereinsmarken im Wahrnehmungsraum der Bezugsgruppen durch die drei Erfolgsfaktoren Differenzierung, Konsistenz und Kontinuität erzielt werden. Die wahrgenommene Stärke des VfL Bochum 1848 auf der Dimension „Bodenständigkeit" bspw. entspricht den im Markenleitbild formulierten Werten – eine Abkehr Richtung „Emotionalität" wäre nicht anzuraten. Der Hamburger SV gilt als „Dino" der Bundesliga. Auch hier wäre ein Abbau der Positionierung als „Traditionsverein" in Richtung „Emotionalität" riskant. Mit anderen Worten ist die Markenherkunft der Vereinsmarke in die Entscheidung über das zukünftige Markenpersönlichkeitsprofil mit einzubeziehen.

Zudem kann angenommen werden, dass aus Sponsorensicht auch die Dimension „Professionalität" von hoher Relevanz ist – die Höhe der Sponsoringeinnahmen der auf dieser Dimension führenden Vereine stellen hierfür ein Indiz dar. Auch Aussagen der Vereinsverantwortlichen in den Experteninterviews sowie Gespräche mit Franz Beckenbauer und Oliver Bierhoff unterstützen diese Annahme. Die Fokussierung des Managements bei der Vereinsmarke FC Bayern München auf die Dimension „Professionalität" dient also der Maximierung der Sponsoringerträge (B2B), nicht aber zwangsläufig der Steigerung der Einnahmen aus Ticketing, Hospitality und Merchandising, die wesentlich durch die Anhänger getrieben sind. Dieser Kundenfokus determiniert die Positionierung der Vereinsmarke.

Insofern kann grundsätzlich festgehalten werden, dass eine Eindeutigkeit im Profil angestrebt werden sollte. Je nach Vereinsfokus auf bestimmte Bezugsgruppen (B2C oder B2B) und Markenherkunft bieten sich dann unterschiedliche Dimensions-Schwerpunkte der Markenpersönlichkeit an. Für Vereine mit undifferenziertem Profil bedeutet dies, dass es alternative Wege der Differenzierung gibt – wobei unter Bindungsgesichtspunkten eine Entwicklung Richtung „Emotionalität" am meisten Erfolg verspricht, da die Wahrnehmung der „Professionalität" auch durch den sportlichen Erfolg (Indikator „erfolgreich") beeinflusst wird.

Die Differenzierung kann durch die mit der Vereinsmarke assoziierten Determinanten erzielt werden, die die Grundlage für die Ausprägungsstärke der Markenpersönlichkeit darstellen. Aus den Ergebnissen der empirischen Studie ist ersichtlich, mit Hilfe welcher Determinanten die Dimensionen der Markenpersönlichkeit grundsätzlich beeinflusst werden können. Das heißt, dass die Vereine bei Bestrebungen zur Veränderung des Markenpersönlichkeitsprofils konkrete Stellhebel nutzen können, um zielgerichtet Modifikationen vorzunehmen und zu steuern. Die Durchführung von Marketingaktivitäten oder die Ableitung von Maßnahmen kann so geplant und der Erfolg gemessen werden, da es sich beim Gesamtmodell der Markenpersönlichkeit (Determinanten, Messmodell und Wirkungen) um ein integriertes Konzept handelt. Die mittel- oder langfristige Beeinflussung der Determinanten wirkt so über die Markenpersönlichkeit indirekt auf die Wirkungsgrößen.

Über die allgemeinen Implikationen hinaus ergibt sich für das praxisorientierte Markenmanagement durch das entwickelte PEBT-Modell die Möglichkeit, den Status quo, Veränderungen in der Markenpersönlichkeit und deren Wirkungen zu messen. Für Fußballvereine bietet die Entwicklung eines Messmodells der Markenpersönlichkeit folglich vielfältige, in der Unternehmenspraxis, verwertbare Vorteile wie bspw.

- die Identifikation von relativen und absoluten Stärken und Schwächen im Vergleich zum direkten oder indirekten Wettbewerb anhand der Dimensionen des Messmodells,
- die Entwicklung einer unverkennbaren und nachhaltigen Ziel-Markenpositionierung und eines Markenversprechens für Sponsoren,
- die Verortung und Steuerung der Marke in Bezug auf Fußballinteressierte oder
- ein Markencontrolling durch Messung der Markenpersönlichkeit im Zeitverlauf und Analyse der Wirksamkeit von Initiativen zur Modifikation der Markenpersönlichkeit.

9.3.7 Limitationen und Ausblick

Allerdings sind auch die Limitationen der Untersuchung zu berücksichtigen: Das Ziel der Untersuchung lag darin, einen ersten Beitrag zur Messung, Wahrnehmung und den Determinanten sowie zur Wirkungsweise der Markenpersönlichkeit von Fußballvereinen zu leisten. In der vorliegenden Untersuchung wurden folglich nur grundsätzliche Zusammenhänge zwischen Determinanten, Markenpersönlichkeit und ausgewählten Wirkungen untersucht. In weiterführenden Untersuchungen wären Effekte von moderierenden Variablen (bspw. Involvement, Soziodemographika) zu analysieren, um detailliertere Aussagen zu den einzelnen Teilen des Gesamtmodells treffen zu können. Auch gruppen- oder vereinsspezifische Analysen wären dann anzustreben.

Bei den zugrunde gelegten Bezugsobjekten handelte es sich ausschließlich um Fußballvereinsmarken. Eine Untersuchung von Unternehmens- oder Produktmarken fand nicht statt – auch mögliche Fit-Analysen für das Sponsoring wurden nicht durchgeführt. Infolgedessen können lediglich Annahmen über potenzielle Passungen zwischen Vereins- und Produkt- oder Unternehmensmarken getroffen werden.

Zudem wurde im Rahmen der Untersuchung ein ausgewähltes Sample an Vereinsmarken aus dem deutschen Lizenzfußball abgegrenzt, auf dessen Basis die Untersuchung erfolgte. Dies ist gleichbedeutend mit einer Fokussierung des geographischen Untersuchungsraums auf Deutschland und des Produktmarktes auf „Profifußball". Die Gültigkeit der Aussagen dieser Untersuchung für andere Kulturräume oder Vereinsmarken aus anderen Teamsportkontexten (bspw. Basketball oder Handball) oder unterklassigen Fußballligen lässt sich nicht ohne zusätzliche Validierungen übernehmen. Weitere Forschung in diesen Bereichen wäre daher nicht nur wünschenswert, sondern notwendig.

Bei der vorliegenden Studie handelt es sich darüber hinaus lediglich um eine Zeitpunktbetrachtung. Dynamische Analysen, und damit Zeitreihenbetrachtungen, wären zur weiteren Validierung der Ergebnisse sinnvoll. Diese Untersuchungen böten weitere wissenschaftliche Erkenntnisse: Erstens wäre eine Validierung des PEBT-Modells im Zeitablauf möglich – dies stellt eine Art der Validierung dar, die kaum einem Markenpersönlichkeitsmodell widerfahren ist. Zweitens wäre dadurch ein Controlling der Entwicklung der Vereinsmarkenpersönlichkeiten im Zeitablauf möglich; dies würde Rückschlüsse über den Erfolg von Marketingmaßnahmen oder gezielten Versuchen der Persönlichkeitsveränderungen geben. Drittens ließe sich dadurch die mögliche Bedeutungsveränderung der einzelnen Determinanten des Gesamtmodells der Markenpersönlichkeit, insbesondere bei anhaltendem oder ausbleibendem sportlichen Erfolg, erforschen. Insofern liegt in Zeitreihenuntersuchungen des Gesamtmodells der Markenpersönlichkeit von Fußballvereinen ein weites und weiterführendes Forschungsfeld.

In der Untersuchung wurden zur Ermittlung der Stärke und Differenziertheit der Markenpersönlichkeit anhand des PEBT-Modells Fußballinteressierte befragt. Damit wurde der Bezugsrahmen der Untersuchung auf die Endkonsumenten des Produkts „Fußball" festgelegt. Ein Forschungsfeld für weiterführende Untersuchungen wäre die Ausdehnung des befragten Personenkreises, um differenzierte Aussagen über die Wahrnehmung unterschiedlicher Stakeholdergruppen (bspw. Mitarbeiter in Vereinen, Sponsoren, Medien, Dienstleister) zu treffen und Abweichungsanalysen durchführen zu können. Auch konnten lediglich Aussagen über Wirkungszusammenhänge in Bezug auf bereits bestehende Fußballanhänger getroffen werden – die Wirkungsweise bei noch nicht determinierten Fußballinteressierten stellte nicht den Fokus dieses Beitrags dar.

Literatur

Aaker, D. A. (1996). *Building Strong Brands*. London.

Aaker, J. L. (1997). Dimensions of brand personality. *Journal of Marketing Research, 34*(3), 347–356.

Aaker, J. L. (2005). Dimensionen der Markenpersönlichkeit. In E. Franz-Rudolf (Hrsg.), *Moderne Markenführung. Grundlagen – Innovative Ansätze – Praktische Umsetzungen* (4. Aufl., S. 165–176). Wiesbaden.

Aaker, J. L., Benet-Martínez, V., & Garolera, J. (2001). Consumption symbols as carriers of culture: A study of Japanese and Spanish brand personality constructs. *Journal of Personality and Social Psychology, 81*(3), 492–508.

Adjouri, N., & Stastny, P. (2006). Sport-branding. *Mit Sport-Sponsoring zum Markenerfolg*. Wiesbaden.

Alt, M., & Griggs, S. (1988). Can a brand be cheeky? *Marketing Intelligence and Planning, 6*(4), 9–16.

Bagozzi, R. P. (1979). The role of measurement in theory construction and hypothesis testing: Toward a holistic model. In O. C. Ferrell, S. W. Brown, & C. W. Lamb (Hrsg.), *Conceptual and theoretical developments in marketing* (S. 15–33). Chicago.

Bagozzi, R. P., & Phillips, L. W. (1982). Representing and testing organizational theories: A holistic construal. *Administrative Science Quarterly, 27*(3), 459–489.

Bagozzi, R. P., Yi, Y., & Phillips, L. W. (1991). Assessing construct validity in organizational research. *Administrative Science Quarterly, 36*(3), 421–458.

Bauer, H. H., Mäder, R., & Huber, F. (2000). *Markenpersönlichkeit als Grundlage von Markenloyalität. Eine kausalanalytische Studie*, Arbeitspapier Nr. W41, Institut für marktorientierte Unternehmensführung, Universität Mannheim, Mannheim.

Bauer, H. H., Exler, S., & Sauer, N. E. (2004a). *Der Beitrag des Markenimage zur Fanloyalität. Eine empirische Untersuchung am Beispiel der Klubmarken der Fußball-Bundesliga*, Arbeitspapier

Nr. W81, Institut für marktorientierte Unternehmensführung, Universität Mannheim, Mannheim.

Bauer, H. H., Sauer, N. E., & Schmitt, P. (2004b). *Die Erfolgsrelevanz der Markenstärke in der 1. Fußball-Bundesliga*, Arbeitspapier Nr. W75, Institut für marktorientierte Unternehmensführung, Universität Mannheim, Mannheim.

Bauer, H. H., Exler, S., & Stockburger-Sauer, N. E. (2007). Die Rolle von Markenimage und Markencommitment in Online-Brand-Communities – Eine empirische Untersuchung in der Fußball-Bundesliga. In A. Florack, M. Scarabis, & E. Primosch (Hrsg.), *Psychologie der Markenführung* (S. 275–295). München.

Baumgarth, C. (2008). *Markenpolitik. Markenwirkungen – Markenführung – Markencontrolling* (3. Aufl.), Wiesbaden.

Becker, F. (2006). *Persönlichkeit von Unternehmen. Diagnose und Potenzial der zentralen Einstellungen zu Unternehmen.* zugl. Diss., München.

Biel, A. L. (1993). Converting image into equity. In D. A. Aaker & A. L. Biel (Hrsg.), *Brand equity & advertising. advertising's role in building strong brands* (S. 67–82). Hillsdale.

Blackston, M. (2000). Observations: Building brand equity by managing the brand's relationships. *Journal of Advertising Research, 40*(6), 101–105.

Boone, L. E., Kochunny, C. M., & Wilkins, D. (1995). Applying the brand equity concept to Major League Baseball. *Sport Marketing Quarterly, 4*(3), 33–42.

Branvold, S. E., Pan, D. W., & Gabert, T. E. (1997). Effects of winning percentage and market size on attendance in Minor League Baseball. *Sport Marketing Quarterly, 6*(4), 35–42.

Carmines, E. G., & Zeller, R. A. (1979). *Reliability and validity assessment.* Beverly Hills.

Churchill, G. A. (1979). A paradigm for developing better measures of marketing constructs. *Journal of Marketing Research, 16*(1), 64–73.

Cronbach, L. J. (1951). Coefficient alpha and the internal structure of tests. *Psychometrika, 16*(3), 297–334.

Davies, G., Chun, R., da Silva, R. V., & Roper, S. (2003). *Corporate reputation and competitiveness.* London.

Deloitte Touche Tohmatsu. (2007a). *Annual review of football finance. Taking new direction.* Manchester.

Deloitte Touche Tohmatsu. (2007b). *Football money league.* Manchester.

DFL. (2008). *Bundesliga Report 2008.* Frankfurt a. M.

Ekinci, Y., & Hosany, S. (2006). Destination personality: An application of brand personality to tourism destinations. *Journal of Travel Research, 45*(2), 127–139.

Ernst &Young. (2008). *Bälle, Tore und Finanzen V.* Essen.

Fanderl, H. S. (2005). *Prominente in der Werbung. Empirische Untersuchungen zur Messung, Rezeption und Wirkung auf Basis der Markenpersönlichkeit.* zugl. Diss, Wiesbaden.

Ferrandi, J.-M., Valette-Florence, P., & Fine-Falcy, S. (2000). Aaker's brand personality scale in a French context. A replication and a preliminary test of its validity. *Developments in Marketing Science, 23*, 7–13.

Fink, J. S., Trail, G. T., & Anderson, D. F. (2002). Environmental factors associated with spectator attendance and sport consumption behavior: Gender and team differences. *Sport Marketing Quarterly, 11*(1), 8–19.

Fombrun, C. J., & van Riel, C. B. M. (2004). Fame & fortune. *How successful companies build winning reputations.* New York.

Forbes. (2008). Soccer team valuations. http://www.forbes.com/lists/2008/34/biz_soccer08_Soccer-Team-Valuations_Rank.html. Zugegriffen: 06. Juni 2008.

Fournier, S. (1998). Consumers and their brands: Developing relationship theory in consumer research. *Journal of Consumer Research, 24*(4), 343–373.

Funk, D. C., & James, J. D. (2001). The psychological continuum model: A conceptual framework for understanding an individual's psychological connection to sport. *Sport Management Review, 4*(2), 119–150.

Funk, D. C., & James, J. D. (2006). Consumer loyalty: The meaning of attachment in the development of sport team allegiance. *Journal of Sport Management, 20*(2), 189–217.

Gerbing, D. W., & Anderson, J. C. (1988). An updated paradigm for scale development incorporating unidimensionality and its assessment. *Journal of Marketing Research, 25*(2), 186–192.

Gladden, J. M., & Funk, D. C. (2001). Understanding brand loyalty in professional sport: Examining the link between brand associations and brand loyalty. *International Journal of Sports Marketing & Sponsorship, 3*(2), 67–91.

Gladden, J. M., & Funk, D. C. (2002). Developing an understanding of brand associations in team sport: Empirical evidence from consumers of professional sport. *Journal of Sport Management, 16*(1), 54–81.

Gladden, J. M., Irwin, R. L., & Sutton, W. A. (2001). Managing north american major professional sport teams in the new millenium: A focus on building brand equity. *Journal of Sport Management, 15*(4), 297–317.

Gladden, J. M., & Milne, G. R. (1999). Examining the importance of brand equity in professional sport. *Sport Marketing Quarterly, 8*(1), 21–29.

Gladden, J. M., Milne, G. R., & Sutton, W. A. (1998). A conceptual framework for assessing brand equity in division I college athletics. *Journal of Sport Management, 12*(1), 1–19.

Hayes, J. B. (1999). *Antecedents and consequences of brand personality*. Diss, Mississippi State University: Mississippi State.

Heeler, R. M., & Ray, M. L. (1972). Measure validation in marketing. *Journal of Marketing Research, 9*(4), 361–370.

Hieronimus, F. (2003). Persönlichkeitsorientiertes Markenmanagement. *Eine empirische Untersuchung zur Messung, Wahrnehmung und Wirkung der Markenpersönlichkeit.* zugl. Diss, Frankfurt a. M.

Hofer, J. (2008). *Globales Geschäft. Handelsblatt,* Ausgabe vom 30.05.2008, S. 8.

Hoffmeister, S. (2005). Erfolgreiches Sportmerchandising in der Praxis: Die Merchandising-Gesamtkonzeption des FC St. Pauli. In G. Schewe & P. Rohlmann (Hrsg.), *Sportmarketing. Perspektiven und Herausforderungen vor dem Hintergrund der Fußball-WM 2006* (S. 135–151). Schorndorf.

Homburg, C., & Giering, A. (1998). Konzeptualisierung und Operationalisierung komplexer Konstrukte – Ein Leitfaden für die Marketingforschung. In L. Hildebrandt & C. Homburg (Hrsg.), *Die Kausalanalyse. Ein Instrument der betriebswirtschaftlichen Forschung* (S. 111–146). Stuttgart.

Huber, F., Herrmann, A., & Weis, M. (2001). Markenloyalität durch Markenpersönlichkeit. Ergebnisse einer empirischen Studie im Automobilsektor. *Marketing ZFP, 23*(1), 5–15.

Jung, A. (2006). FC Bayern München – Die partnerschaftliche 360°-Vermarktungs-Plattform. In K. Braun, D. Huefnagels, T. Müller-Schwemer, & G. Sorg (Hrsg.), *Marketing- und Vertriebspower durch Sponsoring. Sponsoringbudgets strategisch managen und refinanzieren* (S. 231–253). Berlin.

Karlowitsch, E., & Michaelis, M. (2005). *Merchandising als Marketinginstrument und Einnahmequelle – Eine ökonomische Analyse der Potenziale von Klubs der 1. Fußball-Bundesliga,* Arbeitspapier Nr. 7-1, Lehrstuhl für Betriebswirtschaftslehre, insb. Controlling. Münster: Westfälische Wilhelms-Universität Münster.

Kim, H.-S. (2000). Examination of brand personality and brand attitude within the apparel product category. *Journal of Fashion Marketing and Management, 4*(3), 243–252.

Kim, C. K., Han, D., & Park, S.-B. (2001). The effect of brand personality and brand identification on brand loyalty: Applying the theory of social identification. *Japanese Psychological Research, 43*(4), 195–206.

Mäder, R. (2005). Messung und Steuerung von Markenpersönlichkeit. *Entwicklung eines Messinstruments und Anwendung in der Werbung mit prominenten Testimonials.* zugl. Diss., Wiesbaden.

Mahony, D. F., Madrigal, R., & Howard, D. (2000). Using the psychological commitment to team (PCT) scale to segment sport consumers based on loyalty. *Sport Marketing Quarterly, 9*(1), 15–25.

Mediaedge: cia. (2008). *Sensor. Sport & Fußball,* No. 1/2008.

Merrilees, B., & Miller, D. (2002). Antecedents of brand-personality in Australian retailing: An exploratory study. http://smib.vuw.ac.nz:8081/WWW/ANZMAC2001/anzmac/AUTHORS/pdfs/Merrilees1.pdf. Zugegriffen: 09. Juni 2007.

Mohr, S., & Bohl, M. (2001). Markenstrategie: Die Königsdisziplin im Profisport. *Absatzwirtschaft Sonderausgabe,* 142–149.

Mohr, S., & Merget, J. (2004). Die Marke als Meistermacher – Strategische Markenführung im Profisport.In K. Zieschang & C. Klimmer (Hrsg.), *Unternehmensführung im Profifußball. Symbiose von Sport, Wirtschaft und Recht* (S. 103–120). Berlin.

Musante, M., Milne, G. R., & McDonald, M. A. (1999). Sport sponsorship: Evaluating the sport and brand image match. *International Journal of Sports Marketing & Sponsorship, 1*(1), 32–47.

Nunnally, J. C. (1978). *Psychometric Theory* (2. Aufl.). New York u. a.

o. V. (2007). Die phänomenale Vielfalt der Clubs. *Bundesliga-Magazin, 10,* 60–65.

Peter, J. P. (1979). Reliability: A review of psychometric basics and recent marketing practices. *Journal of Marketing Research, 16*(1), 6–17.

Peterson, R. A. (1994). A meta-analysis of Cronbach's Coefficient Alpha. *Journal of Consumer Research, 21*(2), 381–391.

Phau, I., & Lau, K. C. (2001). Brand personality and consumer self-expression: Single or dual carriageway? *Journal of Brand Management, 8*(6), 428–444.

Robinson, M. J., & Miller, J. J. (2003). Assessing the impact of bobby knight on the brand equity of the Texas Tech Basketball Program. *Sport Marketing Quarterly, 12*(1), 56–59.

Rohlmann, P. (2005). Bedeutung, Erfolgsfaktoren und Potenziale von Sportmerchandising. In G. Schewe & P. Rohlmann (Hrsg.), *Sportmarketing. Perspektiven und Herausforderungen vor dem Hintergrund der Fußball-WM 2006* (S. 85–109). Schorndorf.

Rohlmann, P., & Schewe, G. (2005). Aktuelle Entwicklungen und Tendenzen im Sportmarketing. In G. Schewe & P. Rohlmann (Hrsg.), *Sportmarketing. Perspektiven und Herausforderungen vor dem Hintergrund der Fußball-WM 2006* (S. 3–16). Schorndorf.

Ross, S. D., James, J. D., & Vargas, P. (2006). Development of a scale to measure team brand associations in professional sport. *Journal of Sport Management, 20*(2), 260–279.

Rossiter, J. R. (2002). The C-OAR-SE procedure for scale development in marketing. *International Journal of Research in Marketing, 19*(4), 305–335.

Schofield, J. A. (1983). Performance and attendance at professional team sports. *Journal of Sport Behavior, 6*(4), 196–206.

Schramm, A. (2008). Neuer Markt für den FC Bayern. *Die Welt,* 22.

Siguaw, J. A., Mattila, A., & Austin, J. R. (1999). The brand-personality scale: An application for restaurants. *Cornell Hotel & Restaurant Administration Quarterly, 40*(3), 48–55.

Sirgy, M. J. (1982). Self-concept in consumer behavior: A critical review. *Journal of Consumer Research, 9*(3), 287–300.

Sirgy, M. J. (1986). *Self-Congruity. Toward a theory of personality and cybernetics.* New York.

Smit, E. G., van den Berge, E., & Franzen, G. (2002). Brands are just like real People! The development of SWOCC's brand personality scale, international research in advertising conference, Kopenhagen Business School.

Sportfive. (2007). *Fussballstudie 2007.* Hamburg.

Supphellen, M., & Grønhaug, K. (2003). Building foreign brand personalities in Russia: The moderation effect of consumer ethnocentrism. *International Journal of Advertising, 22*(2), 203–226.

Trujillo, N., & Krizek, B. (1994). Emotionality in the stands and in the field: Expressing self through baseball. *Journal of Sport & Social Issues, 18*(4), 303–325.

Upshaw, L. B. (1995). Building brand identity. *A strategy for success in a hostile marketplace.* New York.

Villegas, J., Earnhart, K., & Burns, N. M. (2000). *The brand personality scale: An application for the personal computer industry, 108th Annual Convention of the American Psychological Association.* Washington.

Wakefield, K. L., Blodgett, J. G., & Sloan, H. J. (1996). Measurement and management of the sportscape. *Journal of Sport Management, 10*(1), 15–31.

Weis, M., Huber, F. (2000). Der Wert der Markenpersönlichkeit. *Das Phänomen der strategischen Positionierung von Marken.* Wiesbaden.

Welling, M. (2003). Das Produkt Fußball? – Eine leistungstheoretische Grundlegung zur Identifikation von Produktions- und Absatzspezifika.In M. Reckenfelderbäumer & M. Welling (Hrsg.), *Fußball als Gegenstand der Betriebswirtschaftslehre. Leistungstheoretische und qualitätspolitische Grundlagen* (S. 5–46). Lahr.

Welling, M. (2004a). Die (Fußball)Vereinsmarke – Konzeptionelle Grundlagen und ausgewählte Besonderheiten der Markenführung von Fußballvereinen. In P. Hammann, L. Schmidt, & M. Welling (Hrsg.), *Ökonomie des Fußballs. Grundlegungen aus volks- und betriebswirtschaftlicher Perspektive* (S. 391–418). Wiesbaden.

Welling, M. (2004b). Grundlagen der Absatz- und Produktionsprozesse bei Produkten der Teamsportindustrie – dargestellt am Beispiel des Gutes Fußball. In P. Hammann, L. Schmidt, & M. Welling (Hrsg.), *Ökonomie des Fußballs. Grundlegungen aus volks- und betriebswirtschaftlicher Perspektive* (S. 269–306). Wiesbaden.

Welling, M. (2005). Markenführung im professionellen Ligasport. In H. Meffert, C. Burmann, & M. Koers (Hrsg.), *Markenmanagement. Identitätsorientierte Markenführung und praktische Umsetzung* (2. Aufl., S. 495–522). Wiesbaden.

WGZ-Bank, KPMG. (2004). FC Euro AG. Fußball und Finanzen. *Analyse der Finanzsituation in der Fußballbranche – Neue Wege der Finanzierung* (4. Aufl.). Düsseldorf.

Wysong, S. (2000). „This brand's for you". *A conceptualization and investigation of brand personality as a process with implications for brand management.* Diss., University of Texas, Arlington.

Karsten Kilian

10.1 Die Bedeutung prominenter Testimonials

In den Profilen vieler Marken spiegeln sich die Charaktereigenschaften der Personen und Persönlichkeiten, die über einen längeren Zeitraum mit ihnen in Verbindung gebracht werden. Waren es früher vor allem die Unternehmer selbst, die ihre Waren persönlich an ihre Kunden verkauften und dadurch der eigenen Marke Kontur und Charakter gaben, so sind es seit vielen Jahrzehnten vor allem von den Unternehmen engagierte Markenfürsprechern, die für bestimmte Marken eintreten. Allen voran gilt dies für bekannte Persönlichkeiten des öffentlichen Lebens, wie Abb. 10.1 deutlich macht.

Lag der Anteil der Prominenten in der TV-Werbung in der ersten Hälfte der 1990er Jahre noch bei knapp 3 %, so hat er sich in der zweiten Hälfte des vorletzten Jahrzehnts bereits mehr als verdoppelt und liegt seit der Jahrtausendwende im Fünfjahresmittel über 10 %. In den Jahren 2011/2012 wurden in jedem siebten TV-Werbespot Prominente gezeigt, darunter häufig auch bekannte Sportler.

10.2 Testimonials als eine Form des Sponsoring

Die primäre Aufgabe bekannter Testimonials ist es, die Aufmerksamkeit des Medienpublikums zu wecken und zu bewahren, wie es in ähnlicher Weise vielfach durch auffällige Schlüsselreize wie Erotik oder Überraschung erreicht wird. Neben der hohen Bekanntheit ist es vor allem die mit ihnen und/oder ihrem öffentlichen Auftreten verbundene Emotionalität, z. B. bei der Ausübung ihres Berufes, die das Publikum aktiviert. Ähnliches gilt für das im Vergleich zum Engagement von Testimonials breiter gefasste Sponsoring. Es um-

K. Kilian (✉)
Würzburg, Deutschland
E-Mail: kilian@markenlexikon.com

H. Preuß et al. (Hrsg.), *Marken und Sport*,
DOI 10.1007/978-3-8349-3695-0_10, © Springer Fachmedien Wiesbaden 2014

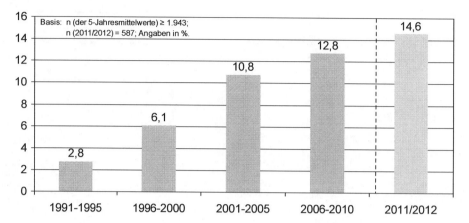

Abb. 10.1 Einsatz von Prominenten in TV-Werbespots seit 1991. (Quelle: IMAS International 2013, vgl. hierzu auch Kilian 2013, S. 101)

Abb. 10.2 Testimonialwerbung als eine Form des Sponsoring

fasst sämtliche Aktivitäten zur Förderung von Personen, Organisationen und/oder Veranstaltungen, die einen Beitrag zur Erreichung der Kommunikationsziele des Unternehmens leisten (vgl. Abb. 10.2).

Das Sponsoringvolumen 2012 wird auf rund 4,4 Mrd. € geschätzt. Mit 2,8 Mrd. entfallen knapp zwei Drittel auf den Bereich Sport. (Kirchner 2012) Von den Sponsoringverantwortlichen setzen 98 % auf diese Sponsoringart. Die restlichen Investitionen verteilen sich auf das auch Programmsponsoring genannte Mediensponsoring (11 %), auf Kultursponsoring (10 %) und auf das auch als Public Sponsoring bezeichnete Sozialsponsoring (6 %). Während Kultursponsoring und Sozialsponsoring von jeweils 54 % der Befragten genutzt werden, sind es beim Mediensponsoring 44 %. (FASPO 2012)

Als Zielsetzungen für den Einsatz von Sporttestimonials können die Ziele des Sportsponsoring herangezogen werden. Wie die Ergebnisse der Studie Sponsor Visions 2012 deutlich machen, sind es vor allem Image- und Bekanntheitsziele, die für Sponsoringaktivitäten und damit auch für den werblichen Einsatz von Sportlern sprechen. Weitere Ziele,

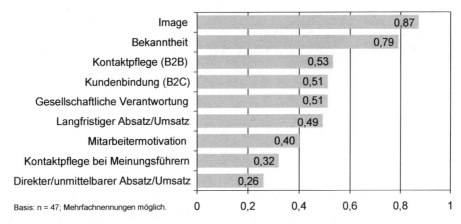

Abb. 10.3 Ziele des Sportsponsoring. (Quelle: Brechtel 2012)

die von jedem zweiten Sponsoringverantwortlichen angeführt werden, sind Kontaktpflege bzw. Kundenbindung, gesellschaftliche Verantwortung und eine langfristige Verbesserung von Absatz bzw. Umsatz. (vgl. Abb. 10.3)

Zu den entscheidenden Erfolgsgrößen für Sporttestimonials zählt, neben dem sportlichen Erfolg, die „richtige" Sportart – und damit einhergehend eine hohe Medienpräsenz. So erzielen die Formel 1-Rennfahrer Sebastian Vettel und Michael Schumacher jährlich zwischen drei und vier bzw. zwischen fünf und sechs Mio. Euro durch Werbung (Schreier 2011).

10.3   Mögliche Formen der Testimonialwerbung

Neben Prominenten werden häufig auch Charaktere als Testimonials eingesetzt. Fallweise werden auch die noch lebenden oder mittlerweile verstorbenen Gründer einer Marke in die Markenkommunikation einbezogen oder es treten aktive Manager ins Rampenlicht. Seit April 2011 beispielsweise wirbt der Vorstandschef von ERGO Direkt, Peter M. Endres, im Fernsehen für die Direktversicherungen seines Unternehmens. Bei Alpecin wiederum erläutert bereits seit 2007 Laborchef Dr. Adolf Klenk die außergewöhnliche Wirkung des eigenen Shampoos, während bei Obi die Mitarbeiter seit 2008 zeigen, welche Produkte und Serviceleistungen Kunden in den Baumärkten erwarten. Punktuell kommen auch echte bzw. gespielte Ratgeber oder Kunden zum Einsatz. Während Jahre lang der selbständige Waschmaschineninstallateur Dieter Bürgy aus Leimen die Verbraucher über „Lochfass" aufklärte, macht „morgens um halb 10" eine beim Einkauf gefilmte Hausfrau und Mutter deutlich, warum Knoppers das ideale „Frühstückchen" ist. (Kilian 2010) Allen genannten Beispielen gemeinsam ist, dass die Testimonials bewusst ausgewählt wurden, um der jeweiligen Marke Authentizität zu verleihen und sie vor dem eigentlichen Kontakt mit dem Produkt oder der Dienstleistung am POS charakterisieren zu können. Nach mehrmaligem

Tab. 10.1 Wirkung von Testimonials in der Werbung (in %). (Quelle: Schweiger und Schultz 2012)

Wahrnehmung und Erinnerung	Werbemittel	Produkt	Marke
Prominente Testimonials	39	50	55
Real-Life-Testimonials	28	34	50
Keine Testimonials	28	32	27

Sehen der Werbespots hat man fast schon den Eindruck, die gezeigten Personen bzw. Charaktere persönlich zu kennen.

Als Folge der Finanz- und Wirtschaftskrise der letzten Jahre und der dadurch entstandenen Vertrauenskrise haben die mit einer Marke in Verbindung gebrachten Personen weiter an Bedeutung gewonnen. Viele Kunden suchen heute verstärkt nach Orientierung und Sicherheit, was sich am ehesten durch eine (zumindest medial) vertraute Personen erreichen lässt. Zudem führen bekannte, fachlich kompetente und/oder attraktive Testimonials zu einer erhöhten und länger anhaltenden Zuwendung zur Marke und damit einhergehend, zu einer besseren und umfassenderen Erinnerung. Daneben untermauern glaubwürdige Testimonials häufig die Beweiskraft und bewirken Image- bzw. Persönlichkeitstransfereffekte auf die Marke. (Kilian 2011) Aus den genannten Gründen gehören Testimonials mittlerweile bei fast allen Unternehmen zum Standardrepertoire. Die auch als Endorser, Präsenter, Markenfürsprecher oder Spokesperson bezeichneten Testimonials sprechen sich meist explizit für eine Marke aus und bezeugen deren Leistungsfähigkeit. Sie bürgen für deren Qualität, Güte, Nützlichkeit und/oder Preiswürdigkeit. (Kilian 2010)

Dass Testimonials vielfach einen merklichen Beitrag zum werblichen Erfolg von Marken leisten, zeigen die Ergebnisse einer aktuellen Metastudie. Abweichend von der zuvor erläuterten Unterscheidung in prominente Repräsentanten, nichtprominente Darsteller und Charaktere wurde dabei zwischen prominenten Testimonials, Real-Life-Testimonials und Werbemitteln ohne Testimonials unterschieden. Bei Real-Life-Testimonials handelt es sich um Privatpersonen bzw. Verbraucher oder um Experten, die meist möglichst authentisch gezeigt werden, damit ihre Empfehlung neutral erscheint und vertrauenswürdig wirkt. (Schweiger und Schultz 2012)

Die Ergebnisse in Tab. 10.1 machen deutlich, dass Prominente im Schnitt für eine höhere Aufmerksamkeit sorgen als nichtprominente Testimonials oder Werbung ohne Testimonials. Prominente gelten häufig als Sympathieträger und verfügen über ein klar definierbares Image. Dementsprechend liegen die Wahrnehmungs- und Erinnerungswerte für Werbemittel und Produkt deutlich über den beiden Vergleichswerten. Abweichend hiervon, zeigen sich bei der Markenwahrnehmung und -erinnerung zwischen prominenten Testimonials und Testimonials des „realen Lebens" nur geringfügige Unterschiede, wohingegen der Abstand zu Werbung ohne Testimonials besonders deutlich ausfällt. Ein Grund für vergleichbare Werte bei prominenten und Alltags-Testimonials könnte sein, dass hier der Vampir-Effekt zum Tragen kommt der besagt, dass aufmerksamkeitsstarke Werbebestandteile einen (Groß-)Teil der Aufmerksamkeit auf sich ziehen – und dadurch die

Tab. 10.2 Die Top 15 Marken- und Prominenten-Fanseiten auf Facebook. (Quelle: www.socialbakers.com (Stand: Juli 2012))

Rang	Marke	Anzahl Fans	Prominente(r)	Anzahl Fans
1	Coca-Cola	79.5	Rihanna	85.3 Mio.
2	Red Bull	42.7	Shakira	82.0
3	Converse	39.5	Eminem	81.9
4	PlayStation	36.6	Cristiano Ronaldo	73.4
5	Starbucks	36.2	Vin Diesel	65.5
6	Oreo	35.6	Katy Perry	63.8
7	Walmart	34.5	Justin Bieber	63.1
8	Samsung Mobile	31.6	Lady Gaga	63.0
9	Pepsi	31.5	Will Smith	60.1
10	iTunes	31.4	Beyoncé	56.4
11	McDonald's	30.1	Selena Gomez	55.6
12	BlackBerry	28.8	Taylor Swift	54.6
13	Skype	28.3	Leo Messi	53.9
14	Subway	26.8	AKON	53.1
15	Pringles	26.8	Adele	52.5

Beachte: Ohne Internet- und Medienmarken sowie Charaktere und bereits verstorbene Prominente

Markenwahrnehmung und -erinnerung schwächen. Dabei gilt: Die Ablenkungswirkung ist besonders groß, wenn ein aufmerksamkeitsstarker Reiz für die Markenbotschaft von untergeordneter Bedeutung oder gänzlich irrelevant ist. (Kilian 2009) Dass dieser Effekt im Vergleich dazu beim Produkt selbst kaum erkennbar ist, könnte daran liegen, dass ein konkretes Produkt leichter erinnert wird als eine abstrakte Marke. Bei der Werbemittel-beurteilung wiederum zeigt sich ein nahezu gleichgroßer Unterschied zwischen den drei Werbeformaten. Während die positive Beurteilung von Werbemitteln mit prominenten Testimonials bei 74 % liegt, erreichen Real-Life-Testimonials 62 % und Werbemittel ohne Testimonials 52 % (Schweiger und Schultz 2012)

10.3.1 Prominentenwerbung in den sozialen Medien

Auch in den sozialen Medien sind prominente Persönlichkeiten des öffentlichen Lebens mittlerweile von herausragender Bedeutung. Während die weltweit stärkste Marke Coca-Cola auf ihrer größten Fanseite knapp 80 Mio. Fans auf sich vereint, sind es bei der führen-den Prominenten Rihanna gut 85 Mio.

Ein Vergleich der führenden Marken- und Prominenten-Fanseiten auf Facebook zeigt, dass die Top 15 Prominenten-Fanseiten im Schnitt fast 79 % mehr Fans auf sich vereinen als die führenden Marken-Fanseiten (vgl. Tab. 10.2). In gleicher Weise liegt der Anteil der

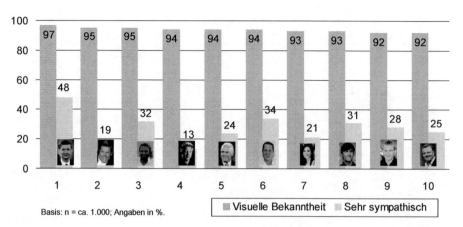

Basis: n = ca. 1.000; Angaben in %.

| ■ Visuelle Bekanntheit | ■ Sehr sympathisch |

Abb. 10.4 Bekanntheit und Beliebtheit der Top-Prominenz (1995–2011), IMAS International 2012

Fans, die auf der Fanseite über die Marke sprechen bei den Top-Prominenten mit 1,79 % gut drei Mal so hoch wie bei den Top-Marken mit 0,59 %.

Wenngleich die Top 15 von Musikern wie Rihanna, Shakira und Eminem dominiert wird, so finden sich auch Sportler wie Cristiano Ronaldo und Leo Messi in der Top 15 wieder. Nike-Testimonial Cristiano Ronaldo beispielsweise wirbt auch auf seiner Facebook-Fanseite für die amerikanische Sportmarke. Daneben finden sich bei ihm Posts und Links zu weiteren Werbepartnern, u. a. zur Modemarke Armani, zur Uhrenmarke Time Force und zur Shampoomarke Clear.

10.3.2 Prominentenwerbung in Deutschland

In Deutschland populär geworden ist das Werben mit Prominenten Ende der 1960er Jahre. 1967 warb Franz Beckenbauer erstmals für die Suppenmarke Knorr. Wenngleich Beckenbauer für sein werbliches Engagement damals bereits 12.000 DM erhielt, entsprachen die Honorare in den Anfangsjahren meist primär Aufwandsentschädigungen. (Zdral 2006) Demgegenüber wird heute beim werblichen Engagement der aktuellen Fußballprominenz mindestens ein fünfstelliger Betrag fällig. (Schaaf 2010a)

Betrachtet man die wichtigsten Prominenten der letzten zwei Jahrzehnte, so finden sich unter den zehn bekanntesten Prominenten fünf Sportler (vgl. Abb. 10.4). Von den fünf Sportprominenten war lediglich noch Michael Schumacher bis vor Kurzem als Rennfahrer aktiv, während Joachim Löw und Jürgen Klinsmann seit vielen Jahren als Fußballtrainer ihr Geld verdienen, Franz Beckenbauer u. a. als Sportkommentator und Ehrenpräsident des FC Bayern München in Erscheinung tritt und Boris Becker nach wie vor als „Person des öffentlichen Lebens" in den Medien präsent ist. Zieht man demgegenüber neben der

Bekanntheit die Imagestärke prominenter Testimonials heran, so finden sich einer aktuellen Erhebung von CPI Celebrity Performance (2012) zufolge nur drei Sportler in der Top 10 wieder: Steffi Graf und Magalena Neuner erreichen mit einem CPI-Wert von jeweils 65,0 % Platz 3 und 4, dicht gefolgt von Sebastian Vettel mit 64,4 auf Platz 5. (Firlus 2012)

Wählt man demgegenüber Sympathie als Auswahlkriterium und betrachtet den Anteil der als „sehr sympathisch" eingeschätzten Prominenten, so finden sich in der Top 10 der letzten 17 Jahre mit Sebastian Vettel (48 %), Franziska van Almsick (45 %) und Rudi Völler (43 %) ebenfalls nur drei prominente Sportler wieder. (IMAS International 2012)

10.4   Theoretische Erklärungsansätze der Testimonialwerbung

Die Erfolgsfaktoren und Funktionsmechanismen von Testimonialwerbung lassen sich mit Hilfe von drei konzeptionellen Ansätzen erklären, die aufeinander Bezug nehmen, einander ergänzen und den Betrachtungsrahmen schrittweise erweitern, wie Abb. 10.5 zeigt. Als Ausgangspunkt dienen die so genannten „Source-Modelle", die relevante Eigenschaften für den Werbeerfolg mit Testimonials herausarbeiten. Hierauf aufbauend betont die Match-Up-Hypothese, dass zwischen Testimonial und Produkt eine sachlogische Verbindung (Kongruenz) vorhanden sein sollte, um werbewirksam zu sein. Die Selbst-Kongruenz-Hypothese wiederum geht davon aus, dass mit zunehmender Übereinstimmung zwischen Marken- und Konsumentenpersönlichkeit die Präferenz für ein Produkt zunimmt (Kilian 2011).

Das hierauf aufbauende Meaning-Transfer-Modell von McCracken schließlich unterstellt kulturell geprägte Bedeutungsinhalte, die zunächst auf das Produkt bzw. die Marke übertragen werden und in einem zweiten Schritt auf den Kunden. Es berücksichtigt explizit die postulierten Wirkungszusammenhänge der Source-Modelle und integriert zudem implizit die Erklärungsansätze der Match-Up-Hypothese und der Self-Congruity-Hypothese. Zentraler Kritikpunkt an den Source-Ansätzen ist, dass sie zwar erklären, dass sich Kunden mit Prominenten identifizieren, nicht aber warum und wie. McCracken zufolge hängt die Effektivität eines Testimonials zum Teil von den Bedeutungsinhalten ab, die der Fürsprecher in die Werbepartnerschaft einbringt. (McCracken 1989) Zu den transportieren Bedeutungsinhalten mit Unterscheidungskraft zählen soziodemographische Kategorien wie Alter, Geschlecht, soziale Klasse und Status genauso wie Typisierungen nach der Persönlichkeit oder dem Lebensstil des Prominenten. Dabei gilt, dass sich selbst stereotypische Prominente nicht auf einen einzelnen Bedeutungsinhalt reduzieren lassen, sondern stets ein ineinandergreifendes Geflecht von Bedeutungsinhalten repräsentieren. Sie erst machen einen Prominenten zu einem nützlichen Element in der Werbung und damit zu einem Träger, Repräsentanten und Übermittler kultureller Bedeutungsinhalte. Prominente erfüllen Rollen, Klischees und Typen. Gleichzeitig repräsentieren sie Standpunkte, Weltanschauungen, Moden und Stile. (Hoffmann 2002)

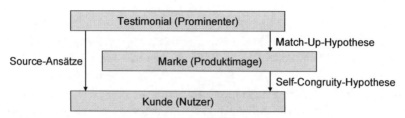

Abb. 10.5 Erklärungsbeitrag drei bekannter Testimonialmodelle. (Quelle: Kilian 2011)

Es ist deshalb notwendig, die jeweilige Person als Ganzes zu charakterisieren, um auf Basis dieses Bündels an Bedeutungen zu entscheiden, ob sich der jeweilige Prominente als Werbepartner für eine Marke eignet oder nicht. Der Bedeutungstransfer vollzieht sich dabei in drei Schritten. Ausgehend von einem für eine Marke angestrebten Bedeutungs-bündel, zumeist als Markenidentität bezeichnet, gilt es in einem ersten Schritt die kul-turell manifestierte Welt nach Objekten, Personen und Kontexten hin zu analysieren. Sie geben den gewünschten Bedeutungsinhalten eine „Stimme", z. B. in Form prominenter Persönlichkeiten, die durch ihre öffentlichen Auftritte, z. B. in Spielfilmen oder bei Sport-wettkämpfen, kulturelle Bedeutungsinhalte auf ihre Person übertragen. Im zweiten Schritt werden diese Inhalte vom Prominenten durch werbliche Auftritte zusammen mit einem Produkt auf die dazugehörige Marke transferiert. In einem dritten Schritt schließlich er-folgt eine Übertragung der mit Bedeutungsinhalten aufgeladenen Marke auf die Kunden. (McCracken 1989)

Allen genannten Ansätzen gemeinsam ist, dass sie jeweils einen bzw. mehrere Erfolgs-faktoren der Testimonialwerbung benennen. Während die Source-Ansätze geeignete Eigenschaften von Prominenten wie Glaubwürdigkeit, Expertise und Attraktivität her-vorheben, betont die Match-Up-Hypothese, dass diese Eigenschaften nur wirksam sind, wenn eine weitgehende Entsprechung zwischen Prominentem und Markenprodukt vor-liegt. Die Selbst-Kongruenz-Hypothese wiederum macht deutlich, dass eine Übereinstim-mung zwischen Marke und Selbst-Konzept die Markenpräferenz entscheidend prägt. Das Meaning-Transfer-Modell schließlich hebt die kulturellen Bedeutungsinhalte hervor, mit denen ein Prominenter aufgeladen sein muss, bevor er diese Inhalte als Werbepartner auf das Markenprodukt übertragen kann und anschließend von diesem durch den Kauf und die Verwendung des Markenproduktes eine Übertragung auf den Kunden möglich wird (Kilian 2011).

Auf das Konstrukt Markenpersönlichkeit übertragen bedeutet dies, dass zunächst kul-turelle Bedeutungsinhalte die Prominentenpersönlichkeit prägen, bevor diese durch das werbliche Engagement des Prominenten auf die Marke zur Ausbildung einer starken, vor-teilhaften und einzigartigen Markenpersönlichkeit herangezogen werden können. An-schließend kann der Kunde, z. B. durch demonstrativen Konsum des Markenproduktes eine teilweise Übertragung der Markenpersönlichkeit auf seine eigene Persönlichkeit an-streben, wie Abb. 10.6 deutlich macht.

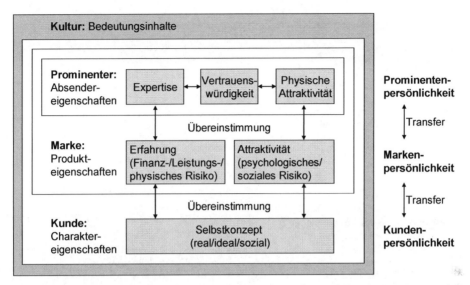

Abb. 10.6 Prominentenbezogenes Markenpersönlichkeitstransfer-Modell. (Quelle: Kilian 2011)

10.5 Praktische Steuerungsansätze der Testimonialwerbung

Im deutschsprachigen Raum haben sich zur Auswahl und Steuerung von Prominenten eine Reihe von Instrumenten etabliert, u. a. der „Promi-Check" von TNS Infratest, der „PromiMeter" von IMAS International und „Celebrity Performance" von CPI Celebrity Performance. Alle drei Ansätze zeichnen sich dadurch aus, dass sie bei der Testimonialauswahl primär auf die Ähnlichkeit der Persönlichkeitsprofile achten.

Der bereits 1999 entwickelte „Promi-Check"-Ansatz nimmt dabei explizit die Kundenperspektive ein. Als Datenbasis dient das seit 1998 in Deutschland angewandte Semiometrie-Modell von TNS Infratest. Ausgehend von der Festlegung relevanter Zielgruppen werden neben direkten Fragen zur Einstellungen zu verschiedenen Lebensbereichen, zu Freizeitbeschäftigungen und zur Mediennutzung mit Hilfe eines indirekten Messansatzes Einstellungen, Grundhaltungen und Wertesysteme ermittelt. Konkret wird zu 210 Begriffen erfasst, inwieweit diese beim Probanden ein angenehmes oder unangenehmes Gefühl hervorrufen. Die auf diese Weise für die einzelnen Zielsegmente ermittelten, gefühlsbezogenen Begriffseinschätzungen werden anschließend in semantisch-räumlichen Wertefeldern dargestellt und zu Wertesteckbriefen und psychographischen Zielgruppenprofilen verdichtet, wobei sowohl über- als auch unterbewertete Begriffe gesondert hervorgehoben werden. Die Wertefelder dienen zum einen als Grundlage für die Mediaplanung einer Marke, zum anderen können sie zur Auswahl von Prominenten herangezogen werden. Wichtig hierbei ist, dass die erfassten Wertefelder für die Probanden selbst wichtig sind

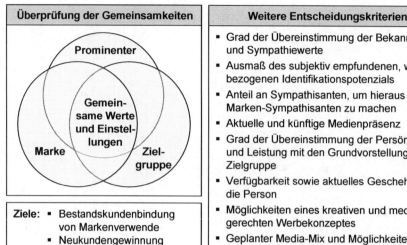

Abb. 10.7 Auswahl geeigneter Prominenter mit dem „Promi-Check". (Quelle: Kilian 2011)

und nicht die Werte einer Marke bzw. eines Prominenten beschreiben. Die Verbindung zur Marke und/oder zum Prominenten erfolgt über das Ausmaß der Bekanntheit und Sympathie innerhalb der befragten Zielgruppen. Ergänzend werden weitere Kriterien herangezogen, die in Abb. 10.7 genannt sind.

Die von TNS Infratest auch als „Glaubwürdigkeit" bezeichnete Kongruenz zwischen Marke und Prominenten wird auf Basis der Wertefelder der relevanten Zielgruppe und dem Anteil der Sympathisanten eines Prominenten innerhalb dieser Gruppe ermittelt. Die Eignung mehrerer denkbarer Werbepartner wird anschließend auf Basis eines Fit-Index beurteilt, der aus zwei Kennziffern besteht. Die erste Kennziffer ergibt sich aus der Multiplikation des Sympathie- und Glaubwürdigkeitswerte und ermöglicht ein Ranking passgenauer Prominenter. Die zweite Kennziffer erlaubt hierauf aufbauend eine Einstufung des Prominenten im Hinblick auf die Kampagneneignung.

Während beim „Promi-Check" die Einschätzungen zu Marken und Prominenten ausschließlich über den Namen und nicht über Fotos oder Porträts erfragt werden, werden beim „PromiMeter" von IMAS International im Rahmen persönlich durchgeführter Interviews mit jeweils 1.000 repräsentativ ausgewählten Probanden farbige Bildvorlagen von bis zu acht prominenten Persönlichkeiten vorgelegt. Auf diese Weise wird seit 1995 die Bekanntheit und Beliebtheit sowie das Persönlichkeitsprofil und die branchenbezogene Werbeeignung von mehr als 1.000 Prominenten erfasst (vgl. Abb. 10.8).

In ähnlicher Weise werden seit 2011 mit „Celebrity Performance" zwei grundlegende Ziele verfolgt: Die Steigerung der Markenbekanntheit und/oder die Verbesserung des

1. Bekanntheit	2. Sympathie
• visuell (Stimulus: Bildvorlage) • namentlich (ungestützt/gestützt)	• Sympathiegrad • Identifikationsbereitschaft (Vorbild)

3. Persönlichkeitseigenschaften		4. Werbeeignung
• cool/lässig • jugendlich • humorvoll • modern • stark/dynamisch • warmherzig	• vertrauenswürdig • sexy • langweilig • sanft/sensibel • chic/elegant • bieder/altmodisch	Kompatibilität mit 14 Produktkategorien, u.a. • Fertiggerichte, Schlemmergerichte • Alkoholische Getränke • Bekleidung, Textilien • Autos, Autozubehör • Haushaltsgeräte

Abb. 10.8 Auswahl von Prominenten mit dem „PromiMeter". (Quelle: Kilian 2011)

Markenimages. Entscheidend für die Zielerreichung sind zum einen mehrere Imagestärke-Treiber, zum anderen die gestützte Bekanntheit des Prominenten, die als Reichweite der Imagestärke aufgefasst werden kann. Die Imagestärke setzt sich zusammen aus der Beliebtheit, der Glaubwürdigkeit, der Vertrauenswürdigkeit, der Meinungsführerschaft, dem positiven Abheben des Prominenten, seiner Einzigartigkeit und der zukunftsgerichteten Erfolgserwartung, wobei die einzelnen Treiber die Imagestärke relevanzabhängig unterschiedlich stark prägen. Die Imagestärke und ihre Reichweite zusammen ergeben den Celebrity Performance Index (CPI), der als Maßstab des Werbewirkungspotenzials aufgefasst werden kann. Im Ergebnis lassen sich sechs Performer-Typen unterscheiden. Der Attention Performer beispielsweise verfügt über eine hohe Bekanntheit bei gleichzeitig schwachem Image. Er ist deshalb primär für Werbekampagnen geeignet, deren erklärtes Ziel es ist, Aufmerksamkeit zu erregen. Mit einem positiven Imagetransfer kann demgegenüber nicht gerechnet werden. Im Gegensatz hierzu bietet sich ein allgemein weniger bekannter Targeted Performer für Nischenmärkte an, in denen er über ein starkes Image verfügt, wie es beispielsweise beim Golfprofi Martin Kaymer der Fall ist. Ultra High Performer wiederum verfügen sowohl über ein starkes Image als auch über bevölkerungsweite Bekanntheit. Bei vorliegendem Image Fit ist ihr Einsatz fast immer sehr wirksam. (Fischer 2012) Gleichzeitig sind jedoch auch ihre Honorarvorstellungen meist sehr hoch.

Der auch als Celebrity Marken Fit bezeichnete Image Fit wiederum setzt sich zusammen aus dem Persönlichkeitsprofil des Prominenten, seiner Eignung für unterschiedliche Produktkategorien sowie den Charakteristika der Zielgruppe, die aus den angestrebten Kampagnenzielen abgeleitet werden (vgl. Abb. 10.9).

Alle drei beschriebenen Ansätze sind inhaltlich ausgereift und eigenen sich bestens zur Auswahl geeigneter Sporttestimonials. Dabei kann aus einem breitem Spektrum prominenter Sporttestimonials ausgewählt werden, wie im Folgenden gezeigt wird.

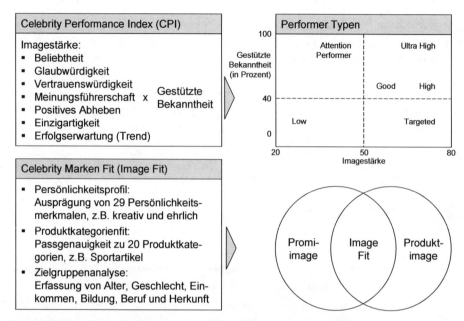

Abb. 10.9 Auswahl von Prominenten mit Celebrity Performance. (Quelle: Fischer 2012)

10.6 Spektrum prominenter Sporttestimonials

Das Spektrum möglicher Sporttestimonials reicht weit über aktive Athleten hinaus. Auch weitere Personen und Personengruppen, die zum Sportsystem gehören, zählen mit dazu. Hierunter fallen ehemalige Sportler genauso wie Vereinsangehörige, z. B. Trainer. Auch Schiedsrichter, die Partner der Sportler, verstorbene Sportlegenden, reale und virtuelle Mannschaften sowie Vereinsmaskottchen gehören dazu. (Schaaf 2011) Die genannten Sporttestimonialtypen lassen sich unterteilen in Spieler, Familie, Verein und Verband. Zur Gruppe der „Spieler" zählen aktive Sportler genauso wie ehemalige und verstorbene Prominente, zur „Familie" bei Fußballern vor allem die Spielerfrauen, z. B. Sylvie van der Vaart. Beim „Verein" wiederum kann zwischen aktuellen, ehemaligen bzw. verstorbenen Trainern, Managern und Präsidenten unterschieden werden. Zum „Verband" schließlich zählen vor allem Nationaltrainer und bekannte Schiedsrichter, z. B. Pierluigi Collina (vgl. Abb. 10.10)

Interessanterweise werden fallweise auch ehemalige Sportler noch über viele Jahre hinweg als Testimonials eingesetzt. Das gilt nicht nur für „Kaiser" Franz Beckenbauer, sondern auch für den ehemaligen Formel 1-Weltmeister Mika Häkkinen.

McLaren-Pilot Mika Häkkinen wurde 1998 und 1999 Weltmeister und bestritt 2001 sein letztes Grand-Prix-Rennen. 2005 und damit vier Jahre nach seinem sportlichen Karriereende begann der „fliegende Finne", Werbung für den Paketversender Hermes zu machen. Von zentraler Bedeutung für seine Engagement sind Hermes zufolge sein

Spieler	Familien	Vereine	Verbände
z.B. aktiver Nationalspieler	z.B. ehemalige Spielerfrau	z.B. aktiver Präsident	z.B. aktiver Nationaltrainer

Abb. 10.10 Typologie prominenter Sporttestimonials

nach wie vor großer Bekanntheitsgrad und seine hohen Sympathiewerte. Neben Verbindungen zu Häkkinens Persönlichkeit lassen sich zahlreiche Anknüpfungspunkte zwischen Formel 1 und Paketzustellung finden. So thematisiert Hermes mit dem ehemaligen Formel 1-Fahrer in seinen Werbespots nicht nur die Schnelligkeit der eigenen Logistikleistungen, sondern auch Unternehmenseigenschaften wie Teamarbeit, Präzision und Erfahrung (Schreier 2011).

10.7   Die Bedeutung prominenter Sporttestimonials

Die werbliche Bedeutung von Sportlern lässt sich zum einen damit erklären, dass Sport heute, im Gegensatz zu früher, den Freizeitbereich weitestgehend dominiert. Zum anderen werden mit Sport klassischen Tugenden wie fairer Wettkampf, Teamgeist und Leistungsorientierung sowie Attraktivität, Leidenschaft und Emotionen verbunden, die allesamt positive Werte verkörpern und sich hervorragend für einen Imagetransfer eignen. (Ladegast und Rennhak 2006) Im Vergleich zu anderen Prominentengruppen, z. B. Schauspielern und Musikern zeigt sich, dass bekannte Sportler in Deutschland im Durchschnitt nur über eine mittlere visuelle und Namensbekanntheit verfügen, dafür aber bei der Sympathieanmutung, fast gleichauf mit Moderatoren, ganz weit vorne liegen (vgl. Abb. 10.11).

Vergleicht man ergänzend hierzu das Eigenschaftsprofile der verschiedenen Prominentengruppen, so zeigt sich, dass bekannte Sportler vor allem bei den Eigenschaften „cool", „modern", „humorvoll" und „vertrauensvoll" Werte über 20 % erreichen, wohingegen sie bei den Eigenschaften „Trendsetter", „chic" und „sexy" durchweg unter 15 % liegen, wie Abb. 10.12 deutlich macht.

Innerhalb der Prominentengruppe Sportler vereinen Fußballer im Schnitt über die Hälfte aller Prominentenauftritte auf sich. In Jahren mit großen internationalen Fußballereignissen, insbesondere der Fußball-WM, sind es sogar bis zu 94 %. (Schaaf 2010a) Ganz allgemein gilt für Sporttestimonials, dass ihre werbliche Inanspruchnahme in Abhängigkeit von Großereignissen wie den Olympischen Spielen, der Fußball-EM und der Fußball-WM stark schwankt. (Schaaf 2010b)

Zieht man die Sponsoringinvestitionen als Vergleichsgröße heran, so geben 81 % der Sponsoring-Entscheider an, im Bereich Männerfußball aktiv zu sein, 32 % bei Basketball,

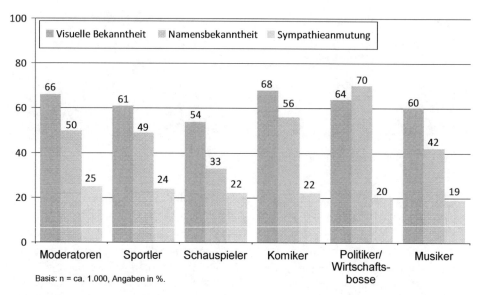

Abb. 10.11 Bekanntheit und Beliebtheit verschiedener Prominentengruppen. (Quelle: IMAS International 2012)

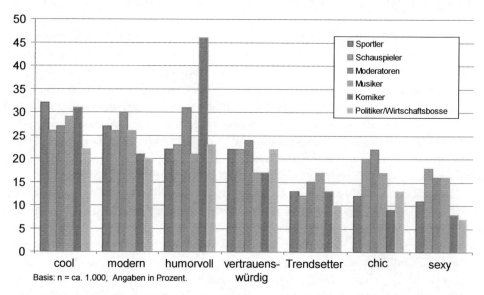

Abb. 10.12 Eigenschaftsprofile verschiedener Prominentengruppen. (Quelle: IMAS International 2012)

28 % bei Handball, 23 % bei Eishockey und jeweils 19 % bei Frauenfußball und Reiten. (FASPO 2012; Schmidt 2012) Darüber hinaus erwarten 27 % bzw. 23 % der Befragten, dass Trendsportarten wie Snowboarding bzw. Mountainbiking in den nächsten Jahren an Bedeutung gewinnen werden – und sich damit auch junge Sporttalente Hoffnung auf lukrative Werbeverträge machen können. (Brechtel 2012)

Tab. 10.3 Bekanntheit, Image und Wert deutscher Nationalspieler samt Trainer. (Quelle: Förster 2012; App 2012,; Weber 2012)

Nationalspieler/-trainer	gestützte Bekanntheit	Image-stärke	CPI-Index	geschätzter Werbewert	geschätzter Markenwert
Joachim Löw	96,2 %	58,5	57,9	n.a.	n.a.
Bastian Schweinsteiger	98,1 %	55,0	54,7	2,5 Mio. €	20,3 Mio. €
Mario Götze	64,2 %	59,9	53,6	n.a.	16,1 Mio. €
Manuel Neuer	86,6 %	55,3	53,3	1,5 Mio. €	23,2 Mio. €
Thomas Müller	84,0 %	54,3	52,0	2,5 Mio. €	24,9 Mio. €
Mesut Özil	91,5 %	52,5	51,4	4,0 Mio. €	22,8 Mio. €
Lukas Podolski	96,9 %	50,5	50,1	3,5 Mio. €	8,3 Mio. €
Philipp Lahm	94,5 %	50,3	49,6	1,8 Mio. €	20,2 Mio. €
Miroslav Klose	96,6 %	49,4	48,9	n.a.	4,6 Mio. €
Holger Badstuber	58,2 %	53,4	46,6	n.a.	5,6 Mio. €
Mario Gomez	89,4 %	47,5	46,1	1,5 Mio. €	16,6 Mio. €
Sami Khedira	73,4 %	49,2	45,5	1,0 Mio. €	15,2 Mio. €

Der Werbewert der Fußballer der deutschen Nationalmannschaft ist dabei zum Teil beachtlich, wie Tab. 10.3 zeigt. So werden die maximalen Werbeeinnahmen von Mesut Özil von Sport + Markt auf vier Mio. Euro geschätzt. Fast gleichauf liegt Lukas Podolski mit 3,5 Mio. €. Der Werbewert ist eng verbunden mit der Bekanntheit des jeweiligen Sportlers, seinem möglichen Einsatzspektrum in der Werbung und der Imagestärke, gemessen mit Hilfe des CPI-Indexes. (Steger 2012) Daneben liegen von Batten & Company Markenwerte ausgewählter deutscher Nationalspieler vor, die neben den Werbeinnahmen und dem Spielerimage das Gehalt mit einbeziehen und deshalb teilweise deutlich höher ausfallen. So wird beispielsweise der Markenwert von Thomas Müller auf rund 25 Mio. € geschätzt. (Weber 2012)

In Abhängigkeit von der Stärke des Zusammenhangs mit dem Sportbereich lassen sich bei Produkten vier Verbindungsgrade unterscheiden. Produkte ersten Grades beispielsweise werden bei der Ausübung des Sports direkt ge- bzw. verbraucht. Hierzu zählen vor allem die bei der jeweiligen Sportart verwendeten Sportartikel, allen voran Ausrüstung, Kleidung und Schuhe. Sportnahe Produkte wie z. B. Duschgels, Müsli-Nahrung und isotonische Getränke wiederum gelten als Produkte zweiten Grades und finden im sportlichen Umfeld Verwendung. Demgegenüber handelt es sich bei Produkten dritten Grades um sportfremde Angebote, die nur noch durch gemeinsame Imagebestandteile eine mittelbare Verbindung zum Sport aufweisen, z. B. Autos und Busse als Transportmittel der Sportler. Sportfremde Produkten schließlich sind ohne erkennbaren Zusammenhang zum Sport. Die Produkte vierten Grad finden Sie am häufigsten Verwendung, bergen aber die Gefahr, aufgrund eines mangelnden Produkt-Testimonial-Fits einen Imagetransfer zu erschweren, fallsweise sogar zu verhindern. (Drees 1992) In Tab. 10.4 ist der Anteil der Anzeigen mit Prominenten wiedergegeben, in denen mit Sporttestimonials geworben wird.

Tab. 10.4 Anteil der Sporttestimonials in Anzeigen mit Prominenten. (Quelle: Schaaf 2011, Zahlen gerundet)

Produktkategorie	Anteil in %	Produktkategorie	Anteil in %
Sportartikel	92	Genussmittel	32
Bank- und Geldgeschäfte	62	Uhren und Schmuck	31
Lebensmittel	58	Elektronikartikel	28
Automobile und Zubehör	55	Mode	25
Telekommunikation	55	Reisen	15
Dienstleistungen	41	TV-Sendungen	8
Printmedien	39	Parfüms	5
Pharmazeutika	36	Kosmetik	3

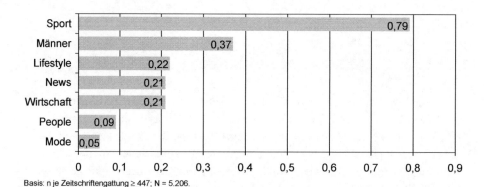

Basis: n je Zeitschriftengattung ≥ 447; N = 5.206.

Abb. 10.13 Gattungsbezogener Anteil der Prominentenanzeigen mit Sportlern. (Quelle: Schaaf 2010b)

Wenig überraschend kommen bei Anzeigen für Sportartikel in 92 % aller Anzeigen mit Prominenten bekannte Sportler als Testimonials zum Einsatz. An zweiter Stelle folgen mit 62 % Bank- und Geldgeschäfte. Selbst in der Produktkategorie Mode kommen Sportler in jeder vierten Anzeige mit Prominenten zum Einsatz. Mit dazu beitragen dürfte, dass 71 % der Befragten deutsche Fußballer als „gut gebaut" einstufen, 64 % der Meinung sind, dass sie sich „geschmackvoll kleiden" und 60 % finden, dass sie „sexy aussehen". (Monheimer Institut 2012a) Zudem sind 45 % der Deutschen der Auffassung, dass David Beckham Trends in der internationalen Modewelt setzt, bei Cristiano Ronaldo sind es 20 %, bei Wladimir Klitschko 18 % und bei Lionel Messi 12 %. (Monheimer Institut 2012b)

Bei Betrachtung des gleichen Sachverhalts aus der Perspektive der Medienträger ergibt sich ein ähnliches Bild. So werden Anzeigen mit Sportprominenten vor allem in Sport- und Männerzeitschriften geschaltet (vgl. Abb. 10.13).

In Sportmagazinen mit sportaffinem redaktionellen Umfeld und sportinteressierter Leserschaft beispielsweise kommen in 79 % aller Printanzeigen mit Prominenten Sportler zum Einsatz, wobei in 90 % aller Fälle männliche Athleten gezeigt werden. Damit verbunden ist die Gefahr, dass sie aufgrund ihrer Omnipräsenz kaum noch auffallen und die Anzeigen überblättert werden. Weibliche Sportler bieten demgegenüber deutliche Vorteile, allen voran attraktive Sportlerinnen wie Tennisspielerin Anna Kurnikova oder Kickbox-Weltmeisterin Dr. Christine Theiss. (Schaaf 2010b) Gleiches gilt für Sportler, die über langjährige Medienpräsenz und ein ausgeprägtes Persönlichkeitsprofil verfügen, wie es bei Wladimir und Vitali Klitschko der Fall ist. Die beiden Profiboxer sind, wie eine Reihe weiterer außergewöhnlicher Sportler, mittlerweile selbst zur Marke geworden.

Die beiden siebenfachen Boxweltmeister Vitali und Wladimir Klitschko verfügen nicht nur über einen hohen Bekanntheitsgrad von 98 bzw. 99 % (Schreier 2011), sondern verkörpern seit vielen Jahren Eigenschaften wie Stärke, Disziplin und Erfolg genauso wie für Boxer eher untypische Werte, allen voran Ehrlichkeit, Intelligenz und Verantwortungsbewusstsein. (Schröder 2012) Dementsprechend werben die beiden Weltklasseboxer für Marken, die zu ihnen und ihrer Sportart passen: Eunova (Vitaminpillen), McFit (Fittnesskette), Ferrero Milchschnitte, Hugo Boss, Mobilat (Muskel- und Gelenksalbe), Tempo (Taschentücher) und alkoholfreies Bier. Die Warsteiner-Alkoholfrei-Markenwerte vitalisierend, erfrischend und isotonisch beispielsweise passen perfekt zur Ausdauersportart Boxen und werden von den beiden Prominenten erinnerungsstark thematisiert. Während Wladimir Klitschko im aktuellen TV-Werbespot bequem in einem Ledersessel liest, trainiert sein Bruder im Hintergrund. Wladimir geht, nachdem er seinem Bruder kurz beim Seilhüpfen zugeschaut hat, zum Kühlschrank und holt sich eine Flasche Warsteiner – und merkt dabei an: „Also für mich muss ein Alkoholfreies einfach gut schmecken!" Als er daraufhin Vitali fragt, was es für ihn sein müsse, antwortet dieser mit einem passenden Wortspiel: „Na vita-lisierend!" und gönnt sich einen Schluck aus der Flasche, die sich sein Bruder eigentlich für sich selbst geholt hatte.

Zu den Erfolgsgeheimnissen der Klitschkos gehört außer einem professionellen Management und ihrer perfekten Inszenierung in der Öffentlichkeit eine gute Geschichte, die sie für Marken besonders attraktiv macht. Neben ihrer Herkunft aus einfachen Verhältnissen in der Ukraine zählt dazu ein insbesondere für Boxsportler außergewöhnlich hohes Bildungsniveau. Beide sprechen vier Sprachen und haben im Bereich Sportwissenschaften promoviert. Der langjährige Erfolg der beiden Spitzensportler im Ring und ihre regelmäßige, positive Medienpräsenz passen in die heutige Zeit, in der sich viele Menschen nach Stärke sehnen, bei gleichzeitiger Sehnsucht nach Werten wie Hilfsbereitschaft, Nachdenklichkeit und Mäßigung. (Schröder 2012) Dementsprechend werden die Klitschkos auch von 65 % der deutschen Fernsehzuschauer als faszinierend charakterisiert. (Schreier 2011) Damit sind sie zugleich hochattraktiv für Marken, die genau diese Art der Kundenerwartung werblich adressieren möchten. Medial ähnlich erfolgreich waren bis vor ein paar Jahren nur Franz Beckenbauer und Michael Schumacher (Adjouri und Stastny 2006).

Literatur

Adjouri, N., & Stastny, P. (2006). *Sport-Branding*. Wiesbaden.

App, U. (2012). Anstoß für neue Werbeverträge. *Werben & Verkaufen, 26*, 16–20.

Brechtel, D. (2012). Mythos Werbe-Overkill. *Marke41, 2*, 26–33.

CPI Celebrity Performance. (2012). Die Entscheidungsgrundlage für die erfolgreiche Vermarktung von Celebrities, Unternehmenspräsentation, Juni.

Drees, N. (1992). Sportsponsoring, 3. Aufl. Wiesbaden.

FASPO. (2012). Sponsor Visions 2012, Trends im Sponsoring-Markti, Präsentation, Mai.

Firlus, T. (2012). Stars mit hohem Werbepotenzial. *WirtschaftsWoche, 6* (6. Februar), 12.

Förster, U. (2012). Die DFB-Elf im Werbecheck: Nicht alle sind „High Performer", online: http://www. horizont.net/aktuell/marketing/pages/protected/Die-DFB-Elf-im-Werbecheck-Nicht-alle-sind-High-Performer_108088.html.

Fischer, M. (2012). Hilfe bei der Partnerwahl. *Markenartikel, 7*, 51–53.

Hoffmann, J. (2002). Star-Stalker: Prominente als Objekt der Obsession. In W. Ullrich & S., Schirdewahn (Hrsg.), *Stars, Annäherung an ein Phänomen* (S. 181–203). Frankfurt a. M.

IMAS International. (2012). Promi-Trends 1995–2011, bisher teilweise unveröffentlichte Studienergebnisse.

IMAS International. (2013). Prominente in der Werbung 1991–2012, teilweise unveröffentlichte Studienergebnisse.

Kilian, K. (2009). Was ist ein Vampireffekt? *Absatzwirtschaft, 8*, 72.

Kilian, K. (2010). Mensch Marke! In Absatzwirtschaft, Sonderausgabe Marken, S. 106–109.

Kilian, K. (2011). Determinanten der Markenpersönlichkeit, Dissertation, Universität St. Gallen. Wiesbaden.

Kilian, K. (2013). Prominente in der Werbung. In Markenartikel, Sonderausgabe 75 Jahre Markenartikel, S. 100–103.

Kirchner, H. (2012). Fußball führt beim Sponsoring, 22. März. http://www.presseportal.de/pm/39398/2221112/fussball-fuehrt-beim-sponsoring-fachverband-sponsoring-stellt-neue-sponsoringstudie-vor.

Ladegast, S., & Rennhak, C. (2006). Sportsponsoring – Quo Vadis? Arbeitspapier, Munich Business School, Nr. 2006–06. http://www.munich-business-school.de/fileadmin/mbs/documents/working_papers/MBS-WP-2006-08.pdf.

McCracken, G. (1989). Who is the celebrity endorser? Cultural foundations of the endorsement process. *Journal of Consumer Research, 16*(3), 310–321 (Dezember).

Monheimer Institut (2012a). Image deutscher Fußballer, unveröffentlichte Studienergebnisse, Juli.

Monheimer Institut (2012b). Männer stehen auf Fußballerkleidung, Ältere orientieren sich an Madonna, Januar. http://www.monheimerinstitut.com/aktuelles/5-maenner-stehen-auf-fussballerkleidung-aeltere-orientieren-sich-an-madonna.html.

Schaaf, D. (2010a). Testimonialtrends im Fußball. *Marke41, 4*, 84–89.

Schaaf, D. (2010b). Gezielt werben mit Sporttestimonials. *Media Spectrum, 7/8*, 44–45.

Schaaf, D. (2011). Werben Sportler noch für Sportprodukte? Eine Längsschnittanalyse der Anzeigenwerbung in Publikumszeitschriften. In T. Schierl & D. Schaaf (Hrsg.), *Sport und Werbung* (S. 68–85). Köln.

Schmidt, H. (2012). Die meisten Spender lieben Fußball. *Werben & Verkaufen, 16*, 55.

Schreier, G. (2011). Wladimir ist unschlagbar. *Werben & Verkaufen, 49*, 38–40.

Schröder, M. (2012). Schlag auf Schlag. *Handelsblatt, 17/18*(2), 78.

Schweiger, W., & Schultz, K. (2012). Was bringen (prominente) Testimonials? – Werbewirkungssstudien in der Meta-Analyse. *Media Spectrum, 1/2*, 43–45.

Steger, J. (2012). Deutsche Elf gewinnt auch ohne Titel. http://www.absatzwirtschaft.de/content/communication/news/deutsche-elf-gewinnt-auch-ohne-titel;77305.

Weber, M. (2012). Fußballprofis: Thomas Müller erobert Spitzenplatz im Markenwert-Ranking, 20.8. http://www.wuv.de/nachrichten/unternehmen/fussballprofis_thomas_mueller_erobert_spitzenplatz_im_markenwert_ranking.

Zdral, W. (2006). Unternehmen Beckenbauer, 9. Januar. http://www.capital.de/unternehmen/:Fussball-WM–Unternehmen-Beckenbauer/100002057.html.

Stars als Human Brands im Sport: Ein State of the Art

Julian Hofmann

11.1 Einleitung

Marken übernehmen im Allgemeinen eine Identifikations- und Differenzierungsfunktion und prägen das Wahlverhalten von Konsumenten (vgl. Esch 2011). Somit stellt eine Marke ein Bündel an verdichteten Informationen dar und dient im Rahmen ihrer Nutzenstiftung der Reduktion des Konsumrisikos (vgl. Kotler 1991). Analog zu der originären Identifikations- und Differenzierungsfunktion von Marken als Qualitätssignal bei klassischen Konsumgütern und Dienstleistungen (vgl. Sattler und Völckner 2007) können auch Menschen eine derartige Markenfunktion einnehmen. Dass auch Personen – in diesem Fall Sportler, die über einen gewissen (Mindest-)Bekanntheits- und Erfolgsgrad[1] verfügen – Marken darstellen, ist u. a. im Markengesetz (§ 3 (1)) kodifiziert und hat des Weiteren Eingang in gängige Definitionen bzw. Abgrenzungen gefunden (vgl. Thomson 2006; Keller 2008).

Mediengüter sind hedonische Güter, die den Charakter von Erfahrungsgütern haben und deren Konsum zu Emotionen, Fantasien und Vergnügen führt (vgl. Hirschman und Holbrook 1982). Der Konsum von hedonischen Gütern ist somit oftmals experimenteller Natur, wodurch sich die Konsumenten vor dem Konsum einer hohen Unsicherheit bezüg-

---

Dieser Beitrag ist Teil der Dissertation von Julian Hofmann. Diese wurde 2012 an der Universität zu Köln eingereicht.

---

[1] Die Bedingung eines gewissen Mindestbekanntheits- und Erfolgsgrads ergibt sich aus der Tatsache, dass eine Marke eine Differenzierung von technisch-physikalisch gleichartigen anderen Produkten – in diesem Fall also anderen Sportlern – ermöglichen muss (vgl. § 3 (1) des MarkenG).

J. Hofmann (✉)
Esbjerg, Dänemark
E-Mail: hof@sam.sdu.dk

H. Preuß et al. (Hrsg.), *Marken und Sport*,
DOI 10.1007/978-3-8349-3695-0_11, © Springer Fachmedien Wiesbaden 2014

lich des durch das hedonische Gut gestifteten Nutzens gegenübersehen (vgl. Dhar und Wertenbroch 2000; Clement et al. 2007). Eine umfangreiche Analyse der hedonischen Eigenschaften eines Medienproduktes ist vor dem Konsum entweder nicht möglich oder mit hohen (Opportunitäts-)Kosten verbunden. Da sportliche Wettkämpfe für den Zuschauer Eigenschaften hedonischer Produkte haben, kommt einer Risikoreduktion durch Marken besondere Bedeutung zu. Die Reduktion der Erwartungsunsicherheit bei hedonischen Gütern wird zu einem großen Teil von „menschlichen Marken" („Human Brands") erfüllt (vgl. Wernerfelt 1988; Ravid 1999). Der Konsument greift hierbei auf seine im Gedächtnis abgespeicherten Wissensstrukturen über die Human Brands zurück.

Allerdings sind nicht alle Human Brands gleichermaßen geeignet, als Qualitätsindikatoren zu fungieren. Für den ökonomischen Wert von Human Brands ist insbesondere der auf überproportionalen Grenzerträgen beruhende Nutzen, der durch den Konsum entsprechender Medienprodukte (wie einem sportlichen Wettkampf im TV) gestiftet wird, ausschlaggebend (vgl. Hofmann und Heidemann 2011). So stiftet z. B. ein Boxkampf zwischen dem Achten und Neunten einer Rangliste nicht den Nutzen eines Kampfes zwischen dem Ersten und Zweiten (vgl. Frank und Cook 1995). Akteure ziehen ihren Wert also insbesondere aus ihrer relativen Position zu den Wettbewerbern, und nur die Ranglistenvordersten stellen daher Human Brands dar, die in der Lage sind, den Konsumenten mit einem derartig überlegenen Nutzen auszustatten. Diese werden in der Literatur als „Stars" oder „Superstars" bezeichnet und verfügen über ein überproportional hohes Einkommen.

Für diese nichtproportionale Nutzenstiftung werden in der Literatur zwei im Grundsatz unterschiedliche Erklärungsstränge diskutiert: So führt entweder höheres Talent bzw. Können oder eine höhere Popularität zur Herausbildung eines Stars. Eine empirische Verifikation, welche dieser Ursachen den dominanteren[2] Erklärungsbeitrag für die Herausbildung einer Rangfolge und somit das Ausmaß an Wirkungskraft eines Stars liefert, ist Gegenstand von zahlreichen Untersuchungen. Das Ausmaß an „Star Power" als abhängige Variable wird hierbei typischerweise über das Einkommen eines Stars konstituiert. Indikatoren des Talents (wie z. B. die von einem Star erzielten Punkte in einem bestimmten Wettbewerb) bzw. der Popularität (wie z. B. die Anzahl der den Star betreffenden Pressemeldungen) werden dabei neben weiteren Erfolgsfaktoren auf das Einkommen von Stars in multivariaten Zusammenhängen regressiert. Die Befundlage der vorliegenden Studien stellt sich jedoch uneinheitlich dar, sodass auf den ersten Blick nicht klar ist, worin signifikante Treiber des Einkommens von Stars bestehen.

Ziel dieses Beitrages ist es daher, unter Rückgriff auf einzelne ausgewählte metaanalytische Transformationsvorschriften[3] eine quantitativ gestützte Verdichtung der Ergebnisse der verschiedenen Primäruntersuchungen vorzunehmen. Erstmalig werden somit alle vorliegenden Studienergebnisse zusammengefasst, um generalisierende Antworten auf die Frage nach den Determinanten des Einkommens von Stars zu liefern. Hiermit verknüpft

---

[2] Mischformen sind denkbar und sehr wahrscheinlich, wenngleich eine Kombination von beiden Ansätzen untersuchungstechnisch nicht ganz einfach zu überprüfen ist.

[3] Metaanalysen dienen generell dazu, die Ergebnisse verschiedener Primäruntersuchungen zu einem bestimmten Forschungsgegenstand unter Verwendung von statistischen Analysemethoden zusammenzufassen.

ist ein studienübergreifender Erklärungsbeitrag, der die Gründe für die Entstehung von Superstars am Beispiel von Sportlern aufzeigt. Diese Erkenntnisse sind sowohl für einen wissenschaftlichen Adressatenkreis als auch konkret für Entscheidungsträger in der Praxis von erheblicher Relevanz. Generalisierbare Erkenntnisse hinsichtlich der Frage, ob eher Talent bzw. Leistung oder aber Popularität den Erfolg von Superstars begründen, ist über alle Medienproduktkategorien hinweg (und somit u. a. auch für die Film-, Buch- und Musikindustrie) von erheblicher Relevanz. Aber auch konkrete Erkenntnisse über die darüber hinausgehenden Determinanten des Einkommens von Star-Sportlern stellen wertvolle Entscheidungsgrundlagen gleichermaßen für die Manager bzw. Eigentümer von Sportvereinen wie für den einzelnen Akteur sowie Spielerberater, die Sportler hinsichtlich ihrer Vermarktungs- bzw. Verdienstmöglichkeiten betreuen, dar.

Im folgenden Kapitel werden daher die theoretischen Grundlagen der beiden zentralen Konzepte, die die Existenz von Superstars begründen, dargelegt. Hieran anschließend werden im dritten Kapitel die empirischen Ergebnisse aus der Literatur systematisiert dargestellt. Der Beitrag schließt mit einer kurzen Zusammenfassung.

11.2   Grundlagen des Entstehens von Stars als Marken

11.2.1   Unterschiede im Talent bzw. Können

Rosen (1981) betrachtet Talentunterschiede von Künstlern oder Sportlern als zentrale Ursache für eine unterschiedliche Einkommenssituation zwischen den Akteuren und sieht darin die Herausbildung von Superstars begründet. Die aus Leistungsunterschieden resultierende Einkommenssituation basiert somit insbesondere auf der Tatsache, dass hohes Talent aus Nachfragersicht nicht durch mittelmäßiges Talent (in größeren „Mengeneinheiten") zu ersetzen ist (vgl. Rosen 1981; MacDonald 1988; De Vany und Walls 1997; Borghans und Groot 1998). Wegen der unvollkommenen Substituierbarkeit von Talent werden Konsumenten sich nicht mit dem zweitbesten zufrieden geben und die Nachfrage sich stets auf die „Anbieter" mit dem größten Talent konzentrieren. Folge hiervon ist eine verzerrte Einkommenssituation, wonach sich die Einnahmen innerhalb des Starmarktes nicht proportional zum Talent unter den Beteiligten verteilen (vgl. Rosen 1981). So wird eine kleine Anzahl von Akteuren einen unverhältnismäßig hohen Anteil der Verteilungsmasse an Einkommen binden, was zu einer extrem unausgewogen Einkommensverteilung führt (vgl. MacDonald 1988). Wenn beispielsweise ein Chirurg 10 % mehr Talent hat, eine Operation erfolgreich durchzuführen, dann werden die meisten Personen mehr als 10 % zusätzliche Zahlungsbereitschaft aufweisen (vgl. Rosen 1981).

Dieser Aspekt ist insbesondere für Sportler von Relevanz, da hier im Sinne Rosens Qualität im Gegensatz zu musikalischen oder schauspielerischen Leistungen objektiv mess- und vergleichbar ist (vgl. Hamlen Jr. 1991, 1994; Franck 2001). Betrachtet man bspw. den 100-Meter-Lauf bei Olympischen Spielen, so werden zwischen dem Ersten und den übrigen Läufern lediglich ein paar hundertstel Sekunden Differenz liegen (vgl. Hofmann und Heidemann 2011). Dennoch wird der Gewinner der Goldmedaille durch lukrative Werbeverträge, hohe Antrittsgagen bei Leichtathletik-Meetings oder TV-Auftritte ein Vielfaches von den Einkommen der übrigen Läufer generieren können (vgl. Huber und Meyer 2008).

Darüber hinaus macht es die moderne Technik möglich, dass einmal produzierte Inhalte nahezu kostenfrei distribuiert werden können. Die Menge der Leistung, die von einem Star erbracht werden muss, ist demnach nahezu unabhängig von der Menge der Nachfrage. Während Sportler ähnlich wie Künstler früher aufgrund räumlicher und zeitlicher Barrieren nur wenige Nachfrager erreichten, machen es die heutigen TV-Übertragungen möglich, in durch diese Hürden bislang geschützten Segmente vorzudringen (vgl. Franck 2001). Auf Grund der so zunehmenden Marktgröße potenzieren sich kleinste Unterschiede im Können der Anbieter auf diese Weise über den medialen Hebel zu großen Einkommensdifferentialen.

11.2.2   Unterschiede im Ausmaß an akkumulierter Popularität

Neben Unterschieden in der messbaren Leistung können Einkommensunterschiede auch durch unterschiedliche Niveaus akkumulierten Konsumkapitals begründet sein. So ergibt sich ein Nutzen für den Konsumenten nicht nur aus dem Konsum des Gutes selbst, sondern auch aus dem hieraus gewonnenen Konsumkapital (vgl. Stigler und Becker 1977). Dieses Konsumkapital wird durch den vorausgegangenen Konsum von Gütern gleicher Art aufgebaut und steht im Widerspruch zur Standardannahme der Ökonomie über den abnehmenden Grenzertrag des Konsums von Gütern (vgl. Stigler und Becker 1977). Das Konsumkapital kennzeichnet einen zunehmenden Wissenstand, der sich mit jedem weiteren Konsum erhöht, sodass (zumindest phasenweise) ein steigender Grenznutzen unterstellt werden kann (vgl. Adler 1985).

Adler (1985) hat die Theorie des Konsumkapitals auf Superstars angewandt und kommt zu dem Schluss, dass durch das Konsumkapital auch unter gleichermaßen talentierten Künstlern ein Superstar entstehen würde. Die Schiefe der Einkommensverteilung basiert somit nicht notwendigerweise nur auf höherem Talent. Besonders deutlich ist dieses Phänomen bei Medien und Sport zu beobachten. Der Rezipient „investiert" in Wissen über seine Stars und deren Qualitäten. Er macht sich sachkundig durch den Besuch einer Sportveranstaltung, bei der „sein" Star mitwirkt. Schon der Konsum dieser Veranstaltung hat mithin investiven Charakter, der ihn von anderen vergleichbaren oder konkurrierenden Ereignissen abhält und Suchkosten erspart bzw. Wechselkosten verringert (vgl. Chung und Cox 1994; Clement et al. 2008). Je mehr bislang von einem Sportler konsumiert wurde, desto mehr steigt auch der Nutzen aus dem Konsum eines Wettkampfes, an dem dieser Sportler beteiligt ist (vgl. Franck 2001). Die Tatsache, dass viele Konsumenten sich für einen bestimmten Sportler oder Künstler entscheiden, hat allerdings auch damit zu tun, dass ihnen nicht nur das eigentliche Konsumieren, sondern darüber hinaus die Kommunikation über das Sport-, Musik- oder Filmereignis mit anderen Personen Nutzen stiftet (vgl. Adler 1985). Kommunikation mit Gleichgesinnten, deren Wertschätzung demselben Star oder derselben Mannschaft gilt, schafft Zusatznutzen, der nicht entstehen würde, wenn jeder einen anderen Künstler oder Sportler präferieren würde. Je bekannter und populärer

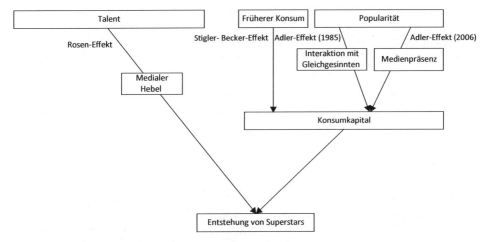

Abb. 11.1 Determinanten von Superstars. (Quelle: in Anlehnung an Nüesch 2008)

der Star und je größer die Fangemeinde, umso geringer sind die Suchkosten für Interaktionen mit Gleichgesinnten. Konsumkapital kann zudem durch die Wahrnehmung des Künstlers oder Sportlers in den Medien aufgebaut werden (vgl. Adler 2006). Damit wird der Star zu einem Gut mit Netzwerkeffekten (vgl. Clement et al. 2008).

Die beiden skizzierten Ursachen der Entstehung von Human Brands sind jedoch nicht losgelöst voneinander zu betrachten. Abb. 11.1 visualisiert die Integration von Talent und Konsumkapital als zentrale Determinanten der Entstehung von Superstars.

Insbesondere für Sportler, deren Leistung wesentlich objektiver (bei Individualsportarten mehr als bei Mannschaftssportarten) messbar ist als bei klassischen Künstlern[4], auf die Rosen und Adler ihre Ausführungen ursprünglich vordergründig bezogen, ist ein Einfluss der eigenen Leistungsfähigkeit auf den Erfolg zu erwarten. Sportler haben sich ihre entsprechenden Erfolge somit in der Wahrnehmung der Konsumenten eher „verdient", da sie auf einer konkret messbaren Leistung beruhen (vgl. Stauff 2007). Inwiefern es einem Sportler allerdings gelingt, sich aus der Masse von Human Brands hervorzuheben, hängt in nicht unerheblichem Maße von seiner Vermarktungsfähigkeit, durch gezielt gesteuerte Medienpräsenz Aufmerksamkeit zu erlangen, ab (vgl. Hofmann und Heidemann 2011).

11.3   Überblick über den Stand der bisherigen Forschung zu den Determinanten des Einkommens von Sportlern

Die in dem vorliegenden Beitrag ausgewertete Literatur basiert auf einer systematischen Recherche von Einzeluntersuchungen zu den Determinanten von Superstars im Sportbereich im Zeitraum von 1981 bis 2011. Um Publikationen zu identifizieren, wurden die

---

[4] So gibt es lediglich für Musiker einzelne Studien, bei denen ebenfalls eine objektivierte Messung der Stimmqualität durchgeführt wurde (vgl. z. B. Hamlen Jr. 1991, S. 729 ff.; Hamlen Jr. 1994, S. 395 ff.).

folgenden häufig verwendeten Suchstrategien angewendet (vgl. z. B. Albers et al. 2010; Sethuraman et al. 2011; Verbeke et al. 2011). So wurden verschiedene elektronische Datenbanken (ABI Inform, Blackwell Synergy, Business Source Premier [EBSCOhost], EconLit, Smaragd, JSTOR, ScienceDirect, Lexis-Nexis, SwetsWise und PsychInfo) in einer computerisierten Stichwortsuche nach relevanten Studien durchgesehen. Ferner wurden manuell alle Ausgaben der wichtigsten Marketing-, Management- und Medien-Zeitschriften[5] bis 2011 überprüft. Schließlich ließen sich durch die Berücksichtigung der Literaturangaben von Buchkapiteln, Konferenzbeiträgen und aller anderen empirischen Studien, die bereits vorlagen, weitere Untersuchungen finden. Auf diese Weise konnten insgesamt 22 Studien ermittelt werden, die den weiteren Ausführungen zugrunde liegen.[6] Berücksichtigt werden alle Untersuchungen, die entweder das Einkommen oder das Wertgrenzprodukt von Sportlern auf ihre Treiber hin empirisch untersucht haben. Das Wertgrenzprodukt eines Sportlers stellt im weiteren Sinne seinen Marktwert dar. Da das individuelle Einkommen Ausdruck dieses Marktwertes ist, werden die beiden Größen als hoch korrelierend angesehen. Weil im Folgenden von konkreten Einkommenshöhen in Geldbeträgen abstrahiert wird und sich die Betrachtungen auf relative Wirkungszusammenhänge beschränken, gehen sowohl Studien, die das Wertgrenzprodukt als abhängige Variable heranziehen, als auch Studien, deren abhängige Variable das Einkommen darstellt, in die hier vorliegende Untersuchung ein.

Bei drei Vierteln der analysierten Studien waren die US-Major League Sportarten Baseball (MLB) (neun Untersuchungen), Basketball (NBA) (fünf Untersuchungen) und Eishockey (NHL) (drei Untersuchungen) Gegenstand der Untersuchungen, wobei die Major League Baseball mit über 40 % die mit Abstand am häufigsten untersuchte Sportliga darstellt. Neben der Analyse der US-Major League Sportarten untersuchten ca. ¼ der Studien die Einkommensstrukturen von Fußballligen in Europa (fünf Untersuchungen).

Eine Integration der Befunde erfolgt im Weiteren sowohl auf narrativer Ebene als auch durch ein grafisches Gesamtmodell (siehe Abb. 11.2). Dieses gibt zum einen über das deskriptive Verhältnis von (erwartungskonformen) signifikanten zu nicht signifikanten Befunden der Gesamtschau an Studien zueinander Aufschluss und zum anderen erfolgt die Angabe von mittleren Gesamteffekten. Hierbei handelt es sich um approximative Korrelationsäquivalente. Diese werden unter Anwendung einzelner metaanalytischer Transformationsvorschriften aus den berichteten t-Werten der multivariaten Regressionsergebnisse in den Primärstudien approximativ ermittelt. Bei der sich ergebenden mittleren Effektstärke handelt es sich strenggenommen um eine punkt-biseriale Korrelation, die unter den

---

[5] Hierbei handelt es sich um: European Sport Management Quarterly (vorher: European Journal for Sport Management), Die Betriebswirtschaft, International Journal of Research in Marketing, International Journal of Sports Marketing & Sponsorship, Journal of Consumer Research, Journal of Cultural Economics, Journal of Marketing, Journal of Marketing Research, Journal of Media Economics, Marketing Letters, Marketing Science, Marketing ZFP, Schmalenbach Business Review, Sport Marketing Quarterly, Zeitschrift für Betriebswirtschaft und ZfbF Schmalenbachs Zeitschrift für betriebswirtschaftliche Forschung.

[6] Die entsprechenden Studien sind im Literaturverzeichnis durch ein * gekennzeichnet.

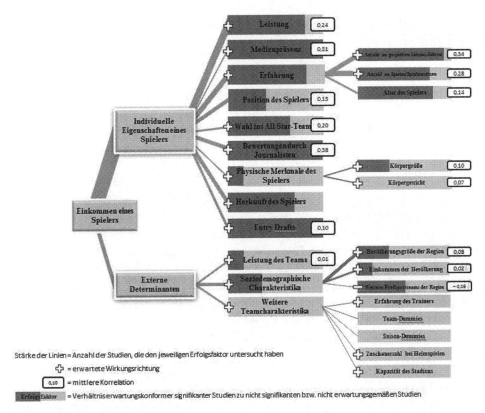

Abb. 11.2 Determinanten des Einkommens von Sportlern

angewendeten Transformationsvorschriften nur unter sehr strengen Voraussetzungen als bivariate Produkt-Moment-Korrelation nach Bravais-Pearson interpretiert werden kann. Nichtsdestoweniger ermöglichen die errechneten mittleren Korrelationsäquivalente eine grobe Einschätzung der Stärke und Signifikanz der einzelnen Zusammenhänge. Hierdurch wird ein ergänzender Erklärungsbeitrag geliefert, der flankierend zu dem deskriptiv berichteten Verhältnis signifikanter zu nicht-signifikanten Befunden zu sehen ist und das Verständnis für die Determinanten des Einkommens von Star-Sportlern schärft.

Grundsätzlich ist in diesem Zusammenhang zu konstatieren, dass jeglicher aggregierten Aussage nicht unerhebliche Unterschiede zwischen den mitunter sehr verschieden konzipierten Studien im Weg stehen. Eine Beurteilung und Zusammenfassung der Befunde mit dem Ziel einer generalisierten Aussage ist somit stets unter sorgfältiger Abwägung dieser verschiedenen Herangehensweisen durchzuführen. Beispielhaft verdeutlicht sei das anhand der Variable, die die Leistung eines Sportlers erfassen soll: So betrachten die berücksichtigten Untersuchungen zum einen unterschiedliche Sportarten mit unterschiedlichen ligaspezifischen Leistungsanforderungen, zum anderen werden selbst bei der Berücksichtigung derselben Sportart über die Studien hinweg unterschiedliche Leistungsparameter von den jeweiligen Autoren herangezogen und diese darüber hinaus unterschiedlich operationalisiert.

11.3.1 Individuelle Eigenschaften der Spieler

11.3.1.1 Leistung des Spielers: Sind Sportler Rosen-Stars?

Nahezu alle vorliegenden Studien (18 von 22) formulieren die Erwartung eines positiven Einflusses des Könnens gemäß der Superstartheorie von Rosen. Die konkrete Operationalisierung der Leistungsmerkmale unterscheidet sich allerdings erwartungsgemäß vor allem im Hinblick auf die analysierte Sportart. Werden im Fußball und Eishockey die geschossenen bzw. vorbereiteten Tore eines Spielers betrachtet (vgl. u. a. Jones und Walsh 1988; Lucifora und Simmons 2003), so sind dies im Basketball u. a. die durch einen Spieler erzielten Punkte bzw. Rebounds (vgl. z. B. Kahn und Sherer 1988; Brown et al. 1991; Hamilton 1997) und im Baseball z. B. der sog. Batting Average[7] eines Spielers (vgl. z. B. Hill und Spellman 1983; Sommers 1990). Mit 15 von 18 Studien können 80 % der Untersuchungen einen positiven Zusammenhang zwischen der Leistung eines Sportlers und seinem Einkommen signifikant belegen. Die mittlere Korrelation beträgt 0,24. Inwiefern dieses Ergebnis aber die unmittelbare Bestätigung einer erwarteten ordinalen Ranghierarchie im Sinne Rosens ist, bleibt unter den Studien umstritten. Von den insgesamt 18 Studien adressieren zehn die Fragestellung, inwiefern sich marginale Talentunterschiede in disproportionalen Einkommensunterschieden niederschlagen, konkret und gehen damit über klassische Erfolgsfaktorenmodelle hinaus. Die Hälfte hiervon (fünf Studien) kann aufgrund ihrer Ergebnisse die Entstehung von Superstars anhand der Theorie von Rosen nachweisen. So sorgt schon ein geringer Qualitätsunterschied zwischen den Spielern dafür, dass Spieler mit höheren messbaren Leistungen häufiger nachgefragt werden und dadurch in der Lage sind, ein überproportional hohes Einkommen zu erzielen. Für diesen Befund liefern die Autoren unterschiedliche Erklärungsansätze: Beispielsweise sehen Lucifora und Simmons (2003) den Grund hierfür darin, dass die Top-Vereine in der italienischen Fußballliga aufgrund höherer Erlöse aus TV-Lizenzrechten über erheblich größere Mittel verfügen als bspw. deutsche Spitzenvereine und deshalb Spieler mit marginal höheren Leistungsindikatoren abwerben können. So sind knapp 1 % der gezahlten Gehälter in der italienischen Fußballliga um mehr als das Zehnfache höher als das Durchschnittsgehalt eines Spielers (vgl. Lucifora und Simmons 2003). Für die NBA kann Frick (2001) außer für Spieler mit objektiv messbaren Talentvorteilen, vor allem für jüngere Spieler, denen im College-Bereich besondere Fähigkeiten bescheinigt werden, ein überproportionales Gehalt bestätigen. Darüber hinaus können Hill und Spellman (1983), MacDonald und Reynolds (1994) sowie Garcia-del-Barrio und Pujol (2007) einen Effekt nach Rosen bestätigen.

---

[7] Der Batting Average lässt sich als „Schlagdurchschnitt" übersetzen. Er stellt eine wichtige Kennzahl der Offensivleistung eines Baseballspielers dar.

Allerdings kommen fünf andere Studien (Hamilton 1997; Lehmann 2000; Franck und Nüesch 2008; Frick 2008; Lehmann und Schulze 2008) zu gegenteiligen Ergebnissen. So können sie für die deutsche Fußball-Bundesliga zwar einen signifikant positiven Einfluss der individuellen Spielerperformance auf das Einkommen der Spieler nachweisen, aber keinesfalls überproportionale Gehaltsunterschiede zwischen starken und schwachen Spielern in der Bundesliga beobachten (vgl. Lehmann 2000; Lehmann und Schulze 2008). Basierend auf den Ergebnissen von Quantilsregressionen kann gezeigt werden, dass sich der positive Effekt besserer individueller Fähigkeiten der Spieler zum oberen 0,9-Quantil der Einkommensverteilung hin abschwächt bzw. nicht mehr nachzuweisen ist (vgl. Hamilton 1997; Franck und Nüesch 2008; Frick 2008, Lehmann und Schulze 2008).

11.3.1.2   Medienpräsenz eines Spielers: Sind Sportler Adler-Stars?

Nur drei Studien untersuchen hingegen den Einfluss der Popularität von Sportlern als Ursache für die Existenz von Superstars anhand des theoretischen Konzepts von Adler. Diese Untersuchungen haben dazu bspw. die Erwähnung des Namens eines Spielers in der Presse oder die Anzahl der Treffer bei der Internetsuchmaschine Google als Grundlage für die Operationalisierung einer entsprechenden Variablen herangezogen und unterstellen einen positiven Einfluss dieser. Die errechnete mittlere Korrelation ist mit 0,31 geringfügig höher als die für die Leistung eines Spielers und Ausdruck einer weitestgehend einheitlichen Befundlage. Mit Garcia-del-Barrio und Pujol (2007), Franck und Nüesch (2008) und Lehmann und Schulze (2008) können alle drei Studien einen Einfluss vorangegangener Popularität und der Intensität akkumulierten früheren Konsums signifikant belegen. Jeweils basierend auf den Ergebnissen von Quantilsregressionen können Frank und Nüesch (2008) im Gegensatz zu Lehmann und Schulze (2008) einen positiven Effekt der Medienpräsenz auch im oberen Quantil der Einkommensverteilung zeigen.

11.3.1.3   Erfahrung des Spielers

Die Erfahrung eines Spielers als eine weitere zentrale Eigenschaft wurde in den vorliegenden 22 Untersuchungen über drei unterschiedliche Variablen operationalisiert (mit Mehrfachnennungen):

- Zwölf Untersuchungen (insbesondere Studien, die amerikanische Sportarten ausgewertet haben) zogen hierfür die absolute Anzahl der Jahre bzw. Saisons, die ein Spieler in der jeweiligen Sportart bereits aktiv ist, heran (vgl. u. a. Scully 1974; Hill und Spellman 1983; Sommers 1990),
- 13 Studien wählten die absolute Anzahl an bisherigen Spielen bzw. Spieleinsätzen (vgl. u. a. Jones und Walsh 1988; Jones et al. 1999; Frick 2008), die absolvierten Minuten pro Spiel bzw. einen entsprechenden Durchschnittswert an absolvierten Minuten pro Spiel (vgl. u. a. Kahn und Sherer 1988; Hamilton 1997) und
- Fünf Untersuchungen (insbesondere Studien aus europäischen Fußballligen) operationalisierten die Erfahrung eines Spielers über sein Alter (vgl. u. a. Garcia-del-Barrio und Pujol 2007; Franck und Nüesch 2008; Frick 2008; Lehmann und Schulze 2008).

Bis auf die Operationalisierung der Erfahrung über das Alter liegt den Studien die Erwartung eines positiven Wirkungszusammenhangs zugrunde. Nahezu alle dieser Studien (elf von zwölf, zehn von 13 bzw. vier von fünf) konnten einen signifikant positiven Einfluss der Erfahrung auf das Einkommen der Spieler belegen (vgl. u. a. Brown et al. 1991; MacDonald und Reynolds 1994; Idson und Kahane 2000; Lucifora und Simmons 2003; Franck und Nüesch 2008). Dadurch, dass viele Studien auch den Einfluss quadrierter bzw. potenzierter Variablen der Erfahrung eines Spielers untersuchten, konnten über den absoluten Einfluss hinausgehend Erkenntnisse bzgl. eines potentiellen nicht-linearen Einflusses der Erfahrung gewonnen werden (vgl. u. a. Jones und Walsh 1988; Jones et al. 1999; Idson und Kahane 2000; Frick 2008). So ermittelten vier der fünf Studien, die den Einfluss des Alters in europäischen Fußballligen untersucht haben, weitestgehend übereinstimmend, dass ein Spieler im Alter von ungefähr 26 Jahren sein höchstes Einkommen realisiert (vgl. Lucifora und Simmons 2003, Franck und Nüesch 2008; Frick 2008; Lehmann und Schulze 2008). Bezogen auf die Operationalisierung der Erfahrung über die Anzahl an bisherigen absolvierten Spielen konnte Frick (2008) den erwarteten nicht-linearen Einfluss der Anzahl der Bundesliga- bzw. Länderspieleinsätze auf die Höhe des Einkommens statistisch signifikant belegen. So bestehen mehrere lokale Maxima bei 70, 320 und 540 Bundesliga- bzw. 20, 75 und 140 bisherigen Länderspieleinsätzen. Eine konkave Beziehung zwischen Erfahrung und Einkommen konnten ferner alle Untersuchungen, die den Einfluss einer entsprechenden quadrierten Variablen anhand von Daten nordamerikanischer Sportligen betrachtet haben, nachweisen. So konnte bspw. Sommers (1990) für die nordamerikanische Baseball-liga zeigen, dass dieser Kulminationspunkt in der 11. (für Werfer) bzw. 12. (für Schläger) Saison besteht. Zudem ist erwartungskonform der Einfluss umso größer, je aktueller sich die Spieler ihre Erfahrung angeeignet haben. Zwei Studien (vgl. Lucifora und Simmons 2003; Franck und Nüesch 2008) differenzierten bei der Anzahl der bisherigen absolvierten Spiele nach der zeitlichen Nähe zum Untersuchungszeitpunkt.

11.3.1.4   Position des Spielers

Gegenwärtig werden im europäischen Profifußball Ablösesummen im Bereich hoher zweistelliger Euro-Millionenbeträge für Spieler wie Christiano Ronaldo (94 Mio. €), Zlatan Ibrahimovic (70 Mio. €) oder Kaká (65 Mio. €)[8] erzielt. Angesichts der sehr präsenten medialen Berichterstattung über derartige Transfers ist intuitiv zu vermuten, dass offensiv ausgerichtete Spieler mehr verdienen bzw. einen höheren Marktwert aufweisen als defensiv ausgerichtete Spieler wie z. B. Verteidiger oder Mittelfeldspieler. So finden sich unter den zehn Fußballspielern mit dem aktuell höchsten Marktwert in Europa alleine acht Stürmer[9]. Lucifora und Simmons (2003) stützen diese Erwartung, wonach Angreifer durch ihre erzielten Tore medial erheblich stärker im Fokus stehen und bestätigen dies durch die

---

[8] http://www.transfermarkt.de/de/statistiken/transferrekorde/transfers.html (abgerufen am 14. März 2012).

[9] http://www.transfermarkt.de/de/default/marktwerte/basics.html (abgerufen am 14. März 2012).

Betrachtung der Einkommensverteilung in den beiden hochklassigen italienischen Fußballligen.

Ein grundsätzlicher Einfluss der Position eines Spielers wird in zehn Studien unterstellt. Die Operationalisierung dieser Variable(n) stellt sich allerdings äußerst heterogen
dar. So werden für die verschiedenen Spielpositionen unterschiedliche Dummy-Variablen
gemäß unterschiedlicher Erwartungen hinsichtlich ihrer Wirkungsrichtung definiert. Eine
studienübergreifende Vergleichbarkeit wird darüber hinaus durch die Betrachtung unterschiedlicher Sportarten erheblich erschwert. Unabhängig von der Erwartung einer konkreten Wirkungsrichtung lässt sich konstatieren, dass nur vier der zehn Studien grundsätzlich ein unterschiedlich hohes Einkommen in Abhängigkeit von der Spielposition belegen
können, was sich auch in der nur geringen mittleren Effektstärke von 0,13 ausdrückt (vgl.
u. a. Kahn und Sherer 1988; Idson und Kahane 2000; Garcia-del-Barrio und Pujol 2007).
Vier Studien, die Quantilsregressionen anwenden, können für das obere Quantil der Einkommensverteilung ebenfalls keinen Einfluss der Position welcher Art auch immer nachweisen (vgl. Hamilton 1997; Franck und Nüesch 2008; Frick 2008; Lehmann und Schulze
2008). Eine separate Verdichtung der ermittelten Regressionsergebnisse für offensive bzw.
defensive Spieler kann allerdings darüber hinausgehend die erwarteten Unterschiede tendenziell bestätigen. So beträgt der mittlere Zusammenhang zwischen dem Einkommen
und der Tatsache, dass ein Spieler als Stürmer agiert, 0,17. (Im Sinne der eingangs formulierten inhaltlichen Wirkungsrichtung wurden bei amerikanischen Sportarten die renom-
mierteren Spieler (bspw. der Center-Spieler im Basketball) den Stürmern zugeordnet.) Der
mittlere Zusammenhang ist für defensive Spieler mit 0,05 so gering, dass ein Einfluss oder
Zusammenhang negiert werden kann.

11.3.1.5   Wahl ins All Star-Team bzw. Auszeichnungen der Spieler

Insbesondere in den US-amerikanischen Profiligen ist davon auszugehen, dass die Auswahl eines Spielers für ein sog. All Star-Team Ausdruck einer überdurchschnittlichen Leistung ist. Basierend auf zwei Studien, die einen derartigen Effekt für die Major League Baseball untersucht haben, lässt sich nur sehr eingeschränkt bestätigen, dass diese Spieler auch
über ein höheres Einkommen verfügen (vgl. Cymrot 1983; Hill und Spellman 1983). Drei
weitere Studien haben den Fokus der Betrachtung erweitert und ziehen neben der Berücksichtigung für das All Star-Team der National League Hockey (NHL) die Anzahl der er-
haltenen Spielerauszeichnungen heran (vgl. Jones und Walsh 1988; Jones et al. 1999; Idson
und Kahane 2000). Alle drei Studien können für dieses kombinierte Maß an Reputation
einen signifikant positiven Effekt auf das Spielereinkommen aufzeigen. Insgesamt kann
basierend auf einer mittleren Korrelation von 0,20 von einem moderaten Zusammenhang
ausgegangen werden.

11.3.1.6   Bewertungen durch Journalisten

Eine weitere Variable, die mittelbar Ausdruck der Leistung eines Spielers ist, stellt die Bewertung durch Journalisten dar. Insgesamt drei Studien untersuchen, inwiefern sich der
erwartete positive Einfluss bestätigen lässt. Der Einfluss wird über vergebene Noten in

Sportzeitschriften (im europäischen Fußball [Frank und Nüesch 2008; Garcia-del-Barrio und Pujol 2007]) bzw. die Wahl zum wertvollsten Werfer (CY Young Memorial Award) oder Spieler (Most Valuable Player (MVP)) (im amerikanischen Baseball [Sommers 1990]) abgebildet. Alle drei Studien kommen dabei zu weitestgehend einheitlichen Befunden (vgl. Sommers 1990; Garcia-del-Barrio und Pujol 2007; Frank und Nüesch 2008). Eine hohe mittlere Korrelation von 0,38 ist Ausdruck der positiven Befundlage (lediglich Frank und Nüesch (2008) können demgegenüber für eine alternative Operationalisierung den Einfluss nicht bestätigen).

11.3.1.7 Physische Merkmale der Spieler

Die drei Studien aus der NHL haben weitergehend den Einfluss von Größe und Gewicht der Spieler als weiteren kritischen Erfolgsfaktor untersucht. Nur eine (vgl. Idson und Kahane 2000) von drei Studien kann den postulierten positiven Einfluss der Körpergröße bestätigen (mittlere Korrelation von 0,1) (vgl. Jones und Walsh 1988; Jones et al. 1999). Keine der drei Studien kann jedoch den ebenfalls erwarteten positiven Einfluss des Körpergewichts eines NHL-Spielers nachweisen (vgl. Jones und Walsh 1988; Jones et al. 1999; Idson und Kahane 2000). Die mittlere Effektstärke von 0,07 kann daher nur als auf einem Zufall basierend angesehen werden.

11.3.1.8 Herkunft der Spieler

Zehn Studien haben darüber hinaus den Einfluss der Herkunft der Spieler untersucht. Die Operationalisierung dieser Variablen erfolgt allerdings sehr heterogen über die Studien hinweg, sodass im Rahmen der Überprüfung eines generalisierbaren Einflusses nur schwer homogene Gruppen gebildet werden können. Sechs Studien, die nordamerikanische Sportarten betrachten, untersuchen, ob es eine Diskriminierung beim Einkommen auf Grund der Hautfarbe (oder im Fall der Studie von Jones und Walsh (1988) aufgrund der franko-kanadischen Herkunft) eines Spielers gibt. Vier Studien, deren Daten aus europäischen Fußballligen stammen, hinterfragen, ob Spieler, die nicht aus dem jeweiligen Heimatland stammen, mehr verdienen als einheimische Spieler. In beiden Fällen ist die Operationalisierung der entsprechenden Dummy-Variablen aber zu heterogen, um zu einer validen Aussage auf der Ebene von mittleren Gesamteffekten zu gelangen. Eine Diskriminierung in Abhängigkeit der Hautfarbe kann in drei von sechs Fällen aus der NBA bestätigt werden (vgl. Kahn und Sherer 1988, Brown et al. 1991; Hamilton 1997). Hamilton (1997) weist diesen Effekt besonders im oberen Quantil der Einkommensverteilung nach. Drei andere Studien können die Diskriminierung farbiger Spieler im Vergleich zu weißen Spielern jedoch nicht bestätigen (vgl. Cymrot 1983; Sommers 1990; Bodvarsson und Brastow 1998). Die vier Untersuchungen für den europäischen Fußball differenzieren in uneinheitlicher Weise sowohl zwischen EU-Staaten und europäischen Nicht-EU-Staaten als auch anderen Kontinenten (insbesondere Südamerika). Grundsätzlich können alle vier Studien Einkommensdifferenzen der Spieler in Abhängigkeit ihrer Herkunft belegen. Durch entsprechend unterschiedlich basierte Dummy-Variablen bei unterschiedlichen Datengrundlagen (Fußballligen in Deutschland und Spanien) wird eine einheitliche

Aussage allerdings erschwert (vgl. Garcia-del-Barrio und Pujol 2007; Franck und Nüesch 2008; Frick 2008). Tendenziell zeigt sich, dass Spieler aus Westeuropa im Gegensatz zu Spielern aus Nicht-EU-Staaten über ein höheres Einkommen (vgl. Garcia-del-Barrio und Pujol 2007; Frick 2008) verfügen.

11.3.1.9 Entry Drafts

Abschließend zu den individuellen Spielercharakteristika sei auf den Einfluss sog. Entry Drafts hingewiesen. Gemäß diesem System, welches ausschließlich in den nordamerikanischen Sportligen zum Einsatz kommt, richtet sich die Reihenfolge der Verhandlungsaufnahme bei der Auswahl potentieller Talente nach der inversen Platzierung der Vorsaison. Das bedeutet, dass der Letztplatzierte einer Liga als erster mit talentierten Spielern aus College- und/oder High-School-Mannschaften in Verhandlungen eintreten darf, danach der Vorletzte usw. Es ist daher davon auszugehen, dass Spieler, die in einer frühen Draft- bzw. Verhandlungsrunde bei einem Profi-Team unter Vertrag genommen wurden, über ein höheres Talent verfügen. Alle sieben Studien, die dies untersucht haben, können einen positiven Einfluss regressionsanalytisch bestätigen (vgl. u. a. Jones und Walsh 1988; Kahn und Sherer 1988; Brown et al. 1991; Jones et al. 1999, Idson und Kahane 2000; Lucifora und Simmons 2003). Das unterstellte höhere Talent schlägt sich somit in einem höheren Einkommen nieder. Da den Studien unterschiedliche Operationalisierungen (absoluter Wert der Draft-Runde, in der die Auswahl erfolgte vs. binäre Variablen für die erste, zweite usw. Draft-Runde) dieser Variablen zugrunde liegen, konnte zur Verdichtung der mittleren Korrelationen nur ein Teil der Studien herangezogen werden. Dies wird möglicherweise auch ein Grund dafür sein, dass sich die an sich relativ eindeutige Befundlage nur in einer mittleren Korrelation von 0,10 ausdrückt.

11.3.2 Externe Determinanten

11.3.2.1 Leistung des Teams

Wie bereits aufgezeigt, kommt Netzwerkeffekten bei der Entstehung von Superstararchitekturen eine entscheidende Rolle zu. Überträgt man diesen Strukturansatz auf das Zusammenwirken von einzelnem Akteur und Mannschaftsgefüge, so lässt sich die Erwartung formulieren, dass ein sportlich erfolgreiches Umfeld für den einzelnen Spieler günstige Rahmenbedingungen zur Erlangung eines reputationsgetriebenen Star-Status darstellt. Darüber hinaus ist zu erwarten, dass ein höheres Leistungsniveau des sportlichen Umfelds der individuellen Leistungsentwicklung förderlich ist. Sechs Studien (vgl. u. a. Cymrot 1983; Kahn und Sherer 1988; Jones et al. 1999; Idson und Kahane 2000) haben den Einfluss eines sportlich erfolgreichen Teamumfelds untersucht. Die Operationalisierung erfolgte zumeist über die erzielten Punkte des Teams oder das Verhältnis gewonnener zu verlorenen Spielen. Erstaunlicherweise konnte nur eine Studie (vgl. Jones et al. 1999) erwartungskonform einen signifikant positiven Zusammenhang belegen. Drei Studien (vgl. Kahn und Sherer 1988; Hamilton 1997; Idson und Kahane 2000) hingegen konnten keinen signifikanten Einfluss ermitteln und zwei Studien (vgl. Cymrot 1983; Bodvarsson und Brastow 1998) wiesen überraschenderweise sogar einen signifikant negativen Einfluss nach. Korrelativ findet sich daher auch keinerlei Zusammenhang (mittlere Korrelation von 0,01). Als mögliche Erklärung wird angeführt, dass Spieler unter Umständen bereit sind, ein niedrigeres Gehalt zu akzeptieren, um bei einem insgesamt besseren Team spielen zu können (vgl. Cymrot 1983). Auch die Anwendung der methodisch adäquaten Quantilsregression in einer dieser Studien konnte keinen Zusammenhang belegen (vgl. Hamilton 1997).

11.3.2.2 Sozio-demographische Marktcharakteristika

Hierbei handelt es sich im Wesentlichen um Kontrollvariablen, die potentiellen Einflüssen der Gegebenheiten des lokalen Marktes Rechnung tragen sollen. Die zusammengefassten Ergebnisse zeigen allerdings, dass diese wenig Einfluss auf das Einkommen der Sportler haben. Konkret handelt es sich um:

- Bevölkerungsgröße der Region

Nur drei der insgesamt acht Studien können erwartungskonform einen signifikant positiven Einfluss belegen (vgl. u. a. Scully 1974; Hamilton 1997; Bodvarsson und Brastow 1998; Krautmann und Ciecka 2009). Die niedrige mittlere Korrelation von 0,08 ist Ausdruck dessen.

- Einkommen der Bevölkerung

Lediglich eine (vgl. Jones et al. 1999) von fünf Studien (vgl. u. a. Jones und Walsh 1988; Kahn und Sherer 1988; Bodvarsson und Brastow 1998) kann den erwarteten positiven Einfluss bestätigen (mittlere Korrelation von 0,02)

- Anzahl weiterer Profisportteams der Region

Jones und Walsh (1988) konnten im Gegensatz zu Jones et al. (1999) den erwarteten signifikant negativen Zusammenhang bestätigen (mittlere Korrelation von −0,16).

11.3.2.3 Weitere Teamcharakteristika

Ferner haben einige Studien vereinzelte weitere Variablen[10] im Zusammenhang mit dem Teamumfeld untersucht wie z. B.:

- Erfahrung des Trainers

Idson und Kahane (2000) können nur widersprüchliche Befunde hinsichtlich des Einflusses des Trainers konstatieren: Für die Anzahl der Saisons, die ein Trainer bereits in der

---

[10] Da es sich hierbei nur um einzelne Studien handelt, können keine mittleren Effektstärken angegeben werden.

NHL Teams trainiert, kann ein signifikant positiver, für die bisher gewonnenen Punkte des Trainers der Erwartung widersprechend ein signifikant negativer Einfluss festgestellt werden. Zech (1981) kann einen Einfluss beider Variablen hingegen nicht bestätigen.

- Team-Dummies

Einzelne Vereine im europäischen Profi-Fußball wie Real Madrid, Espanyol Barcelona (vgl. Garcia-del-Barrio und Pujol 2007), Bayern München sowie Schalke 04 (vgl. Frick 2008) entlohnen ihre Spieler höher als der Ligadurchschnitt, andere Vereine hingegen unterhalb des Ligadurchschnitts (u. a. CA Osasuna [vgl. Garcia-del-Barrio und Pujol 2007], 1860 München, Arminia Bielefeld, Energie Cottbus, 1. FC Kaiserslautern oder 1. FC Nürnberg [vgl. Frick 2008]).

- Saison-Dummies

Für die Spielzeiten 2004/2005 bis 2006/2007 konnte Frick (2008) gegenüber dem Referenz-zeitraum 2001/2002 einen signifikant negativen Einfluss ermitteln.

- durchschnittliche Zuschauerzahl bei Heimspielen

Hill und Spellman (1983) sowie Hamilton (1997) ermittelten für die MLB bzw. NBA einen signifikant positiven Zusammenhang.

- Kapazität des Stadions

Sowohl Jones et al. (1999) als auch Jones und Walsh (1988) konnten den erwarteten positiven Zusammenhang empirisch nicht verifizieren.

11.4   Fazit

Die vorliegende Untersuchung nimmt erstmalig eine quantitativ gestützte Zusammenfassung der singulären Befunde von 22 Primäruntersuchungen hinsichtlich der Einflussfaktoren des Einkommens von Sportlern vor. Mit diesem Aspekt eng verbunden sollen auf aggregierter Ebene Erkenntnisfortschritte bezüglich der noch immer offenen Frage nach den Determinanten von Superstars im Sport bzw. Medienbereich gemäß der beiden theoretischen Ansätze von Rosen (1981) und Adler (1985) geliefert werden. Hierzu werden unter Heranziehung metaanalytischer Transformationsvorschriften mittlere Korrelationsäquivalente für alle berichteten Erfolgsfaktoren berechnet. Es zeigt sich, dass Variablen, die die Leistung eines Spielers abbilden, hohe Erklärungsbeiträge liefern. Sowohl Variablen, die versuchen, die Leistung von Sportlern möglichst direkt zu erfassen (bspw. über die erzielten Punkte in einem bestimmten Wettbewerb oder das Ausmaß an Berufungen für sog. All Star-Teams) als auch Maße, die eher indirekt Ausdruck einer hohen Leistung sind (wie z. B. die kumulierten Einsatzminuten bzw. gespielten Saisons oder auch Bewertungen durch Journalisten) weisen durchweg hohe Korrelationen mit dem Einkommen der jeweiligen Sportler auf. Insgesamt 18 Studien mit 48 Einzeleffektstärken haben den direkten Einfluss der Leistung eines Sportlers (z. B. über die Anzahl der geschossen Tore oder über ähnliche direkt zurechenbare Leistungsindikatoren) untersucht und weisen studienübergreifend aggregiert eine mittlere Korrelation von 0,24 auf. Hinzu kommen Maße wie die Erfahrung oder Bewertungen durch Journalisten, die indirekt Ausdruck der Leistung sind und durchweg mindestens genauso hohe Korrelationen mit dem Gehalt aufweisen. Allerdings lässt sich mit 0,31 auch eine der höchsten durchschnittlichen Korrelationen für den Zusammenhang zwischen der Medienpräsenz eines Sportlers und seinem Einkommen ermitteln. Dieses Ergebnis beruht jedoch nur auf drei Studien, die diesen Zusammenhang anhand von 16 Einzeleffektstären belegen. Zusammenfassend scheinen somit beide Superstartheorien empirische Evidenz aufzuweisen. Unstreitig, da auf einer wesentlich breiten Datengrundlage fußend, lässt sich ein mittelgroßer Zusammenhang zwischen der Leistung eines Sportlers und seinem Einkommen im Sinne Rosens festhalten. Wenngleich ein ähnlich hoher Zusammenhang ebenfalls für die Popularitäts-Hypothese im Sinne Adlers aufgezeigt werden kann, so schränkt die geringe Datengrundlage die studienübergreifende Generalisierbarkeit des entsprechenden mittleren Befundes nicht unerheblich ein. Eine Reihe weiterer potentieller Erfolgsfaktoren wie z. B. die Leistung des sportlichen Teamumfeldes, die Position des Spielers innerhalb des Teams als auch das Alter des Spielers scheinen hingegen in keinem besonders hohen Zusammenhang mit dem Einkommen der Sportler zu stehen.

Einschränkend ist festzuhalten, dass die gewonnenen Erkenntnisse überwiegend auf einer qualitativen Zusammenfassung beruhen, die durch ein sog. Vote Counting-System (also das Auszählen des Verhältnisses signifikanter zu nicht-signifikanten Befunden) gestützt wird. Die quantitative Integration von standardisierten Regressionskoeffizienten und t-Werten kann metaanalytisch lediglich als eine Art Korrelationsäquivalent interpretiert werden und sollte daher nur flankierend herangezogen werden. Allerdings sind einer metaanalytisch „saubereren" Integration durch die mangelnden Berichte von Korrelationsmatrizen Grenzen gesetzt. Wie weit diese durch die Kontaktaufnahme mit dem jeweiligen Verfasser ermöglicht würde, kann erfahrungsgemäß (u. a. wegen der mitunter erheblich zurückliegenden Publikationsjahre der Studien) bezweifelt werden. Diesem Problem kann lediglich proaktiv durch die Verfasser (und Herausgeber der entsprechenden Zeitschriften) begegnet werden.

Nichtsdestoweniger liefern die aggregierten Erkenntnisse dem Marketing-Management für alle Fragen der Vermarktung von Star-Sportlern wichtige und weitestgehend valide Anhaltspunkte, da sie auf einer breiten Basis an Primärstudienbefunden fußen. So stellen die Ergebnisse bspw. eine wichtige Entscheidungsgrundlage für die Auswahl von Sportlern als Werbeträger (sog. Testimonials oder Celebrity Endorser) dar. Dass sich werbetreibende Unternehmen der ordinalen Ranghierachie von Human Brands (vgl. Gaitanides 2004) bzw. dem hiermit einhergehenden „The-Winner-takes-it-all"-Phänomen (vgl. Frank und Cook 1995) bewusst sein sollten, wurde am Anfang dieses Beitrags bereits dargelegt. Basierend auf den gelieferten Erkenntnissen gibt es erste Hinweise darauf, dass sich diese Rangfolge vorrangig an Unterschieden in der Leistung bzw. dem Können festzumachen scheint. Diese Erkenntnis beruht dabei auf einer sehr breiten Datengrundlage, die alle vorliegenden Primärstudien zu dieser Fragestellung einschließt. Dies stellt eine zentrale Beitragskomponente, die über bisherige singuläre Befunde hinausgeht, dar. Für den Sportler selbst bzw. sein Management ist die Kenntnis seiner (marken-)wertgenerierenden Eigenschaften spiegelbildlich ebenfalls von erheblicher Relevanz. Zum einen versetzt ihn dies in die Lage, bestimmte Aspekte in Gehaltsverhandlungen mit Sportvereinen einzubringen, zum anderen übersteigen die Einkünfte aus Werbeengagements das sportliche Gehalt mitunter deutlich, weshalb er entsprechende leistungsbasierte Erfolge dahingehend nutzen sollte.

Einem wissenschaftlichen Adressatenkreis sollen vor allem weitere Anhaltspunkte hinsichtlich der noch immer unbeantworteten Frage, ob Superstars „Rosen-Stars" oder „Adler-Stars" sind, geliefert werden. Wenngleich derartige Erkenntnisse in Teilen auch auf andere Medienproduktkategorien übertragbar sind, sei auch auf medienproduktübergreifende Grenzen bei der Generalisierbarkeit von Antworten auf die Rosen-Adler-Kontroverse hingewiesen. Die leichte, objektive Messbarkeit des Könnens eines Sportlers mag die entsprechende Befundlage nicht unerheblich treiben. So ist aus anderen Medienindustrien Gegenteiliges bekannt: Für die Musik-Industrie liegt eine relativ breite Befundlage vor, die Star Power eher über die Akkumulation von Konsumkapital im Sinne Adlers erklärt (vgl. z. B. Chung und Cox 1994; Strobl und Tucker 2000; Crain und Tollison 2002). Da der Sportbereich die Ausgangsituation aufweist, dass sowohl Können als auch Medienpräsenz messbar sind, sollten weitere Studien sich dies zunutze machen. Dass gerade bei empirischen Verifikationen der Konsumkapital-Theorie zur Erklärung der Entstehung von Sport-Stars noch Defizite in der Befundlage bestehen, zeigen die relativ wenigen Studien, die diese Fragestellung modellieren. Ein Lückenschluß sollte hier insbesondere in Form eines gezielten empirischen Vergleichs der beiden theoretischen Konzepte durchgeführt werden.

Literatur

Adler, M. (1985). Stardom and talent. *The American Economic Review, 75*(1), 208–212.

Adler, M. (2006). Stardom and talent. In V. A. Ginsburgh, & D. Throsby (Hrsg.), *Handbook of the Economics of Art and Culture*, (S. 895–906). Amsterdam.

Albers, S., Mantrala, M. K., & Sridhar, S. (2010). Personal selling elasticities: A meta-analysis. *Journal of Marketing Research, 47*(5), 840–853.

Bodvarsson, Ö. B., & Brastow, R. T. (1998). Do employers pay for consistent performance? Evidence from the NBA. *Economic Inquiry, 36*(1), 145–160.

Borghans, L., & Groot, L. (1998). Superstardom and monopolistic power: Why media stars earn more than their marginal contribution to welfare. *Journal of Institutional and Theoretical Economics, 154*(3), 546–572.

Brown, E., Spiro, R., & Keenan, D. (1991). Wage and nonwage discrimination in professional basket-ball: Do fans affect it? *American Journal of Economics and Sociology, 50*(3), 333–345.

Chung, K. H., & Cox, R. A. K. (1994). A stochastic model of superstardom: An application of the Yule distribution. *Review of Economics & Statistics, 76*(4), 771–775.

Clement, M., Papies, D., & Albers, S. (2008). Netzeffekte und Musik. In M. Clement, O. Schusser, & D. Papies (Hrsg.), *Ökonomie der Musikindustrie* (2. Aufl., S. 45–58). Wiesbaden.

Clement, M., Proppe, D., & Rott, A. (2007). Do critics make bestsellers? Opinion leaders and the success of books. *Journal of Media Economics, 20*(2), 77–105.

Crain, W. M., & Tollison, R. D. (2002). Consumer choice and the popular music industry: A test of the superstar theory. *Empirica, 29*(1), 1–9.

Cymrot, D. J. (1983). Migration tends and earnings of free agents in major league baseball, 1976–1979. *Economic Inquiry, 21*(4), 545–556.

De Vany, A. S., & Walls, W. D. (1997). The market for motion pictures: Rank, revenue, and survival. *Economic Inquiry, 35*(4), 783–797.

Dhar, R., & Wertenbroch, K. (2000). Consumer choice between hedonic and utilitarian goods. *Journal of Marketing Research, 37*(2), 60–71.

Esch, F. R. (2011). *Strategie und Technik der Markenführung*, 7. Aufl., München.

Franck, E. (2001). Das Starphänomen – Drei Erklärungsansätze und ihre Anwendung auf verschie-dene Segmente des Unterhaltungsmarktes. In M. Gaitanides & J. Kruse (Hrsg.), *Stars in Film und Sport – Ökonomische Analyse des Starphänomens*, (S. 23–31). München.

Franck, E., & Nüesch, S. (2008). Mechanisms of superstar formation in German soccer: Empirical evidence. *European Sport Management Quarterly, 8*(2), S. 145–164.

Frank, R. H., & Cook, P. J. (1995). *The winner-take-all society*. New York.

Frick, B. (2001). Einkommensstrukturen im professionellen Teamsport: Eine ökonomische Analyse der Gehälter von Superstars und Wasserträgern. In M. Gaitanides, & J. Kruse (Hrsg.), *Stars in Film und Sport – Ökonomische Analyse des Starphänomens*, (S. 75–97). München.

Frick, B. (2008). *Die Entlohnung von Fußball-Profis: Ist die vielfach kritisierte Gehaltsexplosion öko-nomisch erklärbar?* Sportökonomie aktuell, Arbeitskreis Sportökonomie e. V., Diskussionspapier Nr. 19/2008.

Gaitanides, M. (2004). Is there no business like show business – Manager, die Stars der Moderne? In G. Müller-Christ, & M. Hülsmann (Hrsg.), *Modernisierung des Managements*, (S. 179–207). Wiesbaden.

Garcia-del-Barrio, P., & Pujol, F. (2007). Hidden monopsony rents in winner-take-all markets – Sport and economic contribution of Spanish soccer players. *Managerial and Decision Economics, 28*(1), 57–70.

Hamilton, B. H. (1997). Racial discrimination and professional basketball salaries in the 1990s. *Applied Economics, 29*(3), 287–296.

Hamlen Jr., W. A. (1991). Superstardom in Popular Music: Empirical Evidence. *Review of Economics & Statistics, 73*(4), 729–733.

Hamlen Jr., W. A. (1994). Variety and superstardom in popular music. *Economic Inquiry, 32*(3), 395–406.

Hill, J. R., & Spellman, W. (1983). Professional baseball: The reserve clause and salary structure. *Industrial Relations, 22*(1), 1–19.

Hirschman, E. C., & Holbrook, M. B. (1982). Hedonic consumption: Emerging concepts, methods and propositions. *Journal of Marketing, 46*(3), 92–101.

Hofmann, J., & Heidemann, B. (2011). Markendifferenzierung durch die Nutzung von Human Brands. In F. Völckner, C. Willers, & T. Weber (Hrsg.), *Markendifferenzierung – Innovative Kon-zepte zur erfolgreichen Markenprofilierung* (S. 295–314). Wiesbaden.

Huber, F., & Meyer, F. (2008). *Der Fußballstar als Marke – Determinanten der Markenbildung am Beispiel von Lukas Podolski*. Wiesbaden.

Idson, T., & Kahane, L. (2000). Team effects on compensation: An application to salary determination in the National Hockey League. *Economic Inquiry, 38*(2), 345–357.

Jones, J. C. H., Nadeau, S., & Walsh, W. D. (1999). Ethnicity, productivity and salary: Player compensation and discrimination in the National Hockey League. *Applied Economics, 31*(5), 593–608.

Jones, J. C. H., & Walsh, W. D. (1988). Salary determination in the National Hockey League: The effects of skills, franchise characteristics, and discrimination. *Industrial and Labor Relations Review, 41*(4), 592–604.

Kahn, L. M., & Sherer, P. D. (1988). Racial differences in professional basketball players' compensation. *Journal of Labour Economics, 6*(1), 40–61.

Keller, K. L. (2008). *Strategic brand management*, 3. Aufl., Upper Saddle River.

Kotler, P. (1991). *Marketing management: Analysis, planning, implementation, & control*, 7. Aufl. Englewood Cliffs.

Krautmann, A., & Ciecka, J. (2009). The postseason value of an elite player to a contending team. *Journal of Sports Economics, 10*(2), 168–179.

Lehmann, E. (2000). Verdienen Fußballspieler was sie verdienen? In H. M. Schellhaaß (Hrsg.), *Sportveranstaltungen zwischen Liga- und Medieninteresse*, (S. 97–121). Schorndorf.

Lehmann, E., & Schulze, G. G. (2008). What does it take to be a star? – The role of performance and the media for German soccer players. *Applied Economics Quarterly, 54*(1), 59–70.

Lucifora, C., & Simmons, R. (2003). Superstar effects in sport. Evidence from Italian soccer. *Journal of Sports Economics, 4*(1), 35–55.

MacDonald, G. D. (1988). The economics of rising stars. *The American Economic Review, 78*(1), 155–166.

MacDonald, D. N., & Reynolds, M. O. (1994). Are baseball players paid by their marginal products? *Managerial and Decision Economics, 15*(5), 443–457.

Nüesch, S. (2008). *Wettbewerbsverzerrungen auf Superstar Märkten*. Universität Zürich, Vortrag vom 3. Apr. 2008.

Ravid, A. S. (1999). Information, blockbusters, and stars: A study of the film industry. *Journal of Business, 72*(4), 463–492.

Rosen, S. (1981). The economics of superstars. *The American Economic Review, 71*(5), 845–858.

Sattler, H., & Völckner, F. (2007). *Markenpolitik*, 2. Aufl. Stuttgart.

Scully, G. W. (1974). Pay and performance in Major League Baseball. *The American Economic Review, 64*(6), 915–930.

Sethuraman, R., & Tellis, G. J., & Briesch, R. A. (2011). How well does advertising work? Generalizations from meta-analysis of brand advertising elasticities. *Journal of Marketing Research, 48*(3), 457–471.

Sommers, P. M. (1990). An empirical note on salaries in Major League Baseball. *Social Science Quarterly, 71*(4), 861–867.

Stauff, M. (2007). Prominente Gesichter, Schweiß und Tränen. Zum Stellenwert des Sports im Prominenz-System. In T. Schierl (Hrsg.), *Prominenz in den Medien* (S. 279–301). Köln.

Stigler, G. J., & Becker, G. S. (1977). De gustibus non est disputandum. *The American Economic Review, 67*(2), 76–90.

Strobl, E. A., & Tucker, C. (2000). The dynamics of chart success in the U.K. pre-recorded popular music industry. *Journal of Cultural Economics, 24*(2), 113–134.

Thomson, M. (2006). Human brands: Investigating antecedents to consumers' strong attachments to celebrities. *Journal of Marketing, 70*(3), 104–119.

Verbeke, W., Dietz, H., & Verwaal, E. (2011). Drivers of sales performance: A contemporary meta-analysis. *Journal of the Academy of Marketing Science, 39*(3), 407–428.

Wernerfelt, B. (1988). Umbrella branding as a signal of new product quality: An example of signaling by posting a bond. *RAND Journal of Economics, 19*(3), 458–466.

Zech, C. E. (1981). An empirical estimation of a production function: The case of Major League Baseball. *American Economist, 25*(2), 19–23.

City Branding durch Sportevents 12

Michael Linley

12.1 Einleitung

Nicht selten wird die Lücke zwischen dem erwarteten Nutzen der Ausrichtung von Sportveranstaltungen und den Investitionskosten einer Bewerbung mit den positiven Auswirkungen des Events auf das Image der Ausrichterstadt gerechtfertigt. Das Markenvermächtnis einer Veranstaltung wird in den meisten ökonomischen Impakt-Modellen häufig jedoch nur unzureichend berücksichtigt.

Sportgroßveranstaltungen wie die Olympischen Spiele, die FIFA-Weltmeisterschaft oder die Commonwealth Games konkurrieren sowohl um die Aufmerksamkeit der Zuschauer als auch um die Unterstützung durch Sponsoren miteinander. Bereits zuvor aber wettstreiten diese Events um die Bewerbungen von Städten bzw. Ländern zur Ausrichtung der Veranstaltungen. In den letzten Jahren wurden diese Sportgroßveranstaltungen in Peking, Vancouver, Johannesburg, Auckland, Neu-Delhi, London und Singapur ausgetragen, während sich in naher Zukunft die Aufmerksamkeit unter anderem auf Städte wie Sochi, Glasgow, Rio de Janeiro und Tokyo richten wird. Anzeichen einer Verlangsamung der Globalisierung von Sportgroßveranstaltungen sind gegenwärtig also nicht festzustellen und die stetig steigenden Investitionen scheinen das Interesse von Städten an der Ausrichtung dieser internationalen Ereignisse offensichtlich nicht zu mindern.

Aus dem Englischen übersetzt von Mathias Schubert. – Mathias Schubert studierte Englisch, Sport und Bildungswissenschaften (Staatsexamen) sowie Sportwissenschaft (Diplom) an der Johannes Gutenberg-Universität Mainz. Derzeit arbeitet er dort am Institut für Sportwissenschaft als wissenschaftlicher Mitarbeiter des Fachgebiets Sportökonomie und Sportsoziologie.

M. Linley (✉)
Melbourne, Australien
E-Mail: sportoekonomie@uni-mainz.de

H. Preuß et al. (Hrsg.), *Marken und Sport,*
DOI 10.1007/978-3-8349-3695-0_12, © Springer Fachmedien Wiesbaden 2014

Vertreter der Bewerberstädte in der Finalrunde um die Vergabe der Olympischen Spiele 2016 gaben an, dass sich das Budget allein für die Bewerbung auf 40–60 Mio. $ belief, das von Tokio sogar auf 100 Mio. $ (o.V. 2011). So erscheint es nicht verwunderlich, dass bereits die Entscheidung für oder gegen eine Bewerbung von den Städten sorgsam abgewogen wird und der erwartete Nutzen durch die Ausrichtung dabei eine entscheidende Rolle spielt.

Die Modelle zur ökonomischen Bewertung der Auswirkungen von Events haben sich in den letzten Jahren erheblich weiterentwickelt. Es besteht derzeit allerdings nur geringer Konsens darüber, wie der angestrebte ‚Halo-Effekt' dieser Ereignisse gemessen und bewertet werden kann.

12.2   Notwendigkeit eines Markenvermächtnisses

„The Olympics can no more have a deficit, than a man can have a baby" (Drapeau, zitiert aus Auf der Maur 1976, S. 25). Die sechs Jahre vor den Spielen getätigte Ankündigung vom damaligen Bürgermeister von Montreal, Jean Drapeau, die Olympischen Spiele in Montreal seien die ersten selbstfinanzierten Spiele, sollte sich schnell als fataler Trugschluss erweisen. Letztlich musste die finanzielle Last auf den Schultern der Bürger von Montreal mithilfe der sogenannten ‚Olympic Installation Debt' verteilt werden. Das Beispiel Montreals hinterließ eine heilbringende Warnung an all jene potentiellen Bewerber folgender Spiele: Sowohl die Verteilung direkter Ausgaben des Events als auch die Form der Finanzierung müssen als kritische Elemente in der Bestimmung der Gesamtkosten betrachtet werden. Doch obwohl sich die Aufmerksamkeit auf den wirtschaftlichen Wert der Ausrichtung von Events erhöht hat und auch die wirtschaftliche Bedeutung von Direktbesuchern inzwischen genauer erfasst werden kann, bestehen weiterhin einige offene Fragestellungen hinsichtlich der Bewertung einer Veranstaltung.

Einer der Hauptbeweggründe für Städte, sich für die Ausrichtung eines Mega-Sport-Events zu bewerben, ist die Gelegenheit, sich der Welt präsentieren zu können. Dies strebte auch Neu Delhi mit der Ausrichtung der Commonwealth Games 2010 an: „Hosting a sporting event at a scale such as the Commonwealth Games is a matter of international prestige for the country, and is bound to boost brand India" (Delhi Commonwealth Games 2010). Die Stimmung in den Medien in den Wochen vor dem Ereignis war jedoch nach einer Reihe von Skandalen vernichtend negativ. Inwieweit der gesamte Markeneffekt letztlich positiv, neutral oder gar schädlich war, lässt sich allerdings nicht abschließend klären.

Die meisten Modelle für die Nutzenbewertung eines Events konzentrieren sich fast ausschließlich auf die Messung der direkten wirtschaftlichen Auswirkungen der Veranstaltungen, ohne dabei die intangiblen Effekte zu berücksichtigen. Die Frage nach der Bewertung des gestiegenen internationalen Ansehens und Prestiges bleibt somit offen. Zwar verändert sich die Wahrnehmung einer Stadt durch eine verbesserte Infrastruktur sowie neue und moderne Sportanlagen, die intangiblen Auswirkungen auf die Marke des Standortes werden allerdings nicht erfasst. Soll jedoch jemals eine völlig robuste Analyse des Nutzens der

Ausrichtung von Events angestrebt werden, muss in einem ersten Schritt ein solides Mess-instrument für intangible Auswirkungen eines Events entwickelt werden.

12.3 Messen von Nicht-Messbarem

Der Einwand, dass intangible Aspekte von Events schon allein per Definition weder ge-messen noch quantifiziert werden können und somit ausschließlich der direkte wirtschaft-liche Nutzen berücksichtigt werden sollte, erscheint nur auf den ersten Blick nachvoll-ziehbar. Für ein besseres Verständnis dieses Sachverhalts bietet sich ein Beispiel aus den Finanzmärkten an.

Bei börsennotierten Unternehmen machte bis in die frühen 1980er Jahre der Unter-schied zwischen Markt- und Bilanzwert kaum mehr als 20 % aus. Dieser Diskrepanz wur-de jedoch solch ausreichende Bedeutung beigemessen, dass der amerikanische Ökonom James Tobin für deren Entschlüsselung den Nobelpreis für Wirtschaftswissenschaften er-hielt. Tobin zeigte auf, dass die Diskrepanz durch einen Neubewertungsprozess im Sinne einer marktnäheren Bewertung (die Umformulierung des Bilanzwertes von Vermögen in den aktuellen Marktwert) beseitigt werden könnte (Tobin und Brainard 1977). Dies schien das Problem für eine Weile zu lösen, bis der Fusions-Boom der 1980er und 1990er Jahre den Kaufpreis von Unternehmen um das mehr als Vierfache des Bilanzwertes ansteigen ließ. Die §Dotcom-Blase§ erhöhte jenen Wert für die Unternehmen der S&P 500-Gruppe sogar fast um das 7,5-Fache (Lev 2001). Zu diesem Zeitpunkt wurde klar, dass die Käufer für mehr zahlten als nur die messbaren Vermögenswerte der Unternehmen. Dies war der Vorbote für die Identifikation einer neuen Gruppe von Vermögenswerten: den Intangiblen.

Die Kodifizierung dieser neuen Sorte von Vermögenswerten wurde vom Vereinigten Kö-nigreich durch den Erlass des International Reporting Standard 10 („Goodwill and Intangi-ble Assets") im Dezember 1997 vorangetrieben. Die USA zogen nach, sodass schließlich im April 2004 der International Reporting Standard 3 als multinationaler Standard in Kraft trat.

Übertragen auf Sportveranstaltungen erscheint es also naheliegend, dem Beispiel der internationalen Finanzmärkte folgend die Ausrichtung von Events durch eine Stadt als Herausbildung ihrer immateriellen Vermögenswerte zu betrachten.

Nach übereinkünftiger Meinung bezeichnet man Geld, das für Aktivitäten ausgegeben wird, die im laufenden Jahr Umsatz generieren sollen, als Kosten. Ausgaben für Ressour-cen, die eine Rendite für darauffolgende Jahre generieren, werden dagegen als Vermö-genswerte klassifiziert. Folglich müsste postuliert werden, dass es bei der Ausrichtung von Events tatsächlich um die Bildung der Vermögenswerte einer Stadt geht. Dies bezieht sich nicht nur auf die harte Infrastruktur, sondern auch auf die Fähigkeit, Wirtschaft und Tou-rismus sowie Anwohner und Fachkräfte anzuziehen.

Ein unabhängiges Gutachten belegte den Wert eines Events für einen Bundesstaat bzw. eine Region in Bezug auf Melbourne (Australien), geteilt. Im Wirtschaftsbericht 2007 über die Investitionen des Staates Victoria über die Gewinnung und Ausrichtung von Events antwortete der Generalsekretär (Department of Premier) und das Kabinett auf zwei un-abhängige wirtschaftliche Bewertungen:

In our view both models also erroneously exclude the longer term benefits of brand value. Brand value improvement is a principle that underpins Victoria's major events strategy. We accept the point that more research is warranted. It should also be acknowledged that simply because specific evidence is unavailable does not mean a certain effect does not exist. (Pearson 2007, S. 155)

Trotz intangibler Aspekte liegt die Rolle von Events zur Verbesserung des Profils einer Stadt vor allem in der Stärkung von Vermögenswerten begründet, die zukünftiges Einkommen und wirtschaftliches Wachstum gewährleisten sollen. Die Aufgabe von Eventausrichtern besteht folglich darin zu klären, wie diese Lehren auf die Bewertung des Event-Vermächtnisses übertragen werden können.

12.4 Markenentwicklung eines Standortes

Marken gelten heutzutage als kostbare Vermögenswerte und werden in den Bilanzierungsrichtlinien vieler Länder als solche anerkannt. Bei der Übertragung dieses Prinzips auf Standorte gilt es jedoch zu klären, ob die für Marken gültigen Definitionen auch hier Gültigkeit besitzen.

12.4.1 Entwicklung der Persönlichkeit eines Standortes sowie der Assoziation mit einem Event

Die Markenbildung gilt als ein wesentliches Mittel der Produktdifferenzierung: Mit einer starken Marke geht das Versprechen einher, bestimmte Werte zu vermitteln (Kotler und Gertner 2002). So wie man im Zusammenhang mit Produkten, Organisationen und Menschen von Marken sprechen kann, lässt sich dies auch mit Standorten wie Ländern und Städten tun.

Die Unterhaltungsindustrie (z. B. Sport-Events) scheint in Bezug auf die Schaffung sowie Stärkung und Veränderung der Wahrnehmung von Standorten besonders einflussreich zu sein (Kotler und Gertner 2002). Da Sport-Events häufig einen überproportionalen Anteil der Aufmerksamkeit durch Massenmedien erfahren (Preuss 2007), können die Effekte der Assoziation einer Marke mit Sport sowohl in positiver als auch in negativer Hinsicht extrem sein. Cornwell und Coote (2005) gehen davon aus, dass „corporate sponsorship frequently generates a favourable image for the sponsor, both at the corporate and brand levels [… and] meanings held by events are transferable to a brand through sponsorship".

Die Identifikation von Dimensionen der Markenpersönlichkeit – also der Herausstellung einer Reihe menschlicher Charaktereigenschaften, die mit einer Marke assoziiert werden – durch Aaker (1997) gilt als wesentliche Erkenntnis in der Markenbildungsforschung. Die Markenpersönlichkeit ist eine der vier Möglichkeiten, Markenidentität auszudrücken und sie ist in Bezug auf die Entwicklung verständlicher und multidimensionaler Image-Konstellationen von Städten besonders aufschlussreich. Die Markenpersönlichkeit erlaubt eine klare Zuweisung menschenähnlicher Beschreibungen und vereinfacht somit die Schaffung eines Markenimages (Chien et al. 2011).

In den meisten Fällen sind Events symbolische Rituale, die in Bezug auf Aspekte wie Identitätskonstruktion, kulturelle Ideologie, Gemeinschaftswerte, wirtschaftlicher Nutzen sowie Gruppenzusammenhalt und soziales Kapital eine Botschaft übermitteln (Ziakas und Costa 2011). Forschung im Bereich Markenpersönlichkeit kann für die Identifikation der Affinität zwischen zwei verschiedenen Marken, zum Beispiel zwischen einem Sponsor und einem Gesponserten (Smith, Graetz und Westerbeek 2006) genutzt werden. Diese Sichtweise lässt sich ebenso auf das Marketing von Städten oder Staaten übertragen (Kotler und Gertner 2002; Shimp et al. 2003). Es ließe sich sogar argumentieren, dass Städte, die Events ausrichten, um ihr Image und somit auch ihre Marke zu stärken, mit Sponsoren verglichen werden können, die sich aus ähnlichen Gründen für das Sponsoring von Individuen, Organisationen und Events entscheiden. Letztlich ist es das Anliegen eines Standortes, ein beständiges Image zu bilden und somit einen Anreiz für potentielle Besucher oder auch Unternehmen auf der Suche nach einem Standort zu schaffen.

Ähnlich wie Unternehmen sind auch Standorte darum bemüht, einen Markenwert oder gar ,Länderwert' zu schaffen, der als der emotionale Wert erklärt werden kann. Er resultiert aus der Assoziation einer Marke mit einem Land. So werden zum Beispiel die Ingenieurskunst und Autos häufig mit Deutschland assoziiert während Kaffee häufig mit Kolumbien verbunden wird (Kotler und Gertner 2002).

Das australische Melbourne wurde zum dritten Mal in Folge als die ultimative Sportstadt der Welt gewählt, zu einem großen Teil basiert dies auf der Anzahl internationaler Sport-Events, die die Stadt regelmäßig anziehen kann (Church-Sanders 2010). Inwieweit Events die Markenbildung eines Standortes entwickeln können, ist jedoch abhängig von der Art des Events. Manche sind stark genug, um zur Markenbildung beizutragen, andere eignen sich vielleicht besser zur Markenerweiterungen oder auch nur als bloße Veränderung der Markenattribute (Chalip und Costa 2005). Besonders die Affinität zwischen einem Standort und der Marke eines Sportgroßereignisses ist dabei von entscheidender Bedeutung.

Einige der Hauptforschungsergebnisse im Bereich Markenpersönlichkeit können zur Messung und Herausbildung der Marke eines Standortes genutzt werden sowie zur Bewertung von dessen potentieller Affinität mit einem Event.

12.4.2   Erfolgreiche Markenbildung von Standorten

Einige Orte auf der Welt ziehen Menschen schon seit Jahrtausenden in ihren Bann: Die Pyramiden in Ägypten, die Große Mauer in China und vergleichsweise seit Kürzerem auch der Eiffelturm in Paris sind Beispiele solcher Besonderheiten (Chalip und Costa 2005), welche Menschen für einen Besuch der jeweiligen Orte motivieren. Orte, Städte und Regionen wurden schon früher sowohl aktiv als auch passiv aufgrund ihrer Attraktionen vermarktet. Interessanterweise stammen einige der besten Beispiele dafür aus der Welt der Sportgroßveranstaltungen. Olympia in Griechenland bleibt untrennbar verbunden mit dem Ort, in dem die antiken Olympischen Spiele stattfanden. Rom zum Höhepunkt des Römischen Reiches wurde von Menschen aus weiter Ferne wegen der Gladiatorenkämpfe im Kolosseum und dem Circus Maximus besucht. Das letztgenannte Stadion ist mit einst 250.000 Plätzen noch immer die Sportarena mit der größten Zuschauerkapazität, welche jemals auf der Erde gebaut wurde.

Obwohl die Kommerzialisierung von Standorten durch vormoderne Sportereignisse über Jahrhunderte allgemein üblich war, erlangte sie erst wieder in den frühen 1990er Jahren erneute Prominenz (Ziakas und Costa 2011). Die Tatsache, dass Länder und Städte ein strategisches Standortmarketing benötigen, um sich eine Wettbewerbsposition auf dem Weltmarkt zu erkämpfen, ist ein unmittelbares Ergebnis der Herausbildung regionaler wirtschaftlicher Entwicklung als ein wesentliches Bestreben. Ein nachhaltiger Wettbewerbsvorteil für eine Region kann unter anderem erreicht werden durch erfolgreichere Anziehung von Touristen und Unternehmen sowie Arbeitskräften als direkter und indirekter Einkommensquelle (Kotler und Gertner 2002). Als Folge daraus entwickeln sich strategische Vermarktungskämpfe zwischen Regionen, wodurch die Bedeutung der Herausbildung eines positiven Images eines Standortes zunehmend an Bedeutung gewonnen hat.

Die öffentliche Aufmerksamkeit durch die Ausrichtung eines Events kann die Wahrnehmung und das Ansehen eines Standortes erheblich steigern. Der vom neuseeländischen Auckland ausgerichtete America's Cup 2000 zum Beispiel schuf bedeutsame Möglichkeiten der Vermarktung. Die gesteigerte öffentliche Wahrnehmung hat signifikante Auswirkungen auf die zukünftige Fähigkeit, Touristen, Handel, Unternehmen und Investitionen anzuziehen (Barker et al. 2002).

Markenimage (Kotler und Gertner 2002) und Markenidentität eines Ortes scheinen entscheidende Konzepte in dieser Angelegenheit zu sein. Dabei ist Markenimage das, was in den Köpfen des Beobachters existiert, also was (Eigenschaften) und wie (Emotionen) Menschen über die Marke denken. Der Begriff Markenidentität hingegen drückt aus, was der Besitzer der Marke in den Köpfen des Konsumenten sein möchte (Aaker 1996).

12.5 Erfolgsmessung von Initiativen der Markenbildung

12.5.1 Bestimmung des Standortimages

Vor der Analyse der Auswirkungen eines Events auf einen Standort sollten zunächst dessen spezifische Eigenschaften bestimmt werden. Städte werden von den eigenen Bewohnern durchaus unterschiedlich wahrgenommen im Vergleich zu nationalen oder gar internationalen Besuchern. Jede Stadt hat ihren eigenen Charakter, der gegenwärtige Trend jedoch geht in die Richtung, dass Städte sich selbst als dynamisch, vital und modern vermarkten möchten. Forschungen über das Image westlicher Städte ergaben drei zentrale Schwerpunkte in der Charakterisierung von Städten: die Führungsstadt (z. B. London, New York,

Sydney); die stilvolle Stadt (z. B. Mailand, Wellington, Melbourne); die freundliche Stadt (z. B. Vancouver, Kopenhagen, San Francisco). Die Unterschiede zwischen diesen drei Arten von Städten bestehen nicht in der absoluten An- bzw. Abwesenheit von besonderen Image-Attributen per se, sondern vielmehr in der Ausgeglichenheit zwischen ihnen und der Dominanz ihrer stärksten Elemente.

Falls eine Ausrichterstadt bereits einen individuellen Charakter hat, kann dieser durch Events verbessert oder auch kommuniziert werden, so wie kürzlich bei den drei Ausrichterstädten Vancouver, Melbourne und Sydney geschehen. Im Gegensatz dazu wich das in diesem Zusammenhang viel zitierte Barcelona von dieser Taktik ab, indem es sich ein gänzlich neues Profil zulegte anstatt das alte zu stärken. Diese mutigere Strategie ist jedoch nicht immer von Erfolg gekrönt.

Vor der Ausrichtung eines Events sowie deren Evaluation im Nachlauf sollte sich eine Stadt über zwei Dinge bewusst sein, ihrer gegenwärtigen Marke und ihrer Ziele durch das Event in Bezug auf Stärkung, Verbesserung oder Veränderung der eigenen Marke.

12.5.2   Bestehende Studien über Städte

Die Studien „best places to live" der Beratergesellschaft Mercer's und der „Global Liveabilty Report" der Economist Intelligence Unit gelten derzeit als die geeignetsten Referenzen für das aktuelle Image einer Stadt (Kerr und Johnstone 2008)

Diese Studien, die für gewöhnlich aus bestehenden Leistungsmessgrößen wie Kriminalitätsrate, Lebenserwartung, Bildung usw. erstellt werden, bieten eine Art Benchmark für Unternehmen und Privatleute auf der Suche nach zukünftigen Beschäftigungs- bzw. Wohnorten. Die Herausforderung der Anwendung dieser Art von Ranglisten auf die Frage nach den Event-Auswirkungen für eine Stadt liegt darin, dass von Natur aus eine Reihe der Maßeinheiten relativ unempfänglich für die Ausrichtung eines einzelnen Events sind.

Grundsätzlich geht es darum herauszufinden, ob die Ausrichtung eines Events die Marke oder Reputation einer Stadt verbessert oder aufwertet. Ist es für Städte mit einem wohl etablierten regionalen und internationalen Profil möglich, jenes durch die Ausrichtung eines einzelnen Events unabhängig von dessen Größe zu verbessern? Sind Events ein effektives Mittel für aufstrebende, ambitionierte Städte, um ihr Ziel einer wichtigeren Rolle auf der Weltbühne zu erreichen?

Die grundlegende Arbeit an dem Versuch, eine Maßeinheit für die Marke einer Stadt zu gewinnen, wurde von Simon Anholt und seinem City Brand Index (CBI) geleistet. Einmal jährlich werden in der Studie knapp 40 Städte in sechs verschiedenen Leistungsdimensionen bewertet, darunter die weltweite Präsenz und das Wesen der Einwohner, alles basierend auf internationalen Meinungsumfragen. Zwei Dimensionen allerdings werden vom CBI nicht berücksichtigt: Erstens fehlt eine Dimension der Messung von Events, welche eine Stadt potentiell hätte ausrichten können (stattdessen bietet sie lediglich eine unstrukturierte Assoziationsfrage). Zweitens beinhaltet sie keine Dimensionen von Images, welche dem traditionellen Verständnis von Marken innewohnen.

Mizik und Jacobson (2008) hoben hervor, dass bestimmte Dimensionen des Markenimages einen signifikant voraussagenden Einfluss auf die Leistung von Unternehmen auf
dem Aktienmarkt haben. Eine gleichwertige Entwicklungsstufe im Feld der intangiblen
Event-Bewertung wurde noch nicht gefunden.

12.5.3 Positionierung von Städten basierend auf Persönlichkeitseigenschaften: starke gegen schwache Persönlichkeiten

Aaker (1997) schuf als erste einen theoretischen Rahmen, um Persönlichkeitseigenschaften auf Marken von Konsumprodukten zu übertragen. Dieser Ansatz wurde seitdem von
einer Reihe von Forschern auf andere Produktmarken sowie auf Organisationen übertragen (Smith et al. 2006). Zudem wurde seit 1994 in Young & Rubicam's globaler Studie
Brand Asset Valuator (BAV) die Marke von Städten durch Persönlichkeitseigenschaften
charakterisiert. Aufgrund der erfolgreichen Übertragung von Persönlichkeitscharakteris-
tika auf Städte durch die Befragten stellte der BAV somit eine geeignete Benchmark für die
Entwicklung der EventCities-Studie dar.

Basierend auf diesen früheren Arbeiten strebte BrandCapital im Jahr 2009 an, Aakers
Studie über Markenpersönlichkeitsdimensionen zu erweitern und das Maß zu bestimmen, mit dem man Städte unmittelbar als Marken beschreiben und identifizieren könne.
In der Anwendung von Aakers Eigenschaften auf zehn Teststädte stellte sich allerdings
heraus, dass eine Reihe von Charakteristika zwar auf Produktmarken, nicht jedoch auf
Städte übertragbar ist. Auch ließ die ausschließliche Verwendung von Aakers Attributen
der produktbasierten Markenpersönlichkeitsstudie wesentliche funktionale Aspekte ver-
missen, die allerdings immer wiederkehrende Themen in der Charakterisierung von Städten sind. Schließlich beurteilte ein Expertengremium die vorhandenen Dimensionen und
wählte durch die Ausbalancierung von Image- und funktionalen Attributen die endgültig
anwendbaren Markenpersönlichkeitsdimensionen.

Basierend auf dieser vorbereitenden Studie unternahm BrandCapital verschiedene Forschungsarbeiten über Marken- und Image-Assoziationen von Städten sowie die Auswirkung von Events.

In 16 Städten in vier verschiedenen Märkten (Australien, Neuseeland, Kanada, USA)
wurden insgesamt 1600 Befragungen zu 20 Markenimage- bzw. Persönlichkeitsdimensi-
onen sowie 10 funktionalen Dimensionen durchgeführt. Dabei konnten auch Städte außerhalb der genannten vier Märkte bewertet werden. Es ging dabei um die Identifikation,
inwieweit die Vertrautheit mit einer Stadt Vorurteile in der Zuordnung von Persönlichkeitseigenschaften entstehen lassen.

Wie aus Tab. 12.1 hervorgeht, existiert ein begrenzter Zusammenhang zwischen der
Vertrautheit mit einer Stadt und dem durchschnittlichen Prozentanteil der Zuordnung
starker Persönlichkeit. Tatsächlich ergibt die Korrelationsanalyse ein r von nur 0,7 für die
Stichprobe der vier Märkte.

Tab. 12.1 Durchschnittliche Vertrautheit von Städten und die gesamte Zuschreibung von Persönlichkeitsattributen

Stadt	Vertrautheit (Mittelwert Likert 1 bis 5)	Gewichtung Persönlichkeit (Mittelwert in % aller, die 4 oder 5 auf der Liker-Skala angeben) (%)
Paris	4,6	56
London	5,1	54
Sydney	4,9	52
Vancouver	4,2	51
Melbourne	4,6	49
Amsterdam	4,1	48
Montreal	4,1	47
Singapore	3,9	46
Barcelona	3,9	45
Auckland	4,4	45
Berlin	3,9	42
Valencia	3,2	42
San Diego	3,7	33
Kuala Lumpur	3,3	32
Manchester	4,1	28
Johannesburg	3,4	23

Aus den Daten geht eindeutig hervor, dass die Steigerung der Vertrautheit mit einer Stadt zwar bis zu einem gewissen Maß die Wahrscheinlichkeit der Assoziation positiver Eigenschaften dieser Stadt erhöht, jedoch sogar Städte mit niedrigeren Werten bei Vertrautheit im Vergleich zu den anderen (vgl. Vancouver und Valencia) in der Lage sind, als Standorte mit starken Marken beurteilt zu werden (wenngleich auf einer abgeleiteten und nicht ausgetesteten Basis). In ähnlicher Weise zeigen andere Städte (vgl. Johannesburg und Manchester) eine positive Markenpersönlichkeit weit unter dem Level ihrer Vertrautheit. Folglich ist ein wesentliches Ziel der Ausrichtung eines Sportevents, das Profil der Markenpersönlichkeit über jenes der Vertrautheit mit einer Stadt zu heben.

12.5.4 Positionierung in einer Wettbewerbssituation

Mithilfe einer Korrespondenzanalyse wurde getestet, warum bestimmte Persönlichkeitsvariablen für die einzelnen Städte in der BrandCapital-Studie höher bewertet wurden. Diese Methode ist für die Identifikation der Assoziationen zwischen den ausgewählten Städten und den in der Studie gemessenen Markenpersönlichkeitsvariablen hilfreich. Ihr Vorteil besteht in ihrem Fokus auf die Assoziation von Städten und Attributen (anstelle

Abb. 12.1 Relative Wahrnehmung von Standortmarkenpersönlichkeiten

ihrer absoluten Werte), wodurch die Kovarianz-Beziehungen aufgelöst werden und eine relative Positionierung der Städte gleichzeitig zu den Persönlichkeitsattributen sowie zueinander erreicht wird. Abb. 12.1 ermöglicht die visuelle Darstellung der Unterschiede zwischen den individuellen Persönlichkeitsattributen und den einzelnen Städten.

Die räumliche Darstellung der unterschiedlichen Positionen, die Städte in den Köpfen der Menschen einnehmen, spiegelt sich in der nachweisbaren Variation der Zuordnung von Eigenschaften zu den einzelnen Städten durch die Befragten wider. Es gibt eine Reihe von Bereichen auf der Karte, in denen Städte und Attribute zusammenfallen. So werden zum Beispiel Städte wie Melbourne, Auckland und Vancouver ähnlich wahrgenommen und gruppieren sich nahe zu den Attributen „sicher", „sauber" und „gesund" sowie „Grünland" und „in Wassernähe". Dies ist stimmig mit der Tatsache, dass sich alle drei in der Top-Zehn-Liste des Global Liveabilty Report der Economist Intelligence Unit wiederfinden. Je weiter eine Stadt vom Zentrum der Karte entfernt ist, desto charakteristischer ist ihr Profil – sowohl im positiven als auch im negativen Sinn. Die näher am Zentrum gelegenen Städte erlangten keine ausreichend hohen Assoziationen mit bestimmten Persönlichkeitsattributen und zeigen damit insgesamt durchschnittliche Ergebnisse in vielen Bereichen. Folglich sind sie als Marke weniger charakteristisch und bergen somit großes Potential für die Schaffung einer effektiven und anziehenden Standortmarke.

Aus der Analyse geht nicht hervor, ob es eine ideale Position auf der Karte gibt. So kann eine Position in der Nähe des Zentrums einerseits das Ergebnis einer schwachen Marke sein, andererseits jedoch auch die gute Ausgeglichenheit widerspiegeln. So ist die Stadt Johannesburg zwar charakteristisch, jedoch mehr geprägt durch negative Assoziationen in Bezug auf „Sicherheit" als auf positive Aspekte wie „reich an Geschichte und Kultur" oder „traditionell".

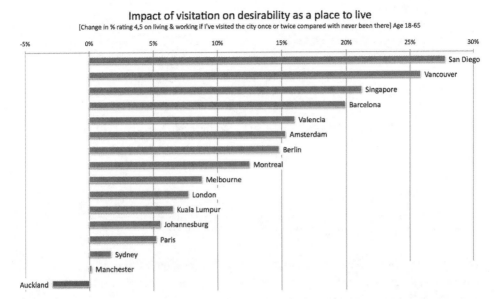

Abb. 12.2 Auswirkung von Besuchen einer Stadt auf die Begehrtheit einer Stadt als Wohnort

Während die Korrespondenzanalyse objektive Daten über die Wahrnehmung der einzelnen Städte sowie ihrer Wettbewerbsposition zueinander darstellt, vermag sie nicht zu beantworten, in wie weit diese Position in Einklang ist mit den Bestrebungen und dem Entwicklungsplan der Städte selbst. Aus diesem Grund sollten mit Events nicht nur bestehende Wahrnehmungen vorangetrieben werden, sondern dies vor allem in Bezug zu den Markenimage-Dimensionen geschehen, die von den Städten verbessert werden wollen.

Die Markenimageanalyse stellt eine Methodologie zum Verständnis der Erwartungen bereit, die Besucher eines Events an die Gastgeberstadt haben. Dass eine Positionierung im Zentrum der Wahrnehmungskarte für Städte die Möglichkeit der Markenentwicklung bietet, beweist das positive Beispiel von San Diego und Singapur: Bei beiden ergibt sich eine bedeutend bessere Einschätzung nach einem Besuch als zuvor erwartet. Somit könnten Events ein effektives Mittel sein, ihre lang anhaltende Attraktivität zu sichern. Wie aus Abb. 12.2 hervorgeht, gibt es mit Auckland auch ein gegenteiliges Beispiel. Die Stadt hat Probleme, den unter anderem durch die international erfolgreiche „100 % Pure"-Maßnahme etablierten hohen Erwartungen gerecht zu werden. Folglich ergibt sich ein niedrigeres Attraktivitätsniveau nach einem Besuch der Stadt.

Manchester als Austragungsort der Commonwealth Games 2002 sowie der UCI World Championships 2008 weist zwar kein überraschendes Ergebnis auf, wird jedoch zumindest den Erwartungen gerecht. Ein Besuch scheint somit das Markenimage weder positiv noch negativ zu beeinflussen.

Trotz oft gegenteiliger Behauptungen ist ein Aufschwung bzw. eine Verbesserung des Images von Ausrichterstädten oder -ländern durch die Ausrichtung eines Events keineswegs garantiert. Aufgrund des unterschiedlichen Ausmaßes von Events ist zudem der dazugehörige Nutzen von Event zu Event verschieden. In ähnlicher Weise haben aktuelle

Studien ergeben, dass der Markeneffekt des gleichen Events bei verschiedenen Ausrichterstädten unterschiedlich ausfallen kann.

12.5.5 Bestimmung des Publikums

Vier verschiedene Publikumsgruppen müssen beachtet werden, wenn ein Ausrichter die
Auswirkungen von Events auf die Marke der Stadt messen will. Das

- weltweite Publikum,
- nationale Publikum,
- lokale Publikum,
- sportbezogene Publikum (Fans, Wettkämpfer, Offizielle).

Zusätzlich zu den regulären Besuchern muss auch die Knüpfung von Wirtschafts- und
Politikbeziehungen berücksichtigt werden. Da diese jedoch in der Regel abseits von gängigen Vergleichsuntersuchungen operieren, bedarf es hier besonderer Forschung. Die Abwägung, wie viel Bedeutung den einzelnen Publikumsgruppen beigemessen werden soll,
ist für jede Event/Stadt-Kombination spezifisch.

12.5.5.1 Das weltweite Publikum

Die weltweite Aufmerksamkeit ist ein wesentlicher Anreiz für die Ausrichtung von Sportgroßveranstaltungen. Diese Events haben das Potential, die Marke einer Stadt zeitgleich
auf vielen verschiedenen Märkten voranzutreiben. Städte sind sich darüber bewusst, dass
das Verhältnis zwischen Zuschauerschaft und Besucherschaft stark verzerrt ist zugunsten
des Ersteren. Eine Marke muss also in der Regel mehr für die Fernsehübertragung als für
das lokale Erleben gestaltet werden.

Aufgrund der Breite der Anziehungskraft eines weltweiten Events sollten sich Ausrichter für die Maximierung der Rendite auf wesentliche und neu entstehende Tourismus- und
Handelsmärkten fokussieren, anstelle zu versuchen, jedes potentielle Publikum zu erreichen.

12.5.5.2 Das nationale Publikum

Städte konkurrieren auf nationalen Märkten miteinander um die Aufmerksamkeit von
Unternehmen, Handel, Tourismus und Bewohnern und nutzen dabei sportliche und kulturelle Events, um sich Wettbewerbsvorteile zu verschaffen. Städte müssen ihre Ziele mit
der Ausrichtung eines Events auf nationaler Ebene klar definieren. So muss überlegt werden, bis zu welchem Ausmaß erwartet wird, dass die Ausrichtung eines Events ihre landes-
weite Position verbessert bzw. stärkt, oder ob es lediglich darum geht, die gegenwärtige
Position zu behaupten. Auch könnte angestrebt werden, bestimmte zusätzliche Elemente
des Markenimages aufzubauen, die derzeit nicht oder nur schwach vorhanden sind.

12.5.5.3   Das lokale Publikum

Allzu oft konzentriert sich die Aufmerksamkeit der Medienberichterstattung bei der Bewerbung bzw. der Vorbereitung für einen Event auf die Kosten der Ausrichtung und das Ausmaß der Vorbereitungen. Der Nutzen der Beteiligung am Event sowie die Verbesserung der Wahrnehmung der eigenen Stadt durch die Bewohner werden dabei oft übersehen.

Die Schaffung einer Atmosphäre, in der die Bewohner die Lebensqualität und die Gemeinschaft durch die Ausrichtung eines Events langfristig gesteigert sehen, bringt einer Stadt jedoch eine Menge an sozialem Nutzen. Es entsteht ein Ort, in der Bewohner und Unternehmen enger verbunden und letztlich stolz sind, ihre Stadt zu unterstützen und anderen weiter zu empfehlen. Das lokale Vermächtnis eines großen Events hält oft am längsten an und sollte folglich nicht ignoriert werden.

12.5.5.4   Das sportbezogene Publikum: Wettkämpfer und Fans als Botschafter der Städte

Bei der Ausrichtung von großen Events kann man zudem von den Erfahrungen kleinerer Veranstaltungen profitieren. Das Sports Industry Research Centre der Sheffield Hallam University (SIRC) betonte, dass Nischenevents bedeutend beschränkter sind in ihren Möglichkeiten, hohe Besucherzahlen zu generieren sowie Eintrittskarten und Übertragungsrechte zu verkaufen. Folglich zeigen sie in einem besuchergesteuerten Standardmodell nur partiell eine ökonomische Auswirkung. Sogar Nischenevents fungieren jedoch als Kanäle, um eine Stadt einer Gruppe von engagierten Teilnehmern sowie Fans des Events oder Sports zu präsentieren. Ein einzigartiger Vorteil der heutigen globalen Kommunikationsmöglichkeiten besteht darin, dass Events die Menschen auf der ganzen Welt unabhängig vom Aufenthaltsort erreichen können – mit oder ohne die Unterstützung der traditionellen Medien.

Durch die Gewinnung der Aufmerksamkeit der Fans und dem Ermöglichen einer tollen Erfahrung für die Teilnehmer bildet ein Event Botschafter, die das positive Gefühl der Stadt mit nach Hause nehmen und dort das Interesse sowie das Bedürfnis eines Besuches in der Ausrichterstadt steigern (Preuß und Messing 2003).

12.5.6   Hält der Effekt an?

Die Halbwertszeit der Auswirkungen eines Events ist ein anderer kritischer Faktor, der bei der Maximierung der intangiblen Effekte eines Events auf die Marke einer Stadt beachtet werden muss. Es besteht eine beachtliche Varianz in der Dauer, in der die Assoziation mit einem Event lebendig bleibt. Da sie ebenfalls zwischen den einzelnen Anteilseignern variiert, sollte dies ein wesentlicher Aspekt sein in den Überlegungen bezüglich der realisierten Initiativen.

Häufig wird der sogenannte „Olympische Effekt" angepriesen und behauptet, dass der Heiligenschein der Assoziation mit den Olympischen Spielen bis zu 100 Jahre anhalten könne. Ein Blick auf Anholts CBI in 2006 zeigt jedoch, dass es unter den 60 aufgelisteten Städten vier Ausrichterstädte der Olympischen Spiele in den letzten 50 Jahren nicht einmal in die obere Hälfte der Liste geschafft haben: Helsinki (1952), Mexico City (1968), Moskau (1980) und Seoul (1988). Interessanterweise war auch Peking zwei Jahre vor der Ausrichtung der Spiele 2008 darunter; ebenfalls Rio de Janeiro drei Jahre vor dem Zuschlag für die Spiele 2016. Zugegebenermaßen hat Barcelona seit den Spielen 1992 konstant zugelegt, jedoch bleiben manche Einrichtungen in der Stadt weiterhin untergenutzt. Sydney mag vielleicht die „besten Spiele aller Zeiten" ausgerichtet haben, fällt jedoch auf der Eventbühne seither immer weiter zurück und befindet sich derzeit hinter Melbourne nur auf Platz zwei in Australien.

Das Planen der Zeit nach einem Event ist also unerlässlich. Trotz des unmittelbaren Drucks und des Fokus auf die Austragung des Events selbst ist das fortlaufende Planen für die anschließende Nutzung der Einrichtungen ein wesentlicher Aspekt, der das Vermächtnis und die Verbindung zum Event untermauert, den Effekt ausweitet und somit Nutzen über einen längeren Zeitraum generiert.

Für Melbourne waren die Commonwealth Games 2006 Teil einer andauernden Positionierung zur weltbesten Event-Stadt. Für Manchester, den Austragungsort der Commonwealth Games 2002, ist die weltweite Anerkennung geringer – innerhalb des Vereinigten Königreichs jedoch sind die Assoziationen mit diesem Event immer noch positiv, besonders im Norden Englands. Seit den Spielen hat Manchester eine Reihe von internationalen Sportereignissen ausgetragen, wenngleich eher Nischenevents. Dies wurde also Teil der andauernden lokalen Identität der Stadt.

Ein Beispiel für die lange Dauer des lokalen Effekts ist Auckland, Ausrichter der Commonwealth Games 1990. Während der Rugby World Cup und der America's Cup bei den Bewohnern Neuseelands zwar eine wichtigere Rolle spielen, ist die Assoziation mit den Commonwealth Games immer noch sehr stark ausgeprägt.

12.5.7 Bildung einer empirischen Perspektive

Nachdem die Notwendigkeit von empirischen und objektiven Messungen der Auswirkungen von Events auf die Marke der Ausrichterstadt hervorgehoben wurde, muss festgehalten werden, dass es diesbezüglich derzeit wenig Nachweise gibt. BrandCapital setzte im Jahr 2009 aus diesem Grund ein bedeutendes Forschungsprojekt in Gang, um die Auswirkungen der Eventassoziation auf die Marken von Ausrichterstädten zu bemessen und nutzte dafür die Dimensionen von Stadtpersönlichkeiten.

12.5.8 „EventCities": Die Anwendung von Markenforschungsmethoden auf Städte und Event-Auswirkungen

Der Hintergrund zur Studie von BrandCapital wurde bereits zuvor dargestellt. Im Rahmen der Studie wurde die Assoziation von Markenpersönlichkeitscharakteristika mit Städten ausgebaut, um die Beziehung zwischen den Städten und großen Events mit einzubeziehen.

Eine wesentliche Bedeutung wurde dabei der Frage beigemessen, ob diese Assoziationen auf der Präsentation von einzelnen Städten und mehreren Events oder umgekehrt basieren sollte. Tests ergaben, dass der erste Weg sowohl innere Konsistenz innerhalb der Studie lieferte (da sich ursprüngliche Fragen auf bestimmte Städte bezogen), als auch eine größere Wahrscheinlichkeit der Identifikation von Unterschieden zwischen den Strategien ‚Portfolio von Events‘ und ‚einem Großevent‘.

In der Endversion wurden (neben zusätzlicher demographischer Daten der Befragten) fünf Schlüsseldimensionen von Faktoren in die EventCities-Studie einbezogen:

- der Grad von Vertrautheit mit der betreffenden Stadt,
- die Herkunft dieses Wissens über die Stadt,
- die Attraktivität der Stadt als Ort zum Besuchen, Leben oder Wohnen,
- der Grad an Assoziationen von Eigenschaften mit der Stadt,
- der Grad an Assoziationen von Events mit der Stadt.

Die ursprüngliche Forschungsgrundlage wurde skaliert, um eine ausreichende Breite an Städten für den Vergleich mit anderen Städten innerhalb nationaler Märkte sowie für den Vergleich von Ausrichterstädten von Events herzustellen. Dazu wurden 16 Städte identifiziert und insgesamt 20 Events getestet.

Die Umfrage wurde vom globalen online-Fragebogen-Anbieter GMI unter Einhaltung der Vorgaben von European Society for Opinion and Marketing Research (ESOMAR) durchgeführt. Die ausgewählte Stichprobe der Befragten stammte aus einer Grundgesamtheit von Erwachsenen im Alter von 18–65 Jahren. Die Stichprobe wurde in jedem der vier Märkte geschichtet, um eine Repräsentativität in Bezug auf Alter, Geschlecht und Lokalität auf Grundlage der jeweiligen nationalen Volkszählungsdaten herzustellen. Durch Quotenvorgaben wurden Gewichtungen der Ergebnisse der Stichproben nach Beendigung der Umfrage vermieden.

Eine vorläufige Analyse der Datenausgabe wurde durchgeführt, um die Qualität bzw. Validität der Antworten zu überprüfen. Die Anwendung von einfachen Abweichungstests auf einzelne Werte von Befragten ermittelte Teilnehmer, die keine Variation in ihren Beurteilungen sowohl innerhalb als auch zwischen Städten aufwiesen. Diese Ergebnisse wurden für die Auswertung aus dem finalen Datensatz herausgenommen.

Tatsächlich ergaben die Ergebnisse dieser Studie, dass die Stärke der Verbindung zwischen einem Event und der Ausrichterstadt durch die bedeutenden Unterschieden in der Wahrnehmung der Stadt geprägt wird. Insbesondere haben verschiedene Arten von Events einen unterschiedlichen Einfluss auf das Image der Ausrichterstadt. So wurden zum Beispiel Sport-Events mit dynamischen, fortschrittlichen Dimensionen assoziiert, während kulturelle Events Stil- und Spaßfaktoren sowie soziale Dimensionen des Images einer Stadt erhöhen.

Viele der Städte, bei denen Menschen eine stärkere Assoziation mit einem Event erkennen, erreichen zudem signifikant höhere Werte bei Schlüsseldimensionen wie ‚Attraktivität für Besucher‘ oder ‚Ort zum Leben und Arbeiten‘. Beides sind wesentliche Faktoren, um Besucher anzuziehen – nicht nur für die kurze Zeit des Events selbst, sondern auch für das zukünftige Wachstum und die Entwicklung einer Stadt.

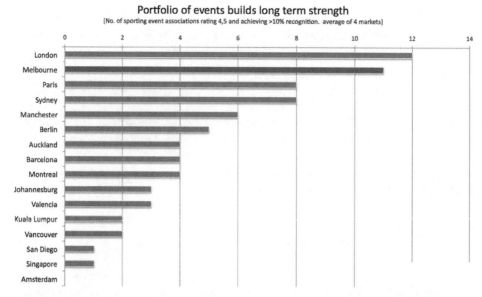

Abb. 12.3 Identifikation von Event-Portfolios

12.5.9   Stärke von Event-Portfolios

Wie aus Tab. 12.1 hervorgeht, rangiert bei den beiden australischen Städten Sydney knapp über Melbourne, sowohl in Bezug auf Vertrautheit als auch Markenimage, während Melbourne jedoch bei der Gesamtrate der Event-Zuschreibungen vorne liegt.

Im Gegensatz zu vielen Rechtfertigungen für Mega-Events, gründet das Event-Profil von Melbourne nicht auf außergewöhnlichen Ergebnissen für einige wenige Mega-Events, sondern stattdessen auf einer stabilen Basis von wiederkehrenden internationalen Events, die Melbournes Status als ‚Best Event City' stärken und bestätigen. Wenn man die Gesamtheit von Events in Melbourne tatsächlich aufgliedert und direkt mit jener von Sydney vergleicht, zeigt dies den Effekt des Event-Portfolios auf, der Melbournes gute Markenposition untermauert (vgl. Abb. 12.3). Melbournes Portfolio basiert auf kultigen Events mit gegensätzlichen und sich ergänzenden Markenpositionen, anstelle darauf zu setzen, die internationale Position durch Sportgroßveranstaltungen zu stärken.

Die konstante und sich wiederholende Präsenz eines Portfolios von Events kann die Salienz der Marke einer Stadt hervorheben. Der Begriff Salienz bezieht sich in diesem Zusammenhang auf die Wahrscheinlichkeit, mit der eine Person an irgendeinem Punkt in der Zukunft an die Stadt denken wird (Sutherland 1993).

Bei der Abschlussfeier der Olympischen Spiele von Sydney 2000 verkündete IOC-Präsident Juan Antonio Samaranch: „I am proud and happy to proclaim that you have presented to the world the best Olympic Games ever" (zitiert aus Longman 2000). Weniger als zehn Jahre nach dem überragenden Erfolg der Spiele erlangt Sydney kaum höhere Werte bei

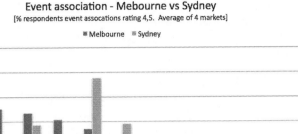

Abb. 12.4 Event-Assoziation: Melbourne vs. Sydney

der Assoziation mit den Olympischen Spielen als Melbourne mit einem knapp dreimi-
nütig im TV übertragenen jährlichen Pferderennen (vgl. Abb. 12.4). Abgesehen davon ist
jener Melbourne Cup ein kulturelles Symbol mit einer über hundertjährigen Geschichte.
Ähnlich sind die Australien Open zu sehen, die zwar nicht das Ausmaß der Olympischen
Spiele oder FIFA-Weltmeisterschaft haben, jedoch trotzdem als internationales Symbol ein
Wahrzeichen für Melbourne und das internationale Tennispublikum sind.

Die Stärke Melbournes liegt also nicht in der Ausrichtung von Sportgroßveranstaltungen, sondern von einer Reihe sich regelmäßig wiederholender kultiger Events, die eine
konstante Präsenz für das lokale, nationale und internationale Publikum liefert, auf deren
Persönlichkeitseigenschaften sich Melbourne stützt.

Im Vergleich zu Melbourne trägt Sydney weniger wiederkehrende Events aus und erlangt die meiste Anerkennung durch das Erbe der Olympischen Spiele sowie den Rugby
World Cup – jenseits der historischen Assoziation mit Kricket. Die Herausforderung für
Sydney besteht darin, dem durch diese Events entstandenen Postkartenideal gerecht zu
werden. Melbourne hingegen ermöglicht eine bessere Erfahrung als erwartet. Die Ausrichtung von Events funktioniert also als Anker in der Gesamtstrategie des Standortmar-
ketings.

Städte, die eine erfolgreiche Event-Strategie entwickeln wollen, müssen sich daher die
Frage stellen, ob sie lieber einmalig ein Sportgroßereignis ausrichten wollen oder ob die
dauerhafte Ausrichtung sich wiederholender Events nicht ausreichende Auswirkungen bei
geringerem Risiko bietet. Ein breiteres Portfolio an Events hat also das Potential, unter-
schiedliches Publikum anzusprechen, das zudem effektiv in der Schaffung von ausreichend Anerkennung für die Ausrichterstadt ist. Die Fähigkeit, ein effektives Portfolio an

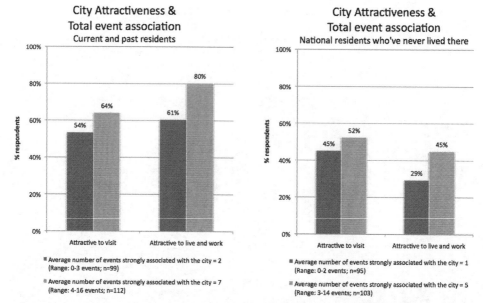

Abb. 12.5 Wiedererkennung von Event-Portfolios und der Effekt auf die Attraktivität einer Stadt

Events zu schaffen, beeinflusst das Vermögen einer Stadt, sich als attraktiven Besuchs- und zugleich Arbeits- und Wohnort darzustellen. Vor dem Hintergrund der direkten und/oder indirekten Unterstützung von großen Events durch Regierungen ist es besonders bemerkenswert, dass dieser Effekt sowohl bei aktuellen und ehemaligen Stadtbewohnern, als auch bei der Bevölkerung des Landes, die noch nie in der betreffenden Stadt zu Besuch war, beobachtbar ist (vgl. Abb. 12.5). Die gesteigerte Zuschreibung der Lebensqualität der Stadt ist angesichts der Assoziation mit einem Portfolio von Events messbar, da die Stadt sowohl für potentielle neue Besucher als auch neue Bewohner attraktiver ist.

Abbildung 12.6 zeigt, dass ein Portfolio von Events von Städten als effektive Strategie genutzt werden kann. Das einheitliche Portfolio wiederkehrender Events in Melbourne führte jedoch dazu, dass trotz der ungünstigen geographischen Lage und der Entfernung von potentiellen Besuchermärkten, Melbourne innerhalb der vier untersuchten Märkte in Bezug auf Event-Präsenz auf Platz zwei hinter London liegt.

12.6 Implikationen und Schlussfolgerungen

Die Beurteilung und Messung des vollen Wertes einer Event-Ausrichtung erfordert die Einbeziehung der intangiblen Auswirkungen auf die Marke der Stadt in die besucherorientierten ökonomischen Analysen, die den Wert eines Events untermauern und bestimmen. Während die Bewertung der intangiblen Auswirkungen von Events auf die Marke einer Ausrichterstadt noch im Aufbau ist, sind Identifikation und Messung der Antreiber bekannt und wurden in jüngsten Studien begründet.

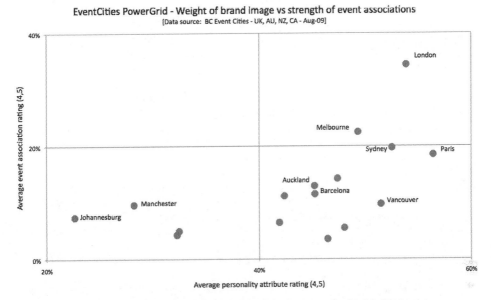

Abb. 12.6 Quote der Event-Zuschreibung im Vergleich zum Gewicht des Markenimages

Bei der Beurteilung des Markenerfolgs eines Events sollte die Aufmerksamkeit darauf gerichtet werden, inwieweit das Event die Wahrnehmung der Stadt bei verschiedenen Zuschauergruppen verändert. Außerdem sollte analysiert werden, ob diese Veränderung sowohl vorteilhaft ist, als auch konform zu den Bestrebungen des Stadtmarketings läuft. Ebenso ist die Dauer der vorteilhaften Wahrnehmungen zu erfassen.

Die Planung, Rückverfolgung und Beurteilung von Veränderungen in diesen Schlüsseldimensionen sind grundsätzlich wichtig für die Messung des Wertes einer Bewerbung für und einer Ausrichtung von Events. Nur so kann erklärt werden, welchen monetären Anteil der eigentliche intangible Wert der Verbesserung einer Stadtmarke einem Event zugeschrieben werden kann.

Literatur

Aaker, D. (1996). *Building Strong Brands*. New York: Free Press.

Aaker, J. (1997). Dimensions of brand personality. *Journal of Marketing Research, 34*(3), 347–356.

Auf der Maur, N. (1976). *The billion-dollar game: Jean Drapeau and the 1976 Olympics*. Toronto: J. Lorimer.

Barker, M., Page, S. J., & Meyer, D. (2002). Evaluating the impact of the 2000 America's Cup on Auckland, New Zealand. *Event Management, 7*, 79–92.

Chalip, L., & Costa, C. A. (2005). Sport event tourism and the destination brand: towards a general theory. *Sport in Society, 8*(2), 218–237.

Chien, P. M., Cornwell, T. B., & Pappu, R. (2011). Sponsorship portfolio as a brand-image creation strategy. *Journal of Business Research, 64*(2), 142–149.

Church-Sanders, R. (2010). *Ultimate Sport Cities* (2. Aufl.). London: Sport Business Group.

Cornwell, T. B., & Coote, L. V. (2005). Corporate sponsorship of a cause: the role of identification in purchase intent. *Journal of Business Research, 58*(3), 268–276.

Delhi Commonwealth Games (2010). Legacy of Delhi 2010. http://d2010.thecgf.com/legacy_delhi_2010. Zugegriffen: 24. Juli. 2012.

Kerr, R., & Johnstone, P. (2008). A State of Liveability: An Inquiry into Enhancing Victoria's Liveability. Final Report. Victoria. http://www.vcec.vic.gov.au/CA256EAF001C7B21/WebObj/VCECLiveabilityReport-FINALFULLREPORT/$File/VCEC%20Liveability%20Report%20-%20FINAL%20FULL%20REPORT.pdf. Zugegriffen 10. Okt. 2012.

Kotler, P., & Gertner, D. (2002). Country as brand, product, and beyond: A place marketing and brand perspective. *The Journal of Brand Management, 9*(4), 249–261.

Lev, B. (2001). Intangibles: Management, Measurement and Reporting. *The Brookings.* Washington DC: Institution Press.

Longman, J. (2000). SYDNEY 2000: Closing Ceremony; A fond farewell from Australia. *New York Times.* http://www.nytimes.com/2000/10/02/sports/sydney-2000-closing-ceremony-a-fond-farewell-from-australia.html?pagewanted=all&src=pm. Zugegriffen: 23. Juli. 2012.

Mizik, N., & Jacobson, R. (2008). The Financial Value Impact of Perceptual Brand Attributes. *Journal of Marketing Research, 45,* 15–32.

o.V. (2011). Now Tokyo 2020 Says It Will Slash Budget after Spending $150m on 2016 Bid. http://www.asoif.com/News/News_Article.aspx?ID=1467. Zugegriffen: 22. Okt. 2012

Pearson, D. D. R. (2007). State Investment in Major Events. Victoria. http://download.audit.vic.gov.au/files/20070523-Investment-in-Major-Events.pdf. Zugegriffen: 20. Okt. 2012.

Preuß, H. (2007). Ökonomische Aspekte des Sports im TV. In N. Müller, & D. Voigt (Hrsg.), *Gesellschaft und Sport als Feld wissenschaftlichen Handelns.* Festschrift für Manfred Messing. Mainzer Studien zur Sportwissenschaft Bd. *25,* (S. 269–285). Niedernhausen: Schors.

Preuß, H., Messing, M. (2003). Auslandstouristen bei den Olympischen Spielen in Sydney 2000. In A. Dreyer (Hrsg.), *Tourismus und Sport. Wirtschaftliche, soziologische und gesundheitliche Aspekte des Sport-Tourismus.* Harzer wirtschaftswissenschaftliche Schriften, (S. 223–241) Wiesbaden: Deutscher Universitätsverlag.

Shimp, T. A., Saeed, S., & Madden, T. J. (2003). Countries and their products: A cognitive structure perspective. *Journal of the Academy of Marketing Science, 21*(4), 323–330.

Smith, A., Graetz, B., & Westerbeek, H. (2006). Brand personality in a membership-based organization. International. *Journal of Nonprofit and Voluntary Sector Marketing, 11*(3), 251–266.

Sutherland, M. (2009). *Advertising and the Mind of the Consumer, What Works, What Doesn't and Why* (3. Aufl.), St. Leonards, Australien: Allen and Unwin.

Tobin, J., Brainard, W. C. (1977). Asset Markets and the Cost of Capital. In R. Nelson, & B. Balassa (Hrsg.) *Economic Progress: Private Values and Public Policy: Essays in Honor of William Fellner* (S. 235–262), North-Holland.

Ziakas, V., & Costa, C. A. (2011). Event portfolio and multi-purpose development: Establishing the conceptual grounds. *Sport Management Review, 14*(4), 409–423.

Erfolgskette der internen Markenführung in mitgliedsbasierten Sportorganisationen

13

Marcus Stumpf und Daniel Sautter

13.1 Einleitung

Als zentraler Werttreiber für Unternehmen steht die Marke seit Jahren im Zentrum des Interesses der Marketingforschung und -praxis (vgl. z. B. Esch et al. 2005b). Die Marke drückt sich dabei nicht nur extern über ein Produkt oder dessen Kommunikation aus, sondern auch über das Verhalten ihrer Repräsentanten (vgl. z. B. Kernstock 2008). Daher ist in den letzten Jahren auch zunehmend die Bedeutung der internen Markenführung, d. h. die Vermittlung der Marke an die Mitarbeitenden eines Unternehmens, als Voraussetzung für den externen Markenerfolg erkannt worden (vgl. z. B. Zeplin 2006): Als „Markenbotschafter" kommuniziert und repräsentiert jeder einzelne Mitarbeitende die Marke nach außen (vgl. Joachimsthaler 2002; Tomczak und Brexendorf 2003).

Der vorliegende Beitrag überträgt den Ansatz der internen Markenführung auf moderne Sportorganisationen und deren Mitglieder, stellen diese doch eine zentrale Anspruchsgruppe der Organisation dar. Die interne Markenführung hat dabei das Ziel, die Marke einer Sportorganisation glaubhaft und konsistent gegenüber den Mitgliedern zu vermitteln, so dass diese die Markenidentität kennen und sich verpflichtet fühlen, im Einklang mit der Marke zu handeln (vgl. in Anlehnung an Esch et al. 2005). Um mit interner Markenführung die Mitglieder-Marken-Beziehung beeinflussen und verbessern zu können sowie die Markenziele der Sportorganisation zu erreichen, ist die Kenntnis derjenigen Faktoren, die den internen Markenerfolg determinieren, sowie ein grundlegendes Verständnis der Wirkungsbeziehungen zwischen diesen Faktoren zwingend notwendig.

M. Stumpf (✉)
Puch bei Salzburg, Österreich
E-Mail: info@marcus-stumpf.de

D. Sautter
Griesheim, Deutschland
E-Mail: mail@daniel-sautter.de

H. Preuß et al. (Hrsg.), *Marken und Sport*,
DOI 10.1007/978-3-8349-3695-0_13, © Springer Fachmedien Wiesbaden 2014

Im Folgenden wird die so genannte interne Markenerfolgskette (vgl. Bruhn 2005a, 2008) als konzeptionelle Grundlage für ein geeignetes Mess- sowie Steuerungsinstrument der internen Markenführung in mitgliedsbasierten Sportorganisationen gewählt. Hierbei handelt es sich um ein verhaltenswissenschaftliches Modell für ein innengerichtetes Markenmanagement, das die Wirkungszusammenhänge veranschaulicht und dessen Perspektive sich besonders gut zur Markensteuerung sowie Wahrung der Markenkontinuität eignet (vgl. Esch und Geus 2005). Die einzelnen Faktoren der Erfolgskette, die dabei als interne mitgliederrelevante Markenziele zu interpretieren sind und deren Erreichung durch die Mitgliedsorganisation anzustreben ist, werden erläutert und vorliegende empirische Ergebnisse aufgeführt. Eine Darstellung des weiteren Vorgehens mit den vorliegenden Erkenntnissen sowie Managementimplikationen schließen den Beitrag ab.

13.2   Rolle der Mitglieder in Sportorganisationen

Sportorganisationen sind Personenvereinigungen, deren Zustandekommen auf freiwilliger Mitgliedschaft beruht. Dies bedeutet, dass die Organisationen aus Mitgliedern gebildet werden, die sich bewusst für eine Mitgliedschaft entschieden haben ("Opt-In"). Heinemann (2004) benennt die freiwillige Mitgliedschaft als eines von vier konstitutiven Merkmalen von Sportorganisationen. Daneben sind die Unabhängigkeit von Dritten, die Freiwilligenarbeit sowie demokratische Entscheidungsstrukturen weitere Merkmale der Organisation (Heinemann 2004). Alle diese Merkmale deuten auf eine hohe Orientierung der Sportorganisationen bzw. Sportvereine am Mitgliedernutzen hin und zeigen, wie sehr der Verein einerseits von den Mitgliedern und deren Beitrag zur Organisation abhängig ist. Andererseits liegt der Schluss nahe, dass eine Mitgliedschaft auch zugleich der Ausweis einer besonderen Identifikation mit der Organisation darstellt (Heinemann 2004; Dürr 2008).

Bei der Frage, ob der Begriff der "Internen Markenführung", wie in der Einleitung beschrieben, in Bezug auf Mitarbeitende und Mitglieder gleichzusetzen ist, ist zunächst die Gemeinsamkeit festzustellen, dass es sich bei beiden Beziehungsformen zu Organisationen um eine interne Einbindungsstruktur handelt. Mitarbeitende sind ebenso wie Mitglieder Teil des Systems; sie bilden durch ihre Teilhabe die Organisation. Ihre Handlungen und ihre Einstellungen innerhalb sowie außerhalb der Organisation prägen letztlich deren Erscheinungsbild. Daneben sind jedoch auch folgende Unterschiede zwischen den Bezugsobjekten festzuhalten (vgl. Stumpf und Rücker 2008):

- Das Verhältnis der Mitglieder beruht auf einem Gesellschaftsvertrag von Individuen mit gleichgerichteter Zielsetzung im Gegensatz zu einer punktuellen, bilateralen Tauschbeziehung bei erwerbswirtschaftlichen Betrieben. Die "Ziele der Organisation und Mitgliedschaftsmotivation der Mitglieder sind nicht wie in Betrieben oder Behörden voneinander getrennt" (Heinemann 2004). Kann eine Identität zwischen den

Zielen der Organisation und den Interessen der Mitglieder hergestellt werden, ist dies aus Sicht der Mitglieder das Motiv zu Mitgliedschaft und Engagement im Verein.

- Auch in der Position des Mitglieds und des Mitarbeitenden sind Unterschiede festzustellen. So ist das Mitglied im Verein zugleich Konsument, Produzent, Finanzier und Entscheidungsträger, woraus sich eine vereinsspezifische Rollenidentität ergibt. Die unterschiedlichen Rollen des Mitglieds lassen sich aus den konstitutiven Merkmalen des Vereins ableiten: der Freiwilligkeit, der Ehrenamtlichkeit, den demokratischen Entscheidungsstrukturen und der Unabhängigkeit von Dritten (Heinemann 2004). Vielfach wird bei Mitgliedern daher auch von „Prosumenten" gesprochen. Dieser Kunstbegriff drückt die ambivalente Rolle des Mitglieds in der Struktur des Vereins aus.

- Den Mitgliedern stehen im Vergleich zu Mitarbeitenden einer Organisation vielfältige Steuerungsmechanismen zur Verfügung, um eine Mitgliederorientierung zu erzielen. Sie haben die Möglichkeit, durch Abwanderung, Widerspruch und Engagement die Ziele der Mitgliedsorganisation entsprechend ihren Interessen auszurichten. Die Bereitschaft zum Widerspruch – statt zur Abwanderung – steht dabei in Zusammenhang mit der Verbundenheit und Treue zu einer Organisation (vgl. Hirschmann 1974). Da mitgliedsbasierte Sportorganisationen sich durch demokratische Entscheidungsstrukturen und kollektive Kontrolle charakterisieren lassen (vgl. Horch 1992), haben die Mitglieder bei Leistungsverschlechterung und Unzufriedenheit nicht nur die Möglichkeit auszutreten, sondern Sie können versuchen, die Situation zu verbessern (vgl. Hirschmann 1974). Neben der direkten Beschwerde oder dem Protest über das Stimmrecht sind in Sportorganisationen insbesondere das freiwillige Engagement und die Eigeninitiative der Mitglieder von Bedeutung (vgl. Braun und Nagel 2005). Wenn z. B. das Sportangebot in einem Verein nicht den eigenen Vorstellungen entspricht, ergreifen die Mitglieder unter Umständen selbst die Initiative und sorgen dafür, dass neue oder verbesserte Sportangebote eingerichtet und angeboten werden.

Diese Möglichkeiten stehen einem Mitarbeitenden in dieser Form nicht zur Verfügung. Dennoch kann davon ausgegangen werden, dass ein sehr enger Zusammenhang zwischen der internen Markenführung gegenüber Mitarbeitenden und Mitgliedern besteht, allerdings unter Berücksichtigung der Besonderheiten der Mitgliedsorganisation und der Mitgliedsbeziehung.

13.3   Struktur und Konstrukte einer internen Markenerfolgskette

Um mit interner Markenführung die Mitglieder-Marken-Beziehung beeinflussen und verbessern zu können sowie die Markenziele der Sportorganisation zu erreichen, ist ein grundlegendes Verständnis der Wirkungsbeziehungen notwendig. Diese Wirkungszusammenhänge lassen sich anhand der so genannten internen Markenerfolgskette veranschaulichen. Die Grundstruktur einer internen Markenerfolgskette für Mitgliedsorganisationen besteht aus vier Gliedern (in Anlehnung an Bruhn 2005a, vgl. Abb. 13.1):

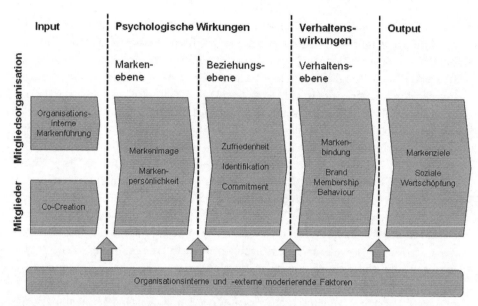

Abb. 13.1 Interne Markenerfolgskette für Mitgliedsorganisationen

1. Input der Mitgliedsorganisation, die interne Markenführung der Organisation sowie die gemeinsame Leistungserstellung der Mitgliedsorganisation und seiner Mitglieder,
2. Psychologische Wirkungen, v. a. die Markenbeurteilung durch die Mitglieder,
3. Verhaltenswirkungen, v. a. das tatsächliche Markenverhalten der Mitglieder,
4. Output der Organisation, das Erreichen der Markenziele sowie die soziale Wertschöpfung der internen Markenführung.

Die interne Markenführung der Mitgliedsorganisation sowie die gemeinsame Leistungserstellung mit den Mitgliedern stellen im vorliegenden modelltheoretischen Fall die Inputvariablen dar. Diese Inputvariablen erzielen bei den Mitgliedern psychologische Wirkungen – sowohl auf Marken- als auch auf Beziehungsebene. Aus der Beurteilung und den psychologischen Wirkungsgrößen einer Marke resultieren die Verhaltenskonsequenzen der Mitglieder. Das Verhalten der Mitglieder hat schließlich Auswirkungen auf die Markenziele sowie die soziale Wertschöpfung der Mitgliedsorganisation. Die so formulierte Wirkungsweise der internen Markenerfolgskette stellt jedoch keinen Automatismus dar. Vielmehr liegen aufgrund so genannter organisationsinterner und -externer moderierender Faktoren zwischen den verschiedenen Kettengliedern nicht immer eindeutige Zusammenhänge vor (vgl. zu moderierenden Faktoren z. B. Giering 2000).

Auf Basis der dargestellten internen Markenerfolgskette werden in den folgenden Abschnitten die einzelnen Konstrukte sowie die jeweils zwischen ihnen postulierten Zusammenhänge erläutert.

13.3.1   Organisationsinterne Markenführung und Co-Creation als Input

13.3.1.1   Organisationsinterne Markenführung

Durch den Einsatz der Instrumente des innengerichteten Markenmanagements gibt die Mitgliedsorganisation ein Leistungs- und Qualitätsversprechen gegenüber ihren Mitgliedern ab. Als Instrumente der internen Markenführung sind insbesondere leistungspolitische Maßnahmen, Maßnahmen der internen Kommunikation sowie der mitgliederbezogene Einsatz externer Marketinginstrumente anzusehen (vgl. auch Wittke-Kothe 2001; Stauss 1995):

- Beispiele für den Einsatz leistungspolitischer Maßnahmen sind in Sportvereinen beispielsweise Auswärtsfahrten zu Pflicht-, Freundschafts- und Länderspielen oder auch Diskussionsrunden mit Vorstand, Trainern und Spielern. Verbunden mit diesen mitgliederbezogenen Maßnahmen ist das Ziel, eine emotionale Beziehung zum Sportverein aufzubauen sowie ein Gemeinschaftsgefühl zu entwickeln.
- Mitgliederversammlungen stellen klassische Maßnahmen der internen Kommunikation in Sportorganisationen dar, die zum einen die Möglichkeit bieten, die Markenwerte konkret zu vermitteln. Zum anderen kann im Zuge der Veranstaltung auch ein Verständnis für die Markenpolitik des Vereins insgesamt erreicht werden. Darüber hinaus wirkt beispielsweise der Einsatz einer Mitgliederzeitung identitätsstiftend, wenn sportliche Erfolge, Vereinsaktivitäten sowie allgemeine Informationen zur Organisation speziell für Mitglieder dargestellt werden.
- Neben diesen innengerichteten Kommunikationsmaßnahmen sind die Mitglieder als „Second Audience" auch Rezipienten der externen Kommunikation, wenn sie Medienberichte über die Sportorganisation wahrnehmen. Zudem besteht weitergehend die Möglichkeit, dass die Mitglieder die Ziele der Markenführung aktiv unterstützen, indem sie beispielsweise in die externen Kommunikationsmaßnahmen der Mitgliedsorganisation eingebunden werden und in Werbeanzeigen Aussagen zum Markenversprechen der Organisation treffen. Abb. 13.2 zeigt hierzu ein Beispiel des Freizeitsportvereins „sportspaß" aus Hamburg.

Darüber hinaus scheint der Ansatz des Brand-Experience-Managements „fan"-förderlich. Dieser Ansatz geht davon aus, dass die Marke durch die systematische Vermittlung von positiven Erlebnissen, beispielsweise durch spezifische Markenevents, emotional aufgeladen wird und so einen Beitrag zur Steigerung der Mitgliederzufriedenheit und -bindung leistet. Im Hinblick auf die Neigung von Marken-„Fans", ihre Marke zu ritualisieren (vgl. Hellmann et al. 2009), ist darüber nachzudenken, durch welche Maßnahmen eine Regelmäßigkeit der Erlebnisvermittlung erreicht werden kann.

13.3.1.2   Co-Creation

Bereits mit den aufgeführten Beispielen wird deutlich, dass die letztendlich für die Sportorganisation bedeutsame Wertschöpfung nur gemeinsam, d. h. in Kooperation mit den Mitgliedern generiert werden kann und dass die Leistungserstellung einen interaktiven

Abb. 13.2 Werbung des Freizeitsportvereins „sportspaß" aus Hamburg

Prozess zwischen der Sportorganisation und ihren Mitgliedern darstellt. Auch Morrow (1999) betont die wichtige Rolle von Mitgliedern, wenn sie die Leistung, die sie konsumieren auch produzieren. So ist beispielsweise die Atmosphäre in einem Sportstadion, die durch die Zuschauer erzeugt wird, ein wichtiger Bestandteil der Attraktivität eines Sportereignisses. In dieser Weise lassen sich die Zuschauer, darunter insbesondere die Mitglieder und Fans eines Sportvereines, als Co-Produzenten eines Events bezeichnen.

Diese Denkweise der gemeinsamen Leistungserstellung (Co-Creation), die in hohem Maße in Mitgliedsorganisationen gegeben ist, spiegelt auch das Konzept der so genannten Service-Dominat Logic wider, die seit einigen Jahren in der Marketingwissenschaft und mittlerweile auch darüber hinaus intensiv diskutiert wird (vgl. Vargo und Lusch 2004, 2008). Hier wird insbesondere ein Wechsel weg von einer starken Anbietersicht (z. B. im Sinne von: „der Sportverein bietet einen Vereinsabend mit Trainingsstunden an") hin zu einer gemeinsamen Schaffung von bleibenden Werten propagiert (z. B. im Sinne von: „die Gemeinschaft der Mitglieder gestaltet die Vereinsatmosphäre und ermöglicht durch ihre Mitwirkung sowie ihr Engagement im Verein das Sportangebot").

Durch die Implementierung der internen Markenführung sowie die Umsetzung der Co-Creation werden bei den Mitgliedern dauerhafte und werthaltige Wirkungen erzielt. Die psychologischen Wirkungsgrößen, die aufgrund der Aktivitäten der Sportorganisation beim Mitglied entstehen, werden im Folgenden diskutiert. Als ein zentrales Konstrukt wird auf der Markenebene das Markenimage sowie die Markenpersönlichkeit angesehen.

13.3.2 Markenimage und Markenpersönlichkeit als Konstrukte der Markenebene

13.3.2.1 Markenimage

Das Markenimage wird beschrieben als stabile und wertende Summe aller perzipierten und im Gedächtnis gespeicherten Assoziationen, die Menschen mit einer Marke verbinden (vgl. Esch et al. 2005a). Im Gegensatz zur Markenidentität, die das Selbstbild der

Marke aus Sicht des Absenders definiert, ist das Markenimage das Bild der Marke bei seinen Zielgruppen (Fremdbild). Dieses Bild entsteht auf Basis der von der Marke gesendeten Signale (z. B. im Rahmen der Kommunikationspolitik) und eigener Erfahrungen im Umgang mit der Marke (vgl. Burmann und Meffert 2005). Unterteilt wird das Markenimage in die Komponenten Markenwissen sowie daraus abgeleitet den funktionalen und den symbolischen Nutzen der Marke (vgl. Burmann und Maloney 2008). Es wird angenommen, dass Handlungen des Konsumenten im Hinblick auf Kauf bzw. Nutzung der Marke im Wesentlichen durch das Markenimage beeinflusst werden. Zudem spielt aus Sicht des Markennutzers das Markenimage eine wesentliche Rolle, um sich selbst über die Nutzung der Marke auszudrücken bzw. einen Imagetransfer von der Marke auf die eigene Persönlichkeit zu erzielen.

Im Kontext von Mitgliedsorganisationen bietet insbesondere der symbolische Nutzen, den das Mitglied aus dem Markenimage zieht, Ansatzpunkte für die interne Markenführung. Burmann und Meffert (2005) nennen u. a. die Vermittlung von Prestige, die Gruppenzugehörigkeit und die Verknüpfung von individuell wichtigen Erlebnissen sowie Erinnerungen mit der Marke als symbolische Nutzenkomponenten. Demzufolge gilt es für den Verein in der Markenführung und im Aufbau der Markenidentität vor allem diese Dimensionen zu beeinflussen. Im Kontext des Sportvereins können dies z. B. die Herausstellung der ehrenamtlichen Vereinsleistung, der Erfolg im sportlichen Wettbewerb sowie die Zugehörigkeit zum Verein als Gruppe sein. Gelingt es dem Verein, diese Werte glaubhaft als eigene Identität zu vermitteln, können die Rezipienten – in diesem Fall die Mitglieder – durch das Image ihre Bedürfnisse nach Zugehörigkeit oder Engagementbereitschaft als erfüllt sehen. Die anzunehmende Folgewirkung daraus ist, dass die Mitglieder bereit sind, sich mit dem Verein stärker zu identifizieren, sich zu engagieren oder weiteres vereins- bzw. markenkonformes Verhalten an den Tag zu legen. Basierend auf diesen Annahmen wird davon ausgegangen, dass aus einem positiv wahrgenommenen Markenimage sich weitere psychologische Wirkungen auf der Beziehungsebene wie Zufriedenheit, Identifikation sowie Commitment ergeben und zu diesen Konstrukten ein positiver Kausalzusammenhang besteht.

13.3.2.2 Markenpersönlichkeit

Nach Aaker ist die Markenpersönlichkeit „the set of human characteristics associated with a brand" (Aaker 1997). Sie resultiert aus Unternehmensaktivitäten (vorwiegend kommunikativer Art) sowie der Wirkung und Verarbeitung beim Kunden (vgl. Burmann und Stolle 2007). Gleichzeitig gilt die Markenpersönlichkeit als wichtige Determinante für die Identifikation des Kunden mit der Marke. Es wird davon ausgegangen, dass Konsumenten mit dem Kauf und der Nutzung einer Marke ihre eigene Persönlichkeit zum Ausdruck bringen, was als Selbst-Kongruenz bezeichnet wird. „Durch die Bereitstellung ‚menschlicher' Identität unterstützt eine Markenpersönlichkeit die Identifikation des Konsumenten mit einer Marke und erhöht so die persönliche Bedeutung von Marke und Produkt für den Konsumenten" (Bauer et al. 2002). Zudem gilt der Zusammenhang zwischen positiv empfundener Markenpersönlichkeit und der Identifikation mit der bzw. Loyalität zur Marke als unbestritten (vgl. Sattler 2001).

Für Sportorganisationen, im Speziellen für Profi-Sportvereine, wurde von Burmann und Schade (2009) dargelegt, wie die Markenpersönlichkeit determiniert wird. Dabei ist zwischen direkten und indirekten Determinanten zu differenzieren. Direkte Bestimmungsfaktoren sind dabei Vertreter und Nutzer des Vereins, also Trainer, Manager, Sportler sowie Fans. Indirekte Faktoren sind dagegen eher im Vereinsumfeld zu finden, beispielsweise die Sportart, sportliche Leistung, Vereinspolitik/-kultur, Infrastruktur oder regionale Herkunft (vgl. Burmann und Schade 2009). Die Rolle der Mitglieder für die Markenpersönlichkeit ist dagegen noch nicht hinlänglich untersucht. Es kann jedoch davon ausgegangen werden, dass diese einen hohen Einfluss auf das Persönlichkeits- und Erscheinungsbild des Vereins nach außen haben. So sind die Mund-zu-Mund-Propaganda von Mitgliedern oder deren Zuschauerverhalten nicht zu unterschätzende Faktoren bei der Meinungsbildung über einen Sportverein.

An anderer Stelle wurde bereits hervorgehoben, dass die Mitglieder zu ihrer Sportorganisation eine Beziehung aufbauen. Im Folgenden werden die in diesem Zusammenhang relevanten Konstrukte aufgezeigt.

13.3.3 Zufriedenheit, Identifikation und Commitment als Konstrukte der Beziehungsebene

13.3.3.1 Zufriedenheit

Der Begriff „Mitgliederzufriedenheit" beschreibt das Resultat eines komplexen Informationsverarbeitungsprozesses. Zur Erklärung der allgemeinen Zufriedenheitsentstehung kann das sogenannte Confirmation-Diskonfirmation-Paradigma (C/D-Paradigma) einen wertvollen Betrag leisten. Es lässt sich als Grundmodell ebenso für die Arbeitszufriedenheit wie für die Mitgliederzufriedenheit heranziehen (vgl. Ungern-Sternberg 2002; Giloth 2003). Zwar verzichten Nagel et al. (2004) in ihrer Studie zur allgemeinen sportübergreifenden Mitgliederzufriedenheit in Vereinen auf eine exakte Begriffsbestimmung, verweisen bzgl. der Entstehung aber auf die Nähe zum C/D-Paradigma.

Übertragen auf den mitgliederbezogenen Kontext erfolgt entsprechend dem Confirmation-Diskonfirmation-Paradigma ein Abgleich zwischen den Erwartungen an die Mitgliedschaft im Sportverein (Soll-Leistung) und der subjektiven Wahrnehmung der Leistungen. Das Ergebnis dieses Vergleichs ist ein bestimmtes Niveau der Zufriedenheit bzw. Unzufriedenheit des einzelnen Vereinsmitglieds. Stimmen die Erwartungen mit den wahrgenommenen Leistungen überein (Konfirmation und positive Diskonfirmation), entsteht Zufriedenheit, während bei negativer Diskonfirmation (Untererfüllung der Erwartungen) Unzufriedenheit die Folge ist (vgl. Homburg und Stock 2001). Fällt die Bewertung des Mitglieds positiv aus oder werden seine Erwartungen sogar übertroffen, so hat dies Loyalität zum Sportverein zur Folge (vgl. hierzu sowie zu den Teilaspekten für die Gesamtzufriedenheit von Sportvereinsmitgliedern Nagel 2006). In diesem Fall wird auch von „Fans" des Sportvereins gesprochen (vgl. Stumpf 2007).

Ein zufriedenes Mitglied wird eine stärkere Beziehung zum Verein aufbauen und sich aus diesem Grund vergleichsweise selten mit dem Vereinsaustritt beschäftigen als ein unzufriedenes Mitglied. Zudem fühlen sich zufriedene Mitglieder der Organisation stärker verpflichtet, sind resistenter gegenüber Konkurrenzangeboten anderer Vereine, engagieren sich möglicherweise stärker im ehrenamtlichen Bereich, können als „Botschafter" für den Verein angesehen werden und haben eine wesentliche Funktion für die Mitgliederneugewinnung. Mitgliederzufriedenheit ist damit nicht nur entscheidender Faktor für die Entstehung von Bindung an den Verein, sondern – wie nachfolgend noch aufgezeigt wird – auch für die Erreichung der übergeordneten Ziele der Sportorganisation. Aus diesem Grund wird ein positiver Kausalzusammenhang zwischen der Zufriedenheit und der Bindung der Mitglieder zur Marke erwartet.

13.3.3.2 Identifikation

Im Kontext mit Nonprofit-Organisationen, wie dies bei Sportvereinen größtenteils der Fall ist, ist nicht nur das klassische Beziehungskonstrukt „Zufriedenheit" von Bedeutung, sondern auch die Identifikation von Personen mit dem Zweck der nichtgewinnorientierten Organisation (vgl. Michalski und Helmig 2008; im Forprofit-Kontext auch Homburg et al. 2009). Unterstützung für diese Interpretation kommt von Lenhard (2002), der in seiner Arbeit zum Vereinsfußball die Identifikation als signifikantes Thema im Sport herausstreicht. Weitere empirische Studien bestätigen die Relevanz des Konstruktes im Nonprofit-Bereich (vgl. z. B. Arnett et al. 2003). Für die Verwendung von Identifikation als Konstrukt der Beziehungsebene spricht, dass Mitglieder durch ihr persönliches Engagement für den Verein (z. B. Teilnahme an Veranstaltungen, ehrenamtliche Tätigkeit usw.) ihre Identifikation zum Ausdruck bringen. Auch der Kauf von Merchandising- bzw. Fan-Artikeln durch das Mitglied drückt eine Identifikation mit dem Sportverein aus.

13.3.3.3 Commitment

Das Markencommitment lässt sich beschreiben als eine psychologische Bindung bestimmter Anspruchsgruppen, d. h. in diesem Falle Mitgliedern, an die Marke (vgl. Zeplin 2006 und zu einer ähnlichen Definition des Markencommitments Chauduri und Holbrook 2002; Esch et al. 2006). Das Commitment-Konstrukt wurde in den letzten Jahren aus der Organisational Behavior-Forschung auf die Marke adaptiert (vgl. Meyer und Allen 1997). Entsprechend der prominentesten Klassifikation des organisationalen Commitments nach Meyer und Allen (1991) werden in der Literatur drei Komponenten des Commitments differenziert (vgl. Esch et al. 2006):

- Das fortsetzungsbezogene Commitment beruht auf rationalen Kosten-Nutzen-Überlegungen der Mitglieder hinsichtlich ihres Verbleibs im Sportverein. In Bezug auf die Marke können ökonomische Vorteile einer Mitgliedschaft (z. B. Rabatte im örtlichen Sportgeschäft für Vereinsmitglieder) oder ein angesehenes Image des Sportvereins die Kosten des Vereinswechsels erhöhen und das fortsetzungsbezogene Commitment fördern.

- Mitglieder, die ein hohes affektives Commitment aufweisen, empfinden eine emotionale Bindung an die Marke und bleiben demzufolge ihrer Mitgliedsorganisation treu, weil sie dies gerne möchten (vgl. Meyer und Allen 1984). Eine der wichtigsten Determinanten des affektiven Commitments ist das Ausmaß, in dem die Mitglieder ihre eigenen Werte als zu denen der Organisation bzw. der Marke kongruent wahrnehmen.

- Fühlt sich ein Mitglied der Organisation aus moralisch-ethischen Gründen verbunden sowie verpflichtet, sich weiterhin für die Organisation zu engagieren (vgl. Meyer und Allen 1991), liegt normatives Commitment vor. Diese Commitment-Komponente wird beispielsweise in folgenden Aussagen eines Mitglieds deutlich: „Der Verein hat mich sportlich immer gefördert, ich darf ihn nicht enttäuschen" oder „Ich habe den Aufstieg meines Vereins miterlebt, nun darf ich ihn in sportlich schlechten Zeiten nicht verlassen".

Da empirische Untersuchungen zum Markencommitment bei Mitgliedern bisher nicht vorliegen, ist bezüglich entsprechender Studien bei Konsumenten Rekurs zu nehmen. Hier bestehende empirische Ergebnisse belegen bei Konsumenten, die über ein hohes Markencommitment verfügen, ein positives Weiterempfehlungsverhalten sowie eine höhere Bereitschaft, die Marke wiederzukaufen (vgl. z. B. Fullerton 2005). Ähnliche Wirkungen werden für das Markencommitment bei Mitgliedern erwartet.

Die bisherigen Ausführungen gehen davon aus, dass eine als positiv empfundene Beziehung zwischen den Mitgliedern und der Sportorganisation als Marke auf Seiten der Mitglieder zu einer Erhöhung der Markenbindung führt. Auf die Markenbindung sowie das so genannte Brand Membership Behavior als Konstrukte der Verhaltensebene wird im Folgenden eingegangen.

13.3.4 Markenbindung und Brand Membership Behavior als Konstrukte der Verhaltensebene

13.3.4.1 Markenbindung

Für die dauerhafte Mitgliedschaft in Organisationen sind über die Zufriedenheit hinaus auch die emotionale und normative Bindung von Bedeutung (vgl. Chen 2004; Knoke 1988). In der Logik der internen Markenerfolgskette hat eine hohe Zufriedenheit mit der Marke einen positiven Einfluss auf die Bindung der Mitglieder an ihre Organisation. Überträgt man die im gewinnorientierten Kontext oftmals eingesetzten Kriterien Wiederkaufabsicht, Cross-Buying-Absicht und Weiterempfehlungsabsicht (vgl. Bruhn und Homburg 2008) auf den Nonprofit-Bereich, so lässt sich das Konstrukt Bindung anhand von vier Indikatoren operationalisieren: 1) Wiederwahlentscheidung (z. B. ein Mitglied nutzt ein Kursangebot im Sportverein und entscheidet sich ein Jahr später, den Kurs erneut zu belegen), 2) Ausweitung der Beziehung (z. B. ein Mitglied nutzt weitere Kursangebote des Sportvereins oder entscheidet sich, darüber hinaus freiwillig im Sportverein ein Ehrenamt anzunehmen), 3) Weiterempfehlung (z. B. ein Mitglied wirbt eine Nachbarin für ein Probetraining oder empfiehlt ihr, ihre Tochter im Kindertraining des Sportvereins anzu-

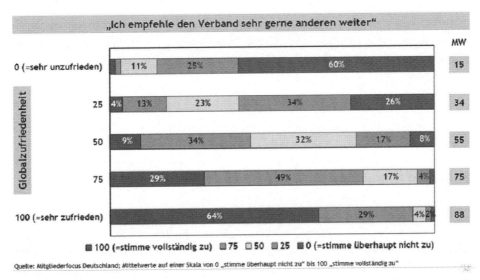

Abb. 13.3 Zusammenhang zwischen Zufriedenheit und Bindung in Verbänden

melden) sowie 4) Bereitschaft zur Zahlung eines höheren Mitgliedsbeitrags. Michalski und Helmig (2009) ergänzen entsprechend in ihrer Arbeit für den Nonprofit-Bereich die Bereitschaft zu einer Geld-, Sach- oder Zeitspende als weiteren Bindungseffekt.

Die funktionale Beziehung zwischen Mitgliederzufriedenheit und Mitgliederbindung ist bereits seit einiger Zeit Gegenstand intensiver Diskussionen; empirische Ergebnisse sind jedoch in der Nonprofit-Forschung noch vergleichsweise rar (vgl. Polonsky und Garma 2006; Sargeant und Wodliffe 2007; Dürr 2008). Nagel (2006) hat für Sportvereine ermittelt, dass bei sehr hoher solidargemeinschaftlicher Bindung, die sich durch Verbundenheit oder Identifikation mit dem Verein ausdrückt, die Mitglieder nur sehr selten über einen Austritt nachdenken und die dauerhafte Mitgliedschaft selbstverständlich ist.

Im Mitgliederfocus Deutschland 2005, einer Studie, die die forum!-Marktforschungs GmbH erstellt hat und bei der 7.070 Mitglieder aus 34 Organisationen telefonisch befragt wurden, konnte ermittelt werden, dass sehr zufriedene Mitglieder deutlich häufiger den Verband weiterempfehlen als unzufriedene Mitglieder. Ein weiterer Indikator für diesen Zusammenhang konnte bei der gleichen Untersuchung mit der Frage „Warum sind Sie Mitglied geworden?" gefunden werden. So sind 52 % der Mitglieder in der entsprechenden Organisation mit der höchsten Mitgliederzufriedenheit aufgrund von Weiterempfehlung Mitglied geworden, während im Durchschnitt über alle befragten Mitglieder aller berücksichtigten Organisationen nur 17 % über Weiterempfehlung den Weg zu der Organisation gefunden haben. Abb. 13.3 zeigt beispielhaft empirische Ergebnisse dieser Studie zum Zusammenhang von Zufriedenheit und Weiterempfehlung für den Verbandsbereich.

13.3.4.2 Brand Membership Behavior

Im Zuge der Diskussion um die innengerichtete Markenführung wird hier das Konstrukt des Organizational Citizenship Behavior (OCB), das freiwillige Verhaltensweisen von

Personen außerhalb von Rollenerwartungen beschreibt, die nicht durch das formale Ent-
lohnungssystem anerkannt werden, und die in ihrer Gesamtheit die Leistungsfähigkeit der
Organisation steigern (Smith et al. 1983; Organ 1988; Podsakoff et al. 1990), wie folgt auf
die Mitglieder-Markenführung adaptiert:

▶ Brand Membership Behavior beinhaltet markenkonforme Mitgliederverhaltensweisen, die freiwillig und außerhalb der formalisierten Erwartung an die Mitgliederrolle (d. h.
beispielsweise Beteiligung am Vereinsangebot und am demokratischen Willensbildungs-
prozess) gezeigt werden und einen Beitrag zur Stärkung der Markenidentität der Mitgliedsorganisation leisten.

Diese Verhaltensweisen können analog zum Konstrukt des Organizational Citizenship Behavior zu verschiedenen Dimensionen gebündelt werden. Bei Einhaltung führen sie dazu,
dass ein markenkonformes Verhalten über alle Mitgliederkontaktpunkte hinweg gewährleistet und dadurch ein geschlossenes sowie konsistentes Markenbild nach außen transportiert wird. Die von Burmann und Zeplin (2005) vorgeschlagenen Dimensionen Hilfsbereitschaft, Markenbewusstsein, Markeninitiative, Sportsgeist, Markenmissionierung,
Selbstentwicklung und Markenentwicklung lassen sich mit leichten Adaptionen auch als
Determinanten einer Brand Membership Behavior einsetzen. So sind z. B. die Markeninitiative (d. h. das besondere Engagement) oder die Markenmissionierung (d. h. die Empfehlung der Marke gegenüber anderen, auch in nicht vereinsbezogenen Situationen) erstrebenswerte Mitgliederverhaltensweisen im Sinne einer internen, mitgliedergerichteten
Markenführung.

13.3.5 Markenziele und soziale Wertschöpfung als Output

13.3.5.1 Markenziele

Der Stand der Forschung zur Erreichung von Markenzielen von Mitgliedsorganisationen
wie Sportvereinen bietet kaum nennenswerte Erkenntnisse. Eine Schwierigkeit ist die Definition konkret messbarer Ziele, da Zielgrößen wie Gewinn oder Umsatz keine oder wenig Relevanz im Nonprofit-Kontext haben. Daher erfolgt im Hinblick auf die mitgliederge-
richtete Markenführung der Rückgriff auf die Marketingziele von Nonprofit-Organisationen. Als Marketingziele werden die Ziele verstanden, die eine Nonprofit-Organisation in
der strategischen Marketingplanung für sich selbst definiert. Bruhn (2005b) unterscheidet
dabei nach Leistungszielen, Beeinflussungszielen, ökonomischen Zielen, potenzialorien-
tierten Zielen, Marktstellungszielen, Imagezielen, sozialen Zielen sowie ökologischen Zielen. Für die mitgliederorientierte Markenführung bieten sich vor allem ökonomische Zie-
le, potenzialorientierte Ziele, Imageziele und soziale Ziele als Bezugsgrößen an.

Die aus der Markenbindung der Mitglieder resultierenden ökonomischen Ziele lassen
sich nach direkten und indirekten Zielen differenzieren. Direkte Ziele beziehen sich auf
denjenigen Teil des ökonomischen Erfolgs, der direkt den Mitgliedern zuzuschreiben ist.
Als direkte, markenbezogene Erlösziele sind beispielsweise die Zahl der Mitglieder sowie

die Summe der erzielten Mitgliedsbeiträge anzusehen, die den Mitgliedern als Nutzer der Marke zuzuordnen sind. Direkte, organisationsbezogene Wirkungen hingegen sind z. B. Spendenerlöse, die aufgrund der hohen Identifikation der Mitglieder zustande kommen. Im Gegensatz dazu ist unter die indirekten Ziele derjenige Teil des ökonomischen Erfolgs zu subsumieren, der direkt anderen Personen und nur indirekt den Mitgliedern zuzuordnen ist. Indirekte, markenbezogene Wirkungen stellen bspw. Umsätze dar, die dadurch generiert werden, dass Mitglieder in privaten Situationen durch positive Mund-zu-Mund-Kommunikation andere Personen zu Geld-, Sach- oder Zeitspenden für die Organisation persuadieren.

Unter den Potenzialzielen kann die ehrenamtliche und freiwillige Arbeitsleistung für Vereinsaufgaben oder -projekte als Maß des Erfolgs herangezogen werden. Ebenso kann dabei die Bereitstellung von Sachmitteln oder Dienstleistungen für die Vereinsarbeit subsumiert werden. Im Hinblick auf Imageziele und der zuvor dargestellten Bedeutung des Images für die interne Markenführung ist es wichtig, auf dieser Ebene ein einzigartiges und unverwechselbares Bild in den Köpfen der Mitglieder zu schaffen. Als Messgrößen können bspw. die mit der Marke verbundenen Attribute oder der wahrgenommene funktionale und symbolische Nutzen dienen.

13.3.5.2   Soziale Wertschöpfung

Neben einer ökonomischen Wirkung spielt gerade in Nonprofit-Organisationen zumeist die Erreichung einer langfristigen sozialen Wertschöpfung eine bedeutsame Rolle (vgl. Powell und Steinberg 2006). Dies gilt insbesondere für Sportorganisationen, wenn diese keine Gewinnziele verfolgen, sondern sich als Nonprofit-Organisationen bedarfswirtschaftlich an den Vereinszielen orientieren (vgl. Horch 1992).

Dabei spielt die Erzeugung immaterieller, nicht marktfähiger Kollektivgüter und sozialer Werte eine vergleichsweise wichtige Rolle (vgl. Nagel 2006). Als soziale Werte können etwa Gesundheit (vgl. Whitman 2008) oder Jugendarbeit, Geselligkeit und soziale Gemeinschaft bezeichnet werden. In Sportvereinen scheinen deshalb nicht nur rationale Abwägungen und individuelle Nutzenüberlegungen für die Mitgliedschaftsentscheidung bedeutsam, sondern es dürfte auch die spezifische Sportvereinskultur in Form von Handlungsorientierung und Werten, wie die Identifikation mit dem Verein und das gemeinschaftliche Interesse, eine wichtige Rolle spielen (vgl. Braun und Nagel 2005). Demnach wurde hier die soziale Wertschöpfung in die Überlegungen der interne Markenerfolgskette integriert.

13.3.6   Moderierende Variablen

Zwar erscheinen die Wirkungszusammenhänge zwischen den Konstrukten der internen Markenerfolgskette nachvollziehbar und teilweise auch empirisch belegt. Allerdings liegen zwischen den verschiedenen Kettengliedern aufgrund so genannter moderierender Faktoren nicht immer eindeutige Zusammenhänge vor.

So können beispielsweise die persönliche Situation oder das persönliche Umfeld des Mitglieds als organisationsexterne Faktoren die Wirkungsweise der Markenerfolgskette in der Art beeinflussen, dass zwar eine Markenzufriedenheit beim Mitglied vorliegt, aber aufgrund eines Wohnungsumzugs keine Markenbindung zu dem nur regional vertretenen Sportverein aufgebaut werden kann, oder dass negative Reaktionen sowie Vorurteile bzgl. der betriebenen Sportart dazu führen, dass die Markenbeurteilung durch das Mitglied negativ beeinflusst wird. Auch das Phänomen des „Variety Seeking" kommt hier zum Tragen, wenn das Mitglied zwar eine hohe Markenzufriedenheit empfindet, jedoch die Abwechslung in einer anderen Sportart und entsprechend in der Mitgliedschaft in einem anderen Sportverein sucht.

Das Vereinsklima oder die Vereinsstrukturen sind hingegen als Beispiele für organisationsinterne Faktoren aufzufassen, die ebenfalls auf die Erfolgskette wirken. So führt ein schlechtes Vereinsklima dazu, dass die Unzufriedenheit der Mitglieder in Bezug auf die Marke steigt, obwohl die Marke an sich als positiv wahrgenommen wird. Auf Seiten der organisationsinternen moderierenden Faktoren können zudem unflexible, traditionelle Ehrenamtsstrukturen (z. B. Ehrenamt auf Zeit, fehlende Projektarbeit) dazu beitragen, dass ein empfundenes positives Markenimage bei einem Sportverein nicht zu einem Markenengagement der Mitglieder und damit nicht zur gewünschten sozialen Wertschöpfung führt. ˙

13.4   Fazit und zukünftiger Handlungsbedarf

Mitglieder stellen eine strategische Ressource für eine Sportorganisation dar, da sie wesentlich zur Gestaltung der Marke nach innen und außen beitragen sowie auf diese Weise den Markenerfolg einer Sportorganisation bestimmen. Die Herausforderung des Markenerfolgs besteht in einem Markenmanagement, das sowohl die Besonderheiten der internen als auch die der externen Markenführung berücksichtigt (vgl. in Anlehnung an Bruhn 2005a).

Das Denken in der dargestellten internen Markenerfolgskette findet im Zusammenhang mit Sportorganisationen bisher jedoch kaum, und wenn dann eher in isolierter Form statt. Bei den im entwickelten Modell enthaltenen Größen handelt es sich um theoretische Konstrukte, deren Bedeutsamkeit zwar erkannt ist und zu deren Verbesserung in den Sportorganisationen einzelne Maßnahmen ergriffen werden. Dies erfolgt jedoch in der Regel nicht in der Gesamtschau der Zusammenhänge.

Hierfür hat der vorliegende Beitrag einen ersten Denkansatz geliefert. Für die Marketingforschung gilt es nun, die aufgeführten Konstrukte der internen Markenerfolgskette empirisch erfassbar zu machen sowie die Beziehung zwischen den Konstrukten und den jeweils dazugehörigen beobachtbaren Variablen, d. h. den so genannten Indikatorvariablen, zu ermitteln (vgl. Homburg und Giering 1996). Dabei ist zu eruieren, mit welchen Maßnahmen (Input) welche psychologischen Wirkungen bei den Mitgliedern erreicht werden. Zudem ist zu untersuchen, welche psychologischen Wirkungen bei den Mitgliedern zu welchen Verhaltenswirkungen führen. Schließlich ist der Einfluss des Markenverhaltens der Mitglieder auf den ökonomischen und sozialen Erfolg der Marke zu ermitteln (vgl. in Anlehnung an Bruhn 2005a). Eine entsprechende empirische Erhebung kann beispielsweise in Form einer Mitgliederbefragung erfolgen. Zur Überprüfung der postulierten Beziehungszusammenhänge bietet sich nach der Erhebung der Ausprägungen der Indikatorvariablen bei den Mitgliedern die Erstellung eines Strukturmodells mit Hilfe der Kausalanalyse an, das die Beziehung zwischen den latenten Variablen beschreibt und die Beziehung zu den dazugehörigen Indikatoren ausdrückt.

Für das Markenmanagement in Sportorganisationen gilt es zu berücksichtigen, dass bei den Mitgliedern ein Wissen über die Inhalte und Charakteristika der Marke geschaffen wird. Zudem hat das Management den Mitgliedern ihre Bedeutung für den Erfolg der Marke zu vermitteln, so dass diese sich im Sinne der Marke verhalten und engagieren. Ein markenkonformes Verhalten ist dabei als Aufgabe der Gesamtorganisation zu sehen. Das dargestellte Modell der internen Markenerfolgskette kann dafür einen Beitrag leisten und ein Verständnis der Wirkungszusammenhänge der einzelnen Erfolgsgrößen liefern.

Literatur

Aaker, J. L. (1997). Dimensions of brand personality. *Journal of Marketing Research, 34*(3), 347–356.

Arnett, D. B., German, S. D., & Hunt, S. D. (2003).The identity salience model of relationship marketing success. The case of nonprofit marketing. *Journal of Marketing, 67*(2), 89–105.

Bauer, H. H., Mäder, R., & Huber, F. (2002). Markenpersönlichkeit als Determinante von Markenloyalität. *Zeitschrift für Betriebswirtschaftliche Forschung, 54*(8), 687–709.

Braun, S., & Nagel, M. (2005). Zwischen Solidargemeinschaft und Dienstleistungsorganisation. Mitgliedschaft, Engagement und Partizipation im Sportverein. In T. Alkemeyer, B. Rigauer, & G. Sobiech (Hrsg.), *Organisationsentwicklung und De-Institutionalisierungsprozesse im Sport*, (S. 123–150). Schorndorf: Hoffmann.

Bruhn, M. (2005a). Interne Markenbarometer – Konzept und Gestaltung. In F.-R. Esch (Hrsg.), *Moderne Markenführung. Grundlagen – Innovative Ansätze – Praktische Umsetzungen* (4. Aufl.) (S. 1037–1060). Wiesbaden: Gabler.

Bruhn, M. (2005b). *Marketing für Nonprofit-Organisationen: Grundlagen – Konzepte – Instrumente*. Stuttgart: Kohlhammer.

Bruhn, M., & Homburg, C. (2008). *Handbuch Kundenbindungsmanagement. Strategien und Instrumente für ein erfolgreiches CRM* (6. Aufl.). Wiesbaden: Gabler.

Burmann, C., & Maloney, P. (2008). State-of-the-art der identitätsbasierten Markenführung. In H. H. Bauer, F. Huber & C.-M. Albrecht (Hrsg.), *Erfolgsfaktoren der Markenführung. Know-how aus Forschung und Management* (S. 74–86). München: Vahlen.

Burmann, C., & Meffert, H. (2005). Theoretisches Grundkonzept der identitätsorientierten Markenführung. In H. Meffert, C. Burmann & M. Koers (Hrsg.), *Markenmanagement. Identitätsorientierte Markenführung und praktische Umsetzung* (2. Aufl.) (S. 37–72). Wiesbaden: Gabler.

Burmann, C., & Schade, M. (2009). *Determinanten und Wirkungen der Markenpersönlichkeit professioneller Sportvereine – eine konzeptionelle Analyse unter besonderer Berücksichtigung der „regio-*

nalen Herkunft". Arbeitspapier Nr. 41 des Lehrstuhls für innovatives Markenmanagement (LiM), Universität Bremen, Fachbereich Wirtschaftswissenschaft, Bremen.

Burmann, C., & Stolle, W. (2007). *Markenimage: Konzeptualisierung eines komplexen mehrdimensionalen Konstrukts.* Arbeitspapier Nr. 28 des Lehrstuhls für innovatives Markenmanagement (LiM), Universität Bremen, Fachbereich Wirtschaftswissenschaft, Bremen.

Burmann, C., & Zeplin, S. (2005). Innengerichtetes identitätsbasiertes Markenmanagement als Voraussetzung für die Schaffung starker Marken. In F.-R. Esch (Hrsg.), *Moderne Markenführung. Grundlagen – Innovative Ansätze – Praktische Umsetzungen* (4. Aufl.) (S. 1021–1036). Wiesbaden.

Chauduri, A., & Holbrook, M. B. (2002). Product-class effects on brand commitment and brand outcomes The role of brand trust and brand affect. *brand management, 10*(1), 33–58.

Chen, L. (2004). Membership incentives: Factors affecting individuals' decisions about participation in athletics-relation professional associations. *Journal of Sport Management, 18*(2), 111–131.

Dürr, F. (2008). *Faktoren der Mitgliederzufriedenheit im Sportverein: Bedeutsamkeit von Vereinsbewertungsmerkmalen für die globale Zufriedenheit sportlich aktiver Mitglieder ohne ehrenamtliches und berufliches Engagement.* Dissertation, Universität Heidelberg.

Esch, F.-R., & Geus, P. (2005). Ansätze zur Messung des Markenwerts. In F.-R. Esch (Hrsg.), *Moderne Markenführung. Grundlagen – Innovative Ansätze – Praktische Umsetzungen* (4. Aufl.) (S. 1263–1305). Wiesbaden: Gabler.

Esch, F.-R., Langner, B., & Brunner, J. E. (2005a). Kundenbezogene Ansätze des Markencontrolling. In F.-R. Esch (Hrsg.), *Moderne Markenführung. Grundlagen – Innovative Ansätze – Praktische Umsetzungen* (4. Aufl.) (S. 1227–1261). Wiesbaden: Gabler.

Esch, F.-R., Wicke, A., & Rempel, J. E. (2005b). Herausforderungen und Aufgaben des Markenmanagements. In F.-R. Esch (Hrsg.), *Moderne Markenführung. Grundlagen – Innovative Ansätze – Praktische Umsetzungen* (4. Aufl.) (S. 3–55). Wiesbaden: Gabler.

Esch, F.-R., Strödter, K., & Fischer, A. (2006). Behavioral branding – Wege der Marke zu Managern und Mitarbeitern. In A. Strebinger, W. Mayerhofer & H. Kurz (Hrsg.), *Werbe- und Markenforschung: Eilensteine – State of the art – Perspektiven* (S. 403–433). Wiesbaden: Gabler.

Fullerton, G. (2005). The impact of brand commitment on loyalty to retail service brands. *Canadian Journal of Administrative Sciences, 22*(2), 97–110.

Giering, A. (2000) *Der Zusammenhang zwischen Kundenzufriedenheit und Kundenloyalität: eine Untersuchung moderierender Effekte.* Wiesbaden: Gabler.

Giloth, M. (2003). *Kundenbindung in Mitgliedschaftssystemen.* Frankfurt a. M.

Hellmann, K.-U., Eberhardt, T., & Kenning, P. (2009). Gelebte Leidenschaft. *Absatzwirtschaft, 42*(Sonderheft), 62–64.

Heinemann, K. (2004). *Sportorganisationen: Verstehen und gestalten.* Schorndorf: Hoffmann.

Hirschmann, A. O. (1974). *Abwanderung und Widerspruch.* Tübingen: Rohr.

Homburg, Ch., & Giering, A. (1996). Konzeptualisierung und Operationalisierung komplexer Konstrukte – Ein Leitfaden für die Marketingforschung. *Marketing ZFP, 18*(1), 5–24.

Homburg, Ch., & Stock, R. (2001). Theoretische Perspektiven zur Kundenzufriedenheit. In C. Homburg (Hrsg.), *Kundenzufriedenheit. Konzepte – Methoden – Erfahrungen* (4. Aufl.) (S. 17–50). Wiesbaden: Gabler.

Homburg, Ch., Wieseke, J., & Hoyer, W. D. (2009). Social identity and the service profit chain. *Journal of Marketing, 73*(2), 38–54.

Horch, H.-D. (1992). *Geld, Macht und Engagement in freiwilligen Vereinigungen. Grundlage einer Wirtschaftssoziologie von Non-profit-Organisationen.* Berlin: Duncker + Humblot.

Joachimsthaler, E. (2002). Mitarbeiter. Die vergessene Zielgruppe für Markenerfolge. *Absatzwirtschaft, 45*(11), 28–34.

Kernstock, J. (2008). *Behavioral branding als Führungsansatz. mit behavioral branding das Unternehmen stärken.* In T. Tomczak, F.-R. Esch, J. Kernstock & A. Herrmann (Hrsg.), S. 3–33.

Knoke, D. (1988). Incentive in collective action organizations. *American Soziological Review, 53*(3), 311–329.

Lenhard, M. (2002). *Vereinsfußball und Identifikation in Deutschland – Phänomen zwischen Tradition und Postmoderne.* Hamburg: Dr.Kovac.

Meyer, J. P., & Allen, N. J. (1984). Testing the „Side-Bet Theory" of organizational commitment: Some methological considerations. *Journal of Applied Psychology, 69*(3), 372–378.

Meyer, J. P., & Allen, N. J. (1991). A three-component conceptualization of organizational commitment. *Human Resource Management Review, 1*(1), 61–89.

Meyer, J. P., & Allen, N. J. (1997). *Commitment in the workplace: Theory, research and application.* Thousand Oaks: Sage.

Michalski, S., & Helmig, B. (2008). Zur Rolle des Konstruktes Identifikation zur Erklärung von Spendenbeziehungen: Eine qualitative Untersuchung. In B. Stauss (Hrsg.), *Fokus Dienstleistungsmarketing, Tagungsband zum 13. Workshop Dienstleistungsmarketing* (S. 237–251). Wiesbaden: Gabler.

Michalski, S., & Helmig, B. (2009). Management von Non-profit-Beziehungen. In D. Georgi & K. Hadwich (Hrsg.), *Management von Kundenbeziehungen. Perspektiven – Analysen – Strategien – Instrumente* (S. 229–249). Wiesbaden: Gabler.

Morrow, S. (1999). *The new business of football – Accountability and finance in football.* London.

Nagel, S. (2006). Mitgliederbindung in Sportvereinen – Ein akteurtheoretisches Analysemodell. *Sport und Gesellschaft, 3*(1), 33–56.

Nagel, S., Conzelmann, A., & Gabler, H. (2004). *Sportvereine. Auslaufmodell oder Hoffnungsträger? Die WLSB-Vereinsstudie.* Tübingen: Attempto.

Organ, D. W. (1988). *Organizational citizenship behavior: The good soldier syndrome.* Lexington: Lexington Books.

Podsakoff, P. M., MacKenzie, S. B., Moorman, R. H., & Fetter, R. (1990). Transformational leader behaviors and their effects on followers' Trust in leader, satisfaction and organizational citizenship behavior. *Leadership Quarterly, 1*(2), 107–142.

Polonsky, M. J., & Garma, R. (2006). Service blueprinting: A potential tool for improving cause-donor exchanges. *Journal of Nonprofit & Public Sector Marketing, 16*(1), 1–20.

Powell, W. W., & Steinberg, R. (2006). *The non-profit sector: A research handbook.* New Haven: Yale University Press.

Sargeant, A., & Wodliffe, L. (2007). Building donor loyalty: The antecedents and role of commitment in the context of charity giving. *Journal of Nonprofit & Public Sector Marketing, 18*(2), 47–68.

Sattler, H. (2001). *Markenpolitik.* Stuttgart u. a: Kohlhammer.

Smith, C. A., Organ, D. W., & Near, J. P. (1983). Organizational citizenship behavior: It's nature and antecedents. *Journal of Applied Psychology, 68*(4), 653–663.

Stauss, B. (1995). Internes marketing. In B. Tietz, R. Köhler, J. Zentes (Hrsg.), *Handwörterbuch des Marketing* (2. Aufl.) (S. 1045–1056). Stuttgart: Schäffer-Poeschel.

Stumpf, M. (2007). Ein Plädoyer für member relationship marketing (MRM). *Verbändereport, 11*(9), 25–28.

Stumpf, M., & Rücker, V. (2008). Mitgliederorientierung im Sportverein – Ansätze eines member relationship marketing (MRM). In S. Braun & St. Hansen (Hrsg.), *Steuerung im organisierten Sport* (S. 245–253). Hamburg: Czwalina.

Tomczak, T., & Brexendorf, O. (2003). Wie viel brand manager hat ein Unternehmen wirklich? *Persönlich – Die Zeitschrift für Marketing und Unternehmensführung, o.* (Januar/Februar), 58–59.

Ungern-Sternberg, H. von. (2002). *Mitgliederzufriedenheit in regionalen genossenschaftlichen Prüfungsverbänden: Konzeption – Messung – Management.* Göttingen: Vandenhoeck + Ruprecht.

Vargo, S. L., & Lusch, R. F. (2004). Evolving to a new dominant logic for marketing. *Journal of Marketing, 68*(1), 1–17.

Vargo, S. L., & Lusch, R. F. (2008). Service-dominant logic: Continuing the evolution. *Journal of the Academy of Marketing Science, 36*(1), 1–10.

Whitman, J. R. (2008). Evaluating philanthropic foundations according to their social values. *Nonprofit Management & Leadership, 18*(4), 417–434.

Wittke-Kothe, C. (2001). *Interne Markenführung. Verankerung der Markenidentität im Mitarbeiterverhalten.* Wiesbaden: Gabler.

Zeplin, S. (2006). *Innengerichtetes identitätsbasiertes Markenmanagement.* Wiesbaden: Gabler.

Sportmarkenführung in Social Networks

14

Stefanie Regier und Kevin Krüger

14.1 Zur Relevanz von Social Networks für die Führung von Sportmarken

Als der Bundestagspräsident am 23. Mai 2009 die Wahl Horst Köhlers zum Bundespräsidenten verkündete, wusste die Internetgemeinde längst Bescheid – via Twitter hatte sich das Ergebnis bereits vor der offiziellen Bekanntgabe herumgesprochen (Wiegold 2009). Im selben Jahr ereignete sich ein Flugzeugabsturz auf dem Hudson River. Auch dieser Vorfall wurde auf besagter Micro-Blogging Plattform schneller gemeldet als über den renommierten Nachrichtensender CNN (Schlüter und Münz 2010; Bleicher 2009). Seither haben sich die Social Networks als wichtige Kommunikationskanäle etabliert. Im April 2012 waren von den ca. 47 Mio. Deutschen, die im Internet aktiv sind, 23,2 Mio. bei Facebook, dem größten Social Network, registriert. Insbesondere in den jüngeren Altersgruppen ist der Anteil besonders hoch; über die Hälfte der Nutzer sind zwischen 18 und 34 Jahre alt (Roth 2012).

Doch nicht nur im privaten Bereich, sondern auch für Unternehmen werden Social Networks zunehmend wichtiger. Immer mehr Firmen und Organisationen betreiben bereits Fanpages. Anlässlich der Fußball WM 2010 in Südafrika bot die Lufthansa beispielsweise explizit eine Facebook Fanflug-Page an; TUI präsentierte sich auf derselben Plattform mit einer Tippspiel-Facebook-App. Aktuell diskutiert die Fachwelt auch über die Olympischen Spiele 2012 in London. Diese sollen nämlich nicht nur die besten Spiele aller Zeiten werden, sondern auch neue Maßstäbe in der Social Media Kommunikation für Sport-Großereignisse setzen. So hat das Internationale Olympische Komitee (IOC) auch

S. Regier (✉)
Karlsruhe, Deutschland
E-Mail: sportoekonomie@uni-mainz.de

K. Krüger
E-Mail: sportoekonomie@uni-mainz.de

H. Preuß et al. (Hrsg.), *Marken und Sport*,
DOI 10.1007/978-3-8349-3695-0_14, © Springer Fachmedien Wiesbaden 2014

bereits Social Media Guidelines für die Olympioniken erarbeitet, die die Art der Berichterstattung regeln und Einheitlichkeit in der Kommunikation garantieren (Vogl 2012). Die
offizielle Facebook-Seite „London 2012" kann mehrere Monate vor Beginn des Events bereits 350.000 Likes verzeichnen (Olympic Games 2012).

All diese Aktivitäten münden in dem Versuch, die bisher noch kaum erforschten Potenziale von Social Media zur Markenkommunikation zu nutzen, um dadurch einen individuellen Zusatznutzen für die Marke zu generieren. Die Kundenkommunikation über
Social Networks verspricht nicht nur eine stärkere emotionale Bindung des Kunden an
die Marke sondern auch direkte Auswirkungen auf Absatz und Umsatz (Weinberg 2010).

So vielversprechend eine Präsenz in diesem noch sehr neuen Bereich zunächst klingen
mag, gibt es doch einen wesentlichen Kritikpunkt, der im Zusammenhang mit Social Networks häufig angeführt wird: Eine mangelnde Authentizität der Betreiber von Fanpages
und Markenprofilen. Im Internet kann sich jeder User relativ anonym bewegen, so auch
in Social Networks. Phänomene wie das Verschleiern der eigenen Identität oder der Besitz mehrerer Identitäten sind im Internet keine Seltenheit (Utz 1999). Gleichzeitig ist das
Bedürfnis der Konsumenten nach Authentizität kein neues Phänomen (Exler 2008), weshalb die Authentizität auch in vielen Wissenschaftsrichtungen Beachtung findet, sei es in
der Soziologie, den Kommunikationswissenschaften oder der Philosophie (Grayson und
Martinec 2004).

Vor diesem Hintergrund konzentriert sich die vorliegende Untersuchung unter anderem auf den Aspekt der Markenauthentizität. Die zentralen Fragestellungen sind, welche
Auswirkungen ein authentisch geführter Facebookauftritt auf erfolgsrelevante Zielgrößen
in der Markenführung hat und wie dieser erzielt werden kann. Dies soll speziell für die
Branche der Sportbekleidungsmarken überprüft werden. Die Basis hierfür bilden zunächst
die begrifflichen und theoretischen Grundlagen zum Social Media Marketing. Anschließend erfährt das für diese Studie entwickelte Untersuchungsmodell zu den Einflussfaktoren von Markenauthentizität & -loyalität in Social Networks eine Überprüfung am Beispiel
des Sportartikelherstellers adidas. Die Studie dient schließlich der Ableitung von konkreten Handlungsempfehlungen für das Markenmanagement im Social Web.

14.2 Grundlagen zur Markenauthentizität im Social Media Marketing

14.2.1 Social Networks

Anfang der Jahrtausendwende wurde der Begriff des Web 2.0 von einem US-amerikanischen Magazin ins Leben gerufen und verbreitete sich daraufhin rasant schnell in der
Internetgemeinde. Dahinter verbirgt sich allerdings keine neue Technologie sondern vielmehr eine Sozialisierung des Internets. Seither wird das Internet nicht nur als bloße Daten-
quelle angesehen sondern auch als Ort, an dem die Benutzer des Webs sich vernetzen,
austauschen und den sie aktiv mitgestalten können (Schilliger 2010). Auf dieser Grundlage

entstanden schnell jene Plattformen und Online-Dienste, die heute landläufig mit dem Begriff „Social Media" bezeichnet werden.

Alle gängigen Social Media Angebote zeichnen sich dadurch aus, dass viele Sender mit vielen Empfängern kommunizieren können (Hettler 2010). Dies ermöglicht eine Mehrwegekommunikation zwischen den Benutzern, bei der diese selbst die Inhalte bestimmen können (Weinberg 2010). Durch die mehrdimensionale Interaktivität entwickeln Social Media Kanäle häufig eigene Dynamiken (Hettler 2010). Typische Beispiele für Social Media Anwendungen sind Foren, Videoplattformen oder Blogs, aber auch Brand Communities sowie die einschlägig bekannten Social Networks, wie Facebook, Twitter & Co. Die vorherrschende Begriffs- und Angebotsvielfalt im Bereich Social Media Anwendungen legt eine nähere Auseinandersetzung mit diesem Phänomen nahe.

Die Internetgemeinde versteht unter einem Social Network eine Online Community, deren Fokus auf den Bereichen Beziehungsaufbau, Selbstdarstellung des Users sowie Informationsbeschaffung liegt (Kneidinger 2010). Um als Social Network anerkannt zu werden, muss die Online Community Funktionalitäten wie u. a. eine Profilverwaltung, ein Kontaktmanagement, eine Benutzersuche und Möglichkeiten zum Austausch zwischen den Nutzern bieten (Koch und Richter 2009). Einige namhafte Beispiele für Social Networks sind Facebook, Twitter, Google+, wer-kennt-wen, Studi VZ oder Xing. Die Tatsache, dass Facebook das Social Network mit den weltweit meisten Nutzern stellt, macht es für Markenhersteller als Kommunikations- und Interaktionsplattform besonders interessant. Laut der WWW-Benutzer-Analyse W3B besuchen 53 % der Internetnutzer Facebook (Fittkau & Maaß Consulting 2012). In Deutschland gibt es ca. 23 Mio. aktive User[1], weltweit sogar über 838 Mio. (Roth 2012). Hält man sich diese Zahlen vor Augen, so wird auch das enorme virale Potenzial dieser Plattform ersichtlich. (Marken-)Botschaften können sich rasant schnell in der Facebookgemeinde und darüber hinaus ausbreiten und somit eine große Anzahl von Usern erreichen. Aus diesem Grund wurde Facebook für die folgende Studie als zu untersuchende Plattform für Sportmarken in Social Networks ausgewählt.

Social Media bietet primär Privatpersonen die Möglichkeit, miteinander zu interagieren, gleichzeitig eröffnet es den Markenherstellern aber auch die Option, in einen Dialog mit Konsumenten zu treten (Weinberg 2010). Die Marketingaktivitäten in Social Networks werden daher auch unter dem Begriff Social Media Marketing subsumiert.

Auf Facebook besitzt jeder User ein eigenes Profil, auf dem er persönliche Informationen eintragen kann. Zentrales Element des Profils ist eine Pinnwand, auf der Benutzer Neuigkeiten in Form von kurzen Nachrichten über sich selbst posten können. Diese Beiträge können dann von anderen Usern kommentiert und per „Gefällt mir"-Button markiert werden (Schwindt 2010). Darüber hinaus besteht die Möglichkeit, sich mit anderen Usern zu befreunden. Im Profil sind die Namen der befreundeten Personen einsehbar und Facebook stellt Funktionalitäten bereit, um die Anzahl der eigenen Freunde zu erhöhen (Zarrella und Zarrella 2011).

---

[1] Ein aktiver User ist ein registrierter Benutzer, der in den letzten 30 Tagen auf der Seite eingeloggt war.

Neben der Erstellung von Profilen ist es auch möglich, „Offizielle Seiten" anzulegen, die sog. Fanpages. Diese sind für Benutzer gedacht, die nicht als Privatpersonen in Facebook auftreten. Das können z. B. Interessensgruppen, Vereine oder Unternehmen sein, die sich in Facebook präsentieren möchten (Schwindt 2010). Auf diesen Fanpages kann dann ein Austausch zwischen Marke und Konsument stattfinden. Zur Personalisierung der eigenen Fanpage können neben inhaltlichen Botschaften auch Fotos, Videos oder sogar eigene Anwendungen und kleine Videospiele eingesetzt werden. Die Pinnwand, das am häufigsten genutzte Kommunikationsmittel auf Facebook, lässt sich als Plattform für Ankündigungen und Neuheiten rund um die Marke nutzen (Weinberg 2010). Gleichzeitig findet hier die direkte Kommunikation mit den Konsumenten statt, da diese auf veröffentlichte Pinnwandeinträge antworten können (Zarrella und Zarrella 2011). Neben Pinnwand und Profil kann die Marke auch zusätzliche Seiten integrieren, um damit themenspezifische Inhalte zu vermitteln. Die Unternehmen können hier bspw. neue Produkte ausführlich vorstellen, eigene Anwendungen implementieren, Marktforschung betreiben oder Gewinnspiele veranstalten (Weinberg 2010). Der bereits erwähnte Facebookauftritt der Olympischen Sommerspiele 2012 dokumentiert u. a. den Bau des Olympic Parks, gewährt Einblicke in die Vorbereitungen im Vorfeld der Spiele, stellt die Maskottchen der Spiele vor und dokumentiert den Weg des Olympischen Feuers bis nach London. All diese Beispiele sind mit Videos, Bildern, Animationen oder Hintergrundinformationen in Form von Text hinterlegt. Die Fans diskutieren Beiträge, kommentieren die Fotos und teilen die Videos mit Freunden (Olympic Games 2012).

14.2.2 Die Markenauthentizität und ihre Determinanten

Der erste Beleg für die Verwendung des Begriffs Authentizität in Deutschland lässt sich im 16. Jhd. finden; damals wurden Dokumente, wie z. B. Schuldscheine oder Testamente, als authentisch und somit als „echt" und „gültig" tituliert (Kalisch 2000). Im Laufe der Zeit wandelte sich die Bedeutung dieses Begriffes mehrmals (Goldman und Papson 1996); auch in den verschiedenen Wissenschaftsgebieten wird die Markenauthentizität häufig unterschiedlich ausgelegt (Wiederhold 2009). So reichen die Interpretationen von „Echtheit" oder „Natürlichkeit" bis hin zu „Individualität" und „Ursprünglichkeit" von Objekten, Erfahrungen oder Erlebnissen (Schultz 2003).

In der Markenforschung erfährt das Konzept der Authentizität erst seit Mitte der 1990er Jahre Beachtung. Hintergrund war das vermehrte Auftreten von Me-Too-Marken[2], wobei die Authentizität die Pioniermarke von den Nachahmerprodukten abgrenzen sollte (Grayson 1996). Erstere galten als authentisch, was im Allgemeinen „echt", „zeitlos" und „traditionell" meint (Aaker und Drolet 1996; Burmann und Schallehn 2008). Mit dem Auftreten

---

[2] Me-Too-Marken sind Marken, die nach der Erschließung eines neuen Marktes durch eine sog. Pioniermarke, die Pioniermarken nachahmen und somit versuchen, an deren Erfolg teilzuhaben (Halek 2009, S. 51).

des identitätsbezogenen Markenführungsansatzes nach Meffert und Burmann gewann die Markenauthentizität weiter an Bedeutung. Sie zielt in diesem Kontext auf den Abgleich zwischen internem Selbstbild (Markenidentität) und externem Fremdbild (Markenimage) der Marke (Meffert et al. 2008). Obwohl in der jüngeren Markenliteratur die Markenauthentizität immer häufiger erwähnt wird (Connolly 2008; Pine und Gilmore 2008), existiert bislang noch keine einheitliche Begriffsdeutung (Burmann und Schallehn 2008). Auf Grundlage der identitätsorientierten Markenführung formulieren Burmann und Schallehn folgende Definition zur Markenauthentizität, die auch die Grundlage dieser Untersuchung bildet:

▶ „Marken-Authentizität bezeichnet die empfundene Wahrhaftigkeit des proklamierten Markennutzens (Markenpositionierung)" (Burmann und Schallehn 2008). Ausschlaggebend ist demnach, inwiefern das Handeln der Marke das Markennutzenversprechen wiedergibt.

Es überrascht, dass bislang relativ wenige Konsumentenverhaltensstudien zu finden sind, welche die Determinanten der Markenauthentizität untersuchen. Die wesentlichen Forschungen in diesem Bereich konzentrieren sich vorwiegend auf Studien aus der Psychologie sowie der Soziologie (Burmann und Schallehn 2010).

Zur Klärung der Frage, welche Rolle der Markenauthentizität im Rahmen der Markenführung in Social Networks zukommt, sollen zunächst grundlegende menschliche Handlungsweisen erörtert werden. Im Wesentlichen lässt sich das menschliche Handeln auf internale und externale Faktoren zurückführen (Heider 1958; Kimble und Wertheim 2002). Internal bedeutet, dass die Ursache des Handelns in der handelnden Person selbst liegt, während all diejenigen Faktoren external sind, die auf die Umwelt des Handelnden zurückzuführen sind (Nerdinger 2008). Wenn eine Person authentisch handelt, beruht ihr Verhalten auf internalen Gründen (Wiswede 1995).

Diese Betrachtungsweise führt das sog. Kovariationsprinzip fort (Burmann und Schallehn 2010). Dieses bedient sich der drei Variablen Distinktheit, Konsistenz und Konsens, die angeben, ob die Ursache für ein Handeln eher internaler oder externaler Natur ist (Aronson et al. 2004):

- Distinktheit: Die Distinktheit trifft eine Aussage darüber, inwieweit der Handelnde sein Verhalten in ähnlichen Situationen variiert. Eine hohe Distinktheit bedeutet, dass das Individuum seine Handlung trotz vergleichbarer Situationen jedes Mal ändert.
- Konsistenz: Die Konsistenz beschreibt, inwiefern sich der Handelnde in derselben Situation genau gleich verhält. Im Unterschied zu der Distinktheit, die ähnliche Situationen betrachtet, wird bei der Konsistenz die Wiederholung genau dieses Ereignisses betrachtet, welches die Handlung hervorgerufen hat.
- Konsensus: Der Konsensus gibt an, inwiefern sich eine dritte Person in derselben Situation genauso verhält wie der Handelnde selbst. Ein hoher Konsensus bedeutet dabei, dass viele andere Personen die Reaktion des Handelnden teilen würden.

▶ Laut des Kovariationsprinzips ist die internale Begründung einer Handlung dann vorhanden, wenn sie eine niedrige Distinktheit, eine hohe Konsistenz und einen niedrigen Konsensus aufweist (Stroebe et al. 2003). Daraus folgt, dass ein authentisches Verhalten in ähnlichen Situationen wiederholt wird, nicht von Begleitumständen beeinflusst ist und außerdem individuell ist. Setzt man die niedrige Distinktheit mit Kontinuität gleich und den niedrigen Konsensus mit Individualität, dann formen Kontinuität, Konsistenz und Individualität die drei Determinanten der Authentizität (Burmann und Schallehn 2010).

Überträgt man diese Erkenntnisse auf den Kontext der Markenführung, dann ist offensichtlich, dass die Marke nur dann als authentisch empfunden wird, wenn sie ihre eigene Identität, z. B. über die Markenkommunikation, nach außen trägt (Jenner 2007; Burmann und Schallehn 2008). Dazu muss die Marke Kontinuität, Konsistenz und Individualität ausstrahlen. Somit entsprechen die Determinanten der Authentizität denen der Markenauthentizität (Burmann und Schallehn 2010).

14.3 Das Untersuchungsmodell zu Markenauthentizität & -loyalität in Social Networks

14.3.1 Die Markenauthentizität

Wie bereits erwähnt, fungieren die Kontinuität, die Konsistenz und die Individualität als wesentliche Determinanten der Markenauthentizität. Die Ausgangsbasis für das hier verwendete Hypothesengefüge bildet das Modell zur wahrgenommen Markenauthentizität von Burmann und Schallehn. Sie prüften die Einflüsse der drei Determinanten auf die Markenauthentizität anhand explorativer Konsumentenbefragungen, die ihre Überlegungen bestätigen konnten (Burmann und Schallehn 2010).

Die erste Hypothese im Modell von Burmann und Schallehn postuliert, dass das vergangenheitsbezogene Konstrukt „Kontinuität des Markennutzenversprechens" einen positiven Einfluss auf die Markenauthentizität ausübt (Burmann und Schallehn 2010). In der vorliegenden Studie wird die Kontinuität des Markennutzenversprechens allerdings nicht im Allgemeinen geprüft, sondern im Hinblick auf den Facebookauftritt im Speziellen untersucht. Dies ist notwendig, um den Besonderheiten im Social Web Rechnung zu tragen und die in diesem Umfeld relevanten Beziehungen zu identifizieren. Das zugehörige Konstrukt heißt folglich „Kontinuität des Facebookauftritts".

Kontinuität des Facebookauftritts bedeutet in diesem Zusammenhang, dass die Erscheinung der Fanpage Beständigkeit aufweist. Dies bezieht sich jedoch nicht nur auf das Erscheinungsbild, sondern auch auf die Bedienung, die Menüführung, die verwendeten Applikationen sowie deren Qualität (Heymann-Reder 2011). Auch vermeintlich Unwichtiges wie z. B. die in der Kundenkommunikation verwendete Sprache kann einen kontinuierlichen Eindruck zerstören. Duzt eine Marke bspw. ihre Kunden im Social Web, während sie die gleiche Kundschaft auf anderen Kommunikationskanälen mit „Sie" anspricht, so kann diese Inkonsistenz für Verwirrung beim Konsumenten sorgen. Kontinuität schließt jedoch nicht aus, dass neue Inhalte und Applikationen für den Markenauftritt bereitgestellt werden. Allerdings muss dieser neue Content nahtlos zum bisherigen Markenauftritt passen und darf keine Schwankungen im Hinblick auf Niveau und Qualität der Beiträge aufweisen (Heymann-Reder 2011).

Die erste Hypothese des Modells lautet demnach:

▸   H1: Die wahrgenommene Kontinuität des Facebookauftritts der Marke hat einen positiven Einfluss auf die wahrgenommene Markenauthentizität.

Als zweite Determinante der Markenauthentizität steht die Konsistenz im Zentrum des Interesses. Ein konsistenter Facebookauftritt spiegelt das wider, was die Konsumenten mit der Marke verbinden. Dazu muss die Fanpage zu den anderen Aktivitäten der Marke passen (Heymann-Reder 2011). Ein Markenauftritt auf Facebook sollte sowohl die verbreiteten Botschaften als auch die vermittelten Werte und die verwendeten Markenfarben aufgreifen, um konsistent wahrgenommen zu werden.

Burmann und Schallehn integrieren dementsprechend das Konstrukt „Konsistenz des Markennutzenversprechens" in ihr Untersuchungsmodell. Diese gegenwartsbezogene Determinante vergleicht das Markennutzenversprechen mit den Merkmalen, die die Marke verwendet um sich selbst darzustellen (Burmann und Schallehn 2010; Erdem und Swait 1998). In dieser Studie bildet der Facebookauftritt der Marke dieses Merkmal ab. Das Markennutzenversprechen wird hierbei auf das Markenimage ausgeweitet, da der Facebookauftritt die gesamte Marke repräsentiert und nicht nur deren Nutzenversprechen. Es wird demnach die Konsistenz zwischen dem Facebookauftritt und dem Markenimage geprüft. Basierend auf Burmann und Schallehns Nachweis, dass die Konsistenz des Markennutzenversprechens einen positiven Einfluss auf die wahrgenommene Markenauthentizität hat (Burmann und Schallehn 2010), wird daher die zweite Hypothese formuliert:

▸   H2: Die wahrgenommene Konsistenz zwischen dem Facebookauftritt der Marke und dem Markenimage hat eine positive Auswirkung auf die wahrgenommene Markenauthentizität.

Die letzte der drei Determinanten der Markenauthentizität, die Individualität, dient der Differenzierung von anderen Marken (Burmann und Schallehn 2010). Eine individuell wahrgenommene Fanpage muss Merkmale aufweisen, die sie einzigartig und unverwechselbar erscheinen lässt (Richter 2007). Dazu sollte sich die Fanpage von den Auftritten anderer Marken abheben, klare Differenzierungsmerkmale bieten und einen Mehrwert für den Betrachter schaffen. Hierzu eignen sich z. B. exklusive Inhalte, interessante Gewinnspiele, kreative Unterhaltungsspiele oder individuelle Videos.

Ebenso wie die Determinanten Konsistenz und Kontinuität erwies sich auch die „Individualität des Markennutzenversprechens" als positiver Einflussfaktor der Markenauthentizität im Modell von Burmann und Schallehn (Burmann und Schallehn 2010). Aus diesem Grund wird zusätzlich das Konstrukt „Individualität des Facebookauftritts" in das Modell integriert:

▸ H3: Die wahrgenommene Individualität des Facebookauftritts der Marke hat einen positiven Einfluss auf die wahrgenommene Markenauthentizität.

Neben den direkten Einflussfaktoren auf das Zielkonstrukt „Wahrgenommene Markenauthentizität" sollen ferner indirekte Abhängigkeiten im Untersuchungsmodell geprüft werden. Daher erfährt der mögliche Einfluss der Kontinuität des Facebookauftritts auf dessen Konsistenz eine genauere Betrachtung. Bisherige Erfahrungen mit einem Objekt, z. B. einer Marke, haben auch in der Gegenwart einen Einfluss auf die Wahrnehmung dieser (Pervin et al. 2005). Wenn die Marke also ein kontinuierliches Markenmanagement betreibt, stimmen die Erfahrungen aus der Vergangenheit mit den gegenwärtigen überein. Die Erkenntnis, dass die Kontinuität eines Auftretens Einfluss auf dessen Konsistenz hat, entspringt dem Forschungsgebiet der Psychologie (Pervin et al. 2005). Übertragen auf den Markenkontext ergibt sich daher die folgende Annahme:

▸ H4: Die wahrgenommene Kontinuität des Facebookauftritts der Marke hat einen positiven Einfluss auf die wahrgenommene Konsistenz zwischen dem Facebookauftritt der Marke und dem Markenimage.

Neben dem postulierten Ursache-Wirkungszusammenhang zwischen Kontinuität und Konsistenz steht nun der Zusammenhang zwischen der Konsistenz und der Individualität im Zentrum des Interesses. Bei Konsistenz zwischen dem Facebookauftritt der Sportmarke und deren Markenimage spiegelt der Auftritt das Bild der Marke wider, das Konsumenten von ihr haben (Meffert und Burmann 2005). Bei einer hohen Konsistenz ist deshalb mit einer Wiedergabe der Markenindividualität zu rechnen. Dies wiederum wirkt sich positiv auf die Individualität des Facebookauftritts aus. Vergleichbare Thesen sind in der Psychologie zu finden; auch dort wird Individualität einer Person mit der Konsistenz ihres Verhaltens erklärt (Jost 2008). Überträgt man diese auf den Markenkontext, ergibt sich die folgende Hypothese:

▸ H5: Die wahrgenommene Konsistenz zwischen dem Facebookauftritt der Marke und dem Markenimage hat eine positive Auswirkung auf die Individualität des Facebookauftritts der Marke.

14.3.2 Der Facebook-Marken-Fit

Der Fit bezeichnet im Allgemeinen das Ergebnis eines Vergleichsprozesses, der angibt, wie gut zwei Variablen als zusammenpassend wahrgenommen werden. Der Markenfit gibt folglich an, wie gut die Images zweier Marken aus Sicht der Konsumenten harmonieren (Simonin und Ruth 1998). Auch im vorliegenden Untersuchungsmodell im Sportmarkenkontext soll der Fit einer näheren Betrachtung unterzogen werden. Der Fit bezieht sich in diesem Fall auf die wahrgenommene Übereinstimmung der Marke Facebook und der im Social Network vertretenen Sportmarke. Daraus ergibt sich das Konstrukt „Facebook-Marken-Fit".

Auf Basis der vorangegangenen Ausführungen liegt die Vermutung nahe, dass ein hoher Facebook-Marken-Fit einen positiven Einfluss auf die Konsistenz zwischen dem Facebookauftritt der Marke und dem Markenimage ausübt. Wenn eine Marke ein junges, internetaffines und modernes Image aufgebaut hat, stützt eine Fanpage auf Facebook genau dieses Fremdbild. Konkret bedeutet das, dass die Konsistenz zwischen dem Facebookauftritt und dem Markenimage gestärkt wird. Folglich lautet die zugehörige Hypothese:

> ▶ H6: Der wahrgenommene Facebook-Marken-Fit hat eine positive Auswirkung auf die Konsistenz zwischen dem Facebookauftritt der Marke und dem Markenimage.

14.3.3   Markenglaubwürdigkeit, Markenvertrauen & Markenzufriedenheit

Die Markenauthentizität soll sich in dieser Studie als relevantes Konstrukt für die strategische Markenführung von Sportmarken erweisen. Aus diesem Grund unterziehen sich mögliche kausale Verbindungen zu erfolgsrelevanten Wirkungskonstrukten im Folgenden einer genaueren Betrachtung. Eines dieser Konstrukte bildet die Markenglaubwürdigkeit (Burmann und Schallehn 2010).

Die Glaubwürdigkeit ist ein Begriff, der zunächst im juristischen Kontext verwendet wurde und synonym zu „wahrhaftig" oder „vertrauenswürdig" steht (Grimm und Grimm 1949). Die Glaubwürdigkeit spielt immer dann eine Rolle, wenn aufgrund mangelnden Wissens über einen Sachverhalt ein Informationssurogat benötigt wird. Dies kann eine glaubwürdige Person oder Informationsquelle sein (Nawratil 1999). Im Markenkontext spielt dieses Konstrukt vor allem bei den Werbebotschaften eine wesentliche Rolle. Stuft ein Konsument eine Werbebotschaft einer Marke nicht als vertrauenswürdig ein, so glaubt er nicht an ihr Markennutzenversprechen (Hovland und Weiss 1952). Buhrman und Schallehn folgend kann die Markenauthentizität als Determinante der Markenglaubwürdigkeit angesehen werden (Burmann und Schallehn 2008). Dieser Wirkungszusammenhang drückt sich in der folgenden Hypothese aus:

> ▶ H7: Die wahrgenommene Markenauthentizität hat einen positiven Einfluss auf die Markenglaubwürdigkeit.

Neben der Glaubwürdigkeit und der Authentizität bildet auch das Konstrukt Vertrauen eine wesentliche Variable der strategischen Markenführung. Vertrauen ist als ein mehrdimensionales Konstrukt zu verstehen, das zum einen die Einstellung im Hinblick auf ein relevantes Objekt umfasst, sich zum anderen aber auch in der Bereitschaft des Individuums ausdrückt, sich auf das Vertrauensobjekt zu verlassen (Einwiller 2003). „Jemandem zu vertrauen" wird als riskante Vorleistung des Vertrauensgebers an den Vertrauensnehmer betrachtet (Peters 2008). Dabei kann der Vertrauensgeber nicht vorhersehen, ob sich das entgegengebrachte Vertrauen auszahlen oder er seine Vorleistung später bereuen wird.

Überträgt man diese Sichtweise auf das Verhältnis zwischen Sportmarke und Konsument, kann die riskante Vorleistung bspw. der Kauf eines Produkts der Marke sein. Erfüllt eine Marke die Erwartungen des Konsumenten, bestätigt sich folglich sein Vertrauen in sie Markenvertrauen lässt sich somit als die Einschätzung definieren, inwiefern eine Marke das Vertrauen verdient hat, und die Bereitschaft, sich auf diese Marke zu verlassen (Jost-Benz 2009; Kenning 2002).

Die Erkenntnis, dass Vertrauen die Grundlage für eine dauerhafte und stabile Kundenbeziehung bildet, unterstreicht die Relevanz dieses Konstrukts. Folglich kann das Markenvertrauen als wesentlicher Erfolgsfaktor einer Marke angesehen werden (Morgan und Hunt 1994). Burmann und Schallehn kommen zu dem Schluss, dass die positive Wirkung der wahrgenommenen Markenauthentizität den Zuversichtsglauben des Konsumenten stärkt, dass diese Marke ihr Markennutzenversprechen in Zukunft einlösen wird (Burmann und Schallehn 2010). Es ist daher davon auszugehen, dass eine authentisch wahrgenommene Marke das Markenvertrauen stärkt:

▸   H8: Die wahrgenommene Markenauthentizität hat einen positiven Einfluss auf das Markenvertrauen.

Ferner ist anzunehmen, dass auch die Markenglaubwürdigkeit einen Einfluss auf das Markenvertrauen ausübt. Wenn der Vertrauensgeber den Vertrauensnehmer als glaubwürdig einstuft, wird es ihm leichter fallen, das Risiko der Vertrauensvorleistung einzugehen (Burmann und Schallehn 2008). Diese Vermutung kommt in Hypothese H9 zum Ausdruck:

▸   H9: Die Markenglaubwürdigkeit hat einen positiven Einfluss auf das Markenvertrauen.

Das Zufriedenheitskonzept tritt aufgrund seiner vermuteten Indikatorfunktion für das Konsumentenverhalten und somit auch für den Unternehmenserfolg in den Fokus zahlreicher Studien (Homburg 2001). Dabei ergibt sich der Grad an Zufriedenheit aus einem komplexen Informationsverarbeitungsprozess, der im Wesentlichen aus einem Soll-Ist-Vergleich zwischen der Erfahrung eines Nachfragers mit der erlebten Leistung (Ist) und seinen Erwartungen (Soll) hinsichtlich des Produkts besteht (Herrmann 1998). Erfüllt eine Marke die Erwartungen seines Kunden, so entsteht ein Gefühl der Zufriedenheit beim Kunden (Costabile 2000). Dieser wird somit auch bei zukünftigen Kaufentscheidungen geneigt sein, genau dieser Marke sein Vertrauen zu schenken (Sirdesmukh et al. 2002). Für das vorliegende Untersuchungsmodell bedeutet dies:

▸   H10: Die Markenzufriedenheit hat einen positiven Einfluss auf das
Markenvertrauen.

Wie bereits erwähnt, kommt der Markenauthentizität im Hypothesensystem eine wesentliche Bedeutung zu. Eine authentisch geführte Marke erlaubt es dem Konsumenten, sich
mit ihr zu identifizieren, und gibt ihm gleichzeitig die Sicherheit, dass er ihrem Markennutzenversprechen Glauben schenken kann. Muss ein Konsument einer Marke jedoch
feststellen, dass das Handeln der Marke nicht mit dem nach außen propagierten Nutzenversprechen übereinstimmt, kann genau diese Diskrepanz zu Unzufriedenheit führen.
Insbesondere bei Sportbekleidungsmarken, die hohes Potenzial zur Markenidentifikation
bieten, ist dieser Zusammenhang von Interesse. Daher gilt:

▸   H11: Die wahrgenommene Markenauthentizität hat einen positiven Einfluss
auf die Markenzufriedenheit.

14.3.4   Die Markenloyalität

Während die Produktpolitik sich in der Vergangenheit stark auf die Gewinnung neuer
Kunden sowie auf die Initiierung einzelner Transaktionen fokussierte, kommt heute – auch
aufgrund der hohen Wettbewerbsintensität in vielen Branchen – der Pflege und Intensivierung bereits existierender Kundenbeziehungen eine wachsende Bedeutung zu. Diese
Entwicklung begründet die Notwendigkeit der Berücksichtigung des Konstrukts Markenloyalität in der strategischen Markenführung. Die Markenloyalität bezeichnet die langfristige und vertraute Bindung eines Kunden an die Marke (Fournier und Yao 1997). So bietet
lediglich eine enge Bindung des Kunden an das eigene Unternehmen einen hinreichenden
Schutz vor den Verdrängungsmaßnahmen der Wettbewerber. Aus diesem Grund ist die
Markenloyalität für Unternehmen von strategischer Bedeutung um einen nachhaltigen
Wettbewerbsvorteil gegenüber den Konkurrenten zu generieren (Mayer 2009; Meffert
2000). Markenloyale Konsumenten sind weniger preissensibel, weniger durch Aktionen
der Wettbewerber beeinflussbar und reduzieren die Marketingkosten für die Unternehmen (Gounaris und Stathakopoulos 2004)
Meffert und Burmann folgend bildet das Markenvertrauen eine wichtige Determinante für die Markenloyalität (Meffert und Burmann 1996). Diesen Sachverhalt haben u. a.
Morgan und Hunt (1994) in empirischen Studien nachgewiesen. Die vorliegende Untersuchung trägt diesem Sachverhalt in Form von Hypothese H12 Rechnung:

▸   H12: Das Markenvertrauen hat einen positiven Einfluss auf die Markenloyalität.

Die Marketing-Forschung hat ferner den Zusammenhang zwischen Markenzufriedenheit
und Markenloyalität vielfach empirisch untersucht. Zufriedenheit mit einer Marke gilt als
eine zentrale Voraussetzung für die Markenloyalität. Ein zufriedener Konsument neigt

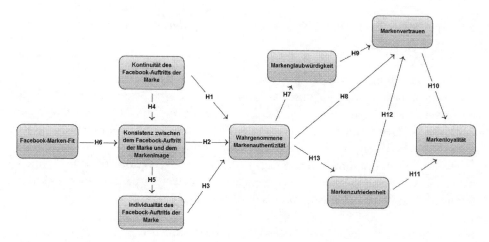

Abb. 14.1 Untersuchungsmodell zur wahrgenommenen Markenauthentizität

aufgrund der positiven Erfahrungen mit der Marke dazu, ihr loyal zu sein (Homburg et al. 1998). Demzufolge ergibt sich Hypothese H13:

▶ H13: Die Markenzufriedenheit hat einen positiven Einfluss auf die Markenloyalität.

Das vollständige Untersuchungsmodell hat damit die in Abb. 14.1 dargestellte Form.

14.4 Empirische Überprüfung am Beispiel eines Sportartikelherstellers

14.4.1 Untersuchungsdesign und Untersuchungsobjekt

Zielsetzung des vorliegenden Beitrags besteht in der Entwicklung und empirischen Überprüfung eines möglichst umfassenden, generalisierbaren Erklärungsmodells zur Führung von Sportmarken im Social Web. Auf Basis dieses Modells sollen die Forscher in der Lage sein, dem Management konkrete Ansatzpunkte für ein erfolgreiches Management der Sportmarken in Social Networks aufzuzeigen. Zu diesem Zweck liefert eine empirische Untersuchung Aufschluss über die in der Realität bestehenden Zusammenhänge. Für die vorliegende Forschungsfrage wurde die Form der Befragung gewählt, da die innere Einstellung zu bestimmten Sachverhalten ermittelt werden soll. Da diese Studie sich u. a. mit dem Social Network Facebook befasst, diente die thematisch passende Form der Online-Umfrage als Erhebungsinstrument (Berekoven et al. 2006).

Für den Fragebogen der Online-Umfrage wurden die Konstrukte des Untersuchungsmodells mithilfe von entsprechenden Indikatoren operationalisiert. Alle Items, die sich auf in der Forschung bereits untersuchte Konstrukte beziehen, bestätigten sich bereits in anderen Studien. Lediglich für die Variable „Facebook-Marken-Fit" wurden neue Indikatoren hergeleitet, die sich am Konstrukt Markenfit orientieren. Die Indikatoren für die Konstrukte „Kontinuität des Facebook-Auftritts der Marke", „Konsistenz zwischen Facebook-Auftritt der Marke und dem Markenimage" sowie „Individualität des Facebook-Auftritts der Marke" sind denen aus der Studie von Burmann und Schallehn nachempfunden (Burmann und Schallehn 2010). Für alle Items fand eine 7-stufige Likertskala Verwendung.

Um die zuvor formulierten Hypothesen zu testen, ist zunächst eine Präzisierung des Untersuchungsgegenstands notwendig. Das hergeleitete Modell sollte insbesondere das Konsumentenverhalten einer auf Facebook aktiven Marke erklären können. Dabei sollte es sich um eine Marke aus dem Sportbereich handeln. Weiterhin bedarf es der Auswahl eines Untersuchungsobjektes, welches eine hohe Bekanntheit aufweist und von einer Vielzahl von Beteiligten gekauft wird. Da sowohl das Konstrukt Markenzufriedenheit als auch das Konstrukt Markenloyalität untersucht werden, müssen die Probanden bereits über Markenerfahrung verfügen.

Dabei fiel die Wahl auf den Sportartikelhersteller adidas, eine bekannte und weit verbreitete Sportartikelmarke, die insbesondere auf Facebook mit mehreren gut besuchten Fanpages sehr aktiv ist. Von allen in Deutschland auf Facebook aktiven Marken besitzt adidas zudem die meisten Fans (König 2011). Dies erhöht die Wahrscheinlichkeit Probanden zu gewinnen, die sowohl Erfahrung mit adidas-Produkten haben und gleichzeitig die adidas Fanpage kennen.

Für die Konzeption der empirischen Studie galt es weiterhin zu entscheiden, welche Probanden die Stichprobe bilden sollten. Dabei stellen sowohl die Markenerfahrung als auch die Präsenz der Studienteilnehmer auf dem Social Network Facebook notwendige Bedingungen für die Rekrutierung dar. Insgesamt nahmen im Erhebungszeitraum 143 Facebook-User an der Umfrage teil, wovon nach der Datenbereinigung 99 Fragebögen in die Untersuchung einflossen.

14.4.2 Auswertung der Studienergebnisse

Um die Zusammenhänge zwischen den Konstrukten zu ermitteln, wurde das vorliegende Hypothesengefüge kausalanalytisch untersucht. Als strukturprüfendes Verfahren kann die Kausalanalyse Systeme von Hypothesen auf die Abhängigkeitsstruktur der zu untersuchenden Größen anhand empirisch erhobener Daten prüfen (Homburg und Pflesser 2000). Dabei gliedert sich die Auswertung in zwei Bereiche: die Analyse des Messmodells sowie des Strukturmodells. Auf Messmodellebene wird überprüft, ob die im Modell definierten Konstrukte durch ihre Indikatoren ausreichend abgebildet werden. Im reflektiven Messmodell sind neben der Höhe der Faktorladungen sowie deren statistische Signifikanzen die geforderten Prüfgrößen der durchschnittlich erfassten Varianz, der Konstruktreliabilität und des Fornell-Larcker-Kriteriums erfüllt. Auch der kritische Wert des Q^2 wurde überschritten, womit dem Modell Vorhersagevalidität bescheinigt werden kann.

Zur Beurteilung formativer Messmodelle sind neben der Analyse der t-Werte weiterhin die Diskriminanzvalidität sowie eine mögliche Multikollinearität zu berücksichtigen. Die Auswertung der vorliegenden Studie ergab, dass auf der Messmodellebene alle kritischen Werte erfüllt werden konnten.

Um die nomologische Validität des postulierten Modells zu begutachten, ist die Bewertung der hypothetischen Beziehungen zwischen den Modellelementen erforderlich. Dabei lassen die Strukturparameter die Einflussstärke eines Konstrukts auf ein kausal nachfolgendes erkennen. Aufschluss über deren Güte geben die Höhe der Strukturparameter sowie die Signifikanzen auf Basis von t-Werten (Huber et al. 2005). Der Strukturparameter gibt an, ob und in welcher Stärke ein Konstrukt das kausal nachfolgende beeinflusst. Signifikante Zusammenhänge sollten erst ab einem Strukturparameter von 0,1 berücksichtigt werden (Lohmöller 1989). Alle Hypothesen, mit Ausnahme von H1, die den Einfluss der Kontinuität des Facebookauftritts auf die Markenauthentizität postuliert, entsprachen im untersuchten Modell den geforderten Gütekriterien. Die Ergebnisse belegen, dass die Markenglaubwürdigkeit einen positiven Effekt auf das Markenvertrauen ausübt und dies wiederum die Markenloyalität positiv beeinflusst. Eine Sportmarke, die diese drei Größen in sich vereint, hat gegenüber anderen Marken einen gewichtigen Vorteil: Eine authentische Marke unterstützt diese Effekte. So konnte diese Studie zeigen, dass die Markenauthentizität einen direkten Einfluss auf die Markenglaubwürdigkeit und das Markenvertrauen hat und somit auch indirekt über die beiden vorgenannten Konstrukte die Markenloyalität der Sportmarke determiniert.

Ein weiterer Einfluss, der im Rahmen dieser Studie identifiziert werden konnte, ist die Auswirkung der Markenauthentizität auf die Zufriedenheit. Zwar hat sich gezeigt, dass dieses Konstrukt nicht alleine durch die Authentizität erklärt werden kann, dennoch ist ein Effekt offensichtlich. Die Markenzufriedenheit wiederum wirkt positiv auf das Markenvertrauen und die Markenloyalität. Zusammenfassend lässt sich daher konstatieren, dass die Markenauthentizität in der strategischen Markenführung eine gewichtige Rolle spielt und viele erfolgsrelevante Zielgrößen beeinflusst.

Von den vorgestellten Determinanten Kontinuität, Konsistenz und Individualität konnte der Kontinuität des Facebookauftritts kein direkter Einfluss auf die wahrgenommene Markenauthentizität nachgewiesen werden. Diese wirkt lediglich indirekt über die Konsistenz auf die Authentizität der Marke. Der fehlende direkte Effekt der Kontinuität im Kontext des Social Media Marketings, kann in dem untersuchten Kommunikationskanal Facebook selbst begründet sein. Markenauftritte bei Facebook stellen eine noch relativ unerprobte Möglichkeit der Markenführung dar. Aus Ermangelung an klaren, bewährten und allgemeingültigen Ansätzen zur Markenführung auf Facebook experimentieren aktuell noch viele Marken auf dieser Plattform.

Der Individualität des Facebookauftritts konnte eine Beeinflussung auf die Markenauthentizität nachgewiesen werden. Dieser Effekt lässt sich dadurch erklären, dass der Facebookauftritt von adidas bei den meisten Probanden nicht als sehr individuell angesehen

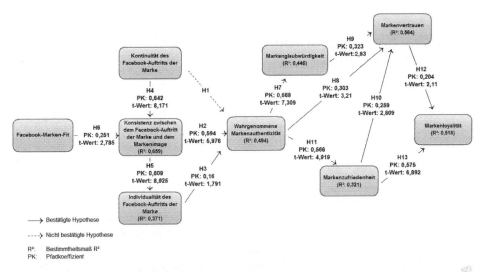

Abb. 14.2   Das Untersuchungsmodell und seine Ergebnisse im Überblick

wurde.[3] Die einzelnen Fanpages der Sportmarken scheinen von den Probanden ähnlich wahrgenommen zu werden. Tatsächlich präsentieren Marken wie adidas, Nike oder Puma auf ihren Fanpages Angebote, die bei flüchtiger Betrachtung sehr ähnlich wirken. Dazu zählen Foto-Alben, Videos oder Support-Finder (adidas 2012; Nike 2012; Puma 2012). Um Unterschiede zu erkennen, lohnt ein Blick ins Detail. Dort findet sich dann bspw. bei adidas ein Veranstaltungsplaner oder bei Puma ein Special und eine App zum America's Cup.

Vor dem Hintergrund dieser Resultate gilt es zu überprüfen, inwieweit die im Kausalmodell identifizierten Determinanten in der Lage sind, die Entstehung der Zielvariablen Markenloyalität zu erklären. Hierzu kann das Bestimmtheitsmaß (R^2) herangezogen werden, welches den Anteil der Varianz der Zielvariablen angibt. Im vorliegenden Fall deutet das R^2 der Zielvariablen Markenloyalität mit einem Wert von 0,518 darauf hin, dass die in das Kausalmodell einbezogenen Determinanten die Entstehung der Markenloyalität bei Sportmarkenherstellern hinreichend gut erklären können (vgl. Abb. 14.2).

14.4.3   Ableitung von Handlungsempfehlungen für das Management von Sportmarken in Social Networks

„Jung", „sportlich", „dynamisch" oder „aktiv" sind typische Werte, die Marken für Sportbekleidung in Werbemaßnahmen vermitteln. Fernsehwerbespots von Sportartikelherstellern wie adidas oder Nike transportieren stets ein „cooles" Markenimage, das sich vor allem

---

[3] Die Auswertung der zugehörigen Indikatoren ergab, dass deren Mittelwerte auf einer 7-stufigen Likert-Skala von 1 = sehr individuell bis 7 = überhaupt nicht individuell bei 4,8, 5,0 und 5,6 lagen.

an eine junge Zielgruppe richtet. Diese Positionierung spricht ebenfalls die Zielgruppe der Facebook-User an. Auch in diesem Umfeld finden sich häufig Attribute wie „jung", „dynamisch" oder „aktiv". Die Auswertung des Konstrukts Facebook-Marken-Fit ergab, dass die Marken adidas und Facebook sehr gut zueinander passen. Somit stellt Facebook einen sinnvollen Kommunikationskanal im Rahmen des Marketing Mix dar und sollte im operativen Markenmanagement von Sportmarken unbedingt Berücksichtigung finden. Um eine Marke auch in Social Networks authentisch zu führen, sollte der Markenhersteller seinem eigenen Image treu bleiben. So finden sich auf der Facebook Fanpage von adidas z. B. Posts zu aktuellen adidas-Produkten sowie zu Sportevents, Videos und Links zu Fußballstars wie David Beckham oder Lionel Messi (adidas 2012).

Darüber hinaus kann auch die Demonstration der Kompetenz der Marke hilfreich für eine authentische Wahrnehmung sein. Von einem Sportartikelhersteller erwartet der Benutzer, dass er sich im Sportbereich und mit den dort relevanten Produkten auskennt sowie auf die Bedürfnisse und Anforderungen der Kunden eingeht. Dies gilt auch für die Fanpage. Werden neue Produkte auf Facebook vorgestellt, kommentieren Benutzer diese und stellen häufig auch Fragen diesbezüglich. Vor allem bei Sportschuhen können diese Fragen sehr ins Detail gehen und sollten entsprechend fachkompetent beantwortet werden (adidas 2012). Ein wesentliches Potenzial der Social Networks liegt darin, dass Marken mit ihren Konsumenten in den direkten Dialog treten können. Auf diesem Weg lassen sich gezielt Rückmeldungen, Verbesserungsvorschläge sowie neue Ideen gewinnen.

Wie erwähnt, spielt auch die Individualität eine wesentliche Rolle für die Markenführung von Sportmarken im Social Web. Per se ist ein Facebookauftritt eines Sportartikelherstellers nicht individuell; diese Individualität muss zunächst über das Angebot und die Inhalte geschaffen werden. Nur so kann sich eine Sportmarke auch via Facebook in Abgrenzung zur Konkurrenz positionieren. Durch eine individuelle Gestaltung des Facebookauftritts lassen sich Differenzierungs- und Wiedererkennungsmerkmale generieren, die den Facebookauftritt unverwechselbar machen. Da dieser zudem einen signifikanten Einfluss auf die wahrgenommene Markenauthentizität ausübt, sollte sich ein Markenmanager um einen möglichst individuell gestalteten Facebookauftritt seiner Marke bemühen. Besonders gelungene Beispiele liefern hier die Fanpages diverser Sportmannschaften, die wie „von Fans gestaltet" aussehen. So bietet der Auftritt des 1. FC Köln täglich neue Informationen zu Spielern, Fans oder Veranstaltungen – häufig auch in Kölner Mundart. Auch können Interessenten über die hauseigene Fanpage Karten für Spiele des FC bestellen oder am 100pro-FC-Talent Wettbewerb teilnehmen, für den der Fan Videos über sein fußballerisches Können einreichen kann (1. FC Köln 2012). Die Fanpage von Borussia Dortmund hingegen stellt anlässlich der Deutschen Meisterschaft 2011/2012 ihren Fans eine Meisterschalen-App zum Download bereit. Die sorgt dafür, dass jeder Fan nun ein Foto von sich selbst mit der Meisterschale in der Hand erstellen kann (Borussia Dortmund 2012).

Die Optionen zur Nutzung von Facebook für Sportmarken sind vielfältig und steigen beständig an. Gleichzeitig ist die Gefahr der Ablenkung des Users durch private Nachrichten und Kontakte sehr groß. Vor diesem Hintergrund besteht eine wesentliche Herausforderung darin, die Aufmerksamkeit des Benutzers möglichst lange auf die Marke zu fokussieren. Jede Form der Abwechslung ist dafür hilfreich. Videos über Produkte oder aktuelle Sport-Events, interaktive Gewinnspiele mit attraktiven Preisen, wie z. B. Eintrittskarten für ein Fußballspiel, Casual-Games mit klarem Sportbezug oder auch Diskussionen zu aktuellen Sportereignissen sind nur einige Möglichkeiten, diese Ablenkung zu schaffen. So berichtet die australische Beach- und Snowwearmarke Billabong auf ihrem Facebookauftritt regelmäßig über bekannte Surf-Größen. Auch aktuelle Events der Marke, wie z. B. die Billabong XXL Global Big Wave Awards 2012 werden öffentlichkeitswirksam präsentiert und mit Promo-Video Clip, Fotos, Hintergrundberichten in Szene gesetzt. Gleichzeitig überträgt ein Live-Webcast den Event direkt auf die Fanbildschirme (Billabong 2012).

Ein Facebookauftritt kann ferner Individualität ausstrahlen, indem er die neuen Möglichkeiten in der Interaktion mit seinen Fans nutzt. Da Marken auf Social Networks mit den Benutzern direkt kommunizieren können, ergibt sich dadurch eine sehr interaktive Form der individuellen Kundenkommunikation. Gestaltungswettbewerbe für neue Produkte oder Videoausschreibungen, bei denen Benutzer kreative Videos mit den Produkten der Marke einreichen können, sind nur einige Beispiele hierfür. Der Bekleidungs- und Sportartikelhersteller Umbro beispielsweise ließ vor einiger Zeit seine deutschen Fans im Rahmen des „Umbro Wappen-Design-Wettbewerbs" individuelle Wappen kreieren. Ferner nutzt Umbro die Chronik-Funktionalität von Facebook, um die Geschichte der Marke und ihrer Produkte darzustellen. Auch die Umbro iPhone App wird für die Facebook-Gemeinde prominent in Szene gesetzt. Immer wieder finden sich auch Gewinnspiele und kleinere Meinungsumfragen rund um das Thema Fußball (Umbro 2010–2012). Speziell für Sportmarken könnten auch bekannte Sportler als Werbeträger in den Facebookauftritt eingebunden werden um ihm Individualität zu verleihen. Denkbar wären Verknüpfungen mit dem Facebookauftritt des Sportlers, die Verlosung für ein VIP-Treffen mit diesem oder eine Diskussion mit dem prominenten Werbeträger als Facebook-Event auf der Seite der Sportmarke. Aktuell präsentieren Großbritanniens Fußballstars Darren Bent, Wayne Rooney, Joe Hart, Kyle Walker und Danny Welbeck auf der englischen Facebookpage die neue St George Collection von Umbro (Umbro 2012).

Vor dem Hintergrund dieser Möglichkeiten bildet die Eingliederung des Facebookauftritt in die gesamte Markenführung eine notwendige Voraussetzung. Die Authentizität einer einzelnen Werbemaßnahme, wie z. B. dem Markenauftritt bei Facebook, ist von der Authentizität der gesamten Marke abhängig. In jedem Medium, in dem die Marke anzutreffen ist, muss diese Konsistenz gegeben sein, ansonsten besteht die Gefahr, dass die Marke zur Hyperpersonalität neigt. Dadurch würden nicht eine, sondern gleich viele Markenidentitäten entstehen (Utz 1999), was eine klare Zuordnung der Identitäten auf das tatsächliche Markenimage unmöglich macht. In diesem Fall besitzt die Marke letztendlich keine wirkliche Identität und die identitätsbasierte Markenführung wäre gescheitert. Die zentrale Herausforderung für einen Markenmanager besteht daher darin, den Facebookauftritt der Marke als logische, nachhaltige und mit der restlichen Markenführung konsistente Ergänzung zu gestalten. Mangelt es an Konsistenz, wird der Benutzer zwar in der Lage sein, die Marke kognitiv zu erkennen, auf emotionaler Ebene wird er dadurch aber nicht angesprochen und bleibt deshalb der Markenbotschaft gegenüber verschlossen (Baetzgen 2007).

Will eine Sportmarke ihr Image auf einen Facebookauftritt übertragen, muss die Fanpage folglich nahtlos an andere Aktivitäten des Markenmanagements anknüpfen. Spricht
eine Marke ihre Konsumenten in Fernseh- und Radiowerbung mit „Sie" an, so sollte sie
auch auf Facebook diesen Ton wählen. Doch nicht nur formal, sondern auch inhaltlich
sollte eine Marke ihrer Positionierung treu bleiben und auch über diesen Kanal ihre Kern-
kompetenzen nach außen kommunizieren. So stellt Billabong auf seiner Fanpage immer
wieder den Bezug zum Surf- bzw. Wintersport her, Umbro hat sich – konsistent zu seiner
Markenführung – auch auf Facebook dem Thema Fußball verschrieben und adidas spannt
auch im Social Web immer wieder den Bogen zum Sportschuh.

Diese Überlegungen lassen erkennen, dass die Präsenz in Social Networks neue und
vielfältige Möglichkeiten bietet, die eigene Marke den Konsumenten zu präsentieren. Dieser Kanal ist geradezu prädestiniert, auch die jüngere Zielgruppe in einem vermeintlich
privaten Umfeld anzusprechen. Die Social Networks sollten als weiterer Kommunikations-
und Interaktionskanal nahtlos in die anderen Marketing- und Kommunikationsaktivitäten
der Marke eingebunden werden.

14.5 Schlussbetrachtung und Ausblick

Die Markenkommunikation via Social Networks ist noch ein sehr junges Thema, sowohl
in der Forschung als auch in der Praxis. Vor diesem Hintergrund widmete sich diese
Untersuchung den Wirkungszusammenhängen von relevanten Markenführungsaspekten
im Bereich Sportmarken. Den Ausgangspunkt der empirischen Untersuchung bildete die
Relevanz erfolgreicher Facebookauftritt für viele Markenhersteller.

Das für diese Studie erstellte Untersuchungsmodell zu den Einflussfaktoren von Markenauthentizität & -loyalität in Social Networks hat sich in großen Teilen bestätigt. Demnach hat eine authentisch geführte Fanpage einen positiven Effekt auf Zielgrößen wie die
Glaubwürdigkeit, das Vertrauen, die Zufriedenheit und die Loyalität zu der Marke. Die
Untersuchung konnte auch zeigen, welche Determinanten einen als authentisch wahrgenommenen Facebookauftritt einer Sportmarke bedingen. Insbesondere die Individualität
des Auftritts und die Konsistenz zwischen dem allgemeinen Markenimage und der Fanpage erwiesen sich als starke Einflussfaktoren auf die wahrgenommene Markenauthentizität.

Da es sich bei der Erklärung der Markenloyalität bei Sportmarken in Social Networks
– auch wegen der Neuartigkeit dieses Kommunikationskanals – um ein noch weitgehend
unerforschtes Themengebiet handelt, liegen bislang noch keine wissenschaftlichen Arbeiten zur umfassenden marketingtheoretischen Fundierung dieses Phänomens vor. Wenngleich diese Ergebnisse neue Erkenntnisse und Handlungsempfehlungen für das erfolgreiche Management Sportmarken in Social Networks liefern, bleiben einige Fragen offen, die
im Rahmen zukünftiger Forschungsarbeiten zu beantworten sind.

Es finden sich bisher nur wenige empirische Studien zur Konzeptualisierung der Markenauthentizität und ihrer Determinanten (Burmann und Schallehn 2010). So sind noch
viele weitere Einflüsse der Markenauthentizität denkbar, bspw. die Identifikation zur Mar-

ke oder die Mehrpreisbereitschaft. Auch lässt das Bestimmtheitsmaß R^2 der Markenauthentizität vermuten, dass es neben Konsistenz und Individualität noch weitere relevante Einflussfaktoren auf die Markenauthentizität gibt, welche Gegenstand künftiger Forschungsbemühungen sein könnten.

Allgemein stellt sich für jeden Markenmanager die Frage, ob die eigene Zielgruppe eher auf eine Social Network Präsenz, z. B. Facebook, anspricht oder ob nicht vielleicht doch eine exklusive Brand Community[4] – aufgebaut und moderiert von der eigenen Marke – geeigneter wäre. Letztere hätte den Vorteil, dass der Besucher sich intensiv und ausschließlich mit der eigenen Marke beschäftigt, da diese Besuchsanlass ist. Bei den gängigen Sportmarken scheint diese Frage bereits zugunsten der Social Networks beantwortet zu sein, aber in anderen Bereichen, insbesondere bei Luxus-Labels mit exklusivem Image, kann es durchaus Sinn machen, einen exklusiveren Kanal zu wählen (Bösl 2009). Zukünftige Forschungsansätze könnten sich dieser Frage annehmen und die im Modell postulierten Zusammenhänge auch in anderen Branchen und für andere Marken untersuchen.

Schließlich ist der Bereich der Social Media Portfolios bislang noch nicht ausreichend erforscht. Studien in diesem Bereich sollten auf die Fragen abzielen, in welchen Social Networks eine Marke optimalerweise vertreten sein sollte und wie solch ein Social Media Mix aussehen kann. Klare Empfehlungen, ob und in welcher Kombination Social Media Aktivitäten für die Markenführung von Nutzen sind, wären sicherlich für Forscher und Praktiker gleichermaßen interessant. Während noch für die Fußball WM 2012 in Südafrika keine offizielle FIFA Facebook-Fanpage auffindbar war, tummelten sich mehrere Hundert inoffizielle Pages auf der Plattform (Wiese 2010). Da ist der IOC bereits einen großen Schritt weiter. Die Veranstalter setzen für die Olympischen Sommerspiele 2012 auf einen breit gefächerten Social Media Mix in der Online-Kommunikation. So finden sich neben dem klassischen Internetauftritt in Form einer Website auch Präsenzen auf Facebook, Twitter und YouTube. Ganz im Einklang mit dem offiziellen Claim der Spiele „Inspire a generation" inspiriert genau dies vielleicht auch andere Marken und Organisationen.

Literatur

Aaker, J., & Drolet, A. (1996). To thine own self be true: The meaning of „Sincerity" in brands and its impact on consumer evaluations. *Advances in Consumer Research, 23*(1), 392.

adidas. (2012). Facebook – adidas. https://www.facebook.com/adidas. Zugegriffen: 29. Apr. 2012.

Aronson, E., Wilson, T., & Akert, R. M. (2004). *Sozialpsychologie* (4. Aufl.). München.

Baetzgen, A. (2007). *Kontextbasierte Markenkommunikation – Ein handlungstheoretischer Planungsansatz*. Zürich.

Berekoven, L., Eckert, W., & Ellenrieder, P. (2006). *Marktforschung: methodische Grundlagen und praktische Anwendungen* (11. Aufl.). Wiesbaden.

Billabong. (2012). ForeverAndryIrons. https://www.facebook.com/Billabong/app_295108260513270. Zugegriffen: 29. Apr. 2012.

Bleicher, J. K. (2009). *Poetik des Internets: Geschichte, Angebote und Ästhetik*, Berlin.

---

[4] Als Brand Community versteht man eine soziale Gruppe, die aus Anhängern einer Marke besteht und in der der Austausch über die Marke im Mittelpunkt steht (Hartleb 2009, S. 32).

Bösl, F. (2009). *Management von Luxusmarken im konjunkturellen Abschwung*, Norderstedt.

Borussia Dortmund. (2012). Facebook – Borussia Dortmund. https://www.facebook.com/BVBorussiaDortmund09. Zugegriffen: 05. Mai. 2012.

Burmann, C., & Schallehn, M. (2008). *Arbeitspapier Nr. 31: Die Bedeutung der Marken-Authentizität für die Markenprofilierung*. Bremen.

Burmann, C., & Schallehn, M. (2010) Bleicher, J. K. (2009).. *Arbeitspapier Nr. 44: Konzeptionalisierung von Marken-Authentizität*. Bremen.

Connolly, K. B. (2008). Is your brand the real deal? *Brand Packaging, 12*(2), 16–20.

Costabile, M. (2000). *A dynamic model of customer loyalty*. In: IMP, 16th Annual Industrial Marketing and Purchasing Conference, Bath.

Einwiller, S. (2003). *Vertrauen durch Reputation im elektronischen Handel*. Wiesbaden.

Erdem, T., & Swait, J. (1998). Brand equity as a signaling phenomenon. *Journal of Consumer Psychology, 7*(2), 131–158.

Exler, S. (2008). *Die Erfolgswirkung globaler Marken: Eine empirische Untersuchung unter Berücksichtigung kaufentscheidungsbezogener und individueller Einflussfaktoren*. Wiesbaden.

1. FC Köln. (2012). Facebook – 1. FC Köln. https://www.facebook.com/FCKoeln. Zugegriffen: 05. Mai. 2012.

Fittkau & Maaß Consulting. (2012). Social Web und F-Commerce – Nutzer, Nutzung und Potenziale. http://www.fittkaumaass.de/services/w3breports/social_networks. Zugegriffen: 25. Apr. 2012.

Fournier, S., & Yao, J. L. (1997). Reviving brand loyalty: A reconceptualization within the framework of consumer-brand-relationships. *International Journal of Research in Marketing, 14*, 451–472.

Goldman, R., & Papson, S. (1996). *Sign wars: The cluttered landscape of advertising*. New York.

Grayson, K. (1996). Special session summary – real things: The symbolic value of genuine products and brands. *Advances in Consumer Research, 23*(1), 390–393.

Grayson, K., & Martinec, R. (2004). Consumer perceptions of iconicity and indexicality and their influence on assessments of authentic market offerings. *Journal of Consumer Research, 31*, 298–312.

Grimm, J., & Grimm, W. (1949). *Deutsches Wörterbuch*, Leipzig.

Gounaris, S., & Stathakopoulos, V. (2004). Antecedents and consequences of brand loyalty: An empirical study. *Journal of Brand Management, 11*, 283–306.

Halek, P. (2009). *Die Marke lebt! Das All Brand Concept: Die Marke als Kern nachhaltiger Organisationsführung*. Wien.

Hartleb, V. (2009). *Brand Community Management: Eine empirische Analyse am Beispiel der Automobilbranche*. Wiesbaden.

Heider, F. (1958). *The psychology of interpersonal relations*. New York.

Herrmann, A. (1998). *Produktmanagement*. München.

Hettler, U. (2010). *Social Media Marketing: Marketing mit Blogs, Sozialen Netzwerken und weiteren Anwendungen des Web 2.0*. Oldenburg.

Heymann-Reder, D. (2011). *Social Media Marketing: Erfolgreiche Strategien für Sie und Ihr Unternehmen*. München.

Homburg, C. (2001). *Kundenzufriedenheit, Konzepte-Methoden-Erfahrungen* (4. Aufl.). Wiesbaden.

Homburg, C., Giering, A., & Hentschel, F. (1998). *Der Zusammenhang zwischen Kundenzufriedenheit und Kundenbindung*. Mannheim.

Homburg, C., & Pflesser, C. (2000). Strukturgleichungsmodelle mit latenten Variablen: Kausalanalyse, In A. Herrmann & C. Homburg (Hrsg.), *Marktforschung: Methoden, Anwendungen, Praxisbeispiele* (S. 633–659). Wiesbaden.

Hovland, C. I., & Weiss, W. (1952). The influences of source credibility on communication effectiveness. *Public Opinion Quarterly, 15*, 635–650.

Huber, F., Herrmann, A., Kressmann, F., & Vollhardt, K. (2005). *Zur Eignung von kovarianz- und varianzbasierten Verfahren zur Schätzung komplexer Strukturgleichungsmodelle, Wissenschaftliche Arbeitspapiere: M1*. Universität Mainz.

Jenner, T. (2007). Bedeutung der Marken-Authentizität für den Markenerfolg. *Wissenschaftliches Studium, 6*, 289–294.

Jost, P.-J. (2008). *Organisation und Motivation: Eine ökonomisch-psychologische Einführung* (2. Aufl.). Wiesbaden.

Jost-Benz, M. (2009). *Identitätsbasierte Markenbewertung: Grundlagen, theoretische Konzeptualisierung und praktische Anwendung am Beispiel einer Technologie.* Wiesbaden.

Kalisch, E. (2000). Aspekte einer Begriffs- und Problemgeschichte von Authentizität und Darstellung. In E. Fischer-Lichte & I. Pflug (Hrsg.), *Inszenierung von Authentizität* (S. 31–44). Tübingen.

Kenning, P. (2002). *Customer Trust Management: Ein Beitrag zum Vertrauensmanagement im Lebensmitteleinzelhandel.* Wiesbaden.

Kimble, G. A., & Wertheim, M. (2002). *Portraits of Pioneers in Psychology – Volume 4.* Washington DC.

Kneidinger, B. (2010). *Facebook und Co.: Eine soziologische Analyse von Interaktionsformen in Online Social Networks.* Wiesbaden.

Koch, M., & Richter, A. (2009). *Enterprise 2.0: Planung, Einführung und erfolgreicher Einsatz von Social Software in Unternehmen* (2. Aufl.). München.

König, A. (2011). Social Media Ranking der Dax 30-Konzerne. http://www.cio.de/strategien/analysen/2277744/index2.html. Zugegriffen: 14. Apr. 2012.

Lohmöller, J. B. (1989). *Latent variable path modeling with partial least squares.* Heidelberg.

Mayer, D. (2009). *Wechselverhalten von industriellen Nachfragern: Empirische Untersuchung der Markenbindung im Industriegüterbereich.* Wiesbaden.

Meffert, H. (2000). *Marketing: Grundlagen marktorientierter Unternehmensführung – Konzepte – Instrumente – Praxisbeispiele, 9. überarb. u. erw.* Aufl. Wiesbaden.

Meffert, H., & Burmann, C. (1996). *Identitätsorientierte Markenführung – Grundlagen für das Management von Markenportfolios, Arbeitspapier Nr. 100 der Wissenschaftlichen Gesellschaft für Marketing und Unternehmensführung e. V.,* H. Meffert, H. Wagner & K. Backhaus (Hrsg.), Münster.

Meffert, H., & Burmann, C. (2005). Wandel in der Markenführung: vom instrumentellen zum identitätsorientierten Markenverständnis. In H. Meffert, C. Burmann & M. Koers (Hrsg.), *Markenmanagement* (2. Aufl.) (S. 20–36). Wiesbaden.

Meffert, H., Burmann, C., & Kirchgeorg, M. (2008). *Marketing: Grundlagen marktorientierter Unternehmensführung* (10. Aufl.). Wiesbaden.

Morgan, R. M., & Hunt, S. D. (1994). The commitment-trust theory of relationship marketing. *Journal of Marketing, 58*(3), 20–38.

Nawratil, U. (1999). Glaubwürdigkeit als Faktor im Prozess medialer Kommunikation. In P. Rössler & W. Wirtz (Hrsg.), *Glaubwürdigkeit im Internet* (S. 15–32) München.

Nerdinger, F. W. (2008). *Grundlagen des Verhaltens in Organisationen* (2. Aufl.). Stuttgart.

Nike. (2012). Facebook – Nike. https://www.facebook.com/nike?ref=ts&__att=iframe. Zugegriffen: 29. Apr. 2012.

Olympic Games London 2012. (2012). Facebookauftritt: http://www.facebook.com/London2012. Zugegriffen: 6. Mai. 2012.

Pervin, L. A., Cervone D., & John, O. P. (2005). *Persönlichkeitstheorien* (5. Aufl.). München.

Peters, M. L. (2008). *Vertrauen in Wertschöpfungspartnerschaften zum Transfer von retentivem Wissen.* Wiesbaden.

Pine, B. J., & Gilmore, J. H. (2008). Keep it real. *Marketing Management, 17*(1) 18–24.

Puma. (2012). Facebook – Puma. https://www.facebook.com/Puma. Zugegriffen: 02. Mai. 2012.

Richter, M. (2007). *Markenbedeutung und – management im Industriegüterbereich: Einflussfaktoren, Gestaltung, Erfolgsauswirkungen.* Wiesbaden.

Roth, P. (2012). Facebook-Nutzerzahlen im April 2012. http://allfacebook.de/zahlen_fakten/nutzerzahlen-april-2012. Zugegriffen: 25. Apr. 2012.

Schilliger, R. (2010). *Faszination Facebook: So fern und doch so nah – Psycho-soziale Motivatoren für die aktive Partizipation bei Social Networking Sites.* Hamburg.

Schlüter, T., & Münz, M. (2010). *30 min: Twitter, Facebook, Xing & Co.* Offenbach.

Schultz, T. (2003). Alles inszeniert und nichts authentisch? Visuelle Kommunikation in den vielschichtigen Kontexten von Inszenierung und Authentizität. In T. Kneiper & M. G. Müller (Hrsg.), *Authentizität und Inszenierung von Bilderwelten* (S. 10–24). Köln.

Schwindt, A. (2010). *Das Facebook-Buch.* Köln.

Simonin, B. L., & Ruth, J. A. (1998). Is a company known by the company it keeps? *Journal of Marketing Research, 35*(1), 35–42.

Sirdesmukh, D., Singh, J., & Sabol, B. (2002). Consumer trust, value, and loyalty in relational exchanges. *Journal of Marketing, 66,* 15–37.

Stroebe, W., Jonas, K., & Hewstone, M. R. C. (2003). *Sozialpsychologie: Eine Einführung* (4. Aufl.), Berlin.

Umbro. (2012). Facebook – Umbro. https://www.facebook.com/umbro. Zugegriffen: 29. Apr. 2012.

Utz, S. (1999). *Soziale Identifikation mit virtuellen Gemeinschaften: Bedingungen und Konsequenzen.* Lengerich u. a.

Vogl, E. (2012). Social Media und Olympia 2012 in London. In viermalvier.at Agentur für Neue Medien GmbH, Social Multi Media Blog. http://blog.viermalvier.at/social-media-und-olympia-2012-in-london/. Zugegriffen: 5. Mai. 2012.

Weinberg, T. (2010). *Social Media Marketing: Strategien für Twitter, Facebook & Co.* Köln.

Wiederhold, J. (2009). *Authenticity sells: Verkaufserfolg und die Rolle des ersten authentischen Eindrucks eines Verkäufers.* Norderstedt.

Wiegold, T. (2009). Schneller als der Präsident. http://www.focus.de/politik/deutschland/wahlen-2009/bundespraesident/twitter-schneller-als-der-praesident_aid_401834.html. Zugegriffen: 20. Apr. 2012.

Wiese, J. (2010). Worst Practice – Facebook Fanpages zur WM, allfacebook. http://allfacebook.de/tag/fusball. Zugegriffen: 6. Mai. 2012.

Wiswede, G. (1995). *Einführung in die Wirtschaftspsychologie.* München.

Zarrella, D., & Zarrella, A. (2011). *Das Facebook Marketing Buch.* Köln.

Markenmanagement im Umfeld von Sportgroßveranstaltungen im Zeitalter des Ambush Marketing

15

Benoît Séguin

15.1 Einleitung

Ambush Marketing ist inzwischen integraler Teil der Marketing- und Sponsoringlandschaft geworden, die Sportgroßveranstaltungen umgibt. Für diesen Trend gibt es zwei Gründe. Erstens ist es globalen (z. B. durch die Olympischen Spiele und die FIFA-WMs) sowie nationalen (z. B. durch die Bundesliga) Sportakteuren gelungen, attraktive Marken aufzubauen, denen sich viele Konsumenten (z. B. Fußballfans und andere Sportanhänger) stark verbunden fühlen. Zweitens ist das Anbieten „exklusiver" Sponsorings zum Hauptelement der Vermarktungsstrategie dieser Sport-Marken geworden. Diese Exklusivität hat dazu beigetragen, dass die Einkünfte von Sportorganisationen signifikant gestiegen sind und das Werben mit diesen Marken für Sponsoren extrem attraktiv geworden ist. Daraus resultierte eine starke Steigerung der Investitionen für derartige Sponsoringengagements. Beispielhaft dafür ist der finanzielle Ertrag durch die weltweiten Olympiasponsoren (Top-Sponsoren) sowie die inländischen Sponsoren der Olympischen Winterspiele von Vancouver 2010, der etwa 1 Mrd. US$[1] ausmachte, wovon der Anteil für das Organisationskomitee am Ende 60 % seines Budgets von 1,6 Mrd. US$ ausmachte (vgl. Ellis et al. 2011a). Für die Spiele von Rio de Janeiro 2016 hat das nationale Sponsorenprogramm mit zwei Verträgen bereits 648 Mio. US$ erwirtschaftet. Bis zum Beginn der Spiele soll ein Gesamtvolumen von 1,2 Mrd. US$ erlöst werden (vgl. Panja 2011). Bei der FIFA beliefen sich die Einnahmen aus dem Marketing für den Zeitraum von 2007 bis 2010 auf über 1 Mrd. US$ (vgl.

Aus dem Englischen übersetzt von Thomas Könecke

---

[1] Geldbeträge werden in US-Dollar angegeben bzw. wurden in diese Währung umgerechnet.

B. Séguin (✉)
Ottawa, Kanada
E-Mail: sportoekonomie@uni-mainz.de

H. Preuß et al. (Hrsg.), *Marken und Sport*,
DOI 10.1007/978-3-8349-3695-0_15, © Springer Fachmedien Wiesbaden 2014

FIFA 2011). Die Attraktivität dieser Sponsoringmaßnahmen und die damit verbundenen enormen Ausgaben haben dazu geführt, dass inzwischen sehr viele Unternehmen von den Vorteilen des Sponsorings profitieren möchten, ohne die dafür eigentlich aufzubringenden Zahlungen leisten zu wollen. Aus diesem Zusammenhang resultiert das Phänomen des „Ambush Marketing".

Sandler und Shani (1989) definieren Ambush Marketing als „a planned effort (campaign) by an organization to associate itself indirectly with an event in order to gain at least some of the recognition and benefits that are associated with being an official sponsor" (Sandler und Shani 1989, S. 9). Trotzdem diese Definition oft angeführt wird, gibt es weder im wissenschaftlichen Bereich noch in der Praxis eine generelle Übereinkunft hinsichtlich der genauen Abgrenzung des Begriffs (vgl. z. B. Meenaghan 1994; Crow und Hoek 2003; McKelvey und Grady 2008). Dies lässt sich mit den unterschiedlichen Ansichten der verschiedenen Parteien begründen. So beschreibt beispielsweise der ehemalige Marketing-Manager Jerry Welsh Ambush Marketing als „a marketing strategy with its programmatic outcomes, occupying the thematic space of a sponsoring competitor, and formulated to vie with that sponsoring competitor for marketing pre-eminence" (Welsh 2002, S. 1). Vor diesem Hintergrund betreiben Unternehmen, die erfolgreiche Ambush Marketing-Strategien entwickeln, intelligentes Marketing, da sie es schaffen, den durch das offizielle Sponsoring ihrer Konkurrenz zufallenden Wettbewerbsvorteil zu neutralisieren. Dies gelingt ihnen dadurch, dass sie den Konsumenten darüber im Unklaren lassen, wer wirklich offizieller Sponsor der Veranstaltung ist. Unternehmen, die als offizieller Sponsor viel Geld in die entsprechenden Rechte investiert haben, und die Rechteinhaber selbst, wie z. B. das Internationale Olympische Komitee (IOC) oder der Weltfußballverband FIFA, sehen dies natürlich ganz anders. Sie beschreiben Ambush Marketing tendenziell als unethisch und somit sehr negativ, wie die Definition des früheren IOC-Marketing-Direktors Michael Payne zeigt: „Ambushers are like thieves, knowingly stealing something that does not belong to them. A form of parasite, feeding off the goodwill and value of the organization, they are trying to deceive the public into believing they support. Like leeches, they suck the lifeblood and goodwill out of the institution" (Payne 1991, S. 24). Laut Hoek und Gendall (2002) liegt die Wahrheit irgendwo dazwischen. Aber ungeachtet der persönlichen Meinungen kann gelten, dass die finanziellen Interessen der Beteiligten so bedeutend sind, dass Veranstaltungsorganisatoren dafür Sorge tragen müssen, dass die Investitionen und die Exklusivität ihrer Sponsoring-Partner geschützt werden. Folglich ist das Bestreben danach, die eigene Marke und die Exklusivität der Sponsoren zu verteidigen, ein zentrales Bestreben von Organisationen wie dem IOC (vgl. Preuss et al. 2008; Séguin und O'Reilly 2008). Somit verbleibt letztendlich die Verantwortung dafür, die eigene Marke zu schützen, und zu gewährleisten, dass die Sponsoren einen entsprechenden Gegenwert für Ihr Engagement erhalten, beim Rechteinhaber.

In diesem Beitrag wird vor allem anhand der Olympischen Spiele als Fallbeispiel die Wichtigkeit des Schutzes vor Ambush Marketing im Rahmen von Sportgroßveranstaltungen aufgezeigt. Begonnen wird nachfolgend mit einem Überblick über die Marke

„Olympia" bzw. „Olympische Spiele" und das Konzept des Markenwertes. Danach wird das Wesen des Ambush Marketing untersucht und seine Bedrohung für den Markenwert herausgestellt. Der Beitrag schließt mit einer Betrachtung des Markenschutzes und der steigenden Bedeutung der Gesetzgebung im Kampf gegen Ambush Marketing als letzte Maßnahme zum Schutz von Sponsoren.

15.2 Die Marke „Olympia"

Das Symbol der fünf ineinandergreifende Ringe, welches von Pierre de Coubertin entworfen wurde, verkörpert eine Ideologie, auf der die Gründung des olympischen Systems basiert. Während die zugrundeliegenden Ideale seit 1894 als Kernelemente der Olympischen Bewegung kommuniziert werden, erfolgte der strategische Aufbau einer Marke erst in den 1990er Jahren. So führte das IOC zwischen 1993 und 1996 erfolgreich das TOP III-Programm durch und erwirtschaftete damit knapp 300 Mio. US$. Dennoch steigt die Angst von Sponsoren bezüglich möglicher Gefahren wie Skandale (Doping, Bestechung, Betrug), Ambush Marketing und der Gefahr von „Marketing-Verwässerungen" im Umfeld von Olympia. Letzteres gewann besonders bei den Spielen von Atlanta 1996 an Bedeutung, als das Umfeld der Spiele mit einem „Flohmarkt" verglichen wurde (vgl. Payne 2006). Nicht zuletzt durch die sich daraus ergebenden Gefahren erkannte das IOC, dass sich seine Aufgaben im Marketing nicht mehr nur auf die Einnahmenerzielung beschränkten, sondern diszipliniertes Markenmanagement gefordert war (vgl. IOC 1998). Die Entscheidung, die Olympischen Spiele als Marke zu betrachten, war für das IOC Neuland, für dessen Sponsoren (z. B. Coca-Cola, Mc Donald's) hingegen sehr gut nachvollziehbar. Es war also erkannt worden, dass eine Marke strategisch zu managen ist, um den Markenwert maximieren zu können (vgl. Aaker 1991).

Aber was genau ist die „olympische Marke"? Im Rahmen von Studien mit seinen wichtigsten Stakeholdern isolierte das IOC (2006) folgende drei essenzielle Grundpfeiler:

> The first of these is Striving for Success, which is founded upon the ideals inherent in sport – such as striving, excellence, determination, being the best. Attributes that define the Olympic Games as a global festival – such as global, participation, celebration, unity, festive – constitute the second pillar, Celebration of Community. The third pillar, Positive Human Values, is composed of the attributes that fulfil the understanding of, and aspiration to, universal ideals: optimism, respectful, inspirational. These three pillars support a powerful, emotive brand that transcends sport and resonates strongly with the people of the world.

Mit dem Ziel, das Wesen der Marke zu stärken, hat das IOC drei Kommunikationsplattformen entwickelt:

- Exzellenz: Durch Beispiele aus dem Spitzensport inspirieren uns die Olympischen Spiele, danach zu streben, im täglichen Leben stets das Beste zu geben und zu erreichen.

- Freundschaft: Die Olympischen Spiele zeigen, wie Menschlichkeit politische, religiö-se, ethnische oder ökonomische Vorurteile überwindet und trotz dieser Differenzen Freundschaften geschmiedet werden.
- Respekt: Die Olympischen Spiele belegen die elementare Bedeutung von „Respekt" als fundamentale Lehre für die Menschheit: Respekt vor sich selbst, vor anderen und vor den Regeln.

Diese Kommunikationsplattformen sind deshalb so wichtig, weil sie ausdrücken, was die Marke für die Konsumenten bedeutet. Sie unterscheiden die Marke „Olympia" bzw. „Olympische Spiele" außerdem von anderen Sportgroßveranstaltungen wie der Fußball-Weltmeisterschaft, den Weltmeisterschaften im Cricket, dem Rugby World Cup oder dem Super Bowl der amerikanischen Football-Liga NFL. Außerdem bietet die Marke aufgrund ihrer Geschichte (zusätzlich zum Sport) eine Möglichkeit, sich von anderen abzugrenzen. Mit 205 Nationalen Olympischen Komitees (NOKs), mehreren tausend olympischen Ath-leten und Milliarden Fernsehzuschauern sind die Olympischen Spiele wirklich ein globales Ereignis, das alle vier Jahre die gesamte Welt für drei Wochen vereint. Die Spiele sind der Gipfel sportlicher Leistung – ein Fest des Sport, der Kultur sowie der Menschheit und Menschlichkeit[2]. Somit erstaunt nicht, dass viele Gruppen und Organisationen mit der Marke assoziiert werden möchten. Allerdings hat das IOC dadurch, dass es seine Marke auf strategische Stakeholder (z. B. Sponsoren, Sendeanstalten, Sportverbänden, Athleten, Profiligen usw.) abgestimmt hat, ein System kreiert, in dem diese Stakeholder ein essen-tieller Teil der Marke sind. Diese tragen also durch „co-creation of value" aktiv zum Wert und zum Schutz der Marke bei.

15.3 Markenwert

Den Wert einer Marke auf- oder auszubauen setzt voraus, dass man die Natur der Marke und ihr Potential erkennt. Hierzu sind die Bereitschaft, Zeit und weitere Ressourcen zu investieren, ebenso erforderlich wie die Fähigkeit, sich an eine sich dynamisch verändern-de Umwelt anzupassen. Das ist deshalb notwendig, weil hohe Markentreue nur dadurch erreicht werden kann, dass mit den Konsumenten über einen langen Zeitraum starke und für diese relevante Beziehungen aufgebaut werden (vgl. de Chernatony et al. (2001). In den vergangenen 30 Jahren ist es dem IOC gelungen, mit vielen sehr wichtigen Stakehol-dern (NOKs, Sportverbänden, lokalen Organisationskomitees Olympischer Spiele, Spon-soren, Regierungen, Medienunternehmen usw.) belastbare und wertvolle Beziehungen zu etablieren. Diese sind inzwischen ein wertvoller Bestandteile der olympischen Marke. Allerdings gibt es auch Gefahren für die Marke „Olympia" (Doping, Skandale etc.), die, wenn falsch mit ihnen umgegangen wird, sehr negative Auswirkungen haben und den

---

[2] Im Original steht hier „humanity", was sowohl „Menschheit" als auch „Menschlichkeit" bedeutet und in diesem Zusammenhang beides umfassen soll.

Markenwert deutlich minimieren können (vgl. Aaker 1991). Die positiven und negativen Beiträge zum Markenwert unterscheiden sich kontextabhängig und machen das Management einer Marke, die in 205 Ländern auf der ganzen Welt präsent ist, zu einer besonderen Herausforderung. Laut dem Markenwert-Modell von Aaker (1991) sind Markentreue, Markenbekanntheit, wahrgenommene Qualität der Marke und Markenassoziationen Kernkomponenten beim Aufbau eines Markenwertes. Keller (2003) führt weiter aus, dass Manager darauf hinarbeiten sollten, eine einzigartige Markenassoziation zu schaffen, die zeigt, wofür die Marke wirklich steht, und ein implizites Versprechen für Kunden (oder andere Stakeholder) darstellt (vgl. Keller 2003, S. 763). Dies ist essentiell für die Schaffung einer Markenidentität, die wiederum dabei helfen soll, eine Beziehung zwischen Kunden (Stakeholder) und der Marke dadurch zu etablieren, dass sie verschiedene Vorteile schafft (funktionale bzw. emotionale Vorteile oder neue Möglichkeiten, sich selbst darzustellen). Keller ist weiterhin der Ansicht, dass Markenassoziationen stark, positiv und einzigartig sein müssen, um einen hohen Markenwert erreichen zu können (vgl. Keller 2003).

Wird das Markenwert-Modell von Aaker zugrunde gelegt, kommt man offensichtlich zu dem Ergebnis, dass die olympische Marke sehr stark ist. Die Markenbekanntheit etwa ist sehr hoch, was im Wesentlichen auf die Milliarden von Zuschauern zurückzuführen ist, die den olympischen Fernsehübertragungen folgen. Außerdem zeigt die entsprechende Marktforschung immer wieder, dass bei Anhängern des olympischen Sports positive Assoziationen mit der Marke geweckt werden. Ganz konkret werden die Begriffe Exzellenz, Friede, Einheit bzw. Einigkeit[3], Feier und Stolz (vgl. IOC 2006) am häufigsten in Zusammenhang mit der Olympischen Spielen genannt. Diese Assoziationen sind gut mit den oben beschriebenen essenziellen Grundpfeilern der Marke und somit mit den Olympischen Werten vereinbar, was unbedingt notwendig ist, um Markenkonsistenz zu erreichen.

Die Olympischen Spiele bringen alle vier Jahre die „besten" Athleten der Welt zusammen. Genaugenommen wird dieser Wettkampf als Höhepunkt einer Sportlerkarriere gesehen und es gibt in vielen Sportarten keine bedeutendere Leistung als den Gewinn einer olympischen Goldmedaille. Die Marke wird außerdem mit vielen weltbekannten Unternehmen verbunden (TOP Sponsoren) und viele Sponsoren sind dem IOC aktuell noch mindestens zwei weitere Vierjahresperioden vertraglich verbunden (d. h., dass viele sich bereits bis 2020 gebunden haben). Sendeanstalten investieren viele Millionen in die Senderechte Olympischer Spiele und in deren Produktion. Diese Beispiele zeigen, dass die wahrgenommene Qualität und die Markentreue bezogen auf die olympische Marke extrem hoch sind. Weitere wertvolle Symbole und Rechte, die eng mit der Marke verbunden sind, umfassen das Olympische Feuer, den Staffellauf mit der Olympischen Fackel und den Olympischen Eid. Diese tragen ebenfalls zum Markenwert bei, da sie sehr bekannt sind und teilweise (z. B. im Falle des Staffellaufs mit der Olympischen Fackel) dafür sorgen, dass die Marke für Konsumenten erlebbar wird und diese mit der Marke in Kontakt kommen können.

---

[3] Im Original „unity".

Diese Kraft der olympischen Marke ist das Ergebnis der umsichtigen Markenführung und des Markenmanagements des IOC in den letzten Jahren. Durch strategische Marken-allianzen (z. B. mit Sponsoren, Sendeanstalten, lokalen Organisationskomitees, Regierun-gen von Ländern, in denen die Spiele stattfinden, Athleten) ist es gelungen, ein System der „co-creation of value" zu schaffen. Dieses trägt scheinbar dazu bei, sowohl die olympische Marke als auch die Marken der Stakeholder aufzuwerten (vgl. Ferrand et al. 2012). Dies gilt ganz sicher für die TOP Partner (weltweit agierende Unternehmen), deren Sponsoring als eine Art der Markenallianz[4] angesehen werden kann. Diese nehmen die olympische Marke in ihre Aktivierungsprogramme auf, wodurch sie von Marketingprogrammen im Gegen-wert von vielen Milliarden Dollar und weiteren Vorteilen (Markenbekanntheit, weltweite Präsenz, Wettbewerbsvorteile usw.) profitieren, die ebenfalls den Markenwert nachhaltig steigern. Weiterhin wird durch die ideellen Werte der Olympischen Marke (Exzellenz, Freundschaft, Respekt) derjenige Zusatznutzen (bezogen auf den Sport oder andere Be-reiche) generiert, den Sponsoren von einem solchen Recht erhoffen. Außerdem ist es für multinational operierende Unternehmen sehr attraktiv, dass die Olympischen Spiele so-wohl einen internationalen als auch einen lokalen Charakter haben. Die Verbindung zu den 205 NOCs ist somit für die TOP Partner eröffnet eine sehr attraktive Möglichkeit weil das Sponsorship dadurch auf nationaler Ebene aktiviert werden kann. Anders formuliert kann man sagen, dass die Olympischen Spiele, obwohl sie ein globales Eigentum darstel-len, doch von ihren Sponsoren auf lokaler (nationaler) Ebene aktiviert werden können. Dies wird durch die vielfältigen Assoziationen mit der olympischen Marke und durch den Wert ermöglicht, den ihr Konsumenten in allen Teilen der Welt beimessen. Die Konsu-menten verstehen, was die Olympischen Spiele bedeuten, und sind der Ansicht, dass diese für sie wichtig sind. Zusammengefasst erhalten Sponsoren eine einzigartige Gelegenheit, Konsumenten unabhängig von Sprache, Kultur oder Geschlecht auf einer sehr emotiona-len Ebene in unterschiedlichsten Kontexten anzusprechen (vgl. Ferrand et al. 2012).

Im Laufe der Jahre hat die olympische Marke weltweit mit einer Vielzahl anderer Mar-ken Allianzen geschlossen. Diese umfassen z. B. NOKs (205 an der Zahl), lokale Organisa-tionskomitees (jeweils immer 4 gleichzeitig, da immer 4 Olympische Spiele in Vorbereitung sind) und deren jeweilige Sponsoren, multinational operierende Unternehmen (zurzeit 11 TOP-Partner), Organisationskomitees von Youth Olympic Games (2), Regierungen von Gastgeberländern, Sponsoren der NOKs, Olympioniken, die World Anti-Doping Agency (WADA) und viele andere. Obwohl diese Markenallianzen die olympische Marke aufwer-ten, ist eine Markenführungsstrategie unbedingt erforderlich, die die Führung der Marke und ihrer vielen Bestandteile zum Inhalt hat. Andernfalls könnten „Verwässerung"[5] und Ambush Marketing ernsthafte Bedrohungen darstellen. „Verwässerung" bezieht sich hier

---

[4] Markenallianzen bezeichnet in diesem Beitrag alle Arten von Marketingaktivitäten, in denen zwei unterschiedliche Marken derart zusammen auftreten, dass es für Konsumenten sowohl wahrnehm-bar als auch von Bedeutung ist.

[5] Im Original „clutter". Übersetzt kann man auch von „Störfeuer" sprechen.

auf die konkurrierenden Werbebotschaften, die sich an Fans, Zuschauer und potentielle Konsumenten richten (vgl. O'Reilly und Séguin 2009).

In engem Zusammenhang mit der „Verwässerung" steht das Ambush Marketing, welches als der Versuch einer Organisation beschrieben werden kann, die nicht offizieller Sponsor des IOC ist, aber Werbemaßnahmen um die Olympischen Ideale aufbaut, wodurch die offiziellen Sponsoren und/oder die olympische Marke aus dem „Hinterhalt" (Ambush) überfallen werden. Hierdurch werden Organisationen in die Lage versetzt, „to navigate the cluttered marketplace through association with the Olympic brand, which threatens to dilute its promotional effectiveness and decrease its value" (Séguin und O'Reilly 2008, S. 66). Aufgrund der fundamentalen Bedrohung, die von Ambush Marketing und den „Verwässerungen" ausgehen, hat das IOC erkannt, dass seine Aufgabe weit über die Umsatzgenerierung hinausgeht und „disciplined brand management of the world's most powerful brand" (IOC 1989, S. 7) erforderlich ist. Ein wesentlicher Aspekt dieses Markenmanagements ist es, die Marke vor einer Vielzahl potentieller Bedrohungen zu beschützen.

15.4   Markenschutz

Dass das IOC heute Markenschutz betreibt, der weit über den Schutz olympischer Zeichen und Embleme hinausgeht, ist das Ergebnis eines aktiven Markenmanagements. Für das IOC ist es inzwischen von äußerster Bedeutung, die olympische Marke und ihren hohen Wert zu schützen und zu kontrollieren. Konkret geht es darum, sowohl die tangiblen (Worte, Symbole, das Olympische Motto usw.) als auch die intangiblen Werte (Image, Werte, Reputation usw.) der Marke zu schützen. Bezüglich der tangiblen Werte ist dieser Schutz offensichtlich durch entsprechende Gesetze und vielfältige Anforderungen an die gastgebenden, sowie die Städte zu gewährleisten, die sich um die Ausrichtung Olympischer Spiele bewerben. Der Schutz intangibler Aspekte einer Marke ist hingegen wesentlich schwieriger. Hierfür müssen Organisationen wie das IOC nicht nur ihre eigenen Mitglieder/Mitarbeiter (inklusive der vielen Freiwilligen) im Auge behalten, sondern auch all diejenigen, die sonst noch mit der Olympischen Bewegung in Verbindung stehen (Athleten, Offizielle, NOKs, lokale Organisationskomitees, Sponsoren usw.), da diese ebenfalls das Image und den Wert der Marke negativ beeinflussen können.

Hierfür ist die Bewerbung von Salt Lake City ein gutes Beispiel. Nachdem mehrere IOC-Mitglieder wegen Bestechung im Umfeld der Wahl von Salt Lake City zur Ausrichterstadt verurteilt worden waren, sahen sich das IOC und seine Mitglieder mit einer nie dagewesenen negativen Berichterstattung konfrontiert. Einige Sponsoren äußerten daraufhin (teils öffentlich und teils hinter verschlossenen Türen) ihre Bedenken bezüglich der Auswirkungen, die dieser Skandal auf die Marke haben würde, und drohten damit, ihre Unterstützung zu beenden. So baute etwa John Hancock durch die öffentliche Verkündung, sein viele Millionen Dollar umfassendes Sponsoring zu beenden, großen Druck auf das IOC auf, umgehend fundamentale Reformen einzuleiten. Im Jahr 2000 wurde das Olympiasponsoring des Unternehmens fortgesetzt, nachdem dessen Vorstandsvorsitzender dem IOC gratuliert hatte, auf seine Forderungen entsprechend reagiert zu haben (vgl. Cole 2005). Dieses Ereignis war eines der ersten und der deutlichste Hinweis für die IOC-Mitglieder, dass ihr Handeln sich direkt auf den Wert der olympischen Marke und somit auf die kommerzielle Verwertbarkeit der Olympischen Bewegung auswirkt. Anders ausgedrückt wurde dem IOC derart durch die Reaktion der Öffentlichkeit, der Medien und vor allem der Sponsoren deutlich gemacht, dass ein elementarer Teil des Markenschutzes die Steuerung des eigenen Verhaltens und Images ist.

Andere Bedrohungen wie z. B. Doping oder anderer Wettbewerbsbetrug sind vermutlich die größte Herausforderung für das IOC, da sie die Marke in ihrem Kern treffen. Trotzdem diese Bedrohungen für die Olympische Bewegung nicht neu sind, stellt der Umgang mit ihnen im Sinne eines Markenmanagements eine Neuheit dar. Die Gründung der World Anti-Doping Agency (WADA) im Jahr 1999 erfolgte etwa als direkte Reaktion auf die Bedrohung, die vom Doping für die sportliche Legitimität der Olympischen Bewegung ausging. Sie war aber außerdem ein großer Schritt für den Schutz der Marke. Die Youth Olympic Games wurden zu einer Zeit geschaffen, als das Interesse junger Menschen an den Olympischen Spielen sehr stark nachgelassen hatte, wodurch die Gefahr bestand, eine ganze Generation olympischer Fans zu verlieren (vgl. Séguin und O'Reilly 2008). Die exzessive Kommerzialisierung stellt ebenfalls eine Bedrohung dar, wie sich in Atlanta 1996 zeigte, als „the streets of Atlanta turned into a peddler's bazaar, rife with over commercialization" (Hula 2011). Obwohl die Kommerzialisierung im professionellen Sport und bei sportlichen Großveranstaltungen im Allgemeinen akzeptiert ist, sind die Olympischen Spiele in diesem Zusammenhang vor dem Hintergrund ihrer ideologischen Prinzipien eine Besonderheit. Bezogen auf die Marke ist es von entscheidender Wichtigkeit, dass diese ihre „Authentizität" behält und nicht durch das Einbeziehen kommerzieller Partner getrübt wird. Dieser Punkt hängt stark mit den weiter oben beschriebenen „Verwässerungen" zusammen. Es kann also festgehalten werden, dass der Schutz des kommerziellen Wertes der olympischen Marke sehr eng mit dem Ausmaß der mit ihr in Verbindung gebrachten Kommerzialisierung zusammenhängt. Mit den Jahren hat das IOC aus Erfahrungen wie denjenigen mit Atlanta gelernt und schreibt jetzt vor, dass sämtliche Marketingrechte in einem Gastgeberland vom jeweiligen lokalen Organisationskomitee (OCOG) kontrolliert werden müssen. Außerdem müssen die Gastgeberstädte dem IOC schriftlich zusichern, dass in einem Zeitraum von zwei Wochen vor der Eröffnungsfeier bis zur Abschlussfeier der Spiele Straßenverkäufe verboten sind und sämtliche Werbeflächen im Freien (z. B. Plakatwände), auf öffentlichen Nahverkehrsmitteln (z. B. Bussen, Straßenbahnen, U-Bahnen usw.) sowie an Flughäfen (drinnen wie draußen), die für die Olympischen Spiele genutzt werden, vom OCOG kontrolliert werden (vgl. IOC 2008, S: 127). Diese Werbeflächen werden dann in den „Look of the Games" integriert, der als ein visuelles Kernelement der Olympischen Spiele dazu dient, den Olympischen Geist sowie Kunst und Kultur des Gastgeberlandes zu vermitteln. Es geht beim „Look of the Games" nicht nur darum, ein echtes „Olympisches Gefühl" aufkommen zu lassen, sondern auch, das Image der Marke und deren kommerziellen Wert zu schützen. Die gleiche Strategie zum Schutz ihrer Marken verfolgen auch andere Rechteinhaber, wie beispielsweise die der Fußball Weltmeisterschaft, Commonwealth Games, der UEFA EURO.

Eine weitere damit zusammenhängende Art des Markenschutzes bezieht sich auf das Ambush Marketing, das im folgenden Abschnitt genauer betrachtet werden soll.

15.5 Ambush Marketing

Das Thema „Ambush Marketing" tauchte erstmals im Rahmen der Olympischen Spiele 1984 in Los Angeles in den Medien auf, als Kodak den offiziellen Sponsor Fuji durch eine gezielte Kampagne angriff. Dies war eine direkte Reaktion auf das neue Sponsorenprogramm des OCOGs, das internationalen Großunternehmen erstmals Exklusivität in einer bestimmten Produktkategorie einräumte. Im Vorfeld war dem OCOG und dem IOC deutlich gemacht worden, dass große Konzerne bereit wären, sehr viel Geld für eine derartige Exklusivität zu zahlen. Entsprechend herausragend war der mit dem Verkauf der Sponsoringrechte erzielte Umsatz von 100 Mio. $ (vgl. Brichford 2002). Kurze Zeit später startete das IOC sein TOP-Programm, welches einer ausgewählten Anzahl multinationaler Unternehmen weltweite Exklusivität garantiert. Trotzdem „Exklusivität" eine gewisse Kontrolle des „olympischen Umfelds" impliziert, in dem die Sponsoren werben, war diese nicht vorgesehen. Dies öffnete dem Ambush Marketing Tür und Tor. So suchten sich die Unternehmen, die aufgrund der Exklusivität nicht Sponsor werden konnten, andere Wege, um mit den Spielen in Verbindung gebracht zu werden. Beispielsweise entschied sich Kodak 1984 dazu, die TV-Olympiaübertragungen von ABC zu unterstützen und wurde Sponsor des „offiziellen Olympiafilms" der US-amerikanischen Leichtathletik-Mannschaft (vgl. Hoek und Crow 2003). Diese Aktivität mag belegen, dass Kodak es als Fehler angesehen hat, die Spiele von Los Angeles 1984 nicht zu sponsern.[6] Weil das Unternehmen umfangreiche Werbeblöcke während der Olympiaübertragungen kaufte, dachten viele Zuschauer fälschlicherweise, dass Kodak offizieller Sponsor war. Kurz darauf wurden solche Werbemaßnahmen erstmals als „Ambush Marketing" oder „parasitäres Marketing" bezeichnet. Während der Begriff eine negative Konnotation hat, erweist sich eine genaue Definition als schwierig, da Ambush Marketing lediglich durch die Kreativität derjenigen, die sie ersinnen, Grenzen gesetzt ist. In der Literatur (vgl. Meenaghan 1994, 1998; Crompton 2004) finden sich als gebräuchliche Formen von Ambush Marketing das

* Mediensponsoring (z. B. Kodak bei ABC im Rahmen der Olympischen Spiele 1984);
* Werbung, die in einem unmittelbaren Zusammenhang mit den Spielen steht (z. B. Werbeplakate in der gastgebenden Stadt, an wichtigen Einfallsstraßen, Verlosungen, Gewinnspiele, bezahlte Medienberichterstattung);

---

[6] Kurz nach den Spielen in Los Angeles 1984 erwarb Kodak weltweite Rechte im TOP I Marketing Programm.

- das Sponsoring von Unterkategorien (z. B. Athleten, Nationalmannschaften, nationale Sportverbände) sowie
- themenbezogene Werbung zur Erweckung impliziter Assoziationen.

Die letzten Kategorien hängen eng mit Strategien zusammen, die sich direkt auf das Event beziehen. Gemeint sind aber solche Anwendungsformen, in denen ein Wettbewerber Bildmaterial aus dem Sport und/oder dem Land (d. h. z. B. aus Neuseeland bezogen auf den Rugby World Cup 2011) und/oder spezifische Begriffe nutzt, ohne jedoch durch Schutzrechte geschützte Symbole oder Begriffe zu verwenden.

Während die ersten Fälle von Ambush Marketing lediglich die Gelegenheit nutzten und unberechenbar erfolgten (weshalb auch der Begriff „ambush" (Hinterhalt) gewählt wurde), wurde diese Art des Marketings im Laufe der Zeit zunehmend kreativer und zielgruppenspezifischer eingesetzt. So verstanden es Unternehmen immer besser, Assoziationen zu nutzen, um mit den Spielen in Verbindung gebracht zu werden, ohne die geschützten Embleme und Bezeichnungen zu verletzen. Dadurch wurde es für das IOC und die lokalen OCOGs immer schwerer, dies zu unterbinden. In Vancouver 2010 nutzte Esso (Imperial Oil) seine langjährige Verbindung mit der kanadischen Eishockeymannschaft, um durch kreative und effektive themenbezogene Maßnahmen – „Cheers for Canada" – Aufmerksamkeit auf sich zu ziehen (vgl. O'Reilly und Seguin 2009). Diese Kampagne umfasste in der Zeit um die Olympischen Spiele in Vancouver 2010 wohlplatzierte Werbebotschaften an Zapfsäulen in ganz Kanada, die einschlägige Bilder und das wohlbekannte Symbol der Eishockeymannschaft beinhalteten. Esso vermied es allerdings tunlichst, die Worte „Olympia" und „Olympische Spiele" und/oder olympische bzw. andere mit den Spielen 2010 in direkter Verbindung stehende Symbole zu verwenden. Diese Maßnahme nutzte die Leidenschaft und starke emotionale Verbindung der Kanadier zu ihrer Eishockeymannschaft und indirekt auch die Olympischen Winterspiele in Kanada. Auch wenn hierbei keine direkte Verbindung kommuniziert wurde, nutzen Unternehmen diese Strategie um, wie auch die offiziellen Sponsoren, in der Vorstellung der Konsumenten mit den Olympischen Spielen assoziiert zu werden.

Die den Sponsoren garantierte Exklusivität für bestimmte Produktkategorien eröffnet weitere Möglichkeiten zum Ambush Marketing, da viele globale Unternehmen heute eine breite Produktpalette anbieten. Wenn beispielsweise ein Sponsor, der die Rechte für eine bestimmte Produktkategorie erworben hat, ebenfalls Produkte einer anderen geschützten Kategorie anbietet, deren Rechte aber ein anderer Sponsor hat, ist es schwer, ein solches Sponsorenportfolio zu managen. Die Sportorganisation hat dann dafür Sorge zu tragen, dass es nicht zu Kategorieüberschreitungen kommt. Auch die Notwendigkeit, die Besonderheiten der jeweiligen regionalen Märkte zu verstehen, verkompliziert die Kontrolle von Ambush Marketing. Lokale Gesetze, Erwartungen, Glaubenssysteme und im Geschäftsleben übliche Gepflogenheiten haben direkte Auswirkungen darauf, wie Ambush Marketing ausgeführt oder bekämpft werden kann bzw. aufgefasst wird. Die Fähigkeit des IOC und der OCOGs, diese Spezifika zu verstehen, ist heutzutage ein wesentlicher Bestandteil der Entwicklung von Anti-Ambush-Programmen.

Die stark gestiegene Anzahl an Vorfällen und an betroffenen Sportveranstaltungen zeigt, dass Ambush Marketing inzwischen für viele Unternehmen eine strategische Alternative zum regulären Sponsoring geworden ist. Folglich hat sich der Umgang mit Ambush Marketing zu einer sehr komplexen Aufgabe für Sportorganisationen entwickelt, für die der Kampf ein elementarer Teil einer umfassenden Markenschutz-Strategie ist und auch das Ziel verfolgt, den Markenwert zu erhalten oder zu mehren.

15.6   Der Umgang mit Ambush Marketing

In der Literatur finden sich viele Strategien zum Schutz von Sponsoren vor Ambush Marketing. Die erste bezieht sich auf den Schutz vor den im Umfeld von sportlichen Sportgroßveranstaltungen auftretenden „Verwässerungen". Allerdings schützen entsprechende Abwehrmaßnahmen nicht nur die Sponsoren, sondern sie treffen auch andere Stakeholder, die mit den Olympischen Spielen in enger Verbindung stehen (Sendeanstalten, Regierungen, Sponsoren des lokalen Organisationskomitees usw.). Dies ist deswegen problematisch für Organisationen wie das IOC, da der Zusammenhang dieser Art von „Verwässerung" durch konkurrierende Werbebotschaften im Umfeld einer Veranstaltung mit der fehlerhaften Zuordnung von Sponsoren durch Konsumenten in der einschlägigen Literatur bestens dokumentiert ist (vgl. Stotlar 1993; Shani und Sandler 1998; Séguin et al. 2005; Séguin und O'Reilly 2008). Dass diese Art von Distraktionen im Umfeld der Olympischen Bewegung gehäuft auftreten, hängt damit zusammen, dass auf allen Ebenen (international, national, auf Länder-, regionaler und lokaler Ebene) die Einnahmen maximiert werden sollen, eine umfassende Kontrolle im System aber fehlt (vgl. Séguin und O'Reilly 2008). Das ist für Sponsoren (insbesondere TOP-Sponsoren und Hauptsponsoren der lokalen Organisationskomitees) ein sehr ernstzunehmendes Problem, da hierdurch die Differenzierungsmöglichkeiten durch eine offizielle Sponsorenschaft verringert werden. Kommt nun noch Ambush Marketing hinzu, wird es für offizielle Sponsoren noch schwerer, sich von der Konkurrenz abzugrenzen. Zusammenfassend bleibt die Kontrolle der „Verwässerung" ein für alle Ebenen der Olympischen Bewegung (IOC, OCOGs, NOKs, Sponsoren) zentrales Element und die notwendigen Rollen und Verantwortungen sollten eindeutig verteilt werden (vgl. Séguin und O'Reilly 2008).

Als weitere Strategie spielen Public Relations (PR) und/oder Medienbeziehungen eine bedeutende Rolle beim Markenmanagement und der Reduzierung des Ambush Marketing. Insbesondere PR hat hierbei zwei Funktionen. Erstens kann diese dazu genutzt werden, Konsumenten über die Sponsoren zu informieren und somit in die Lage zu versetzen, Ambush Marketing zu erkennen, wenn es ihnen begegnet (vgl. Townley et. al. 1998; Crow und Hoek 2003; Séguin und O'Reilly 2008). Zweitens bietet sie den Rechteinhabern die Möglichkeit, auf Ambush Marketing-Kampagnen bestimmter Unternehmen hinzuweisen. Damit geht die Hoffnung einher, die denjenigen Unternehmen, die Ambush Marketing betreibenden, durch diese Kampagnen entstandenen Vorteile durch negative Berichterstattung zu konterkarieren (vgl. Meenaghan 1996). Diese Strategie verfolgte das lokale Organisationskomitee der Spiele von Vancouver (VANOC) bei verschiedensten Gelegenheiten vor den Olympischen Winterspielen in Kananda 2010 (vgl. Ellis et al. 2011b). Bezogen auf das oben genannte Esso-Beispiel hielt das VANOC verschiedene bedeutende Akteure (z. B. Goldmedaillengewinner, Medienpartner, die Regierung) an, diese Werbekampagne zu verurteilen (vgl. O'Reilly und Séguin 2009). Konkret wurde eine Pressekonferenz in einem Hotel in der Nähe des Hauptsitzes der Esso-Muttergesellschaft Imperial Oil organisiert, die dazu genutzt wurde, diese Werbemaßnahmen als unethisch bzw. unfair darzustellen und mit dem Betrug durch Athleten bei den Wettkämpfen gleichzusetzen. Derjenige Sportler, der für die Athleten auftrat (ein sehr profilierter Goldmedaillengewinner), bezichtigte das Unternehmen des „Diebstahls", da es die zukünftige Unterstützung von Sportler gefährden würde. Der Vorstandsvorsitzende des VANOC ergänzte: „How can we credibly appeal to Canadian companies to support our games and our athletes if their competitors can accidentally or deliberately undermine those investments?" (Blaikie 2006). Um auch Steuerzahler anzusprechen betonte er, dass eine durch eventuell ausbleibende Sponsorengelder entstehende finanzielle Unterdeckung im Rahmen der Spiele durch die kanadische Regierung getragen werden müsse. – Die PR-Kampagne traf das Unternehmen sehr hart und Esso beendete die Kampagne und unternahm auch keine weiteren nennenswerten Ambush Marketing-Aktionen vor oder während der Spiele in Vancouver.

Als dritte Strategie wird in der Literatur häufig die Notwendigkeit für Sponsoren genannt, strategische Aktivierungs- bzw. Verstärkungsprogramme zu entwickeln. Durch letztere entstehen zwar zusätzliche Kosten, allerdings wird so sichergestellt, dass die vielfältigen intangiblen auf die Olympischen Spiele bezogenen Assoziationen nutzen. Außerdem wird so in den Köpfen der Konsumenten eine stärkere Verbindung vom Sponsor zum gesponserten Ereignis hergestellt, sodass es Ambush Marketern deutlich erschwert wird, hier Unklarheit zu stiften, wer der wirkliche Sponsor ist (vgl. Meenaghan 1996; Crow und Hoek 2003; Farrelly et. al. 2005; Séguin und O'Reilly 2008).

Das Management und die Kontrolle der Senderechte sind eine weitere Möglichkeit, dem Ambush Marketing zu begegnen (vgl. Meenaghan 1996; Townley et al. 1998; Crow und Hoek 2003; Séguin und O'Reilly 2008). Idealerweise sollten die Sponsorenpakete direkt Senderechte enthalten, die nur den Sponsoren Werbezeiten garantieren. Dadurch würden aber einerseits die Sponsorenrechte teurer und andererseits weitere Einnahmemöglichkeiten für die Sportorganisationen reduziert werden. Ein sinnvoller Kompromiss scheint daher die Praxis, den Sponsoren ein Vorkaufsrecht auf die Werbemöglichkeiten in den unterschiedlichen Mediengattungen (Fernsehen, Radio, Internet etc.) einzuräumen (vgl. Séguin und O'Reilly 2008).

Zusätzlich zu den bereits genannten Strategien erscheinen zwei weitere Optionen, dem Ambush Marketing durch Markenmanagement entgegenzutreten, erwähnenswert. Zum einen sollten die vielen Nationalen Olympischen Komitees (NOKs) einschlägige Marketingexpertisen aufbauen. Dadurch könnten die Einheitlichkeit und Schlüssigkeit der weltweiten olympischen Marke gesichert und besser geschützt werden (vgl. Séguin und O'Reilly 2008). Zweitens sollte ein gut wahrnehmbares Programm aufgelegt werden, im Rahmen dessen offizielle Sponsoren als solche gewürdigt werden. Würde ein derartiges Programm gut durchgeführt und sinnvoll mit anderen Aktivitäten (z. B. Sponsorenaktivierung, PR) abgestimmt, würde sichergestellt werden, dass die Öffentlichkeit den Beitrag der offiziellen Sponsoren zur Olympischen Bewegung besser versteht und besser zwischen diesen und Ambushern unterscheiden kann. Es ist relativ offensichtlich, dass diejenigen Stakeholder, die am meisten von dieser Art des Marken- und Sponsorenschutzes profitieren, auch diejenigen sind, die individuell und kollektiv dafür Sorge tragen können (und sollten), dass dieser auch durch solides Geschäftsgebaren gewährleistet wird.

Die oben genannten Strategien können zwar durchgehend als reaktive Ansätze des Markenschutzes gegen Ambush Marketing betrachtet werden, sind aber trotzdem essentielle Bestandteile eines umfassenden Markenmanagements. Die Notwendigkeit, dem Ambush Marketing schnell und manchmal auch aggressiv zu begegnen, ist und bleibt eine zentrale Aufgabe für alle, die am Markenschutz beteiligt sind. Allerdings gibt es inzwischen auch proaktive Ansätze, die dem IOC und den OCOGs bessere Möglichkeiten geben, mit diesem Thema umzugehen. Diese werden nachfolgend detaillierter vorgestellt.

15.7 Proaktive Ansätze des Markenmanagements zum Schutz vor Ambush Marketing

Wie bereits angesprochen, gilt es heute als gesichert, dass der Schutz vor Ambush Marketing Teil eines umfassenden Markenmanagements mit entsprechenden Markenschutzprogrammen als wesentlichem Bestandteil sein muss. Obwohl die Verantwortung dafür, eine Marke gegen Ambush Marketing zu verteidigen, letztendlich beim Rechteinhaber verbleibt (vgl. Farrelly et al. 2005), verweisen neuere Ansätze des Markenmanagements darauf, dass auch andere Stakeholder eine wesentliche Rolle dabei spielen. Wenn, wie bereits nahegelegt wurde, die Verbindung der olympischen Marke mit ihren verschiedenen Stakeholder zu einer „co-creation of value" führt (vgl. Ferrand et al. 2012), dann sollten diese auch alle von einer olympischen Marke profitieren, die gut vor möglichen Bedrohungen geschützt wird. Folglich sollten die unterschiedlichen Akteure ihre Reaktionen auf die Bedrohung durch Ambush Marketing abstimmen, da die erste Maßnahme, wie schon erwähnt, in entsprechender PR besteht.

Ähnlich der PR bieten sog. „educational progams" (Informations- bzw. Aufklärungsprogramme), die seitens der Olympischen Bewegung für spezifische Zielgruppen angeboten werden, eine weitere Möglichkeit, dem Ambush Marketing zu begegnen. Das Angebot von Anti-Ambush-Marketing-Lehrprogrammen durch OCOGs geht in diese Richtung. Im Vorfeld der Winterspiele von Vancouver 2010 betrachtete das VANOC beispielsweise diese „educational programs" als beste Möglichkeit, Ambush Marketing zu bekämpfen bzw. zu verhindern, obwohl es sich auch der Anti-Ambush-Gesetze bedienen konnte. Alle denkbaren Stakeholder, Sponsoren, potentielle Ambusher und Konsumenten, wurden mit entsprechenden Informationen versorgt, die die Rechteabteilung des VANOC erarbeitet hatte. So versuchte man in enger Zusammenarbeit mit seinen Sponsoren sicherzustellen, dass diesen genau klar war, welche Rechte sie gekauft hatten, wie sie diese am besten nutzen konnten, welche Möglichkeiten man hatte, die Rechte zu schützen, aber auch, welche Herausforderungen zu erwarten waren. Die Aufgabe, andere Stakeholder (Konsumenten, potentielle Ambusher, Sportorganisationen, Sportler, Mitarbeiter, Volunteers usw.)

entsprechend aufzuklären, war äußerst komplex. VANOC entwickelte dazu eine breite Kommunikationsstrategie, die u. a. eine Broschüre, Briefkampagnen, Vorträge auf Konferenzen, Einzelgespräche mit Wirtschafts- und Sportfunktionären und eine Webseite umfasste, die genau darlegte, was seitens des OCOGs als Ambush Marketing eingestuft werden würde. Anhand hypothetischer Szenarien wurde ein genauer Rahmen dafür vorgegeben, wie VANOC Ambush Marketing bewerten würde. Alle Stakeholder wurden dazu aufgerufen, mögliche Überschreitungen der Sponsorrechte über ein Internetformular und/oder eine kostenfreie Hotline zu melden. Das Programm sollte nicht nur die negativen Effekte des Ambush Marketing aufzeigen, sondern auch deutlich machen, dass derartiges Marketing nicht toleriert werden würde. Die an potentielle Ambusher gerichteten Programme dienten dazu, einerseits die einschlägigen Rechte von VANOC zu zeigen, aber auch die bei Verstößen vorgesehene Reaktion zu verdeutlichen.

Die „educational programs" können auch darüber aufklären, wie eine Verbindung mit der Marke hergestellt werden kann, ohne dass die Rechte des OCOGs verletzt werden. Mit anderen Worten muss es den OCOGs durch diese Programme gelingen, deutlich zu machen, wer welche Geschichte erzählen darf. Dies ist aus der Marketing- bzw. Kommunikationsperspektive essentiell, da die Olympischen Spiele das Potential haben, Konsumenten zu beeinflussen, was ihren hohen Wert für das Marketing ausmacht. Aus rechtlicher Sicht sind Geschichten, die mit einer Marke oder einer Veranstaltung assoziiert werden, geistiges Eigentum. Der strategische Einsatz von Geschichten (geistigem Eigentum) kann zu einer starken emotionalen Bindung der Zielgruppen führen und somit großen Wert für eine Marke schaffen. Diesen Wert versuchen Rechteinhaber wie das IOC zu steigern und zu verteidigen.

Die Olympischen Spiele und das Recht, mit ihnen in Verbindung gebracht zu werden, ist ein komplexes Thema (vgl. Scassa 2011). So wird die kommerzielle Nutzung olympischer Geschichten, ohne dafür bezahlt zu haben, von denen, die dadurch Schaden erleiden (z. B. offizielle Sponsoren) als „Ambush Marketing" bezeichnet, wohingegen die Nutznießer es „cleveres Marketing" nennen. Schwierig wird das Ganze, wenn Stakeholder der Olympischen Spiele, die aber keine Sponsoren sind (z. B. NOKs, internationale Sportverbände, Athleten, Regierungen, Trainer, Ausrüster, Fernsehsender, andere Medien) das Recht auf diese olympischen Geschichten beanspruchen. Aufgrund der möglichen hohen Aufmerksamkeit, die mit solchen Geschichten erzielt werden kann, entsteht ein hoher Druck für diese Akteure, diese zum eigenen Vorteil (z. B. ihrer eigenen Sponsoren) zu nutzen. Dies erhöht die oben beschriebene „Verwässerung". Daher ist es letztlich entscheidend, zu klären, wer welche Geschichte kommerziell nutzen darf. Dies ist zwar eine gewaltige Aufgabe für ein OCOG, ist aber aus Sicht des Markenschutzes unerlässlich. Daher muss eine umfassende Strategie entwickelt werden, die u. a. die Unterrichtung sämtlicher Stakeholder beinhaltet. Außerdem müssen klare Richtlinien entwickelt und kommuniziert werden, die Markenrechtsverletzungen erläutern.

Schließlich sollten Organisationen wie das IOC, die FIFA oder die UEFA Informationsprogramme für Behörden und Regierungen entwerfen, in denen relevantes Wissen zu Marketing, dem Markenmanagement und den Erwartungen zum Schutze vor Ambush Marketing thematisiert werden. Große Sportorganisationen erwarten inzwischen von den

Regierungen der Gastgeberländer ihrer Events, dass spezielle Gesetze zum Schutz ihrer Sponsoren vor Ambush Marketing erlassen werden. Den Ausrichtern der bedeutendsten Sportveranstaltungen der Welt (z. B. Olympische Spiele, Fußball-Weltmeisterschaft, ICC Cricket World Cup) wird die Verabschiedung solcher Schutzgesetze inzwischen sogar zwingend vorgeschrieben. Beispiele hierfür sind das deutsche Olympiaschutzgesetz (siehe Pohlmann in diesem Buch), der Melbourne 2006 Commonwealth Games Protection Act 2005, der London Olympic Games and Paralympic Games Act 2006 und der kanadische Olympic and Paralympic Marks Act 2007 (OPMA), die im nächsten Abschnitt betrachtet werden.

15.8 Anti-Ambush-Gesetzgebung

Als einer der wichtigsten Partner der lokalen Organisationskomitees gehen Regierungen heutzutage weit darüber hinaus, lediglich die für die unmittelbare Ausrichtung der Olympischen Spiele erforderliche (finanzielle, diplomatische, politische usw.) Unterstützung zu gewähren. Der ausgeprägte Wettbewerb um die Ausrichtung der begrenzten Anzahl von interessanten internationalen Sportgroßveranstaltungen ermöglicht es den Rechteinhabern, hohe Anforderungen an die Bewerberstädte und deren Regierungen zu stellen. Beispielsweise verlangt das IOC im Rahmen des Bewerbungsprozesses um die Olympischen Spiele von den potentiellen Gastgebern „guarantee(s) confirming that the legislation necessary to effectively reduce and sanction ambush marketing and, during the period beginning two weeks before the Opening Ceremony to the Closing Ceremony of the Olympic Games eliminate street vending and control advertising space and air space will be passed as soon as possible but no later than ..." (IOC 2008, S. 124). Die kanadische Regierung erfüllte diese geforderten Garantien für die Winterspiele 2010 durch die Verabschiedung des OPMA. Dieses Gesetz diente u. a. dem Zweck: „protection of Olympic and Paralympic marks and protection against certain misleading business associations between a business and the Olympic Games, the Paralympic Games or certain committees associated with those Games" (Olympic and Paralympic Marks Act 2007). Das OPMA[7] ergänzte die regulären Gesetze zum Markenschutz, die ohnehin bereits die mit den Olympischen Spielen verwandten Worte und Symbole, wie die Olympischen Ringe oder auch den Begriff „Canadian Olympic Comittee" schützten. Ein wichtiges Kernelement des Gesetzes war, dass das OPMA die Möglichkeiten von VANOC erweiterte, schneller und härter auf Rechtsverletzung zu reagieren. Dies ist für Organisatoren solcher Veranstaltungen besonders wichtig, da diese nur kurz andauern und Ambush Marketer üblicherweise versuchen, dieses kurze Zeitfenster zu nutzen. Daher ist der Schaden dann oftmals bereits entstanden, bevor die klassischen Rechtswege greifen.

Das OPMA war für die Zeit von 2007 bis 2010 befristet. Andere Länder, wie Neuseeland mit dem Major Events Management Act 2007 (MEMA) oder Deutschland, hatten

---

[7] Zusammenfassung des Gesetzes unter www.parl.gc.ca/Content/LOP/LegislativeSummaries/39/1/c47-e.pdf.

sich jedoch dafür entschieden, dauerhafte Anti-Ambush-Gesetze zu erlassen, um so einen Vorteil in Bewerbungsverfahren um zukünftige Hallmark Events zu erlangen. Konkret war das MEMA in Vorbereitung auf den Rugby World Cup 2011 und den Cricket World Cup 2015 verabschiedet worden, da für die beiden Bewerbungsverfahren eine umfassende Markenschutzgesetzgebung erwartet wurde. Das Ziel des Gesetzes ist „[to] implement the government's decision to enact protections against ambush marketing for major events in a stand-alone, generic piece of legislation" (Major Events Management Act 2007). D. h., dass jede Veranstaltung, die als „major" eingestuft wird, unter den MEMA fällt. Dieser Ansatz könnte ein nächster Schritt in der Evolution des Markenschutzes sein.

Anti-Ambush-Marketing-Gesetze haben gegenüber üblichen Maßnahmen drei offensichtliche Vorteile: Abschreckung, Aufklärung und Schutz.

- „Abschreckung" insofern, dass Unternehmen von Ambush Marketing-Aktivitäten Abstand nehmen dürften, sofern sie die damit verbundenen rechtlichen und finanziellen Risiken scheuen.
- Der zweite Vorteil ist die Nutzung des Gesetzes zur „Aufklärung" (vgl. Ellis et al. 2011a). So zeigten Studien bei kanadischen Sportorganisationen, dass das Zusammenwirken von OPMA und weitergehenden Ausbildungs- und Aufklärungsbemühungen dazu führte, dass Grauzonen ausgeleuchtet wurden und Sportfunktionäre besser verstanden, was VANOC für akzeptabel hielt und was nicht (vgl. Ellis et al. 2011a). In gleicher Weise konnten Geschäftsleute, Athleten und Konsumenten, die wenig einschlägige Kenntnisse hatten, die im OPMA und von VANOC vorgegebenen Grenzen als Hilfestellung nutzen, Ambush Marketing zu verstehen.
- Schließlich erhielten die offiziellen Sponsoren durch das Gesetz die Gewissheit, dass dem Ambush Marketing schnell und effizient begegnet werden würde, was Organisatoren derartiger Veranstaltungen für essentiell halten, um die notwendigen Sponsorengelder akquirieren zu können. Allerdings sind die Erwartungen der Sponsoren dann auch entsprechend hoch, was die Eventorganisatoren gegenüber den Sponsoren in (manchmal) unerfüllbare Positionen bringt.

Es gibt allerdings auch Bedenken bezüglich der Instrumentalisierung von Gesetzen zum Schutz gegen Ambush Marketing. Ellis et al. (2011b) nennen beispielsweise mögliche Probleme juristischer und ökonomischer Art. So stellt die uneindeutige und subjektive Definition von Ambush Marketing ein rechtliches Problem dar. Einerseits kann die Gesetzgebung zwar dazu dienen, Menschen und Organisationen darüber aufzuklären, was diesbezüglich tolerierbar ist und was nicht. Andererseits könnte aber auch argumentiert werden, dass ein Bereich, der so viele Grauzonen aufweist, kaum nach „Schwarz-Weiß-Sicht" der Gesetzgebung zu fassen ist. Vor diesem Hintergrund fällt das durch die Gesetze geschützte Marketing mit dem möglichen abweichenden Verhalten (z. B. durch geschickte Wortwahl) weit auseinander, zumal die dahinterstehenden politischen Systeme die Gesetze auf unterschiedlichen Grundlagen verabschieden. Weiterhin sind die hohen Kosten zu bedenken, die mit einem Rechtsstreit einhergehen. So sind die potentiell entsprechenden Kosten eines Rechtsstreits in vielen Ländern so hoch, dass kleine und mittelgroße Unternehmen vermutlich selbst in einem für sie aussichtsreichen Verfahren einen Streitfall meiden würden. Mit solchen „ungerecht" erscheinenden Auswirkungen im Kopf, ist es denkbar, dass eine Anti-Ambush-Gesetzgebung durchaus auch dazu führen kann, die Begeisterung der Bevölkerung an einer Veranstaltung zu erdrücken. Insbesondere die enormen Summen an Steuergeldern, die für Olympische Spiele aufgewendet werden müssen, machen es erforderlich, dass Geschäftsleute die Möglichkeit haben, von der Ausrichtung dieser Veranstaltung in ihrer Stadt zu profitieren. Wegen der latent subjektiven Interpretation derartiger Gesetze durch diejenigen, die sie durchsetzen, ist das jedoch nicht immer gegeben. So konnte während der Fußball-Weltmeisterschaft 2010 in Südafrika weltweit in den Medien verfolgt werden, dass es bezüglich der Gesetze und deren Durchsetzung öffentliche Kritik gab (vgl. Khoabane 2010; Shikwati 2010). Da die Gesetzgebung zum Ambush Marketing mutmaßlich zunehmend stärker werden dürfte, dürften auch die damit einhergehenden Proteste weitergehen.

Auch aus der Sicht des Markenmanagements gibt es einige Bedenken zur Ambush Marketing-Gesetzgebung. So müssen die Sportorganisationen z. B. mit den erhöhten Erwartungen der Sponsoren umgehen. Außerdem kann es zu negativen Reaktionen in der Öffentlichkeit kommen. So wurde während der Fußball-WM in Südafrika eine Gruppe von Frauen, die orangefarbene Kleider trug, die ihnen von Bavaria (einem Wettbewerber des offiziellen Sponsors Budweiser) zur Verfügung gestellt worden waren, aus dem Stadion in Johannesburg geworfen. Zwei der Anführerinnen wurden sogar aufgrund des Anti-Ambush-Gesetzes verhaftet und eingesperrt. Die FIFA zog ihre Klage jedoch nicht zurück und so kam es zu einer äußerst heftigen Medienberichterstattung, die dazu führte, dass man weltweit auf das Thema Ambush Marketing aufmerksam wurde. Letztlich ließen die Medien die FIFA, die Veranstalter der WM und Budweiser wegen ihres „übertriebenen" Vorgehens sehr schlecht dastehen. Bavaria hingegen erhielt durch diese Darstellung eine weit größere Aufmerksamkeit als durch die Ambush Marketing Kampagne jemals zu erwarten gewesen wäre. Wie mit entsprechenden Vorfällen zukünftig umgegangen werden sollte, sollte folglich fester Bestandteil jeder Markenschutzstrategie sein. Die Herausforderung hierbei wird es sein, die negative Berichterstattung zu minimieren und zu vermeiden, dass Ambush Marketer ihre Sicht der Dinge ausführlich darlegen können.

Zum Abschluss sollen noch die Auswirkungen der Anti-Ambush-Gesetzgebung auf andere Stakeholder betrachtet werden. Obwohl Rechteinhaber wie das IOC von den Stakeholdern erwarten, dass diese beim Schutz, der Kontrolle und der Verbindung ihrer Marke mit dem Event mitwirken (vgl. Ferrand et al. 2012), kann es sein, dass der Versuch, die Interessen der Sponsoren (um jeden Preis) zu verteidigen auf Kosten vieler anderer Gruppen (z. B. nationaler Sportorganisationen, Athleten und Öffentlichkeit) geht. Dadurch, dass das IOC bestimmte Gesetze zur Voraussetzung für die Ausrichtung der Spiele macht, zwingt es Regierungen mitunter dazu, Gesetze zu erlassen, die einerseits bestimmte Rechte der Öffentlichkeit verletzen (vgl. Preuß 2004; Ellis et al. 2011b) und sogar andererseits Ambush Marketing auf einer anderen Ebene durch nationale Sportorganisationen und Athleten zu fördern (vgl. Ellis et al. 2011a). So werden den offiziellen „Olympischen Sponsoren" z. B. während der Spiele bestimmte Rechte bezüglich der Werbung mit Athleten oder Mannschaften eingeräumt, die jedoch in Konflikt mit den existenten Marketing-

Programmen der nationalen Sportorganisationen oder auch denen der Athleten stehen könnten. Allerdings haben diese aufgrund der Gesetzgebung und der Schutzprogramme wenig Möglichkeit, ihre Programme durchzusetzen, wodurch die langfristigen Bemühungen der Sportorganisationen und Athleten um eigene Sponsoren nachhaltig negativ beeinträchtigt werden könnten. Außerdem werden viele wichtige Stakeholder, wie z. B. nationale Sportorganisationen, Vereine oder Athleten, i. d. R nicht in den Gesetzgebungsprozess eingebunden, wodurch dieser für sie sehr intransparent ist. Außerdem befürchten viele Athleten, dass ihre (Werbe)Partner keine ausreichend gute Möglichkeit gekommen, ihr personenbezogenes Sponsorship öffentlichkeitswirksam zu nutzen, was sich letztlich massiv auf ihre Verdienstmöglichkeiten auswirken kann (vgl. Ellis et al. 2011b). Daher sollten zukünftige Forschungsaktivitäten die Auswirkungen entsprechender Gesetze auf andere Stakeholder berücksichtigen. Außerdem sollte die Rolle der Stakeholder in einer Markenmanagement- bzw. Markenschutzstrategie vertiefend untersucht werden.

15.9 Fazit

In diesem Beitrag wurden verschiedene Möglichkeiten beschrieben, wie internationale Sportgroßveranstaltungen ihre Marke gegen Ambush Marketing schützen. Obwohl überwiegend die Olympischen Spiele als Beispiel dienten, können die vorgestellten Maßnahmen auch auf andere Veranstaltungen übertragen werden. Da diese Veranstaltungen erst in jüngerer Zeit eigene starke Marken entwickelt haben, ist der aktive Markenschutz noch ein relativ neues Feld. So änderte etwa die Etablierung eines strategischen Markenmanagements durch das IOC Ende der 1990er Jahre dessen Verhältnis zu seinen Stakeholdern nachhaltig (vgl. Séguin et al. 2008). In den Jahren danach wurden die fünf Ringe durch umsichtiges Management dann zu einer der bedeutendsten Marken im internationalen Sport. Aufgrund ihres hohen Markenwertes möchten heute viele Akteure (Sendeanstalten, Sponsoren, Regierungen, internationale (Sport-)Verbände und Vereinigungen, professionelle Sportligen usw.) von einer assoziativen Verbindung mit der Olympischen Bewegung profitieren. Die Entwicklung eines ausgeklügelten Marketingprogramms ermöglichte es dem IOC sowie den NOKs und den OCOGs durch die Olympischen Spiele viele Milliarden Dollar zu generieren. Daher ist es von zentraler Wichtigkeit für das IOC und seine Stakeholder, die Nutzung der Olympischen Marke zu kontrollieren und sie zu schützen.

Die Rechteinhaber der Veranstaltungen nutzen unterschiedliche Strategien, um dem Ambush Marketing zu begegnen. In diesem Beitrag wurden die Wichtigkeit der Eindämmung von „Verwässerungen" (z. B. bezogen auf Werbeflächen und die Außendarstellung der Spiele), die Entwicklung integrierter PR-Strategien und von Programmen, die die Sponsoren öffentlichkeitswirksam als solche würdigen, sowie die enge Zusammenarbeit mit den Inhabern der Senderechte diskutiert. Ferner wurde auf die Bedeutung der Aktivierung der Sponsoringrechte durch die Sponsoren, den Aufbau von einschlägiger Marketingexpertise bei regionalen Akteuren (z. B. NOKs) und die Entwicklung von Informations- bzw. Aufklärungsprogrammen hingewiesen. Darüber hinaus hat das IOC noch eine Reihe weiterer Schritte unternommen, um die Marketing- und Markenaktivitäten bezüglich der olympischen Marke kontrollieren und der Marke zu einem konsistenten Auftritt verhelfen zu können (vgl. Ferrand et al. 2012, S. 65). Einer der wesentlichsten Schritte im Kampf gegen das Ambush Marketing war es, dass die großen Sportverbände (z. B. IOC, FIFA, ICC usw.) das enorme Interesse von Städten und Ländern an der Ausrichtung von internationalen Sportgroßveranstaltungen dahingehend nutzen, diesen die Verabschiedung von Anti-Ambush-Gesetzen im Bewerbungsverfahren zwingend vorzuschreiben. Trotzdem die großen Sponsoren diesen zusätzlichen Schutz begrüßen, werden die Auswirkungen derartiger Gesetze auf andere Stakeholder (z. B. nationale Sportorganisationen, Athleten, Konsumenten) bisher noch nicht vollständig überblickt. Aufgrund jüngerer wissenschaftlicher Arbeiten zu dem Thema (vgl. Ellis et al. 2011a) scheinen aus der Notwendigkeit des Schutzes der Rechte einer Partei (z. B. der Sponsoren) durch Anti-Ambush-Gesetze Probleme für andere Stakeholder zu resultieren. Für ein System, das darauf basiert, dass sehr viele Stakeholder zur „co-creation of value" der Veranstaltung bzw. des Produktes beitragen (vgl. Ferrand et al. 2012), kann sich aus dem verstärkten Schutz einer Interessengruppe ein ernsthaftes Problem für die anderen Interessengruppen ergeben. Da die Anwendung der Anti-Ambush-Gesetzgebung wesentlich in der Verantwortung der Organisationskomitees liegt, wird deren Umgang mit diesem sensiblen Thema zukünftig zeigen, ob sich dieser Weg als bestmögliche Form des Markenschutzes erweist. Das negative Medienecho aufgrund des rigiden Vorgehens der FIFA während der Fußball-Weltmeisterschaft 2010 legt eine konziliantere Strategie nahe, die verstärkte Nutzung von Informations- bzw. Aufklärungsprogrammen. So wurde im Rahmen der Winterspiele von Vancouver ein sehr umfassendes Programm umgesetzt, das sich an sämtliche Stakeholder richtete und von einer Gesetzgebung flankiert wurde, die zur Abgrenzung von Erlaubtem und Nichtzulässigem beitrug. Zukünftig sollten in diesem Zusammenhang die Auswirkungen entsprechender Gesetze auf sämtliche Stakeholder untersucht werden, um die Vorteile für jede Gruppe und auch deren Erwartungen an entsprechende Maßnahmen herauszufinden. Dies wäre für Politiker weltweit von Vorteil, da diese mehr darüber erfahren würden, wie sie Gesetze verabschieden können, die einerseits Ambush Marketing bekämpfen, andererseits aber für viele Akteure vorteilhaft sind.

Literatur

Aaker, D. A. (1991). *Managing Brand Equity*. New York: The Free Press.

Blaikie, H. (2006). Let the games begin? Under pressure, Esso replaces its Olympic Trip Prize", Canadian marketing and advertising law update. http://www.heenanblaikie.com/fr/publications/item?id=901. Zugegriffen: 23. March 2012.

Brichford, M. (2002). Avery Brundage and American nationalism at the Olympic games. *The Global Nexus Engaged*, Oct: 223–227

Cole, C. L. (2005). John Hancock had two mummies. *Journal of Sport and Social Issues, 29*(3), 227–231.

Crompton, J. L. (2004). Sponsorship ambushing in sport. *Managing Leisure, 9*(1), 1–12.

Crow, D., & Hoek, J. (2003). Ambush marketing: A critical review and some practical advice. *Marketing Bulletin, 14*(1), 1–14.

De Chernatony, L., McDonald, M., & Harris, F. (2001). Corporate marketing and service brands: Moving beyond the fast moving consumer goods model. *European Journal of Marketing, 35*(3/4), 335–352.

Ellis, D., Gauthier, M. E., & Séguin, B. (2011a). Ambush marketing, the Olympic and Paralympic Marks Act and Canadian National Sport Organizations: Awareness, perceptions and impacts. *Journal of Sponsorship, 4*(3), 253–271.

Ellis, D., Scassa, T., & Séguin, B. (2011b). Framing Ambush Marketing as Legal Issue. *Sport Management Review, 14*(3), 297–308.

Farrelly, F., Quester, P., & Greyser, S. A. (2005). Defending the Co-Branding Benefits of Sponsorship B2B Partnerships: The case of ambush marketing. *Journal of Advertising Research, 45*(3), 339–348.

Ferrand, A., Chappelet, J.-L., & Séguin, B. (2012). *Olympic Marketing.* New York: Routledge.

Hoek, J., & Gendall, D. (2002). Ambush Marketing: More than just a commercial irritant. *Entertainment Law, 1*(2), 72–91.

Hula, E. (2011). 15 Years After the Atlanta Flame. *Around the Rings".* http://www.aroundtherings.com/articles/view.aspx?id=37611.

IOC (1989). Olympic Review, 263, 441–446.

IOC (1998). *The Olympic marketing guide for NOCs.* Lausanne: International Olympic Committee.

IOC (2006). 2006 Marketing Fact File. Lausanne: International Olympic Committee.

IOC (2008). 2016 Candidature Procedure and Questionnaire: Games of the XXXI Olympiad. Lausanne: International Olympic Committee.

IOC (2010). *Olympic Marketing Fact File.* Lausanne: International Olympic Committee.

Keller, K. L. (2003). *Strategic brand management: Building, measuring, and managing brand equity. (2nd ed.).* Upper Saddle River. NJ: Prentice Hall.

Khoabane, P. (2010, April 4). We've sold our flag to FIFA at the expense of the poor. *Sunday Times.* http://www.timeslive.co.za/sundaytimes/article384508.ece/Weve-sold-our-flag-to-Fifa-at-the-expense-of-the-poor. Zugegriffen: 17. Sept. 2010.

Major Events Management Act, Bill 99–1 (2007). http:// www.parliament.nz/NR/rdonlyres/3D62E563-5BCF-44BC-BBD2-81A567B8A70C/158619/DBHOH_BILL_7762_MajorEventsManagementBill_4611_5.pdf. Zugegriffen: 23. Sept. 2010.

McKelvey, S., & Grady, J. (2008). Sponsorship program protection strategies for special sport events: Are event organizers outmanoeuvring ambush marketers? *Journal of Sport Management, 22*(5), 550–586.

Meenaghan, T. (1994). Point of view: Ambush marketing: Immoral or imaginative practice? *Journal of Advertising Research, 34*(5), 77–88.

Meenaghan, T. (1996). Ambush marketing: A threat to corporate sponsorship. *Sloan Management Review, 38,* 103–113.

Meenaghan, T. (1998). Ambush Marketing: Corporate strategy and consumer reaction. *Psychology and Marketing, 15*(4), 305–322.

O'Reilly, N., & Séguin, B. (2009). *Sport Marketing: A Canadian perspective.* Toronto: Nelson Education Ltd.

Olympic and Paralympic Marks Act, C-47. (2007). http://www2.parl.gc.ca/HousePublications/Publication.aspx?Docid=3044596 & file=4. Zugegriffen: 28. June. 2007.

Panja, T. (2011). Rio 2016 Olympics secures $ 700 Million in local sponsorships. Bloomberg news. http://www.bloomberg.com/news/2011-04-06/rio- 2016-olympics-secures-700-million-in-local-sponsorship-contracts.html. Zugegriffen: 15. Sept. 2011.

Payne, M. (1998). Ambush Marketing: The Undeserved Advantage. *Psychology and Marketing, 15*(4), 323–366.

Payne (2006). Olympic turnoaround: How the Olmypic games stepped back from the brink of extension to become the world's best known brand. Greenwood Publishing Group.

Portlock, A., & Rose, S. (2009). Effects of Ambush marketing: UK consumer brand recall and attitudes to official sponsors and non-sponsors associated with the FIFA World Cup 2006. *International Journal of Sports Marketing and Sponsorship, 10*(4), 271–286.

Preuß, H. (2004). Neues Zeitalter des Sponsorings. *Sponsors, 9*(10), 39.

Preuss, H., Gemeinder, K., & Séguin, B. (2008). Ambush marketing in China: Counterbalancing Olympic sponsorship efforts. *Asian Business and Management, 7*(2), 243–263.

Sandler, D. M., & Shani, D. (1989). Olympic Sponsorship vs. Ambush Marketing: Who gets the gold?". *Journal of Advertising Research, 29*(4), 9–14.

Scassa, T. (2011). Ambush marketing and the Right of Association: Clamping down on references to that big event with all the athletes in a couple of years. *Journal of Sport Management, 25*(4), 354–370.

Séguin, B., & O'Reilly, N. (2008). The Olympic brand, ambush marketing and clutter. *International Journal of Sport Management and Marketing, 4*(1), 62–84.

Séguin, B., Lyberger, M., O'Reilly, N., & McCarthy, L. (2005). Internationalizing Ambush marketing: The Olympic brand and country of origin. *International Journal of Sport Marketing and Sponsorship, 6*(4), 216–229.

Séguin, B., Richelieu, A., & O'Reilly, N. (2008). Leveraging the Olympic Brand through the Reconciliation of Corporate Consumers Brand Perceptions. *International Journal of Sport Management and Marketing, 3*(1/2), 3–22.

Shani, D., & Sandler, D. M. (1998). Ambush Marketing: Is Confusion to Blame for the Flickering of the Flame? *Psychology & Marketing, 15*(4), 367–383.

Shikwati, J. (2010, June 1). World Cup: How small businesses have lost out. *The Daily Monitor.* http://www.monitor.co.ug/Business/Business%20Power/-/688616/929698/-/lk1ir9/-/. Zugegriffen: 17. Sept. 2010.

Stotlar, D. K. (1993). Sponsorship and the Olympic Winter Games. *Sport Marketing Quarterly, 2*(1), 35–43.

Townley, S., Harrington, D., & Couchman, N. (1998). The Legal and Practical Prevention of Ambush Marketing in Sport. *Psychology & Marketing, 15*(4), 333–348.

Welsh, J. (2002). Ambush Marketing: What it is, What it isn't. *Pool Online.* http://www.poolonline.com. Zugegriffen: 17. May 2010.

Teil III
Rechtliche Aspekte von Marken und Sport

Ambush Marketing

16

Julia Wulf

16.1 Begriffliche Erfassung

Der englischsprachige Begriff „Ambush Marketing" wurde wie eine Vielzahl anderer englischsprachiger Wörter in die deutsche Sprache integriert. Während der Begriff „Marketing" allgemein bekannt sein dürfte, dürfte der Begriff „Ambush" zu Deutsch „Hinterhalt", „Angriff", „Überfall aus dem Hinterhalt" und „Versteck" nur einem kleineren Kreis von Marketingspezialisten und Juristen etwas sagen. Geprägt wurde er von dem amerikanischen Marketingexperten Jerry Welsh (vgl. Müller 2006, S. 101). Anstelle des Begriffs „Ambush Marketing" werden vereinzelt Begriffe verwendet wie „Guerilla Marketing", „Parasitenmarketing", „parasitäres Marketing" (vgl. Jaeschke 2007, S. 411), „Trittbrettfahrerei" (Heermann 2011, S. 536) und „Schmarotzer-Marketing" (vgl. Heermann 2010, S. 10). Was ist das für eine Marketingmaßnahme, die überwiegend mit derart negativen Begriffen belegt wird? Vom Wortsinn her erschließt sich dies nicht ohne Weiteres: Wer greift wen an? Wo ist der Hinterhalt? Auf wessen Brett wird mitgefahren? Eindeutig ist dabei nur, dass, was sich aus dem Begriff „Marketing" ergibt, nämlich dass es um Maßnahmen mit ziel- und wettbewerbsorientierter Ausrichtung geht, also um marktrelevante Aktivitäten einer Unternehmung (vgl. Gabler-Wirtschaftslexikon 2012).

Vielleicht hilft zum Verständnis der Begriff „Guerilla-Marketing" am ehesten: Guerilla ist die Verkleinerungsform des spanischen Wortes für Krieg „guera". Unter „Guerillataktik" versteht man nadelstichartige (militärische) Operationen, die zwar regelmäßig nicht zur Vernichtung des Gegners führen, diesen aber auf Dauer zermürben können. Charakteristisch ist, dass eher kleinere, in der Regel hoch motivierte Einheiten gegen an Größe und Ausstattung überlegene Gegner – häufig in deren Gebiet – kämpfen (vgl. Gonzales-Meier 2012). Erneut aber fragt sich: Wer ist beim Guerilla Marketing der Gegner? Welches ist

J. Wulf (✉)
Frankfurt am Main, Deutschland
E-Mail: j.wulf@taylorwessing.com

H. Preuß et al. (Hrsg.), *Marken und Sport,*
DOI 10.1007/978-3-8349-3695-0_16, © Springer Fachmedien Wiesbaden 2014

sein Gebiet? Wenn auch hier zunächst viele Fragen offen bleiben, lässt sich doch feststellen, dass das charakteristische Element die List ist. List aber kann nur anwenden, wer intelligent, zumindest aber schlau ist. Beides gilt als etwas Positives. Das Gleiche gilt zumindest im politischen und wirtschaftlich bestimmten Umfeld für den Begriff „Taktik". Berücksichtigt man zudem bei dem Begriff „Ambush" auch die Übersetzung „Versteck", kann es also nicht stimmen, dass „Ambush" oder „Guerilla-Marketing" schon von der Wortbedeutung her negativ besetzt sind (Pechtl 2007; Jaeschke 2007, S. 411; Körber und Mann 2008, S. 737).

Wenn Ambush Marketing aber vom Wortsinn her durchaus auch positiv sein kann, worauf gründen dann die deutschsprachigen negativen Ausdrücke (vgl. Heermann 2007, S. 535; Heermann 2010, S. 10)? Sie resultieren offenbar aus möglicherweise ethisch verwerflichen oder rechtswidrigen Formen des Ambush Marketing oder wurden geprägt von Personen/Unternehmern, die sich durch das Ambush Marketing angegriffen oder bedroht sehen.

Ob Ambush Marketing juristisch positiv oder negativ zu bewerten ist, oder ob im Einzelfall zu differenzieren ist, soll nachfolgend geklärt werden.

16.2 Gegenstand des Ambush Marketing – Beispiele

Als weder juristisch noch sonst wissenschaftlich definierter Begriff bezeichnet „Ambush Marketing", das was die involvierten Verkehrskreise darunter verstehen. Involvierte Verkehrskreise sind Werbefachleute, Organisatoren von größeren Veranstaltungen mit medialer Wirkung sowie Rechtsanwälte und Richter. Beispielhaft werden nachfolgend einige Marketing-Aktivitäten aufgeführt, die von den genannten Personenkreisen als Ambush Marketing bezeichnet wurden:

- American Express – nicht Sponsor der Olympischen Spiele 1988 in Seoul – warb während der Spiele mit Anzeigen, in denen eine Eröffnungszeremonie im Olympiastadion gezeigt wurde. Es handelte sich dabei nicht um die Eröffnungszeremonie der Olympischen Spiele in Seoul, sondern um die vorheriger Spiele.
- Bei der Fußballweltmeisterschaft in den USA 1994 glich während des Endspiels (Brasilien gegen Italien) das Stadion einem „Nike-Meer". Nike hatte vor Beginn des Spies etwa 700.000 Baseballkappen mit dem Nike Swoosh in den Farben der brasilianischen Mannschaft vor dem Stadion verteilen lassen. Offizieller Ausrüster war Umbro.
- Bei den Olympischen Winterspielen 1994 in Lillehammer war VISA offizieller Sponsor. VISA hatte durchgesetzt, dass im Olympischen Dorf keine anderen Kreditkarten als VISA-Karten akzeptiert wurden. American Express reagierte hierauf mit einer Werbeanzeige mit den Worten „If you're travelling to Lillehammer you will need a passport but you don't need a VISA".
- Der Sportartikelhersteller Nike, weder Sponsor noch Ausrüster der Olympischen Spiele in Atlanta 1996, hatte die gesamte Stadt mit Werbetafeln versehen lassen sowie Swoof-

Fahnen verteilt und ein Nike Center („Nike Town") in unmittelbarer Nähe des Haupt-stadions eingerichtet. Offizieller Sponsor war Reebok.

- Mehrere Flugzeuge schrieben während des New York Marathonlaufs im Jahr 1997 „Mercedes" an den Himmel. Offizieller Sponsor des Marathonlaufs war Toyota.

- Zu den Olympischen Spielen in Sydney 2000 warb die australische Fluggesellschaft Quantas mit Abbildungen einer australischen Spitzensportlerin zusammen mit den Worten „Sydney 2000, Olympic Games and the new millenium" und „The spirit of Aus-tralia and Quantas". Offizieller Sponsor war nicht Quantas, sondern die Fluggesellschaft ANSETT Airlines.

- Das Unternehmen MediaMarkt warb zur Fußballeuropameisterschaft 2004 in Portugal mit den Worten „Die größte EM-Wette aller Zeiten – Fernseher umsonst" und teilte mit, dass jeder, der am 01.06.2004 in einem MediaMarkt einen Fernseher kaufe, den Kaufpreis erstattet bekomme, wenn die deutsche Mannschaft Europameister werde. MediaMarkt gehörte nicht zu den Sponsoren der Europameisterschaft.

- Lufthansa präsentierte sich als Deutschlands Fußball-Airline, indem sie die Nasen von 50 Flugzeugen als Fußbälle gestalten ließ. Fotos hiervon nutzte sie für eine Vielzahl wei-terer Werbemaßnahmen. Offizieller Partner der Fußballweltmeisterschaft in Deutsch-land 2006 war Emirates Airline.

- Der Süßwarenhersteller Ferrero veranstaltete zur Fußballweltmeisterschaft 2006 wie auch zu vorherigen Weltmeisterschaften Sammelbild-Aktionen, bei denen er bestimm-ten Produkten des Unternehmens Bilder von teilnehmenden Sportlern beifügte. Für die Sammelbilder und das Album verwendete Ferrero die Bezeichnung „WM 2006". Ferrero war nicht offizieller Sponsor der Fußballweltmeisterschaft 2006.

- Ein Münzunternehmen bot zur WM 2006 eine Ein-Dollar-Gedenkmünze „WM 2006 Germany" zum Kauf im Internet an. Das Unternehmen war ebenfalls nicht Sponsor oder Partner der Fußballweltmeisterschaft.

- Obwohl nicht AOL, sondern vielmehr Yahoo offizieller Sponsor der WM 2006 war, wies AOL in seiner Werbung auf die „AOL-Arena" als „Austragungsort der WM 2006" hin.

- Während der Olympischen Sommerspiele 2008 in Peking ließ Pepsi seine Getränkedo-sen rot einfärben. Durch die in Rot gestalteten Dosen kam es zu erheblichen Verwechs-lungen mit den ähnlich roten Getränkedosen des Sponsors Coca Cola.

- Li Ning entzündete am 08.08.2008 das Olympische Feuer im Pekinger Stadion. Er trug die Schuhe seines eigenen Unternehmens Li-Ning Company Limited, obwohl der offi-zielle Ausstatter der Spiele Adidas war.

- Beim Berlin-Marathon 2008 stattete Nike den 78-jährigen Teilnehmer Heinrich Blüm-chen mit Laufkleidung aus und setzte dies mit Plakaten „Go Heinrich Go" und einer eigenen Zeitung zum Berlin-Marathon 2008 in Szene. Nike war nicht offizieller Sponsor des Berlin-Marathons.

- Die holländische Brauerei Bavaria gab während der Fußballweltmeisterschaft 2010 beim Kauf eines Kasten Biers orangefarbene Minikleider ohne jeden Werbeaufdruck für Frauen als Geschenk bei. Eine Gruppe von dreißig Frauen trug diese Kleider beim Spiel Holland gegen Dänemark. Offizieller Sponsor der WM 2010 war Budweiser (Anheuser-Busch).

- Mercedes schaltete zur WM 2010 eine Werbekampagne mit Franz Beckenbauer. Nicht Mercedes, sondern Hyundai war offizieller Sponsor.
- Ebenfalls zur Fußballweltmeisterschaft 2010 stellte der Schreibgerätehersteller Edding an den Arenen Großplakate auf, auf denen er mit dem Spruch warb „Wir halten durch bis ins Finale", wobei mit einem Marker dicke Striche in den Farben schwarz, rot, gelb dargestellt wurden. Auch Edding gehörte nicht zu den Sponsoren/Partnern der WM 2010.
- Im Jahr 2012 lobten ein Sportartikelhersteller sowie ein Handelskonzern Eintrittskarten für das UEFA Champions League Finale beziehungsweise die Fußballeuropameisterschaft EURO 2012 in ihren Gewinnspielen aus, ohne offizieller Sponsor dieser Ereignisse gewesen zu sein.

Gemeinsam sind den Beispielsfällen die Werbeaktivitäten in unmittelbarem Zusammenhang mit einem medienwirksamen Großereignis (einem Sportevent) und dass es sich um Werbung von Unternehmen handelt, die nicht zu den offiziellen Sponsoren/Partnern des Veranstalters gehören. Ambush Marketing weist danach folgende Charakteristika auf: Der Werbende bewirkt durch seine Maßnahme eine Assoziation mit einem bestimmten Ereignis, in der Regel einem Großereignis, das erhebliches Medieninteresse findet. Er setzt sich und/oder seine Produkte mit dem Event in Beziehung, um so von der Aufmerksamkeit und den mit dem Event verbundenen Emotionen zu profitieren. Er steht in keinem vertraglichen Verhältnis zum Veranstalter des Events und leistet keinen finanziellen Beitrag hierzu (vgl. Müller 2006, S. 102; Heermann 2010, S. 10, Pechtl 2007).

16.3 Ursachen des Ambush Marketing

Was veranlasst Unternehmen zu Ambush Marketing Maßnahmen? Hauptgrund für Unternehmen, Ambush Aktivitäten zu unternehmen sind sicher die erheblichen Investitionen, die eine Stellung als offizieller Sponsor/Partner eines Großevents erfordert. Dazu kommt eine Vielzahl anderer Gründe, insbesondere solche rechtlicher Natur. Im Folgenden soll zunächst auf die wesentlichen rechtlichen, sodann auf die tatsächlichen Ursachen eingegangen werden.

16.3.1 Rechtliche Ursachen

16.3.1.1 Rundfunkstaatsvertrag

Der Rundfunkstaatsvertrag (RStV) bestimmt in § 4 (Übertragung von Großereignissen), dass bestimmte Ereignisse in der Bundesrepublik Deutschland nur dann verschlüsselt und gegen besonderes Entgelt ausgestrahlt werden dürfen, wenn es der Veranstalter selbst oder ein Dritter zu angemessenen Bedingungen ermöglicht, dass das Ereignis zumindest in

einem frei empfangbaren und allgemein zugänglichen Fernsehprogramm in der Bundesrepublik zeitgleich, allenfalls geringfügig zeitversetzt, ausgestrahlt werden kann.

Zu den Ereignissen von erheblicher gesellschaftlicher Bedeutung zählen Olympische
Sommer- und Winterspiele; bei Fußball-, Europa- und Weltmeisterschaften alle Spiele mit
deutscher Beteiligung sowie unabhängig von einer deutschen Beteiligung das Eröffnungs-
spiel, die Halbfinalspiele und das Endspiel; die Halbfinale und das Endspiel um den Ver-
einspokal des Deutschen Fußballbundes; Heim- und Auswärtsspiele der Deutschen Fußballnationalmannschaft; Endspiel der Europäischen Vereinsmeisterschaften im Fußball
(Champions League, UEFA-Cup) bei deutscher Beteiligung.

In den anderen europäischen Ländern gelten aufgrund der EU-Richtlinie über audiovisuelle Mediendienste (Richtlinie 2010/13-EU des Europäischen Parlaments und des Rates
vom 10. März 2010 zur Koordinierung bestimmter Rechts- und Verwaltungsvorschriften
der Mitgliedstaaten über die Bereitstellung audiovisueller Mediendienste – AVMD-Richt-
linie) ähnliche Bestimmungen.

Die Regelungen garantieren, dass die genannten Veranstaltungen von einem Großteil
der Bevölkerung beachtet und verfolgt werden können. Folglich wird jedes Unternehmen,
das bei einer solchen Großveranstaltung werblich in Erscheinung – insbesondere in bildliche Erscheinung – tritt, von einem sehr großen Personenkreis, häufig von einem Millio-
nenpublikum, wahrgenommen.

16.3.1.2 Markengesetz/Gemeinschaftsmarkenverordnung
(Eingetragene) Marken

Veranstalter von Großereignissen sind regelmäßig weltweit Inhaber einer Vielzahl von
Marken, mit denen die von ihnen veranstalteten Ereignisse gekennzeichnet werden. So
ist die Fédération Internationale de Football Association (FIFA) Inhaberin von mehr als
70 deutschen und mehr als 90 EU-Marken. Die Marken reichen von reinen Wortmarken,
die das von ihr veranstaltete jeweilige Ereignis mit Worten und Ziffern beschreiben, zum
Beispiel „World Cup 2018" oder „WM 2006", über Bildmarken, die die Weltkugel in Form
von Fußbällen zeigen, stilisierte Fußballtore in Kombination mit Städtenamen und Jahren, bildliche Darstellungen der Pokale sowie Pokale selbst als dreidimensionale Marke bis
hin zu Statements wie „Football for Hope", „2011 von seiner schönsten Seite", „Live your
Goals" sowie zwei- und dreidimensionale Darstellungen der Maskottchen des jeweiligen
Ereignisses.

Der Veranstalter lässt diese Kennzeichen in aller Regel nicht nur für die Leistung „Durchführung von Sportveranstaltungen" registrieren, sondern auch für Waren und Dienstleistungen, die in irgendeiner Weise im Zusammenhang mit einem solchen Event Bedeutung
haben können. So hat die FIFA „WM 2010" als europäische Wortmarke für Waren und
Dienstleistungen in 38 der insgesamt 45 existierenden Waren- und Dienstleistungsklassen
für Marken registrieren lassen. Unter den Waren- und Dienstleistungen befinden sich von
A bis Z fast alle nur denkbaren Produkte wie Bälle, Fahnen, Bekleidungsstücke, Bewirtung
von Gästen, aber auch so ausgefallene und wenig im Zusammenhang mit Fußball stehende

Produkte wie Motoröle und Kraftstoffe, pharmazeutische Erzeugnisse, Fußbodenbeläge, Tabakwaren, Finanzdienstleistungen und Telekommunikationsdienstleistungen.

Aufgrund der Registrierung als Marke ist die Verwendung der Begriffe, Bilder und Gegenstände ausschließlich dem Inhaber der Marke erlaubt (§ 14 Markengesetz [MarkenG]/Art. 9 Markenverordnung [EG] Nr. 207/2009 des Rates über die Gemeinschaftsmarkenverordnung [GMVO]). Das Verbietungsrecht des Inhabers erfasst nicht nur identische, sondern auch verwechslungsfähig ähnliche Zeichen. Verwechslungsfähigkeit ist nach dem Gesetz bereits dann gegeben, wenn die Gefahr besteht, dass das ähnliche Zeichen mit der Marke gedanklich in Verbindung gebracht wird. Handelt es sich um eine bekannte Marke, liegt eine Markenverletzung auch dann vor, wenn mit dem identischen oder ähnlichen Zeichen Waren oder Dienstleistungen gekennzeichnet werden, die nicht artverwandt sind mit denen, für die die Marke Schutz genießt, wenn durch die Verwendung die Unterscheidungskraft oder die Wertschätzung der bekannten Marke ohne rechtfertigenden Grund in unlauterer Weise ausgenutzt oder beeinträchtigt wird. Unabhängig davon, dass die meisten Marken, eingetragen für Veranstalter von Sportgroßereignissen, für ganz unterschiedliche Waren und Dienstleistungen registriert sind, dürften viele dieser eingetragenen Marken bekannte Marken im Sinn von § 14 Abs. 2 Nr. 3 MarkenG/Art. 9 Abs. 1 c) GMVO sein. Berechtigt zur Verwendung der Marke ist neben dem Inhaber der Marke nur derjenige, dem der Inhaber vertraglich ein Nutzungsrecht eingeräumt hat (vgl. Art. 21 GMVO). Gegen den Verletzer stehen dem Berechtigten unter anderem Unterlassungs-, Auskunfts- und Schadensersatzansprüche, gegebenenfalls auch Vernichtungsansprüche, zu (§§ 14, 18, 19 MarkenG/Art. 14 GMVO i. V. m. MarkenG).

Werktitel

Das Markengesetz schützt neben den (eingetragenen) Marken unter anderem auch geschäftliche Bezeichnungen. Zu den geschäftlichen Bezeichnungen zählen auch Werktitel (§ 5 Abs. 1 und Abs. 3 MarkenG), zu denen wiederum grundsätzlich auch Bezeichnungen einer Veranstaltung gehören können (BGH, NJW-RR 2010, S. 851 ff.). Voraussetzung für den Schutz von Veranstaltungsnamen ist, dass sie ein wiederkehrendes strukturiertes Ereignis bezeichnen, das eine bestimmte organisatorische Leistung darstellt (vgl. Fezer 2009, § 15 Rn. 257). Titelschutz wird, wenn er nicht schon aufgrund einer Titelschutzanzeige initiiert wird, mit Aufnahme der Benutzung im geschäftlichen Verkehr erlangt. Voraussetzung dafür, dass Titelschutz erlangt werden kann, ist, dass die Bezeichnung eine gewisse Kennzeichnungskraft aufweist und nicht eine reine Beschreibung des Ereignisses ist beziehungsweise zu einem generischen Begriff geworden ist. In wie weit „Fußball WM + Jahreszahl" oder „WM + Jahreszahl" den Schutz als Werktitel genießt, ist noch nicht abschließend gerichtlich geklärt. Aufgrund der grundsätzlich großzügigen Rechtsprechung zum Werktitelschutz (vgl. BGH GRUR 1989, S. 626 f. – Festival europäischer Musik; LG Düsseldorf, WRP 2006. S. 156 ff. – Paracelsus-Messe; BGH GRUR 2010, S. 642) besteht generell die Gefahr, dass jeder Dritte, der eine Bezeichnung eines Großevents zur Bewerbung eigener Produkte und Leistungen verwendet, vom Veranstalter wegen Verletzung seines Titelrechts unter anderem auf Unterlassung, Auskunft und Schadensersatz in Anspruch genommen wird (§§ 15, 18, 19 MarkenG).

16.3.1.3 Geschmacksmustergesetz/ Gemeinschafts-Geschmacksmusterverordnung

Neben dem Marken- und Werktitelschutz bedienen sich Veranstalter von Großevents häufig auch des Geschmacksmusterschutzes: So ist die FIFA Inhaberin von fast 150 europäischen Geschmacksmustern. Neben Figuren, die als Maskottchen dienen, sind als Geschmacksmuster auch Plakate, Trikots, Pokale sowie Rasengestaltungen als europäisches Muster eingetragen. Häufig wird auch der Doppelschutz, die Eintragung als Marke und als Geschmacksmuster, gewählt.

Wie das Markengesetz und die Gemeinschaftsmarkenverordnung gewährt das Geschmacksmustergesetz (GeschmMG) und die Verordnung (EG) des Rates Nr. 6/2002 über das Gemeinschaftsgeschmacksmuster (Gemeinschaftsgeschmacksmusterverordnung – GemVO) dem Inhaber ein ausschließliches Recht zur Nutzung des registrierten Musters (§ 38 GeschmMG/Art. 19 GemVO). Der Geschmacksmusterinhaber oder sein Lizenznehmer kann jedem Dritten die Nutzung verbieten. Zur Nutzung zählen die Herstellung, das Anbieten, das Inverkehrbringen, die Einfuhr, die Ausfuhr und auch die fotografische Wiedergabe (BGH GRUR 2011, S. 1117). Bei Verletzungshandlungen gibt das GeschmMG/ GemVO unter anderem Unterlassungs-, Auskunfts-, Schadensersatz- und auch Vernichtungsansprüche (§§ 42 ff. GeschmMG/Art. 89 GemVO [i. V. m. GeschmMG]).

16.3.1.4 Urhebergesetz

Auch das Urheberrecht bietet eine Vielzahl von Möglichkeiten, Dritte von der Nutzung geschützter Werke auszuschließen. Nach dem Urhebergesetz geschützte Werke sind, soweit sie im Rahmen von Großereignissen Relevanz haben, Schriftwerke, Reden, Musikwerke, Werke der Tanzkunst, Werke der angewandten Kunst, Werke der Architektur sowie fotografische und filmische Werke (§ 2 Abs. 1 Urhebergesetz – UrhG). Voraussetzung für den Schutz ist, dass es sich um persönlich geistige Schöpfungen handelt (§ 2 Abs. 2 UrhG). Bei Verletzungen von Urheberrechten kann der Inhaber oder ein Nutzungsberechtigter Unterlassung, Auskunft, Schadensersatz und Vernichtung der verletzenden Gegenstände, unter Umständen auch der Werkzeuge, mit denen die Gegenstände hergestellt wurden, verlangen (§§ 97 ff. UrhG).

16.3.1.5 Olympiaschutzgesetz

Obwohl das Comité International Olympique Inhaber einer Vielzahl von Marken ist, deren Gegenstand die olympischen Ringe, das Wort „Olympia", die Namen der Städte, in denen olympische Spiele stattgefunden haben oder stattfinden werden – es existieren allein mehr als 100 Marken, die sämtlich Schutz in der gesamten EU genießen – verlangt das Komitee von jedem Land, das sich um die olympischen Spiele bewirbt, den Erlass eines Gesetzes, das den Schutz des olympischen Emblems und der olympischen Bezeichnungen zum Gegenstand hat. Im Vorfeld der Bewerbung Deutschlands um die Olympischen Spiele im Jahr 2004 ist das Gesetz zum Schutz des olympischen Emblems und der olympischen Bezeichnungen (OlympSchG) im April 2004 in Kraft getreten.

Das Gesetz weist dem Nationalen Olympischen Komitee für Deutschland und dem Internationalen Olympischen Komitee das ausschließliche Recht auf die Verwendung und

Verwertung des olympischen Emblems und der olympischen Bezeichnungen zu. Verboten ist es danach jedem Dritten, ohne Zustimmung der Inhaber des Schutzrechts identische und ähnliche Embleme/Bezeichnungen im geschäftlichen Verkehr zu verwenden. Erfasst werden von dem Verbot verwechslungsfähig ähnliche Zeichen einschließlich solcher Zeichen, die die Gefahr begründen, dass das Zeichen mit den Olympischen Spielen oder der olympischen Bewegung gedanklich in Verbindung gebracht wird, sowie Zeichen, die die Wertschätzung der Olympischen Spiele oder der olympischen Bewegung ohne rechtfertigenden Grund in unlauterer Weise ausnutzen oder beeinträchtigen (§ 3 OlympSchG).

Erlaubt bleibt nach § 4 OlympSchG die beschreibende Benutzung, sofern sie nicht unlauter ist, sowie nach § 8 OlympSchG, das Gebrauchmachen von Rechten, die vor dem 13.08.2003 bereits bestanden haben.

Trotz der wiederholt geäußerten verfassungsrechtlichen Bedenken gegen das Gesetz (Abgeordnetenbericht vom 10.12.2003, BT-Drucks 15/2190– III -; BT-Drucks 15/66, 5659 [D]; Hoeller 2005; Spiller 2011; LG Darmstadt, Urteil vom 22.11.2005– Az. 14 O 744/04, NJOZ 2006, 1487), ist das Gesetz bis heute nicht Gegenstand einer Überprüfung durch das Verfassungsgericht geworden. Die Frage der Verfassungsgemäßheit ist aufgrund der Bewerbung von München um die Olympischen Winterspiele 2018 erneut thematisiert worden.

Auszugehen ist davon, dass sowohl das Internationale als auch das Nationale Olympische Komitee die ihnen aufgrund des OlympSchG und der großen Anzahl der für sie eingetragenen Olympia-Marken zustehenden Ansprüche gezielt durchsetzen werden. Das Internationale Olympische Komitee ist, jedenfalls nach Erlass des OlympSchG, konsequent gegen Markenanmeldungen, die das olympische Emblem/die Bezeichnung „Olympia" zum Gegenstand haben, mit Widersprüchen vorgegangen. Auch hat der Deutsche Olympische Sportbund die Verwendung identischer und ähnlicher Begriffe durch Dritte gerichtlich verfolgt (vgl. OLG Schleswig, Urteil vom 26.06.2013, Az. 6 U 31/12 ; OLG Düsseldorf, Urteil vom 18.06.2013, Az. 20 U 31/12; LG L eipzig, Urteil vom 08.05.2012, Az. 5 O 3913/11, BeckRS 2012, 19249; Schäfer 2011; Röhl 2012; Rieken 2013).

16.3.2 Tatsächliche Ursachen

Auch wenn die Zahl der internationalen Sportevents wie Fußballweltmeisterschaften, Fußballeuropameisterschaften und Olympische Spiele nur unerheblich (zum Beispiel durch den Frauenfußball) zugenommen hat, hat sich das hierauf bezogene Sponsoring jedoch stark sowohl in quantitativer als auch in qualitativer Hinsicht verändert. So ist in den 1990er Jahren die Anzahl der Unternehmen, die sich allgemein im Sponsoring (auch auf lokaler und regionaler Ebene) engagieren, von 40 % auf 70 % gestiegen und das Sponsorvolumen hat sich in der Zeit von 1993 bis 2006 von etwa 660 Mio. € auf über 1,9 Mrd. € erhöht (vgl. Melwitz 2007, S. 17; Bruhn 2003, S. 25; Bruhn und Ahlers 2003, S. 271, 277; Wittneben und Soldner 2006, S. 1175, 1179). Grund für die immer größer werdenden Beträge sind vor allem die viel höheren Kosten der Ausrichtung internationaler Großveranstaltungen mit wachsender Teilnehmerzahl sowie die erheblichen Kosten, die die weltweite mediale Verbreitung, insbesondere die Ausstrahlung durch die Fernsehsender, mit sich bringen.

Obwohl die Kosten der Veranstaltungen und der Ermöglichung der weltweiten bild-lichen Teilnahme hieran exponential gestiegen sind, hat sich die Anzahl der offiziellen Sponsoren von Großereignissen wie den Olympischen Spielen sowie Welt- und Europa-meisterschaften nur geringfügig verändert. So liegt die Anzahl der offiziellen Sponsoren der Fußballweltmeisterschaft zwischen 13 und 16 und wird sich auch nicht durch die neue Einteilung der Sponsoren in FIFA Partners, FIFA World Cup Sponsors und National Sup-porters ändern. Da den Unternehmen Exklusivität zugesichert wird und einige Unterneh-men dauerhaft als Sponsoren mitwirken, sind viele interessierte Unternehmen von vorne herein von jeder offiziellen Marketingaktivität im Zusammenhang mit FIFA-Ereignissen ausgeschlossen.

Nicht anders ist die Situation bei den Olympischen Spielen: In England gibt es 2012 nur 12 Olympic Partners. Dennoch wird für die Olympiade 2012 mit Sponsoreneinnahmen in Höhe von etwa einer Milliarde US-Dollar gerechnet. 2008 in Peking waren es 886 Mio US-Dollar (vgl. Müller-Delius 2009).

Aus den Marketingrechten an der WM 2010 soll die FIFA Einnahmen von 850 Mio € – etwa 1,1 Mrd US-Dollar – erzielt haben (Frey und Frey 2012).

Verteilt man diese Beträge auf die wenigen Sponsoren/Partner, lässt sich leicht errech-nen, wie hoch die Beträge der einzelnen Sponsoren/Partner sind. Auch wenn die Ver-anstalter ihre Sponsoren zum Stillschweigen über die Verträge verpflichten, ist bekannt, dass Sony in die WM 2010 etwa 245 Mio € und Adidas etwa 110 Mio € investiert haben (Maurath 2011).

Aber nicht nur durch die hohen Investitionen und die geringe Anzahl offizieller Spon-soren wird das Ambush Marketing gefördert, sondern auch durch eine Rechtehierarchie bei den Sponsoren: Neben den Veranstaltern von Großereignissen werden Lizenzen auch von nationalen Unterorganisationen vergeben. Auch schließen einzelne Sportler sowie re-gionale Verbände und Vereine Sponsorenverträge mit Unternehmen. Wollen diese Unter-nehmen nicht Gefahr laufen, dass ihrem gesponserten Verein/ihrem gesponserten Sportler die Teilnahme an dem jeweiligen Großereignis verwehrt wird, müssen sie mit ihren Wer-beaktivitäten zurücktreten, insbesondere dann, wenn sie mit ihren Produkten im Wett-bewerb stehen zu den offiziellen Sponsoren/Partnern der Großveranstaltungen. Können solche Unternehmen aus finanziellen Gründen oder aus Wettbewerbsgründen oder weil sie nicht Willens sind, extrem hohe Beträge in ein Großereignis zu investieren, nicht als Sponsor auftreten, bleibt ihnen nichts anderes als außerhalb der offiziellen Rechtevergabe nach Wegen zu suchen, die es ihnen erlauben, dennoch die von einem Großereignis ausge-henden positiven Wirkungen für ihr Unternehmen zu nutzen.

16.4 Einteilung der Ambush Marketingaktivitäten

Vielfach wurde – insbesondere in der Literatur – versucht, die unterschiedlichen Erschei-nungsformen des Ambush Marketings zu klassifizieren. Am weitesten verbreitet dürfte die Einteilung sein in direktes (plumpes) Ambush Marketing und indirektes (subtiles) Am-bush Marketing, letzteres mit den Untergruppen Ambush Marketing by Intrusion (Nutzen der Gelegenheit) und Ambush Marketing by Association (Agenda-Setting) (vgl. Pechtl

2007; Jaeschke 2007, S. 412 f.). Eine ähnliche Einteilung findet sich bei Wittneben und Soldner (2006, S. 1175 ff.).

Eine weitere Form der Differenzierung ist die nach der Art der Beziehung zur Veranstaltung. Dabei wird unterschieden nach Maßnahmen unter Verwendung des Eventzeichens, solchen am Austragungsort, solchen mit Eventbeteiligten oder mit eventbezogenen Gegenständen (Noth 2009, S. 6 f.; Melwitz 2007, S. 10). Eine als zweigliedrig bezeichnete Aufteilung, einerseits aus der räumlichen Perspektive, andererseits aus der rechtlichen, gesetzlichen und ethisch-moralischen, wurde ebenfalls vorgenommen (Stumpf 2006, S. 29). Versucht wurde weiter, die Ambush Aktivitäten nach dem Kriterium der Durchführbarkeit zu unterteilen. Dabei werden als Gruppen das eindämmbare und das offene Ambush Marketing, die Werbung im Umfeld sowie das geduldete Ambush Marketing genannt (Nufer und Simmerl 2008). Eine weitere, sich an die zuerst genannte Einteilung anlehnende Aufteilung geht von dem Begriff der Assoziationswerbung aus und unterteilt das Ambush Marketing in solche Maßnahmen, die die Bezeichnungen und Kennzeichnung einer Sportveranstaltung verwenden, solche, die eine sprachliche oder räumliche Bezugnahme auf den Durchführungsort vornehmen, solche, die einen zeitlichen Zusammenhang mit der Veranstaltung herstellen, solche, die typische Merkmale der Sportveranstaltung verwenden, und solche, die die bei der Sportveranstaltung auftretenden Mannschaften, Athleten und sonstige Produkte einsetzen, die einen Bezug zu der Sportveranstaltung aufweisen (Heermann 2011, S. 24 ff.).

Da Marketingstrategen immer neue Erscheinungsformen des Ambush Marketings entwickeln und meist einzelne Werbeformen nicht in Reinform, sondern in Kombination vorkommen, können alle vorgenommenen Strukturierungsversuche nicht abschließend sein (vgl. Nufer und Simmerl 2008, S. 13). Auch wenn sie aus Marketingperspektive durchaus von Interesse sein können, sind sie für die juristische Betrachtung allenfalls von geringer Bedeutung. Juristisch interessant ist allein die Einteilung in rechtmäßig und rechtswidrig, verbunden mit der rechtspolitischen Frage, ob Änderungsbedarf besteht, sei es in Form von neuen Regelungen oder von Neuinterpretation existierender Regelungen.

16.5 Gesetzliche und vertragliche Regelungen zur Bestimmung der Rechtmäßigkeit/Rechtswidrigkeit von Ambush Marketingaktivitäten

16.5.1 Gesetzliche Bewertungsmaßstäbe

16.5.1.1 Gewerbliche Schutzrechte und Urheberrecht
Markenrecht
Marken
Wie unter Abschn. 3.1.2.1 dargestellt, ist die extensive Markeneintragungspraxis der Veranstalter großer Events, insbesondere Sportevents und die damit einhergehende Praxis der Forderung hoher Lizenzentgelte, ein Grund für das Entstehen des Ambush Marketings.

Aufgrund der den Inhabern von Marken kraft Gesetzes zur Verfügung stehenden Möglichkeiten kann gegen Verwender identischer und verwechslungsfähig ähnlicher Marken sowie ähnlicher Marken, die ohne eine Verwechslungsgefahr zu begründen, den guten Ruf einer Marke ausnutzen oder in unlauterer Weise beeinträchtigen, effektiv vorgegangen werden. Mittels der markenrechtlichen Verbotstatbestände und den an sie geknüpften Unterlassungs-, Auskunfts- und Schadensansprüchen sowie Vernichtungsansprüchen können insbesondere solche Marketingmaßnahmen, die die Verwendung identischer oder ähnlicher Marken zum Gegenstand haben, um von dem Großevent zu profitieren, effektiv bekämpft beziehungsweise beseitigt werden.

Durch Einsichtnahme in die jeweiligen Markenregister lässt sich leicht feststellen, welche Kennzeichen formellen Markenschutz genießen. Dabei lässt sich aber auch schnell feststellen, dass eine Vielzahl von Bezeichnungen als Marke registriert ist, von denen der unvoreingenommene Betrachter sagen dürfte, dass es sich um solche Bezeichnungen handelt, die im allgemeinen Sprachgebrauch zur Bezeichnung eines bestimmten Events üblich sind oder diesen Event beschreiben. Solche Bezeichnungen sind – ebenso wie Bezeichnungen, denen jegliche Unterscheidungskraft fehlt – grundsätzlich von der Registrierung als Marke ausgeschlossen (§ 8 Abs. 2 MarkenG/Art. 7 Abs. 1 GMVO). Allerdings ist bei Marken, denen jegliche Unterscheidungskraft fehlt, oder die sich im allgemeinen Sprachgebrauch für bestimmte Waren und Leistungen durchgesetzt haben, zu beachten, dass ein absolutes Schutzhindernis und damit ein Löschungsgrund dann nicht gegeben ist, wenn sich die Marke vor dem Zeitpunkt der Eintragung aufgrund ihrer (intensiven) Benutzung für die jeweiligen Waren und Dienstleistungen im Verkehr als Marke durchgesetzt hatte (§ 8 Abs. 3 MarkenG/Art. 7 Abs. 3 GMVO).

Zumindest bei einigen der als Marke eingetragenen Bezeichnungen dürfte eine amtliche/gerichtliche Überprüfung der Eintragungsfähigkeit zu einer Löschung führen. So hat der BGH im Jahr 2006 entschieden, dass die für die FIFA eingetragene Marke „Fußball WM 2006" für sämtliche beanspruchten Waren und Dienstleistungen und die Marke „WM 2006" für solche Waren und Dienstleistungen, die im Zusammenhang stehen mit Fußballereignissen, zu löschen ist (Beschlüsse vom 27.04.2006– I ZB 96/05 und I ZB 97/05, BGH, GRUR 2006, S. 850 und BeckRS 2006, 09470).

Der Inhaber einer Marke kann Dritten nicht verbieten, eine identische oder eine ähnliche Marke in beschreibender Weise oder in nicht kennzeichnender Weise zu verwenden (§ 23 Nr. 2 MarkenG/Art. 12 GMVO). So kann ein Markeninhaber zum Beispiel weder einem Sender oder einem Verlag noch einem sonstigen Dritten untersagen, über die Fußballweltmeisterschaft, die in Deutschland 2006 stattgefunden hat, mit dem Hinweis auf WM Germany 2006 zu berichten. In einem solchen Fall dient die Bezeichnung „WM Germany 2006" ausschließlich der Beschreibung des Inhalts eines Berichts/einer Reportage (vgl. OLG Hamburg, GRUR-RR 2004, S. 362). Unter Beachtung der sonstigen für mediale Tätigkeiten geltenden Bestimmungen kann also auch ein Unternehmen, das im Wettbewerb zu einem offiziellen Sponsor steht, unter beschreibender Verwendung der Marke über das Ereignis berichten. Daneben kann in Fällen, in denen Merchandisingartikel oder Tickets zu Sportveranstaltungen als Gewinn im Rahmen einer Verlosung ausgelobt werden, der Tatbestand der markenrechtlichen Erschöpfung eingreifen, wenn keine berechtigten Interessen des Markeninhabers entgegenstehen (§ 24 MarkenG/Art. 13 GMVO; hierzu Heermann 2012a, S. 1035, 1040).

Auch wenn eine Marke nur sehr geringe Kennzeichnungskraft hat oder nach Auffassung der Gerichte beschreibend ist beziehungsweise eine im allgemeinen Sprachgebrauch übliche Bezeichnung für eine bestimmte Leistung oder einen Gegenstand ist, muss das Gericht in einem Verfahren, in dem der Markeninhaber die Verletzung der Marke rügt, die Eintragung der Marke respektieren und kann nur dann das Verfahren aussetzen, wenn der Beklagte ein Löschungsverfahren anhängig macht (BGH, GRUR 2002, S. 814).

Die Verwendung der Marken des Veranstalters eines Großevents in kennzeichnender Weise ist jedenfalls heute kein typisches Element des (subtilen) Ambush Marketings. Kommt es dennoch wegen der Verwendung im Rahmen des Ambush Marketings zu einer gerichtlichen Auseinandersetzung, dürfte es hauptsächlich um die Frage gehen, ob wegen Bestehens eines absoluten Schutzhindernisses die Marke eines Veranstalters von Großevents zu löschen ist oder ob die Art und Weise, in der die Marke beim Ambush Marketing verwendet wird, eine beschreibende ist. Abgesehen von der Anfangszeit des Ambush Marketings, in der häufig identische oder verwechslungsfähig ähnliche Marken auch in kennzeichnender Weise für Ambush Maßnahmen genutzt wurden, stehen die genannten Fragen deshalb nicht (mehr) im Fokus gerichtlicher Auseinandersetzungen.

Werktitel

Für den Titelschutz in Form eines Werktitels (§ 5 Abs. 3 MarkenG) gilt im Wesentlichen das, was für die Marken gilt, jedoch mit der Maßgabe, dass Gerichte auch bei nur geringen Abweichungen im Titel davon ausgehen, dass sie nicht verwechslungsfähig ähnlich sind und damit keine Verletzung des von einem Veranstalter eines Großevents benutzten geschützten Titels darstellen. Würde zum Beispiel die FIFA für „Fußball WM 2010" Titelschutz beanspruchen, so dürfte die Verwendung einer Wortfolge wie „WM Herrenfußball 2010" die Rechte an diesem Titel nicht verletzen. Ob ein solcher Titel eine Marke der FIFA verletzen würde, ist eine andere Frage.

Geschmacksmusterrecht

Macht ein Dritter ohne Einwilligung des Inhabers Gebrauch von einem der vielen für die FIFA eingetragenen europäischen Geschmacksmustern, so kann ein Gericht Unterlassung und Beschlagnahme (gegebenenfalls auch der Werkzeuge, mit denen das verletzende Produkt hergestellt wurde) anordnen (Art. 89 Abs. 1 a, b, c GemVO). Der Verletzte kann außerdem Auskunft und Schadensersatz verlangen sowie gegebenenfalls Vernichtung, Rückruf und Überlassung (§§ 42 f. GeschmMG ggf. i. V. m. Art. 89 GemVO). Eine Verletzung liegt nicht nur bei identischer Verwendung eines Geschmacksmusters vor, sondern auch dann, wenn der Gegenstand bei einem interessierten Benutzer keinen anderen Gesamteindruck als den, durch den geschmacksmusterrechtlich geschützten Gegenstand erzeugten, erweckt (§ 38 Abs. 2 GeschmMG/Art. 10 Abs. 1 GemVO).

Anders als das Markengesetz, nach dem die nicht markenmäßige Verwendung eines Zeichens erlaubt ist, verbietet das Geschmacksmustergesetz nicht nur die „mustermäßige"

Benutzung, sondern jegliche. Der Grund hierfür ist, dass das Geschmacksmusterrecht die gestalterische Leistung als solche schützt. Daraus folgt, dass sich ein Ambusher nicht darauf berufen kann, er habe das Geschmacksmuster nicht „mustermäßig" verwendet. Verteidigen kann sich der Ambusher folglich nur damit, dass der von ihm verwendete Gegenstand einen anderen Gesamteindruck vermittelt als das geschützte Muster oder mittels des Nachweises, dass zum Zeitpunkt der Schutzerlangung das Muster nicht neu und eigentümlich war, und auf Feststellung der Nichtigkeit des Geschmacksmusters klagt.

Obwohl die Eintragungspraxis der Veranstalter von Großevents, insbesondere der FIFA bei Geschmacksmustern ähnlich extensiv ist wie bei Marken, sind – soweit bekannt – Geschmacksmusterverletzungen wesentlich seltener Gegenstand gerichtlicher Verfahren. Möglicherweise liegt dies daran, dass die Verletzungshandlungen eindeutiger sind und deshalb schon vorgerichtlich geklärt werden, oder aber daran, dass Geschmacksmuster von Ambushern seltener verwendet werden als Marken, da die relevanten Marken häufig über einen höheren Bekanntheitsgrad verfügen. Ein weiterer Grund könnte sein, dass ein Geschmacksmuster (anders als Marken) nicht legal beschreibend verwendet werden kann.

Urheberrecht

Im Vorfeld und im Umfeld von und bei Großveranstaltungen entsteht häufig eine große Zahl von Werken im Sinn von § 2 UrhG. Das Urhebergesetz schützt die Schöpfer persönlicher geistiger Werke (§ 2 Abs. 2 UrhG). Zu diesen Werken zählen – neben anderen Werken – Sprach- und Schriftwerke, Werke der Musik, der Tanzkunst, Film- und Fotowerke.

Einige der bildlichen Darstellungen, die als Marken für Weltmeisterschaften und Europameisterschaften sowie Olympische Spiele registriert sind, dürften gleichzeitig dem Urheberrechtsschutz unterfallen. Das gilt zum Beispiel für einige EU-Marken des Internationalen Olympischen Komitees für die Spiele Vancouver 2010 (stilisierter Mensch), für die Spiele London 2012 (stilisierte Ziffer 2012), für die Spiele in München (Frau in Bewegung mit olympischem Feuer) sowie die von der FIFA für die WM 2006 eingetragenen drei lachenden Gesichter, für die EM 2010 eingetragene Bildmarke (balltretende Person im Halbkreis), für die Fußballweltmeisterschaft 2014 eingetragene Bildmarke (Pokal, bestehend aus Händen und der Zahl 2014). Urheberschutz besteht auch an Musikstücken, die für ein Großereignis komponiert und bei diesem aufgeführt werden, an Tanzdarbietungen, insbesondere an Choreographien bei der Eröffnungsfeier, und auch an Fotos und Filmen, die von einer Großveranstaltung gemacht werden. Auch für einige der als Wortmarken eingetragenen Sprüche könnte Urheberrechtsschutz in Betracht kommen, so zum Beispiel für die von der FIFA eingetragene Marke „Football for Hope" und „Live your Goals".

Die Inhaber von Urheberrechten an Werken der beschriebenen Art können die nicht autorisierte Verwendung untersagen und Auskunfts- und Schadensersatzansprüche sowie Vernichtungsansprüche geltend machen (§§ 97 ff. UrhG). Die rechtlichen Möglichkeiten, die das Urhebergesetz bietet, finden im Zusammenhang mit dem Rechtsschutz für Großevents regelmäßig wenig Beachtung.

Urheberrechtlicher Schutz an Marken bewirkt, dass selbst dann, wenn die Darstellungen und Wortkombinationen nicht markenmäßig verwendet werden, Unterlassungs-, Auskunfts-, Schadensersatz- und Vernichtungsansprüche geltend gemacht werden können. Die ungenehmigte Verwendung urheberrechtlich geschützter Werke ist, abgesehen vom privaten Gebrauch und wenigen anderen, hier nicht relevanten Ausnahmen, nur zur Berichterstattung über Tagesereignisse zulässig und dies auch nur in einem für den Zweck gebotenen Umfang (§ 50 UrhG).

Die nach dem Markengesetz, dem Geschmacksmustergesetz und den entsprechenden europäischen Bestimmungen sowie nach dem Urhebergesetz zur Verfügung stehenden Abwehrmöglichkeiten kommen insbesondere in Betracht bei medialen Ambush Aktivitäten (Internet und Fernsehen) sowie bei der Plakatwerbung und der Werbung unter Verwendung von Eventprodukten.

Wettbewerbsrecht

Ambush Aktivitäten stellen eine geschäftliche Handlung im Sinn von § 2 Abs. 1 Ziffer 1 des Gesetzes gegen den unlauteren Wettbewerb (UWG) dar. Als geschäftliche Handlungen sind Ambush Marketingaktivitäten an den Maßstäben des UWG zu messen. Dies gilt insbesondere für solche Maßnahmen, die weder gewerbliche Schutzrechte noch Urheberrechte des Veranstalters oder seiner Vertragspartner verletzen. Aber auch wenn solche Rechte tangiert sind oder sein könnten, verbietet dies nicht eine lauterkeitsrechtliche Prüfung. Die grundsätzliche Anwendbarkeit der Gesetze zum gewerblichen Rechtsschutz und des Urheberrechts schließt nach richtiger Auffassung die Anwendung des Lauterkeitsrechts nicht aus. Statuiert das UWG Ansprüche wegen Irreführung der angesprochenen Verkehrskreise oder wegen unlauterer Behinderung und Ausbeutung, so deshalb, weil das UWG einen funktionsfähigen Wettbewerb sicherstellen will und nicht den Schutz der Inhaber von Marken, Geschmacksmustern und Urheberrechten als Individuen zum Ziel hat (vgl. BGH GRUR, 2010, S. 642 ff.).

Nach dem vom Gesetzgeber zu Grunde gelegten extensiven Begriff des Wettbewerbsverhältnisses (BT-Drucks 15/1487, S. 16) besteht ein Wettbewerbsverhältnis auch zwischen Anbietern von Produkten verschiedener Branchen, wenn diese substituierbar sind. Aber auch dieser weite Begriff führt nicht dazu, dass generell davon ausgegangen werden könnte, dass ein Ambush Marketing treibendes Unternehmen, das sich werblich an eine Großveranstaltung „anhängt", mit dem Veranstalter des Events im Wettbewerb steht. Besteht keine Substituierbarkeit, ist Voraussetzung für die Annahme eines (konkreten) Wettbewerbsverhältnisses, dass sich der Ambusher das (berühmte) Kennzeichen oder den guten Ruf des Veranstalters für eigene Zwecke zu Eigen macht (vgl. BGH, GRUR 1983, S. 274 ff. – Rolls Royce; BGH, GRUR 1985, 550 ff. – Dimple; BGH, GRUR 1999, S. 161 ff. – McDoc). Das Zueigenmachen des Kennzeichens und die Ausnutzung des guten Rufes des Veranstalters ist aber nur eine der vielen denkbaren Ambush Möglichkeiten. Die Werbeanzeige von American Express zu den Olympischen Winterspielen 1994 „If you're travelling to Lillehammer you will need a passport but you don't need a VISA" macht sich weder Kennzeichen des Olympischen Komitees zu eigen noch nutzt sie den guten Ruf der Olympischen Spiele aus. Das Gleiche dürfte gelten für den mit Flugzeugen kreierten Schriftzug „Mercedes" bei dem Marathonlauf in New York 1997 sowie die rote Einfärbung der Pepsi-Getränkedosen bei den Olympischen Sommerspielen 2008 in Peking.

Folglich kann – entgegen einer verbreiteten Ansicht – nicht generell davon ausgegangen werden, dass ein konkretes Wettbewerbsverhältnis zwischen dem Veranstalter und den Ambush Marketing treibenden Unternehmen besteht (so aber Heermann 2011, S. 83). Regelmäßig dürfte, wenn schon zwischen Ambusher und Veranstalter kein Wettbewerbsverhältnis gegeben ist, ein solches aber bestehen zwischen Ambusher und offiziellen Partnern oder Sponsoren. Das UWG gibt folglich nicht in erster Linie dem Veranstalter eines Großereignisses, sondern den mit ihm vertraglich in Beziehung stehenden Sponsoren/Partnern die Möglichkeit, gegen unlautere Handlungen vorzugehen: Nach § 8 UWG stehen die Ansprüche aus diesem Gesetz neben Verbänden und qualifizierten Einrichtungen insbesondere den Mitbewerbern zu.

Irreführung

- § 5 Abs. 1 Nr. 3 und Nr. 4 UWG, § 5a UWG

Nach § 5 Abs. 1 Nr. 3 und Nr. 4 UWG handelt unlauter, wer irreführende Angaben macht über die Person, Eigenschaften oder Rechte eines Unternehmers. Dazu zählen unter anderem die Identität, das Vermögen einschließlich der Rechte des Geistigen Eigentums, der Umfang von Verpflichtungen, Befähigungen, Zulassungen, Mitgliedschaften oder Beziehungen, Auszeichnungen oder Ehrungen, Beweggründe für eine geschäftliche Handlung oder die Art des Vertriebs (Nr. 3). Gegenstand der Irreführung können darüber hinaus Aussagen und Symbole sein, die im Zusammenhang mit direktem oder indirektem Sponsoring stehen (Nr. 4).

In Bezug auf Sponsoring und ähnliche Aktivitäten stellt § 5 Abs. 1 Nr. 4 die speziellere Regelung dar, die – soweit derartige Handlungen betroffen sind – die allgemeinere Regelung der Nr. 3 verdrängt.

Eine Irreführung über die genannten Umstände setzt voraus, dass bei den angesprochenen Verkehrskreisen die Vorstellung geweckt wird, das werbende Unternehmen stehe zu dem Veranstalter in einem Sponsor- oder ähnlichem Verhältnis (OLG Hamburg, GRUR 1997, S. 297, 299; LG Stuttgart, Urteil vom 19.01.2012– Az. 35 O 95/11 KfH, BeckRS 2012, 12338; LG Stuttgart, GRUR-RR 2012, S. 358). Eine Irreführung setzt voraus, dass die Vorstellungen, die bei den angesprochenen Verkehrskreisen durch die Werbemaßnahme geweckt werden, hinreichend konkret sind und nicht nur unerheblich von der objektiven Realität abweichen (BGH, GRUR 2002, S. 247 ff.; Heermann 2006, S. 359 f.; Heermann 2011, S. 79). Die Unwahrheit der Angabe beziehungsweise die Eignung zur konkreten Täuschung ist vom Anspruchsteller/Kläger darzulegen. Insbesondere dann, wenn der Ambusher keine Marke des Veranstalters und auch nicht den von ihm gebrauchten Werktitel oder ein sonstiges bekanntes Schutzrecht verwendet, dürfte bei einem Großteil der angesprochenen Verkehrskreise keine konkrete Vorstellung darüber bestehen, ob das werbende Unternehmen zum Kreis der offiziellen Sponsoren oder Partner der Veranstaltung gehört. Dagegen dürfte in Fällen der Verwendung bekannter Zeichen und Titel aufgrund des zugrunde zu legenden Leitbilds des situationsabhängig aufmerksamen, verständigen

Durchschnittsverbrauchers davon auszugehen sein, dass die angesprochenen Verkehrskreise zwischen der Werbung eines offiziellen Unterstützers und eines Ambushers unterscheiden können und dies auch tatsächlich tun (vgl. BGH GRUR 2010, S. 642 ff.; Heermann 2012b, S. 313, 315; Heermann 2012a, S. 1035, 1041). Dies gilt umso mehr, nachdem
die Veranstalter und die offiziellen Partner der Veranstaltung dazu übergegangen sind,
mit erheblichem Aufwand Aufklärungskampagnen zur Benennung der Sponsoren und zu
ihrer Bedeutung zu betreiben (vgl. Berberich 2006, S. 181, 183).

Die Annahme, die angesprochenen Verkehrskreise unterschieden zwischen der Werbung eines offiziellen Partners und eines Ambushers, wird jedoch widerlegt durch eine
Studie der German Graduate School of Management and Law (GGF) (Bayon 2011). Danach macht sich der Umworbene in der Regel keine Vorstellung davon, ob eine rechtliche
Verbindung zwischen dem Werbenden und dem Veranstalter des Events besteht.

Wird die vom Ambusher hervorgerufene Irreführung nicht durch Aussagen, Bilder, Gegenstände (zum Beispiel ein Maskottchen – vgl. LG Frankfurt, Beschluss vom
08.09.2005, Az. 8 O 98/05; Gärtner et al. 2006, S. 1, 3) oder signifikante Geräusche (vgl.
BGH, GRUR 1961, S. 544 – Hühnergegacker; Heermann 2006, S. 359, 365) erzeugt, könnte
eine Irreführung durch Unterlassung im Sinn von § 5a Abs. 2 UWG anzunehmen sein.
Der Tatbestand des § 5a UWG kann insbesondere dann verwirklicht sein, wenn durch
das Gesamtbild einer Ambush Marketing Maßnahme – ohne dass dies an einzelnen Marken, Gegenständen etc. festgemacht werden kann – der Eindruck erweckt wird, der Werbende sei Sponsor oder Partner mit der Folge, dass dem beworbenen Gegenstand eine
weit größere Aufmerksamkeit entgegengebracht wird als ohne diesen Umstand. In einem
solchen Fall könnte die Irreführung nur dadurch vermieden werden, dass der Werbende
die Angesprochenen darauf hinweist, dass er nicht offizieller Sponsor/Partner ist. Ob man
– wie dies überwiegend geschieht (zum Teil unter Hinweis auf die Feststellung des BGH
zum Werktitelschutz im Urteil vom 12.11.2009 [GRUR 2010, S. 642]) – die Pflicht zur
Aufklärung tatsächlich verneinen kann (Heermann 2007, S. 359, 365; Heermann 2011,
S. 81 m.w.N.; Bornkamm 2012, S. 1 f.), dürfte zumindest bei bewusster Erzeugung eines
entsprechenden Gesamtbilds zweifelhaft sein. Ob zu § 5a UWG im Zusammenhang mit
Ambush Marketing bereits gerichtliche Entscheidungen ergangen sind, ist nicht bekannt.

Unlautere geschäftliche Handlungen

- § 4 Nr. 9 UWG

Nach dieser Vorschrift ist das Angebot von Waren oder Dienstleistungen, die eine Nachahmung eines Mitbewerbers darstellen, unlauter, wenn dadurch eine vermeidbare Täuschung
über die Herkunft herbeigeführt wird oder die Wertschätzung der nachgeahmten Produkte unangemessen ausgenutzt oder beeinträchtigt wird. Als Nachahmungsgegenstand kommen nach ständiger Rechtsprechung nicht nur Waren und Dienstleistungen, sondern auch
Marken, Werbesprüche (vgl. OLG München, GRUR Prax 2011, 430– Schönheit von innen) und alles Weitere, was wettbewerbliche Eigenheit aufweisen kann, in Betracht. Folglich können insbesondere spezielle Leistungen und Waren, die im Zusammenhang mit

einem Großevent erbracht beziehungsweise hergestellt werden, wie die Organisation von Public Viewing, Maskottchen und Sportkleidung, Ausgangspunkt unlauterer Handlungen im Sinn von § 4 Nr. 9 UWG sein.

Dagegen dürfte bei der Überprüfung einer Ambush Marketingmaßnahme die Veranstaltung selbst beziehungsweise ihre Organisation oder die Sponsoringleistung als solche nicht als Gegenstand des ergänzenden wettbewerbsrechtlichen Leistungsschutzes im Sinn von § 4 Nr. 9 UWG in Frage kommen (so aber wohl Berberich 2006, S. 181, 183; Heermann 2011, S. 89). Beim Ambush Marketing wird in aller Regel nicht die Veranstaltung oder die Sponsorleistung als solche nachgeahmt. Auch dürfte wohl davon auszugehen sein, dass der gute Ruf der Veranstaltung in erster Linie auf die Leistung der Sportler zurückzuführen ist und nicht auf die Leistungen des Veranstalters (vgl. Heermann 2011, S. 98 f.; Berberich 2006, S. 181, 183).

Wird ein Verstoß gegen § 4 Nr. 9 UWG gerügt, hat der Verletzte im Einzelfall nicht nur die Nachahmung nachzuweisen, sondern auch die Vermeidbarkeit einer Täuschung beziehungsweise die tatsächliche Ausnutzung oder Beeinträchtigung der Wertschätzung. Die Hervorrufung nur der Gefahr einer Täuschung oder Ausnutzung ist anders als bei § 5 UWG nicht ausreichend. Allein die Verursachung einer Assoziation mit einer fremden Kennzeichnung oder einem Produkt und damit die Erweckung einer besonderen Aufmerksamkeit erfüllen folglich den Tatbestand des § 4 Nr. 9 UWG nicht (BGH, GRUR 2003, S. 973 ff. – Tupper Ware Party; BGH, GRUR 2007, S. 759– Handtaschen).

Eine unlautere täuschende oder rufausbeutende oder rufbeeinträchtigende Nachahmung ist auch immer dann ausgeschlossen, wenn die Täuschung oder Rufausbeutung in erster Linie auf einer Bezeichnung oder einem Bild beruht, das gemeinfrei ist. So dürfte eine täuschende, rufausbeutende Nachahmung immer dann zu verneinen sein, wenn sie auf eine (nach dem BGH) sprachübliche Bezeichnung wie „Fußball WM 2006" zurückzuführen ist (BGH, GRUR 2006, S. 850; Herzog 2010, S. 15).

Bei der Beantwortung der Frage, worauf die Täuschung, Rufausbeutung oder – beeinträchtigung beruht, ist zu berücksichtigen, dass die Wertung nach deutschem Recht durchaus verschieden sein kann von der nach europäischem Recht, insbesondere im Markenrecht. So ist „WM 2006" der Markenschutz nach deutschem Recht abgesprochen worden, nach wie vor aber für die FIFA uneingeschränkt als europäische Marke registriert.

- § 4 Nr. 10 UWG

Nach dieser Vorschrift handelt unlauter, wer Mitbewerber gezielt behindert. Erfasst werden solche geschäftlichen Handlungen, die nicht in erster Linie auf die Förderung des eigenen Geschäfts gerichtet sind, sondern gezielt darauf, fremde wettbewerbliche Entfaltungsmöglichkeiten zu behindern (Köhler und Bornkamm 2011, § 4 Rn. 10.4). Die allgemeine Konkurrenzsituation und insbesondere das Ziel eines Ambushers, von einem Großereignis ebenso wie ein offizieller Sponsor zu profitieren, werden hiervon nicht erfasst.

Dennoch ist eine Reihe von Situationen denkbar, in denen § 4 Nr. 10 UWG zur Anwendung kommen kann. So könnte die Aufforderung des Unternehmens Adidas, das persönlich den Schwimmer Ian Thorpe sponsert, sich bei der Medaillenverleihung mit einem

Handtuch dergestalt zu positionieren, dass das Logo von Nike, dem offiziellen Ausrüster des australischen Teams, verdeckt ist, als Behinderung im Sinn von § 4 Nr. 10 UWG gewertet werden (Beispiel bei Stumpf 2006, S. 26, 29). Das Gleiche gilt für das Angebot an die Zuschauer, die zuvor von einem offiziellen Sponsor erworbenen Fanartikel mit der Marke des offiziellen Sponsors gegen ein hohes Entgelt zu verkaufen, damit sie sie nicht am Veranstaltungsort benutzen. Auch die Einführung roter Pepsi-Dosen und die kostenlose Verteilung dieser vor einem Event, dessen Sponsor Coca Cola ist, könnte, da die Dosen für Coca Cola Dosen gehalten werden dürften, eher von der Absicht zu behindern getrieben sein als davon, den eigenen Erfolg zu steigern.

- § 3 UWG

Nach § 3 Abs. 1 UWG sind unlautere geschäftliche Handlungen unzulässig, wenn sie geeignet sind, die Interessen von Mitbewerbern, Verbrauchern oder sonstigen Marktteilnehmern spürbar zu beeinträchtigen.

Aufgrund der Vielzahl der im UWG geregelten Einzelfälle unlauteren Handelns bildet die Generalklausel nur noch einen Auffangtatbestand. Nach herrschender Meinung ist § 3 UWG eng auszulegen. Die Frage, was „eng" heißt, wird von einzelnen Vertretern dieser Auffassung sehr unterschiedlich beantwortet (vgl. Melwitz 2007, S. 187 f.). Einigkeit besteht insoweit, als die Tatbestandsbegrenzungen der Einzelfallregelungen zu beachten sein sollen. Das heißt, die speziellen Regelungen dürfen nicht mittels § 3 UWG über ihren Tatbestand hinaus ausgelegt werden (Heermann 2006, S. 359; Heermann 2012b, S. 313, 316). Damit kommen als abschließende und nicht nur beispielhafte Regelungen für den Anwendungsbereich von § 3 UWG nur Fälle in Betracht, die den in § 4 UWG geregelten in ihrem Unwertgehalt mindestens gleichwertig sind. Dies ergibt sich nicht zuletzt aus den grundgesetzlich geschützten Positionen jedes Gewerbetreibenden sowie der grundsätzlich bestehenden Nachahmungsfreiheit. Danach dürfte jedenfalls keiner der bekannt gewordenen Fälle von Ambush Marketing eine Verhaltensweise darstellen, die allein aufgrund der Generalklausel des § 3 UWG als unzulässig zu werten wäre.

16.5.1.2 Hausrecht und Recht am eingerichteten und ausgeübten Gewerbebetrieb

Im Zusammenhang mit Ambush Aktivitäten in und um die Veranstaltungsorte von Großveranstaltungen wird häufig das Hausrecht des Stadioneigentümers und von ihm abgeleitet das des Veranstalters thematisiert, und zwar sowohl von Gerichten als auch in der Literatur. Wenig Beachtung findet demgegenüber das Recht am eingerichteten und ausgeübten Gewerbebetrieb.

Hausrecht

Das Hausrecht, fußend auf Art. 13 Grundgesetz (GG) und zivilrechtlich verankert in den §§ 903 ff. und 858 Abs. 1 BGB, wird häufig als gesetzliche Grundlage herangezogen, um von einem Großevent – von dem Veranstalter nicht gewünschte – Einflussnahmen abzuwehren. Basierend auf den genannten Normen kann der Inhaber nicht nur darüber bestimmen, wer zu einer Veranstaltung Zutritt erhalten soll, sondern auch zu welchem Zweck der Zutritt erfolgen darf. Das Hausrecht gibt dem Veranstalter somit die Möglichkeit, Werbemaßnahmen von Nichtsponsoren am Veranstaltungsort zu unterbinden. Dazu gehören auch solche Werbemaßnahmen, die durch einen Nichtsponsor initiiert werden, indem er vor dem Veranstaltungsort an Zuschauer Kleidung mit bestimmten Werbemotiven oder Getränke verteilt hat, die diese mit an den Veranstaltungsort nehmen.

Allerdings müssen derartige Maßnahmen des Hausrechts bereits vor dem Ticketverkauf bekannt gegeben werden, da anderenfalls Maßnahmen in Ausübung des Hausrechts, die nicht aufgrund einer Gefahr für die öffentliche Ordnung und Sicherheit erfolgen, mit dem vertraglich erworbenen Recht zum Zutritt zu der Veranstaltung kollidieren können. Auch ist das den Betroffenen jeweils am wenigsten beeinträchtigende Mittel bei der Ausübung des Hausrechts zu wählen, da das Hausrecht im Einzelfall mit dem grundgesetzlich garantierten allgemeinen Persönlichkeitsrecht und dem Recht auf Meinungsfreiheit im Widerspruch stehen kann. Bei „falscher" Kleidung wäre der Ausschluss von der Veranstaltung ein unangemessenes Mittel. Angemessen dürfte es aber sein, vom Zuschauer zu verlangen, dass er – ihm vom Sponsor zur Verfügung gestellte – neutrale Kleidung überzieht. Allerdings ist in der Vergangenheit deutlich geworden, dass durch ein solches Einschreiten dem Ambusher erst recht eine besondere Aufmerksamkeit und damit Werbewirkung zuteil wird (vgl. die Entfernung einiger Frauen in orangefarbener Kleidung, zur Verfügung gestellt von der holländischen Brauerei Bavaria).

Nach § 905 BGB unterliegt auch der Luftraum senkrecht über einem Grundstück dem Hausrecht. Nach bisheriger einhelliger Meinung kann der Hausrechtsinhaber aber solche Einwirkungen nicht verbieten, die in extremer Höhe über dem Grundstück vorgenommen werden. Begründet wurde dies damit, dass hieran kein berechtigtes Interesse bestehen könne (vgl. Barber 2006, S. 184, 186). Diese Begründung trifft jedoch bei Ambush Marketing im Luftraum nicht zu. Unabhängig davon, in welcher Höhe die Maßnahme stattfindet, hat der Hausrechtsinhaber dann ein berechtigtes Interesse, diese Maßnahmen zu untersagen, wenn sie vom Erdboden aus deutlich sichtbar ist. Ein Verbietungsrecht dürfte aber in solchen Fällen an den vorrangigen Vorschriften des Luftverkehrsgesetzes scheitern. Das gilt jedenfalls dann, wenn es sich um eine ordnungsgemäße Benutzung des Luftraums handelt und für den Werbeflug keine Erlaubnis nach der Luftverkehrsverordnung erforderlich ist. Einer Erlaubnis bedarf es nicht, wenn die Werbung allein darin besteht, dass das Luftfahrzeug beschriftet ist. Auch hat der Hausrechtsinhaber keine Handhabe, wenn unter Einhaltung des Luftverkehrsgesetzes und der Luftverkehrsordnung ein Flugzeug bestimmte Symbole/Marken in den Himmel schreibt. Da sich das Hausrecht nur über den Luftraum unmittelbar über dem Grundstück erstreckt, dürften jedenfalls Werbeflüge am Grundstück vorbei nicht mit dem Hausrecht zu begegnen sein (vgl. Barber 2006, S. 184 ff.).

Recht am eingerichteten und ausgeübten Gewerbebetrieb

Der eingerichtete und ausgeübte Gewerbebetrieb ist als sonstiges Recht im Sinn von § 823 BGB anerkannt. Nach § 823 Abs. 1 BGB ist zur Zahlung von Schadensersatz verpflichtet, wer vorsätzlich oder fahrlässig [...] ein sonstiges Recht eines anderen widerrechtlich verletzt. Eine Unterlassungspflicht kann sich aus § 823 Abs. 1 i. V. m. § 1004 BGB analog ergeben. Zu den sonstigen Rechten zählt der eingerichtete und ausgeübte Gewerbebetrieb (Palandt 2012, § 823 Rn. 126). Dass ein Veranstalter von größeren Sportevents Inhaber eines eingerichteten und ausgeübten Gewerbebetriebs sein kann, wurde mehrfach gerichtlich bestätigt (BGH, NJW 1970, S. 2060– Bubi Scholz; OLG Stuttgart, MMR 2009, S. 395 – hartplatzhelden.de; OLG München, NJW-RR 1997, S. 1405).

Gewerbebetriebe und damit die Organisation von Sportveranstaltungen sind nach § 823 BGB nicht nur in ihrem eigentlichen Bestand, sondern auch in der konkreten Erscheinungsform geschützt. Der Schutz umfasst die jeweilige Ausgestaltung der Organisation einschließlich der Werbung und der wirtschaftlichen Auswertung der Veranstaltung (OLG München, a. a. O., S. 1407). Jedoch wird Schutz nur gewährt gegen zielgerichtete, betriebsbezogene Eingriffe, die die Veranstaltung unmittelbar beeinträchtigen (OLG München, a. a. O.). Eine solche unmittelbare Beeinträchtigung liegt zum Beispiel vor, wenn ein Dritter Filmaufnahmen von der Veranstaltung in unmittelbarem zeitlichen Zusammenhang mit der Veranstaltung verwertet. Im konkreten Fall wurde die filmische Verwertung nur deshalb nicht als zielgerichteter Eingriff gewertet, weil zum Zeitpunkt der Veranstaltung die Verwertung von Filmaufnahmen noch nicht zu den üblichen Nebengeschäften des Veranstalters gehörte. Durch die Verwertung von Aufzeichnungen des bereits lange zurückliegenden Ereignisses konnte der Gewerbebetrieb nicht mehr zielgerichtet beeinträchtigt werden (OLG München, a. a. O.).

Gegen die Anwendung der Grundsätze über den eingerichteten und ausgeübten Gewerbebetrieb auf Sportveranstaltungen spricht nicht, dass der BGH in der Entscheidung „Hörfunkrechte" vom 08.11.2005 (BGH, GRUR 2006, S. 249) diese Grundsätze nicht erwähnt hat (so aber fälschlich Hilty und Henning-Bodewig 2006, S. 41). Der BGH hatte keinen Grund, auf die Grundsätze zum eingerichteten und ausgeübten Gewerbebetrieb einzugehen: Es ging nicht um die Abwehr eines Eingriffs in die Organisation der Sportveranstaltung, sondern darum, ob zu Zwecken der Gestaltung von Hörfunksendungen kostenfreier Eintritt zu gewähren ist.

Auch das Landgericht Hamburg hat die Anwendung der genannten Grundsätze nicht abgelehnt (so aber ebenfalls fälschlich Hilty und Henning-Bodewig 2006, S. 42). Es hat einen Eingriff nur deshalb verneint, weil es die speziellere Regelung des UWG zur Leistungsübernahme als vorrangig erachtet hat und nach dieser eine wettbewerbswidrige Übernahme eines fremden Leistungsergebnisses zu verneinen war (LG Hamburg, ZUM 2002, S. 659). Danach spricht nichts dagegen, aus § 823 Abs. 1 BGB eine originäre Rechtsposition des Veranstalters eines Sportereignisses abzuleiten (anderer Ansicht Hilty und Henning-Bodewig 2006, S. 42).

Da der Veranstalter von Großevents regelmäßig Inhaber eines eingerichteten und ausgeübten Gewerbebetriebs ist, ist bei jeder nicht autorisierten Marketingaktion im Zusammenhang mit dem Event im Einzelnen zu prüfen, ob es sich zum einen um einen betriebsbezogenen und zum anderen um einen zielgerichteten Eingriff handelt. Berücksichtigt man, dass nach der Rechtsprechung bereits eine unberechtigte Schutzrechtsverwarnung

(BGH, NJW 2005, S. 3141) oder die Benutzung eines als Marke geschützten fremden Werbeslogans auch außerhalb des wirtschaftlichen Wettbewerbs (OLG Hamburg, NJW-RR 1998, S. 552) oder die Verwendung einer Messe- und Ausstellungsbezeichnung durch ein nicht ausstellendes Unternehmen (BGH, NJW 1983, S. 2195 – Fotokina) sowie die unverlangte Zusendung von Informationen, insbesondere Werbung per Fax (LG München, NJW-RR 1994, S. 1054) als Eingriff in den eingerichteten und ausgeübten Gewerbebetrieb gewertet wird, so kann zumindest bei solchen Ambush Marketingmaßnahmen, die gezielt die Werbewirkung eines offiziellen Sponsors zu beeinträchtigen suchen, ein Eingriff in den eingerichteten und ausgeübten Gewerbebetrieb im Sinn von § 823 Abs. 1 BGB nicht generell ausgeschlossen werden. Er dürfte vielmehr häufig zu bejahen sein.

Etwas anderes kann im Einzelfall nur dann gelten, wenn die Werbemaßnahme von der grundgesetzlich garantierten Meinungsfreiheit (Art. 5 Abs. 1 GG) erfasst und im Rahmen einer Interessenabwägung der Meinungsfreiheit der Vorrang vor dem Eigentumsschutz in Form des eingerichteten und ausgeübten Gewerbebetriebs zu geben ist. Eine solche Entscheidung kann jedoch nur in Folge einer eingehenden Interessensabwägung getroffen werden.

Die Grundsätze des Rechts am eingerichteten und ausgeübten Gewerbebetrieb, basierend auf § 823 Abs. 1 BGB können danach jedenfalls immer dann zur Anwendung kommen, wenn dem Veranstalter nicht spezielle Vorschriften gegen Ambush Marketing Schutz gewähren wie zum Beispiel das Markengesetz, das Geschmacksmustergesetz, das Urhebergesetzes oder das UWG und gegebenenfalls auch vertragliche Regelungen (dazu siehe unten). Ansprüche aus dem Hausrecht, basierend ebenfalls auf dem allgemeinen Zivilrecht, können neben Ansprüchen aus § 823 BGB bestehen (vgl. auch Barber 2006, S. 184, 189).

16.5.2   Vertragliche Bewertungsmaßstäbe

Nicht nur Gesetze, sondern auch vertragliche Regelungen können zur Beurteilung von Ambush Marketingmaßnahmen herangezogen werden. Voraussetzung dafür, dass vertragliche Regelungen als Maßstab dienen können, ist jedoch, dass die vertraglichen Regelungen selbst gesetzeskonform sind.

16.5.2.1   Verträge mit Behörden

Immer häufiger schließen Gemeinden, in denen Großevents veranstaltet werden, Verträge mit den Veranstaltern. Grund für den Abschluss solcher Verträge ist in erster Linie, dass eine Gemeinde Interesse daran hat, dass eine Großveranstaltung, insbesondere eine Sportveranstaltung mit großer Medienwirkung, im eigenen Ort und nicht in einem anderen stattfindet. Die Behörden verpflichten sich in derartigen Verträgen gegenüber dem Veranstalter zur Durchführung bestimmter Maßnahmen zur Förderung und zum Schutz des Ereignisses. Solche Vereinbarungen können jedoch nur dann Drittwirkung entfalten, wenn die Gemeinde bei ihrer behördlichen Ermessensentscheidung sowohl die Interessen des Veranstalters als auch die der Dritten in ihre Ermessenserwägung einfließen lässt.

So steht es nach der Gewerbeordnung (§ 60 d GewO) zum Beispiel im Ermessen der Behörde, ob sie gegen jemanden, der gewerbsmäßig Waren oder Dienstleistungen außerhalb einer gewerblichen Niederlassung anbietet, ohne die erforderliche Reisegewerbekarte oder Erlaubnis zu besitzen, vorgeht.

Das Bauordnungs- und das Denkmalschutzrecht bieten der Behörde Möglichkeiten, insbesondere gegen Werbemaßnahmen vorzugehen. So kann die Behörde zu Zeiten einer Großveranstaltung intensiver kontrollieren, ob es sich bei einer an Baugerüsten und Bauzäunen angebrachten erlaubnisfreien Werbeanlage tatsächlich um Zäune und Gerüste handelt, die der Begrenzung und dem Schutz der Errichtung von Gebäuden etc. dienen, oder ob diese nur zum Schein – nämlich ausschließlich zu Zwecken der erlaubnisfreien Werbung – errichtet wurden.

Auch bei der Beantragung einer Werbeanlage ist es Sache der Behörde, den unbestimmten Rechtsbegriff der Verunstaltung auszufüllen (vgl. §§ 54 ff. i. V. m. der Anlage 2 zu § 55 Hessische Bauordnung [HBO]). Ein Ermessungsspielraum besteht für die Denkmalschutzbehörde bei der Frage, ob eine Werbeanlage ein Denkmal in seinem Erscheinungsbild verändert (§ 16 Abs. 1 Nr. 4 Denkmalschutzgesetz – DSchG).

Schließlich bieten das Straßenverkehrsrecht und das Straßenrecht diverse Handlungsmöglichkeiten. Unabhängig davon, dass die Behörde den Begriff „öffentliche Ordnung und Sicherheit" auszufüllen hat, geben diese Gesetze insbesondere auch bei der Frage, ob Ausnahmegenehmigungen und Erlaubnisse erteilt werden, Ermessensspielräume (vgl. z. B. §§ 29 und 46 Straßenverkehrsordnung [StVO]).

Bei ihren Ermessensentscheidungen darf sich die Behörde jedoch nur von sachgerechten Erwägungen leiten lassen und hat den Gleichheitsgrundsatz zu beachten. Demgemäß wäre es ihr bei der Frage, ob sie eine Erlaubnis für eine Werbemaßnahme erteilt, verboten, danach zu differenzieren, ob der Antrag von einem offiziellen Sponsor oder einem Unternehmen, das Ambush Marketing betreibt, gestellt wird. Das gilt auch bei der Einrichtung der sogenannten Bannmeile. Sie kann mit behördlichen Mitteln nur durchgesetzt werden, wenn dadurch nicht gegen öffentliche Normen, insbesondere gegen Rechtspositionen Dritter, verstoßen wird (Jedlitschka 2007, S. 184, 187). Beachtet eine Behörde bei Verträgen mit Veranstaltern von Großereignissen diese Grundsätze und insbesondere auch, dass ein Vertrag nicht zu Lasten Dritter geschlossen werden kann, können Ambush Marketingmaßnahmen auch an solchen Verträgen gemessen und gegebenenfalls auf Basis solcher Verträge untersagt werden.

16.5.2.2 Verträge mit Privaten

Zur Prüfung von Ambush Marketingmaßnahmen, insbesondere auch zu ihrer Untersagung kommen regelmäßig auch Verträge mit Privaten in Frage, die Tätigkeiten durchführen, die einen Zusammenhang mit dem Ereignis aufweisen, sei es der Verkauf von Karten für ein Event, die Organisation von Public Viewing, den Transport von Gütern und Personen vom und zum Veranstaltungsort etc.

Bei diesen Verträgen ist ebenso wie bei den Verträgen, die mit Gemeinden geschlossen werden, häufig festzustellen, dass Veranstalter von Großevents dazu neigen – insbesondere in AGB – Klauseln aufzunehmen, die gegen zwingende gesetzliche Bestimmungen verstoßen. So ist die private Vorführung von Filmen eines Großevents kraft des Urhebergesetzes erlaubt. Folglich braucht sich ein Interessierter einer dies einschränkenden vertraglichen Regelung nicht zu unterwerfen. Das bedeutet, der Veranstalter des Events kann ihn nicht daran hindern, bei einer privaten Vorführung – kostenlos – andere Getränke als die eines Sponsors des Events auszugeben. Ebenso wenig können Kleidervorschriften für solche Vorführungen gemacht werden.

Mittels vertraglicher Regelungen können Ambush Marketingmaßnahmen nur dann untersagt werden, wenn die Regelungen vereinbar sind mit zwingenden gesetzlichen Bestimmungen.

16.6 Vorschläge für neue gesetzliche Regelungen und ihre Bewertung

Insbesondere im Vorfeld und zu Zeiten zu denen Sportgroßveranstaltungen wie Fußballwelt- und -europameisterschaften sowie Olympische Spiele stattfinden, wird immer wieder die Frage gestellt, ob die bestehenden gesetzlichen und vertraglichen Möglichkeiten zum Schutz der Organisation und der Durchführung solcher sportlicher Großevents ausreichend sind. Insbesondere – aber nicht nur – von den Veranstaltern und den Sponsoren wird die Frage häufig verneint.

Dabei reichen die Vorschläge für einen erweiterten Schutz von der Schaffung einer neuen Vorschrift im UWG (so Jaeschke 2007, S. 411, 421), über die Zulassung von „Eventoder Veranstaltungsmarken" (so Fezer 2003, S. 321 ff.; Fezer 2012a, S. 1173, 1181), über die Anerkennung eines Immaterialgüterrechts für kommerzialisierte Veranstaltungsformate, das über § 823 Abs. 1 BGB und § 3 UWG geschützt sein soll (so Fezer 2012b, S. 1321), über ein Sondergesetz entsprechend dem Olympiaschutzgesetz (Rieken 2006, S. 439, 445), ein gesetzliches Leistungsschutzrecht für Sportveranstalter (Hilty und Henning-Bodewig 2006 im Auftrag unter anderem des Deutschen Fußballbunds e. V.; Heermann 2012c, S. 791), ein Leistungsschutzrecht entsprechend den Vorschlägen von CDU/CSU und FDP für die Presseverlage (Heermann 2011, S. 138) bis hin zu einem Schutz sui generis entsprechend dem Datenbankschutz nach § 87 ff. UrhG.

Der Forderung, ein Schutzgesetz für Partikularinteressen zu schaffen, ist entgegenzuhalten, dass hierfür zunächst ein sachlich gerechtfertigter Grund bestehen muss, da ein solches Schutzrecht in erheblichem Umfang in grundgesetzlich geschützte Positionen wie das Eigentum und die Meinungsfreiheit Dritter eingriffe. Bis heute jedenfalls lässt sich objektiv kein sachlich rechtfertigender Grund feststellen, um grundgesetzlich geschützte Positionen weiter einzuschränken. Insbesondere wurden die ökonomischen Auswirkungen von Ambush Marketing auf (Sport-)Großveranstaltungen bisher allenfalls ansatzweise erforscht. Von einer Gefährdung solcher Veranstaltungen dürfte jedenfalls bei den weiter steigenden Lizenzeinnahmen zum Beispiel der FIFA (vgl. Müller-Delius 2009) wohl nicht die Rede sein.

Gegen die Schaffung eines Leistungsschutzrechts für Veranstalter als Ausschließlichkeitsrecht gemäß den Regelungen im Urhebergesetz für Hersteller von Tonträgern, für Sendeunternehmen und für Filmhersteller spricht außerdem, dass Gegenstände der Leistungsschutzrechte jeweils ein Bündel urheberrechtlich geschützter Werke sind.

Am ehesten vergleichbar dürfte die Position der Veranstalter von Großveranstaltungen mit der der Datenbankhersteller (§ 87 a UrhG) sein. Der Schutz Letzterer ist im Wesentlichen ein Investitionsschutz (Wandtke und Bullinger 2009, § 87 a Rn. 42). Jedoch wurde und wird der Datenbankschutz vielfach kritisiert als ein wettbewerbsgefährdendes Sonderinstrument, initiiert durch Lobbyisten (vgl. EU-DG International Market and Services Working Paper 2005; Grützmacher 1999, S. 101 ff., 138 ff., 401 f.). Mit einer ähnlichen Reaktion dürfte bei der Schaffung eines Leistungsschutzrechts für Veranstalter von Großereignissen zu rechnen sein, selbst unter Berücksichtigung der erheblich größeren Verankerung des Sports in der Öffentlichkeit.

Gegen eine neue UWG-Norm, zum Beispiel in Form eines § 4 Nr. 12, sind darüber hinaus die Beschränkungen der Richtlinie 2005/29 EG über unlautere Geschäftspraktiken im binnenmarktsinternen Geschäftsverkehr zwischen Unternehmen und Verbrauchern (UGP-RL) zu berücksichtigen. Die Richtlinie bestimmt abschließend, welche Geschäftspraktiken der Unternehmer gegenüber den Verbrauchern unzulässig sind. Da sich ein Verbot von Ambush Marketing, das grundsätzlich dem Mitbewerberschutz dienen würde, in jedem Fall auch auf das Verhältnis Unternehmer/Verbraucher auswirken würde, dürfte ein solches Verbot nicht mit der Richtlinie vereinbar sein (vgl. Heermann 2011, S. 135).

Unabhängig davon, dass jede gesetzliche Maßnahme zunächst – weil sie die Freiheit Dritter einschränkt – mit erheblicher Skepsis zu betrachten ist, dürfte zurzeit nicht zuletzt das aktuelle politische Klima den Erlass solcher sondergesetzlichen Bestimmungen verhindern, die im Wesentlichen dem Schutz von Veranstaltern von Großevents dienen. Das bezeugen nicht nur die erhebliche Kritik, die am Olympiaschutzgesetz geübt wurde, sondern auch die Kritik, die Veranstalter wie die FIFA für machtvolles rigoroses Auftreten im Vorfeld und während der Meisterschaften erfahren haben, sowie die Kritik am London Olympic Games and Paralympic Games Act 2006 zum Schutz insbesondere der offiziellen Sponsoren vor unautorisierten Werbemaßnahmen Dritter. Letztere Kritik führte dazu, dass eine Reihe von besonders protektionistischen Vorschriften durch den London Olympic Games and Paralympic Games (Amendment) Act 2011 abgemildert wurden.

16.7 Schlussfeststellung

Zur Prüfung von Ambush Maßnahmen steht eine Vielzahl von gesetzlichen und vertraglichen Regelungen zur Verfügung. Die Verschiedenartigkeit der Ambush Maßnahmen macht es erforderlich, jede einzelne im Detail zu prüfen. Insbesondere das Gesetz gegen den unlauteren Wettbewerb sowie das aus § 823 Abs. 1 BGB abgeleitete Recht am eingerichteten und ausgeübten Gewerbebetrieb und die dazu ergangene Rechtsprechung bieten auch jenseits von Urheberrechten und gewerblichen Schutzrechten fundierte Beurteilungs-maßstäbe. Ein Bedarf an weitergehenden gesetzlichen Regelungen ist nicht ersichtlich.

Literatur

Barber, H. (2006). Air Ambushing oder parasitäre Werbung im Luftraum, In WRP 2006, S. 184–189.

Bayon, T. (2011). wilhelmadt.worldpress.com/2011/07/22/studie-zur-fussball-wm-der-frauen-der-verbraucher; German Graduate School of Management and Law gGmbH, Heilbronn.

Berberich, M. (2006). Ambush Marketing bei Sportveranstaltungen aus wettbewerbsrechtlicher Sicht, In SpuRt, 2006, S. 181–185.

Bornkamm, J. (2012) Irrungen, Wirrungen, In: WRP 2012 S. 1–5

Bruhn, M. (2003). Sponsoring – Systematische Planung und integrativer Einsatz.

Bruhn, M., Ahlers. G. M. (2003). Ambush Marketing – „Angriff aus dem Hinterhalt" oder intelligentes Marketing? In Jahrbuch der Absatz- und Verkaufsforschung 2003, S. 271–294.

EU-DG International Market and Services Working Paper. First Evaluation of Directive 96/9/EC on the legal protection of databases December 2005 (http://europe.eu.int/canen/internal_market/copyright/prot-databeses/prot-databases_de.htm).

Fezer, K.-H. (2009). Markenrecht.

Fezer, K.-H. (2003). Die Eventmarke – Markenschutz für Sponsoring und Merchandising, In Festschrift für Winfried Tilmann 2003, S. 321–334.

Fezer, K.-H. (2012). Immaterialgüterrechtlicher und lauterkeitsrechtlicher Veranstaltungsschutz (Teil 1), In WRP 2012, S. 1173–1182.

Fezer, K.-H. (2012). Immaterialgüterrechtlicher und lauterkeitsrechtlicher Veranstaltungsschutz (Teil 2), In WRP 2012, S. 1321–1329.

Frey, E., R. (2012). Sponsoring, Sponsoren, Ambush Marketing, TV-Rechte http://www.castilligasse.at/werbetechnik/sponsoring/sponsoring.htm.

Gabler, W. (2012). Marketing (http://Wirtschaftslexikon. gabler.de/Definition/marketing.html).

Gärtner, T., Raab, T., Gierschmann, S., Freytag, S. (2006). Rechtliche Fragestellungen im Zusammenhang mit der Fußballweltmeisterschaft 2006, In K & R 2006, S. 1–9.

Gonzales-Meier, M. (2012). Spanien-Lexikon – Spanien-Bilder.com www.spanien-bilder.com/lexikon/guerilla.htm.

Grützmacher, M. (1999). Urheber-, Leistungs- und sui-generis-Schutz in Datenbanken.

Heermann, P. (2006). Ambush Marketing anlässlich Sportveranstaltungen – Erscheinungsformen, wettbewerbsrechtliche Bewertung, Gegenmaßnahmen, In GRUR 2006, S. 359–367.

Heermann, P. (2011). Ambush Marketing bei Sportveranstaltungen, [Causa Sport, Bd. 3].

Heermann, P. (2007). Kennzeichenschutz von sportlichen Großveranstaltungen im deutschen und europäischen Recht, In ZEuP 2007, S. 535–580.

Heermann, P. (2010). Standpunkt, In NJW 24/2010. S, 10, 11.

Heermann, P. (2012). Ambush Marketing durch Gewinnspiele? – Marken- und lauterkeitsrechtliche Rahmenbedingungen von Gewinnspielen mit Bezug insbesondere zu Sportevents, In WRP 2012, S. 1035–1044

Heermann, P. (2012). Sind nicht autorisierte Ticket-Verlosungen lauterkeitsrechtlich unzulässiges Ambush Marketing? – Zugleich Besprechung von LG Stuttgart, Urt. V. 19.1.2012–35 O 95/11 KfH – Finaltickets Champions League und LG Stuttgart, Urt. V. 4.5.2012–31 O 26/12 KfH – Tickets Euro 2012, In GRUR-RR 2012, S. 313–316.

Heermann, P. (2012). Leistungsschutzrecht für Sportveranstalter de lege ferenda?, In GRUR 2012, S. 791–799.

Herzog, C. (2010). Werbeverbote für Wettbewerber (Ambush Marketing) de lege lata und de lege ferenda – Seminar im Sportrecht bei Peter W. Heermann, Wintersemester 2010, Universität Bayreuth.

Hilty, R., Henning-Bodewig, F. (2006). Rechtsgutachten „Leistungsschutzrecht für Sportveranstalter"

Hoeller, B. (2005). Olympiaschutzgesetz http://olympiaschutz-gesetz.de/kommentar/.

Jaeschke, L. (2007). Ambush Marketing – Schutzstrategien für Veranstalter von Sport- (Groß)-Ereignissen und Markenartikler, In MarkenR 10/2007, S. 411–421.

Jedlitschka, T. (2007). Verhinderung von Ambush Marketing im öffentlichen Umfeld von Sportveranstaltungen. In SpuRt, 2007, S. 184–188.

Körber, T., Mann, R. (2008) Werbefreiheit und Sponsoring – Möglichkeiten und Grenzen von Ambush Marketing unter besonderer Berücksichtigung des neuen UWG, GRUR 2008, S. 737–742.

Köhler, H., Bornkamm, J. (2011). UWG.

Maurath, J. (2011). Die Sponsoren der WM 2010 in Afrika – http://www.touring-afrika.de/afrikoblogg/die-sponsoren-der-wm-2010-in-Südafrika/.

Melwitz, N. (2007). Der Schutz von Sportgroßveranstaltungen gegen Ambush Marketing.

Müller, J. (2006). Ambush – Regulierungsbedarf in der Schweiz? In SpuRt 3/2006, S. 101–104.

Müller-Delius, A. (2009). Olympiade-2012-London.de, Blogg-Projekt von www.bloxwerk.de.

Noth, M. (2009). Trittbrettfahren durch Werbung bei Sportveranstaltungen. Rechtliche Beurteilung von Ambush Marketing und ähnliche Werbeformen.

Nufer, G., Simmerl, C. (2008): Strukturierung der Erscheinungsformen des Ambush Marketing (Reutlinger Diskussionsbeiträge zu Marketing & Management, Nr. 2008–6, Hochschule Reutlingen).

Palandt. (2012). Bürgerliches Gesetzbuch.

Pechtl, H. (2007). Trittbrettfahren bei Sportevents – Das Ambush Marketing (Diskussionspapier 01/2007, Universität Greifswald – http://www.rsf.uni-greifswald.de/bwl/paper.html).

Rieken, C. (2006). Die Eventmarke – Eine neue Markenform zur rechtlichen Absicherung des Sponsoring und Merchandising?, In MarkenR 2006, S. 439–445.

Rieken, C. (2013). Umfang und Grenzen des Schutzes olympischer Symbole, In MarkenR 2013, S. 334–339.

Röhl, C. (2012). Werbung mit „Olympischen Preisen" und „Olympia-Rabatt" und der Schutz olympischer Bezeichnungen – Zugleich Besprechung von LG Kiel, Urt. V. 21.6.2012–15 O 158/11 – Olympiarabatt, In GRUR-RR 2012, S. 381–384.

Schäfer, R. A. (2013). Die Olympischen Ringe und Bezeichnungen sind bekannte Kennzeichen, die einen erweiterten Schutz vor missbräuchlicher Verwendung genießen http://schaefer-management-recht.de/kanzlei/aktuelles.php?p=1471.

Spiller, C. (2011) Fünf Ringe zum Geld verdienen http://www.zeit.de/sport/2011–04/olympiaschutzgesetz-dosb-verfassung-kritik.

Stumpf, M. (2006). Ambush Marketing – Bedrohung für das Sponsoring, In Verbandsmanagement. Heft 2, (2006), S. 26–35.

Wandtke, A.-A., Bullinger, W. (2009). Praxiskommentar zum Urheberrecht.

Wittneben, M., Soldner, A. (2006). Der Schutz von Veranstaltungen und Sponsoren vor Ambush Marketing bei Sportgroßveranstaltungen, In WRP 2006, S. 1175–1186.

Kartellrechtliche Aspekte des Markensponsoring im Sport

Marco Hartmann-Rüppel

17.1 Einführung in die Thematik und Beispielsfälle

Markensponsoring im Sport kann aus kartellrechtlicher Sicht problematisch sein, weil seine Gestaltung im Einzelfall den Wettbewerb in unzulässiger Weise einschränken kann. Das Kartellrecht ist mit seinem Kartell- und Missbrauchsverbot vor allem in Art. 101, 102 des Vertrags über die Arbeitsweise der Europäischen Union (AEUV) und in §§ 1, 2, und 19, 20 im deutschen Gesetz gegen Wettbewerbsbeschränkungen (GWB) kodifiziert.

Die Relevanz der Kartellrechtsregeln beim Markensponsoring im Sport darf nicht unterschätzt werden, denn die Rechtsfolgen eines Verstoßes können für die Beteiligten weitreichende Folgen haben. Klauseln in Sponsoringvereinbarungen oder Verbandsregelungen zum Sponsoring, die gegen das Kartellrecht verstoßen, sind gemäß Art. 101 Abs. 2 AEUV bzw. § 134 des Bürgerlichen Gesetzbuchs (BGB) nichtig. Denkbar sind zudem die Verhängung von Bußgeldern durch die Kommission oder durch das Bundeskartellamt (BKartA) sowie zivilrechtliche Schadensersatzansprüche Dritter.

Anhand von drei wichtigen Beispielsfällen soll gezeigt werden, welche kartellrechtlichen Fragestellungen sich beim Markensponsoring im Sport insbesondere ergeben können und welchen Anforderungen die Gestaltung und Regelung von Sponsoring genügen muss, damit es mit dem europäischen und deutschen Kartellrecht vereinbar ist. Die Konstellationen betreffen entweder die Sponsoringverträge selbst oder aber Satzungen der Verbände, die das Sponsoring ihrer Mitglieder regulieren.

Fall 1: Das Unternehmen M produziert und vertreibt deutschlandweit Mineralwasser. Mit dem nationalen Basketballverband B kommt es überein, dass Firmenschriftzug und Firmenlogo von M für die kommenden fünf Jahre als Zusatz in den Namen der 1. Bundesliga mit aufgenommen werden. Weiter vereinbaren M und B, dass B während dieses

M. Hartmann-Rüppel (✉)
Hamburg, Deutschland
E-Mail: mhr@taylorwessing.com

H. Preuß et al. (Hrsg.), *Marken und Sport*,
DOI 10.1007/978-3-8349-3695-0_17, © Springer Fachmedien Wiesbaden 2014

Zeitraums keine weiteren Sponsorenverträge mit anderen Getränkeherstellern abschließen darf. Zusätzlich verpflichtet sich B, dass er die Lizenz zur Teilnahme am Spielbetrieb nur solchen Vereinen erteilt, die ihrerseits nicht von anderen Getränkeherstellern gesponsert werden.

Fall 2: Der Ligaverband F hat in seiner Satzung folgende Regelung getroffen: „Änderungen, Ergänzungen oder Neugebungen von Vereinsnamen und Vereinszeichen zum Zwecke der Werbung sind unzulässig. Verstöße dagegen führen zum Ausschluss aus dem Ligaverband." Außerdem ist es den Vereinen untersagt, für Alkoholika mit einem Alkoholgehalt über 15 % und Tabakwaren zu werben. Der Verein V, der Mitglied des Ligaverbands ist, möchte seinen Sponsor, einen Hersteller von Kräuterlikör, in seinen Vereinsnamen mit aufnehmen. F droht V für diesen Fall den Ausschluss aus der Liga an.

Fall 3: Der nationale Fußballverband A wird seit Jahrzehnten von B, einem Hersteller von Fußballbekleidung und -ausrüstung gesponsert. Als der Sponsoringvertrag zwischen A und B ausläuft, gibt der Konkurrent von B, der Sportartikelhersteller C, ein Angebot für das Sponsoring von A für die kommenden vier Jahre ab. Dieses sieht jährliche Zahlungen von C an A in einer bestimmten Höhe vor. Auch B gibt ein Angebot für einen neuen Sponsoringvertrag ab, dieses sieht allerdings Zahlungen in deutlich geringerer Höhe vor. Dennoch erhält B den Zuschlag.

Im Folgenden werden zunächst das europäische und deutsche Kartell- bzw. Missbrauchsverbot in seinen abstrakten Grundzügen dargestellt, denn selbstverständlich können beim Markensponsoring auch andere Fallgestaltungen auftreten und gegebenenfalls wettbewerbliche Bedenken hervorrufen. Diese sind auf Basis der folgenden kartellrechtlichen Regelungen zu beurteilen.

17.2 Grundzüge des Kartellrechts und die relevanten Sponsoringmärkte

Sinn und Zweck des Kartellrechts ist zum einen der Schutz der Interessen der Wettbewerber und Verbraucher, also der Marktteilnehmer, und zum anderen der Schutz der Struktur der Märkte, d. h. des Wettbewerbs als solchem (vgl. EuGH, 6.10.2009, „GlaxoSmithKline Services/Kommission", Rs. C-501/06, Slg. 2009, I-9291, Rn. 63).

Diesen Schutz bewerkstelligt zum einen das Kartellverbot nach Art. 101 AEUV bzw. nach § 1 GWB. Danach sind Vereinbarungen zwischen Unternehmen, Beschlüsse von Unternehmensvereinigungen und aufeinander abgestimmte Verhaltensweisen, die eine Verhinderung, Einschränkung oder Verfälschung des Wettbewerbs bezwecken oder bewirken, verboten.

Zum anderen wird dieser Schutz durch das Missbrauchsverbot nach Art. 102 AEUV bzw. nach § 19 GWB bewirkt. Danach ist die missbräuchliche Ausnutzung einer marktbeherrschenden Stellung durch ein oder mehrere Unternehmen verboten. Das GWB enthält daneben in § 20 ein Diskriminierungs- und Behinderungsverbot für sog. marktstarke Unternehmen.

Ob europäisches oder deutsches Kartellrecht Anwendung findet, hängt nach dem Wortlaut der Artt. 101, 102 AEUV davon ab, ob „der Handel zwischen den Mitgliedstaaten" beeinträchtigt wird (sog. Zwischenstaatlichkeitsklausel). Nur wenn dies nicht der Fall ist, gilt allein das GWB.

Der Unterschied zwischen dem Kartellverbot und dem Missbrauchsverbot besteht darin, dass das Kartellverbot einen Koordinierungstatbestand von mindestens zwei Unternehmen oder einer Unternehmensvereinigung voraussetzt, während das Missbrauchsverbot regelmäßig auf einseitige Verhaltensweisen eines oder mehrerer Unternehmen gerichtet ist. Gemeinsam ist beiden Verbotsnormen, dass tatbestandsmäßig nur Unternehmen bzw. Unternehmensvereinigungen gegen sie verstoßen können und dass der Prüfung der Wettbewerbssituation herkömmlicherweise eine Marktabgrenzung vorausgeht. Diese beiden Voraussetzungen werden daher vorab für Kartell- und Missbrauchsverbot gemeinsam dargestellt.

17.2.1   Die Sponsoringbeteiligten als Unternehmen

Wettbewerbsbeschränkungen und Marktmachtmissbräuche können nur von Unternehmen ausgehen. Unternehmen i. S. d. Kartellrechts ist jede Einheit, die eine wirtschaftliche Tätigkeit von gewisser Dauer ausübt, unabhängig von ihrer Rechtsform, dem Fehlen oder Vorliegen einer Gewinnerzielungsabsicht, dem Umfang der Tätigkeit oder der Art der Finanzierung (vgl. EuGH, 23.4.1991, „Höfner und Elser", Rs. C-41/90, Slg. 1991, I-1979, Rn. 21; OLG Düsseldorf, 28.8.1998, „Inkontinenzhilfen", WuW/E DE-R 233, 234 f.). Auch natürliche Personen können Unternehmen sein (Kommission, 26.5.1978, „RAI/UNITEL", IV/29.559, ABl. 1978 L 157/39, 40). Entscheidend ist, dass die Einheit auf einem Markt als Nachfrager oder Anbieter von Waren oder Dienstleistungen auftritt (EuGH, 16.6.1987, „Kommission/Italien", Rs. C-118/85, Slg. 1987, 2599, Rn. 7; Kommission, 27.10.1992, „Fußballweltmeisterschaft 1990", COMP/33.384 und 33.378, ABl. 1992 L 326/31, Rn. 43; BGH, 16.12.1976, „Architektenkammer", WuW/E BGH 1474, 1477).

Teilweise wird die Unternehmenseigenschaft von Akteuren des Sports, also von Verbänden, Vereinen oder Athleten thematisiert (Kommission, 1.8.2002, „Meca Medina et Majcen/CIO", COMP/38.158, Rn. 38; LG Köln, 13.9.2006, SpuRt 2006; Bergmann 2009; Subiotto 2010). Dies rührt daher, dass nach der Rechtsprechung der Unionsgerichte der Sport nur insoweit in den Anwendungsbereich des Unionsrechts fällt, als er einen „Teil des Wirtschaftslebens" ausmacht (EuGH, 16.3.2010, „Olympique Lyonnais", Rs. C-325/08, Slg. 2010, I-2177, Rn. 27). Selbst wenn es Bereiche des Sports gibt, die nicht dem Unionsrecht unterfallen sollten, so hat dies für die Unternehmenseigenschaft im Bereich des Sponsorings keinen Einfluss, denn es ist allein zu fragen, ob das konkret zu untersuchende Marktverhalten, also die Nachfrage oder das Angebot nach bzw. von Sponsoring eine wirtschaftliche Tätigkeit betrifft (sog. relativer Unternehmensbegriff; EuGH, 16.3.2004, „AOK",

Rs. C-264/01, Slg. 2004, I-2493, Rn. 58; BKartA, 28.11.1972, „Deutscher Fußball-Bund",
WuW/E BKartA 1433, 1435; Roth und Ackermann 2009, Rn. 35.). Aus dem Umstand,
dass das Verhalten von Akteuren des Sportsektors nicht stets Marktrelevanz aufweisen
muss, folgt also nicht, dass sie deshalb generell keine Unternehmen sind (vgl. BKartA,
28.11.1972, „Deutscher Fußball-Bund", WuW/E BKartA 1433, 1435). Auch in Vereinen
angestellte Einzelsportler können aus diesem Grund für den Bereich des Sponsorings als
Unternehmen anzusehen sein, wenn sie eigenständig als Anbieter von Sponsoring am
Markt auftreten (Roth und Ackermann 2009, Rn. 67; Gippini-Fournier und Mojzesowicz
2009, Rn. 53).

Im Bereich des Sponsorings sind die Fallgestaltungen daher grundsätzlich so, dass die
Unternehmenseigenschaft aller Beteiligten zu bejahen ist, denn der Sponsor wendet dem
Gesponserten Finanz-, Sach- oder Dienstleistungen zu und erhält im Gegenzug Rechte zur
kommunikativen Nutzung von Personen bzw. Organisationen und/oder Aktivitäten des
Gesponserten (vgl. Hermanns und Marwitz 2008), so dass beide Parteien eine wirtschaft-
liche Tätigkeit ausüben.

17.2.2 Die relevanten Märkte im Sportsponsoring

Im Kartellrecht kommt der Marktabgrenzung eine entscheidende Bedeutung zu. Für das
Kartellverbot ist sie wichtig, weil Wettbewerbsbeschränkungen nur zwischen wenigstens
potentiellen Wettbewerbern stattfinden können (Roth und Ackermann 2009, Rn. 365).
Wettbewerb besteht zwischen Unternehmen nur, wenn sie auf demselben Markt tätig sind.
Für die Anwendung des Missbrauchsverbots kommt es auf die Feststellung des relevanten
Marktes an, auf dem ein oder mehrere Unternehmen gemeinsam eine beherrschende Stel-
lung inne haben.

Das Grundprinzip der Marktabgrenzung ist, dass aus Sicht der jeweiligen Marktgegenseite eines Produkts festgestellt wird, welche Produkte austauschbar sind; alle austausch-
baren Produkte gehören zu einem Markt (sog. Bedarfsmarktkonzept). Mit dieser Methode
kann ermittelt werden, welchem Wettbewerbsdruck der Anbieter eines bestimmten Produkts durch Wettbewerber ausgesetzt ist (Roth und Ackermann 2009, Rn. 369 ff.). Für das
Markensponsoring im Sport ist also zu fragen, welche Sponsoring-Engagements aus Sicht
der Sponsoren austauschbar sind.

In räumlicher Hinsicht erfolgt die Marktabgrenzung danach, in welchem Gebiet die
Wettbewerbsbedingungen hinreichend homogen sind und sich von benachbarten Gebieten durch spürbar unterschiedliche Wettbewerbsbedingungen unterscheiden (Kommission, Bekanntmachung über die Definition des relevanten Marktes im Sinne des Wettbewerbsrechts der Gemeinschaft, ABl. 1997 C-372/5, Rn. 8).

17.2.2.1 Abgrenzung nach Sponsoring-Bereichen
Zunächst ist festzustellen, dass Markensponsoring im Sport mit anderen Bereichen des
Sponsorings (Kultur, Ökologie, Bildung etc) nicht austauschbar ist (Grätz 2009):

Im Sportsponsoring sind die drei wichtigsten Ziele der Imagetransfer, die Kontaktpflege zu Geschäftspartnern und potentiellen Kunden sowie die Steigerung der Bekanntheit (Angenendt 2010). In anderen Bereichen wie dem Kultur-, dem Ökologie- oder dem Bildungssponsoring ist die Gewichtung der Sponsoringziele hingegen etwas anders. Hier steht der Wille der Sponsoren im Vordergrund, gesellschaftliche Verantwortung zu übernehmen bzw. zu demonstrieren (Ruda und Klug 2010; Angenendt 2010).

Der Sport zeichnet sich zudem durch ein eigenes Image aus, das sich von denen der anderen Sponsoringbereiche unterscheidet. Mit Sport werden in der Gesellschaft Attribute wie jung, spannend und modern verbunden (Hermanns und Marwitz 2008; Engel 2009).

Ferner ist die hohe qualitative und quantitative Übereinstimmung der Zielgruppen des Sponsors mit denen des Sponsoringobjekts bzw. -subjekts ein sehr wichtiges Kriterium für einen effizienten Einsatz des Sponsorings (vgl. Drees 1990). Die Sponsoren-Ziele Imagegewinn und Steigerung der Bekanntheit hängen nämlich davon ab, wie intensiv der Kontakt zur Zielgruppe hergestellt werden kann und von wie vielen Personen aus dieser Zielgruppe das Unternehmen wahrgenommen wird (Hermanns und Marwitz 2008.). Mediennutzer sind dabei die größte und wichtigste Zielgruppe für das Sponsoring (Drees 1990). Auch in dieser Hinsicht unterscheidet sich das Sportsponsoring von anderen Bereichen: Zum einen differieren die Zielgruppen zwischen den Bereichen (Wiedmann und Langner und Bachmann 2006), zum anderen erreicht das Sportsponsoring aufgrund der Verbreitung durch die Medien eine weitaus größere Zielgruppe.

17.2.2.2 Weitere Abgrenzungen innerhalb des Sportsponsoring
Sponsoring international herausragender Sportereignisse

Innerhalb des Sponsorings im Sportbereich kommen weitere Abgrenzungen eigener sachlicher Märkte in Betracht. Hierbei ist wiederum von den Zielen des Imagetransfers und der Bekanntheitssteigerung auszugehen, deren Erreichung vom Grad des medialen Interesses an einer Sportveranstaltung abhängt.

Danach nimmt das Markensponsoring bei den Olympischen Sommer- und Winterspielen, der Fußballweltmeisterschaft und der Fußballeuropameisterschaft der Männer Sonderstellungen ein, denn diese Wettbewerbe werden weltweit übertragen und stoßen auf das größte Zuschauerinteresse. Die Möglichkeiten zur Steigerung der Bekanntheit und des Imagetransfers sind nicht mit anderen Sportereignissen vergleichbar (Grätz 2009; Hannamann 2001).

Ein weiteres Indiz für diese Abgrenzung sind die Preise, die für ein solches Engagement bezahlt werden (vgl. Kommission, Bekanntmachung über die Definition des relevanten Marktes im Sinne des Wettbewerbsrechts der Gemeinschaft, ABl. 1997 C 372/5, Rn. 7; Bergmann 2009). Die Sponsoring-Möglichkeiten bei diesen Turnieren werden von den drei Verbänden hierfür bewusst eng gehalten: Die Einnahmen des IOC durch seine 11 Sponsoren für deren Engagement bei den Olympischen Spielen in Vancouver (2010) und London (2012) lagen bei 957 Mio. US \$ (IOC 2012). Die Einnahmen der FIFA durch ihre insgesamt 14 internationalen für die Fußball-Weltmeisterschaft 2010 in Südafrika Sponsoren lag im Jahr 2010 bei 247 Mio. US \$ (FIFA 2010a). Es dürfte kaum andere Sponsorennehmer geben, die ähnliche Summen erhalten. Auch die UEFA hat bei der Europameisterschaft 2012 in Polen und der Ukraine ihre globalen Sponsoren auf 10 begrenzt (uefa.com 2012); ein Markensponsoring bei diesen Wettbewerben dürfte daher nicht mit anderen Sportwettbewerben austauschbar sein.

Dabei stellen Olympische Spiele und Fußballwelt- und -europameisterschaften jeweils eigene Märkte dar. In zeitlicher Hinsicht ist nämlich zu beachten, dass Olympische Spiele und die Fußballmeisterschaften zu unterschiedlichen Zeiten stattfinden, was für einzelne Märkte spricht (vgl. BGH, 26.5.1987, „Inter-Mailand-Spiele", WuW/E 2406, 2408). Dem dürfte letztendlich auch nicht entgegenstehen, dass die Sponsoringverträge häufig gleich für jeweils mehrere Turniere abgeschlossen werden (IOC 2011; FIFA 2010b), so dass sich die Zeiträume der Wettkämpfe überschneiden.

Für die räumliche Marktabgrenzung liefert der Wahrnehmungsradius von Sponsoring-Engagements einen wichtigen Aspekt, da Markensponsoring im Sport mittelbar stets der Absatzförderung dient. Olympische Spiele und die Fußballweltmeisterschaft werden weltweit im Fernsehen übertragen und bieten dem Sponsor somit die Möglichkeit, weltweit wahrgenommen zu werden. Die Sponsoren dieser Turniere sind daher auch Unternehmen, die weltweit tätig und an einer weltweiten Bekanntheitssteigerung bzw. einem weltweiten Imagetransfer interessiert sind. Es handelt sich daher um einen globalen Markt (vgl. Grätz 2009). Dies gilt letztlich aber auch für die UEFA-Europameisterschaft, bei der sich ebenfalls global tätige Sponsoren engagieren.

Sponsoring national herausragender Sportereignisse

Weiterhin könnten bestimmte nationale Sportarten bzw. deren Spitzenereignisse aus Sponsorensicht einen eigenen sachlichen Markt darstellen, weil sich ein dortiges Engagement aufgrund der deutlich geringeren Eignung alternativer Sponsoring-Objekte für die Verwirklichung der Sponsoringziele nicht austauschen lässt (vgl. Drees 1990). Wiederum ist von den Zielen Imagetransfer und Bekanntheitssteigerung auszugehen, so dass sich die Marktabgrenzung entscheidend nach der medialen Aufmerksamkeit richtet.

Danach könnte für Deutschland ein Sponsoringmarkt für den Fußballsport bzw. seine Spitzenereignisse anzunehmen sein. Hierfür spricht zunächst, dass jede Sportart ihr eigenes Image hat und die Veränderung des Images eines Unternehmens davon abhängt, in welcher Sportart es sich durch Sponsoring engagiert (Drees 1990).

Vor allem spricht für eine Abgrenzung des Sponsorings im Fußball die Dauer der Sendezeit, die ihm im Fernsehen gewidmet wird. So lag im Free TV die Sendedauer im Jahr 2006 bei ca. 5600 h. Auf Platz zwei und drei folgten Tennis mit ca. 1300 h bzw. der Automobilsport mit ca. 1200 h (sponsors.de 2007). Dies mag auch heute noch gelten, wobei generell zu beachten ist, dass Marktabgrenzungen zeitlichen Schranken unterliegen und sich daher auch ändern können. Im Bereich des Markensponsorings im Sport können große nationale Erfolge in einer Sportart (z. B. Tennis in Deutschland in den 80er und 90er Jahren) dazu führen, dass diesen Ereignissen eine größere mediale Aufmerksamkeit zuteil wird und somit auch die Sponsoren die Austauschbarkeit des Sponsorings anders bewerten. In anderen Staaten könnten daher ebenfalls eigene Märkte für „Nationalsportarten" wie Fußball, Eishockey oder Rugby bestehen.

Allerdings stellt das Sponsoring im Fußball insgesamt nicht den sachlichen Markt als solchen dar. Ein Verein der Regionalliga als Sponsoringobjekt wird aus Sponsorensicht nicht mit dem Sponsoring eines Bundesligisten, der zudem auch regelmäßig an internationalen Wettbewerben teilnimmt, austauschbar sein. Das Sponsoring im Amateurfußball, aber auch im professionellen Frauenfußball ist daher nicht von diesem Markt umfasst. Dagegen könnte das Sponsoring bei den Vereinen der Fußballbundesliga, zumindest einigen Vereinen der 2. Bundesliga und den Länderspielen der Nationalmannschaft eineneigenen sachlichen Markt darstellen, denn diesen Mannschaften bzw. den diesbezüglichen Wettbewerben kommt die größte mediale Aufmerksamkeit zu. Es wäre aber auch denkbar, innerhalb der Bundesliga das Sponsoring von Vereinen, die regelmäßig an den europäischen Wettbewerben teilnehmen, als eigenen sachlichen Markt anzusehen. Dies wäre im Einzelfall zu prüfen. Der sachlich abzugrenzende Markt ist räumlich stets national, da auch die Zuschauer der Sportereignisse hauptsächlich auf eine Nation begrenzt sind.

Weitere sachlich eigenständige Märkte bezüglich des Fußballs und anderer Sportarten dürften in Deutschland aktuell nicht bestehen. Zumindest ragt das mediale Interesse an diesen Veranstaltungen nicht in vergleichbarem Maße wie bei den anderen Märkten heraus (vgl. Grätz 2009; Hannamann 2001).

Ausrüstungssponsoring

Einen eigenen sachlich abzugrenzenden Markt stellt das Ausrüstungssponsoring dar. Beim Ausrüstungssponsoring nutzt der Sportakteur exklusiv und dauerhaft Sportgeräte oder Sportbekleidung des Sportartikelherstellers. Hierfür erhält der Sportverband oder -verein vom Hersteller finanzielle Zuwendungen und die Sportausrüstung (kostenfrei oder rabattiert).

Der Abschluss von Ausrüsterverträgen mit einzelnen Athleten oder Verbänden stellt aus Sicht der Sportartikelhersteller eine nicht mit anderen Sponsoringmöglichkeiten austauschbare Werbemaßnahme dar. Die Verwendung des Sportgeräts eines bestimmten Herstellers durch professionelle Athleten in einem Wettkampf entfaltet eine besonders hohe Werbewirkung bei den Verbrauchern. Durch Ausrüstungssponsoring wird beim Endkonsumenten von Sportartikeln der Eindruck erweckt, dass es sich bei dem Sportgerät um ein besonders hochwertiges Produkt handelt (vgl. KG, 20.11.1973, „Deutscher Fußball Bund", WuW/E OLG 1429, 1432).

Der Markt für Ausrüstungssponsoring dürfte weiter nach Sportarten abzugrenzen sein, da einem Hersteller grundsätzlich nur die Akteure derjenigen Sportart, deren Ausrüstungsgegenstände er herstellt, als Anbieter gegenüberstehen.

Eine weitergehende sachliche Abgrenzung könnte nach verbandlicher Hierarchieebene vorzunehmen sein. Das BKartA kommt in einer älteren Entscheidung zu einem Schuhausrüstervertrag zwischen dem Deutschen Fußball Bund (DFB), Adidas und dem Konkurrenten Puma zu dem Schluss, dass das Ausrüstungssponsoring der Nationalmannschaft weder mit dem Ausrüstungssponsoring einer Bundes- oder Regionalligamannschaft, noch einer ausländischen Nationalmannschaft austauschbar sei (BKartA, 28.11.1972, „Deutscher Fussball-Bund", WuW/E BKartA, 1433, 1435 f.), weil die Nationalmannschaft als Werbeträger für ein Sportgerät ein ganz anderes Gewicht habe als eine Ligamannschaft.

Es ist zweifelhaft, ob diese Aussage auch heute noch vollauf Bestand hat. Zum einen ist der Wert des Sponsorings der deutschen Fußballnationalmannschaft mittlerweile insoweit verwässert, als die Athleten auch bei Länderspielen Schuhe anderer Anbieter als des Ausrüstungssponsors Adidas tragen dürfen (zeit.de 2007). Zum anderen ist zu beachten, dass die Ausrüster von ähnlich erfolgreichen Fußballnationalmannschaften ihre Sportartikel weltweit verkaufen und diese Mannschaften bei Welt- und Kontinentalmeisterschaften ebenso wahrgenommen werden.

Schließlich ist eine Abgrenzung im Hinblick auf das Ausrüstungssponsoring von Wettbewerben, die eine überragende mediale Aufmerksamkeit genießen, vorzunehmen. Offizieller Ball-Ausrüster der Fußballweltmeisterschaft der Männer, der Europameisterschaft der Männer oder möglicherweise auch eines Grand-Slam-Tennisturniers zu sein, ist für einen Ballhersteller nicht mit anderen Werbemaßnahmen austauschbar.

Neben der sachlichen Marktabgrenzung sind die Märkte für Ausrüstungssponsoring auch räumlich abzugrenzen. Wird ein weltweiter Verband wie die FIFA gesponsert, so handelt es sich um einen weltweiten Markt. Beim Ausrüstungssponsoring eines nationalen Verbands, wie des Deutschen Olympischen Sportbunds (DOSB) oder des DFB durch einen Sportartikelhersteller könnte es sich dagegen auch um einen nationalen Markt handeln, wenngleich auch hier die Ausrüster zumeist weltweit tätig sind und die Turniere oft weltweit übertragen werden. Es mag auch Fälle geben, in denen Hersteller aus einem Land von vornherein einen Vorteil im Wettbewerb um die Ausrüstung der Nationalmannschaft dieses Landes haben; dies mag sich daran zeigen, dass ein heimischer Hersteller trotz eines höher dotierten Angebots eines ausländischen Konkurrenten den Vorzug für die Ausrüstung der Nationalelf erhält; so wurde es z. B. 2007 teilweise vermutet, als Adidas den Zuschlag zur Ausrüstung der DFB-Nationalmannschaft erhielt, obwohl Nikes Angebot finanziell erheblich besser gewesen sein soll (vgl. dazu spiegel.de 2007).

17.3   Kartellverbot gemäß Art. 101 AEUV bzw. gemäß §§ 1, 2 GWB

Eine Beschränkung des Wettbewerbs durch Vereinbarung oder abgestimmte Verhaltensweise von Unternehmen oder durch Beschluss einer Unternehmensvereinigung i. S. d. des Art. 101 AEUV bzw. der §§ 1, 2 GWB ist unter drei Voraussetzungen gegeben. Erstens muss eine Verhinderung, Einschränkung oder Verfälschung des Wettbewerbs (Wettbewerbsbeschränkung) vorliegen, zweitens muss diese Wettbewerbsbeschränkung spürbar sein und drittens darf keine Freistellung der Vereinbarung, der Verhaltensweise oder des Beschlusses nach Art. 101 Abs. 3 AEUV bzw. § 2 GWB vorliegen.

17.3.1   Wettbewerbsbeschränkung

Wettbewerb kann nur bestehen, wenn für Unternehmen eine Teilnahme am Marktgeschehen möglich ist und die Teilnehmer eines Marktes ihr Marktverhalten autonom, d. h. unabhängig von ihren Wettbewerbern bestimmen (können). Dies ist der Grundgedanke des Kartellverbots (sog. Selbständigkeitspostulat; vgl. EuGH, 4.6.2009, „T Mobile Netherlands", Rs. C-8/08, Slg. I-2009, 4529, Rn. 32 f.). Mit Marktverhalten ist dabei die Festlegung der Wettbewerbsparameter (z. B. des Preises) gemeint.

Um festzustellen, ob eine Wettbewerbsbeschränkung vorliegt, ist daher in einem ersten Schritt zu fragen, ob die Vereinbarung, die Verhaltensweise oder der Beschluss (im Folgenden nur noch: Vereinbarung oder Beschluss) durch eine Einschränkung der wettbewerblichen Handlungsfreiheit das Marktverhalten eines Unternehmens beschränkt oder sogar gänzlich verhindert. Es ist nicht erforderlich, dass die Wettbewerbsmöglichkeiten eines an der Vereinbarung oder an dem Beschluss beteiligten Unternehmens beschränkt werden. Vielmehr genügt es auch, dass Dritte hierin beschränkt werden (Roth und Ackermann 2009, Rn. 305; a. A. Bechtold 2013, §1 GWB, Rn. 35). Diese sog. Drittwettbewerbsfälle sind typisch für die Anwendung des Kartellrechts auf den Sport, da die Wettbewerbsbeschränkungen häufig von Verbandssatzungen ausgehen, die Verbände selbst aber nicht Marktteilnehmer sind. In der Entscheidung Meca-Medina stellt der EuGH allein auf die Wettbewerbsmöglichkeiten Dritter ab, insofern geht er davon aus, dass Beschränkungen Dritter erfasst sind (EuGH, 18.7.2006, „Meca-Medina und Majcen/Kommission", Rs. C-519/04, Slg. 2006, I-6991, Rn. 47; ebenso EuG, 26.1.2005, „Piau/Kommission", Rs. T 193/02, Slg. 2005, II-209, Rn. 101).

Liegt eine solche Einschränkung der wettbewerblichen Handlungsfreiheit vor, ist in einem zweiten Schritt zu fragen, ob sich entweder der Inhalt und die Wirkung der Vereinbarung oder des Beschlusses im Wesentlichen darin erschöpft, wettbewerbliche Handlungsspielräume zu beschränken oder zu verhindern oder ob der wirtschaftliche bzw. rechtliche Kontext der Vereinbarung oder des Beschlusses eine andere Bewertung erforderlich macht (vgl. EuGH, 18.7.2006, „Meca-Medina und Majcen/Kommission", Rs. C-519/04, Slg. 2006, I-6991, Rn. 42; vgl. Eilmansberger 2009). Im ersten Fall ist von einer bezweckten Wettbewerbsbeschränkung auszugehen, deren Schicksal damit häufig besiegelt ist, weil bezweckte Wettbewerbsbeschränkungen i. d. R spürbar und nicht von dem Freistellungstatbestand des Art. 101 Abs. 3 AEUV bzw. des § 2 GWB erfasst sind (Roth und Ackermann 2009, Rn. 313 ff.).

Im zweiten Fall ist der Nachweis einer wettbewerbsbeschränkenden Wirkung erforderlich, damit die Vereinbarung oder der Beschluss kartellrechtswidrig ist. Dies erfordert eine Analyse des rechtlichen und wirtschaftlichen Kontexts und insbesondere der Zielsetzung der Vereinbarung bzw. des Beschlusses (EuGH, 18.7.2006, „Meca-Medina und Majcen/ Kommission", Rs. C-519/04, Slg. 2006, I-6991, Rn. 42).

Gerade in Bezug auf Regelwerke von Sportverbänden, die die Sponsoringmöglichkeiten ihrer Mitglieder bzw. der Wettkampfteilnehmer regulieren, kommt dieser Kontextanalyse eine entscheidende Bedeutung zu. Verfolgt ein Verband mit der Regelung des Sponsorings ein legitimes Ziel, so kann dies dazu führen, dass ein Beschluss, der für sich betrachtet eine Beschränkung des Wettbewerbs darstellen würde, dennoch zulässig ist. Voraussetzung hierfür ist, dass die mit dem Beschluss verbundenen wettbewerbsbeschränkenden Wirkungen notwendig mit der Verfolgung der Ziele zusammenhängen und dass sie im Hinblick auf diese Ziele verhältnismäßig sind (sog. Meca-Medina-Test; EuGH, 18.7.2006,

„Meca-Medina und Majcen/Kommission", Rs. C-519/04, Slg. 2006, I-6991, Rn. 42; Kommission 2007).

Eine normative Stütze findet dieser Ansatz im europäischen Kartellrecht speziell für die wirtschaftliche Tätigkeit von Sportverbänden seit Inkrafttreten des Vertrags von Lissabon in Art. 165 Abs. 1 Unterabs. 2 AEUV (zu Art. 165 AEUV siehe Muresan 2010). Danach sind die Organe der Union verpflichtet, zur Förderung der europäischen Dimension des Sports beizutragen und dabei dessen Besonderheiten zu berücksichtigen. Zudem ist die Selbstregulierung des Sports durch seine Verbände vom Grundrecht der Verbandsautonomie sowohl in der Charta der Grundrechte der Europäischen Union als auch im deutschen Verfassungsrecht gedeckt (Art. 12 Charta der Grundrechte der Europäischen Union und Art. 9 Grundgesetz). Es hat daher eine Abwägung von Rechtsgütern stattzufinden: Auf der einen Seite ist den Belangen des Wettbewerbsschutzes Rechnung zu tragen, auf der anderen Seite gilt es, den Sport bzw. dessen ethische, soziale und pädagogische Funktionen zu erhalten.

Vorsicht ist jedoch vor der Annahme eines zu großen rechtlichen Gewichts der Interessen von Sponsoren und Sponsornehmern geboten. Anders als z. B. Anti-Doping-Bestimmungen, die ebenfalls grundsätzlich dem Kartell- und Missbrauchsverbot unterfallen, ist Sponsoring nichts Sportspezifisches. Dementsprechend geringer ist auch das Gewicht des Sportschutzes in einer Abwägung. Dies zeigt z. B. auch das Urteil des EuGH zum exklusiven Verkauf von Übertragungsrechten jeweils für die Gebiete einzelner Mitgliedstaaten durch den englischen Fußballverband. Zwar sah der EuGH den Schutz des Sportereignisses durch eine entsprechende Vergütung für die Einräumung von Übertragungsrechten als legitimes Ziel an (EuGH, 4.10.2011, „Football Association Premier League u. Murphy", Rs. C-403 und 429/08, GRUR 2012, 156, 160, Rn. 93 ff.). Die allein durch die Gebietsexklusivität erreichte Vergütungshöhe konnte die damit einhergehende Marktabschottung bzw. Beschränkung des Binnenmarkts allerdings nicht rechtfertigen (EuGH, 4.10.2011, „Football Association Premier League u. Murphy", Rs. C-403 und 429/08, GRUR 2012, 156, 161, Rn. 115).

Die Kontextanalyse ist beim Markensponsoring im Sport zudem von besonderer Bedeutung, weil die Zuordnung von Vermarktungsrechten über das Marktangebot entscheidet (zur Zuordnung von Rechten s. Nagel 2012). Steht das Recht zur Gewährung von Sponsoringmöglichkeiten mehreren Beteiligten gemeinsam zu, so kann das Marktangebot auch nur gemeinsam erfolgen, so dass die Beteiligten nicht als Wettbewerber anzusehen sind.

17.3.2   Spürbarkeit der Wettbewerbsbeschränkung

Vereinbarungen oder Beschlüsse sind nur dann verboten, wenn sie eine spürbare Wettbewerbsbeschränkung bezwecken oder bewirken. Bei der Spürbarkeit handelt es sich um ein ungeschriebenes Tatbestandsmerkmal des Art. 101 Abs. 1 AEUV bzw. des § 1 GWB (EuGH, 1.2.1978, „Miller", Rs. C-19/77, Slg. 1978, 131 Rn. 15; BGH, 23.2.1988, „Brillenfassungen", WuW/E BGH 2469, 2470). Sowohl die Kommission als auch das BKartA haben

Bekanntmachungen erlassen, die das Tatbestandsmerkmal der Spürbarkeit näher konkretisieren (Kommission, Bekanntmachung über Vereinbarungen von geringer Bedeutung, die den Wettbewerb gem. Art. 81 Abs. 1 EG nicht spürbar beschränken [im Folgenden: de minimis-Bekanntmachung], ABl. 2001 C 368/1, und BKartA, Bekanntmachung Nr. 18/2007 über die Nichtverfolgung von Kooperationsabreden mit geringer wettbewerbsbeschränkender Bedeutung [im Folgenden: Bagatellbekanntmachung] vom 13.3.2007).

Nach diesen Bekanntmachungen ist die Wettbewerbsbeschränkung nicht spürbar, wenn die an der Vereinbarung oder dem Beschluss beteiligten Unternehmen auf keinem der von der Vereinbarung oder dem Beschluss betroffenen Märkte gemeinsam mehr als 10 % Marktanteil haben, sofern die Unternehmen (potentielle) Wettbewerber sind. Sind die Unternehmen keine Wettbewerber (dann handelt es sich um eine sogenannte vertikale Vereinbarung), so ist die Wettbewerbsbeschränkung nicht spürbar, wenn keines der Unternehmen auf keinem der betroffenen Märkte einen Marktanteil von mehr als 15 % hat (Kommission, de minimis-Bekanntmachung, Ziffer 7; BKartA, Bagatellbekanntmachung, Rn. 8, 9). Diese Marktanteilsgrenzen gelten allerdings nicht für solche Vereinbarungen oder Beschlüsse, die schwerwiegende Wettbewerbsbeschränkungen bezwecken, wie z. B. Beschränkungen des Absatzes (Kommission, de minimis-Bekanntmachung, Ziffer 11.1 lit. b; BKartA, Bagatellbekanntmachung, Rn. 15), solche Kernbeschränkungen sind in aller Regel auch unabhängig von Marktanteilen spürbar (vgl. OLG München, 23.10.1986, „Fassadenbau", WuW/E 3946, 3948; Bechtold 2013, § 1 GWB, Rn. 43; Roth und Ackermann 2009, Rn. 411).

17.3.3 Keine Freistellung nach Art. 101 Abs. 3 AEUV bzw. nach § 2 GWB

Liegt eine spürbare Wettbewerbsbeschränkung vor, ist die Vereinbarung oder der Beschluss nur zulässig, wenn die Voraussetzungen des Art. 101 Abs. 3 AEUV bzw. des § 2 GWB gegeben sind.

Es handelt sich hierbei um eine gesetzlich normierte Ausnahme vom Kartellverbot. Ihr Sinn und Zweck ist es, solche Vereinbarungen oder Beschlüsse aus dem Kartellverbot herauszunehmen, die positive wettbewerbliche Effekte ergeben, welche die gleichzeitige Beschränkung des Wettbewerbs rechtfertigen können (instruktiv zum Sinn und Zweck des Art. 101 Abs. 3 AEUV Pohlmann 2008, Rn. 21 ff.). Art. 101 Abs. 3 AEUV und § 2 GWB haben jeweils zwei positive und zwei negative Voraussetzungen. In positiver Hinsicht wird verlangt, dass die Vereinbarung oder der Beschluss zur Verbesserung der Warenerzeugung oder -verteilung oder zur Förderung des technischen oder wirtschaftlichen Fortschritts führt (im Folgenden: Effizienzvorteile) und dass der Verbraucher angemessen an dem dabei entstehenden Gewinn beteiligt wird. In negativer Hinsicht dürfen den beteiligten Unternehmen keine Beschränkungen auferlegt werden, die für die Verwirklichung der Effizienzvorteile nicht unerlässlich sind, und es darf nicht die Möglichkeit entstehen, den Wettbewerb für einen wesentlichen Teil der betreffenden Waren auszuschalten.

Dies bedeutet, dass ein gesamtwirtschaftlicher Nutzen entstehen muss, der ohne den Beschluss oder die Vereinbarung nicht einträte. Hierunter fallen z. B. die Herstellung besserer Produkte (Kommission, 11.10.1988, „Continental/Michelin", IV/32.173, ABl. 1988 L 305/33, Rn. 23 ff.; 24.6.1996, „BNP/Dresdner Bank", IV/34.607, ABl. 1996 L 188/37, Rn. 18; BGH, 9.7.2002, „Stellenmarkt für Deutschland II", WuW/E DE-R 919, 924) oder die Senkung von Transaktionskosten (vgl. Pohlmann 2008, Rn. 242). Der Gewinn muss in angemessenem Umfang an die Verbraucher weitergegeben werden, wobei mit Verbraucher jeder Nutzer der Produkte gemeint ist, auf die sich die Vereinbarung bezieht. Beim Markensponsoring im Sport zählen hierzu Akteure des Sportsektors, aber auch die Sportkonsumenten als Endverbraucher in der Wertschöpfungskette des professionellen Sports. Es werden auch Effizienzvorteile berücksichtigt, die auf anderen Märkten eintreten als jenen, auf denen der Wettbewerb beschränkt wird, sofern die selbe Verbrauchergruppe, die durch die Beschränkungen benachteiligt wird, auf dem anderen Markt von den Effizienzvorteilen profitiert (EuG, 28.2.2002, „Compagnie générale maritime", Rs. T-86/95, Slg. 2002, II-1011, Rn. 130; Kommission, Leitlinien zur Anwendung von Artikel 81 Absatz 3 EG-Vertrag, ABl. 2004 C 101/08, Rn. 43). Die Effizienzvorteile dürfen schließlich nicht ohne oder mit weniger einschneidenden Mitteln erreicht werden können und der Wettbewerb darf auf dem betroffenen Markt nicht ausgeschaltet werden.

Neben Art. 101 Abs. 3 AEUV bzw. § 2 GWB kommt für vertikale Vereinbarungen auch eine Freistellung nach der Gruppenfreistellungsverordnung über vertikale Vereinbarungen (Verordnung (EU) Nr. 330/2010 der Kommission vom 20. April 2010 über die Anwendung von Artikel 101 Absatz 3 des Vertrags über die Arbeitsweise der Europäischen Union auf Gruppen von vertikalen Vereinbarungen und abgestimmten Verhaltensweisen, ABl. 2010 L 102/1, im Folgenden: Vertikal-GVO) in Betracht. Die Vertikal-GVO gilt zwar unmittelbar nur bei Bedingungen für den Bezug, Verkauf oder Weiterverkauf von Waren oder Dienstleistungen (Kommission, Leitlinien für vertikale Beschränkungen, ABl. 2010 C 130/01, Rn. 26), woran es beim Sponsoring fehlen dürfte. Ihre Rechtsgedanken dürften aber auf Sponsoringvereinbarungen übertragbar sein (Bunte 2011, Rn. 46).

17.4   Falllösungen (Teil 1)

Fall 1

Basketballverband B und die Vereine werden durch die Sponsoringverbote in ihren wettbewerblichen Handlungsmöglichkeiten eingeschränkt. Eingeschränkt werden auch die Wettbewerbsmöglichkeiten auf der Marktgegenseite, denn andere Getränkehersteller werden darin beschränkt, Sponsoring bei den Vereinen oder bei dem Verband zu betreiben.

Im Rahmen der Kontextanalyse ist zwischen den beiden Exklusivitätsvereinbarungen zu differenzieren: Die exklusive Einräumung von Sponsoringrechten zulasten von B könnte nämlich deshalb tatsächlich keine Wettbewerbsbeschränkung darstellen, wenn B ohnehin nur für ein Unternehmen aus einer Branche werben kann, weil die

Nachfrage des Sponsors eine solche Exklusivität bedingt. Insoweit könnte es je nach Gestaltung und Umfang des Sponsorings im Einzelfall dazu kommen, dass Akteure des Sportsektors für eine bestimmte Branche nur einmal werben können (vgl. hierzu das Ergebnis einer empirischen Untersuchung von Chatrath und Wengler 2009). Umgekehrt wäre es jedoch auch denkbar, dass aus strategischen Gründen Wettbewerber des Sponsors ebenfalls versuchen, beim Sponsoringnehmer Sponsoring zu betreiben.

Weiterhin könnte die Branchenexklusivität zulasten von B auch deshalb keine Wettbewerbsbeschränkung darstellen, weil es sich dabei um eine erforderliche und angemessene Nebenabrede eines kartellrechtlich unbedenklichen Hauptgegenstandes der Vereinbarung handeln könnte (vgl. Kommission, Leitlinien zur Anwendung von Artikel 81 Absatz 3 EG-Vertrag, ABl. 2004 C 101/97, Rn. 28 f.). Hauptgegenstand jedes Sponsoringvertrags ist der Leistungsaustausch zwischen den Parteien: Sponsoringrechte werden gegen finanzielle Leistungen ausgetauscht. Dieser Vertragsgegenstand ist kartellrechtlich selbstverständlich unbedenklich, denn der Leistungsaustausch konstituiert den Markt. Die Exklusivitätsvereinbarung müsste für den Abschluss dieser Verträge erforderlich und angemessen sein, d. h. ohne ihre Vereinbarung dürfte das Sponsoring nicht oder jedenfalls nur schwer durchführbar sein und die Beschränkung des Wettbewerbs müsste im Hinblick auf den mit dem Sponsoring verfolgten Zweck in einem angemessenen Verhältnis stehen (vgl. Kommission, Leitlinien zur Anwendung von Artikel 81 Absatz 3 EG-Vertrag, ABl. 2004 C 101/97, Rn. 31; Heermann 2009b)

Dem Sponsor wird es häufig auf Exklusivität für einen gewissen Zeitraum ankommen. Jedenfalls bei einem Sponsoring größeren Umfangs wie in Fall 1 beim Namenssponsoring einer ganzen Liga wird eine gewisse Exklusivität Voraussetzung des Sponsoringengagements sein, die dann auch angesichts des Investitionsvolumens als angemessen zu betrachten wäre (vgl. Heermann 2009b). Es ist allerdings fraglich, ob die Exklusivität in sachlicher Hinsicht nicht zu weit gefasst ist. Immerhin ist nach der Vereinbarung die gesamte Getränkebranche erfasst, so dass z. B. auch keine Brauereien als Sponsor in Frage kämen. Eine derart umfassende Vereinbarung dürfte nicht erforderlich sein.

Diese Wettbewerbsbeschränkung könnte als Absatzbeschränkung auch spürbar sein (BKartA, Bagatellbekanntmachung, Rn. 15; a. A. offenbar Bergmann 2009). Nach der de minimis-Bekanntmachung der Kommission sind Absatzbeschränkungen des Verkäufers in vertikalen Vereinbarungen aber immerhin keine Kernbeschränkung (vgl. Kommission, de minimis-Bekanntmachung, Ziffer 11.2).

Geht man von einer Spürbarkeit der Wettbewerbsbeschränkung aus, ist die Exklusivvereinbarung zulasten von B nur zulässig, wenn sie die Voraussetzungen der Einzelfreistellung nach Art. 101 Abs. 3 AEUV bzw. § 2 GWB erfüllt. Branchenexklusivität ist für den Erfolg eines Sponsorings von enormer Bedeutung. Es ist daher im Rahmen der Bewertung der Effizienzvorteile zu ermitteln, wie lange das konkret in Rede stehende Sponsoring exklusiv sein muss, damit die damit erhofften Wirkungen des Imagetransfers und der Bekanntheitssteigerung eintreten.

Auch die Exklusivitätsklausel zulasten der Vereine stellt eine Beschränkung des Wettbewerbs dar. Die Vereine sind Wettbewerber von B in der Nachfrage nach Sponsoren. Mit B vereinbaren sie, dass sie sich nicht von Getränkeherstellern sponsern lassen, da ihnen B andernfalls keine Lizenz für die Teilnahme am Ligawettbewerb erteilen würde. Hierdurch wird der (Angebots-)Wettbewerb zwischen B und den Vereinen auf der einen Seite und der (Nachfrage-)Wettbewerb zwischen M und dessen Wettbewerbern auf der anderen unterbunden. Zwar dürfte das Interesse anderer Getränkehersteller durch das Sponsoring von M bei B tendenziell geringer sein als ohne das Sponsoring. Es ist jedoch nicht auszuschließen, dass Wettbewerber von M bei Vereinen Sponsoring betreiben würden. Dies gilt erst Recht für Hersteller anderer Getränke als Mineralwasser.

Da B und die Vereine als Wettbewerber anzusehen sind und die Vereine auf Sponsoring verzichten müssen, um eine Teilnahmelizenz zu erlangen, führt die Exklusivitätsklausel zulasten aller Vereine eine Beschränkung des Absatzes dar, so dass die Wettbewerbsbeschränkung letzlich auch spürbar ist (Kommission, de minimis-Bekanntmachung, Ziffer 11.1 lit. b); BKartA, Bagatellbekanntmachung, Rn. 15; vgl. LG Hannover, 8.4.2008, CaS 2008, 291, 295).

Eine Freistellung vom Kartellverbot scheidet aus. Soweit argumentiert werden sollte, dass sich auch durch eine über das Notwendige hinausgehende Exklusivität mehr Erlöse erzielen ließen (was in der Regel schon fraglich sein dürfte) – beispielsweise um eine bessere Organisation des Ligawettbewerbs zu erreichen –, kann dies nicht hinreichen. Zumindest dürfte es hierfür mildere und gleich geeignete Mittel, wie z. B. Lizenzgebühren der Vereine an B, geben, so dass es an der Erforderlichkeit der Wettbewerbsbeschränkung fehlt (vgl. Deselaers 1998).

Damit sind die Exklusivitätsvereinbarung zulasten von B jedenfalls in sachlicher Hinsicht und die zulasten der Vereine insgesamt kartellrechtswidrig. Das hat aber nicht zwingend die Nichtigkeit des gesamten Sponsoringvertrags zur Folge, denn unwirksam ist nach Art. 101 Abs. 2 AEUV zunächst einmal nur der kartellrechtswidrige Teil des Vertrags, wenn dieser einen abtrennbaren Teil des gesamten Vertrags darstellt (vgl. EuGH, 11.9.2008, „CEPSA", Rs. C-279/06, Slg. 2008, I-6681, Rn. 78; Bunte 2010, Rn. 257). In zeitlicher Hinsicht teilunwirksame Ausschließlichkeitsbindungen werden regelmäßig auf das zulässige Maß zurückgeführt (BGH, 13.3.1979, „Frischbeton", WuW/E BGH 1600, 1603). Dagegen wird in sachlicher Hinsicht eine geltungserhaltende Reduktion nach der Rechtsprechung des BGH nicht durchgeführt, weil es sich bei der sachlichen Teilunwirksamkeit um eine qualitative Überschreitung handle, die durch mehrere Regelungen ersetzt werden könne, ein solcher Gestaltungsspielraum den Gerichten indes nicht zustehe (BGH, 14.7.1997, NJW 1997, 3089 f.; vgl. BGH, 10.12.2008, „Subunternehmer II", WuW/E DE-R 2554, 2558). Allerdings wäre im vorliegenden Fall eine durch das Gericht rechtsgestaltende Einwirkung auf den Sponsoringvertrag mit der Folge vorzugswürdig, dass sich die Exklusivität lediglich auf Mineralwasser bezöge (vgl. Schmidt 2012, Rn. 29). Da allerdings zudem die Exklusivitätsvereinbarung zulasten der Vereine insgesamt kartellrechtswidrig ist, stellt sich die Frage, ob B und M den Sponsoringvertrag auch ohne diese Klausel abgeschlossen hätten (vgl. Schmidt 2012, Rn. 26). Ist dies nicht der Fall, wäre die gesamte Vereinbarung nichtig.

Fall 2

In Fall 2 werden V (aber auch die anderen Ligavereine) in ihrer Handlungsfreiheit auf dem Sponsoringmarkt beschränkt, da ihnen bestimmte Optionen des Sponsorings nicht mehr zur Verfügung stehen. Allerdings verfolgen die Regelungen des Verbands F legitime Ziele, denn diese sollen zum einen die sportliche Unabhängigkeit der Vereine von Wirtschaftsunternehmen und die nach außen sichtbare Trennung von Sponsor und Sponsornehmer sicherstellen (OLG Frankfurt a. M., 14.3.1985, „Sportverein Jägermeister Braunschweig", WuW/E OLG 3568, 3572; OLG Frankfurt a. M., 7.8.2009, „Handballverband", WuW/E DE-R 2648, 2650) und zum anderen gewährleisten, dass zentrale sportliche Werte wie Gesundheit und Fitness nicht durch die kommerzielle Verwertung des Sports von einzelnen seiner Akteure über Bord geworfen werden. Die Beschränkung von V ist hierfür auch erforderlich, da kein gleich geeignetes und milderes Mittel ersichtlich ist, wie die genannten Ziele erreicht werden könnten (teilw. a. A. Grätz 2009, der bezüglich des Namenssponsorings keine Gefahr einer unbegrenzten Einflussnahme durch den Sponsor sieht). Schließlich ist sie auch verhältnismäßig, da die Wettbewerbsbeschränkung nicht von einem solchen Gewicht ist: Immerhin verbleiben V und den anderen Vereinen der Liga verschiedene Sponsoringmöglichkeiten durch Unternehmen anderer Branchen. Zudem handelt es sich um gewichtige Anliegen des Verbands und des Sports im Allgemeinen. Daher stellen die Verbandsregelungen von F keine Beschränkung des Wettbewerbs i. S. d. Art. 101 AEUV bzw. § 1 GWB dar (vgl. OLG Frankfurt a. M., 14.3.1985, „Sportverein Jägermeister Braunschweig", WuW/E OLG 3568, 3572; OLG Frankfurt a. M., 7.8.2009, „Handballverband", WuW/E DE-R 2648, 2650).

Fall 3

Die Entscheidung von A, B für die kommenden acht Jahre exklusiv als Ausrüstungssponsor auszuwählen, wird zu einer Sponsoringvereinbarung zwischen A und B führen. Diese stellt eine Vereinbarung zwischen Unternehmen dar, deren Zulässigkeit nach Art. 101 AEUV bzw. §§ 1, 2 GWB entsprechend den in Fall 1 dargestellten Grundsätzen zu prüfen ist. Zur Frage der Zulässigkeit der einseitigen Auswahlentscheidung von A für B siehe unten nach der Darstellung des Art. 102 AEUV und des § 19 GWB (S. ##).

17.5 Missbrauch einer marktbeherrschenden Stellung gemäß Art. 102 AEUV bzw. § 19 GWB

Im Bereich Sportsponsoring können sich nicht nur Verstöße gegen das Kartellverbot ergeben, sondern auch gegen das Verbot des Missbrauchs einer marktbeherrschenden Stellung nach Art. 102 AEUV bzw. § 19 GWB. Dies gilt insbesondere, wenn Sportverbände an Sponsoringvereinbarungen beteiligt sind. Das Sportverbandswesen ist durch einen hierarchischen, pyramidenförmigen Aufbau und das Ein-Verbands-Prinzip gekennzeichnet (Heermann 2009a). Diese Struktur des Sportwesens wirkt sich in Bezug auf die Vermarktung von Sportereignissen, Verbänden, Vereinen und Athleten durch Sponsoring dergestalt aus, dass die Sportverbände eine marktbeherrschende Stellung einnehmen und diese missbräuchlich zur Einschränkung des Wettbewerbs einsetzen können. Ist ein Verband als marktbeherrschend anzusehen, muss sein Marktverhalten in kartellrechtlicher Hinsicht besonderen Anforderungen genügen.

17.5.1 Marktbeherrschende Stellung

Nach § 18 Abs. 1 GWB ist ein Unternehmen marktbeherrschend, soweit es als Anbieter oder Nachfrager einer bestimmten Art von Waren oder gewerblichen Leistungen auf dem sachlich oder räumlich relevanten Markt ohne Wettbewerber oder keinem wesentlichen Wettbewerb ausgesetzt ist oder eine im Verhältnis zu seinen Wettbewerbern überragende Marktstellung hat. Der EuGH definiert die Marktbeherrschung als wirtschaftliche Machtposition eines Unternehmens, die es in die Lage versetzt, die Aufrechterhaltung eines wirksamen Wettbewerbs zu verhindern, indem sie ihm die Möglichkeit verschafft, sich seinen Wettbewerbern, seinen Abnehmern und letztlich den Verbrauchern gegenüber in nennenswertem Umfang unabhängig zu verhalten (EuGH, 1.7.2008, „MOTOE", Rs. C-49/07, Slg. 2008, I-4863, Rn. 37).

Die Annahme einer marktbeherrschenden Stellung eines Verbands richtet sich daher wesentlich danach, wie die sachliche und räumliche Marktabgrenzung vorgenommen wird. Je enger ein bestimmter Markt abzugrenzen ist, desto eher kann eine marktbeherrschende Stellung entstehen.

17.5.1.1 Sponsoring international herausragender Sportereignisse

Das Sportsponsoring bei den Olympischen Spielen und der Fußball-Welt- bzw. -Europameisterschaft der Männer stellt entweder einen einheitlichen Markt dar oder die Veranstaltungen bilden jeweils eigene, getrennte sachliche Märkte. Auf diesem Markt bzw. diesen Märkten sind das IOC, die FIFA und die UEFA die einzigen Anbieter von Sponsoringmöglichkeiten, weil sie durch ihre Wettbewerbsstatuten den Teilnehmern eigenes Sponsoring untersagen. Sponsoren können die Image- und Werbewirkung der Großveranstaltung allein dadurch nutzen, dass sie offizieller Sponsor der Großereignisse werden. Wettbewerber dieser Sponsoren versuchen auf anderen Wegen (z. B. Ambush-Marketing) die Image- und Werbewirkung der Veranstaltung zu nutzen.

Jedenfalls wenn man von getrennten Märkten ausgeht, wofür m. E. einiges spricht, wären das IOC, die FIFA bzw. die UEFA Monopolisten und daher auch marktbeherrschend. Potentielle Wettbewerber, die die Marktstellung relativieren könnten, sind nicht ersichtlich (vgl. EuGH, 13.2.1979 „Hoffmann-La Roche/Vitamine", Rs. C-85/76, Slg. 1979, 461, Rn. 48), denn andere Turniere verfügen über kein vergleichbares Sponsoringpotential. Dies spricht für eine marktbeherrschende Stellung der Unternehmen (Marktbeherrschung bezüglich des IOC und der FIFA nimmt auch Grätz 2009 an).

17.5.1.2 Sponsoring national herausragender Sportereignisse

Die Märkte für Sportsponsoring außerhalb der herausragenden Großveranstaltungen sind wie oben dargestellt, grundsätzlich sportartübergreifend. In diesem Fall stehen eine Viel-

zahl von Anbietern in Wettbewerb zueinander, so dass regelmäßig keine Marktbeherrschung vorliegt. Im Ergebnis dürfte dasselbe für einen separaten Markt in Deutschland für
das Sponsoring der Nationalmannschaft, von Vereinen der Fußball-Bundesliga und Teilen
der 2. Fußball-Bundesliga gelten; auch hier sollte es hinreichenden Wettbewerb geben.

17.5.1.3 Ausrüstungssponsoring

Auf dem Markt für das Ausrüstungssponsoring herausragender sportlicher Großereignisse wie der Olympischen Spiele sowie der FIFA Fußballweltmeisterschaft und der UEFA
Europameisterschaft der Männer treten das IOC und die FIFA bzw. die UEFA als Anbieter von Ausrüstungssponsoringmöglichkeiten nur auf, soweit es um Sportgeräte geht, die
üblicherweise nicht als individuelles Gerät durch den Sportler selbst gestellt und genutzt
werden. Hier sind IOC und FIFA bzw. UEFA als Wettkampfveranstalter die einzigen Anbieter der Sponsoringmöglichkeit für die entsprechenden Gerätehersteller und insofern
marktbeherrschend. Ein bekanntes Beispiel für einen solchen Ausrüstungsvertrag ist der
Einsatz des „offiziellen WM-Balles" von Adidas im Rahmen der FIFA Fußballweltmeisterschaft seit 1970 (fifa.com 2012).

Im Hinblick auf das Ausrüstungssponsoring bei national herausragenden Sportereignissen sind die Märkte grundsätzlich enger, weil sie auf bestimmte Sportarten begrenzt
sind. Auch hier gilt, dass die Ausrüstung der Nationalauswahl des für eine Nationalsportart zuständigen Verbands oftmals einen eigenen sachlichen Markt darstellt und somit der
Verband auf diesem Markt ebenfalls eine marktbeherrschende Stellung einnimmt (so das
BKartA schon in seiner Entscheidung zu den Schuhausrüsterverträgen der Fußball-Nationalmannschaft, 28.11.1972, „Deutscher Fussball-Bund", WuW/E BKartA 1433, 1435 ff.;
gleicher Ansicht das KG, 20.11.1973, „Deutscher Fußball Bund", WuW/E OLG 1429,
1432 ff.). Gleiches gilt, wenn ein Verband ein bestimmtes, offizielles Sportgerät für einen
Wettkampf in einer solchen Nationalsportart festlegt. So hat sich die DFL in der Saison
2010/11 als letzte europäische Profifußballliga entschlossen, einen offiziellen Spielball für
die Spiele der 1. und 2. Bundesliga zu bestimmen. Ausrüstungssponsoring bezüglich des
offiziellen Spielballs der Bundesliga könnte einen eigenen Markt darstellen. Nimmt man
an, dass das Stellen des offiziellen Bundesligaballes in Deutschland nicht mit dem Stellen
offizieller Sportgeräte anderer Wettkämpfe austauschbar ist, so müsste man eine marktbeherrschende Stellung der DFL auf diesem Markt bejahen.

Außerhalb des national tätigen Verbandes dürfte beim Ausrüstungssponsoring keine
marktbeherrschende Stellung anzunehmen sein, da die einzelnen Hierarchieebenen, die
es innerhalb der betreffenden Sportart gibt, in der Regel miteinander im Wettbewerb um
Ausrüstungssponsoren stehen (vgl. Grätz 2009).

17.5.1.4 Veranstaltungsmarkt

Im Hinblick auf den Missbrauch einer marktbeherrschenden Stellung müssen alle Märkte
berücksichtigt werden, auf denen sich die Verhaltensweise des Marktbeherrschers wett-
bewerbsbeschränkend auswirken können. Das Missbrauchsverbot nach Art. 102 AEUV
und § 19 GWB erfasst nämlich auch Fallgestaltungen, in denen die marktbeherrschende
Stellung und die Beeinträchtigung des Wettbewerbs auf unterschiedlichen Märkten eintreten, sofern der erforderliche Kausalzusammenhang zwischen der Marktbeherrschung und

dem missbilligten Verhalten oder seiner wettbewerbsbeeinträchtigenden Wirkung gegeben ist (BGH, 4.11.2003, „Strom und Telefon I", WuW/E DE-R 1206, 1210). Im Hinblick auf eine marktbeherrschende Stellung von Sportverbänden sind daher neben den Sponsoringmärkten auch die Veranstaltungsmärkte zu betrachten. Aufgrund des dem Ein-Verbands-Prinzip folgenden, pyramidenförmigen Aufbaus der Sportverbände ist im Regelfall für jede Sportart innerhalb eines bestimmten, abgegrenzten geographischen Gebiets (Welt, Kontinente, Staaten, Regionen) nur jeweils ein Verband ausschließlich zuständig. Folge dieser Struktur ist, dass jeder Verband nur auf dem Gebiet Sportwettbewerbe veranstaltet, auf dem er verbandsrechtlich zuständig ist.

Die Existenz des Veranstaltungsmarktes, das heißt des Marktes für Lizenzen zur Teilnahme an sportlichen Veranstaltungen und Wettbewerben, ist in Rechtsprechung, Behördenpraxis und Literatur anerkannt (EuGH, 1.7.2008, „MOTOE", Rs. C-49/07, Slg. 2008, I-4863, Rn. 32 f.; Kommission, 19.3.2004, „Vega", COMP/E-2/38.316, Rn. 28; 30.6.1999, „Formel 1", IP/99/434; LG Dortmund, 23.6.2005, SpuRt 2006; LG Köln, 13.9.2006, SpuRt 2007, 30, 33; Grätz 2009; Deselaers 2011, Rn. 457). Auf diesem Markt legt der Verband die Regeln fest, denen sich teilnahmewillige Vereine und Athleten unterwerfen müssen, um eine Teilnahmelizenz zum jeweiligen Wettbewerb zu erlangen. Anbieter der Leistung auf dem Veranstaltungsmarkt ist daher der jeweils veranstaltende Verband, Abnehmer sind die Vereine oder Einzelathleten. Es gibt für die Nachfrageseite nicht nur keine anderen Anbieter für eine Lizenz zur Teilnahme an dem Wettbewerb, sondern wegen des Ein-Verbands-Prinzips ggf. auch keine alternativen Anbieter vergleichbarer Wettbewerbe, so dass eine Marktbeherrschung durch den Verband gegeben ist.

17.5.2 Missbräuchliches Ausnutzen einer marktbeherrschenden Stellung

Sowohl nach europäischem Recht gemäß Art. 102 AEUV als auch nach deutschem Recht gemäß § 19 GWB ist nicht die Marktbeherrschung an sich verboten, sondern das missbräuchliche Ausnutzen dieser Stellung (EuGH, 23.4.1991, „Höfner und Elser", Rs. C-41/90, Slg. 1991, I-1979, Rn. 29). Anerkannte und im Hinblick auf Sportsponsoring besonders relevante Missbrauchsfälle sind die unbillige Behinderung und die ungerechtfertigte Diskriminierung. Doch auch Verhaltensweisen, die sich nicht eindeutig einer der nachfolgend dargestellten Kategorien zuordnen lassen, können missbräuchlich sein, wenn sich das Verhalten des marktbeherrschenden Unternehmens objektiv als Fehlverhalten darstellt (Bulst 2010, Rn. 87).

17.5.2.1 Unbillige Behinderung

Eine missbräuchliche Behinderung im Sinne des deutschen und europäischen Kartellrechts ist gegeben, wenn ein marktbeherrschendes Unternehmen ohne sachlichen Grund seine Marktstellung dazu ausnutzt, um in wesentlicher Weise den Wettbewerb zu beeinträchtigen. Die Behinderung der Wettbewerbsmöglichkeiten einzelner oder aller Wettbewerber eines marktbeherrschenden Unternehmens ist generell der Hauptanwendungsfall des Behinderungsverbots aus Art. 102 AEUV bzw. § 19 GWB (Kommission, Erläuterungen zu den Prioritäten der Kommission bei der Anwendung von Artikel 82 des EG-Vertrags auf Fälle von Behinderungsmissbrauch durch marktbeherrschende Unternehmen [im Folgenden: Prioritäten], ABl. 2009 C 45/02, Rn. 19 ff.; Nothdurft 2011, Rn. 138 f.; Bechtold 2013, § 19 GWB, Rn. 6).

Ein Verhalten auf einem beherrschten Markt kann auch dann missbräuchlich sein, wenn es darauf abzielt, auf einem benachbarten, aber getrennten Markt (potentiellen) Wettbewerb ohne rechtfertigenden Grund auszuschließen oder zu beschränken (sog. Marktmacht-Transfer, s. EuG, 7.10.1999, „Irish Sugar", Rs. T-228/97, Slg. 1999, II-2969, Rn. 166 f.; vgl. Kommission, 30.6.1999, „Formel 1", IP/99/434; Deselaers 2011, Rn. 457 m. w. N.). Wie festgestellt wurde, nehmen die Verbände aufgrund des Ein-Verbands-Prinzips in der Regel eine marktbeherrschende Stellung jedenfalls auf dem Veranstaltungsmarkt ein. Kraft dieser marktbeherrschenden Stellung können sie den Vereinen, Mannschaften und Athleten, die auf eine Teilnahme an ihren Veranstaltungen angewiesen sind, ganz oder teilweise untersagen, im Rahmen der Veranstaltung eigenes Sponsoring zu betreiben. Als Beispiel kann die Athletenvereinbarung des DOSB angeführt werden (die ihrerseits mit der Olympischen Charta des IOC in Einklang steht). Darin unterwerfen sich die Athleten einem vollständigen Werbeverbot mit der Folge, dass sie für den Zeitraum der Olympischen Spiele kein eigenes Sponsoring betreiben können (DOSB 2012, Ziff. 3 lit. h). Somit behindert der Verband sowohl den Wettbewerb zwischen den an der Veranstaltung teilnehmenden Sportlern um Sponsoren, als auch den Wettbewerb zwischen den Sponsoren, denen anstelle einer Vielzahl von Anbietern nur noch der Verband als Sponsoringpartner gegenübersteht.

17.5.2.2 Diskriminierung

Behandelt ein marktbeherrschendes Unternehmen ohne sachlichen Grund gegenüber gleichartigen Unternehmen andere Unternehmen unterschiedlich, so stellt dies ebenfalls einen Verstoß sowohl nach europäischem, als auch nach deutschem Kartellrecht dar. Eine Ungleichbehandlung kann auf vielfältige Art und Weise erfolgen, beispielsweise durch Vereinbarung unterschiedlicher Konditionen, völlige oder teilweise Verweigerung des Geschäftsverkehrs oder Festsetzung unterschiedlicher Bedingungen für die Aufnahme von Geschäftsverkehr (Nothdurft 2011, Rn. 113; Bulst 2010, Rn. 214). Ein marktbeherrschender Sportverband muss somit bei der Vergabe der Sponsoringmöglichkeiten diskriminierungsfrei handeln, d. h., es müssen sachliche Gründe für die Auswahl eines Sponsors vorliegen.

17.5.3 Sachliche Rechtfertigung

Liegen sachliche Gründe für die Behinderung oder die Ungleichbehandlung vor, sind die Verhaltensweisen gerechtfertigt (EuG, 6.10.1994, „Tetra Pak II", Rs. T-83/91, Slg. 1994, II-755, Rn. 165; Kommission, Prioritäten, Rn. 28 ff.). Hierbei können – wie auch bei Art. 101 Abs. 3 AEUV bzw. § 2 GWB – Effizienzvorteile ein an sich missbräuchliches Verhalten rechtfertigen (Kommission, Prioritäten, Rn. 28; Bulst 2010, Rn. 149 m. w. N.). Letztlich läuft die Prüfung auf eine Interessenabwägung hinaus.

Im Bereich des Sports sind mehrere sachliche Gründe denkbar, die das Verhalten rechtfertigen können. Das Kammergericht stellte in dem Schuhausrüsterstreit zwischen Adidas und Puma fest, dass der Mannschaftsfrieden gefährdet sei, wenn sich die Spieler vor jedem Wettkampf als Wettbewerber um hohe Sponsorenbeträge gegenüberstünden und rechtfertigte somit die exklusive Ausstattung durch Adidas (KG, 20.11.1973, „Deutscher Fußballbund", WuW/E OLG 1429, 1439). Auch die Förderung der Veranstaltung und des Sports im Allgemeinen durch höhere Einnahmen aufgrund exklusiver Sponsoringmöglichkeiten ist ein Aspekt, der bei der Prüfung möglicher Effizienzvorteile Bedeutung entfalten könnte. Schreiben Verbände für ihre Turniere einen Benutzungszwang von bestimmten Sportgeräten vor, kann zur Rechtfertigung angeführt werden, dass hierdurch Transaktionskosten in erheblicher Höhe vermieden werden, die bei einem Einzelmannschafts- oder -athletensponsoring anfallen würden. Teilweise wird daher angenommen, dass eine zentrale Vermarktung durch den Verband gegenüber einer Einzelvermarktung durch die Vereine, Mannschaften und Athleten wesentlich effizienter ist (so Grätz 2009). Dieses Argument dürfte jedoch nicht in allen Fällen durchgreifen. Die Frage der Rechtfertigung ist letztlich immer im Einzelfall zu entscheiden.

17.6   Falllösungen (Teil 2)

Fall 1

In Fall 1 kommt eine marktbeherrschende Stellung des Verbands B auf dem Sponsoringmarkt nicht in Betracht. Denkbar wäre in Fall 1 allein ein Missbrauch aufgrund der eben geschilderten Marktmachttransfer-Grundsätze (hierzu näher in Fall 2). Das Ergebnis entspräche aber dem der Würdigung nach dem Kartellverbot.

Fall 2

In Fall 2 stellen die Sponsoringverbote auch keinen Missbrauch einer marktbeherrschenden Stellung gemäß Art. 102 AEUV bzw. §§ 18 ff. GWB dar. F ist zwar auf dem Sponsoringmarkt selbst nicht tätig, doch ist er auf dem Veranstaltungsmarkt für die Organisation des Ligasports marktbeherrschend. Auf diesem wird Verein V die Lizenz für die Teilnahme am Ligasportbetrieb nur erteilt, wenn er die Sponsoringverbote auch einhält. Wie ausgeführt kann ein Verhalten auf dem beherrschten Markt missbräuchlich sein, wenn es den Wettbewerb auf einem benachbarten Markt beschränkt. Durch die Sponsoringverbote wird Wettbewerb auf dem Sponsoringmarkt ausgeschlossen. Dieser Sponsoringmarkt ist dem Veranstaltungsmarkt nachgelagert und daher benachbart. Allerdings liegt ein sachlicher Grund für das Sponsoringverbot vor, denn die Argumentation, die im Rahmen des Kartellverbots ausgeführt wurde (s. o. Abschn. 2.3), ist auf das Missbrauchsverbot zu übertragen, so dass sowohl das Verbot des Sponsorings im Vereinsnamen (vgl. OLG Frankfurt a. M., 14.3.1985, „Sportverein Jägermeister Braunschweig", WuW/E OLG 3568, 3572; OLG Frankfurt a. M., 7.8.2009, „Handballverband",

WuW/E DE-R 2648, 2650; a. A. Grätz 2009, S. 384) als auch das Verbot bezüglich des Alkohol- und Tabaksponsorings gerechtfertigt ist (so auch Grätz 2009).

Fall 3

In Fall 3 könnte das Verhalten von A gegen das Missbrauchsverbot des Art. 102 AEUV bzw. der §§ 18 ff. GWB verstoßen. A dürfte als nationaler Fußballverband auf dem Ausrüstungssponsoringmarkt eine marktbeherrschende Stellung innehaben (s. o. S. Abschn. 2.6). Allerdings ist das Verhalten von A nicht per se missbräuchlich. Es steht Verbänden grundsätzlich frei, sich für bestimmte Ausrüster zu entscheiden. Wichtig ist jedoch, dass die Entscheidung auf einem transparenten und diskriminierungsfreien Verfahren beruht (vgl. BKartA 1987,f.; BKartA 2005) und dass der Verband einen „Wettbewerb um den Markt" gewährleistet. Er ist daher verpflichtet, das Ausrüstungssponsoring nur für eine gewisse Zeit einzugehen und somit das Sponsoring immer wieder neu auszuschreiben. Die zulässige Höchstdauer eines Ausrüstungssponsorings ist einzelfallabhängig. In einem Verfahren gegen den Dänischen Tennisbund verpflichtete die Kommission den Verband, alle zwei Jahre neu auszuschreiben (vgl. Kommission, 15.4.1998, IP/98/355). Wenn C tatsächlich mehr Geld geboten hat, stellt sich die Frage, welche Kriterien den Zuschlag für B begründen können. Allein das Argument einer traditionsreichen Zusammenarbeit mit B dürfte hierfür nicht genügen, da es dann auch der kartellrechtlich gebotenen Ausschreibung letztlich nicht bedürfte.

17.7   Zusammenfassung

Europäisches und deutsches Kartellrecht setzen Sponsoren und Sponsoringnehmern Grenzen in ihrem Marktverhalten. Insbesondere Exklusivitätsklauseln in Sponsoringverträgen und Sponsoringverbote in Verbandsregelwerken können unzulässig sein. Da Verbände zum Teil auch Marktbeherrscher auf der Angebotsseite eines Sponsoringmarktes sind, findet auch das Missbrauchsverbot Anwendung und setzt den Sportverbänden zusätzliche Schranken. Das Kartellrecht trägt allerdings auch den berechtigten Interessen der Sponsoringbeteiligten Rechnung, indem Branchenexklusivität in einem bestimmten Rahmen zulässig ist, und schützt die legitimen Zielsetzungen der Sportverbände, denen unter Umständen Vorrang vor dem Schutz des Wettbewerbs eingeräumt wird. Ob ein Verstoß gegen das Kartell- oder Missbrauchsverbot vorliegt, bleibt angesichts dessen immer eine Frage des Einzelfalls.

Literatur

Angenendt, C. (2010). *Sponsor Visions 2010*. Hamburg: pilot checkpoint GmbH.
Bechtold, R. (2013). § 1 GWB und § 19 GWB. In R. Bechtold (Hrsg.), *Kartellgesetz. Gesetz gegen Wettbewerbsbeschränkungen. Kommentar* (7. Aufl., S. 34–76 und 133–175). München: C. H. Beck.

Bergmann, B. (2009). Sportsponsoring und Kartellrecht – Was müssen Sponsoren, Verbände, Vereine beachten? *Sport und Recht*, *3*, 102–107.

Bulst, F. W. (2010). Art. 82. Missbrauch einer marktbeherrschenden Stellung. In H.-J. Bunte (Hrsg.), *Langen/Bunte. Kommentar zum deutschen und europäischen Kartellrecht. Bd. 2. Europäisches Kartellrecht* (11. Aufl., S. 521–656). Köln: Wolters Kluwer.

Bundeskartellamt. (1987). Bericht des Bundeskartellamtes über seine Tätigkeit in den Jahren 1985/86 sowie über die Lage und Entwicklung auf seinem Aufgabengebiet. http://dip21.bundestag.de/dip21/btd/11/005/1100554.pdf.

Bundeskartellamt. (2005). Bericht des Bundeskartellamtes über seine Tätigkeit in den Jahren 2003/2004 sowie über die Lage und Entwicklung auf seinem Aufgabengebiet. http://dipbt.bundestag.de/dip21/btd/15/057/1505790.pdf.

Bunte, H.-J. (2010). Art. 81. Generelle Prinzipien. In H.-J. Bunte (Hrsg.), *Langen/Bunte. Kommentar zum deutschen und europäischen Kartellrecht. Bd. 2. Europäisches Kartellrecht* (11. Aufl., S. 47–211). Köln: Wolters Kluwer.

Bunte, H.-J. (2011). Sonderbereich Sport. In H.-J. Bunte (Hrsg.), *Langen/Bunte. Kommentar zum deutschen und europäischen Kartellrecht. Bd. 1. Deutsches Kartellrecht* (11. Aufl., S. 872–892). Köln: Wolters Kluwer.

Chatrath, S., & Wengler, S., (2009). *Preisfindung und Bewertung von Sportsponsorships* (Berliner Reihe zum Marketing, Arbeitspapier Nr. 5). Berlin: Marketing-Department, Freie Universität Berlin.

Deselaers, W. (1998). Sportverbände und Europäisches Kartellrecht. *Wirtschaft und Wettbewerb*, *10*, 946–954.

Deselaers, W. (2011). Art. 102 AEUV. Missbrauch einer marktbeherrschenden Stellung. Abschnitt H. Entscheidungspraxis nach Fallgruppen. In E. Grabitz, M. Hilf, & M. Nettesheim (Hrsg.), *Das Recht der Europäischen Union. Band II* (51.Aufl., S. 147–184). München: C. H. Beck.

Deutscher Olympischer Sportbund. (2012). *Athletenvereinbarung für die Deutsche Olympiamannschaft bei den Spielen der XXX.* Olympiade, London 2012. http://www.dosb.de/fileadmin/Bilder_allgemein/Veranstaltungen/London_2012/Athletenvereinbarung_London_Beschluss.pdf.

Drees, N. (1990). *Sportsponsoring* (2. Aufl.). Wiesbaden: Deutscher Univ.-Verl.

Eilmansberger, T. (2009). Verbraucherwohlfahrt, Effizienzen und ökonomische Analyse – Neue Paradigmen im europäischen Kartellrecht? *Zeitschrift für Wettbewerbsrecht*, *4*, 437–471.

Engel, P. (2009). *Sponsoring im Sport. Vertragsrechtliche Aspekte.* Dissertation, Universität Zürich. Zürich, Basel, Genf: Schulthess.

Fédération Internationale de Football Association. (2010a). *Finanzbericht 2010.* http://de.fifa.com/mm/document/affederation/administration/01/39/20/45/web_fifa_fr2010_ger.pdf.

Fédération Internationale de Football Association. (2010b). *Fact Sheet. The Official FIFA World Cup Partners & Sponsors since 1966.* http://de.fifa.com/mm/document/fifafacts/miscfwcpartn/52/01/15/fs-401_01_partners.pdf.

fifa.com. (2012). *Marketing. adidas.* http://de.fifa.com/aboutfifa/organisation/marketing/fifapartners/adidas.html.

Gippini-Fournier, E., & Mojzesowicz, K. (2009). Art. 81 Abs. 1 EG. In U. Loewenheim, K. M. Meessen, & A. Riesenkampf (Hrsg.), *Kartellrecht. Kommentar* (2. Aufl., 2009, S. 215–342). München: C.H. Beck.

Grätz, D. (2009). *Missbrauch der marktbeherrschenden Stellung durch Sportverbände. Eine rechtsvergleichende Untersuchung des europäischen, deutschen und schweizerischen Missbrauchsverbots.* Dissertation, Universität Bayreuth. Tübingen: Mohr Siebeck.

Hannamann, I. (2001). *Kartellverbot und Verhaltenskoordination im Sport.* Dissertation, Universität Erlangen. Berlin: Duncker & Humblot.

Heermann, P. W. (2009a). Sportsponsoring und Kartellrecht. *Wettbewerb in Recht und Praxis*, 285–299.

Heermann, P. W. (2009b). Ausschließlichkeitsbindungen in Sponsoringverträgen aus kartellrechtlicher Sicht. *causa sport, 3*, 226–237.

Hermanns, A., & Marwitz, C. (2008). *Sponsoring: Grundlagen, Wirkungen, Management, Markenführung* (3. Aufl.). München: Vahlen.

Internationales Olympisches Komitee. (2012). *Olympic Marketing Fact File*. http://www.olympic.org/Documents/IOC_Marketing/OLYMPIC-MARKETING-FACT-FILE-2012.pdf.

Kommission. (2007). *The EU and Sport: Background and Context* (SEC[2007] 935). S. 1–129. http://ec.europa.eu/sport/documents/dts935_en.pdf.

Muresan, R. (2010). Die neue Zuständigkeit der Europäischen Union im Bereich des Sports. *causa sport, 2*, 99–105.

Nagel, S. (2012). Sponsoring und Vermarktungsrechte der Sportler und der Verbände. *causa sport, 1*, 55–63.

Pohlmann, P. (2008). Grundfragen Art. 81 Abs. 3 EG. In W. Jaeger, P. Pohlmann, & D. Schroeder (Hrsg.), *Frankfurter Kommentar zum Kartellrecht. Band II. Teil 1. Art. 101 AEUV* (Stand: April 2008, S. 1–250). Köln: Dr. Otto Schmidt.

Roth, W.-H., & Ackermann, T. (2009). Grundfragen Art. 81 Abs. 1 EG. In W. Jaeger, P. Pohlmann, & D. Schroeder (Hrsg.), *Frankfurter Kommentar zum Kartellrecht. Band II. Teil 1. Art. 101 AEUV* (Stand: Januar und Mai 2009, S. 1–278). Köln: Dr. Otto Schmidt.

Ruda, W., & Klug, F. (2010). Sport-Sponsoring. *An den Beispielen: FIFA Fußball-WM 2006 TM in Deutschland und FIFA Fußball-WM 2010 TM in Südafrika*. München: Oldenbourg.

Schmidt, K. (2012). Art. 81 Abs. 2 EGV. In U. Immenga & E.-J. Mestmäcker (Hrsg.), *Wettbewerbsrecht. Bd. 1. EG/Teil 1. Kommentar zum Europäischen Kartellrecht* (5. Aufl., S. 310–330). München: C.H. Beck.

spiegel.de. (2007). *DFB verzichtet auf 250 Millionen Euro*. http://www.spiegel.de/sport/fussball/0,1518,501859,00.html.

sponsor.de. (2007). *Affinity tracer golf 07*. http://www.sponsors.de/uploads/tx_svsstudiengaenge/Affinity_Tracer_Golf07.pdf.

Subiotto, R. (2010). The adoption and enforcement of anti-doping rules should not be subject to European competition law. *European Competition Law Review, 31*(8), 323–330.

uefa.com (2012). *Continental wird offizieller Sponsorder UEFA EURO 2012*. http://de.uefa.com/uefa/mediaservices/mediareleases/newsid=1703583.html.

Wiedmann, K.-P., Langner, S., & Bachmann, F. (2006). Erfolgsfaktoren des Sponsoring in der 1. *Bundesliga der DFL – Ergebnisse einer empirischen Untersuchung, Schriftenreihe Marketing Management*. Hannover: Institut für Marketing und Management, Universität Hannover.

Zeit.de. (2007). *Das große Schuhtheater*. http://www.zeit.de/online/2007/35/DFB-Adidas.

Olympiaschutzgesetz – wirksamer Schutz gegen „Trittbrettwerber"?

Rainer Cherkeh und Carsten Momsen

18.1 Einführung

Das am 01.07.2004 in Kraft getretene Olympiaschutzgesetz (OlympSchG) schützt die Inhaber der Rechte an den olympischen Symbolen und Bezeichnungen. Dies sind das IOC und der DOSB. Es gewährt den Rechtsinhabern einen sehr weitreichenden Schutz, der über den ansonsten im deutschen Immaterialgüterrecht bestehenden deutlich hinausgeht.

Nach einer kurzen Einführung in das OlympSchG wird zunächst dargestellt, wie die olympischen Symbole und Bezeichnungen außerhalb des Olympiaschutzgesetzes im deutschen Recht geschützt werden. Sodann wird das OlympSchG, seine Genese und die gegen die Regelungen vorgebrachte Kritik dargestellt. Anhand einiger prominenter Fälle wird die Problematik der Regelungen aufgezeigt und diskutiert, anhand welcher Kriterien der Schutzbereich zu beschränken sein kann. Damit werden zugleich Argumente für mögliche Verfahren benannt.

Der Beitrag setzt sich angesichts der Zielsetzung des Olympiaschutzgesetzes mit der Problematik der sog. „Trittbrettwerbung" (Ambush Marketing) auseinander. In diesem Zusammenhang wird auch die Frage diskutiert, ob das OlympSchG derartigen Verhaltensweisen einen wirksamen Riegel vorschiebt. Die Legitimität des dem IOC und DOSB gewährten Schutzes ist u. a. daran zu bemessen, wie intensiv die durch „Trittbrettwerber" – das sog. Ambush Marketing – drohenden Rechtsverletzungen sind, aber auch daran, wie weitgehend im Übrigen berechtigte Interessen Dritter beeinträchtigt werden.

R. Cherkeh (✉)
Hannover, Deutschland
E-Mail: cherkeh@kern-cherkeh.de

C. Momsen
Hannover, Deutschland
E-Mail: carsten.momsen@jura.uni-hannover.de

H. Preuß et al. (Hrsg.), *Marken und Sport,*
DOI 10.1007/978-3-8349-3695-0_18, © Springer Fachmedien Wiesbaden 2014

18.2   Die Regelungen des OlympiaSchG

18.2.1   Inhaber der Schutzrechte, Verletzungstatbestände und Schranken des OlympiaSchG

Das Olympiaschutzgesetz schützt gem. § 1 Abs. 1 das olympische Emblem und die olympischen Bezeichnungen. Es weist deutliche Parallelen zum Markengesetz auf und ist stark an dieses angelehnt. Auch dort bedarf es einer kennzeichenmäßigen Verwendung, eine Rechtsverletzung zu bejahen (vgl. Weber et al. 2009). Unter den olympischen Bezeichnungen sind die Wörter „Olympiade", „Olympia", „olympisch" gemeint, die allein oder in Zusammensetzung (z. B. „Segel-Olympiade, „Olympia-Mannschaft" – sehe BT – Drucksache 565/03) sowie die entsprechenden Wörter oder Wortgruppen in einer anderen Sprache, gem. § 1 Abs. 3 OlympSchG. Nach § 3 Abs. 1, 2 OlympSchG ist es Dritten, ohne Zustimmung der Inhaber des Schutzrechts, dem Deutschen Olympischen Sportbund (DOSB) in seiner Eigenschaft als Nationales Olympisches Komitee für Deutschland (NOK) und dem Internationalen Olympischen Komitee (IOC), im geschäftlichen Verkehr das olympische Emblem oder die olympischen Bezeichnungen in der Werbung, zur Kennzeichnung von Waren oder Dienstleistungen, als Firma oder für ein Vereinsabzeichen-, -fahne zu verwenden., d. h. die Vorschrift schützt die aufgezählten Olympiazeichen gegen die unbefugte Verwendung Dritter. Das IOC bzw. der DOSB haben jedoch nicht das Recht , Dritten im geschäftlichen Verkehr die Benutzung des Namens, der Anschrift (z. B. „Olympiastrasse"; vgl. Nieder und Rauscher 2006) oder der olympischen oder ähnlichen Bezeichnungen zu untersagen, sofern die Benutzung nicht unlauter ist. Eine Verwendung der lauteren Benutzung von Namen, Anschrift sowie die olympischen Bezeichnungen sind daher erlaubt, auch wenn die Grenzen zur unlauteren Nutzung fließend sind. Nieder und Rauscher 2006, S. 241 formulieren als Beispiel für eine insoweit erlaubte – nicht unlautere – Nutzung die Werbung einer Brauerei mit dem „dreimaligen Olympiasieger Georg Hackl", sofern damit nicht eine Ausnutzung der Olympiasiege des Testimonials einhergeht, die über die Erwähnung des „Olympiasiegers" hinausgehe. Die bloße Selbstvermarktung eines Athleten als Olympiasieger ist rein beschreibend und somit zulässig i. S. v. § 4 Nr. 2 OlympSchG. Dies selbst dann, wenn sich ein Athlet für Produkte oder Dienstleistungen als Testimonial unter Hinweis auf seinen Olympiasieg präsentiert und mit dieser Verbindung zwischen den Olympischen Spielen und den Produkten/Dienstleistungen des Sponsors des Athleten „die Wertschätzung der Olympischen Spiele zum Absatz" dieser Produkte oder Dienstleistungen genutzt wird (Rieken 2008). Jedenfalls überschritten sei diese Grenze etwa in dem Fall, wo die Leistungen des Athleten auf das beworbene Produkt übertragen würden, so z. B. „Das Bier für Olympiasieger" (so – zutreffend – Nieder und Rauscher 2006, S. 241). § 4 OlympSchG entspricht im Wesentlichen § 23 Nr. 1 und 2 MarkenG. Sanktioniert wird nach dem OlympSchG nur ein Handeln im geschäftlichen Verkehr. „Mit der Zuweisung eines ausschließlichen Rechts auf die Verwendung und Verwertung der Olympiazeichen ist die Rechtsposition von IOC und NOK markenähnlich ausgestaltet"(Weber et al. 2009; Nieder und Rauscher 2006, S. 239). Vom Anwendungsbereich des OlympSchG unberührt verbleiben schließlich die sog. Altrechte Dritter nach § 8 OlympSchG. Es handelt sich um diejenigen Rechte Dritter, die zum Stichtag 13.08.2003 – dem Tag des Kabinettbeschlusses zur Einleitung des Gesetzgebungsverfahrens – bereits bestanden. § 8 OlympSchG zählt die denkbaren Grundlagen für solche Rechte Dritter, die Bestandsschutz genießen, auf, nämlich gesetzliche Bestimmungen, vertragliche Vereinbarungen auf dem Gebiet des Vereins-, Marken-, Geschmacksmuster- und Handelsrechts oder auf Grund sonstiger Vereinbarungen mit den Rechtsinhabern.

18.2.2   Rechtsfolgen der Verletzung von Schutzrechten nach dem OlympiaSchG

Die Inhaber der Schutzrechte können denjenigen, der die olympischen Bezeichnungen oder das olympische Emblem entgegen § 3 OlympSchG benutzt, auf Unterlassung oder Schadensersatzansprüche nach § 5 Abs. 1 und Abs. 2 OlympSchG in Anspruch nehmen. Daneben besteht ein Vernichtungsanspruch (§ 6 OlympSchG), wonach die Schutzrechteinhaber bei Rechtsverletzungen nach § 3 OlympSchG von dem Verletzter verlangen können, dass die in seinem Besitz oder Eigentum befindlichen und widerrechtlich gekennzeichneten Gegenstände vernichtet werden.

Der Unterlassungsanspruch nach § 5 Abs. 1 OlympSchG ist, wie auch im Markenrecht, verschuldensunabhängig. Er setzt aber ebenfalls das ungeschriebene Tatbestandsmerkmal der Erstbegehungs- bzw. Wiederholungsgefahr voraus (Rieken 2008, S. 177 f.; Nieder und Rauscher 2006, S. 242). Eine Erstbegehung liegt – wie es schon der Begriff zum Ausdruck bringt – dann vor, wenn der potentielle Verletzter eine Verstoß gegen § 3 OlympSchG ankündigt oder sich berühmt, einen solchen begehen zu dürfen (wie z. B. im Anwendungsbereich des UWG). Die Inhaber der Schutzrechte sind für die Tatsachen, die eine unmittelbare Erstbegehungsgefahr begründen, darlegungs- und beweispflichtig. Eine Wiederholungsgefahr wird, wenn eine Verletzungshandlung nach § 3 OlympSchG bereits erfolgt ist, vermutet. Hier gelten dieselben Prinzipien wie bei dem allgemeinen zivilrechtlichen Unterlassungsanspruch, im Anwendungsbereich des UWG oder bei der Verletzung von Markenrechten. Die Wiederholungsgefahr entfällt, ebenso wie die Erstbegehungsgefahr, nur in dem Umfang, in dem sich der Verletzer zu einer strafbewehrten Unterlassung gegenüber den Rechteinhabern verpflichtet. Strafbewehrt bedeutet in diesem Zusammenhang, dass der Verletzter sich gegenüber den Rechteinhabern zur Dokumentation der Ernsthaftigkeit seiner Erklärung einer Vertragsstrafe für den Fall einer Wiederholung der Verletzungshandlung unterwirft. Eine Unterlassungserklärung ohne ein Vertragsstrafenversprechen ist wirkungslos und lässt die Wiederholungsgefahr und damit die Klagemöglichkeit durch die das IOC und den DOSB nicht entfallen. Nach Nieder und Rauscher (2006) beseitige die Abgabe einer Unterlassungserklärung gegenüber dem IOC die Wiederholungsgefahr grundsätzlich auch gegenüber dem DOSB und umgekehrt. Dem ist angesichts des Wortlautes von § 2 OlympSchG (Inhaber des Schutzrechts) nicht zuzustimmen. In der Praxis anzuraten ist es vielmehr, die strafbewehrte Unterlassungserklärung sowohl gegenüber dem IOC als auch gegenüber dem DOSB abzugeben. Sofern die Verletzungshandlung schuldhaft, also vorsätzlich oder fahrlässig begangen worden ist, gewährt § 5 Abs. 2 OlympSchG den Rechteinhabern IOC und DOSB als Gesamtgläubigern einen Schadensersatzanspruch, dessen Umfang sich nach §§ 249 ff. BGB richtet. Hiernach gibt es drei Arten der Schadensberechnung: – Ersatz des tatsächlichen Schadens; – Herausgabe des Gewinns des Verletzers; – Lizenzanalogie. Wie auch im Markenrecht wird die in der Praxis regelmäßig heranzuziehende Schadensberechnung nach den Grundsätzen der Lizenzanalogie erfolgen (so auch Nieder und Rauscher 2006). Diese beruht auf der Überlegung, dass der Verletzte wenigstens so gestellt werden soll, als hätte er dem Verletzer die Benutzung des Rechts gegen Zahlung einer marktüblichen Lizenzgebühr gestattet. IOC und DOSB werden ihren Schaden also danach ermitteln, was der Rechtsverletzter im Falle einer ordnungsgemäßen Lizenzierung durch das IOC und den DOSB als Lizenzgebühr hätte zahlen müssen. Dem geht regelmäßig die Geltendmachung von Auskunftsansprüchen voraus, mit denen das IOC und der DOSB Art und Umfang der Verletzungshandlungen in Erfahrungen bringen können – erforderlichenfalls im Wege der Stufenklage –, um so überhaupt den Schaden der Höhe nach beziffern zu können.

Ergänzt werden der Unterlassungs- und Schadensersatzanspruch des IOC und des DOSB durch den in § 6 OlympSchG kodifizierten Vernichtungsanspruch, der sich eng an § 18 Abs. 1 und Abs. 3 MarkenG orientiert. Dieser Anspruch erfasst alle widerrechtlich (also ohne Lizenz/ Gestattung oder sonstige Befugnis) mit dem olympischen Emblem oder den olympischen Bezeichnungen gekennzeichnete Gegenstände und ist – ebenso wie der Unterlassungsanspruch – verschuldensunabhängig.

18.3   Der Schutz der Olympischen Symbole und Bezeichnungen außerhalb des OlympiaSchG

Das System des deutschen Immaterialgüterschutzrechts hat sowohl zivilrechtliche als auch öffentlich-rechtliche bzw. strafrechtliche Facetten. Im Hinblick auf die Olympischen Symbole und Bezeichnungen stellt sich die Rechtslage stark verkürzt wie folgt dar:

▶   Ein Schutz der olympischen Zeichen ist zunächst nach Markenrecht denkbar. Voraussetzung ist ihre Markenfähigkeit, also die grundsätzliche Fähigkeit, nach § 3 I MarkenG zur Unterscheidung von Waren und Dienstleistungen benutzt zu werden. Die markenrechtliche Unterscheidungskraft des olympischen Emblems ist jedoch sehr gering, weil die 5 Ringe, ebenso wie die Bezeichnungen, vom Verkehr freilich vor allem mit der Sportgroßveranstaltung „Olympische Spiele" in Verbindung gebracht werden, nicht hingegen mit bestimmten Waren und Dienstleistungen (abw. Knudsen, GRUR 2003, 750 ff.). Auf diese an sich fehlende oder nur sehr eingeschränkt vorhandene Unterscheidungsfähigkeit der olympischen Zeichen hat die Bundesregierung in der Begründung zu ihrem Gesetzentwurf hingewiesen, namentlich auch darauf, dass das DPMA den im Jahr 1994 erfolgten Markenschutz der olympischen Ringe in Farbe und Schwarzweiß mangels Unterscheidungskraft (§ 8 Abs. 2 Nr. 1 MarkenG als absolutes Schutzhindernis) gelöscht hat (BT-Drucksache 565/03).

Aus § 4 OlympSchG (am Ende) sowie aus § 6 Satz 2 OlympSchG folgt, dass weitergehende Ansprüche aus dem BGB oder dem UWG unberührt bleiben. Ein zivilrechtlicher Schutz des Emblems und der Bezeichnungen könnte sich aus § 12 BGB ergeben. Allerdings werden die olympischen Symbole und Bezeichnungen dem wiederkehrenden Sportgroßereignis „Olympische Spiele" zugeordnet, nicht aber – was für einen namensrechtlichen Schutz erforderlich wäre – einer natürlichen oder juristischen Person. Eine Sportveranstaltung scheidet als Zuordnungssubjekt eines Namens i.S.d. § 12 BGB indes aus, so dass ein namensrechtlicher Schutz nicht in Betracht kommt (ebenso Wekwerth 2010). Geschützt wäre also der Name IOC, nicht aber die auf die Spiele bezogenen Bezeichnungen (dazu Wekwerth 2010).

Auch ein urheberrechtlicher Schutz der olympischen Ringe scheint mangels konkreter Schöpfung in jüngerer Zeit fraglich (§ 2 II UrhG), worauf aber weiter unten (1.4) einzugehen sein wird

Ein zivilrechtlicher Schutz könnte allenfalls noch nach dem Gesetz gegen den unlauteren Wettbewerb erwogen werden. Unzweifelhaft dürfte sein, dass es sich um eine nach § 5 I UWG relevante Irreführung handelt, wenn ein Werbender bei den angesprochenen Verkehrskreisen den unzutreffenden Eindruck erweckt, dass er offizieller Sponsor der Veranstaltung „Olympische Spiele" sei. Wenn also die Verwendung des olympischen Emblems oder der Bezeichnungen den unrichtigen Eindruck erwecken, es bestehe eine – wie auch immer ausgestaltete – Sponsoring-Verbindung des Verwenders oder seiner Dienstleistungen bzw. Produkte zum IOC oder DOSB, kann eine Irreführung i.S. der genannten UWG-Norm in Betracht kommen. Dies allein reicht jedoch noch nicht zur Bejahung des Irreführungstatbestandes aus. Es muss hinzukommen, dass das irreführende Verhalten des Verwenders der olympischen Bezeichnungen oder des Emblems geeignet ist, bei den angesprochenen Verkehrskreisen eine für den Verwender vorteilhafte Wirkung zu Lasten der Mitbewerber zu erzielen (siehe hierzu Cherkeh und Welkerling 2010, S. 30 m.w.N.). Haben die Umstände, über die getäuscht worden ist, erfahrungsgemäß keine für die Marktentscheidung – z. B. das Käuferverhalten – wesentliche Bedeutung, fehlt es an der für den Irreführungstatbestand erforderlichen Relevanz.

18.4 Die Entwicklung des OlympiaSchG

Die Bestrebungen, die olympischen Symbole durch spezielle gesetzliche Regelungen zu schützen, lassen sich jedenfalls bis 1934 zurückverfolgen. (Siehe hierzu und zum Folgenden umfassend Rieken 2008). Damals erklärte der für Reglementierungen der Werbewirtschaft zuständige Präsident des Werberats die Verwendung der Worte „Olympia", „Olympiade" und „olympisch" zur Benennung von Produkten, Erzeugnissen und Unternehmen für unzulässig. Gleiches galt im Hinblick auf sonstige werbewirtschaftliche Zwecke. Allerdings gab es zwei bedeutsame Unterschiede: Zum einen war vorausgesetzt, dass die Verwendung geschmacklos war oder nicht der Würde bzw. dem Ansehen der Olympischen Spiele entsprechend erfolgte. Zum anderen erfolgte keine ausschließliche Zuweisung der Rechte an einen Berechtigten (also etwa das IOC). Vielmehr wurde ein reines Verbot ausgesprochen.

Abb. 18.1 Olympische Ringe.
(Quelle: www.olympiaschutz-
gesetz.de)

Kommerzielle Zwecke wurden als nicht verfolgt. Abgesehen davon war die Geltung der Regelung bis zum 31. Dezember 1936 beschränkt, also auf das Ende des Jahres der Spiele in Berlin (Rieken 2008).

Im Zusammenhang mit den Spielen 1972 in München intensivierte das IOC seine Bemühungen, die Bundesrepublik zur Unterschrift unter die „Konvention von Genf" zu bewegen, welche eine exklusive Berechtigung des IOC an Verwertung der Olympischen Ringe bedeutet hätte. Das Innenministerium hatte jedoch durchgreifende Vorbehalte: Insbesondere verstoße eine derartige Regelung gegen das Grundrecht auf Eigentum aus Art. 14 Grundgesetz. Interessanterweise sah man darin einen entschädigungspflichtigen Eingriff in verfassungsrechtlich geschützte Eigentumspositionen und eben nicht mehr eine noch zumutbare Beschränkung des Grundrechts, welche nach Absatz 3 zum Wohl der Allgemeinheit zulässig gewesen wäre. Die Begründung: Eine ausschließliche Rechtszuweisung erfolge zugunsten der kommerziellen Interessen der juristischen Person IOC und damit gerade nicht zum Wohl der Allgemeinheit (zum Ganzen wiederum ausführlich und m.w.N. Rieken 2008). Im Vorfeld der 72'er Spiele machte das Innenministerium eigene Vorschläge. Entweder ein generelles Verbot der gewerblichen Nutzung der Ringe sowie der Embleme der Spiele (ähnlich wie 1934), eine generelle Erlaubnis gewerblicher Nutzung bei Vorliegen konkreter Tatbestandsmerkmale oder eine gemeinfreie, also urheberrechtsfreie Nutzung. An den ersten beiden Vorschlägen konnte offenbar das IOC keinen Geschmack finden, zumindest der letztgenannte scheiterte dann auch am Widerstand des Justizministeriums. Ein Abbau des Schutzes fand damit nicht statt, die Olympischen Ringe und Bezeichnungen fielen bis zum Inkrafttreten des Olympiaschutzgesetzes unter die allgemeinen Regeln des Urheber-, Marken- und Wettbewerbsrechts (Rieken 2008).

Vor diesem Hintergrund lohnt es sich nun, einen kurzen Blick auf die Entstehung und Begründung des aktuell geltenden Olympiaschutzgesetzes zu werfen. Zur Zielsetzung heißt es (BR-Drs 565/03): „Die Olympischen Spiele sind … besonders geeignet und attraktiv für einen Imagetransfer, der dem Interesse der Olympischen Bewegung nicht immer entspricht. Nach dem geltenden Recht sind die Olympischen Ringe sowie die olympischen Bezeichnungen rechtlich nicht geschützt. Ziel dieses Gesetzes ist es, einen rechtlichen Schutz für diese Zeichen zugunsten der olympischen Organisationen zu schaffen."

Sind die Olympischen Ringe und olympischen Bezeichnungen tatsächlich außerhalb des Olympiaschutzgesetzes nicht geschützt?[1] Der urheberrechtliche Schutz verlangt, dass der Schutzgegenstand eine hinreichende geistige Schöpfungshöhe erreicht, Individualität und Eigenartigkeit müssen den Charakter eines Werkes im Sinne des Urheberrechts ausmachen (vgl. § 2 UrhG) (Abb. 18.1).

---

[1] Zum Folgenden ausf. und m.w.N. Wekwerth (2010), S. 200 ff.; vgl. auch Pfuhl (2004), S. 2 ff.

Abb. 18.2 „Audi." (Quelle:
wikipedia.de)

Hierzu wird die – nachvollziehbare – Ansicht vertreten, dass die Gestaltung der Ringe zur Darstellung der Verbundenheit der fünf Kontinente eine Gestaltungsidee sei, die sich förmlich aufdränge, so dass man nicht von einer künstlerischen Leistung, die vom individuellen Geist ihres Schöpfers geprägt ist, sprechen könne. Vielmehr sei davon auszugehen, dass auch andere Personen diese oder ganz vergleichbare Darstellungsformen gewählt hätten. Als Beispiel wird auf ineinander verhakte Eheringe als Zeichen ehelicher Verbundenheit oder das aus vier verschränkten Ringen bestehende Symbol der Marke „Audi" verwiesen (Wekwerth 2010; vgl. auch OLG München GRUR Int. 1981, S. 180 (John Player); BGH GRUR 1979, 332, 336 (Brombeerleuchte)) (Abb. 18.2).

Darüber hinaus sei bereits die Urheberschaft an den Ringen als solche unklar. Gemeinhin wird diese Pierre de Coubertin zugeschrieben. Wäre der Begründer der Olympischen Spiele der Neuzeit tatsächlich der Urheber, dann wäre dies günstig für das IOC. Denn de Coubertin ist eben auch derjenige, der das IOC 1894 gegründet hat, so dass rein faktisch vieles für ein abgeleitetes Urheberrecht des IOC sprechen könnte. Allerdings existiert auch die Lesart, dass de Coubertin das Symbol 1913 seinerseits lediglich am Apoll-Altar im griechischen Delphi entdeckt haben soll. Dann wäre von einer geistigen Schöpfung wohl nicht mehr zu reden, vielmehr würde alles auf eine gemeinfreie Verwendung hindeuten. Teilweise wird auch behauptet, hierbei handele es sich um eine verfälschende Legende, die im Vorfeld der Spiele 1936 von den nationalsozialistischen Sportfunktionären aufgebauscht worden sei, um die Authentizität des sogenannten „Olympiasteins" darzulegen.

Festzuhalten bleibt allerdings, dass der Nachweis der Urheberschaft von demjenigen zu führen wäre, der sich auf ein Urheberrecht beruft (zum Folgenden ausf. Wekwerth 2010, m.w.N.). Nach dem Tod von de Coubertin im Jahre 1937 wäre die Schutzfrist 70 Jahre später, also 2007 abgelaufen (§ 65 Abs. 1 UrhG). Zudem bleibt ungewiss, ob überhaupt ein Rechtsübertragungsakt (vgl. § 31 Abs. 5 UrhG) von de Coubertin auf den IOC stattgefunden hat. Denn offenkundig stand für de Coubertin die Idee von Friedensstiftung und Völkerverständigung im Vordergrund. Wirtschaftliche Gesichtspunkte spielten dabei wohl keine Rolle, so dass es aus dieser Perspektive vielleicht näher gelegen hätte, die Symbole als gemeinfrei zu betrachten. Der Schutz der Olympischen Symbole steht urheberrechtlich also auf unsicherer Grundlage.

Im Hinblick auf den oben dargestellten Schutz nach Markenrecht bestehen Probleme vor allem in zwei Bereichen: Den Olympischen Symbolen und noch mehr den Bezeichnungen fehlt es an Unterscheidungskraft(Wekwerth 2010). Damit ist gemeint, dass über den Marken- bzw. Kennzeichenbegriff weit hinausgehende Assoziationen verbunden sind. Im Grunde genommen haben jedenfalls die Begrifflichkeiten seit vielen Jahrhunderten

Eingang in den allgemeinen Sprach- und Kulturschatz gefunden. Zudem sind sie historisch-mythisch auch außerhalb des sportlichen Kontextes angelegt (dazu auch LG Darmstadt a.a.O). Mit dieser Begründung hatte – wie schon oben angesprochen – das „Deutsche Patent- und Markenamt" (DPMA) in Bezug auf die Ringe die Löschung der Bildmarke von Amts wegen im Jahre 2000 verfügt (Wekwerth 2010). Und darüber hinaus besteht bereits eine Vielzahl von Markeneintragungen, die die Bezeichnungen „Olympia", „Olympische Spiele", „Olympic Games" usw. als Wortteile beinhalten. Hier liegen die Dinge ähnlich wie bzgl. der „Fußball-WM 2006". Der Bundesgerichtshof hat dies seinerzeit auch so gesehen, weshalb mittlerweile immer der Zusatz „Fifa-" verwendet wird (BGH NJW 2006, 3002; Wekwerth 2010). Die eigentliche Problematik des Ambush-Marketings, insbesondere des indirekten Ambush-Marketings ist damit nicht in den Griff zu bekommen.

Der Schutz der olympischen Symbole und Zeichen ist demzufolge außerhalb des Olympiaschutzgesetzes unvollkommen. An diesem Befund ändert sich wenig, solange Deutschland nicht dem Vertrag von Nairobi beigetreten ist, der einen weitergehenden Schutz vorsehen würde (Art. 1 des Vertrags vom 26. September 1981; vgl. auch Wekwerth 2010). Auch die Olympische Charta soll als privatrechtliche Satzung auf der Grundlage schweizerischen Rechts nach wohl überwiegender Ansicht ebenfalls keine Schutzrechte in Deutschland aktivieren können. Damit läuft der dort angelegte Anspruch des IOC, Inhaber der Rechte für die Olympischen Ringe zu sein, ebenfalls ins Leere (MüKo-BGB/Reuter, § 25 BGB Rn. 16 ff.; Wekwerth 2010). Es erscheint daher als solches nicht abwegig, dass ein weitergehender Schutz sinnvoll sein könnte.

18.5 Die Kritik am OlympiaSchG

Das Gesetz wurde in einem sehr umstrittenen jedoch rechtskräftig gewordenen Urteil des Landgerichts Darmstadt im Jahre 2005 als verfassungswidrig bezeichnet – was allerdings für die Sachentscheidung nicht ausschlaggebend war.

18.5.1 LG Darmstadt (Urteil vom 25. Oktober 2005 – Az.: 14 O 744/04)

Der zugrundeliegende Fall (veröffentlicht u. a. in causa sport 2006, 278 ff.) ist aufschlussreich: „Der Kläger (NOK für Deutschland e. V.) ist aufgrund einer gesetzlichen Regelung in § 2 des Gesetzes zum Schutz des Olympischen Emblems und der olympischen Bezeichnungen (Olympiaschutzgesetz) neben dem IOC alleiniger Inhaber des Rechts auf Verwendung und Verwertung des Olympischen Emblems und der olympischen Bezeichnungen. Gemäß § 1 des Olympiaschutzgesetzes besteht das olympische Emblem aus fünf verschiedenfarbigen ineinander verschlungenen Ringen; die olympischen Bezeichnungen sind die Wörter „Olympiade", „Olympia" und „Olympisch". Die Beklagte vertreibt unter anderem die Zigarettenmarke „Lucky Strike". Vor den Olympischen Sommerspielen 2004

Abb. 18.3 Lucky Strike.
(Quelle: flickr.de)

in Athen führte die Beklagte (die Firma BAT – British American Tobacco GmbH) eine Plakatwerbung für die Zigarettenmarke „Lucky Strike" durch, die sich inhaltlich an die Olympischen Spiele anlehnte. So wurden unter anderem Plakate mit dem Slogan „live vom Bau der Aschenbahn", „unser Plakat für Athen ist auch nicht ganz fertig geworden" und „die Ringe sind schon in Athen" bundesweit plakatiert. Unter der Überschrift „die Ringe sind schon in Athen" sind insgesamt fünf „Lucky Strike" – Schachteln abgebildet; die Zigarettenschachteln sind in der Weise angeordnet, dass drei Schachteln nebeneinander stehen und auf diesen Schachteln zwei weitere Schachteln aufgestellt sind. Die drei Ringe, die sonst konzentrisch den Schriftzug „Lucky Strike" umschließen, fehlen auf den Plakaten. Stattdessen wird der Schriftzug „Lucky Strike" jeweils durch einen Lichtpunkt („Spot") angestrahlt" (so im Tatbestand des Urteils) (Abb. 18.3 und 18.4).

Zweifellos, wollte sich der Zigarettenhersteller hier ein bestimmtes sportliches Großereignis, für welches er nicht offizieller Sponsor war, zumindest indirekt zunutze machen. Ausgehend vom Wortlaut des Gesetzes – vor allem im Hinblick auf den Schutz der Bezeichnungen – wird allerdings deutlich, dass Anwendungsfälle auch weitab vom räumlich zeitlichen Kontext der Spiele oder auch nur des Leistungssports denkbar sind. So müss-

Abb. 18.4 Lucky Strike.
(Quelle: flickr.de)

Abb. 18.5

te man wohl davon ausgehen, dass mittlerweile selbst das Comic-Heft „Asterix und die Olympischen Spiele" genehmigungspflichtig wäre (Abb. 18.5).

18.5.2 Imagetransfer und Ambush Marketing

Zwar geht es um die Herausbildung sogenannter Eventmarken und die Exklusivität von Vermarktungsrechten und damit die Werthaltigkeit von Sponsoringvereinbarungen; letztlich also um das Phänomen der trittbrettfahrenden Werbung von Nichtsponsoren, also um den schillernden Begriff des „Ambush-Marketings". Ambush-Marketing ist nach geläufiger Definition (Nufer 2010) „die Vorgehensweise von Unternehmen, dem direkten oder indirekten Publikum durch eigene Marketing-, insbesondere Kommunikationsmaßnahmen eine autorisierte Verbindung zu einer Veranstaltung zu signalisieren, obwohl die betreffenden Unternehmen keine legalisierten oder lediglich unterprivilegierte Vermarktungsrechte an dieser von Dritten gesponserten Veranstaltung besitzen." Es geht also um die unautorisierte Ausnutzung der medialen Aufmerksamkeit, die einem Großereignis zuteil wird. (vgl. Hutter und Hoffmann 2011; dazu auch wikipedia.de – „Ambush Marketing).

Im juristischen Schrifttum (siehe z. B. Heermann 2006, S. 359) wird Ambush Marketing beschrieben als jegliches von einem (Groß-)Veranstalter nicht autorisiertes Verhalten einer Partei, mit dem bewusst eine Assoziation zu dem Event des Veranstalters angestrebt wird, um davon ohne Leistung eines eigenen Beitrags zu dem Event zu profitieren. „Assoziative Werbung" (Heermann, WM-Marken-Urteil im Bereich des „Ambush Marketing", causa sport 2010, S. 134) steht also im Blick, die das agierende Unternehmen einsetzt, damit durch die werbliche Verknüpfung mit dem sportlichen Großevent „Olympische Spiele" und den positiven behafteten Werten der Veranstaltung eine Steigerung des Bekanntheitsgrades und/ oder ein Imagetransfer gelingt – sei es in Bezug auf das Unternehmen des „Ambushers" selbst oder auf dessen Produkte bzw. Dienstleistungen (Nufer et al. 2012).

Von den lizenzierten Werbepartnern eines Sportgroßveranstalters abzugrenzen sind somit all diejenigen Unternehmen, die – ohne offizieller Sponsor oder Partner des Sportevents zu sein – gleichwohl das Marketingpotential des Events nutzen wollen. Dies freilich unentgeltlich, also ohne Autorisierung durch den Veranstalter, beim dem sich das Unternehmen ansonsten in klassische Verwertungsformen wie Sponsoring oder Merchandising einzukaufen hätte.

Den Erscheinungsformen des Ambush Marketing im Zusammenhang mit den Olympischen Spielen sind strategisch gesehen keine Grenzen gesetzt. Sie reichen vom schlichten Kopieren des olympischen Emblems bis hin zu ausgesprochen kreativen Werbemaßnahmen. Gemeinsame Klammer ist stets ein zumindest indirekter Bezug zu dem Sportevent „Olympische Spiele", der auch durch eine bloße räumliche oder zeitliche Nähe zu der vom Ambusher angestrebten Assoziation führen kann. Die Bereitschaft, Sponsorengelder im Kontext der Olympischen Spiele zu bezahlen, ist jedenfalls dann verringert, wenn das Sportevent auch unentgeltlich zu Werbezwecken genutzt werden kann (vgl. Nufer et al. 2012). Es bedarf also der Gegensteuerung. Denn Ambush Marketing kann – wie es Noth (Gratis durch die Hintertür, Jusletter 06. Sept. 2004) herausstellt – nicht allein die finanziellen Interessen der Sponsoren und Veranstalter, „sondern vor allem auch die Finanzierung und damit die Existenz künftiger Events" gefährden. Dennoch erlauben die bestehenden gesetzlichen Regelungen auch einen sehr viel weitergehenden Schutz in das von realen Olympischen Spielen nicht geprägte Alltagsleben hinein.

Wenn der Gesetzgeber zur Begründung des Olympiaschutzgesetzes wie dargestellt ausführte, dass es um die Verhinderung eines unautorisierten Imagetransfers gehe (BR-Drs 565/03), so setzt dies voraus, dass ein schützenswertes Image vorhanden ist, welches transferiert zu werden droht. Zudem müsste dieses Image mit den Zielen der olympischen Bewegung verknüpft sein.

Die Gefahr des Transfers erscheint angesichts der vorstehenden Ausführungen zu dem Phänomen des Ambush Marketings real zu sein. Jedoch sind die olympischen Zeichen und Symbole selbst nach der Vorstellung des Gesetzgebers (BR-Drs 565/03) in allererster Linie Attribute für kulturelle und ideelle Werte, für Völkerverständigung, Fairness und friedliche Konkurrenz. Diese Vorstellungen sind jedoch evident nicht an das IOC oder den DOSB geknüpft. Insoweit fehlt es weitgehend an dem für einen Imagetransfer zulasten der Institutionen notwendigen Bezug von Herkunft, Eigenschaft oder Qualität zu IOC und DOSB, der durch die Bezeichnungen oder Symbole exklusiv vermittelt würde (insoweit gut nachvollziehbar Wekwerth 2010). Blickt man auf die konkreten Symbole und Zeichen, welche bspw. zu den Spielen von London 2012 verwendet werden, so zeigt sich ein – vielleicht entscheidender – Unterschied. Die für die jeweiligen Spiele kreierten Symbole weisen eben gerade nicht die umfassende Bedeutung und Attribution auf wie die Ringe. Sie lassen sich daher auch ohne weiteres spezifischen Spielen und dem Ausrichter zuordnen. Eine exklusive Verwertungsberechtigung kann hier kaum in Frage stehen (Abb. 18.6).

Das Motto lautet „inspire a generation", der Entwurf des Logos soll 400.000 Pfund gekostet haben.Dass es dem IOC hier gestattet sein muss, wenn es als schöpferischer Urheber anzusehen ist, die ausschließlichen Rechte wahrzunehmen, scheint zutreffend zu sein. Allerdings sind die Rechte an diesem Symbol ohne die Olympischen Ringe wenig wert,

Abb. 18.6 „Olympische Spiele
2012 in London". (Quelle: www.
wikipedia.de)

zumindest mangels der etwas unklaren Bildsprache erheblich weniger wert. Ersichtlich
reicht der Schutz anderer Symbole und Bezeichnungen weniger weit. Dementsprechend
muss das Image der Olympischen Spiele spezifische und besonders schutzwürdige Aspekte
te aufweisen. Es geht eben um die genannten im allgemeinen kulturellen Gedankengut
verhafteten Vorstellungen. Hier ist aber ein gesetzlicher Schutz mangels zuzuordnender
Herkunftszeichen oder bestimmter Eigenschaftsvorstellung bezüglich bestimmter unternehmerischer Leistungen kaum möglich. Die daran anknüpfende Begründung des Olympiaschutzgesetzes bleibt im Gefüge des bestehenden Immaterialgüterschutzrechts brüchig,
das Gesetz bleibt ein Fremdkörper. Dies zeigt auch die wenig eindeutige Rechtsprechung
zur Frage des Imagetransfers. Das LG Leipzig (Urt. v. 8.5.2012 – AZ 5 Röhl (SpuRt 2013,
134(135 f.)) 3913/11) bejahte einen Verstoß, da Wintersportmotive einen eindeutigen Bezug zur deutschen Nationalmannschaft/Vancouver 2010 herstellen würden. Ebenfalls sehr
weitgehend sei lt., eine unveröffentlichte Entscheidung des LG Bochum zu interpretieren.

18.5.3 Die Chancen um die Ausrichtung Olympischer Spiele als legitimes Ziel

Tatsächlich war der leitende Gesichtspunkt auch ein anderer, wie ebenfalls aus den Ge-
setzesmaterialien zu ersehen ist (BR-Drs 565/03): Der Grund für den Erlass des Olympiaschutzgesetzes war, dass der Olympiabewerbung von Leipzig für 2012 nicht von vornherein jegliche Chancen genommen werden sollten. Offenkundig hat sich der deutsche
Gesetzgeber hier dem IOC gebeugt. Das könnte man als solches für anrüchig halten. Dennoch wäre der Erlass des Gesetzes noch legitim, wenn damit neben den kommerziellen
Interessen von IOC und DOSB zugleich andere Interessen, insbesondere Interessen der
Allgemeinheit befördert werden. Bringt das Gesetz allseitigen oder zumindest ganz überwiegenden Nutzen, so muss es kein Nachteil sein, wenn sein Erlass primär der Ausnutzung
der Machtstellung einer Interessengruppierung zu verdanken ist. Allgemeiner gesprochen
muss durchaus nicht jedes Gesetz schlecht und schon gar nicht illegitim sein, das auf starker Lobbyarbeit beruht. Man denke etwa an etliche Normen aus dem Bereich des Um-

weltrechts, die nicht zuletzt intensiver Lobbyarbeit von NGOs wie bspw. Greenpeace zu verdanken sind.

Der anfängliche Blick auf das Gesetz hat bereits gezeigt, dass die Rechtszuweisungen zugunsten des IOC und DOSB sehr weitgehend sind. Dies bedeutet, dass zugleich sehr weitgehend die potentielle Verwertung von Olympischen Symbolen und Zeichen durch Dritte beschränkt wird. Das wiederum legt nahe, dass das Olympiaschutzgesetz der Legitimierung durch bedeutsame Interessen neben denen von IOC und DOSB bedarf.

18.5.4   Die Verfassungsmäßigkeit des OlympiaSchG

Zur entscheidenden Frage wird damit die Verfassungsmäßigkeit des Gesetzes.

In dem bereits erwähnten, vielbeachteten – und viel kritisierten – Urteil aus dem Jahr 2005 (Urteil v. 22.11.2005, 14 O 744/04) hat das Landgericht Darmstadt massive verfassungsrechtliche Bedenken gegen das Olympiaschutzgesetz angemeldet: „… zwanglos davon ausgegangen werden (könne), dass dieses Gesetzeswerk bis zum heutigen Tag einen größeren Bekanntheitsgrad nicht erreicht hat und auch in Juristenkreisen weitgehend unbekannt geblieben ist. Angesichts der außerordentlichen Tragweite, die diesem Olympiaschutzgesetz zukommt, erscheint es besonders bedauerlich, dass dieses Gesetzeswerk nicht auf andere Weise – z. B. durch Presseveröffentlichungen, Rundfunk- und Fernsehberichterstattung – einem breiteren Publikum zugänglich gemacht wurde. Da das Olympiaschutzgesetz geeignet ist, massiv in gewachsene Rechtspositionen der Bürger einzugreifen, wäre es wünschenswert gewesen, wenn mit diesem Schritt des Gesetzgebers ein höheres Information verbunden gewesen wäre".[2]

Dem ist – Stand 2005 – zu folgen. Heute dürfte sich die Sachlage etwas anders darstellen, wenngleich davon auszugehen ist, dass im gewerblichen Bereich vielfach nach wie eine unzureichende Kenntnis des Gesetzes vorliegt.

18.5.4.1   Olympische Symbole und Bezeichnungen als verfassungsrechtlich schutzfähige Individualrechte

Die Kritik am Gesetz ist kaum irgendwo deutlicher und prägnanter formuliert worden, als im Tatbestand und den Gründen des Urteils:

„Massiv eingegriffen wird durch das Olympiaschutzgesetz zunächst insoweit in den Rechtsbestand einer jeden natürlichen oder juristischen Person, als diesem Kreis die Verwendung des Olympischen Emblems (fünf ineinanderverschlungene Ringe) zu einem der in § 3 aufgeführten Zwecke untersagt wird. So ist es beispielsweise ein Sportverein künftig verwehrt, das Emblem auf seiner Vereinsfahne oder in seinem Vereinsnamen zu verwenden (§ 3 Abs. 1 Ziff. 4 Olympiaschutzgesetz). Bei den fünf Olympischen Ringen handelt es sich um ein menschheits- bzw. kulturgeschichtliches Symbol, das die Verbundenheit der fünf Kontinente zum Ausdruck bringen soll. Dieses Symbol existiert, seit die Olympischen

---

[2] Das Urteil ist abrufbar unter „www.olympiaschutzgesetz.de/urteile/LG_Darmstadt_14O744_04. pdf". Die hier und nachfolgend wiedergegebenen Zitate aus der Urteilsbegründung folgen dieser Quelle.

Spiele der Neuzeit veranstaltet werde. Es wird seit diesem Zeitpunkt in allen Nationen sowohl von Privatleuten wie auch von Geschäftsleuten verwendet. Ob es möglich ist, dass der Gesetzgeber – ausschließlich aus kommerziellen Gründen und wohl auf Druck des IOC – die Verwendung dieses Symbols einschränkt, bzw. von seiner Zustimmung abhängig macht, erscheint mehr als fraglich. (…) Noch gravierender ist der gesetzgeberische Eingriff insoweit, als er die Verwendung des Begriffs ‚Olympiade, Olympia, Olympisch‘ untersagt und deren Nutzung von der Zustimmung des Klägers – d. h. von der Zahlung einer Lizenzgebühr in sechsstelliger Höhe – abhängig macht. Hier handelt es sich um Bestandteile der Sprache, die seit mehreren tausend Jahren existieren und insoweit zum Gemeingut aller Völker und Nationen gehören. ‚Olympia‘ ist der kultische Ort in Griechenland, wo bereits seit 1500 Jahren vor Christi Geburt Spiele stattfanden. ‚Olympiade‘ ist nach dem Sprachgebrauch der Zeitraum, der zwischen den einzelnen Olympischen Spielen liegt, ‚Olympisch‘ ist das auf die Olympiade und die Olympischen Spiele bezogene Adjektiv. Auch wenn die Kammer Verständnis für den Wunsch des Gesetzgebers besitzt, finanzielle Quellen zu erschließen, um auf diesen Weg sportliche Großveranstaltungen zu ermöglichen, dürfte es sich bei dem Schritt, die Verwendung von festen Bestandteilen der Sprache von der Zahlung einer Lizenzgebühr abhängig zu machen, um eine einmalige Maßnahme handeln. Nach Auffassung der Kammer spricht alles dafür, dass der Gesetzgeber mit dem Erlass dieser Bestimmungen seine Kompetenzen überschritten und damit gegen wesentliche Grundsätze der Verfassung verstoßen hat. Verstößt aber das Olympiaschutzgesetz gegen höherrangiges Verfassungsrecht, so kann seine Einhaltung nicht gefordert werden.“

Dies sind zunächst einmal die oben näher ausgeführten Argumente, welche dazu führen, dass der ansonsten übliche Immaterialgüterrechtsschutz nicht greift, das Olympiaschutzgesetz insoweit einen Systembruch darstellt. Anhand eines fast schon karikierenden Beispiels erläutert die Kammer ihre Bedenken: „Der Schriftsteller Thomas Mann hat in seinem weltberühmten Roman „Die Bekenntnisse des Hochstaplers Felix Krull“ die Schwester seines Titelhelden „Olympia“ genannt. Diese Namensgebung wäre einem Schriftsteller unserer Tage wohl durch § 3 Olympiaschutzgesetz verwehrt, denn auch bei der Produktion eines Schriftstellers handelt es sich um ein Werk bzw. um eine Dienstleistung im weiteren Sinn. Dass dies nicht richtig sein kann, bedarf keiner weiteren Ausführung“.

Dass etwas „nicht richtig sein kann“ ist eine wenig überzeugende Begründung, ein rhetorisches Stilmittel, aber kein juristisches Argument. Deshalb sucht das Gericht nach weiteren Begründungen für das aus seiner Sicht wohl offenkundige Ergebnis. „Unstreitig hat die Beklagte das Olympische Emblem – die fünf ineinanderverschlungenen Ringe – nicht verwendet. Das beanstandete Plakat gibt überhaupt keine Ringe wieder, sondern lediglich Lichtpunkte. Diese Punkte sind nicht ineinanderverschlungen, sondern räumlich voneinander getrennt. Der damit verbundene Text beinhaltet keinen der in § 1 des Olympiaschutzgesetzes aufgeführten Begriffe. Richtig ist, dass diese Form der Werbung eine Anspielung auf die Olympischen Sommerspiele in Athen beinhaltet; dies wird auch von der Beklagten beabsichtigt. Da jedoch weder das Olympische Emblem noch die Verwendung der Begriffe ‚Olympia, Olympiade, Olympisch‘ gegeben ist, kann § 3 des Olympiaschutzgesetzes keine Anwendung finden. Die vom Kläger hier ins Spiel gebrachte Möglichkeit der Verwechslung mit ähnlichen Symbolen oder Begriffen, die sich in § 3 des Olympiaschutzgesetzes finden, kann zu keinem anderen Ergebnis führen. Die hier gebotene restriktive Anwendung der Norm läßt eine ausdehnende Anwendung auf ähnliche Konstellationen nicht zu, denn auf diese Weise wäre es möglich, alles zu untersagen, was auch nur entfernt an die Olympischen Spiele erinnern könnte."

Für die Kammer bedurfte es keines Eingehens auf die Frage, ob die Werbung nicht durch die Kunstfreiheit (Art. 5 Abs. 3 GG) gedeckt ist, sie lässt aber erkennen, dass ihrer Ansicht nach der Komplex „Olympiade" in zugleich witziger und humorvoller Weise bei der Aufmachung eines Produkts ins Spiel gebracht (vgl. BGH NJW 2005, 2856) wurde. Daher könne eine solche kreative Leistung der Beklagte nicht durch ein Vorgehen nach § 5 des Olympiaschutzgesetzes untersagt werden. Einen Verstoß gegen die Kunstfreiheit sieht bspw. der Leipziger Verfassungsrechtler Degenhardt (AfP 2006).

Leider wendet sich das Gericht weiteren Grundrechten nicht mehr intensiv zu, erwägt aber dennoch in einer gleichsam hypothetischen Grundrechtsprüfung, ob überhaupt ein legitimes Interesse durch fas Gesetz befördert wird und kommt hier zu einem ungewöhnlich deutlichen Verdikt: „Dass auch der (…) immer wieder aufgeführte „Imagetransfer" hier keine Rolle spielt, sollte nicht unerwähnt bleiben. Die (Zigarettenfirma) bedient sich nämlich erkennbar nicht eines positiven Bildes der Olympischen Spiele, um ihr Produkt werbewirksam aufzuwerten. Mit der Werbemaßnahme der Beklagten werden in den angesprochenen Verkehrskreisen überwiegend oder ausschließlich negative Aspekte der Olympischen Spiele in Athen assoziiert. Es war allgemein bekannt, dass die Bauten für die Olympiade in Athen bis zuletzt nicht fertig gestellt werden konnten. Auf dieses Defizit nimmt die Beklagte mit den drei in der Klageschrift aufgeführten Plakattexten Bezug. Unabhängig davon, ob die Olympischen Spiele des ausgehenden 20. Jahrhunderts überhaupt positive Assoziationen zu wecken vermögen – dies erscheint angesichts der Dominanz kommerzieller Interessen, angesichts des inflationären Dopings und angesichts des Gigantismus zumindest fraglich – ist jedenfalls im Fall der Werbung der Beklagten zu konstatieren, dass ein Imagetransfer im Sinne der Anlehnung an eine Großveranstaltung, die sich allgemeiner Wertschätzung erfreut, nicht beabsichtigt ist".

Die Argumentation des Gerichts weist zutreffende Ansatzpunkte auf. Problematisch sind jedoch namentlich die Grundannahmen zum kollektiven Nutzen (und damit zum positiven Image) der Olympischen Spiele. Hier bewegt sich das Gericht ersichtlich ohne wissenschaftliche Absicherung weitgehend im präsumtiven Bereich. Zudem muss man wohl auch davon ausgehen, dass dem Gericht im Jahre 2005 die Problematik des Ambush Marketings möglicherweise nicht in aller Deutlichkeit präsent war. Jedoch kann nicht jede erdenkliche Assoziation oder auch nur die bloße Erinnerung an Olympische Spiele ausreichen (LG Kiel, Urt. v. 21.06.2012 – Az 15 0 158/11; Röhl, GRUR 2012, 381(382); LG Nürnberg-Fürth, Urt. v. 12.12.2012, Az 3D 10482/11 „Flate Rate Edition Beijing", SpuRt 2013, 165; s. auch Röhl, SpuRt 2013, 134(135 f.)). Andere Gerichte haben seither auch divergierende Entscheidungen getroffen und das Olympiaschutzgesetz angewendet – jüngst der Vergleich vor dem LG Karlsruhe im Fall „1&1 Mail&Media" (LG Karlsruhe Az. 7 O 105/10).

18.5.4.2   Das OlympiaSchG als Einzelfallgesetz

Das Olympiaschutzgesetz ist ein Einzelfall des Immaterialgüterrechtsschutzes, aber nicht, wie gelegentlich behauptet wird, ein als solches verbotenes Einzelfallgesetz. Zwar werden einzelne Rechteinhaber begünstigt, jedoch wird – und darauf kommt es an – in eine Vielzahl von Individualrechten potentiell eingegriffen (Degenhardt 2006, S. 104; Nieder und Rauscher 2006; Rieken 2008, Bodemann/Weiß, Anm. zu LG Darmstadt a. a. O., aA LG Darmstadt a. a. O.).

18.5.4.3 Verletzung des allgemeinen Gleichheitssatzes (Art. 3 Abs. 1 GG)

Etwas problematischer gestaltet sich die mögliche Verletzung des allgemeinen Gleichheitssatzes (Art. 3 Abs. 1 GG). Dieser besagt vereinfacht, dass die Privilegierung der Olympischen Organisation durch einen sachlichen Grund gerechtfertigt sein muss. Dagegen könnte sprechen, dass auch andere Veranstalter von sportlichen Großereignissen vor vergleichbaren Schwierigkeiten der kommerziellen Verwertung stehen, jedoch nicht durch ein entsprechendes Gesetz geschützt sind (Wekwerth 2010). Dagegen allerdings spricht, dass bislang soweit ich sehe kein anderer Veranstalter damit gedroht hat die Veranstaltung nicht nach Deutschland zu vergeben, wenn seine Rechte nicht umfassend geschützt werden. Dementsprechend könnte der Aspekt der Strukturförderung der Region einen sachlichen Grund liefern (Rieken 2008).

Diese Argumentation ist in zweifacher Hinsicht angreifbar: Zum einen stellt sie geradezu eine Einladung an andere Großveranstalter da und zum anderen müsste valide begründet sein, dass die Veranstaltung einer Olympiade tatsächlich Mittel in die betreffende Region fließen lässt, die in der Summe nicht durch die notwendigen staatlichen und kommunalen Infrastrukturinvestitionen und weitere Koste, etwa für die Sicherheitsmaßnahmen aufgewogen werden. Anderenfalls wäre das Allgemeininteresse an der Veranstaltung olympischer Spiele nur schwer zu bejahen. Dieser Aspekt entzieht sich juristischer Bewertung und ist dementsprechend abstrakt nicht mit hinreichender Sicherheit zu beurteilen. Dementsprechend ist davon auszugehen, dass das Olympiaschutzgesetz in abstracto nicht gegen Art. 3 GG verstößt.

18.5.4.4 Berufsfreiheit (Art. 12 GG)

Ebenfalls diskutiert wird ein Verstoß gegen Art. 12 des Grundgesetzes, die Berufsfreiheit. In Bezug auf die Möglichkeit, die olympischen Symbole und Bezeichnungen werblich und gewerblich zu nutzen, ist das Gesetz meines Erachtens eine eher niederschwellige Beeinträchtigung. Denn es wird nicht grundsätzlich die Berufswahl oder der Zugang zu bestimmten Gewerbeausübungen untersagt, sondern lediglich die Ausübung beispielsweise der werbenden Berufe dahingehend eingeschränkt, dass die Symbole und Bezeichnungen nicht ohne Genehmigung von IOC oder DOSB genutzt werden dürfen. Eine solche Berufsausübungsregelung kann durch vernünftige Gründe des Gemeinwohls legitimiert werden. Wenn wie oben zumindest nicht ausgeschlossen, ein Allgemeininteresse an der Abhaltung von Olympischen Spielen in Deutschland bejaht werden kann, läge damit ein ausreichender Grund vor. Möglicherweise ist es ein zulässiger Orientierungspunkt, dass andere Staaten aus denselben Gründen vergleichbare Gesetze erlassen haben (Rieken 2008, Wekwerth 2010; kritisch Trautmann 2008 einen vernünftigen Grund verneinend Degenhardt 2006).

18.5.4.5   Eigentumsgarantie (Art. 14 GG)

Ebenfalls diskutiert wird eine Verletzung der grundrechtlichen Eigentumsgarantie, Art. 14 GG. Teilweise wird hier argumentiert, das Olympiaschutzgesetz beeinträchtige nur künftige, ungewisse, Erwerbsaussichten, die nicht unter die Eigentumsgarantie fallen würden (Wekwerth 2010). Im Übrigen sorge § 8 des Gesetzes für einen weitreichenden Schutz vor Erlass bereits bestehender Rechtsnutzungen (vgl. Trautmann 2008) – hier würde unter Umständen der Einwand des Landgerichts Darmstadt hinsichtlich der fehlenden Bekanntheit des Gesetzes eine gewisse Rolle spielen können. Daneben spielt eine entscheidende Rolle für die grundsätzliche Legitimierbarkeit des Gesetzes wie auch für mögliche Ausgleichspflichten wiederum die Frage, ob die Abhaltung Olympischer Spiele dem Wohl der Allgemeinheit dient (Rieken 2008; dagegen mit der Begründung, es fehlten relevante Allgemeinwohlbelange, Degenhardt 2006).

18.5.4.6   Im Interesse der Allgemeinheit

Man könnte sich hier fragen, ob der Umfang, in dem Erträge aus den Spielen vom IOC an das Ausrichterland abgegeben werden, ausreichend ist. Man könnte auch fragen, wie sich die Regelung auswirkt, dass keine Zahlungen erfolgen, wenn keine ausreichenden Erträge für das IOC entstehen. Schließlich könnte man zweifeln, ob es unproblematisch ist, dass die Sponsoren sich ausschließlich an ihren Gewinnen orientieren können und nicht auf das Allgemeinwohl festgelegt sind.

Diese Fragen mögen im Lauf der Zeit auch einmal anders beantwortet werden als gegenwärtig. Dies kann auch dadurch beeinflusst werden, wie sehr die Schmerzgrenze für Skandale zum Beispiel durch Dopingfälle strapaziert wird. Insoweit gibt die Wertschätzung, die mit der Tour de France in Deutschland einhergeht, ein instruktives Beispiel ab. Dennoch ist wohl einstweilen davon auszugehen, dass Gründe des Allgemeinwohls dafür sprechen, grundsätzlich auch in Deutschland Olympische Spiele abhalten zu wollen. Dann müssten die mit dem Gesetz verbundenen Eingriffe in Rechte Dritter auch verhältnismäßig sein. Zunächst erscheinen die Tatbestände und Rechtsfolgen nicht abstrakt unverhältnismäßig. Sie weisen jedoch auf der Tatbestandsseite eine relativ hohe Unbestimmtheit auf, die dem Zweck dient, möglichst viele aktuelle Ambush-Verhaltensweisen erfassen zu können und für die stetigen Innovationen der Ambusher gerüstet zu sein.

18.6   Ansatzpunkte für eine einschränkende Auslegung des OlympiaSchG

Dies nötigt aber, wie das Bundesverfassungsgericht jüngst am Beispiel des Straftatbestands der Untreue dargelegt hat (BVerfGE NStZ 2009, 560; 2010, 626), zu einer einschränkenden Interpretation bei der Anwendung des Gesetzes im konkreten Fall. Dabei ist zum Ausgangspunkt zu nehmen, dass das deutsche Recht bis dato kein generelles Verbot des Ambush Marketing kennt (näher Weber et al. 2009). Zwar ist die ratio für den Erlass des Olympiaschutzgesetzes in der weitgefassten und allgemeingebräuchlichen Attribution der olympischen Symbole und Bezeichnungen zu suchen – denn allein dieser Umstand verhindert maßgeblich, dass die regelmäßigen Schutzmechanismen des deutschen Rechtssystems greifen. Die allein kommerziellen Interessen des IOC und des DOSB können jedoch gerade wegen der Zugehörigkeit des Schutzgutes zum – untechnisch gesprochen – Kulturgut der Allgemeinheit nicht gegen jeglichen Gebrauch durch Dritte geschützt werden.

Verhindert werden darf folglich allein die kommerzielle Verwertung. Dies ist im Olympiaschutzgesetz auch so angelegt, muss allerdings immer reflektiert werden. Dort wo die Verwendung der Symbole und vor allem Bezeichnungen primär einem künstlerischen Zweck dient, ist der Schutzbereich des Gesetzes wegen Art. 5 Grundgesetz daher nicht eröffnet. So bspw. für Asterix und Felix Krull. Dass der Künstler seinerseits das Werk vermarktet, kann dem nicht entgegenstehen. Komplizierter liegt es im Fall der Zigarettenwerbung. Hier liegt bei allem künstlerischen Esprit der Schwerpunkt auf der werblichen Verwertung. Allerdings werden die olympischen Werte, die ja den Wert des Immaterialgüterrechts „Olympia" ausmachen hier gerade nicht in Bezug genommen. Bereits aus diesem Grund war die Entscheidung des Landgerichts Darmstadt richtig.[3]

Zumindest im Wege des indirekten Ambush Marketings muss der Verwerter sich gerade die im positiven Sinne mit Symbol oder Bezeichnung einhergehenden Konnotationen zunutze machen wollen.[4] Nutzt er als Werbeeffekt das aus, was gerade den Wert des Ereignisses herabsetzen könnte, so mag hiergegen im Einzelfall zivilrechtlich oder sogar strafrechtlich vorgegangen werden können, nicht aber aus dem Olympiaschutzgesetz. Darüber hinaus muss die geweckte Assoziation ein Mindestmaß an Eindeutigkeit aufweisen. Hier könnte man vielleicht anderer Ansicht als das Landgericht Darmstadt sein, denn dass im Gesamteindruck von Bild und Schrift auf Olympia Bezug genommen wird, liegt zumindest nahe. Die endgültige Festlegung der Anwendungsgrenzen des Olympiaschutzgesetzes wird aber auch zu berücksichtigen haben, dass Olympische Spiele, wie auch alle anderen sportlichen Großveranstaltungen hochgradig kommerzialisiert sind. Finanzielle Interessen bestimmen ihren Verlauf nicht weniger als ideelle, vermutlich stehen sie im Vordergrund. Damit ist auch das Interesse an werthaltigen Sponsoringvereinbarungen ein legitimes Interesse.

18.7 Fazit

Das OlympinSchG stellt sich als wirkungsvolles Instrument zum Schutz der olympischen Symbole und Bezeichnungen dar. Gerade angesichts des zumindest unklaren Schutzes nach Markenrecht wird ein umfassender Schutz der Eventmarke Olympia hergestellt. Allerdings greift das Gesetz zum Teil zu weit. In einer Abwägung begründeter kommerzieller Interessen des IOC und des DOSB sowie der ihnen vertraglich verbundenen Sponsoren mit den Interessen Dritter und der Allgemeinheit an dem Gebrauch olympischer Symbole und Bezeichnungen ist das Gesetz im Einzelfall einschränkend auszulegen.

---

[3] Zur neueren Rspr. s. auch Röhl, SpuRt 2013, 134 ff.
[4] So auch Röhl, SpuRt 2013, 134(138 f.).

18.8   Anhang

Gesetzestext

„Gesetz zum Schutz des olympischen Emblems und der olympischen Bezeichnungen (OlympiaSchG)31. März 2004 (BGBl. I)

- § 1 Gegenstand des Gesetzes
  (1) Gegenstand dieses Gesetzes ist der Schutz des olympischen Emblems und der olympischen Bezeichnungen.
  (2) Das olympische Emblem ist das Symbol des Internationalen Olympischen Komitees bestehend aus fünf ineinander verschlungenen Ringen nach dem Muster der Anlage 1 (Olympische Ringe).
  (3) Die olympischen Bezeichnungen sind die Wörter „Olympiade", „Olympia", „olympisch", alle diese Wörter allein oder in Zusammensetzung sowie die entsprechenden Wörter oder Wortgruppen in einer anderen Sprache.

- § 2 Inhaber des Schutzrechts
  Das ausschließliche Recht auf die Verwendung und Verwertung des olympischen Emblems und der olympischen Bezeichnungen steht dem Nationalen Olympischen Komitee für Deutschland und dem Internationalen Olympischen Komitee zu.

- § 3 Rechtsverletzungen
  (1) Dritten ist es untersagt, ohne Zustimmung der Inhaber des Schutzrechts im geschäftlichen Verkehr das olympische Emblem
     1. zur Kennzeichnung von Waren oder Dienstleistungen,
     2. in der Werbung für Waren oder Dienstleistungen,
     3. als Firma, Geschäftsbezeichnung oder zur Bezeichnung einer Veranstaltung oder
     4. für Vereinsabzeichen oder Vereinsfahnen zu verwenden. Satz 1 findet entsprechende Anwendung für Embleme, die dem olympischen Emblem ähnlich sind, wenn wegen der Ähnlichkeit die Gefahr von Verwechslungen besteht, einschließlich der Gefahr, dass das Emblem mit den Olympischen Spielen oder der Olympischen Bewegung gedanklich in Verbindung gebracht wird oder dass hierdurch die Wertschätzung der Olympischen Spiele oder der Olympischen Bewegung ohne rechtfertigenden Grund in unlauterer Weise ausgenutzt oder beeinträchtigt wird.
  (2) Dritten ist es untersagt, ohne Zustimmung der Inhaber des Schutzrechts im geschäftlichen Verkehr die olympischen Bezeichnungen
     1. zur Kennzeichnung von Waren oder Dienstleistungen,
     2. in der Werbung für Waren oder Dienstleistungen oder
     3. als Firma, Geschäftsbezeichnung oder zur Bezeichnung einer gewerbsmäßigen Veranstaltung zu verwenden, wenn hierdurch die Gefahr von Verwechslungen besteht, einschließlich der Gefahr, dass die Bezeichnung mit den Olympischen Spielen oder der Olympischen Bewegung gedanklich in Verbindung gebracht wird oder wenn hierdurch die Wertschätzung der Olympischen Spiele oder der Olympischen Bewegung ohne rechtfertigenden Grund in unlauterer Weise ausgenutzt oder beeinträchtigt wird. Satz 1 findet

entsprechende Anwendung für Bezeichnungen, die den in § 1 Abs. 3 genannten ähnlich sind.

(3) Die Absätze 1 und 2 gelten nicht für die Kennzeichnung eines nach § 2 des Urheberrechtsgesetzes geschützten Werkes sowie für die Werbung hierfür, wenn das Werk sich mit den Olympischen Spielen oder der Olympischen Bewegung im weitesten Sinne befasst.

- § 4 Benutzung von Namen und beschreibenden Angaben

Die Inhaber des Schutzrechts haben nicht das Recht, einem Dritten zu untersagen, im geschäftlichen Verkehr

1. dessen Namen oder Anschrift zu benutzen oder
2. die olympischen Bezeichnungen oder ähnliche Bezeichnungen als Angabe über Merkmale oder Eigenschaften von Waren, Dienstleistungen oder Personen zu benutzen, sofern die Benutzung nicht unlauter ist.

- § 5 Unterlassungsanspruch; Schadensersatzanspruch

(1) Wer das olympische Emblem oder die olympischen Bezeichnungen entgegen § 3 benutzt, kann von dem Nationalen Olympischen Komitee für Deutschland oder dem Internationalen Olympischen Komitee auf Unterlassung in Anspruch genommen werden.

(2) Wer die Verletzungshandlung vorsätzlich oder fahrlässig begeht, ist dem Nationalen Olympischen Komitee für Deutschland und dem Internationalen Olympischen Komitee zum Ersatz des diesen durch die Verletzungshandlung entstandenen Schadens verpflichtet.

- § 6 Vernichtungsanspruch

Das Nationale Olympische Komitee für Deutschland und das Internationale Olympische Komitee können in Fällen des § 3 verlangen, dass die im Besitz oder Eigentum des Verletzers befindlichen, widerrechtlich gekennzeichneten Gegenstände vernichtet werden, es sei denn, dass der durch die Rechtsverletzung verursachte Zustand der Gegenstände auf andere Weise beseitigt werden kann und die Vernichtung für den Verletzer oder den Eigentümer im Einzelfall unverhältnismäßig ist. Weitergehende Ansprüche auf Beseitigung bleiben unberührt.

- § 7 Verjährung

Auf die Verjährung der in den §§ 5 und 6 genannten Ansprüche finden die Vorschriften des Abschnitts 5 des Ersten Buches Bürgerliches Gesetzbuch entsprechende Anwendung.

- § 8 Fortgeltung bestehender Rechte

Rechte Dritter, die auf Grund gesetzlicher Bestimmungen, auf Grund vertraglicher Vereinbarungen auf dem Gebiet des Vereins-, Marken-, Geschmacksmuster- und Handelsrechts oder auf Grund sonstiger vertraglicher Vereinbarungen mit den Rechtsinhabern am 13. August 2003 bereits bestehen, bleiben unberührt.

- § 9 Sachliche Zuständigkeit

(1) Für alle Klagen, durch die ein Anspruch auf Grund dieses Gesetzes geltend gemacht wird, sind die Landgerichte ausschließlich zuständig.

(2) Die Landesregierungen werden ermächtigt, durch Rechtsverordnung die Streitsachen im Sinne von Absatz 1 insgesamt oder teilweise für die Bezirke mehrerer Landgerichte einem von ihnen zuzuweisen, sofern dies der sachlichen Förderung oder der schnelleren Erledigung der Verfahren dient. Die Landesregierungen können diese Ermächtigung auf die Landesjustizverwaltungen übertragen.

- § 10 Inkrafttreten

§ 9 Abs. 2 tritt am Tag nach der Verkündung in Kraft; im Übrigen tritt dieses Gesetz am ersten Tag des dritten auf die Verkündung folgenden Kalendermonats in Kraft." (www.gesetze-im-internet.de)

Literatur

Albers, S., & Herrmann, A. (2007). Grundkonzept, Ziele und Aufgaben im Produktmanagement. In S. Albers & A. Herrmann (Hrsg.), *Handbuch Produktmanagement* (S. 3–20). 3. Aufl. Wiesbaden.

Anderson, E. W., & Sullivan, M. W. (1993). The antecedents and consequences of customer satisfaction for firms. *Marketing Science, 12*(2),125–143.

Backhaus, K., & Voeth, M. (2007). *Industriegütermarketing.* 7, überarb. Aufl. München.

Bauer, H. H. (1989). Marktabgrenzung: Konzeption und Problematik von Ansätzen und Methoden zur Abgrenzung und Strukturierung von Märkten unter besonderer Berücksichtigung von marketingtheoretischen Verfahren, Berlin. Böcker, F. (1994): Marketing, 5. Aufl., Stuttgart.

Cherkeh, R., & Welkerling, K. (2010). Die unerwünschten Blondinen – oder zur praktischen Verwertbarkeit der rechtlichen Diskussion zum Ambush-Marketing. *Sciamus- Sport und Management*, (4), 25 ff.

Degenhardt (2006). Olympia und der Gesetzgeber: Ist ein sondergesetzlicher Schutz gerechtfertigt? *AfP*, 103 ff.

Heermann, P. (2010). WM-Marken-Urteil im Bereich des „Ambush Marketing". *causa sport*, 134.

Heermann, P (2006). *Ambush Marketing anlässlich Sportgroßveranstaltungen.* GRUR, 359.

Hutter, & Hoffmann (2011). Guerilla-Marketing – eine nüchterne Betrachtung einer vieldiskutierten Werbeform. *Der Markt – International Journal of Marketing,* 121 ff.

Nieder, & Rauscher (2006). Inhalt und Reichweite des Olympiaschutzgesetzes. *SpuRt*, 237 ff.

Noth, M. (2004) Gratis durch die Hintertür. *Jusletter,* 06. Sept.

Nufer, G, Cherkeh R., & Banke, B. (2012). Ambush Marketing im Sport – eine interdisziplinäre Betrachtung. *causa sport*, 37–42.

Nufer (2010). Ambush Marketing im Sport.

Pfuhl (2004). (Studienarbeit Univ. Bayreuth), S. 2 ff., abrufbar unter. http://www.sportrecht.org/studarbeiten/ Pfuhl_komplett.pdf.

Rieken, Ch. (2008). *Der Schutz olympischer Symbole.* Tübingen.

Röhl, C. (2013). Werbung mit olympischen Bezeichnungen – *Eine Darstellung und Analyse der aktuellen Rechtsprechung. SpuRt,* 134 ff.

Trautmann (2008). Die Eventmarke.

Weber, Jonas, Hackbarth, & Donle (2009). *Der Schutz großer Sportereignisse und darauf bezogener Maßnahmen durch Marken und andere IP-Rechte.* GRUR International, 839 ff.

Wekwerth, M. (2010). *Rechtliche Aspekte des Ambush-Marketings bei Sportgroßveranstaltungen.* Tübingen.

Teil IV
Controlling von Marken im Sport

Controlling von Markenallianzen im Sport

19

Frank Huber und Julia Hamprecht

19.1 Zur Bedeutung von Markenallianzen

Bereits 1962 brachte der Nahrungsmittelkonzern Nestlé in Deutschland die Schokolinsen Smarties mit Zuckerüberzug in acht verschiedenen Farben auf den Markt. Seither erfuhr das Produkt eine beachtliche Ausweitung. Als besonderer Clou gilt Fruity Smarties, in denen statt der üblichen Schokolade der Goldbärengummi von Haribo steckt. Die Besonderheit bei dieser Zusammenarbeit war, dass zur Entwicklung, Produktion und Vermarktung dieses Produktes zwischen den beiden Marken (Smarties und Haribo) eine Allianz vereinbart wurde. Das gleiche organisatorische Geflecht stand auch Pate dafür, dass in Langnese-Eis inzwischen zusätzlich Milka Kuhflecken stecken. Aber auch im Sportbereich kommt bei der Beantwortung der Frage nach der Gestaltung neuer Produkte in jüngster Zeit in den Unternehmen die Idee auf, Marken im Sinne einer Allianz miteinander zu verknüpfen. Stellvertretend für viele Beispiele sollen die „FC Bayern MasterCard" oder der „Adi Racer Low", der von Adidas und dem Reifenhersteller Good Year vermarktete Sportschuh mit spezieller Gummisohle, dienen. Und der laufbegeisterte Freizeitsportler joggt neuerdings mit dem von Nike und Sony entwickelten Portable Sport Audio, ohne dass er sich etwa über eine springende CD echauffieren muss.

Dabei sollte die Entscheidung über solch einen strategischen Zusammenschluss nicht aus dem Bauch heraus getroffen werden, da mögliche Risiken, wie beispielsweise ein Schaden der Imagewirkung, nicht ausgeschlossen sind. Mit Augenmerk auf einen langfristigen Erfolg der strategischen Markenführung ist es ratsam, die Wirkungen von Markenkooperationen zu überprüfen.

F. Huber (✉)
Mainz, Deutschland
E-Mail: huber@marketing-mainz.de

J. Hamprecht
E-Mail: hamprecht@uni-mainz.de

H. Preuß et al. (Hrsg.), *Marken und Sport*,
DOI 10.1007/978-3-8349-3695-0_19, © Springer Fachmedien Wiesbaden 2014

Das Fundament zur Gestaltung und Kontrolle von Markenallianzen liefert einerseits die Verhaltens- und andererseits die strategische Managementforschung. Während bereits einige wenige Autoren die Erfolgsaussichten von Markenallianzen aus Kundenperspektive erörterten und empirisch überprüften (Levin et al. 1996, Shocker 1995; Washburn 1999; Simonin und Ruth 1998) ist das interessierende Phänomen aus Sicht des strategischen Markenmanagements bisher kaum beleuchtet. Der zuständige Manager sucht ferner in der strategischen Markenmanagementliteratur vergeblich nach einer Antwort wie sich eine Markenallianz kontrollieren lässt. Der vorliegende Beitrag nimmt sich daher dieses Themas an und zielt darauf ab, die strategisch zu kontrollierenden Erfolgsfaktoren von Markenallianzen durch Literatursichtung zu ermitteln und den Einfluss ausgewählter Determinanten des Erfolges aus Nachfragersicht empirisch zu untersuchen.

19.2 Zum Begriff der Markenallianz

Im Interesse der Eindeutigkeit und Klarheit der weiteren Ausführungen erscheint es notwendig, den Begriff Allianz zu spezifizieren, da er oft undifferenziert für eine Vielzahl verschiedener Formen der Zusammenarbeit zwischen Unternehmen zum Einsatz kommt. Ein Blick in die Literatur zeigt eine Fülle unterschiedlicher Begriffsverständnisse, die von zahlreichen Autoren umfassend rezipiert werden (Hammes 1994). Häufig Verwendung findet eine Definition von Sheth und Parvatiyar (1992), die den Ausdruck Allianz als „… eine freiwillige, längerfristige Beziehung zwischen Unternehmen, … mit dem Ziel der Kompensation eigener Schwächen durch Stärkenpotenziale anderer Organisationen …" (ins Deutsche übersetzt) definieren (Das und Teng 2000).

Die konstitutiven Elemente dieser Wesensbestimmung lassen sich wie folgt charakterisieren:

1. Im Bereich der Zusammenarbeit geben Allianzpartner ihre eigenen Ziele teilweise zugunsten gemeinsamer, übergeordneter Ziele auf.
2. Die Allianzpartner bringen eigene Ressourcen in die Allianz ein, seien es materielle, immaterielle oder informationsbezogene Leistungspotenziale.
3. Durch die zwischenbetriebliche Arbeitsteilung entstehen Schnittstellen, die über Beziehungen zwischen den Allianzpartnern gesteuert werden (Meffert 1997).
4. Grundsätzlich sind horizontale (gleiche Wertschöpfungsstufe), vertikale (vorwärtsbeziehungsweise rückwärtsgerichtete Wertschöpfungsbeziehung) und laterale (branchenübergreifende) Allianzen möglich (Huber 2004).

Geprägt ist das Zustandekommen von Markenallianzen von der Absicht, den Kunden maßgeschneiderte Instrumente für deren Identitätsbildung anzubieten (Meffert und Burmann 2002). Zudem soll ein Vehikel zur Verfügung stehen, mit dem es den Individuen gelingt, ihre Werthaltungen, wie etwa Fortschrittlichkeit, gegenüber anderen zum Ausdruck zu bringen. Die zuvor dargelegte Definition und die allgemeinen Wesenszüge einer

Allianz vor Augen lässt sich die Markenallianz als Kooperationsform bezeichnen, bei der das Streben nach einer Steigerung des sozio-emotionalen Zusatznutzens für den Kunden im Mittelpunkt steht (Köhler 2001).

Das übergeordnete Ziel eines koalierenden Unternehmens besteht darin, durch die Zusammenarbeit mit einem anderen, die von Nachfragern erlebte Stärke der eigenen Marke und damit auch den Markenwert zu erhöhen, was in einer gesteigerten Wettbewerbsfähigkeit mündet. Bei der Erfüllung der jeweiligen Leistung entstehen Schnittstellen, die es zu koordinieren und zu steuern gilt. Um die Koordination und das Management der Allianz im Allgemeinen und der Schnittstellen im Speziellen zu gewährleisten, bieten sich verschiedene Ausgestaltungsmöglichkeiten der Kooperation an. Das Spektrum der Markenallianzen erstreckt sich von der losen Absprache (Hammes 1994), über vertragliche Bindungen (Töpfer 1992) bis zur gemeinsamen Unternehmensgründung (Lutz 1993). Hervorzuheben ist allerdings, dass der Auftritt der Marken in jedem Falle weiterhin eigenständig bleibt.

Zusammenfassend kann konstatiert werden, dass der Begriff Markenallianz als eine Kooperation zwischen zwei oder mehreren rechtlich und wirtschaftlich selbständigen Unternehmen verstanden wird, die vorwiegend immaterielle Ressourcen in eine langfristige Zusammenarbeit einbringen. Mit Hilfe dieser Ressourcen streben sie gemeinsam danach, Wettbewerbsvorteile dadurch zu erlangen, dass sie ihr sozio- und psycho-emotionales Leistungsangebot weitgehend ergänzen, wodurch der Nachfrager eine verbesserte Nutzenstiftung erfährt.

Die Definition enthält dabei sowohl eine Aussage zur kontrollierenden Zielebene (direktes außerökonomisches Ziel ist die Stärkung der Marke; indirektes ökonomisches Ziel ist die Erhöhung des Markenwertes) als auch zur Grundlage der Geschäftsbeziehung zum Kunden (psycho-emotionale Bindung) sowie zum Bezugsobjekt (Ressourcen). Ferner bezieht sich der Ausdruck auf die zwischen den koalierenden Unternehmen entstehenden Schnittstellen als einer nicht zufälligen Folge von Handlungen zwischen den gleichberechtigten Partnern.

19.3 Ein ressourcenorientierter Ansatz zur Kontrolle des Erfolgs von Markenallianzen aus Unternehmenssicht

Zur Kontrolle des Erfolges von Markenallianzen sowie zur Ermittlung von Faktoren, die das Gelingen der Markenallianz determinieren, bietet sich ein Rückgriff auf den ressourcenorientierten Ansatz an. Im Kern zielt dieser auf die Beantwortung der Frage ab, wie Unternehmen im Vergleich zu anderen Mitanbietern derselben Branche über eine längere Zeit erfolgreich sein können, d. h. wie sie es schaffen, dauerhaft höhere Renten zu erzielen, ohne dass der Wettbewerb diesen Vorteil egalisiert (Rühli 1994). Die Bestimmung der hierfür notwendigen Voraussetzungen ist Gegenstand des Ansatzes. Als Quelle dauerhafter Wettbewerbsvorteile sehen die Vertreter des Ressourcenansatzes die unternehmenseigenen strategischen Erfolgspotenziale. Mittels strategisch wertvoller Erfolgspotenziale erlangen Unternehmen temporäre Leistungs- und/oder Kostenvorteile. Lassen sich die strategischen Erfolgspotenziale zudem dadurch kennzeichnen, dass sie für den Wettbewerb limitiert verfügbar, begrenzt imitierbar und/oder nur eingeschränkt substituierbar sind, eignen sie sich zur Schaffung strategischer Heterogenität. Der gelungene Aufbau strategischer Heterogenität repräsentiert eine notwendige Bedingung (Dooley et al. 1996), um den erreichten Leistungs- und/oder Kostenvorteil dauerhaft zu schützen. Im Sinne des Ressourcenansatzes geht es mit Blick auf die Disposition von Inputgütern darüber hinaus um die Schaffung marktrelevanter Heterogenität. Weisen die Ressourcen eine hohe Stimmigkeit mit den Anforderungen auf den Märkten auf, ist eine weitere Voraussetzung für die Erlangung dauerhafter Wettbewerbsvorteile erfüllt. Zur Schaffung von Wettbewerbsvorteilen durch ein Angebot von Leistungen, welches sich vom Konkurrenten abhebt und so der Abnehmerschaft ein differenziertes Leistungsversprechen bietet beziehungsweise Kundenbedürfnisse besser zufrieden stellt, entscheiden sich zahlreiche Unternehmen für eine Kooperation. Durch ein erfolgreiches Zusammenwirken von Unternehmen kann also die Wettbewerbsfähigkeit der beteiligten Partner gesichert werden (Mitchell und Singh 1996; Stuart 2000).

Um die Wettbewerbsfähigkeit zu sichern und das Zustandekommen marktrelevanter Heterogenität zu gewährleisten, eignen sich die in der Literatur beschriebenen Isolationselemente (Bamberger und Wrona 1996; Chi 1994; Knyphausen-Aufseß 1995). Ein Isolationselement im Sinne des Ressourcenansatzes repräsentiert den Teil einer Wirkungskette, der zur Schaffung beziehungsweise Weiterentwicklung von Ressourcen und/oder Kompetenzen dient und damit die Grundlage zur Generierung nachhaltiger Wettbewerbsvorteile legt. Die Konkurrenz ist ständig bestrebt, die erfolgskritischen Ressourcen des Unternehmens oder der Kooperation zu akquirieren, zu imitieren oder zu substituieren. Hierauf bezogen bewirken Isolationselemente einzeln oder im Verbund, dass die Bestrebungen der Konkurrenz auf kurze Sicht scheitern und auf lange Sicht in ihrem Erfolg unsicher sind. Somit lassen sich die Elemente als Antezedenzien für die in einer Kooperation zusammengeführten Erfolgspotenziale interpretieren, die wiederum die strategische Heterogenität hervorrufen, sichern und somit zu kontrollieren sind. Als zweckdienliche Kontrollgrößen für den Markenallianzerfolg identifiziert Huber folgende Isolationselemente und Erfolgsfaktoren im Rahmen einer empirischen Studie (Huber 2004).

Einen besonderen Einfluss auf den Allianzerfolg übt etwa das implizite Wissen aus. Implizites Wissen können sich Mitarbeiter der koalierenden Unternehmen in einem Learning by Doing-Prozess aneignen (Jordan und Jones 1997) und durch Erfahrung und praktische Anwendung im Laufe der Zeit weiterentwickeln (Knyphausen 1993). Implizites Wissen ist nur schwer artikulierbar und somit kaum kommunizierbar (Willman 1996). Gelingt einer Allianz der gemeinsame Aufbau von schwer zu kopierendem Wissen, laufen Routinen mit einer höheren Leistungsfähigkeit ab. Diese effizienzsteigernden Effekte resultieren aus Handlungsabläufen, die im Zeitablauf zu immer weniger Verschwendung führen. Effektivitätssteigernde Konsequenzen ergeben sich hingegen durch eine verbesserte Anpassung an die Anforderungen im Markt, da durch die Generierung und Verankerung impliziten Wissens auch die Routinen zielgerichtet zum Einsatz gelangen.

Aus Ressourcensicht spielt für den Allianzerfolg ferner die im Zeitverlauf stattfindende Anreicherung der Inputgüter eine Rolle. Wie die Ergebnisse der Studie allerdings zeigen, reduziert sich dadurch jedoch die Möglichkeit zur strategischen Differenzierung und damit auch der Erfolg der Allianz, wenn es im Zeitverlauf zu Anreicherungseffekten kommt. Die Vereinheitlichung von Ressourcen und Prozessen zur Generierung von Skaleneffekten führt demnach zu einem Verlust des eigenständigen Markenauftritts der Allianz am Markt. Etwas überspitzt formuliert, bedeutet der empirische Befund für das Management die Abkehr von formal einheitlich strukturierten Markenarchitekturen sowie zentralistisch ausgerichteten Markenorganisationen und die Hinwendung zu in mehrfacher Hinsicht hybriden Strukturen, bei denen bewusst in Kauf genommen wird, dass verschiedene Funktionen und Prozesse im Markenmanagement eine Akzentuierung erfahren.

Bei der Formulierung der Leitmaxime der Markenkooperation spielt zudem für die an der Allianz beteiligten Unternehmen die Pfadabhängigkeit ihres Handelns eine Rolle. Die Pfadabhängigkeit bringt in allgemeiner Form zum Ausdruck, dass die gegenwärtige Situation eines Unternehmens beziehungsweise seiner Teilbereiche durch Entwicklungen in der Vergangenheit geprägt ist und die Gegenwart wiederum Einfluss auf die zukünftige Entwicklung nimmt. Wie die Ergebnisse der Untersuchung belegen, beeinflussen vergangene Entscheidungen die Möglichkeit zur strategischen Differenzierung und das Erreichen des Allianzerfolges. Der Erfolg der Markenallianz ist demnach wahrscheinlich, wenn mit Hilfe des Allianzpartners auf Basis der bereits etablierten Markenidentität eine graduelle Anpassung an eine neue Markenidentität erfolgt. Aus Controlling-Sicht müssen die Identitäten der koalierenden Unternehmen daher eine Überprüfung auf Ähnlichkeit erfahren. Hierauf wird in dem nächsten Kapitel Bezug genommen.

Von Seiten des Controllings gilt es, der Komplexität des Leistungsverbundes höchste Aufmerksamkeit zu schenken. Aus der Perspektive der Kooperationspartner bedeutet dies, dass mit steigender Verbundenheit und Komplexität der strategischen Erfolgspotenziale die Durchschaubarkeit für Außenstehende (Wettbewerber) abnimmt und damit die Schwierigkeiten beim Bezug notwendiger Ressourcen und Fähigkeiten über Faktormärkte für den Wettbewerb zunehmen (Tyler und Steensma 1995). Diese Determinante weist den höchsten Einfluss auf den Erfolg der Markenallianz auf. Beim Design von koalierenden Markenunternehmen ist daher die Frage zu beantworten, welche Ressourcen und Aktivitäten zum inneren Kern der Allianz gehören sollen und welche besser im externen Netzwerk dargestellt werden. Je komplexer die Geschäftsbeziehungen sind, desto eher besteht die Chance, sich mit den Leistungen gegenüber Wettbewerbern zu differenzieren.

Weitere, in der Literatur für den Erfolg von Allianzen genannte Isolationselemente, wie zum Beispiel die Spezifität, die Absorption unternehmensexterner Inputgüter, sowie die kausale Ambiguität, spielen hingegen für das Gelingen einer Markenkooperation keine Rolle (Huber 2004). Eine Kontrolle dieser Aspekte scheint daher auch nicht zwingend notwendig. Mit Blick auf die Literatur wird vielmehr deutlich, dass neben den aus Unternehmenssicht zu kontrollierenden Größen, auch die Faktoren, die aus Nachfragersicht über den Erfolg einer Markenallianz entscheiden, für einen ganzheitlichen Ansatz nicht zu vernachlässigen sind.

19.4   Ein fit-orientierter Ansatz zur Kontrolle des Erfolgs von Markenallianzen aus Nachfragersicht

19.4.1   Zu kontrollierende Erfolgsfaktoren einer Markenallianz aus Nachfragersicht

Die Absicht, die Wahrnehmung und Beurteilung von Markenallianzen aus Konsumentensicht zur Kontrolle des Erfolges einer Unternehmenspartnerschaft heranzuziehen, lenkt das Augenmerk auf die positiven Assoziationen (Transferwirkung) der beteiligten Marken. Mit Blick auf Forschungsbemühungen im Bereich Markenallianzen oder artverwandten Themengebieten, wie der Markentransferforschung, wird deutlich, dass vor allem zwei Phänomene über die Zeit eine verstärkte Berücksichtigung bei der Erfolgsfaktorenforschung erfahren haben. Einerseits wird der wahrgenommenen Ähnlichkeit der Partnermarken sowie andererseits der Einstellungsbildung erhebliches Forschungsinteresse zuteil. Für den Ansatz zur Kontrolle von Markenallianzen aus Nachfragersicht eignet sich das Konzept von, da hier sowohl Determinanten der Allianzbeurteilung als auch Spill-Over-Effekte (Rückwirkung auf Partnermarke) eine Berücksichtigung finden. Weiter interessiert die wahrgenommene Kongruenz der konstituierenden Partner der Markenallianz als Erfolgsgröße, die Baumgarth sowie Simonin und Ruth in ihren empirischen Studien identifizieren (Baumgarth 2004; Simonin und Ruth 1998).

19.4.2   Der Einfluss der Fitgründe auf die Einstellung zum Co-Brand (affektiv und kognitiv) und die Wirkung auf die Markenstärke

Für die Kontrolle der Markenallianz spielt, in Anlehnung an Simonin und Ruth, die Beurteilung der Markenallianz eine wichtige Rolle. Generell kann konstatiert werden, dass ein positiver Wirkungszusammenhang zwischen den Charakteristika der Partnermarken (Bekanntheit und positive Assoziationen) und der Einstellung zum Co-Brand-Produkt existiert (Park et al. 1996; Simonin und Ruth 1998; Vaidyanathan und Aggarwal 2000).

Ein Überblick über Ergebnisse der Markentransfer-, Testimonial- und Co-Branding-Forschung belegt in diesem ferner die hohe Relevanz der wahrgenommen Kongruenz (Fit) zwischen den konstituierenden Partnermarken für den Allianzerfolg (Park et al. 1996; Simonin und Ruth 1998; Baumgarth 2003; Lafferty et al. 2004). Generell drückt der Begriff „Fit" die subjektive Beurteilung der Beziehung zwischen den beteiligten Marken aus und stellt somit die wahrgenommene Ähnlichkeit beziehungsweise das subjektive Zusammenpassen zweier Schemata (assoziative Netzwerke) dar (Baumgarth 2004). Dabei erfolgt die Beurteilung der Passung anhand der mit der Marke verbundenen Assoziationen (stellvertretend für viele Aaker und Keller 1990; Boush und Loken 1991; Park et al. 1991). Es ist davon auszugehen, dass allgemein der Markenfit (Markenassoziationen) als eine Art Globalurteil sowie der Produktfit als subjektiv empfundene Ähnlichkeit der betreffenden

Produktkategorien wichtige Erfolgsfaktoren für die Beurteilung einer Allianz darstellen. (Keller und Aaker 1992; Meyers-Levy et al. 1994; Bhat und Reddy 2001; Swaminathan et al. 2001; Maoz und Tybout 2002; Walchi 2007) Weiter dient die Untergliederung der Assoziationen in emotionale (Nickel 1997; Woll 1997) sowie sachliche (Hansen 1975; Resnik und Stern 1991) Markeneigenschaften einer zusätzlichen Feinabstimmung, mit deren Hilfe eine detailliertere Beurteilung der Allianzkongruenz möglich wird (Baumgarth 2003).

Eine Erweiterung des zuvor beschriebenen Fit-Konzepts stellen Markenbeziehungen dar. Der Fokus liegt hierbei auf der vom Konsumenten wahrgenommenen Beziehung der beiden Marken und darauf wie das Verhalten der Marken zueinander eingeschätzt wird (Fournier 1998). Eine stark wahrgenommen Beziehung führt zu einer guten Beziehungsqualität und somit auch zu einem wahrgenommenen Fit. So dass darüber hinaus für das zu prüfende Erfolgsfaktorenmodell in Anlehnung an Baumgarth der emotionale und sachliche Fit sowie in Anlehnung an Fournier die Markenbeziehungsqualität Berücksichtigung finden. Zusammenfassend kann konstatiert werden, dass die wahrgenommene Passung zweier Marken die Co-Brand Beurteilung beeinflusst (Mandler 1982) und die wahrgenommene Kongruenz der Partnermarken von verschiedenen Fitgründen determiniert wird (Baumgarth 2003).

Zur zieladäquaten Überprüfung, ob vorrangig rationale oder emotionale Aspekte für die Allianz-Beurteilung von Bedeutung sind, lässt sich mit Bezug auf die Markentransferforschung ferner eine separate Berücksichtigung der affektiven sowie kognitiven Einstellungsdimension rechtfertigen (Cohen 1982; Fiske 1982; Aaker und Keller 1990; Boush und Loken 1991).

Die Überlegungen der Theorie des Assoziativen Lernens zugrunde gelegt, werden die Markenschemata der Partnermarken über ihre Assoziationen miteinander verknüpft, wenn zwei oder mehrere Marken eine Allianz bilden (Meyers-Levy 1989). Die Verknüpfung führt dazu, dass das Schema der Partnermarken um Assoziationen erweitert und somit gestärkt wird. Herauszustellen ist an dieser Stelle, dass im Rahmen von assoziativem Lernen neben der Aktivierung kognitiver Strukturen auch eine affektive Konditionierung stattfindet (Baker 1999; Rescorla 1988; Shimp et al. 1991; Janiszewski und Warlop 1993). Es kann folglich konstatiert werden, dass die positive Beurteilung der Markenallianz zu einer Stärkung des konsumentenbezogenen Markenwertes führt.

19.4.3   Untersuchungsdesign und Ergebnisse

Um die Wirkungszusammenhänge zwischen den Einflussfaktoren des Markenallianzerfolges zu bestimmten, gilt es, die postulierten Zusammenhänge einer empirischen Überprüfung zu unterziehen. Als Untersuchungsobjekt dient das Nike + iPod Sport Kit der Marken Nike und Apple. Das Sport-Kit besteht aus einem Sender für den Turnschuh und Empfänger für den iPod. Das Kit protokolliert die gelaufene Strecke, die Geschwindigkeit und den Kalorienverbrauch und dokumentiert mit Hilfe der Website Nikeplus.com die Trainingsfortschritte. Bei der Auswahl der Marken wurde ein weitreichender Bekanntheitsgrad berücksichtigt. Nachweislich verfügen beide Marken über eine ausgesprochene Medienpräsenz (o. V. 2007a). Weiterhin wurde bei der Wahl der Partnermarken darauf geachtet, dass die Marken über eine ausreichend hohe Markenstärke verfügen. Gemäß dem Brandranking der Unternehmensberatung Interbrand belegt die Marke Nike Platz 29 und die Marke Apple Platz 33 (o. V. 2007b). Gemessen an den monetären Markenwerten manifestieren die beiden Marken damit ihre Eigenschaft als starke Marke. Die Erfassung der zur Operationalisierung benötigten Indikatoren erfolgt anhand von siebenstufigen Likert-Skalen und wird mithilfe eines Online-Fragebogens realisiert. Der Erhebungszeitraum erstreckt sich über 2 Wochen. Vor dem Hintergrund, überwiegend markenerfahrene Konsumenten zur Teilnahme zu bewegen, wurde der Fragebogen-Link auf den Seiten Mac Essentials, iPod Fun und Mac Gadget in den jeweiligen Newsbereichen der Homepages platziert. Die Auswertung basiert auf 448 verwertbare Fragebögen. In der analysierten Stichprobe sind 7,6 % weiblichen Geschlechts. Das Alter der Probanden ist in sieben Wertebereiche eingeteilt, wobei die Gruppe der 31- bis 40-Jährigen mit 117 und die 21- bis 25-Jährigen mit 98 Nennungen am Häufigsten vertreten ist. Die Aufteilung der Berufsgruppen erfolgt anhand von zehn Kategorien. Im Detail ist die Gruppe der Angestellten mit 155 Probanden am stärksten vertreten.

Um den Einfluss der Erfolgsfaktoren einer Markenallianz auf die Stärke einer Marke zu ermitteln, müssen die Variablen messbar gemacht werden. Dabei stellen die Fitbasen den zentralen Aspekt des fit-basierten Ansatzes zur Kontrolle der Markenstärke bei Markenallianzen dar. Zur Operationalisierung der interessierenden Erfolgsgrößen kommen die in Tab. 19.1 formulierten Items zur Anwendung. Eine Besonderheit repräsentiert die Messung der Markenbeziehungsqualität. Hier erfolgt die Messung des Konstrukts indem die von Fournier (1998) identifizierten Dimensionen mittels Indikatoren erfasst und zu Dimensionen verdichtet werden (Konstrukt höherer Ordnung).

Für alle reflektiv operationalisierten Konstrukte kann konstatiert werden, dass die Gütekriterien auf Messmodellebene erfüllt sind. So wird unter Zuhilfenahme der Faktorladungen die durchschnittlich erfasste Varianz (DEV) sowie die Konstruktreliabilität ermittelt, welche zur Beurteilung der Konvergenz eines reflektiven Messmodells dienen. Die Werte der durchschnittlich erfassten Varianz zeigen für alle Indikatoren Größen über 0,6 (Fornell und Cha 1994). Anhand der Faktorreliabilität wird geprüft, inwieweit der Block reflektiver Indikatoren eines Faktors (Konstrukts) durch diesen ausreichend erklärt wird. Der Wertebereich liegt hierbei zwischen 0 und 1, und kann bei allen Werten mit über 0,7 bestätigt werden. Weiterhin erfolgt zur Validierung der reflektiven Konstrukte die Überprüfung der Diskriminanzvalidität anhand des Fornell-Larcker-Kriteriums. Dabei zeigt sich für alle reflektiven Konstrukte, dass die gemeinsame Varianz mit den Indikatoren größer ist, als die Varianz mit anderen latenten Variablen (Fornell und Larcker 1981). Darüber hinaus kann die Vorhersagerelevanz für das Messmodell mittels Stone-Geissers Q^2 Wert als gegeben betrachtet, da alle Werte über Null liegen (Fornell und Cha 1994). Die formative Operationalisierung der Konstrukte sachlicher Fit, Markenbeziehungsqualität

Tab. 19.1 Indikatoren der reflektiven und formativen Konstrukte im Überblick

Globaler Markenfit (reflektiv): Simonin und Ruth (1998); Baumgarth (2003)	Faktorladung	t-Wert
Die Marken ergänzen sich	0,9014	68,5299
Die Zusammenarbeit der Marken ist stimmig	0,9328	112,5525
Die Marken weisen keine Widersprüche auf	0,8517	44,6042
Produktfit (reflektiv): Simonin und Ruth (1998); Baumgarth (2003)	Faktorladung	*t-Wert*
Die Produkte sind komplementär zueinander und passen daher gut zusammen	0,9147	98,8422
Die Produkte ergänzen sich	0,8942	63,5924
Die Produkte sind sehr ähnlich	0,7332	23,1995
Sachlicher Fit: Baumgarth (2003)	Faktorgewicht	*t-Wert*
Die Marken verfügen über gleiche Qualität	0,4010	3,6547
Die Marken verfügen über die gleiche beziehungsweise ähnliche Performance	0,6092	5,7647
Die beiden Marken weisen die gleiche Verfügbarkeit beziehungsweise Erhältlichkeit auf	0,0692	1,0735
Emotionaler Fit (reflektiv): Baumgarth (2003)	Faktorladung	*t-Wert*
Das Image der Marken passt gut zusammen	0,9010	62,2051
Die beide Marken verfügen über die gleiche Lebensfreude	0,9125	80,1662
Das Prestige der beiden Marken passt gut zusammen	0,9025	76,9779
Markenbeziehungsqualität: Kressmann et al. (2003)	Faktorgewicht	*t-Wert*
Partner-Qualität	0,7298	14,4528
Die beiden Marken behandeln einander gut		
Die Marken können sich aufeinander verlassen		
Die Marken machen ihre Arbeit gut		
Verbindung zu Identität	0,1879	2,1446
Die Marken sind einander sehr ähnlich		
Die Marken teilen viele Interessen		
Intimität	0,1737	2,4181
Die Marken wissen sehr viel übereinander		
Die Marken sind wie enge Freunde		
Interdependenz	0,1214	1,3189
Die Marken spielen für einander eine wichtige Rolle		
Bindung	0,0014	0,0180
Die Marken fühlen einander verpflichtet		
Einstellung zum Co-Brand (kognitiv): Peracchio und Meyers-Levy (1994); Luna und Peracchio (2001)	Faktorgewicht	*t-Wert*

Tab. 19.1 (Fortsetzung)

Globaler Markenfit (reflektiv): Simonin und Ruth (1998); Baumgarth (2003)	Faktorladung	t-Wert
Das Co-Brand ist von hoher Qualität	0,6710	4,5200
Das Co-Brand ist gut verarbeitet	0,0320	0,2026
Das Co-Brand ist einzigartig	0,2455	3,7107
Der Preis des Co-Brands ist angemessen	0,2669	3,6517
Einstellung zum Co-Brand (affektiv) (reflektiv): Shavitt (1989); Park et al. (1991); Peracchio und Meyers-Levy (1997); Martin und Stewart (2001)	Faktorladung	*t-Wert*
Das Co-Brand wirkt sympathisch	0,9029	80,4253
Das Co-Brand macht einen liebenswerten Eindruck	0,8737	47,2757
Das Co-Brand wirkt angenehm	0,9335	92,5591
Das Co-Brand ist attraktiv	0,8701	34,8044
Markenstärke (reflektiv): Keller (1993); Erdem et al. (2002)	Faktorladung	*t-Wert*
Die Marke Apple bietet Produkte von hoher Qualität	0,8704	37,6138
Die Marke Apple verkörpert ein klares Markenimage	0,7299	11,8821
Das Produktversprechen der Marke Apple ist glaubwürdig	0,9035	75,4340
Die Marke Apple hält was sie verspricht	0,9067	72,2264

und kognitive Einstellung lässt keine Indikatorreduktion zu, da eine Elimination eine Verfälschung des definitorischen Inhalts der betrachteten Konstrukte zur Folge haben kann. Bei der formativen Operationalisierung stehen zur Beurteilung die multiplen Regressionskoeffizienten zwischen dem Konstrukt und den Indikatoren und zudem die Signifikanz im Fokus der Betrachtung. Multikollinearität zwischen formativen Konstrukten lässt sich mit Hilfe des Variance Inflation Factor (VIF) untersuchen, der den Varianzanteil eines Indikators, welcher durch die anderen Indikatoren erklärt wird, misst und bei einem Wert > 10 auf hohe Multikollinearität hinweist (Gujarati 2003). Für das vorliegende formative Messinventar werden alle Indikatoren in das Strukturmodell übernommen.

Die Ergebnisse der Parameterschätzung des Strukturmodells mit Hilfe des PLS-Ansatzes der Kausalanalyse zeigt Abb. 19.1. Bevor sich allerdings der Blick auf die Schätzresultate richtet, lohnt eine Analyse der Güte der Schätzung. Hier bleibt zu konstatieren, dass die postulierten Gütekriterien für die Überprüfung des Hypothesengeflechts den geforderten Maßen entsprechen. Da die größtmögliche Varianzerklärung der Zielvariablen bei varianzbasierten Verfahren im Zentrum der Betrachtung steht, wird hierfür das R^2-Kriterium als Nachweis für den Anteil der erklärten Varianz einer Variablen herangezogen (Chin 1998). Als weiteres Gütemaß ist die Multikollinearität auch auf Strukturmodellebene zu prüfen. Multikollinearität zwischen den exogenen Konstrukten kann ebenfalls durch den VIF für die vorgeschalteten latenten Variablen eines endogenen Konstrukts ermittelt werden, da PLS konkrete Konstruktwerte berechnet (Hermann et al. 2006). Sofern das zu

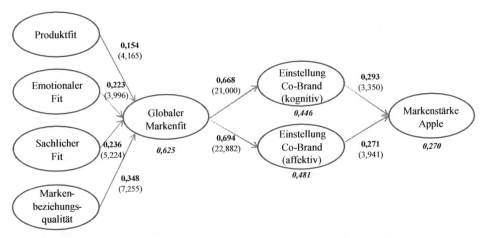

Abb. 19.1 Modell zur Erklärung des Einflusses von Markenallianzen auf die Markenstärke (Strukturparameter, t-Werte in Klammern, R^2 kursiv)

untersuchende Modell ein reflektives Zielkonstrukt aufweist, kann Stone-Geissers Q^2 als Maßstab für die Vorhersagevalidität von Struktur- und Messmodell übergreifend herangezogen werden (Fornell und Bookstein 1982). Auch auf Strukturmodellebene muss der Wert von $Q^2 > 0$ sein, um Vorhersagerelevanz des Modells nachzuweisen (Hermann et al. 2006; Huber et al. 2007). Bei all den genannten Kriterien liefert das Modell gute bis sehr gute Ergebnisse. So liegen beispielsweise die R^2-Werte der beiden Einstellungskonstrukte bei 0,446 und 0,481.

In Bezug auf das vorliegende Strukturmodell ist festzuhalten, dass der Einfluss des globalen Markenfits auf die affektive und kognitive Einstellung zum gemeinsam markierten Objekt mit einem Strukturparameter in Höhe von 0,668 beziehungsweise 0,694 am stärksten wirkt. Die Einflüsse der anderen Konstrukte belaufen sich auf Werte zwischen 0,154 und 0,348. Für das Controlling von Markenallianzen hat dies zur Konsequenz, dass alle identifizierten nachfrageorientierten Faktoren eine besondere Bedeutung beim Zustandekommen des Erfolgs einer Markenallianz besitzen.

19.5   Implikationen für die Praxis

In diesem Beitrag ist ein Ansatz zur Erfolgsmessung strategischer Markenallianzen vorgestellt worden. Steht die Messung des Erfolges einer Markenallianz aus Sicht einzelner Partnerunternehmen im Mittelpunkt, so stellt sich als nächstes die Frage, welche Ziele einzelne Unternehmen typischerweise mit der Kooperation verbinden. In der einschlägigen Literatur existieren unterschiedliche Untersuchungen zu dieser Frage (Contractor und Lorange 1988; Badaracco 1991; Bronder und Pritzl 1992; Lutz 1993; Michel 1996; Kraege 1997; Schickel 1999). Wichtig ist dabei die Erkenntnis, dass koalierende Markenunternehmen keineswegs nur finanzielle Ziele verfolgen, sondern dass neben diesen auch nachfrager-

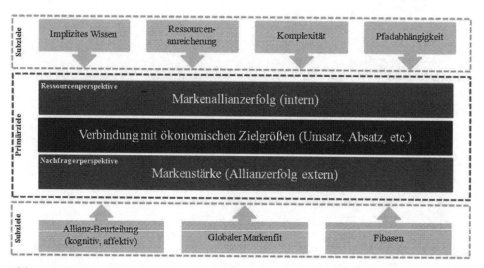

Abb. 19.2 Struktur des Markenallianz Controlling-Systems (Primär- und Subziele)

orientierte Ziele, interne Prozessziele (z. B. Verkürzung der Markteintrittszeiten, Pfad-abhängigkeit) oder Lernziele (Akquisition von Wissen), eine wichtige Rolle spielen. Vor diesem Hintergrund basiert der hier entwickelte Ansatz auf der Idee, den Erfolg einer Markenkooperation zum einen als Resultat des gelungenen Einsatzes einzelner Unterneh-mensressourcen und -prozesse, zum anderen als Ergebnis der Wahrnehmung des Marken-zusammenschlusses aus Nachfragersicht zu verstehen und zu messen.

Hierfür dienen die identifizierten übergeordneten Zielgrößen Erfolg der Markenalli-anz (Ressourcensicht) sowie Markenstärke (Nachfragersicht) als Bindeglieder zu den, von den Unternehmen selbst festzulegenden, relevanten ökonomischen Größen. Aus ökono-mischer Sicht ist die Definition von einer oder mehrerer quantifizierbarer Messgrößen für jedes Ziel notwendig.

Weiter lassen sich aus ressourcenorientierter Perspektive das implizite Wissen, die im Zeitverlauf stattfindende Anreicherung der Inputgüter, die Pfadabhängigkeit sowie die Komplexität des Leistungsverbundes, als relevante Subziele für den Allianzerfolg identi-fizieren. Bei der Kontrolle der Markenallianz aus Nachfragersicht spielen hingegen der globale Fit, die affektive/kognitive Einstellung zur gemeinsam markierten Leistung als den Primärzielen direkt untergeordnete Subziele eine wichtige Rolle. Ferner eigenen sich auch die einzelnen, den globalen Markenfit konstituierenden Fitbasen als Identifikations-potential für Trackings. Gibt es beispielsweise Änderungen in der Positionierung der Part-nermarke kann genau identifiziert werden, welche Fitdimension verantwortlich für eine etwaige schlechtere Allianzbeurteilung ist. Eine grafische Veranschaulichung des Zusam-menwirkens von Sub- und Primärzielen findet sich in Abb. 19.2

Um diese Erfolgsfaktoren mit vertretbarem Aufwand zeitnah zu erheben, bieten sich die zuvor entwickelten und in Tab. 19.2 dargestellten Messgrößen an (Huber 2004). Bei der Erhebung der Messgrößen gilt es zu berücksichtigen, dass die nachfragerorientierten Fak-

Tab. 19.2 Messinventar der Zielgrößen im Überblick

Konstrukt (Zielgröße)	Quellen zur Identifikation von Indikatoren	Indikatoren (Messgrößen), die sich im Anschluss an den Auswahlprozess zur Operationalisierung der Konstrukte als geeignet erweisen
Ressourcen-orientierter Ansatz (Unternehmenssicht)		
Fit-orientierter Ansatz (Nachfragersicht)		
Zeitabhängige Ressourcenanreicherung	Neue Indikatoren	In Zusammenarbeit mit unserem Allianzpartner gelang im Laufe der Zeit eine gelungene Ausrichtung der Marken an den Wünschen der Nachfrager. In Zusammenarbeit mit unserem Allianzpartner gelang im Laufe der Zeit eine Steigerung der Bekanntheit der beiden Marken.
Pfadabhängigkeit	Neue Indikatoren	Die Mechanismen zur Steuerung der Marke haben sich bereits über einen Zeitraum bewährt. Bestimmte Abläufe bei der Steuerung der Marke laufen bereits ganz selbstverständlich ab.
Implizites Wissen	*Simonin* 1999; *Sarkar et al.* 2001	Wir und der Allianzpartner stellen für das Projekt erfahrene und fähige Mitarbeiter zur Verfügung. Wir und der Allianzpartner sind öfters miteinander in Kontakt (Meetings, Telefonkommunikation). Das von unseren Mitarbeitern im Rahmen der Allianz gesammelte Wissen zum Thema Marke lässt sich von anderen Unternehmen nur schwer assimilieren. Die mit unserem Allianzpartner gesammelten Erfahrungen zum Thema Marke sind schwer zu artikulieren.
Komplexität	*Jap* 1999; *Lambe et al.* 2002	Wir und unser Allianzpartner bringen komplementäre Ressourcen und Fähigkeiten in die Allianz ein, die für unsere Marken nützlich sind. Wir und unser Allianzpartner haben Unternehmenskulturen, die für unsere Marken nützlich sind. Wir und unser Allianzpartner haben jeder für sich Ressourcen und Fähigkeiten, die, wenn man sie kombiniert, zu einem höheren Zielerreichungsgrad führen als bei einem isolierten Einsatz.
Markenallianzerfolg	*Huber* 2004	Die Allianz mit unserem Partner hat im Bereich des Markenmanagements die Ziele erreicht. Alles in allem betrachtet, dürfte die gelungen Steuerung der Marke durch die Allianz mit unserem Partner den Unternehmensertrag positiv beeinflusst haben.
Globaler Markenfit	*Simonin und Ruth* 1998; *Baumgarth* 2003	Die Marken ergänzen sich. Die Zusammenarbeit der Marken ist stimmig. Die Marken weisen keine Widersprüche auf.

Tab. 19.2 (Fortsetzung)

Konstrukt (Zielgröße)	Quellen zur Identifikation von Indikatoren	Indikatoren (Messgrößen), die sich im Anschluss an den Auswahlprozess zur Operationalisierung der Konstrukte als geeignet erweisen
Ressourcen-orientierter Ansatz (Unternehmenssicht)		
Fit-orientierter Ansatz (Nachfragersicht)		
Produktfit	*Simonin und Ruth 1998; Baumgarth* 2003	Die Produkte sind komplementär zueinander und passen daher gut zusammen. Die Produkte ergänzen sich. Die Produkte sind sehr ähnlich.
Sachlicher Fit	*Baumgarth* 2003	Die Marken verfügen über gleiche Qualität. Die Marken verfügen über die gleiche beziehungsweise ähnliche Performance. Die beiden Marken weisen die gleiche Verfügbarkeit beziehungsweise Erhältlichkeit auf.
Emotionaler Fit	*Baumgarth* 2003	Das Image der Marken passt gut zusammen. Die beide Marken verfügen über die gleiche Lebensfreude. Das Prestige der beiden Marken passt gut zusammen.
Markenbeziehungsqualität	*Kressmann et al.* 2003	Die beiden Marken behandeln einander gut. (*Partner-Qualität*) Die Marken können sich aufeinander verlassen. (*Partner-Qualität*) Die Marken machen ihre Arbeit gut. (*Partner-Qualität*) Die Marken sind einander sehr ähnlich. (*Verbindung zu Identität*) Die Marken teilen viele Interessen. (*Verbindung zu Identität*) Die Marken wissen sehr viel übereinander. (*Intimität*) Die Marken sind wie enge Freunde. (*Intimität*) Die Marken spielen für einander eine wichtige Rolle. (*Interdependenz*) Die Marken fühlen einander verpflichtet. (*Bindung*)
Einstellung zum Co-Brand (kognitiv)	*Peracchio und Meyers-Levy 1994; Luna und Peracchio* 2001	Das Co-Brand ist von hoher Qualität. Das Co-Brand ist gut verarbeitet. Das Co-Brand ist einzigartig. Der Preis des Co-Brands ist angemessen.
Einstellung zum Co-Brand (affektiv)	*Shavitt 1989; Park et al.* 1991; *Peracchio und Meyers-Levy 1997; Martin und Stewart* 2001	Das Co-Brand wirkt sympathisch. Das Co-Brand macht einen liebenswerten Eindruck. Das Co-Brand wirkt angenehm. Das Co-Brand ist attraktiv.

Tab. 19.2 (Fortsetzung)

Konstrukt (Zielgröße)	Quellen zur Identifikation von Indikatoren	Indikatoren (Messgrößen), die sich im Anschluss an den Auswahlprozess zur Operationalisierung der Konstrukte als geeignet erweisen
Ressourcen-orientierter Ansatz (Unternehmenssicht)		
Fit-orientierter Ansatz (Nachfragersicht)		
Markenstärke	*Keller* 1993; *Erdem et al.* 2002	Die Marke X bietet Produkte von hoher Qualität. Die Marke X verkörpert ein klares Markenimage. Das Produktversprechen der Marke X ist glaubwürdig. Die Marke X hält was sie verspricht.

toren mittels Befragung der Konsumenten, die internen Prozessziele (Ressourcenanreicherung, Pfadabhängigkeit) oder Lernziele (Implizites Wissen, Komplexität) hingegen mittels Befragung der beteiligten Manager zu erfolgen hat. Eine kontinuierliche Überwachung der einzuhaltenden Ziele ist hierbei langfristig zielführend.

Mit Implementierung des vorgestellten Ansatzes steht dem Unternehmen ein transparentes und recht einfach handhabbares System zur Verfügung, das die wichtige Aufgabe der Erfolgsmessung in strategischen Markenallianzen sinnvoll unterstützt. Gleichzeitig bildet der Ansatz die Basis für ein zielgerichtetes Management dieser Allianzen, indem er verbesserte Entscheidungsgrundlagen für ihre Weiterentwicklung liefert.

Wie jeder Ansatz zur Erfolgsmessung ist natürlich auch der hier vorgestellte aktivitätsbasierte und nachfrageorientierte Ansatz zur Erfolgsmessung strategischer Markenallianzen mit einigen Limitationen verbunden. Ein erstes Problem liegt in den beschriebenen Kausalketten. Bei der Konstruktion dieser Kausalketten wird implizit unterstellt, dass die Wirkungen eines Erfolgsfaktors auf ein Ziel isoliert betrachten werden können. Wirkungen auf andere Aktivitäten beziehungsweise Projekte und damit zusammenhängende positive oder negative Verbundeffekte werden dagegen vernachlässigt. Dass solche Verbundeffekte in Markenallianzen existieren, ist jedoch nicht ganz unwahrscheinlich. An dieser Stelle sind daher ohne Frage weitere Verfeinerungen notwendig. Denkbar wäre daher die Ermittlung von Interaktionseffekten oder moderierenden Größen, die die postulierte Kausalität möglicherweise beeinflussen. Ein zweites Problem des vorgestellten Ansatzes betrifft dessen Implementierung, die mit vergleichsweise hohem, wenn auch einmaligem Aufwand verbunden ist. Insbesondere die Kausalketten, die den Zusammenhang zwischen einzelnen Aktivitäten der Allianz und den übergeordneten Zielen des betrachteten Unternehmens veranschaulichen, sowie die daraus abgeleiteten Nutzen und Kostenfunktionen müssen sorgfältig bestimmt werden, da sie für die Qualität der Erfolgsmessung von großer Bedeutung sind. Darüber hinaus ist es sehr wahrscheinlich, dass zur Ermittlung des konkreten Erfolgsbeitrags einzelner Größen Informationen erforderlich sind, die bisher vom Informationssystem des Unternehmens nicht generiert werden und die es daher in einer Primärerhebung zu ermitteln gilt.

Gesamt gesehen bildet die Verbindung der ressourcenorientierten und der nachfrager-orientierten Sichtweise jedoch eine solide Grundlage für das Controlling von strategischen Entscheidungen, die das Zusammenwirken mit Allianzpartnern zum Inhalt haben.

Literatur

Aaker, D. A., & Keller, K. L. (1990). Consumer evaluations of brand extensions. *Journal of Marketing, 54*(1), 27–41.

Badaracco, J. L. (1991). *Strategische Allianzen: Wie Unternehmen durch Know-How-Austausch Wettbewerbsvorteile erzielen,* Wien: Ueberreuter Verlag.

Baker, W. E. (1999). When can affective conditioning and mere exposure directly influence brand choice?. *Journal of Advertising, 28*(4), 31–46.

Bamberger, J., & Wrona, T. (1996). Der Ressourcenansatz und seine Bedeutung für die strategische Unternehmensführung. *Zeitschrift für betriebswirtschaftliche Forschung, 48*(2), 130–153.

Baumgarth, C. (2003). *Wirkungen des Co-Brandings: Erkenntnisse durch Mastertechnikpluralismus,* 1. Aufl., Wiesbaden.

Baumgarth, C. (2004). Evaluations of co-brands and spill-over-effects: further empirical results. *Journal of Marketing Communications, 10*(5), 115–131.

Bhat, S., & Reddy, S. K. (2001). The impact of parent brand attribute associations and affect in brand extension evaluation. *Journal of Business Research, 53*(3), 111–112.

Boush, D. M., & Loken, B. (1991). A process-tracing study of brand extension evaluation. *Journal of Marketing Research, 27*(1), 16–28.

Bronder, C., & Pritzl, R. (1992). *Ein konzeptioneller Ansatz zur Gestaltung und Entwicklung Strategischer Allianzen.* In: Bronder, C., & Pritzl, R. (Hrsg.), *Wegweiser für Strategische Allianzen – Meilen- und Stolpersteine bei Kooperationen,* (S. 17–44). Wiesbaden: Gabler Verlag.

Chen, A. C., & Chen, S. K. (2000). Brand dilution effect of extension failure – a Taiwan study. *Journal of Product and Brand Management, 9,* 243–254.

Chi, T. (1994). Trading in strategic resources: necessary conditions, transaction cost problems, and the choice of exchange structure. *Strategic Management Journal, 15*(4), 271–290.

Chin, W. W. (1998). The partial least squares approach to structural equation modeling. In: G. A. Marcoulides (Hrsg.), *Modern methods for business research* (S. 295–336). Mahwah: L. Erlbaum Associates.

Cohen, J. B. (1982). The role of affect in categorization: Towards a reconsideration of the concept of attitude. *Advances in Consumer Research, 9*(1), 94–100.

Contractor, F. J., & Lorange, P. (1988). Why should firms cooperate? *The strategy and economics basis for cooperative ventures.* In: F. J. Contractor & P. Lorange (Hrsg.), Cooperative strategies in international business, (S. 3–30). New York: The Free Press.

Das, T. K., & Teng, B. S. (2000). A resource-based theory of strategic alliances. *Journal of Management, 26*(1), 31–61.

Dooley, R. S., Fowler, D. M., & Miller, A. (1996). The benefits of strategic homogeneity and strategic heterogeneity: Theoretical and empirical evidence resolving past differences. *Strategic Management Journal, 17,* 293–305.

Erdem, T., Swait, J., & Louviere, J. (2002). The impact of brand credibility on consumer price sensitivity. *International Journal of Research in Marketing, 19*(1), 1–19.

Fiske, S. T. (1982). Schema-triggered affect: Applications to social perception. In: M. S. Clark & S. T. Fiske (Hrsg.), *Affect and cognition,* (S. 55–77). Hillsdale: L. Erlbaum Associates.

Fornell, C., & Bookstein, F. L. (1982). Two structural equation models: LISREL and PLS applied to consumer exit-voice theory. *Journal of Marketing Research, 19*(4), 440–452.

Fornell, C., & Cha, J. (1994). Partial Least Squares. In: R. P. Bagozzi (Hrsg.), *Advanced Methods in Marketing Research*, (S. 52–78). Cambridge: Blackwell Business.

Fornell, C., & Larcker, D. (1981). Evaluating structural equation models with unobservable variables and measurement error. *Journal of Marketing Research, 18*, 39–50.

Fournier, S. M. (1998). Consumers and their brands: Developing relationship theory in consumer research. *Journal of Consumer Research, 24*(3), 343–373.

Gujarati, D. N. (2003). Basis Econometrics, 4. Aufl., New York: McGraw Hill.

Hammes, W. (1994). *Strategische Allianzen als Instrument der strategischen Unternehmensführung.* Wiesbaden: Dt. Univ.-Verlag.

Hansen, R. (1975). *Zum Informationsgehalt von Werbeanzeigen.* Hamburg: Diss., Univ. Hamburg.

Herrmann, A., Huber, F., & Kressmann, F. (2006). Varianz- und kovarianzbasierte Strukturgleichungsmodelle. Ein Leitfaden zu deren Spezifikation, Schätzung und Beurteilung. *Zeitschrift für betriebswirtschaftliche Forschung, 58*(2), 34–66.

Huber, F., Herrmann, A., Meyer, F., Vogel, J., & Vollhardt, K. (2007). *Kausalmodellierung mit Partial Least Squares. Eine andwendungsorientierte Einführung* (1. Aufl.). Wiesbaden: Gabler Verlag.

Huber, F. (2004). *Erfolgsfaktoren von Markenallianzen.* Wiesbaden: Dt. Univ.-Verlag.

Huber, J.-A. (2005). *Co-Branding als Strategieoption der Markenpolitik* (1. Aufl.). Wiesbaden: Dt. Univ.-Verlag.

Janiszewski, C., & Warlop, L. (1993). The influence of classical conditioning procedures on subsequent attention to the conditioned brand. *Journal of Consumer Research, 20*(2), 171–189.

Jap, S. D. (1999). Pie-expansion efforts, collaboration processes in buyer-supplier relationships. *Journal of Marketing Research, 36*(4), 461–475.

Jordan, J., & Jones, P. (1997). Assessing your company's knowledge management style. *Long Range Planning, 30*(3), 392–398.

Keller, K. L. (1993). Conceptualizing, measuring, and managing costumer-based brand equity. *Journal of Marketing, 57*(1), 1–22.

Keller, K. L., & Aaker, D. A. (1992). The effects of sequential introduction of brand extensions. *Journal of Marketing Research, 29*, 35–50.

Knyphausen, D. zu (1993). Why are firms different? *Die Betriebswirtschaft, 53*(6), 771–792.

Knyphausen-Aufseß, D. zu (1995). *Theorie der strategischen Unternehmensführung.* Wiesbaden: Gabler Verlag.

Köhler, R. (2001). Erfolgreiche Markenpositionierung angesichts zunehmender Zersplitterung von Zielgruppen. In: R. Köhler, W. & Wiezorek, H. (Hrsg.), *Erfolgsfaktor Marke: Neue Strategien des Markenmanagements*, (S. 45–61). München: Verlag Vahlen.

Kraege, R. (1997). *Controlling strategischer Unternehmenskooperationen – Aufgaben, Instrumente und Gestaltungsempfehlungen.* München: Hampp Verlag.

Kressmann, F., Herrmann, A., Huber, F., & Magin, S. (2003). Dimensionen der Markeneinstellung und ihre Wirkung auf die Kaufabsicht. *Die Betriebswirtschaft, 63*(4), 401–418.

Lafferty, B. A., Goldsmith, R. E., & Hult, T. M. (2004). The impact of the alliance on the partners: A look at cause-brand alliances. *Psychology und Marketing, 21*(7), 509–531.

Lambe, J. C., Spekman, R. E., & Hunt, S. D. (2002). Alliance Competence Resources, and Alliance Success: Conceptualisation, Measurement, and Initial Test. *Journal of the Academy of Marketing Science, 30*, 141–158.

Levin, A. M., Davis, J. C., & Levin, I. (1996). Theoretical and empirical linkages between consumers' responses to different branding strategies. *Advances in Consumer Research, 23*, 296–300.

Luna, D., & Peracchio, L. A. (2001). Moderators of language effects in advertising to bilinguals: A psycholinguistic approach. *Journal of Consumer Research, 28*(2), 284–295.

Lutz, V. (1993). *Horizontale strategische Allianzen*, Hamburg: Steuer- und Wirtschaftsverlag.

Mandler, G. (1982). The structure of value: Accounting for taste. In: M. S. Clark, & S. T. Fiske (Hrsg.), *Affect and cognition*, (S. 3–36). Hillsdale: L. Erlbaum Associates.

Maoz, E., & Tybout, A. M. (2002). The moderating role of involvement and differentiation in the evaluation of brands extensions. *Journal of Consumer Psychology, 12*, 119–131.

Martin, I. M., & Stewart, D. W. (2001). The differential impact of goal congruency on attitudes, intensions, and the transfer of brand equity. *Journal of Marketing Research, 38*(4), 471–484.

Meffert, H., & Burmann, C. (2002). Theoretisches Grundkonzept der identitätsorientierten Markenführung. In: H. Meffert, Ch. Burmann, M. Koers (Hrsg.), *Markenmanagement: Grundfragen der identitätsorientierten Markenführung*, (S. 35–72). Wiesbaden: Gabler Verlag.

Meffert, H. (1997). Allianzen bei Verkehrsdienstleistungen – Perspektiven vor dem Hintergrund sich ändernder Wirtschaftsbedingungen. In: H. Meffert, & K. Backhaus (Hrsg.), *Arbeitspapier Wissenschaftliche Gesellschaft für Marketing und Unternehmensführung e. V.*, (S. 2–5). Münster.

Meyers-Levy, J. (1989). The influence of a brand name's association set size and word frequency on brand memory. *Journal of Consumer Research, 16*(2), 197–207.

Meyers-Levy, J., Louie, T. A., & Curren, M. T. (1994). How does congruity of brand names affect evaluations of brand name extensions? *Journal of Applied Psychology, 79*(1), 46–53.

Michel, U. (1996). *Wertorientiertes Management Strategischer Allianzen*, München: Verlag Vahlen.

Mitchell, W., & Singh, K. (1996). Survival of business using collaborative relationships to commercialize complex goods. *Strategic Management Journal, 13*, 169–195.

Nickel, O. (1997). *Werbemonitoring*. Wiesbaden: Dt. Univ.-Verlag.

o. V. (2007a). Hohe Aufmerksamkeitsschwellen, http://www.agendasetting.com/research/case_studies/E4.pdf, Zugegriffen 13. Okt. 07.

o. V (2007b). Interbrands Annual Ranking of 100 of the Best Global Brands, 2007, http://www.interbrand.com/surveys.asp, Zugegriffen 10. Okt. 07.

Park, C. W., Jun, S. Y., & Shocker, A. D. (1996). Composite branding alliances: An investigation of extension and feedback effects. *Journal of Marketing Research, 33*(4), 453–466.

Park, C. W., Milberg, S., & Lawson, R. (1991). Evaluation of brand extensions: the role of product feature similarity and brand concept consistency. *Journal of Consumer Resarch, 18*(2), 185–193.

Peracchio, L. A., & Meyers-Levy, J. (1994). How ambiguous cropped objects in Ad photos can affect product evaluations. *Journal of Consumer Research, 1*, 190–204.

Peracchio, L. A., & Meyers-Levy, J. (1997). Evaluating persuasion-enhancing techniques from a resource-matching perspective. *Journal of Consumer Research, 24*(2), 178–191.

Rescorla, R. A. (1988). Pavlovian conditioning: It's not what you think it is. *American Psychologist, 43*(3), 151–160.

Resnik, A., & Stern, B. L. (1991). Information content in television advertising. *Journal of Advertising Research, 31*(3), 36–46.

Rühli, E. (1994). Die Resource-based View of Strategy – Ein Impuls für einen Wandel im unternehmungspolitischen Denken und Handeln. In: P. Gomez, D. Hahn, G. Müller-Stewens & R. Wunderer (Hrsg.), *Unternehmerischer Wandel*, (S. 31-57). Wiesbaden: Westdeutscher Verlag.

Sarkar, M., Echambadi, R., & Harrison, J. S. (2001). Alliance entrepreneurship and firm market performance. *Strategic Management Journal, 22*(6/7), 701–711.

Schickel, H. (1999). *Controlling internationaler strategischer Allianzen*, Wiesbaden: Dt. Univ.-Verlag.

Shavitt, S. (1989). Operationalizing functional theories of attitudes. In: A. R. Pratkanis, S. J. Breckler, Punkte hinter den Namen löschen bspw. Pratkanis, & A. G. Greenwald (Hrsg.), *Attitude structure and functions* (S. 311–337). Hillsdale: L. Erlbaum Associates.

Sheth, J. N., & Parvatiyar, A. (1992). Towards a theory of business alliance formation. *Scandinavian International Business Review, 3*(1), 71–87.

Shimp, T. A., Stuart, E. W., & Engle, R. W. (1991). A program of classical conditioning experiments testing variations in the conditioned stimulus and context. *Journal of Consumer Research, 18*(1), 1–12.

Shocker, Allan D. (1995). Positive and negative effects of brand extension and co-branding. *Advances in Consumer Research, 22*, 432–434.

Simonin, B. L. (1999). Ambiguity and the process of knowledge transfer in strategic alliances. *Strategic Management Journal, 20*, 595–623.

Simonin, B. L., & Ruth, J. A. (1998). Is a company known by the company it keeps? Assessing the spillover effects of brand alliances on consumer brand attitudes. *Journal of Marketing Research, 35*(1), 30–42.

Stuart, T. E. (2000). Interorganizational alliances and the performance of firms: A study of growth and innovation rates in a high technology industry. *Strategic Management Journal, 21*, 791–811.

Swaminathan, V., Fox, R. J., & Reddy, S. K. (2001). The Impact of brand extension introduction on choice. *Journal of Marketing, 65*(4), 1–15.

Töpfer, A. (1992). Strategische Marketing- und Vertriebsallianzen. In: C. Bronder, & R. Pritzl (Hrsg.), *Wegweiser für Strategische Allianzen – Meilen- und Stolpersteine bei Kooperationen*, (S. 172–208). Wiesbaden: Gabler Verlag.

Tyler, B. B., & Steensma, H. K. (1995). Evaluating technological collaborative opportunities: A cognitive modelling perspective. *Strategic Management Journal, 16*(Summer Special Issue), 43–70.

Vaidyanathan, R., & Aggarwal, P. (2000). Strategic brand alliances: Implications of ingredient branding for national and private label brands. *Journal of Product and Brand Management, 9*(4), 214–228.

Walchi, S. B. (2007). The effects of between partner congruity on consumer evaluation of co-branded products. *Psychology & Marketing, 24*(11), 947–973.

Washburn, J. H. (1999). *An evaluation of co-branding: It's effects on brand equity, search, experience and credence attribute performance, and the moderating role of product trial*, dissertation, graduate school of Saint Louis University, Saint Louis: Diss., Univ. Saint Louis.

Willman, P. (1996). Protecting Know-How. *Business Strategy Review, 7*(1), 9–13.

Woll, E. (1997). *Erlebniswelten und Stimmungen in der Anzeigenwerbung*, Wiesbaden: Dt. Univ.-Verlag.

Betrachtung ausgewählter Entwicklungen der monetären Markenbewertung sowie Überlegungen zur wertbasierten Markenführung im Sport

20

Holger Schunk und Thomas Könecke

20.1 Einleitung

Marken stellen den wertvollsten immateriellen Vermögensgegenstand von Unternehmen in modernen Volkswirtschaften dar. Hierüber besteht sowohl in der wissenschaftlichen Literatur als auch in der Praxis weitgehend Konsens (Bühler und Schunk 2013).

Die Marke ist, und auch hier besteht weitgehende Einigkeit, seit einigen Jahren das bedeutendste Thema im Marketing schlechthin (Esch 2010). Und dies nicht ohne Grund. Starke Marken werden für den Unternehmenserfolg aufgrund der Globalisierung von Märkten und dem damit einhergehenden zunehmenden Wettbewerb immer wichtiger. Der ehemalige Vorstandsvorsitzende der Allianz, Schulte-Noelle, konstatierte bereits im Jahr 2000 in diesem Zusammenhang, die Marke sei der „Schlüsselfaktor erfolgreicher Unternehmen im 21. Jahrhundert" (Manager-Magazin 2000). Eine Studie von PwC aus dem Jahr 2012 unterstreicht dies eindrucksvoll. 91 % der befragten Manager glauben demnach, dass die Marke zu den wichtigsten Werten ihres Unternehmens gehört (PwC 2012).

Dieser Beitrag enthält Abschnitte und Aspekte aus der Dissertation von Holger Schunk mit dem Titel „Die monetäre Bedeutung von Marken und Markenbewertung im Sport". Diese wurde 2013 an der Johannes Gutenberg-Universität Mainz eingereicht und kann ggf. ergänzend herangezogen werden.

H. Schunk (✉)
Stuttgart, Deutschland
E-Mail: sportoekonomie@uni-mainz.de

T. Könecke
Mainz, Deutschland
E-Mail: koenecke@uni-mainz.de

H. Preuß et al. (Hrsg.), *Marken und Sport,*
DOI 10.1007/978-3-8349-3695-0_20, © Springer Fachmedien Wiesbaden 2014

Opel Astra
Basispreis: ab 17.875 €
Zulassungen 86.579
(gesamt 2011)

VW Golf/Jetta
Basispreis: ab 20.620 €
Zulassungen 258.059
(gesamt 2011)

Abb. 20.1 Preis- und Mengenpremien am Beispiel Automobile. (Quelle: Kraftfahrtbundesamt, Preisangaben der Hersteller)

Marken können Unternehmen zudem zahlreiche Chancen offerieren. Beispielsweise weisen Marken eine hohe Kundenloyalität auf, bieten Möglichkeiten der Markenerweiterung, sind weniger krisenanfällig, Kunden verzeihen Marken eher Fehler und Marken haben nicht selten eine sehr lange Lebensdauer (Biel 2001). Somit sind starke Marken nachweislich in der Lage, Cash-Flows zu beschleunigen, Cash-Flows auszuweiten und das Risiko zukünftiger Cash-Flows zu reduzieren (Srivastava et al. 1998).

Ein Beispiel aus der Automobilbranche verdeutlicht den wirtschaftlichen Nutzen von starken Marken für Unternehmen eindrucksvoll. Vergleicht man zwei hinsichtlich der Ausstattung und Motorisierung gleichwertige Modelle, ergeben sich bezüglich der erhobenen Preise und der abgesetzten Mengen deutliche Unterschiede (siehe Abb. 20.1).

Obwohl der Opel Astra ca. 15 % weniger kostet, werden deutlich weniger Fahrzeuge abgesetzt. Der höhere Preis kann verlangt werden, da die Käufer aufgrund der starken Präferenzen für die Marke VW Golf bereit sind, mehr Geld zu bezahlen. Dies wird allgemein als Preispremium bezeichnet. Die höhere abgesetzte Menge hingegen wird Mengenpremium genannt (Sattler und Völckner 2007).

Preis- und Mengenpremium schlagen sich letztendlich in den monetären Markenwerten nieder. Laut Interbrand beträgt der derart erzielte Wert der Marke Apple, der wertvollsten Marke der Welt, ca. 98 Mrd. US-$ (s. Tab. 20.1).

Marken bieten aber nicht nur Unternehmen, sondern auch den Nachfragern, dem Handel und – oft wenig in der Literatur thematisiert – der Gesellschaft vielfältigen Nutzen. Der Nutzen von Marken für Nachfrager besteht unter anderem in einer Orientierungs-, Entlastungs-, Qualitätssicherungs-, Identifikations-, Vertrauens- und Prestigefunktion (Meffert et al. 2002). Der Handel kann beispielsweise das Absatzrisiko durch stark vorverkaufte Marken, die eine hohe Nachfrage aufweisen, reduzieren. Auch kann der Handel durch den Imagetransfer von der Marke auf das eigene Unternehmen profitieren (Homburg und Krohmer 2003). Des Weiteren profitiert die Gesellschaft von Marken. Allein die Markenartikelindustrie in Deutschland erwirtschaftete ca. 400 Mrd. Umsatz im Jahr und beschäftigt mehr als 1,5 Mio. Arbeitnehmer (Markenverband 2012). „Geistiges Eigentum

Tab. 20.1 Markenwerte laut Interbrand (2013)

Rang	Marke	Land	Markenwert in Mrd. US-$
1.	Apple	USA	98,316
2.	Google	USA	93,291
3.	Coca-Cola*	USA	79,213
3.	IBM	USA	78,808
5.	Microsoft	USA	59,546
6.	GE*	USA	46,947
7.	McDonald's*	USA	41,992
8.	Samsung*	Südkorea	39,610
9.	Intel	USA	37,257
10.	Toyota	Japan	35,346
11.	Mercedes-Benz	Deutschland	31,904
12.	BMW**	Deutschland	31,839
13.	Cisco	USA	29,053
14.	Disney	USA	28,147
15.	Hewlett-Packard	USA	25,843
16.	Gillette	USA	25,105
17.	Louis Vuitton	Frankreich	24,893
18.	Oracle	USA	24,088
19.	Amazon	USA	23,620
20.	Honda	Japan	18,490
...			
24.	Nike	USA	17,085
...			
55.	Adidas	Deutschland	7,535

zählt nicht nur zu den wichtigsten Rohstoffen für Marken, sondern sichert auch die Wertschöpfung unserer Volkswirtschaft" (Strahlendorf 2011, S. 3).

Der Sport profitiert ebenfalls maßgeblich von Marken. Allein die mit der Markenführung in Verbindung stehenden Ausgaben, die Unternehmen für Sportsponsoring in Deutschland getätigt haben, betrugen laut einer Studie, welche im Auftrag des Bundesministeriums für Wirtschaft und Technologie (BMWi) für das Jahr 2010 durchgeführt wurde, 3,61 Mrd. € (2hm & Associates GmbH 2011). Hierbei handelt es sich um „Markenführung mit Sport", da Unternehmen, geographische Regionen und andere durch den Sport ihre eigenen Marken stärken möchten. Wie aus dem oben aufgeführtem Interbrand-Ranking (s. Tab. 20.1) der wertvollsten Marken der Welt ersichtlich, nutzen einige dieser Marken (Coca-Cola, GE, Mc Donald's, Samsung und BMW) beispielsweise den Sport in Form der Olympischen Spiele, um das eigene Image positiv aufzuladen. Ebenfalls zur Markenführung mit Sport gehören Sportartikelhersteller. Die wertvollste Marke eines Sportartikelherstellers weltweit ist die von Nike mit einem Wert von über 17 Mrd. US-$ und in Deutschland die von Adidas mit einem Wert sehr gut 7,5 Mrd. US-$ (s. Tab. 20.1). „Markenführung von Sport", im Folgenden als „Markenführung im Sport" bezeichnet, umfasst lt. Ströbel das Management von Sportverbänden, Ligen, Vereinen bzw. Clubs und Sportveranstaltungen (Ströbel 2012).

Vor dem Hintergrund des vielschichtigen Nutzens und insbesondere der hohen monetären Bedeutung von Marken stellt sich die grundsätzliche Frage, wie Marken allgemein und im Sport im Besonderen bewertet werden können. Hierzu wurden in der Wissenschaft zahlreiche unterschiedliche Ansätze entwickelt, von denen einige, in der Literatur relevante, in diesem Beitrag kurz skizziert werden. Ferner wird vor diesem Hintergrund reflektiert, welche Ansatzmöglichkeiten des Markencontrollings hinsichtlich einer wertbasierten Markenführung sinnvoll sind.

Um die hierfür notwendige definitorische Grundlage zu legen, wird im Anschluss an die Einleitung erläutert, was im Rahmen dieses Aufsatzes unter „Marke" und „Markenwert" verstanden wird. Es folgt eine allgemeine Einführung in die monetäre Markenbewertung, in der neben Aspekten und Standards der Markenbewertung einige ausgewählt Markenbewertungsverfahren kritisch gewürdigt werden, sowie ein Exkurs zur Nutzung der Conjoint-Analyse zur der Isolierung markenspezifischer Einzahlungen. Nach der kurzen Vorstellung relevanter Kennzahlen und Ansätze des Markencontrollings zur wertbasierten Markenführung, folgt zum Abschluss der Ausführungen ein knappes Fazit.

20.2 Definitorische Grundlagen

In der wissenschaftlichen Literatur finden sich eine Vielzahl unterschiedlicher Markendefinitionen. Deren Betrachtung macht deutlich, dass das den Definitionen zugrunde liegende Markenverständnis in den letzten Jahrzehnten eine Evolution durchlaufen hat (Meffert und Burmann 2002). Mellerowicz etwa identifizierte 1963 sogenannte konstitutive Merkmale, die Marken ausmachen. Diese waren markierte Fertigware, gleich bleibende Qualität, gleich bleibende Menge, gleich bleibende Aufmachung, größerer Absatzraum, starke Verbraucherwerbung und hohe Anerkennung im Markt (Mellerowicz 1963). Die Auswahl der Merkmale, welche eine Marke beschreiben sollen, unterliegt seither allerdings einem gewissen Wandel, um auch weiterhin den geänderten Anforderungen moderner Käufermärkte gerecht werden zu können. Dichtl gelangte zu der Erkenntnis, dass eine Marke mindestens drei konstitutive Merkmale erfüllt: Herkunftsnachweis und Qualitätsgarantie, Image und Verkehrsgeltung sowie Ubiquität (Überallerhältlichkeit) (Dichtl 1992.). Diese enge, merkmalsbezogene Sicht des Begriffs Marke, bei der die unternehmensbezogene Betrachtung im Zentrum stand, ist jedoch aufgrund der Tatsache, dass der Markenstatus auch Dienstleistungen, Vorprodukten, Ideen und auch Personen zugesprochen werden kann, heute nicht mehr zeitgemäß und neuere Markendefinitionen nehmen Abstand davon (Esch, Wicke und Rempel 2004).

Eine wirkungsbezogene Markendefinition bietet Esch an. Demnach sind Marken „Vorstellungsbilder in den Köpfen der Anspruchsgruppen, die eine Identifizierungs- und Differenzierungsfunktion übernehmen und das Wahlverhalten prägen" (Esch 2010, S. 22).

Eine ebenso wirkungsbezogene Definition mit speziellem Fokus auf den Sport offeriert Feldmann: „Als Sportmarke werden Leistungen bezeichnet, die neben einer unterscheidungsfähigen Markierung durch ein systematisches Absatzkonzept im Markt einen Erfolg vorweisen, der zum einen in sportlicher Hinsicht längerfristig angelegt ist und zum anderen bei der relevanten Zielgruppe in der Erfüllung der Kundenerwartungen eine nachhaltige Wirkung im Markt realisieren kann" (Feldmann 2007, S. 22).

Eine gesetzliche Definition der Marke gewährt das Markengesetz in § 3, Abs. 1: „Als Marke können alle Zeichen, insbesondere Wörter einschließlich Personennamen, Abbildungen, Buchstaben, Zahlen, Hörzeichen, dreidimensionale Gestaltungen einschließlich der Form einer Ware oder ihrer Verpackung sowie sonstige Aufmachungen einschließlich Farben und Farbzusammenstellungen geschützt werden, die geeignet sind, Waren oder Dienstleistungen eines Unternehmens von denjenigen anderer Unternehmen zu unterscheiden."

Eine Verbindung von gesetzlicher und wirkungsbezogener Definition findet sich in der DIN/ISO-Norm 10668 des Deutsches Institut für Normung e. V. zu Anforderungen an die Markenbewertung. Sie definiert Marken als ein „auf das Marketing bezogener immaterieller Vermögenswert, der insbesondere Namen, Begriffe, Zeichen, Symbole, Logos, Bilder oder eine Kombination aus diesen umfasst, aber nicht auf diese beschränkt ist und dem Zweck dient, Waren, Dienstleistungen und/oder Rechtsträger zu kennzeichnen, unterscheidungsfähige innere (kognitive) Bilder und Assoziationen bei den interessierten Parteien hervorzurufen und ökonomischen Nutzen/Wert zu erzeugen" (DIN 2011, S. 5).

Das monetäre Abbild dieses ökonomischen Nutzens ist der Markenwert. Er kann folgendermaßen definiert werden: „Der Markenwert (Brand Equity) besteht in den zukünftigen Ein- und Auszahlungen, die spezifisch (d. h. ursächlich) auf die Marke zurückzuführen sind. Die Summe der abgezinsten zukünftigen Überschüsse der markenspezifischen Einzahlungen über die markenspezifischen Auszahlungen definiert den Markenwert in Form eines Kapitalwertes" (Sattler 2001, S. 145).

Einige Ansätze operationalisieren nicht den monetären Markenwert, sondern die Markenstärke. Markenstärke kann definiert werden als „die Kraft einer Marke, in den Köpfen der Verbraucher positive Assoziationen auszulösen und diese in Verhalten umzuwandeln" (Fischer et al. 2002, S. 9). Beispielswiese kann für eine Markenbewertung zum Zwecke der Markenführung eine detaillierte Analyse der Facetten der Markenstärke, wie etwa der verschiedenen Markenpersönlichkeitsitems, sinnvoller sein als die monetäre Bewertung auf einem höheren aggregiertem Niveau. Darüber hinaus ist die Transformation einer verhaltenswissenschaftlichen Größe wie der Markenstärke in eine monetäre Größe mitunter nicht einfach. Eine Unterscheidung in das verhaltenswissenschaftliche Konstrukt Markenstärke und den Markenwert in Form einer monetären Größe, wie sie in der Literatur vorgenommen wird, erscheint somit sinnvoll. „Der monetäre Markenwert gewinnt […] durch zunehmende Legitimationszwänge, wachsenden Wettbewerb und reduzierte Marketingbudgets immens an Bedeutung" (Musiol et al. 2004, S. 385).

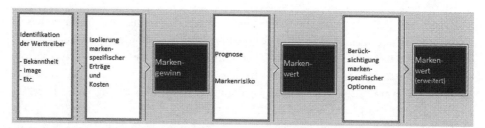

Abb. 20.2 Aspekte einer monetären Markenbewertung. (Quelle: in Anlehnung an Simon und Schunk 2005; Sattler 2001)

20.3 Markenbewertung

20.3.1 Aspekte einer monetären Markenbewertung

Hinsichtlich der Messung des monetären Markenwertes haben verschiedene Aspekte eine Relevanz, wie die Abb. 20.2 zeigt.

Um die Ursache-Wirkungsbeziehungen aufzudecken und somit die Markenbewertung insbesondere zur wertbasierten Steuerung der Marke zu nutzen, sind zunächst die Werttreiber der Marke zu identifizieren. In der einschlägigen Literatur werden eine Vielzahl von Werttreibern genannt, die sich je nach Bewertungsmodell sehr stark unterscheiden. Besonders (wichtige) häufig genutzte Werttreiber sind Markenimage, Markenbekanntheit, Branchenwachstum, Marktanteil und rechtlicher Markenschutz (Sattler 2005).

Die zentrale Herausforderung einer Markenbewertung besteht jedoch in der Isolierung markenspezifischer Einzahlungen, d. h. der Einzahlungen, die einzig und ursächlich auf die Marke zurückzuführen sind. Diese Isolierung erfolgt bei einigen Ansätzen mittels eines Indexes aus den identifizierten Werttreibern, einer Lizenzrate oder der Ermittlung von Preis- und Mengenprämien (Sattler 2005; Schunk und Regier 2008). Werden von den isolierten markenspezifischen Einzahlungen die Auszahlungen der Markenführung, die i. d. R aus den Daten des Rechnungswesens gewonnen werden, subtrahiert, ergibt sich der Markengewinn.

Die Prognose der Entwicklung des Markengewinns unter Einbeziehung des Markenrisikos und der Annahme einer bestimmten Lebensdauer der Marke liefert dann eine Zahlungsreihe der zukünftigen Markengewinne. Durch Diskontierung dieser Markengewinne auf einen Bewertungsstichtag wird der monetäre Markenwert in Form eines Barwertes errechnet (Maul und Mussler 2004).

Einige Verfahren berücksichtigen auch sogenannte markenspezifische Optionen, die sich durch eine Markendehnung, d. h. durch einen Transfer der Marke auf andere Dienstleistungs- und Produktbereiche ergeben können. Diese markenspezifischen Optionen können mitunter einen nicht unbedeutenden Beitrag zum Markenwert leisten, finden aber in den meisten Verfahren wenig Berücksichtigung. Auch besteht hier weiter deutlicher Forschungsbedarf (Sattler 2005). Ferner ist die Frage nicht ganz unberechtigt, ob markenspezifische Optionen überhaupt Gegenstand einer Markenbewertung sein sollten.

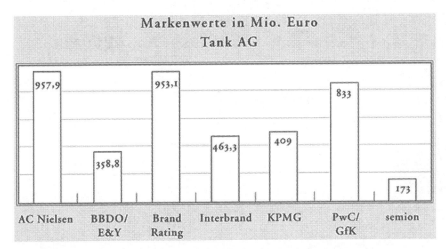

Abb. 20.3 Markenwerte der Studie „Die Tank AG." (Quelle: in Anlehnung an Absatzwirtschaft, Themenheft Januar 2004)

20.3.2   Standardisierung der Markenbewertung

Unterschiedliche Markenbewertungsansätze gelangen mitunter zu sehr unterschiedlichen Ergebnissen und dies bei teilweise exakt identischer Datengrundlage wie die Studie „die Tank AG" der Zeitschrift „absatzwirtschaft" eindrucksvoll belegt (s. Abb. 20.3).

Für diese Studie bewerteten sieben Markenbewertungsunternehmen eine fiktive Unternehmensmarke basierend auf einheitlichen und von der absatzwirtschaft zur Verfügung gestellten fiktiven Unternehmens- und Marktdaten. Die errechneten Markenwerte differieren um mehr als 550 % voneinander. Die Erkenntnis, dass je nach gewähltem Verfahren die Markenwerte deutlich voneinander abweichen, deckt sich mit anderen Untersuchungen (z. B. Bekmeier-Feuerhahn 1998). Die wissenschaftliche Diskussion über die enormen Abweichungen bei den Markenbewertungen je nach gewähltem Verfahren sowie die Forderung der Praxis nach einer verlässlichen Markenbewertungsmethodik führten ab dem Jahr 2004 zur Gründung von Arbeitskreisen zur Standardisierung der Markenbewertung, von denen die wichtigsten nachfolgend kurz genannt werden:

- Das Brand Valuation Forum, ein Zusammenschluss von Unternehmen, die Markenbewertungen durchführen, hat im November 2006 zehn Regeln zur Markenbewertung veröffentlicht (Brand Valuation Forum 2007)
- Das Institut der Wirtschaftsprüfer (IDW) hat 2007 die „Grundsätze zur Bewertung immaterieller Vermögenswerte", den Standard IDW S 5, verabschiedet und veröffentlicht (IDW 2007).
- Das DIN Deutsche Institut für Normung/ISO International Organization for Standardization hat 2010 die bereits weiter oben angeführte „Norm Markenbewertung – Anforderungen an die monetäre Markenbewertung" (ISO 10668:2010) herausgegeben (DIN 2011). Diese Norm wird seit 2013 überarbeitet.

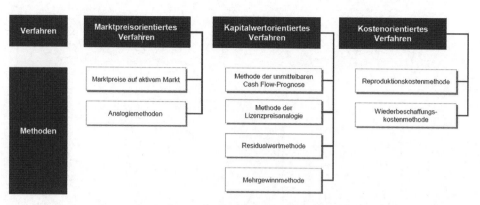

Abb. 20.4 Bewertungsverfahren der Markenbewertung nach IDW (2007)

Besonders der IDW S 5 und die DIN ISO 10668 stellen Anforderungen an die Markenbewertungsmethodik und die einzubeziehenden Daten. Da es sich hier um Vorgaben des
allgemein maßgebenden Normungsinstituts und des für Wirtschaftsprüfer mutmaßlich
relevantesten Standardisierungsinstituts handelt, ist davon auszugehen, dass sich die Ergebnisse, die sich aus den unterschiedlichen Markenbewertungsverfahren ergeben, weiter
angleichen werden. Denn nur derart dürfte zu gewährleisten sein, dass eine (auch bilan-
ziell und ggf. steuerlich verwendbare) anerkannte Bewertung einer oder mehrere Unter-
nehmensmarke(n) in Zukunft nachhaltig erfolgen kann.

20.3.3 Klassifizierung von Markenbewertungsansätzen

Markenbewertungsverfahren lassen sich auf unterschiedliche Arten klassifizieren (Bentele
et al. 2009). Der Standard „Grundsätze zur Bewertung immaterieller Vermögenswerte"
(IDW S 5) unterscheidet grundlegend zwischen marktpreisorientierten, kapitalwertorien-
tierten und kostenorientierten Verfahren, wie Abb. 20.4 zeigt.

Vorzugsweise sollten entsprechend dieses Standards kapitalwertorientierte Verfahren
im Allgemeinen und die Mehrgewinnmethode im Besonderen zur Anwendung kommen:

> Die theoretisch zu bevorzugende Methode für die Bewertung von Produktmarken ist die
> Mehrgewinnmethode. Bei dieser Methode wird der Mehrgewinn ermittelt, der sich durch die
> Nutzung einer eingeführten Marke gegenüber dem Fall des Verkaufs eines nicht markierten,
> äquivalenten Produktes ergibt. Sollte ein vergleichbares unmarkiertes Produkt nicht ermittel-
> bar sein, ist das am niedrigsten bepreiste, in Qualität und Leistungsumfang vergleichbare,
> markierte Produkt, für den Vergleich zugrunde zu legen. Die Ermittlung von Preisprämien
> beruht auf Marktanalysen und/oder auf verhaltenswissenschaftlichen Verfahren. Von den
> mittels der Preisprämie ermittelten Mehrerlösen sind die markenspezifischen Mehraufwen-
> dungen abzuziehen (IDW 2007, S. 72).

Abb. 20.5 Klassifizierung von Markenbewertungsverfahren. (Quelle: in Anlehnung an Meissner 2003)

Eine weitere, in der wissenschaftlichen Literatur weit verbreitet Klassifizierung unterteilt die Verfahren zur Markenbewertung in primär finanz- und kostenorientierte, primär verhaltensorientierte sowie hybride (kombinatorische) Verfahren, wie Abb. 20.5 zeigt (Meissner 2003).

20.3.4 Kritische Würdigung ausgewählter Markenbewertungsverfahren

Im Folgenden soll entsprechend der oben stehenden Klassifizierung jeweils der in Abb. 20.5 genannte Bewertungsansatz skizziert und kritisch gewürdigt werden.

20.3.4.1 Die Lizenzpreisanalogie

Die Lizenzpreisanalogie ist eine der am häufigsten angewandten Methode zur Markenwertermittlung (Maul und Mussler 2004). Der Grund hierfür ist wohl in der einfachen Anwendung der Methode zu sehen.

Bei der Lizenzpreisanalogie nähert man sich den markenspezifischen Gewinnen über fiktive ersparte Lizenzraten für die Marken an (Böhm und Siebert 2008). Der markenspezifische Umsatz wird mit der Lizenzrate multipliziert, so dass sich daraus der markenspezifische Gewinn als eine Lizenzersparnis vor den Unternehmenssteuern ergibt. Werden von diesem die Unternehmenssteuern zum Abzug gebracht und die Summe aller daraus errechneten Lizenzersparnisse nach Steuern auf den Bewertungstag diskontiert, erhält man den Wert der Marke (Pauly-Grundmann 2010).

Binder veranschaulicht die Lizenzpreisanalogie anhand der Adidas-Group: „Durch Lizenzvergaben an den Marken z. B. für Kosmetik, Brillen, Uhren erzielt Adidas durchschnittliche Lizenzerträge von acht Prozent auf den Lizenzumsatz. Überträgt man diesen Satz auf das eigene Geschäft mit Marken, müsste der Wert der Adidas-Marken bei einem Kapitalkostensatz (WACC) von zehn Prozent, einem angenommenen Umsatzwachstum von zwei Prozent (sehr konservativ) und unbegrenzter Nutzungsdauer demnach bei […] 9,1 Mrd. € liegen" (Binder 2011, S. 306f.).

Als Vorteil der Lizenzpreisanalogie wäre neben dem bereits erwähnten leichten und kostengünstigen Handling der Methode weiterhin zu nennen, dass es sich um eine betriebswirtschaftlich verbreitete und akzeptierte Methode zur Bewertung immaterieller Vermögensgegenstände handelt, insbesondere bei der Ermittlung von Markenrechtsverletzungen. Werden beispielsweise die Markenrechte einer Sportbekleidungsmarke verletzt, kann über eine Lizenzrate relativ schnell und einfach der ungefähre Wert ermittelt werden, den der Schutzrechtsverletzer dem Unternehmen für die Nutzung der Marke als Schadenersatz zu zahlen hat (Maul und Mussler 2004; Pauly-Grundmann 2010). Hierin nicht enthalten ist allerdings der Wertverlust der Marke durch einen möglichen Imageschaden.

Es gibt jedoch auch zahlreiche Nachteile, mit der diese Methode behaftet ist. Beispielsweise werden oft Einmal-Zahlungen geleistet, die teilweise nicht bekannt sind und somit die beobachtbare Lizenzrate verfälschen können. Des Weiteren gibt es unterschiedliche Regelungen für Kosten der Markenpflege in den Lizenzpreisen. Ein Hauptproblem ist die Tatsache, dass Lizenzen auf Aushandlung beruhen und somit keine saubere Isolierung markenspezifischer Kosten und Zahlungen stattfindet (Maul und Mussler 2004; Pauly-Grundmann 2010).

Summa summarum widerspricht die Lizenzpreisanalogie einem modernen wirkungsbezogenen Markenverständnis, kann aber durchaus zur Plausibilisierung von Markenbewertungen herangezogen werden.

20.3.4.2 Messung der Markenstärke nach Feldmann

„Markenstärke bezeichnet die Kraft einer Marke, in den Köpfen der Verbraucher positive Assoziationen auszulösen und diese in Verhalten umzuwandeln" (Fischer et al. 2002, S. 9). In der Literatur existiert eine Vielzahl von Ansätzen zur Messung der Markenstärke. Zu den bekanntesten wissenschaftlich fundierten Ansätzen gehören wohl die von Aaker (1991) und Keller (1993). Entsprechend des Ansatzes von Aaker wird der Erfolg einer Marke durch die Facetten Markentreue, Bekanntheit des Markennamens und des Markensymbols, wahrgenommene Qualität, Gruppe von Assoziationen sowie weitere Markenvorzüge, unter die beispielsweise Patente subsumiert werden, determiniert (Aaker 1991).

Speziell zur Messung der Markenstärke von Fußballbundesligavereinen hat Feldmann einen Ansatz entwickelt (Feldmann 2007). Feldmann operationalisiert die Markenstärke durch das Konstrukt Image und sportliche Erfolg eines Bundesligavereins. Das Konstrukt Image setzt sich wiederum aus den Sub-Konstrukten Beitrag relevanter Instanzen, Markenkönnen, Markennutzen, Markeneinstellung und bildliche Assoziationen (Reihenfolge der Nennungen entspricht der Größe des gemessenen Einflusses auf das Konstrukt Image) zusammen. Entsprechend der empirischen Untersuchung von Feldmann besitzt der FC Bayern München mit einem Indexwert von 73,46 Punkten die höchste Markenstärke der Vereine der deutschen Bundesliga, gefolgt von Werder Bremen (Markenstärke 62,57) und dem VfB Stuttgart (Markenstärke 57,24).

Positiv hervorzuheben ist die breite theoretische Fundierung dieses Messinstrumentes sowie die angewandte Methodik. Die Autorin weist jedoch zu Recht darauf hin, dass die Fallzahlen der empirischen Studie mit je nach Verein zwischen 81 und 192 Befragten eher gering sind.

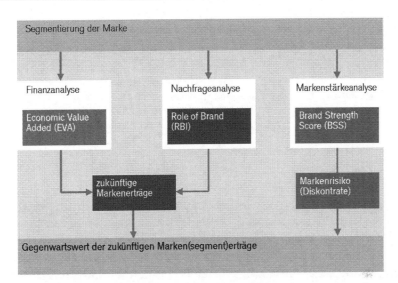

Abb. 20.6 Markenbewertung nach Interbrand. (Quelle: Interbrand 2005)

20.3.4.3 Die Interbrand-Methode

Die Interbrand-Methode ist sicherlich eines der meist zitierten und bekanntesten Markenbewertungsverfahren (Schmiansky 2004). Interbrand berücksichtig bei der Markenbewertung sowohl verhaltenswissenschaftliche als auch finanzorientierte Aspekte (s. Abb. 20.6).

Bei der Interbrand-Methode wird für jedes Marktsegment einer Marke der Markenwert einzeln ermittelt. In einem ersten Schritt werden in einer Finanzanalyse alle Umsätze
herausgerechnet, die nicht in den Bereich der Marke fallen. Darüber hinaus werden die
Kosten, die zur Erstellung der Leistungen nötig sind, sowie Kapitalkosten und Unternehmenssteuern zum Abzug gebracht (Stucky 2004). Da der sich daraus ergebende Economic
Value Added nicht vollständig der Marke zuzurechnen ist, sondern beispielsweise auch
durch spezifisches Know-how und Patente erwirtschaftet wird, muss der Anteil der Marke
am Economic Added Value eruiert werden. Dies geschieht durch eine Nachfrageanalyse.
Für diese Nachfrageanalyse werden verschiedene Nachfragefaktoren wie Preis, Qualität,
persönliche Beziehungen etc., die je nach Einfluss unterschiedlich gewichtet werden, mittels Marktdaten bestimmt (Interbrand 2005). Je nach Beurteilung der Marken hinsichtlich
dieser Nachfragefaktoren kann der sich aus der Nachfrageanalyse ergebende Role of Brand
Index einen Wert zwischen 0 und 100 einnehmen. Im letzten Falle wären 100 % des Economic Value auf die Marke zurückzuführen. Durch Multiplikation des Economic Value Added mit dem Role of Brand Index werden die „zukünftigen Markenerträge" ermittelt. Die
Diskontrate wird im Interbrand-Modell mit Hilfe einer Markenstärkeanalyse bestimmt.
Die Markenstärkeanalyse besteht aus einem Scoring-Modell, welches aus sieben Kriterien
mit 40 Unterkriterien besteht (Stucky 2004). Die sieben Hauptkriterien sind Markt, Mar-
kenstabilität, Markenführerschaft, Markentrend, Markenunterstützung, Markendiversifi-

kation sowie Markenschutz (Interbrand 2005). Das Interbrand-Verfahren geht von einem direkten, nicht linearen Zusammen zwischen Markenstärke und Diskontrate aus.

Da die Markenstärke im Vergleich zu den Wettbewerbern ermittelt und über eine Standard-Normalverteilung in den BSS umgerechnet wird, ergibt sich eine S-Kurve. Diese Vorgehensweise spiegelt die Marktdynamik wider, bei welcher sich die Marken an den Extrem-Enden der Skala in Bezug auf eine Veränderung ihrer Stärke anders verhalten als Marken im Mittelfeld (Interbrand 2005, S. 11).

Der sich aus der Markenstärkenanalyse ergebende Indexwert wird über die S-Kurve in eine Diskontrate überführt. Die mit dieser Diskontrate abgezinsten „zukünftigen Marken(segment)erträge" ergeben den Markenwert in Form eines Barwertes (Stucky 2004).

Es kann festgehalten werden, dass der Vorteil dieser Bewertungsmethode u. a. darin begründet liegt, dass sowohl finanz- als auch verhaltensorientierte Aspekte einbezogen werden. Darüber hinaus kann als Vorteil die internationale Ausrichtung und hohe Anzahl der Markenbewertungen, die von Interbrand bereits durchgeführt wurden, sowie Möglichkeiten des Benchmarkings angeführt werden. Ebenso positiv ist der vergleichsweise geringe Erhebungsaufwand, da Interbrand die nötigen Daten zum großen Teil aus Geschäftsberichten von Unternehmen entnehmen kann und überdies mit Expertenschätzungen arbeitet (Riedel 1996).

Kritik bezieht sich auf die generelle Problematik von Scoring-Modellen. Bei der hohen Anzahl der Faktoren und Kriterien ist eine gegenseitige Abhängigkeit der Kriterien nicht auszuschließen. Auch ist die Gewichtung der einzelnen Kriterien mitunter nicht einfach. Schließlich kann die S-förmige Transformation durchaus diskutiert werden.

Insgesamt stellt sich bei allen Markenbewertungsansätzen die Frage nach der Güte der Isolierung markenspezifischer Einzahlungen. Eine Möglichkeit, diese markenspezifischen Einzahlungen auf der Grundlage von Präferenzstrukturen der Käufer zu eruieren stellt die Conjoint-Analyse dar, die nachfolgend kurz vorgestellt wird.

20.3.5 Exkurs: Isolierung markenspezifischer Erträge mittels Conjoint-Analyse

Die Conjoint-Analyse gehört zu den am häufigsten eingesetzten Verfahren zur Erhebung von Konsumentenpräferenzen. Besonders die seit einigen Jahren exzellenten multimedialen Darstellungsformen und die Möglichkeit einer schnellen Erhebung via Internet haben die Conjoint-Analyse zu einem viel genutzten Marktforschungsinstrument avancieren lassen.

Die Conjoint-Anaylse ist ein dekompositionelles Verfahren, welches die Anteile der einzelnen Nutzenkomponenten am Gesamtnutzen eruiert (Backhaus et al. 2003). Durch die Beurteilung ganzer Produkt- und Leistungsbündel, sogenannter Stimuli, durch die Probanden kann auf die Wichtigkeit einzelner Merkmale und deren Ausprägungen geschlossen werden. Bei einem Automobil würden beispielsweise das Merkmal Marke mit den Ausprägungen Audi, Opel und VW, das Merkmal Leistung mit den Ausprägungen

Abb. 20.7 Befragung CBC. (Quelle: Schunk und Regier 2008)

Leistung 75 KW und Leistung 66 KW sowie das Merkmal Preis mit den Ausprägungen 19.000, 20.000 und 21.000 € folgende mögliche Stimuli ergeben (s. Abb. 20.7).

Im Rahmen einer Conjoint-Befragung zur Eruierung von Preis- und Mengenprämien wird der Proband immer wieder verschieden Produktbündel gegenübergestellt, aus denen er sich für eines entscheiden muss.

Durch eine intelligente und mittlerweile computergestützte Variation der einzelnen Merkmalsausprägungen müssen die Probanden realitätsnahe Auswahlentscheidungen treffen. Unter anderem können auf diese Art die Zahlungsbereitschaften für Marken ermittelt werden. „Diese Zahlungsbereitschaften bilden die Basis für die Berechnung des Markenwerts. Letzterer lässt sich ermitteln, indem man im Rahmen einer Marktsimulation identische Produkte simuliert, die sich lediglich in der Markierung unterscheiden. Ergebnis dieser Simulation sind Mengenprämien, die angeben, wie viel Mehrabsatz durch die Marke erzielt werden kann. Auf dieser Basis kann anschließend das Preispremium errechnet werden" (Schunk und Regier 2008, S. 103).

20.4 Wertbasierte Markenführung im Sport

Der Markenwert kann zu unterschiedlichen Zwecken ermittelt werden. Neben externen Anlässen wie Mergers & Acquisitions, Lizensierung, Markenrechtsverletzungen sowie Bilanzierung (wenn die Marke gegen Entgelt erworben wurde, müssen nach IFRS Impairment-Tests durchgeführt werden) können auch interne Anlässe, wie Gründe der Personalführung und die Markenführung, Motive hierfür sein (Ströbl 2012). Auch wenn der Markenwert die elementare Zielgröße der Markenführung ist, gibt es eine ganze Reihe von Kennzahlen oder Konstrukten, die herangezogen werden können, um beispielsweise den Erfolg einer Kommunikationsmaßnahme für den Markenaufbau zu evaluieren.

Die Evaluierung hinsichtlich der Effektivität und Effizienz von Maßnahmen ist ein Bereich des Markencontrollings, der wiederum als Teilperspektive des Marketingcontrollings angesehen werden kann (Tomczak et al. 2004). Das Markencontrolling gewinnt aufgrund des zunehmenden Rechtfertigungsdrucks, dem sich Manager ausgesetzt sehen, des zunehmenden Konkurrierens um knappe Marketingbudgets in den Unternehmen sowie der immer stärker werdenden Forderungen nach Transparenz zunehmend an Bedeutung. Gemäß dem Diktum, dass nur etwas, das gemessen werden kann, auch gemanagt werden kann (Klingenbiel 1997), versuchen Unternehmen zunehmend, Kennzahlensystemen für die Markenführung zu entwickeln oder sogar die Marken aus einer monetären Markenbewertung heraus zu steuern (Hanser 2009). In diesem Zusammenhang erscheint der Terminus wertbasierte Markenführung angebracht. Huber wird diesbezüglich folgendermaßen zitiert:

> „Markenführung ist weit mehr als Kommunikation. Markenführung ist eine kaufmännische Disziplin mit dem Ziel, berechenbar mehr Geld zu verdienen. Eine Marke ist als ein Investitionsobjekt zu verstehen. Durch eine optimale Allokation von Budgets und die systematische Steuerung sowie Kontrolle von Marken kann ein bedeutender immaterieller Wert für Unternehmen geschaffen werden" (2hm & Associates GmbH 2008, o.S.).

Einige populäre Konstrukte, die herangezogen werden können, um die Markenführung zu unterstützen bzw. eine kennzahlenbasiertes Markencontrolling insbesondere auch im Sport zu ermöglichen, werden nachfolgen kurz vorgestellt.

20.4.1 Markenbekanntheit und Einfluss auf die Wahrnehmung von Marken

Eine der einfachsten und von Managern am meisten genannten Kennzahlen der Markenbewertung respektive des Markencontrollings ist die Markenbekanntheit (Schimansky 2004). Die Markenbekanntheit kann nicht nur sehr einfach als Variable erhoben werden, sondern korreliert auch nachweislich mit der Attraktivität der Marke (Kloss 2012). Daher kann davon ausgegangen werden, dass der Markenwert positiv mit der Markenbekanntheit zusammenhänge dürfte. Die Markenbekanntheit ist somit auch ein einfacher Indikator für den Markenerfolg.

20.4.2 Konstrukt des Markenwissens nach Keller

Aus der Erkenntnis heraus, dass die ökonomische Zielgröße des monetären Markenwerts nur mittelbar durch verhaltenswissenschaftliche Konstrukte beeinflusst werden kann, wird nachfolgend die Operationalisierung des konsumentenorientierten Markenwerts nach Keller vorgestellt (Keller 1993). Keller geht davon aus, dass der konsumentenorientierte Markenwert auf dem Markenwissen aufbaut. Entsprechend Kellers Theorie stellt die Bekanntheit einer Marke die notwendige Bedingung für die Entstehung von Markenwissen dar, da nur zu Produkten, respektive Marken, die Kunden bekannt sind, auch Präferenzen aufgebaut werden können. Die hinreichende Bedingung zum Aufbau von Markenwissen ist nach Keller das Markenimage, welches von der Einzigartigkeit, Stärke, Vorteilhaftigkeit und Art der Assoziation bestimmt wird (Keller 2005). Stellschrauben des Markenmanagements zur Markenwerterhöhung können folglich zum einem in Maßnahmen zur Erhöhung der Bekanntheit oder in einer positiven Veränderung bzw. Verstärkung des Markenimages bestehen.

20.4.3 Markenpersönlichkeit

Ein weiteres verhaltenswissenschaftliches Konstrukt ist die Markenpersönlichkeit. Aaker definiert Markenpersönlichkeit als die Gesamtheit menschlicher Eigenschaften „die mit einer Marke verbunden sind" und identifiziert fünf Dimensionen der Markenpersönlichkeit (Aaker 2005, S. 167). Diese sind Aufrichtigkeit, Erregung/Spannung, Kompetenz, Kultiviertheit und Robustheit (Aaker 1997). Mäder hat die Dimensionen der Markenpersönlichkeit für den deutschen Markt adaptiert (Mäder 2005). Dieses Markenpersönlichkeitsinventar setzt sich aus den Komponenten Attraktivität, Verlässlichkeit, Temperament, Stabilität und Natürlichkeit zusammen, wie Abb. 20.8 zeigt.

Möchte etwa Adidas sein Image mit dem Ziel schärfen, dass die Marke temperamentvoller wirkt, könnten gemäß Abb. 20.8 gezielt Kommunikationsmaßnahmen ergriffen werden, die inhaltlich und formal (gestalterisch) beispielsweise dynamisch, aktiv und/oder revolutionär wirken. Zwecks Erfolgskontrolle einer Maßnahme könnten dann vor und nach der Kampagne die Items der Markenpersönlichkeit abgefragt und mögliche Änderungen in der Wahrnehmung durch die Probanden identifiziert werden. Somit offeriert die Markenpersönlichkeit ein gutes Messinstrument zur Erfolgskontrolle der emotionalen Markenwahrnehmung. Besonders im Hinblick auf die zunehmende Emotionalisierung von Marken, die häufig im Sport sehr ausgeprägt ist bzw. durch Sport erreicht werden soll, kommt der Markenpersönlichkeit aus Controllingsicht eine wichtige Bedeutung zu.

20.5 Fazit

Marken haben einen immens hohen Nutzen für Unternehmen, Nachfrager, Handel und die Gesellschaft. Dieser ökonomische Nutzen drückt sich für Unternehmen sehr pointiert im Markenwert aus. Zur Bestimmung des Markenwertes gibt es zahlreiche Ansätze, die teilweise primär aus der Wissenschaft, teilweise primär aus der Praxis oder in Kooperation von Praxis und Wissenschaft entwickelt wurden. Somit existiert eine kaum überschaubare Anzahl an Markenbewertungsverfahren (Herrmann und Huber 2009). Hinzu kommen gerade in den letzten Jahren vermehrt entwickelte Modelle, die sich mit Markenbewertungen

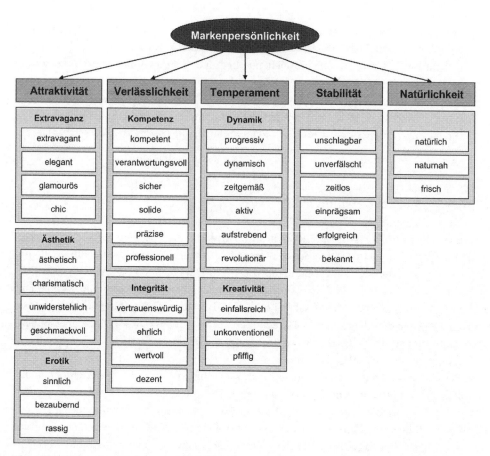

Abb. 20.8 Deutsches Markenpersönlichkeitsinventar. (Quelle: Esch 2010 in Anlehnung an Mäder 2005)

im Sport auseinander setzen. Auch wenn sicherlich Faktoren wie Erfolg, Involvement und aus historischen und sozialen Entwicklungen gespeiste Erwartungen im Sport einen nicht zu unterschätzenden Einfluss auf die Wahrnehmung einer Marke haben (s. hierzu den Beitrag von Könecke in diesem Herausgeberband), sollten jedoch die gleichen Grundsätze und Methodenansätze in diesem speziellen Feld zur Anwendung kommen, die auch in anderen Bereichen zur Markenbewertung herangezogen werden. Bestrebungen zur Entwicklung von verschiedenen, sich grundsätzlich unterscheidenden Bewertungsmethodiken für einzelne Sektoren und Branchen sollten eher kritisch gesehen werden. Nicht zuletzt würde dadurch die Möglichkeit des sektorenübergreifenden Vergleichs der gewonnenen Ergebnisse, den die Bewertung i. d. R zumindest in Ansätzen ermöglichen sollte, deutlich erschwert oder sogar ausgeschlossen. Die unterschiedliche Gewichtung, Anpassung, respektive Erweiterung einzelner Faktoren und Items der Bewertungsmodelle je nach Sektor und Branche ist hingegen selbstverständlich sinnvoll, wünschenswert und notwendig. Anders dürfte die (von der „Produkt"qualität bzw. vom „Produkt"erfolg oftmals vergleichsweise stark abgekoppelte) Volatilität der Popularität von Sport als (Marken)Artikel auch nur sehr schwer sinnvoll monetäre quantifizierbar sein.

Die Standards IDW S 5 und DIN ISO 10668 favorisieren zumindest tendenziell als theoretisch zu bevorzugende Methode die Mehrgewinnmethode. Eine gute Möglichkeit, den Mehrgewinn, der allein und ursächlich auf die Marke zurückzuführen ist, zu ermitteln, stellt die Conjoint-Analyse dar.

Aber nicht nur die monetäre Markenbewertung sondern auch andere Kennzahlen oder Konstrukte können für das immer wichtiger werdende Markencontrolling herangezogen werden. Letztendlich dienen alle als Kontrollinstrument dem Ziel, die Investitionen in die Marke effektiv und effizient zu tätigen und somit die Marke systematisch und zielorientiert zu führen.

Hinsichtlich zukünftiger weiterer Forschung lassen sich verschiedene Felder identifizieren. Zum einen bleibt die Herausforderung der Isolierung markenspezifischer Einzahlungen. Dies insbesondere im Hinblick auf die Bewertung von nicht klassischen Produktmarken wie Vereinen oder Verbänden. Darüber hinaus ist die Prognose der Entwicklung von Marken ein weiteres herausforderndes Forschungsfeld. Aber auch bezüglich des für die Markenführung interessanten Imagetransfers zwischen Sponsormarke und gesponserten Objekten besteht weiterer Forschungsbedarf. Nicht zuletzt dürfte von Interesse sein, wie hoch die monetäre Bedeutung von Marken im Sport insgesamt zu beziffern ist.

Literatur

2hm & Associates GmbH. (2008). 2hm fragte nach – Herausforderungen und Entwicklungen im Markenmanagement, Pressemitteilung 12.03.2008. http://www.2hm.eu/de/aktuelles/meldungen/meld_120308.php. Zugegriffen: 20. Feb 2013.

2hm & Associates GmbH. (2011). Bedeutung des Spitzen- und Breitensports im Bereich Werbung, Sponsoring und Medienrechte (I C 4–02 08 15–46/10). Ergebnisbericht (Kurzfassung). http://www.2hm.eu/documents/BMWi-46–10-Kurzfassung-20111220-fin.pdf. Zugegriffen: 20. Feb. 2013.

Aaker, D. (1991). *Managing brand equity – capitalizing on the value of a brand name*. New York.

Aaker, J. (2005). Dimensionen der Markenpersönlichkeit. In F.-R. Esch (Hrsg.), *Moderne Markenführung* (S. 165–176). 4, vollst. überarb. und erw. Aufl. Wiesbaden.

Aaker, J. (1997). Dimensions of brand personality. *Journal of Marketing Research, 3*, 347–356.

Backhaus, K., Erichson, B., Plinke, W., & Weiber, R. (2003). *Multivariate Analysemethoden*. Berlin.

Beckmeier-Feuerhahn, S. (1998). *Marktorientierte Markenbewertung*. Wiesbaden.

Bentele, G., Buchele, M.-S., Hoepfner, J., & Liebert, T. (2009). *Markenwert und Markenwertermittlung* (3 Aufl.). Wiesbaden.

Biel, A. (2001). Grundlagen zum Markenaufbau. In F.-R. Esch (Hrsg.), *Moderne Markenführung. Grundlagen, Innovative Ansätze, Praktische Umsetzungen* (S. 61–90). 3., erw. und akt. Aufl. Wiesbaden.

Binder, C. (2011). Was kostet eine Markenlizenz. *Marke41, 05*, 26–31.

Böhm, O., & Siebert, H. (2008). Bewertung immaterieller Vermögenswerte. In M Henke & H. Siebert (Hrsg.), *Accounting, Auditing und Management* (S. 3–20). Berlin.

Brand Valuation Forum. (2007). Zehn Grundsätze der monetären Markenbewertung, http://www.
markenverband.de/kompetenzen/markenbewertung/brand-valuation-forum-grundsaetze-der-
monetaeren-markenbewertung/10%20Grundsaetze%20der%20monetaeren%20Markenbewer-
tung.pdf. Zugegriffen: 20. Feb. 2013.

Bühler, A., & Schunk, H. (2013). Markenmanagement im Sport. In G. Nufer & A. Bühler (Hrsg.),
*Marketing im Sport: Grundlagen, Trends und internationale Perspektiven des modernen Sportmar-
keting* (S. 117–146). München.

Dichtl, E. (1992). Grundidee, Varianten und Funktionen der Markierung von Waren und Dienstleistungen. In E. Dichtl, & W. Eggers (Hrsg.), *Marke und Markenartikel als Instrumente des Wettbewerbs*. München.

DIN Deutsches Institut für Normung e. V. (2011). Markenbewertung – Anforderungen an die monetäre Markenbewertung (ISO 10668:2010). Berlin

Esch, F.-R. (2010). *Strategie und Technik der Markenführung*. 6, vollst. überarb. und erw. Aufl. München.

Esch, F.-R., Wicke, A., & Rempel, J. E. (2004). Herausforderungen und Aufgaben des Markenmanagements. In F.-R. Esch (Hrsg.), *Moderne Markenführung*. 4., vollst. überarb. und erw. Aufl.
Wiesbaden.

Feldmann, S. (2007). *Bewertung von Sportmarken – Messung und Wirkungen der Markenstärke von
Fußballbundesligavereinen*. Frankfurt a. M.

Fischer, M., Hieronimus, F., & Kranz, M. (2002). *Markenrelevanz in der Unternehmensführung –
Messung, Erklärung und empirische Befunde für B2C Märkte, Arbeitspapier Nr. 1*, Herausgeber:
Marketing Centrum Münster und McKinsey.

Hanser, P. (2009). Keine Scheu vor dem Markenwert. In *absatzwirtschaft Sonderheft Marken*
(S. 116–121).

Hermman, A., & Huber, F. (2009) *Produktmanagement* (2. Aufl.). Wiesbaden.

Homburg, C., & Krohmer, H. (2003). *Marketingmanagement*. Wiesbaden.

Institut der Wirtschaftsprüfer Deutschland. (2007). IDW Standard: Grundsätze zur Bewertung immaterieller Vermögenswerte (IDW S5). In *WPg Supplement 4/2007* (S. 64–75).

Interbrand. (2005). *Wert haben und Wert sein. Die Markenbewertung von Interbrand*. Zürich.

Interbrand (2013): Best Global Brands. http://www.interbrand.com/en/best-global-brands/2013/
top-100-list-view.aspx. Zugegriffen: 1. Nov. 2013.

Keller, K. (1993). Conceptualizing, measuring an managing customer-based brand equity. *Journal of
Marketing, 57*(1), 1–22.

Keller, K. (2005). Kundenorientierte Messung des Markenwertes. In F.-R. Esch (Hrsg.), *Moderne
Markenführung* (S. 1307–1328). 4, vollst. überarb. und erw. Aufl. Wiesbaden.

Klingenbiel, N. (1997). Performance measurement systeme. *Wirtschaftsstudium, 7*, 655–663.

Kloss, I. (2012). *Werbung*. München.

Mäder, R. (2005). *Messung und Steuerung der Markenpersönlichkeit*. Wiesbaden.

Manager-Magazin. (2000). Image Profile 2000. http://www.manager-magazin.de/unternehmen/
imageprofile/0,2828,158405,00.htm. Zugegriffen: 20. Feb. 2013.

Markenverband. (2012). Imagefilm. http://wwwmarkenverband.de. Zugegriffen: 20. Feb. 2013.

Maul, K.-H., & Mussler, S. (2004). ABV-advanced brand valuation. In A. Schimansky (Hrsg.), *Der
Wert der Marke* (S. 58–83). München.

Meffert, H., Burmann, C., & Koers, M. (2002). Stellenwert und Gegenstand des Markenmanagements. In H. Meffert, C. Burmann, & M. Koers (Hrsg.), *Markenmanagement* (2. Aufl., S. 3–15).
Wiesbaden.

Meissner, S. (2003) *Markenbewertung bei Mergers & Acquisitions*. Wiesbaden.

Mellerowicz, K. (1963). *Markenartikel – Die ökonomischen Gesetze Ihrer Preisbildung und Preisbindung*. München.

Musiol. K. G., Berens, H., Spannnagel, J., & Biesalski, A. (2004). Icon Brand Navigator und Brand Rating für eine holistische Markenführung. In A. Schimansky (Hrsg.), *Der Wert der Marke* (S. 370–399). München.

Pauly-Grundmann, D. (2010). *Markenbewertung: Der objektivierte Markenwert unter besonderer Berücksichtigung des Income Approach.* Wiesbaden.

PwC Deutschland. (2012). *Markenstudie 2012.* München.

Riedel, F. (1996). *Die Markenwertmessung als Grundlage strategischer Markenführung.* Heidelberg.

Sattler, H. (2001): *Markenpolitik,* Stuttgart.

Sattler, H. (2005). *Markenbewertung state of the art.* Research paper on marketing and retailing. University of Hamburg, No. 27, June 2005.

Sattler, H., & Völckner, F. (2007). *Markenpolitik.* 2, vollst. überabr. und erw. Aufl. Stuttgart

Schimansky, A. (2004). Markenbewertungsverfahren aus Sicht der Markenpraxis. In A. Schimansky (Hrsg.), *Der Wert der Marken* (S. 12–27). München.

Schunk, H., & Regier, S. (2008). Was verdient Ihre Marke wirklich? *Markenartikel, Heft 4* (S. 100–103).

Simon, M., & Schunk, H. (2005). Professionelle Markenführung und Markenbewertung. In H. Riesenbeck & J. Perrey (Hrsg.), *Mega Macht Marke* (S. 330–333). München.

Srivastava, R. K., Shervani, T. A., & Fahey, L. (1998). Market-based assets and share-holder value: A framework for analysis. *Journal of Marketing, 62*(1), 2–18.

Strahlendorf, P. (2011). Editorial. *Markenartikel 6* (S. 3).

Ströbel, T. (2012). *Die Einflussfaktoren der Markenbewertung im Sport: Eine empirische Analyse der Zusammenhänge bei Klubmarken (Marken- und Produktmanagement).* Wiesbaden.

Stucky, N. (2004). Monetäre Markenbewertung nach dem Interbrand-Ansatz. In A. Schimansky (Hrsg.), *Der Wert der Marke* (S. 430–459). Berlin.

Tomczak, T., Reinecke, S., & Kaetzke, P. (2004). Markencontrolling – Sicherstellung der Effektivität und Effizienz der Markenführung. In M. Bruhn (Hrsg.), *Handbuch Markenführung*: Bd. 2 (S. 1821–1852). Wiesbaden.

Woratschek, H., & Beier, K. (2001). Sportmarketing. In D. Tscheulin & B. Helmig (Hrsg.), *Branchenspezifisches Marketing, Grundlagen – Besonderheiten – Gemeinsamkeiten* (S. 205–235). Wiesbaden.

Eignung von Markenbewertungsansätzen im Sport

Herbert Woratschek und Tim Ströbel

21.1 Einleitung

Marken nehmen heutzutage in unserem Leben eine enorme Bedeutung ein und sind aus unserem Alltag nicht mehr wegzudenken. Die Erfolgsgeschichte von Apple und die damit einhergehende weltweite Markenhysterie im Zusammenhang mit allen durch einen Apfel gekennzeichneten Produkten können beispielhaft dafür genannt werden. Diese Entwicklung beschränkt sich dabei nicht auf bestimmte Konsumgüter, sondern greift längst auf verschiedenste Lebensbereiche und Branchen über. Die Beschäftigung mit Marken und die Umsetzung strategischer Markenkonzepte spielen seit Anfang der 2000er Jahre auch vermehrt in der Dienstleistungsbranche eine bedeutende Rolle. Im Jahr 2006 belief sich beinahe die Hälfte aller neuen Markenanmeldungen im Deutschen Patent- und Markenamt auf Dienstleistungsmarken (DPMA 2007.). Im Zuge dieser Entwicklung gewinnt das Management von Marken auch in Bereichen des Tourismus, der Medien oder auch des Sports immer mehr an Bedeutung (Hudson und Ritchie 2009; Berkler 2008; Burmann und Piehler 2007.)

Gladden et al. kommen bereits 2001 zu folgender Schlussfolgerung: „2000 to 2010 will be the decade in which team management activities evolve from a focus on winning as a means of realizing short-term profits to a focus on strategic management of the team brand as a means of realizing long-term appreciation in franchise value" (Gladden et al. 2001). Die hier für das erste Jahrzehnt des 21. Jahrhunderts prognostizierte Bedeutung eines strategischen Markenmanagements als Mittel zur langfristigen Wertsteigerung von Sportorganisationen kann im Bereich des kommerziellen und medial vermarkteten Sports sicherlich bestätigt werden. Die regelmäßige Vergabe von Marken-Awards und der damit verbundene Vergleich der besten Marken im nationalen wie internationalen Umfeld sind

H. Woratschek (✉) · T. Ströbel
Bayreuth, Deutschland
E-Mail: dlm@uni-bayreuth.de

H. Preuß et al. (Hrsg.), *Marken und Sport,*
DOI 10.1007/978-3-8349-3695-0_21, © Springer Fachmedien Wiesbaden 2014

dafür beispielhafte Indizien. Diese Entwicklung wird sich ohne Zweifel in den kommenden Jahrzehnten fortsetzen und dadurch auch zunehmend weitere Bereiche des Sports betreffen. In diesem Zusammenhang nimmt v. a. die Bewertung der Marken im Sport eine zentrale Position ein, da dadurch sowohl der Erfolg der Sportmarken ermittelt werden kann als auch eine Grundlage zum Vergleich der Sportmarken untereinander existiert.

21.2 Begriffliche Grundlagen

21.2.1 Marken im Sport

Die Kommerzialisierung des Sports und seine Entwicklung hin zu einer Unterhaltungsindustrie machen die Notwendigkeit eines betriebswirtschaftlich fundierten Managements der beteiligten Sportbetriebe deutlich. Damit einher geht die Forderung nach speziell ausgebildeten Fachkräften im Bereich Sportmanagement. Aufgrund dieser Entwicklungen leuchtet es unmittelbar ein, dass Sportorganisationen mittlerweile als Sportmarken behandelt und als solche gezielt gemanagt werden (Couvelaere und Richelieu 2005). Diese Entwicklung spiegelt sich auch in der Literatur wieder, indem bspw. vielfältige Beiträge und Studien zum Markenaufbau bzw. zur Markenführung von Sportorganisationen existieren (Burmann und Welling 2008; Welling 2005; Richelieu 2003, 2004; Gladden und Funk 2001, 2002).

Aufbauend auf dieser Erkenntnis, dass im Bereich des kommerziellen Sports ein strategisches Markenmanagement unabdingbar geworden ist, schließt sich die Frage an, inwiefern dann auch im Sport der Markenwert als Zielgröße des Markenmanagements fungiert. Bevor diese Frage im Allgemeinen und die damit im Speziellen verbundenen Aspekte der Markenbewertung geklärt werden können, sollen nun zunächst die grundlegenden Begrifflichkeiten erläutert werden.

21.2.2 Markenwert und Markenstärke

In der Literatur findet man im Rahmen der Diskussion um die Bewertung von Marken eine Vielzahl an Begrifflichkeiten, deren Abgrenzung voneinander des Öfteren unklar bleibt. Insbesondere wenn man sowohl deutschsprachige Literatur als auch internationale Beiträge zu dieser Thematik mit einbezieht, ergeben sich verschiedene Ansätze.

In der deutschsprachigen Literatur findet man bereits Anfang der 1960er ein grundlegendes Verständnis zum Markenwert. Kern stellte dazu fest, dass „der Wert von Warenzeichen als die Summe der auf den gegenwärtigen Zeitpunkt diskontierten Zusatzgewinne zu interpretieren" ist (Kern 1962). Diese finanziell geprägte Definition kann man als Basis für den finanziellen Markenwert ansehen, die im Lauf der Jahre immer weiter ausgearbeitet wurde. Somit wurde bspw. 1990 der Markenwert als „Barwert aller zukünftigen Einzahlungsüberschüsse, die der Eigentümer aus der Marke erwirtschaften kann" begriffen (Kaas 1990).

Neben diesem vermeintlich klaren Begriffsverständnis eines finanziellen Markenwerts entwickelte sich v. a. auf Basis der US-amerikanischen Literatur eine weitere Perspektive, die verstärkt den Kunden in den Mittelpunkt aller Überlegungen stellte. In diesem Bereich sind die Arbeiten von Aaker und Keller aus den 1990er Jahren zu nennen, auf die im Rahmen der Diskussion bis heute noch Bezug genommen wird. Aaker versteht dabei den Markenwert als „a set of brand assets and liabilities linked to a brand, its name and symbol, that add to or subtract from the value provided by a product or service to a firm and/or to that firm's customers" (Aaker 1991). Unter diesen Werten und Verbindlichkeiten subsumiert Aaker insbesondere fünf weitere Kategorien: Markenloyalität, Bekanntheit, wahrgenommene Qualität, Assoziationen und weitere markenrelevante Werte, wie z. B. Patente (Aaker 1991). Sowohl Aaker als auch Keller greifen in ihren Definitionen auf den Begriff „brand equity" zurück, der dem deutschen Markenwert entspricht. Allerdings weist Keller darauf hin, dass man bei der Untersuchung des Markenwerts grundsätzlich zwischen zwei Aspekten unterscheiden muss: Auf der einen Seite soll der Markenwert für die Rechnungslegung anhand von finanziellen Daten abgeleitet werden. Andererseits benötigt man bei strategischen Marketingentscheidungen auch ein genaues Verständnis darüber, wie die Marke von den Kunden wahrgenommen und bewertet wird (Keller 1993). Man kann auf Basis dieser Herangehensweisen also bereits deutlich zwei Perspektiven, die monetäre und die kundenorientierte Perspektive, unterscheiden.

Im Verlauf dieser Diskussion und der Forschung zum Markenwert eröffnet sich eine weitere Perspektive, die den Markenwert sowohl mit finanziellem Bezug auf Basis von ökonomischen Fakten als auch mit verhaltenswissenschaftlichem Bezug aus Kundensicht interpretiert (Bentele et al. 2003). Im Rahmen dieser Diskussion kristallisiert sich unter anderem der Begriff der Markenstärke heraus, die letztlich „aus der subjektiven Wertschätzung der Markierung entsteht" (Bekmeier-Feuerhahn 1998). Esch schließt sich dieser Differenzierung an, indem er zwischen den Ansätzen unterscheidet, die die Markenstärke in den Köpfen der Kunden erfassen und denjenigen, die den monetären Markenwert auf Basis von finanziellen Größen messen. In diesem Zusammenhang hält er fest, dass zunächst die Werttreiber einer Marke analysiert werden müssen, bevor der monetäre Markenwert überhaupt bestimmt werden kann (Esch 2008).

Demnach kann man bis hierher zusammenfassen, dass klar zwischen dem auf finanziellen Daten basierenden Markenwert und der durch die Kunden geprägten Markenstärke unterschieden werden muss. In der englischsprachigen Literatur zeigt sich dieser Zusammenhang dadurch, dass neben dem traditionellen Begriff der „brand equity" vermehrt der Begriff der „customer-based brand equity" geprägt wird (Keller 1993), der nach dem deutschen Verständnis der Markenstärke entspricht.

Diese Diskussion um Markenstärke und Markenwert wird noch durch eine dritte Perspektive ergänzt, die versucht die beiden bestehenden Perspektiven miteinander zu verbinden. Je nach Begriffsverständnis spricht man hier von einem erweiterten Markenwert (Kranz 2002) oder von einem integrierten Verständnis der Markenbewertung (Schulz und Brandmeyer 1989).

21.3 Bewertung von Sportmarken

21.3.1 Anlässe zur Bewertung von Sportmarken

Bevor man sich näher mit der Thematik der Markenbewertung und insbesondere den verschiedenen Markenbewertungsansätzen sowie deren Eignung im Sport auseinandersetzt, stellt sich zunächst die Frage nach den Anlässen zur Bewertung von Sportmarken. Diese Anlässe zur Markenbewertung können sehr vielfältig sein, um jedoch einen Überblick zu bekommen, lassen sie sich grundsätzlich in externe und interne Bewertungsanlässe einteilen. Externe Bewertungsanlässe gehen bspw. auf Transaktionen im Zusammenhang mit Marken und deren dazugehörige Bilanzierung, auf Fragen der Finanzierung, der Verhandlungen für externe Lizenzierungen oder auch auf die Gefahren bei der Verletzung von Markenrechten zurück. Interne Bewertungsanlässe behandeln andererseits vielmehr Aspekte der Markenführung im Sinne eines internen Kontrollinstruments oder je nach Organisationsgrad der Sportmarke auch Fragen der internen Lizenzierung.

Im Allgemeinen kann man bei Sportmarken davon ausgehen, dass sie selbst geschaffene Vermögenswerte darstellen und somit nach deutschem Recht nicht in der Bilanz aktiviert werden dürfen. Dies gilt selbst im Fall von aus den Ursprungsvereinen in Kapitalgesellschaften ausgegliederten Profisportbetrieben, wie dies z. B. bei den meisten Fußballvereinen der Bundesliga der Fall ist (Reinke 2008), da die Sportmarke bereits vor der Ausgliederung Verkehrsgeltung hatte (Elter 2004). Dennoch spielt dieser Zusammenhang zumindest im internationalen Vergleich im Fall des Erwerbs von mehr als 50 % der Anteile an einer Sportmarke eine wichtige Rolle, da der Erwerber nach internationalen Rechnungslegungsvorschriften den Gesamtkaufpreis auf alle erworbenen Vermögenswerte, einschließlich des Markenwerts, bilanzieren muss (Elter 2004). Darüber hinaus werden Fragen der Finanzierung für Sportorganisationen je nach Sportart immer wichtiger. Viele Sportorganisationen haben eine relativ dünne Eigenkapitalausstattung, da sie erst seit kurzem im Sinne einer Kapitalgesellschaft agieren und überhaupt Gewinne thesaurieren (Elter 2004). Aufgrund dieses Umstands werden Investoren benötigt, die sich langfristig an der Sportorganisation finanziell beteiligen. Ohne die Bereitstellung aller notwendigen finanziellen Informationen inklusive aller mit der Sportmarke verbundenen Komponenten bleibt eine Beteiligung finanzkräftiger Partner aus der Wirtschaft illusorisch. Im Rahmen der Vergabe von Lizenzrechten im Zusammenhang mit der Sportmarke hilft die Bewertung der Sportmarke ebenfalls als Richtmaß für die Berechnung der Lizenzgebühren. Dieser Umstand wird u. a. bei der Vergabe der Produktions- und Vermarktungsrechte von Merchandisingartikeln oder bei der Ausschreibung von Sponsoringlizenzen bei Sportgroßveranstaltungen bedeutsam. Zudem spielt im Sport die Verletzung von Markenrechten z. B. bei gefälschten Merchandisingartikeln (Rohlmann 1998) oder aber auch bei unrechtmäßigen Werbemaßnahmen im Rahmen von Sportevents, dem sogenannten Ambush Marketing (Seguin und O'Reilly 2008), eine bedeutende Rolle.

Abgesehen von diesen externen Bewertungsanlässen kann eine gezielte Bewertung von Sportmarken aber auch für interne Zwecke herangezogen werden. Dabei kann der Wert einer Sportmarke bspw. als Erfolgsgröße zur Bewertung des Managements oder auch als

Abb. 21.1 Ranking euro-
päischer Fußballklubmarken.
(Quelle: FutureBrand 2004;
BBDO 2007)

	FutureBrand (2004)	BBDO (2007)
Klub	Markenwert (Mio. €)	Markenwert (Mio. €)
Real Madrid CF	278	1.063
FC Barcelona	141	948
Manchester United	288	922
FC Chelsea	80	828
AC Mailand	197	824
FC Bayern München	149	727
Inter Mailand	97	715
FC Arsenal London	111	712
Juventus Turin	131	709
FC Liverpool	84	645

Begründung zur Verteilung des Budgets dienen. Abgesehen davon kann analog zur externen Lizenzierung die Übertragung von Lizenzrechten auch innerhalb der Sportorganisation eine Rolle spielen. Diese Konstellation ist insbesondere bei der Ausgliederung des
Profispielbetriebs denkbar. Darüber hinaus kommt dieser Aspekt auch bei der Einrichtung
weiterer Kapitalgesellschaften zum Tragen. Hierbei ist v. a. an entsprechende Marketing-
oder Merchandisinggesellschaften zu denken, die dann intern die nötigen Lizenzrechte
erwerben müssen (Elter 2004).

21.3.2   Relevanz der Ermittlung von Markenwerten im Sport

Spätestens seit den 90er Jahren des letzten Jahrhunderts finden sich vermehrt Beiträge
in der sportökonomischen Literatur zum Thema Markenmanagement im Sport. Eine der
zentralen Forschungsrichtungen widmet sich in diesem Zusammenhang der Thematik des
Markenwerts im Sport und insbesondere der Ermittlung dieses Markenwerts (Gladden
et al. 1998; Bauer et al. 2005; Bezold et al. 2007; Feldmann 2007). Neben dieser wissenschaftlich geprägten Herangehensweise haben in jüngster Vergangenheit v. a. Unterneh-
mensberatungen sowie Marktforschungsinstitute dieses Thema für sich entdeckt und ver-
öffentlichen in verschiedensten Bereichen des Sportmanagements Studien zu Markenwerten. Ein dominierender Bereich stellt dabei sicherlich v. a. in der europäischen Literatur
der internationale Fußball bzw. die Top-Fußballligen Europas und deren Klubmarken dar.
Diesem Themenfeld haben sich auch zwei Beratungsagenturen gewidmet, die unabhängig
voneinander die Marken der besten Fußballklubs Europas bewertet haben. Ein Auszug der
Ergebnisse der Studien von FutureBrand aus dem Jahr 2004 und BBDO[1] aus dem Jahr 2007
finden sich in Abb. 21.1 wieder.

Bei der Gegenüberstellung dieser beiden Studien fallen unmittelbar die enormen Dis-
krepanzen zwischen den ermittelten Markenwerten pro Fußballklub auf. Ermittelte FutureBrand für den spanischen Top-Klub Real Madrid CF noch einen Markenwert von
€ 278 Mio., kommen die Spanier bei der Bewertung von BBDO bereits auf einen Marken-

---

[1] BBDO firmierte 2009 um zu Batten & Company.

wert von über € 1 Mrd. Dieser enorme Unterschied findet sich im Prinzip in ähnlicher Art und Weise auch bei allen anderen in den Studien beteiligten Fußballklubs. Dabei kann auch nicht von einer systematischen Verzerrung ausgegangen werden, da sich auch die nach der Höhe des Markenwerts geordneten Rangplatzierungen der Klubs stark voneinander unterscheiden.

Diese Ausführungen zeigen zum einen, dass die Thematik der Markenbewertung im Sport aktuell ein sehr relevantes Forschungsgebiet darstellt. Andererseits zeigen die Ergebnisse der Studien aber auch, dass generell noch viele Fragestellungen im Sinne einer nachvollziehbaren Ermittlung der Markenwerte im Sport offen sind. Sicherlich nimmt in diesem Zusammenhang der Fußball in Europa eine gewisse Vorreiterstellung ein, allerdings lässt sich daraus auch unmittelbar die Relevanz für alle anderen kommerzialisierten Bereiche des Sports ableiten. Darüber hinaus ist davon auszugehen, dass diese Entwicklung auch vor dem ehrenamtlichen Bereich des Sports keinen Halt machen wird und man sich auch hier lieber früher als später mit der Thematik der Bewertung von Sportmarken auseinandersetzen sollte.

21.4 Markenbewertungsansätze im Sport

Um einen Überblick zu den verschiedenen Möglichkeiten einer Markenbewertung zu bekommen, teilt sich das vorliegende Kapitel in die drei übergeordneten Bereiche der Markenbewertung auf, die sich grundsätzlich an den oben diskutierten Begriffsverständnissen orientieren. Markenbewertungsmodelle können demnach in die drei Bereiche finanzorientierte, kundenorientierte und integrierte Markenbewertungsmodelle aufgeteilt werden (Abb. 21.2).

Die finanzorientierten Markenbewertungsmodelle folgen dabei dem eher klassischen Verständnis einer auf rein quantitativen Daten beruhenden finanziellen Berechnung des Markenwerts. Die kundenorientierten Markenbewertungsmodelle legen dahingegen den Schwerpunkt darauf, qualitative Daten, z. B. psychologische Größen aus Kundenperspektive, einzubeziehen. Dieser Ansatz folgt dem Verständnis um die Diskussion der Markenstärke bzw. des „customer-based brand equity". Darüber hinaus greifen die integrierten Markenbewertungsmodelle das Begriffsverständnis des erweiterten Markenwerts auf, indem bei diesen Ansätzen sowohl quantitative als auch qualitative Daten in die Markenbewertung einfließen.

21.4.1 Finanzorientierte Markenbewertung

Im Rahmen der finanzorientierten Markenbewertung fokussiert man sich grundsätzlich auf unternehmensinterne Daten. Das bedeutet gleichzeitig, dass die Perspektive bzw. die Wahrnehmung der Kunden keine Berücksichtigung findet. Finanzorientierte Markenbewertungsmodelle beziehen sich somit ausschließlich auf finanzielle Daten, die bspw. aus

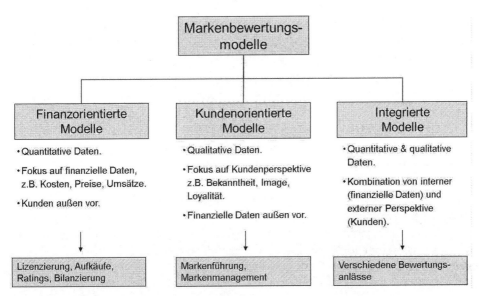

Abb. 21.2 Markenbewertungsmodelle im Überblick

der internen Unternehmensrechnung gewonnen werden. Generell werden bei der finanzorientierten Markenbewertung vier Ansätze unterschieden: Kostenorientierte, preisorientierte, kapitalmarktorientierte und ertragswertorientierte Ansätze.

Bei den kostenorientierten Ansätzen kann man den Markenwert grundsätzlich mit dem Substanzwert eines Unternehmens vergleichen (Kranz 2002). Wie der Name bereits sagt, sind bei diesem Ansatz die Kosten, die im Zuge des Markenaufbaus verursacht werden, die entscheidende Grundlage für die Berechnung des Markenwerts. Dabei gilt es noch den Zeitpunkt der Kostenbetrachtung zu berücksichtigen, so dass entweder eine Bewertung nach historischen Kosten oder eine gegenwartsbezogene Markenbewertung durchgeführt wird (Kapferer 1992). Als problematisch wird bei diesen Ansätzen einerseits die Prognoseunsicherheit von historischen oder gegenwärtigen Kosten auf zukünftig anfallende Kosten in Verbindung mit der Marke angesehen (Sattler und Völckner 2007). Zum anderen wird die reine Orientierung an den Kosten kritisiert, da dadurch das eigentliche Potenzial der Marke vollkommen unberücksichtigt bleibt (Bekmeier-Feuerhahn 2006).

Preisorientierte Ansätze folgen der Vorstellung, dass mit der Marke ein sogenanntes Preispremium im Vergleich zu einer identischen, aber unmarkierten Leistung erzielt werden kann. Die markierte Leistung führt somit zu einer erhöhten Zahlungsbereitschaft der Kunden (Zimmermann et al. 2001). Dieser Ansatz weist einige Kritikpunkte auf, so erscheint bspw. das Vorfinden einer vergleichbaren, aber unmarkierten Leistung i. d. R nahezu unmöglich. Zudem muss die auf Basis der hedonischen Preistheorie angenommene Interpretation der Marke als objektive Eigenschaft, deren Wert unabhängig von allen anderen Eigenschaften der Leistung berechnet werden kann (Sander 1994), im Dienstleistungsbereich und somit auch im Sportmanagement grundsätzlich in Frage gestellt werden.

Kapitalmarktorientierte Ansätze beziehen sich bei der Berechnung des Markenwerts im Allgemeinen auf den finanziellen Marktwert. Dabei orientieren sie sich bspw. am Börsenwert eines Unternehmens. Der Markenwert ergibt sich somit aus der aktuellen Börsennotierung abzüglich aller für die Marke unerheblichen materiellen und immateriellen Vermögenswerte (Simon und Sullivan 1993). Abgesehen davon, dass bei diesem Verfahren das zu bewertende Unternehmen auch zunächst tatsächlich an der Börse notiert sein muss, bleibt zu hinterfragen, ob Börsenkurse bei allen Schwankungen und Störanfälligkeiten tatsächlich ein geeignetes Maß darstellen. Zudem bleibt unklar, wie aus den Börsenkursen der eigentliche Markenwert herausgerechnet werden kann.

Die ertragswertorientierten Ansätze ermitteln den Barwert einer Marke, indem die gegenwärtig und zukünftig generierten Einzahlungsüberschüsse berechnet und unter Berücksichtigung eines üblichen Kalkulationszinssatzes auf den Bewertungsstichtag diskontiert werden. Die zukünftigen Einzahlungsüberschüsse werden dabei grundsätzlich für die folgenden Jahre möglichst genau geschätzt bzw. dann im Sinne einer ewigen Rente als sich konstant weiterentwickelnd angesehen (Sattler und Völckner 2007). Diese notwendige Schätzung und damit einhergehende Prognoseungenauigkeit bleibt ein unsicherer Faktor. Abgesehen davon setzt dieses Verfahren wiederum voraus, dass alle auf Basis der Marke generierten Einzahlungsüberschüsse isoliert werden können.

21.4.2 Kundenorientierte Markenbewertung

Die kundenorientierte Markenbewertung stellt im Gegensatz zu den finanzorientierten Markenbewertungsmodellen Meinungen und Wahrnehmungen der Kunden in den Mittelpunkt des Interesses. In diesem Zusammenhang werden hauptsächlich qualitative Daten, wie z. B. Loyalität, Bekanntheit oder Image bei den Kunden abgefragt. Insgesamt steht damit nicht das Ziel einer monetären Bewertung im Vordergrund, sondern die Analyse der Stärken und Schwächen einer Marke. Das Ergebnis dieser Vorgehensweise wird meistens unter dem Begriff der Markenstärke diskutiert (Bekmeier-Feuerhahn 2006).

Aufgrund des unbedingten Fokus auf die jeweiligen Kunden lassen sich im Rahmen dieser Markenbewertungsmodelle keine übergeordneten Ansätze erkennen. Die Ansätze der kundenorientierten Markenbewertung werden vielmehr durch die von einzelnen Autoren etablierten Modelle unterschieden. Als Basis der kundenorientierten Markenbewertung können die Ansätze von Aaker und Keller Anfang der 1990er Jahre gesehen werden. Aaker definiert dabei die fünf Determinanten Markenloyalität, Bekanntheit des Namens, wahrgenommene Qualität, Markenassoziationen und weitere markenrelevante Werte (z. B. Patente) (Aaker 1991). Bei diesem Ansatz ist allerdings kritisch festzuhalten, dass diese Determinanten lediglich theoretisch diskutiert werden und unklar bleibt, in welchem konkreten Zusammenhang sie zueinander bzw. zur Markenstärke stehen. Darauf aufbauend formuliert Keller sein Konzept des Markenwissens, bei dem die Untersuchung des Einflusses des Marketings auf den Markenwert im Vordergrund steht. In diesem Zusammenhang prägt Keller den Begriff „customer-based brand equity", dessen Voraussetzung ein hohes Markenwissen der Kunden ist. Das Markenwissen setzt sich wiederum aus der Markenbekanntheit sowie vorteilhaften, starken und einzigartigen Markenassoziationen zusammen (Keller 1993). Kellers Ansatz unterliegt im Prinzip ähnlichen, wie bereits bei Aaker diskutierten, Kritikpunkten. Insbesondere bleibt auch hier die Frage der generellen Umsetzbarkeit des Konzepts offen. Dennoch wurden auf Basis dieser beiden Ansätze in den letzten 20 Jahren vielfältige kundenorientierte Markenbewertungsmodelle entwickelt (vgl. z. B. Brand Asset Valuator von Young & Rubicam oder auch Markeneisberg von Icon Added Value).

21.4.3 Integrierte Markenbewertung

Die integrierte Markenbewertung folgt schließlich dem oben erläuterten, neuesten Verständnis im Rahmen des erweiterten Markenwerts. Dabei liegt der Schwerpunkt dieses Ansatzes auf einer Verknüpfung der finanzorientierten mit der kundenorientierten Perspektive. Im Allgemeinen bedeutet dies, dass hier grundsätzlich eine Verrechnung von quantitativen mit qualitativen Daten mit dem Ziel vorgenommen wird, einen monetären Markenwert zu ermitteln.

Dieses Vorgehen kann beispielhaft an zwei integrierten Markenbewertungsmodellen erläutert werden. Der Markenbewertungsansatz nach Interbrand folgt dem Ansatz der integrierten Markenbewertung, indem im Kern der Analyse ein Scoringmodell zur Ermittlung der Markenstärke steht. Die im Rahmen dieses Scoringmodells definierten 80 – 100 Determinanten (z. B. Marktanteil, historische Entwicklung, Zukunftsperspektiven, Markenpersönlichkeit oder rechtlicher Schutz) werden mittels gewichteter Punktwerte in einen Indexwert zwischen 0 – 100 überführt. Dieser Indexwert wird schließlich anhand einer eigens ermittelten Transformationskurve in einen Multiplikatorwert von 0 bis 20 transferiert. Der dadurch resultierende Multiplikatorwert wird schließlich mit dem durchschnittlichen Nachsteuergewinn der letzten drei Perioden verrechnet, woraus schließlich der monetäre Markenwert abgeleitet wird (Sander 1994; Stucky 2004).

Das zweite Beispiel eines integrierten Markenbewertungsmodells geht auf BBDO bzw. Batten & Company zurück. Das BEVA-Modell (Brand Equity Valuation for Accounting) kombiniert ebenfalls qualitative Aspekte, z. B. Bekanntheit, Assoziationen, Identifikation oder Tradition durch ein Scoringmodell mit finanziellen Daten des Unternehmens. Die auf Basis der qualitativen Aspekte ermittelte Markenstärke wird erneut mit Hilfe einer Transformationskurve in eine Lizenzrate überführt, die sogenannte Brand Profit Rate. Diese Lizenzrate wird sodann mit den für die Marke isolierten Umsätzen, die bereits über einen bestimmten Zeitraum in der Zukunft hinaus geschätzt wurden, multipliziert. Die damit für einen bestimmten Nutzungszeitraum der Marke erzielten markenbezogenen Gewinne, die Net Royalty Savings[2], werden dann noch mit einem geeigneten Diskontierungsfaktor

---

[2] Der Inhaber einer starken Marke kann darauf verzichten, Lizenzrechte für externe Marken aufzubringen. Da dadurch keine Lizenzgebühren anfallen, spricht man hier auch von Royalty Savings.

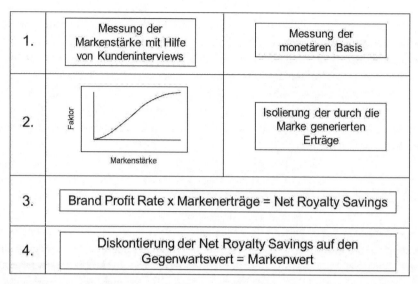

Abb. 21.3 Ablauf der BEVA-Methode

auf den Barwert abgezinst (Klein-Bölting et al. 2007; Granz und Schmidt 2009.) Ein ver-
einfachter Überblick zum Ablauf der BEVA-Methode kann oben der Abb. 21.3 entnom-
men werden.

Die zentrale Kritik an den hier beschriebenen integrierten Markenbewertungsmodellen
liegt in der subjektiven Vorgehensweise, die sowohl bei der Feststellung der Markenstärke
(Scoringmodell) als auch bei der Überführung der Markenstärke in einen monetären Markenwert (Transformationskurve) deutlich wird. Darüber hinaus ist die Nachvollziehbar-
keit dieser Verfahren allerdings auch durch weitere subjektive Einflüsse, Expertenmeinun-
gen oder Plausibilitätsüberlegungen stark in Frage zu stellen. Abgesehen davon werden
teilweise einzelne Verfahrensschritte nicht vollständig erläutert bzw. offen gelegt, so dass
allein schon aufgrund der „Betriebsgeheimnisse" jedes Anbieters die Verlässlichkeit der
Ergebnisse kritisch hinterfragt werden sollte.

Nichtsdestotrotz dominieren aktuell die integrierten Markenbewertungsmodelle die
gängige Markenbewertungspraxis. Gerade auch im Sport finden sich immer mehr Studien
zur Bewertung von Sportmarken, die auf das Konzept der integrierten Markenbewertung
zurückzuführen sind.

21.4.4 Zusammenfassender Vergleich der Markenbewertungsansätze im Sport

Grundsätzlich muss im Zuge der Diskussion um die Markenbewertung im Sport festgehalten werden, dass Zuschauer und Fans letztlich einen zentralen Ausgangspunkt für
den ökonomischen Erfolg einer Sportmarke darstellen. Eine Vernachlässigung dieser
Kundengruppen erscheint daher aufgrund ihrer enormen Bedeutung als nicht sinnvoll.

Somit bleibt auch unmittelbar die Anwendung rein finanzorientierter Markenbewertungsmodelle, die den Fokus allein auf finanzielle Daten legen und die Wahrnehmungen und
Meinungen der Zuschauer und Fans vollkommen ausblenden, im Sport grundsätzlich in
Zweifel zu ziehen. Sicherlich bietet sich im Rahmen von z. B. bilanziellen Bewertungsanlässen dieser Ansatz an, allerdings greift er im Sinne einer umfassenden Bewertung von
Sportmarken, die alle relevanten Perspektiven in die Ermittlung des Werts der Sportmarke
mit einbezieht, zu kurz.

Für den Fall, dass eine monetäre Berechnung des Markenwerts nicht im Vordergrund
steht, sondern der Schwerpunkt eher auf der Analyse von verhaltenswissenschaftlichen
Fragestellungen liegt, sind die Ansätze der kundenorientierten Markenbewertung durchaus zielführend. Dadurch findet zumindest eine Auseinandersetzung mit den Faktoren
statt, die die Stärke einer Sportmarke ausmachen. Grundsätzlich bleibt dabei offen, ob alle
relevanten Dimensionen der Markenstärke berücksichtigt werden (können) und ob letzten Endes das Management für den Zweck der Vergleichbarkeit wieder einen aggregierten
Wert der Markenstärke verlangt. Diese Einschränkungen spielen gerade auch im Sport
eine wichtige Rolle, da man auch hier oft vom Ergebnis her getrieben wird, indem versucht
wird, eine Rangordnung der einzelnen Markenstärken z. B. innerhalb einer Sportliga zu erstellen. Dabei stellen die Analyse der Dimensionen der Markenstärke und ihre Bedeutung
im spezifischen Fall für die Weiterentwicklung der Sportmarke gute Ansatzpunkte dar.

Die Ansätze der integrierten Markenbewertungsmodelle versuchen diese beiden Perspektiven in einem Modell zusammenzubringen und damit sowohl finanzielle Daten als
auch verhaltenswissenschaftliche Fragestellungen zu berücksichtigen. Aufgrund der zentralen Rolle von Zuschauern und Fans im Sport stellt dieser kombinierte Ansatz auf den
ersten Blick eine vielversprechende Möglichkeit zur Bewertung von Sportmarken dar. Jedoch müssen mit Blick auf die gängige Praxis die allgemeinen Vorgehensweisen im Rahmen dieser Markenbewertungsmodelle rein methodisch kritisch betrachtet werden. So
stellt sich u. a. die Frage, ob man die psychologischen Variablen mit ökonomischen Kennziffern in einer Art Scoring-Modell verrechnen sollte. Dabei geht die im Marketing übliche
Logik verloren, dass die psychologischen Größen (z. B. Markenimage, Markenloyalität)
Prädiktoren des ökonomischen Erfolgs darstellen und somit den ökonomischen Kennziffern vorgelagert sind. Dennoch stellt dieser Ansatz eine Möglichkeit dar, alle relevanten
Werttreiber für die Bewertung von Sportmarken in einem Modell zu berücksichtigen.

21.5   Fazit

Grundsätzlich können im Rahmen der Diskussion um die Markenbewertung im Sport
zwei Aspekte festgehalten werden. Zum einen sollte man sich über die unterschiedlichen
Begriffsverständnisse und die damit einhergehenden Bedeutungen von Markenwert und
Markenstärke bewusst sein. Diese Unterscheidung wird aktuell in der Literatur noch nicht
eindeutig vollzogen, was durchaus zu Verwirrungen führen kann. Zum anderen muss darauf aufbauend bei der Thematik der Markenbewertung stets beachtet werden, welcher Ansatz der Markenbewertung hinter der jeweiligen Untersuchung steht. Wie oben dargestellt,

gehen die drei identifizierten Markenbewertungsansätze von teils gegensätzlichen Annahmen bzw. Philosophien aus. Daher ist es für eine sinnvolle Interpretation entsprechender Studien unmittelbar entscheidend, ob die Ergebnisse anhand der finanzorientierten, der kundenorientierten oder der integrierten Markenbewertung ermittelt wurden. Darüber hinaus zeigt die hier vorgenommene Diskussion der Eignung verschiedener Markenbewertungsansätze deutlich, dass selbst innerhalb eines bestimmten Ansatzes die Ergebnisse nicht vergleichbar sein müssen. Daher ist die Offenlegung des jeweiligen Vorgehens in der Analyse von Markenwert bzw. Markenstärke mindestens genauso wichtig wie das Ergebnis an sich.

Zusammenfassend kann an dieser Stelle festgehalten werden, dass die Messung des Markenwerts bzw. die Feststellung der Markenstärke zu einem der wichtigsten und kontrovers diskutierten Bereiche des Managements gehört. Diese Bedeutung wird auch zunehmend im Bereich des Sports evident, so dass sämtliche Aspekte eines strategischen Markenmanagements, vom Markenaufbau bis hin zur Markenbewertung, mittlerweile zum Handwerkszeug eines Sportmanagers zu zählen sind. Schließlich zeigen die oben skizzierten Anlässe zur Bewertung von Sportmarken die Notwendigkeit der Untersuchung des Markenwerts bzw. der Markenstärke im Sport.

Dabei sollte stets beachtet werden, dass finanzorientierte Ansätze i. d. R den Einfluss verschiedener Stakeholder, v. a. der Zuschauer und Fans, ignorieren. Somit werden hier entscheidende Faktoren für den Erfolg einer Sportmarke, wie Fanloyalität oder Image, außer Betracht gelassen. Diese Lücke wird von kundenorientierten Ansätzen geschlossen, indem auf derartige psychologische Faktoren fokussiert wird. Allerdings werden hier wiederum die finanziellen Daten der Sportmarke vernachlässigt. Die integrierten Markenbewertungsansätze kombinieren diese beiden Perspektiven durch den Einsatz von Scoringmodellen, mithilfe derer bestimmte psychologische Faktoren mittels subjektiv festgelegter Gewichte in die Bewertung aufgenommen werden. Aufgrund dieser Vermischung von Markenstärke und Markenwert ist letztlich allerdings auch die große Bandbreite an Ergebnissen kaum verwunderlich.

Daher ist es umso wichtiger, dass klar zwischen der psychologischen Markenstärke als Ursache und dem finanziellen Markenwert als Wirkung getrennt wird. In diesem Zusammenhang sollte die Markenstärke stets auf Basis der jeweiligen Stakeholderperspektiven im Sport, also z. B. der Zuschauer und Fans, bestimmt werden. Die so auf Basis von psychologischen Größen ermittelte Markenstärke führt schließlich zum Markenwert, der rein durch finanzielle Größen der Sportmarke repräsentiert wird.

Davon abgesehen sollten im Bereich der Markenbewertung im Sport auch unbedingt sportspezifische Variablen berücksichtigt werden. Der sportliche Erfolg ist dabei sicherlich eine der herausragenden Variablen. Darüber hinaus bestehen aber auch noch weitere sportspezifische Variablen, wie z. B. das Sportartinvolvement, die bislang noch nicht ausreichend im Rahmen der Markenbewertung im Sport diskutiert werden.

Allen bisherigen Ansätzen gemein ist, dass die Kundenperspektive für den Bereich des Sports unzureichend differenziert wird. Die Kunden eines Sportevents sind nicht nur die Zuschauer, sondern auch die Sponsoren und werbetreibenden Unternehmen, die ebenfalls durch ihre finanziellen Beiträge und ihren Einfluss auf die Außendarstellung von Teams und Ligen deren Markenwert beeinflussen dürften. Die Berücksichtigung der Markenstärke aus Sicht der Sponsoren und werbetreibenden Unternehmen steht nach wie vor noch aus. Dies zeigt wieder einmal, dass die Anwendung betriebswirtschaftlicher Ansätze im Sport hinsichtlich sportspezifischer Besonderheiten modifiziert werden sollte. So lange dies noch nicht geschehen ist, sollte man den empirisch ermittelten Markenwerten im Sportmanagement nicht allzu großes Vertrauen entgegen bringen.

Literatur

Aaker, D. (1991). *Managing brand equity – Capitalizing on the value of a brand name.* New York et al.

Bauer, H., Sauer, N., & Schmitt, P. (2005). Customer-based brand equity in the team sport industry – Operationalization and impact on the economic success of sport teams. *European Journal of Marketing, 39*(5/6), 496–513.

BBDO Consulting GmbH. (2007). Real Madrid ist der Fußballclub mit dem höchsten Markenwert in Europa, Pressemitteilung vom 19.09.2007, Düsseldorf. online verfügbar unter http://www.bbdo-consulting.com/cms/de/news/pressemappe/Pressemitteilungen/PM_Fussballclub_Ranking_2007.pdf. Zugegriffen: 07. Dez. 2009.

Bekmeier-Feuerhahn, S. (1998). *Marktorientierte Markenbewertung – Eine konsumenten- und unternehmensbezogene Betrachtung.* Wiesbaden.

Bekmeier-Feuerhahn, S. (2006). *Markenwert, in Wirtschaftslexikon – Das Wissen der Betriebswirtschaftslehre* (S. 3649–3658). Stuttgart.

Bentele, G., Buchele, M.-S., Hoepfner, J., & Liebert, T. (2003). *Markenwert und Markenwerter-mittlung – Eine systematische Modelluntersuchung und –bewertung.* Wiesbaden.

Berkler, S. (2008). *Medien als Marken? Wirkungen von Medienmarken aus medienökonomischer Sicht.* Konstanz.

Bezold, T., Baumbach, D., & Heim, T. (2007). *Markenwertanalyse im Sport: Modelle, Verfahren, Anwendungsbeispiele.* Heilbronn.

Burmann, C., & Piehler, R. (2007). *Identitätsbasiertes Markenmanagement in der 1. Basketball Bundesliga – dargestellt am Beispiel der Eisbären Bremerhaven.* Berlin.

Burmann, C., & Welling, M. (2008). Markenführung im Sport. Grundbegriffe, Besonderheiten und Akteure. 1. Markenkonferenz SPORT vom 05.05.2008, Berlin. online verfügbar unter http://www.markenkonferenzsport.de/download/Markenfuehrung_im_Sport.pdf. Zugegriffen: 30. Nov. 2009.

Couvelaere, V., & Richelieu, A. (2005). Brand strategy in professional sports: The case of French Soccer Teams. *European Sport Management Quarterly, 5*(1), 23–46.

DPMA, Deutsches Patent- und Markenamt. (2007). *Jahresbericht 2006.* München.

Elter, V.-C. (2004). Die Marke als Vermögenswert? In WGZ-Bank & KPMG Deutsche Treuhand-Gesellschaft (Hrsg.), *FC Euro AG: Fußball und Finanzen* (S. 94–103).

Esch, F.-R. (2008). *Strategie und Technik der Markenführung* (5. Aufl.). München.

Feldmann, S. (2007). *Bewertung von Sportmarken – Messung und Wirkungen der Markenstärke von Fußballbundesligavereinen.* Frankfurt.

FutureBrand. (2004). *The most valuable football brands in Europe – The 2004 Report.* London.

Gladden, J., & Funk, D. (2001). Understanding brand loyalty in professional sport: Examining the link between brand associations and brand loyalty. *International Journal of Sport Marketing & Sponsorship,* 67–94.

Gladden, J., & Funk, D. (2002). Developing and understanding of brand associations in team sport: Empirical evidence from consumers of professional sport. *Journal of Sport Management, 16*, 54–81.

Gladden, J., Milne, G., & Sutton, W. (1998). A Conceptual framework for assessing brand equity in division I Gollege athletics. *Journal of Sport Management., 12*, 1–19.

Gladden, J., Irwin, R., & Sutton, W. (2001). Managing North American major professional sport teams in the New Millenium: A focus on building brand equity. *Journal of Sport Management, 15*, 297–317.

Granz, A., & Schmidt, A. (2009). Brand equity valuation for accounting (BEVA-Modell). In U. Klein-Bölting & A. Schmidt (Hrsg.), *INSIGHTS SPECIAL – Monetäre Markenbewertung anhand des BEVA-Modells* (S. 7–13).

Hudson, S., & Ritchie, B. (2009). Branding a memorable destination experience. The case of ‚Brand Canada'. *International Journal of Tourism Research, 11*, 217–228.

Kaas, K. (1990). Langfristige Werbewirkung und Brand Equity. *Werbeforschung & Praxis, 35*(3), 48–52.

Kapferer, J.-N. (1992). *Die Marke – Kapital des Unternehmens.* Landsberg/Lech.

Keller, K. (1993). Conceptualizing, measuring, and managing customer-based brand equity. *Journal of Marketing, 57*, 1–22.

Kern, W. (1962). Bewertung von Warenzeichen. In W. Hasenack (Hrsg.), *Betriebswirtschaftliche Forschung und Praxis* (S. 17–31). 14. Jahrgang.

Klein-Bölting, U., Granz, A., & Beerlink, A. (2007). Monetäre Markenbewertung – Erfolgsfaktor für Markenmanagement und Unternehmensführung. In U. Klein-Bölting (Hrsg.), *INSIGHTS 6* (S. 39–48).

Kranz, M. (2002). Markenbewertung – Bestandsaufnahme und kritische Würdigung. In H. Meffert, C. Burmann & M. Koers (Hrsg.), *Markenmanagement – Grundfragen der identitätsorientierten Markenführung* (S. 429–458). Wiesbaden.

Reinke, S. (2008). Kapitalgesellschaften in der Bundesliga – Was ist Deine Lieblingsfirma? online verfügbar unter http://www.11freunde.de/bundesligen/116777?page=1. Zugegriffen: 07. Okt. 2010.

Richelieu, A. (2003). Building the brand equity of professional sports teams, Faculté des sciences de l'administration de l'Université Laval. online verfügbar unter http://www.fsa.ulaval.ca/sirul/2003-026.pdf. Zugegriffen: 30. Nov. 2009.

Richelieu, A. (2004). A new brand world for sports teams. In B. Pitts (Hrsg.), *Sharing Best Practices in Sport Marketing* (S. 3–21). Morgantown.

Rohlmann, P. (1998). *Sportmarketing und Merchandising – Grundlagen erfolgreicher Fanartikelvermarktung mit einer empirischen Studie aus dem Profifußball.* Rheine.

Sander, M. (1994). *Die Bestimmung und Steuerung des Wertes von Marken – Eine Analyse aus Sicht des Markeninhabers.* Heidelberg.

Sattler, K., & Völckner, F. (2007). *Markenpolitik.* Stuttgart.

Schulz, R., & Brandmeyer, K. (1989). Die Marken-Bilanz – Ein neues Instrument für die Bewertung und Steuerung von Marken stellt sich vor. *Marketing Journal, 22*(4), 360–363.

Seguin, B., & O'Reilly, N. (2008). The Olympic brand, ambush marketing and clutter. *International Journal of Sport Management and Marketing, 4*(1), 62–84.

Simon, C., & Sullivan, M. (1993). The Measurement and Determinants of Brand Equity: A Financial Approach. *Marketing Science, 12*(1), 28–52.

Stucky, N. (2004). Monetäre Markenbewertung nach dem Interbrand-Ansatz. In A. Schimansky (Hrsg.), *Der Wert der Marke – Markenwertungsverfahren für ein erfolgreiches Markenmanagement* (S. 430–459). München.

Welling, M. (2005). Markenführung im professionellen Ligasport. In H. Meffert, C. Burmann & M. Koers (Hrsg.), *Markenmanagement* (2. Aufl., S. 495–523). Wiesbaden.

Zimmermann, R., Klein-Bölting, U., Sander, B., & Murad-Aga, T. (2001). *BBDO Brand Equity Excellence – Brand Equity Review.* Düsseldorf.

Teil V
Fallstudien

Auto, Marke, Sport. Zur Bedeutung dynamischen Fahrens für Automarken und ihre Anhänger

22

Thomas Heun

22.1 Einleitung

Auch wenn sich in den vergangenen Jahren die Stimmen mehren, die einen grundlegenden Bedeutungswandel des Automobils für Konsumenten konstatieren (vgl. u. a. Kruse 2009), hat die Orientierung am Ideal des dynamischen oder sportlichen Fahrens sowohl bei der Konstruktion als auch bei der Konsumtion von Automobilen eine lange Tradition. Neben dem Bereich des Motorsports, der sich durch spezifische Automobile („Rennwagen"), Organisationsformen („Rennserien") oder Berufsbilder („Rennfahrer") über viele Jahrzehnte ausdifferenziert hat, lassen sich auch im Alltag der automobilen Praxis eine Fülle von Phänomenen isolieren, bei denen der Bezug zum Sport naheliegt. Als ein zentrales Phänomen ist hier der gesellschaftliche Mythos des „Sportwagens" als Idealtypus eines Autos zu nennen. Diese Faszination des Artefakts Sportwagen drückt sich u. a. an dem hohen Maß an Begehrlichkeit der Sportwagen produzierenden Marken wie Ferrari, Lamborghini oder Porsche aus. Wie groß die Faszination derartiger „Alltagsrennwagen" ist, verdeutlicht auch die große Anzahl von Gruppierungen von Autofahrern, die sich in Form von sog. „Brand Communities" um Marken organisieren, bei denen Sportlichkeit als eines der zentralen Qualitätskriterien für Konsum und Anhängerschaft angeführt wird (vgl. Heun 2012). Hierbei lassen sich neben den Anhängern von sportlichen „Originalen" der Marken Porsche und Alfa Romeo eine Fülle an Communities isolieren, bei denen die Akzentuierung von Sportlichkeit und Fahrdynamik von Automobilen zentral ist. Für die sog. „Tuner" steht dabei, neben der Steigerung der optischen Anmutung ihres Automobils, die Leistungssteigerung bspw. durch das Tuning des Motors oder durch das Tieferlegen des Automobils „auf Rennwagenhöhe" im Zentrum der automobilen Leidenschaft. Doch während sich bei den Anhängern der „Originalkultur" ein hohes Maß an Markenpurismus

T. Heun (✉)
Kamp-Lintfort, Deutschland
E-Mail: thomas.heun@hochschule-rhein-waal.de

H. Preuß et al. (Hrsg.), *Marken und Sport,*
DOI 10.1007/978-3-8349-3695-0_22, © Springer Fachmedien Wiesbaden 2014

zeigt, neigen die Tuner dazu die von ihnen genutzten Markenprodukte selbst auf der Markenebene bspw. durch die Modifikation von zentralen Markensymboliken zu modifizieren. Diese, auf den ersten Blick für Anhänger bestimmter Marken irritierenden Praktiken, deuten darauf hin, dass neben der Markenorientierung der sog. „Brand Communities" andere „Treiber" existieren, die für diese Tuner bedeutsam sind.

Ziel der vorliegenden Auswertung ist es, einen Beitrag zum Verständnis des Bindungsverhältnisses von Markennutzern an ihre Marken unter besonderer Berücksichtigung des Aspekts der „Sportlichkeit" zu leisten. Zentrale Fragen hierbei: welche Bedeutung hat das Thema Sport und Fahrdynamik für die Bindung von Markenanhängern im Automobilbereich? Wie stark wird der Aspekt des sportlichen Fahrens durch aktuelle Diskurse wie den des Klimawandels beeinflusst? Wie bedeutsam ist der Sport für einzelne Automobilmarken? Hierzu wurde eine Sekundäranalyse eines Datensatzes zu Brand Communities aus dem Automobilbereich durchgeführt.

22.2   Das Automobil als „Sportgerät"

Die Betonung von besonderen Motorsporterfolgen oder allgemeinen sportlichen Qualitäten hat bei der Profilierung von Marken im Automobilbereich eine lange Tradition. Historische Motorsport-Erfolge von Marken wie Audi werden als „genetische Basis" für eine erfolgreiche Neupositionierung „auf Augenhöhe mit anderen Premiumherstellern" (Schuwirth 2008, S. 147) angeführt und in das „Markenleitbild" der Marke überführt: „Audi steht für Hochwertigkeit, Sportlichkeit und Progessivität" (ders., ebd.). Die „Markenidentität" der Marke BMW umfasst nach Esch die Eigenschaften „dynamisch, herausfordernd und kultiviert und folgt zudem einer ergänzenden Kriterienliste, innerhalb derer „sportlich" an erster Stelle steht (vgl. Esch 2004 S. 93f.). Und schenkt man den Werbeschaffenden aus Werbeagenturen Glauben, ist ein Auto wie der Golf GTI ein „Synonym" für die „jungen Wilden" und der „Inbegriff (…) legendärer Sportlichkeit" (DDB 2006, S. 2).

Zentral für die vorliegende Arbeit ist die Annahme, dass Konsumenten Produkte nicht nur wegen ihrer funktionalen Qualitäten wählen und konsumieren, sondern auch aufgrund ihrer symbolischen Bedeutungen (Belk 1988; Bourdieu 1994; Dittmar 1992; Douglas 1982; Elliott und Wattansuwan 1998; Gabriel und Lang 1995; Giddens 1991; Goffman 1951; Heun 2011, 2012; McCracken 1988). Der symbolischen Bedeutung von Produkten und Marken kommt demnach eine zentrale Rolle bei der Konstruktion der Sozialen Welt zu. Der kanadische Anthropologe Grant McCracken hat auf diesen Einfluss des Konsums von Produkten frühzeitig hingewiesen (1988, S. XI):

> In Western developed societies culture is profoundly connected to and dependent on consumption. Without consumer goods, modern, developed societies would lose key instruments for the reproduction, representation, and manipulation of their culture. The world of design, product development, advertising, and fashion that create these goods are themselves important authors of our cultural universe.

In diesem Zusammenhang haben unterschiedliche Autoren die besondere Bedeutung von Automobilmarken bei der Identitäts-Konstruktion herausgearbeitet. Nach dem französischen Soziologen Pierre Bourdieu kann das Auto als ein „symbolisches Gut" mit sozial distinktiver Wirkung verstanden werden (vgl. Bourdieu 1982). Bedeutet: Die Wahl des Automobils ist ein Baustein für die Konstitution und Differenzierung von sozialen Gruppen oder „Klassen" im Rahmen von Strukturierungsprozessen sozialer Räume.[1] Reiner Franzpötter isoliert, in Anlehnung an die kultursoziologische Typologie des Soziologen Gerhard Schulze (1992), im sog. „Niveaumilieu" den Besitz und Gebrauch „automobiler Spitzenprodukte" als „Eintrittskarte in die ‚feine Gesellschaft'" und ein charakteristisches Merkmal eines „gehobenen" Lebensstils (Franzpötter 1999). Während der Umgang und Gebrauch des Automobils in diesem Milieu in einen entsprechend „superioren Lebensstil" (ders., ebd.) eingebettet ist, unterscheiden sich bspw. Vertreter des „Harmoniemilieus" einerseits durch den Besitz von Klein- und Kompaktwagen und andererseits durch die Art des Umgangs mit dem Automobil, den Schulze als „Tendenz zur Besetzung des Raums mit Objekten" (1992) bezeichnet und den Franzpötter wie folgt ausführt (1999, S. 52):

> Dabei findet eine Vermengung des Dekorativen mit dem Praktischen statt. Im Auto finden sich dann typischerweise Accessoires wie Sonnenjarlousien, Leselämpchen, Halterungen für Notizblock und Getränkedosen, Schonbezüge für Sitze und Lenkrad, neuerdings das Handy (…) Beliebt sind auch Duftbäume, die am Rückspiegel befestigt werden, der Dackel mit Wackelkopf, der Pepitahut sowie Glücksbringer der verschiedenen Art (…).

Dem Wert der Sportlichkeit kommt nach Franzpötter insbesondere im sog. „Unterhaltungsmilieu" ein hohes Maß an Bedeutung zu. Innerhalb dieses Milieus wird das Streben nach „Action" und „Spaß" als „die milieutypische Distinktionspraxis" verstanden (1999, S. 58). Diese „Spaßorientierung" drückt sich mit Bezug auf das Automobil u. a. in einem „auffälligen, action-orientierten Fahrstil", in „reichhaltigen symbolischen Zitaten der Rennfahrerkultur" und in der „aktiven und passiven Teilnahme am Automobilrennsport" aus (ders., ebd.). Als favorisierte Marken dienen den Beobachtungen von Franzpötter zu Folge (getunte) Modelle des VW Golf oder des 3er BMW (1999, S. 59).

Während für den Soziologen Roland Barthes die „Mythologie des Automobils" (Barthes 1964) zu einem guten Teil durch das Auto als ein „Bestiarium der Kraft" (ebd., S. 77) geprägt wurde, war für den Kultursoziologen Günter Burkhardt das „Leitbild des Autofahrers als wagemutigem, geschicktem Sieger" bereits gegen Ende des 19. Jahrhunderts zur Profilierung der Autofahrer bedeutsam (1994, S. 219). Mike Featherstone hat ein hohes Tempo als „mechanical soul of modernity" bezeichnet. Die Ausbildung einer „modernen Identität" wird nach seiner Wahrnehmung zu einem bestimmten Maße mit der Fähigkeit zu schneller Fortbewegung (und Weiterentwicklung) assoziiert (Featherstone 2004, S. 15).

---

[1] Nach Moorhouse (1991, S. 15) soll das Auto weniger als Objekt denn als Symbol verstanden werden: „The automobile fosters visible hierarchies in modern life, an obvious one based on size, power and cost, but also a more complex and subtle one based on performance, and these so not coincide exactly."

Doch während das Auto in den 90er Jahren des 20. Jahrhunderts als idealtypisches Fortbewegungsmittel eines zunehmend flexiblen Lebensstils (Canzler 2000, S. 201) galt, wird, vor dem Hintergrund des negativen Einflusses der von (schnell fahrenden) Autos verursachten hohen CO2-Emissionen, von unterschiedlichen Autoren ein grundlegender Wandel der sozialen Funktion von Automobilen diskutiert.[2] Während der Autor Dietmar Lampater die Entwicklung von Produktionskompetenzen für Elektroautos unmittelbar mit der Zukunft der „Schlüsselindustrie" (und dem Wohlstand Deutschlands verknüpft), kommen gegenwärtig unterschiedliche Autoren zu der Erkenntnis, dass die Bedeutung des Automobils an sich, in Anbetracht der ökologischen Herausforderungen, einem fundamentalen Wandel unterliegt. Exemplarisch hierfür stehen die Erkenntnisse des Psychologen Peter Kruse, der in seiner Studie zur Bedeutung des Automobils für Komsumenten zu der Erkenntnis kommt, dass „Fahrspaß und Vernunft (…) keine Gegensätze mehr sind" (Kruse 2009, S. 18 f.):

> Vergleichbar mit der Neudefinition des Statusbegriffs und der Migration des Premium-Gedankens wird auch die Erlebniskategorie „Fahrspaß" zunehmend mit grundlegend geänderten Assoziationen belegt. Neben die bislang dominierenden Aspekte Dynamik, Geschwindigkeit, Freiheit, Sicherheit und Komfort tritt ein zweites, davon deutlich unterscheidbares Resonanzfeld, in dem Konsumenten Fahrspaß mit Vernunft, Sparsamkeit, sozialer Verantwortung, menschlicher Nähe und Entschleunigung in Verbindung bringen.

Vor dem Hintergrund der historischen Entwicklung und der anhand der Inhalte der Werbung konstatierten Entwicklungstendenzen insbes. zu Zeiten der „Ölkrise" in den 70er Jahren des 20. Jahrhunderts, stellen die aktuellen Deutungsversuche zu dem Status des Automobils in der Gesellschaft und zu den Facetten des Deutungsmusters „Fahrspaß" keine Überraschung dar. Auch wenn die Vehemenz des Abgesangs auf das Automobil z. T. irritiert, lässt sich, basierend auf Ergebnissen der hier vorgelegten Studie, eine differenzierte Bedeutung von Fahrdynamik, Fahrspaß oder sportlichem Fahren feststellen. Im Folgenden wird die Bedeutung der Sportlichkeit rund um das Automobil aus der Perspektive von Markenanhängern dargestellt.

22.3 Zentrale Diskurse der Auto-Communities

Um die Bedeutung unterschiedlicher automobiler Marken und Produkte im Rahmen derartiger sozialer Differenzierungsprozesse verstehen zu können, ist es unerlässlich sich mit den Gebrauchsweisen des Automobils und den „Unterscheidungspraktiken von Autofahrern, Automobilisten und automobilen Szenen, Gruppen und Milieus" auseinanderzusetzen (Franzpötter 1999, S. 45). Zu diesem Zweck wurde eine Studie durchgeführt, bei der die Analyse der Kultur von intensiv an Automobilmarken gebundenen

---

[2] Siehe hierzu bspw. die Beiträge „Volle Ladung" in der Wochenzeitung „Die Zeit" vom 29. Juli 2010 zur großen Bedeutung von Entwicklungsprojekten rund um Autos mit Elektroantrieb.

Konsumenten und ihr Umgang mit Automobilen und Automobilmarken im Zentrum stand. Der Vorteil eines kulturtheoretischen Zugangs liegt auf der Hand: Erst wenn es gelingt, Konsumenten zu isolieren, die das Automobil nicht nur als ein Fortbewegungsmittel ansehen, lassen sich reichhaltige Daten generieren, die Aufschluss über die Bedeutung von Konzepten wie dem der „Sportlichkeit" in der sozialen Praxis zulassen. Hierzu hat sich der Autor an dem Konzept der sog. „Brand Communities" (Muniz und O'Guinn 2001) orientiert. Zentrales Kennzeichen von Brand Communities ist, daß die Mitglieder über „ein Zusammengehörigkeits- bzw. Wir-Gefühl aus der Affinität zu einer Marke" (Hitzler et al. 2008, S. 25) verbunden sind.[3] Bei den Brand Communities (BC) handelt es sich um Gruppen von Autofahrern einer Marke, die – im deutschen Sprachraum – häufig in Form von Vereinen organisiert sind und deren Vereinsleben eine Fülle an Zugangsmöglichkeiten für die Marken- und Konsumforschung bietet. Aufgrund der gewünschten Breite an unterschiedlichen BCs wurde, neben zwei teilnehmenden Beobachtungen sog. „Brand Feasts", der Zugang zu der Kultur der BCs über die Websites der Communities gewählt.[4]

Der Datenkorpus wurde nach fünf Kriterien zwecks BC-Auswahl zusammengestellt und diskursanalytisch ausgewertet.[5] Diskurse werden dabei als analytisch abgrenzbare Ensembles kultureller Praktiken und Bedeutungszuschreibungen verstanden (vgl. Keller 2007, S. 7). Neben der Suche nach den die Kultur fundamental prägenden Diskursen der Communities war hierbei die Identifikation von zusammenhängenden Argumentationslinien, anhand derer sich fundamentale Wertvorstellungen und kulturelle Praktiken offenbaren, innerhalb diskursiver Formationen zentral.[6]

Im Zuge der Diskursanalyse wurden zwei zentrale Diskursformationen isoliert. Hierbei handelt es sich um den „Original"- und den „Tuning"-Diskurs. Die Zentralität der kulturellen Bedeutung der Konzepte „Original" und „Tuning" für die hier vorliegende Diskursanalyse zeigt sich anhand der Community übergreifenden Relevanz.

---

[3] Neben der Ausbildung eines gemeinsamen Wir-Gefühls betonen Muniz und O'Guinn (2001, S. 412) die Bedeutung von gemeinsamen Ritualen und Traditionen sowie das Gefühl einer moralischen Verpflichtung gegenüber anderen Mitgliedern der Gemeinschaft als grundlegende Kennzeichen von Brand Communities.

[4] Im Laufe der Forschung hat sich gezeigt, dass die Internetplattformen von einer Vielzahl unterschiedlicher BC-Mitglieder genutzt werden und damit gegenüber anderen Formen der BC-Öffentlichkeit wie Markentreffen einen großen Stellenwert für die Verhandlung des kulturellen Selbstverständnisses von BCs haben.

[5] Die Auswahlkriterien waren erstens der Status einer BC nach der Definition von Muniz und O'Guinn (2001); zweitens die Gruppierung um eine der Top 33-Marken nach ADAC Automarxx; drittens die Aktivität; viertens eine Mindestgröße von 20 Mitgliedern und fünftens Deutschsprachigkeit. Insgesamt wurden die Websites von 64 BCs im Zeitraum von September 2009 bis September 2010 analysiert.

[6] Im Rahmen der Analyse diskursiver Formationen folgt die Arbeit den Annahmen der Wissenssoziologischen Diskursanalyse, die eine Methode darstellt, anhand derer sich soziale Praktiken und Prozesse der kommunikativen Konstruktion, Stabilisierung und Transformation sozialer Ordnungen regelgeleitet erschließen lassen (vgl. Keller 2007).

Abb. 22.1 Typische Praktiken von Anhängern modifizierter- (Bild links) und originaler PKW (Bild rechts). (Quelle: http://www.honda-mv.de, 25.08.09; http://www.opelkapitaen-club.de, 01.04.09)

22.3.1 Der Original- und der Tuning-Diskurs

Die Frage nach der kulturellen Orientierung „Original" oder „Tuning" kann für die untersuchten Communities als eine Frage der kulturellen Grundüberzeugung bezeichnet werden (vgl. Heun 2012). Als „Originale" werden demnach von den Community-Mitgliedern diejenigen Automobile bezeichnet, die dem Ursprungs-Zustand „ab Werk" möglichst nahe kommen und keine „untypischen" Details, Verzierungen oder Ersatzteile aufweisen. Praktiken der Modifikation des Originalzustands bzw. der Konservierung und Akzentuierung des Originalzustands konnten anhand unterschiedlicher Daten dokumentiert werden.

Die unterschiedlichen Verständnisse bzgl. der „richtigen" automobilen Gebrauchspraktiken drücken sich bspw. auf der symbolischen Ebene in Form von auf den Community-Sites platzierten Fotografien aus. Während sich über die fotografischen Abbildungen von Fahrpraktiken auf Seiten der Tuning-orientierten Communities das Ideal eines (auch im Alltag) dynamisch-aggressiven Fahrens manifestiert (Abb. 22.1, Bild links), legen die Darstellungen auf den Seiten von am Originalzustand von PKW-orientierten Communities den Eindruck eines eher „undramatischen" Ideals des Fahrens nahe (Abb. 22.1, Bild rechts).

Die kulturelle Gegenläufigkeit des Verständnisses eines „guten" Automobils zwischen „Originalos" und „Tunern" manifestiert sich auf unterschiedlichen Ebenen: Während bei den Erzählungen von Original-Anhängern eine museale Zelebrierung der Restauration des Markenprodukts auffällig ist, finden sich bei Tuning-Orientierten nur selten derart akribische Dokumentationen von Tuning-Praktiken. Während die Originalos den ursprünglichen Fabrikzustand idealisieren, kultivieren die Tuner die maximale Modifikation ihrer Personenkraftwagen. Während die einen Markenlogos polieren und konservieren, werden von den anderen die Markenlogos aus optischen Gründen entfernt und PKW-Fronten begradigt. Zudem orientieren sich die Tuning-Anhänger eher an einem Ideal der „Modifikation der Superlative", dessen besonderer Stellenwert in den Communities einerseits von der Einzigartigkeit und andererseits von der optischen und/oder dynamischen Leistungsanmutung determiniert wird. Abbildung 22.2 verdeutlicht die Bedeutung von Modifikationsarbeiten.

Abb. 22.2 Tuning-Praktiken am Beispiel eines Autos der Marke Honda Civic. (Quelle: http://www. honda-mv.de)

Die Community-übergreifende kulturelle Bedeutung der Konzepte „Tuning" und „Original" hat sich im Laufe der Diskursanalyse bestätigt. Nach dem „Megawert" Dynamik vereinen die Konzepte Original und Tuning eine Fülle an sog. Kodings aus der Analyse der Community-Kommunikation auf sich. Die Zentralität der kulturellen Bedeutung dieser Konzepte für die hier vorliegende Diskursanalyse zeigt sich erstens anhand der Brand Community-übergreifenden Relevanz und zweitens in anbetracht ihrer kulturellen Gegenläufigkeit.

Tabelle 22.1 fasst die zentralen Elemente der Diskursformationen Original und Tuning in der Form einer Phänomenstruktur[7] zusammen und verdeutlicht, trotz der qualitativen Unterschiede, die hohe Bedeutung von Dynamik und Sportlichkeit innerhalb beider Diskursorientierungen.

22.3.2   Deutungsmuster mit Sportbezug

Die Bedeutung der Sportlichkeit zeigt sich in der Sphäre der BCs auch unterhalb der Diskursformationen anhand sog. Deutungsmuster. Die Isolierung kultureller Deutungsmuster ermöglicht nach Lüders und Meuser den direkten Zugang zu zentralen „Interpretationsmustern der Weltdeutung" (1997, S. 62). Das Konzept der Deutungsmuster hat sich insbesondere mit Blick auf die Darstellung kultureller Bedeutungen von Marken als

---

[7] Die tabellarische Gegenüberstellung eignet sich nach Reiner Keller und Rainer Diaz-Bone in besonderer Weise dem distinktiven Charakter von Diskursordnungen und Kulturformen auf der Ebene der Darstellung zu entsprechen (vgl. Keller 2007, S. 100; Diaz-Bone 2010, S. 410).

Tab. 22.1 Phänomenstruktur der zentralen Diskurse der Brand Communities

Phänomenstruktur	Original-Diskurs	Tuning-Diskurs
Automobilkonzept	Orientierung am Originalzustand „ab Werk". Ablehnung von individuellen Modifikationen	Orientierung an der individuellen Modifikation zwecks Steigerung der Fahrleistung und der optischen Anmutung
Angemessene Fahrsituation	Undramatischer und Material-schonender Fahrstil. Bspw. Idealisierung der gemeinsamen Ausfahrt entlang (kulturell oder landschaftlich) besonderer Routen	Dynamischer und Material-fordernder Fahrstil. Idealisierung eines offensiven Fahrens auf jeder Straße. Übertretung der StVO als „Kavaliersdelikt"
Erwartete Kompetenzen und „Bearbeitungsethos"	Fähigkeit zur Orientierung an originalen und historischen Plänen. Viel Arbeit mit scheinbar geringem Effekt. Aufwändige Suche von originalen Ersatzteilen. Restauratoren-Ethos	Fähigkeit zur max. Leistungssteigerung. Das Maximale aus dem Fahrzeug herausholen. Zudem: Fähigkeit zur optisch-originellen Verarbeitung. Handwerker-Ethos
Ästhetische Orientierung	Design-Purismus im Sinne eines „Weniger ist Mehr". Bspw. über reduzierte Brand Community-Logos und die Konzentration auf die typischen Stil-Elemente der Marken/Produkte bei der Gestaltung der Websites	Design-Potenz im Sinne eines „Wolfs im Schafspelz". Gleichzeitigkeit von Modifikation möglichst vieler Teile und gestalterischer Harmonisierung (bspw. durch das Entfernen von Marken-Logos)
Idealtypische Werthaltungen als zentrale kulturelle Orientierungen	Vernunft, Rarität, Status	Dynamik, Geselligkeit, Individualität
Haltung zu dem Unternehmen	Akteure als Bewahrer der Geschichte der Marke/Teil des Unternehmens. Starke Identifikation mit dem Unternehmen bspw. über Bezug von Mitarbeiterzeitschriften oder direkte Kooperation (bspw.: in Form von gemeinsamen Messeauftritten oder bei der Pflege von Archiven)	Akteure als Konsumenten. Keine exklusive Markenbindung/Offenheit für Komponenten anderer Hersteller. Orientierung an Händlern als lokale Sponsoren
Kulturelle Praktiken	Gegenseitige Hilfe, Restaurationsarbeit	Tuningarbeit, Parties feiern
Mythen	Scheunenfund, Totalrestauration, rare Sondermodelle	Modifikation „bis zum Tankdeckel"/ Totalumbau
Auto und Sport	*Orientierung an Idealen „Klassischen Sports" (regelgeleiteter Wettkampf, Fairplay). Fahrerisches Können ebenso von Bedeutung wie Motor-Leistung*	*Sport als unkonventionelles Event mit starker Leistungsorientierung („Mehr ist besser"). Fokus auf 1/4-Meilen-Rennen (max. Beschleunigung), Burn-Outs (max. Qualmentwicklung) oder Show&Shine (max. Modifikation)*

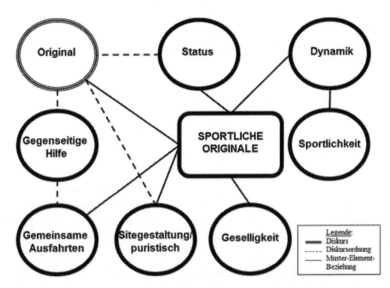

Abb. 22.3 Das Deutungsmuster zu Automarken italienischer Herkunft in Form einer Brand Cultural Map

hilfreich erwiesen. Denn: erst wenn es gelingt, kollektiv geteilte Vorstellungen von Marken bei Konsumenten jenseits individueller kognitiver Muster zu isolieren, kann von einer sozialwissenschaftlich-relevanten Profilierung von Marken gesprochen werden (vgl. Heun 2009). Neben der Ebene der PKW-Kategorie der „Sportwagen" ließ sich für eine Vielzahl an Marken die zentrale Bedeutung der Sportlichkeit isolieren.

22.3.2.1   Deutungsmuster auf der Ebene der Herkunft von Marken

Kulturell-distinktive Muster der Sportlichkeit haben sich im Rahmen der Studie u. a. bei Brand Communities mit Bezug zu Marken aus Italien gezeigt.[8] Die Verwendung von national spezifischen Symboliken und Begrifflichkeiten auf den Community-Sites wurde unmittelbar nach Eintritt in das Forschungsfeld als auffälliges Muster wahrgenommen.[9]

Aufgrund der auffälligen Verwendung italienischer Wörter und Symboliken durch Mitglieder der Communities wurden alle Brand Communities mit Bezug zu Automarken italienischer Herkunft isoliert und nach systematischen Zusammenhängen in der Akzentuierung von Deutungselementen analysiert.[10] Abbildung 22.3 zeigt die Ausprägungen und

---

[8] Womit die Zuschreibung von nationalen Stereotypen zu Marken auch im Rahmen dieser Studie bestätigt wird (vgl. Meffert und Burmann 2002, S. 58).

[9] So werden bspw. Besucher der Website des *Alfaclub* auf der Startseite des Auftritts der Community im Internet mit dem italienischen Gruß „Benvenuto", gestaltet in den italienischen Nationalfarben, willkommen geheißen. Darüber hinaus kommt es in unterschiedlichen Bereichen der Site zu der italienisch-anmutenden Selbstbezeichnung der *Alfa Romeo*-Fahrer als „Alfisti".

[10] Entsprechend ihrer Orientierung an Automobilmarken italienischer Herkunft wurden die Brand Communities *Alfaclub, Alfa Romeo Club 2000 2600, Fiat Freunde Deutschland, Fiat 600 Club, Fiat 124 Spider Club Deutschland* und *Fiat Barchetta Club Deutschland* selektiert.

Beziehungen von Deutungselementen des unter den Brand Communities der Marken Alfa Romeo und Fiat verbreiteten Deutungsmusters „Sportliche Originale" in Form einer Brand Cultural Map.[11]

Das Deutungsmuster zu Autos italienischer Herkunft für Alfa Romeo- und Fiat-Brand Communities lässt sich als Orientierung an „Sportlichen Originalen" beschreiben. In besonderer Weise kennzeichnend ist einerseits die kulturelle Co-Präsenz der Deutungselemente Original und Dynamik, sowie die besondere Akzentuierung des Wertes Sportlichkeit. Die besondere Statusfunktion der italienischen Automobile wird durch ihren Charakter als „Sportliche Originale" und die hiermit verbundenen Erfolge im Motorsport assoziiert und häufig in Form von geselligen Zusammenkünften und Ausfahrten zelebriert. Dem gegenüber steht die relativ geringe Bedeutung des Konzepts Tuning, d.h. dass modifizierte italienische Autos, selbst wenn durch die Modifikation ein Plus an Dynamik resultiert, einen geringen Stellenwert in der Kultur der Brand Communities haben.

22.3.2.2 Das Deutungsmuster Fahrdynamik auf allen Straßen der Marke Opel

Neben dem allgemein auf italienische Marken bezogenen Deutungsmuster des „Sportlichen Originals" konnten im Rahmen der Diskursanalyse auch markenspezifische Deutungsmuster isoliert werden. Das mit der Marke Opel verbundene Muster „Fahrdynamik auf allen Straßen" kennzeichnet im Kern eine stark übergreifende Orientierung am dynamischen und damit „sportlichen" Fahren. Diese Orientierung manifestiert sich in der Kommunikation der Brand Communities anhand der besonderen Bedeutung des kulturellen Werts Dynamik und der dazu unmittelbar in Beziehung stehenden Werte und Praktiken Sportlichkeit und Tuning (siehe Abb. 22.4).

Die Besonderheit dieses Musters liegt in der Original- und Tuning-Diskurs übergreifenden Orientierung von Brand Communities am Konzept der Dynamik und Sportlichkeit. Der Eindruck der feinen Austarierung zwischen auf den ersten Blick unterschiedlichen Konzepten Original und Tuning in der Kultur der Opel-Brand Communities wird durch integrative Gestaltungspraktiken verstärkt. Exemplarisch hierfür steht die Dokumentation einer Orientierung am sportlichen Fahren durch die Wahl einer „Rennschildkröte" als Community-Symbol des Opel-Club Langenhagen und die Einbeziehung von aus dem Mo-

---

[11] Mit der Entwicklung der „Brand Cultural Map" (Abb. 22.3) wird dem „Bedarf an experimentellen Darstellungen" (Keller 2007, S. 113) bei der Vermittlung von Ergebnissen der Diskursanalyse entsprochen. Die „Brand Cultural Maps" stellen, ähnlich der sog. „Mind-Maps", systematische Beziehungen von kulturellen Werten und Praktiken in Form von Netzen kultureller Bedeutung dar. In Abgrenzung zu dem aus der Marketingwissenschaft stammenden Konzept der „Brand Concept Map" (John et al. 2006) wird eine „Brand Cultural Map" nicht durch Gruppen von Konsumenten konstruiert, sondern als ein Ergebnis der Diskursanalyse vom Forscher erstellt. Ein Vorteil kann darin gesehen werden, daß im Gegensatz zum „Brand Concept Map"-Verfahren nicht der Versuch unternommen wird, die Bedeutung von Marken für Konsumenten durch Konsumenten im Rahmen einer artifiziellen und hochgradig reflektierten Studiosituation konstruieren zu lassen, sondern es kommt zu einer regelgeleiteten Übertragung von kulturellen Relationen durch den Forscher basierend auf seinen Beobachtungen in der sozialen Praxis.

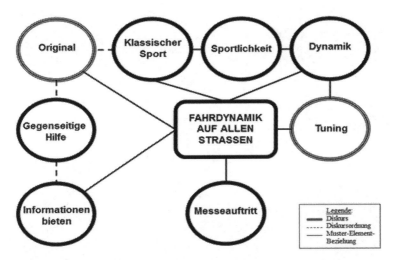

Abb. 22.4 Brand Cultural Map zu dem mit der Marke Opel verbundenen Deutungsmuster

Abb. 22.5 Gestaltungselemente und Fotodokumente der Brand Community Opel Club Langen-hagen e. V. (Quelle: http://www.opel-club-langenhagen.de)

torsport bekannten schwarz-weiß-karierten Signalfahnen als zentrale Gestaltungselemen-te der Website der Community, bei gleichzeitig dokumentierter Tuning- und Original-Orientierung auf der Ebene der Darstellung von Mitglieder-Fahrzeugen (siehe Abb. 22.5). Während der „sportliche Charakter" auf der gestalterischen Ebene durch Elemente wie Club-Symbol (Rennschildkröte), Fahnen und die Rubrizierungen „OCL Motorsport" und „OCL RC-Sport" transportiert wird, setzt sich das Nebeneinander von Original, Dynamik und Tuning auf der Ebene der Abbildung von Mitgliederfahrzeugen fort. Abbildung 22.5 zeigt einen originalen (Bild links) und einen modifizierten (Bild rechts) Opel-PKW.

22.3.2.3 Das Deutungsmuster Motorsport für alle der Marke Ford

Das Deutungsmuster zu der Marke Ford weist auf den ersten Blick ein großes Maß an Ähnlichkeit zu dem der Marke Opel auf. Den Brand Communities ist insbesondere die

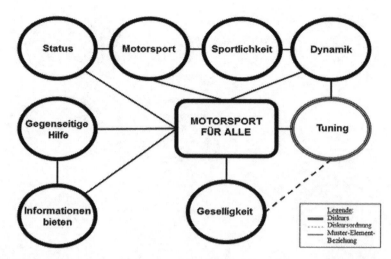

Abb. 22.6 Das Deutungsmuster „Motorsport für alle" und zentrale Deutungselemente

starke Orientierung an den Werten Dynamik, Sportlichkeit und Tuning gemein (siehe Abb. 22.6). Hierbei ist im Vergleich zu den Opel-Brand Communities erstens die quantitativ stärker ausgeprägte Orientierung an den Konzepten Dynamik und Tuning und zweitens die qualitative Differenz in der Interpretation des Deutungselements Sport auffällig.

Während sich in der Kultur der Opel-Communities neben dem Tuning eine klare Orientierung am Konzept des Originals und den Idealen „Klassischen" Sports manifestiert, ist die Klassiker-Orientierung auf der kulturellen Ebene der Ford-Communities weniger stark ausgeprägt. Stattdessen zeigt sich hier vielmehr die Kultivierung eines Ideals von Sportlichkeit, welches nah an dem ist, was allgemein als Motorsport im Sinne eines organisierten Sportbetriebs (Formel 1, 2, 3 etc.) bezeichnet wird.

Der zentrale Unterschied zwischen den Konzepten Klassischer Sport (Opel) und Motorsport (Ford) liegt in der Art der Automobile und in der Art des Umgangs mit den Automobilen in Form von unterschiedlichen Sportpraktiken begründet. Während sich Anhänger des Klassischen Sports eher an Markenoriginalen und (mehr oder weniger) raren Oldtimern orientieren, steht bei der Orientierung an dem Ideal des Motorsports eher der (oft schonungslose) Umgang mit überwiegend aktuellen und deutlich modifizierten und getunten Automobilen im Vordergrund. Diese Unterschiede in den geteilten Vorstellungen eines „motorsportlichen Fahrens" manifestieren sich bei den Ford-Communities auch in der im Vergleich zur Opel-Kultur größeren Bedeutung der Werteebene „Status". Das besondere „Status-Denken" innerhalb der Ford-Brand Communities basiert nicht auf einem generellen Selbstverständnis ein „besseres Auto" zu fahren, sondern vielmehr auf einer Vielzahl an Erzählungen und Darstellungen rund um die Erfolge der Marke im Bereich des Motorsports (siehe Abb. 22.7).[12]

---

[12] Exemplarisch für derartige Markengeschichten steht die Erzählung eines Mitglieds der Brand Community Ford Oldtimer und Motorsport Club Köln zu den Höhepunkten des Jahres 1972 aus Sicht der Marke Ford (Quelle: http://www.fomcc.de, 17.09.2010): „1972: Ford präsentiert die Mo-

Abb. 22.7 Erfolge der Marke (Quellen von links nach rechts: http://www.ka-owner.de; http://www.ffcd.de; http://www.fomcc.de, 17.09.2010)

Abb. 22.8 Auftritte der Brand Communities (Quelle: http://www.fomcc.de; http://www.ford-club-hot-engines.de, 17.09.2010)

Neben der starken Orientierung an sportlichen Erfolgen und den entsprechenden Sportlern der Marke Ford ist die Akzentuierung von technischen Leistungsmerkmalen auffällig. Motorleistung dient hier allem Anschein nach, neben dem Aufzählen der sportlichen Erfolge, als Begründung der motorsportlichen Überlegenheit der Marke Ford gegenüber anderen Marken. Die starke Orientierung an dem Ideal eines sportlichen Fahrens im Allgemeinen und Motorsport im Speziellen lässt sich auch auf der Ebene der Gestaltung der Auftritte der Brand Communities im Internet zeigen (siehe Abb. 22.8). Während die Brand Community Ford Oldtimer und Motorsport Club Köln ihrer Orientierung am Motorsport, neben der Benennung als „Motorsport Club", durch die gestalterische Einbeziehung einer aus dem Motorsport bekannten Flagge in das Community-Logo Ausdruck verleiht, wählen die Mitglieder der Brand Community Ford Club Hot Engines die Darstellung eines stilisierten Rennwagens als zentrales Gestaltungselement der Community-Site.[13]

---

delle Consul und Granada und übernimmt die Design-Schmiede Ghia in Turin. Die Renn-Capri erstarkten erneut (auf 300PS aus drei Liter) und der von BMW gekommene Hans-Joachim Stuck erkämpfte die neue „Deutsche Rennsport Meisterschaft". Mit diesem Sieg begann in Deutschland eine Hochblüte des Tourenwagen-Sports, die 1973/74 in den legendären Duellen gegen die BMW CSL ihren Höhepunkt fand. In jener Zeit fuhren Tourenwagen-Asse wie Mass, Glemser, Heyer, Fitzpatrick sowie die Formel-1 Weltmeister Jackie Stewart und Emerson Fittipaldi die später bis zu 450PS starken 3,4-Liter Coupés. Fünfter in der Meisterschaft wird Harald Menzel auf dem Zakspeed RS 1800. Doppelsieg für die Capri RS bei der Tourenwagenwertung in Le Mans. Michael (Mike) Kranefuss übernimmt die Ford Motorsportabteilung und löst somit Jochen Neerpasch ab."

[13] Die Anmutung der Sportlichkeit wird durch das scheinbare Durchbrechen der Gestaltung durch das Automobil und den Namen „Hot Engines" zusätzlich verstärkt.

22.4   Fazit

Ziel der hier vorgelegten Ausarbeitung war die Klärung der Frage nach der Bedeutung der Sportlichkeit für die Bindung von Konsumenten an Automarken. Hierzu wurde das markenbezogene Verhalten von Brand Community-Mitgliedern analysiert, da sie ein besonders intensives Bindungsverhältnis an Marken aufweisen. Aus der Analyse lassen sich im Kern drei zentrale Erkenntnisse ableiten: Erstens sind die Werte Sportlichkeit und Fahrdynamik essentiell für die Kultur der Communities. Auf der Ebene der (markenunabhängigen) Automobilkultur, in dieser Studie repräsentiert durch die beiden Diskurspositionen „Tuning" und „Original", stellen dynamische Fahrqualitäten und eine Sportorientierung fundamentale „Treiber" der Bindung von Konsumenten an Marken dar. Egal ob „Burn Out-Contests", „¼ Meilen-Rennen" („Tuner") oder sportliches Fahren im Alltag („Originalos"); Motorsport ist ein zentraler Bestandteil der Autokultur der Brand Communities. Zweitens spielt der Aspekt der Fahrdynamik und Sportlichkeit auch auf der Ebene der Bindung an Automobilmarken eine zentrale Rolle. Die im Rahmen der Konsumforschung isolierten Deutungsmuster für italienische Automarken sowie für die Marken Opel und Ford zeigen: Ohne die dynamischen Qualitäten der Automobile (und – marken), ist eine derart emotionale Bindung an die Marken in Form von Brand Communities schwer vorstellbar. Dieser Aspekt ist insbesondere aus der Perspektive der Marke Opel interessant, da hier eine Vielzahl an Brand Communities für ein hohes Maß an Markenbindung und eine lebendige Markenkultur stehen. Diese Markenkultur basiert jedoch in vielen Fällen auf historischen Erfahrungen und Automobilen aus einer Zeit, in der Marke und Produkte noch klarere Bezüge zum Bereich des Motorsports aufwiesen. Drittens lässt sich, zumindest für die in Brand Communities organisierten Automarkenanhänger konstatieren: Für die Bedeutung der aktuellen Debatte um die negativen Umwelteinflüsse des Automobils im Allgemeinen und des sportlichen Fahrens im Besonderen lassen sich kaum Anzeichen in der Kultur der Konsumenten isolieren. Eher im Gegenteil: Die Mitglieder der BCs versuchen, abgesehen von vereinzelten Demonstrationen gegen „Fahrverbote für Oldtimer", diesen Aspekt nicht weiter zu thematisieren, wissen sie doch um die Gefahr einer derartigen Debatte für das uneingeschränkte Ausleben einer sportlichen Fahrweise – insbesondere wenn es sich bei den Sportgeräten um Old- oder Youngtimer mit entsprechend hohen Emissionen handelt.

Literatur

Barthes, R. (1964). *Mythen des Alltags*. Frankfurt/Main.
Belk, R. W. (1988). Possessions and the extended self. *Journal of Consumer Research, 15,* 139–168 (September).
Bourdieu, P. (1982). *Die feinen Unterschiede. Kritik der gesellschaftlichen Urteilskraft*. Frankfurt/Main.
Bourdieu, P. (1994). *Distinction: A social critique of the judgement of taste*. London.
Burkhardt, G. (1994). Individuelle Mobilität und soziale Integration. Zur Soziologie des Automobilismus. *Soziale Welt, 45*(1), 216–241.

Canzler, W. (2000). Das Auto im Kopf und vor der Haustür. Zur Wechselbeziehung von Individualisierung und Autonutzung. *Soziale Welt, 51,* 191–208.

DDB. (2006). VW Golf GTI. Jung, wild und überaus erfolgreich am Markt. http://www.gwa.de/images/effie_db/2006/260790_030_VW_Golf.pdf. Zugegriffen: 30. Jan. 2012.

Diaz-Bone, R. (2010). *Kulturwelt, Diskurs und Lebensstil. Eine diskurstheoretische Erweiterung der bourdieuschen Distinktionstheorie, 2.A.* Opladen.

Dittmar, H. (1992). *The social psychology of material possessions: To have is to be.* Hemel Hempstead.

Douglas, M. (1982). *In the active voice.* London.

Elliott, R., & Wattansuwan, K. (1998). Brands as symbolic resources for the construction of identity. *Journal of Advertising, 17*(2), 131–144.

Esch, F.-R. (2004). *Strategie und Technik der Markenführung* (2. Aufl.). München.

Featherstone, M. (2004). Automobilities: An introduction. *Culture and Society, 21*(4), 1–24.

Franzpötter, R. (1999). Der Sinn fürs Auto und die Lust an der Unterscheidung – Zur Praxeologie des Automobils in der Erlebnisgesellschaft. In G. Schmidt, G. Bechmann, & W. Rammert (Hrsg.), *Technik und Gesellschaft, Jahrbuch 10: Automobil und Automobilismus* (S. 41–62). Frankfurt/Main.

Giddens, A. (1991). *Modernity and self-identity: Self and society in the late modern age.* Cambridge.

Gabriel, Y., & Lang, T. (1995). *The unmanageable consumer: Contemporary consumption and its fragmentations.* London.

Goffman, E. (1951). Symbols of class status. *British Journal of Sociology, 2*(4), 294–304.

Heun, T. (2009). Marke und Kultur. Chancen einer kulturalistischen Perspektive auf Marken. *Sozialwissenschaft und Berufspraxis 32,* 42–55.

Heun, T. (2011). Markenkultur in Online-Communities. Zur Bedeutung von Diskursen internetbasierter Brand Communities. In K.-U. Hellmann & T. Rabe (Hrsg.), *Vergemeinschaftung in der Volkswagenwelt* (S. 209–242). Wiesbaden.

Heun, T. (2012). *Marken im Social Web. Zur Bedeutung von Marken in Online-Diskursen.* Wiesbaden.

Hitzler, R., Honer, A., & Pfadenhauer, M. (2008). Ärgerliche Gesellungsgebilde? In dies. (Hrsg.), *Posttraditionale Gemeinschaften: Theoretische und ethnographische Erkundungen* (S. 9–31). Wiesbaden.

John, D. R., Loken, B., Kyongheui, K., & Monga, A. B. (2006). Brand Concept Maps: A Methodology for Identifying Brand Association Networks. *Journal of Marketing Research 43,* 549–563.

Keller, R. (2007). *Diskursforschung. Eine Einführung für SozialwissenschaftlerInnen.* Wiesbaden.

Kruse, P. (2009). Ein Kultobjekt wird abgewrackt. *GDI Impuls 28*(1), 12–19 (Zürich).

McCracken, G. (1988). *Culture and consumption: New approaches to the symbolic character of consumer goods and activities.* Bloomington.

Meffert, H., & Burmann, C. (2002). Wandel in der Markenführung – vom instrumentellen zum identitätsorientierten Markenverständnis. In H. Meffert, C. Burmann, & M. Koers (Hrsg.), *Markenmanagement. Grundfragen der identitätsorientierten Markenführung* (S. 17–33). Wiesbaden.

Moorhouse, H. F. (1991). *Driving ambitions.* Manchester: Manchester University Press.

Muniz, A. M. Jr., & O'Guinn, T. C. (2001). Brand community. *Journal of Consumer Re-search 27,* 412–432.

Schulze, G. (1992). *Die Erlebnisgesellschaft. Kultursoziologie der Gegenwart.* Frankfurt/Main.

Schuwirth, S. (2008). Planung von integrierter Markenkommunikation am Beispiel der AUDI AG. In A. Albers, T. Ringle, & P. C. van Overloop (Hrsg.), *Handbuch Markenkommunikation* (S. 3–20, 143–174). München.

Beko Basketball Bundesliga – die Schaffung und Positionierung einer neuen Marke

Jan Pommer und Dirk Kaiser

23.1 Die Beko Basketball Bundesliga

Der deutsche Profi-Basketballsport wurde bis zur Eigenständigkeit der Basketball Bundesliga (BBL GmbH), die mit Datum 29.10.1996 ins Handelsregister eingetragen wurde, vom Deutschen Basketball Bund (DBB) organisiert und vermarktet. Mit den „Bremer Beschlüssen" vom 1. Juni 1997 begann die rechtliche und tatsächliche Verselbständigung – die bis dato vorhandenen Strukturen wurden so optimiert, dass sich die Sportart im stetig wachsenden und professioneller werdenden Wettbewerb behaupten konnte.

In der Saison 1999/2000 organisierte die BBL GmbH, die sich eine eigene Spielordnung, eine jährliche Ausschreibung, eigene Standards, ein eigenes Lizenzstatut, eigene Werberichtlinien, einen eigenen Strafenkatalog sowie eine eigene Verfahrens- und Schiedsgerichtsordnung gegeben hatte, den Spielbetrieb und damit die Ausrichtung der Wettbewerbe Meisterschaft und Pokal erstmals selbstständig. Dazu lag die Vermarktung in den Händen der BBL GmbH, die fortan auch für den Verkauf von Medienrechten, die Akquisition von Sponsoren und Partnern sowie die Realisation von eigenen Veranstaltungen (ALLSTAR Day, TOP FOUR) verantwortlich war.

Die BBL GmbH besteht aus 18 Vereinen. An der Spitze des operativen Geschäfts steht der Geschäftsführer, der in Zusammenarbeit mit dem Präsidium auch die strategische Ausrichtung der Liga vorgibt. Ein Aufsichtsrat, bestehend aus einem DBB- und einem BBL-Vertreter sowie einem Vertreter aus der Wirtschaft, fungiert als Kontroll-Gremium. Um das Tagesgeschäft in der Geschäftsstelle in Köln kümmern sich neben dem Geschäftsführer die Abteilungen Sport, Spielbetrieb, Marketing, Public Relations und Online. Über den Grundlagenvertrag, der im Jahre 2000 erstmals unterzeichnet worden war und der 2010 vorzeitig um weitere zehn Jahre bis zum Jahr 2022 verlängert wurde, ist der DBB mit

J. Pommer (✉) · D. Kaiser
Köln, Deutschland
E-Mail: sportoekonomie@uni-mainz.de

H. Preuß et al. (Hrsg.), *Marken und Sport*,
DOI 10.1007/978-3-8349-3695-0_23, © Springer Fachmedien Wiesbaden 2014

26 % Prozent als Gesellschafter an der BBL GmbH beteiligt. Die übrigen 74 % liegen in der Hand des Vereins AG Basketball Bundesliga e. V.

23.2 Definition Marke

Nach einer gängigen Definition ist eine Marke „ein Name, Begriff, Zeichen, Symbol, eine Gestaltungsform oder eine Kombination aus diesen Bestandteilen zum Zwecke der Kennzeichnung der Produkte oder Dienstleistungen eines Anbieters und der Differenzierung gegenüber Konkurrenzangeboten" (Kotler et al. 2007). Eine starke Marke gibt zudem Orientierung und strahlt Vertrauen aus. Bei richtiger Markenführung entsteht ein wichtiger Wettbewerbsvorteil. Einen solchen Vorteil zu erreichen, ist das Ziel von Unternehmen oder Sport-Ligen.

Waren es in der Vergangenheit die Verbände, die den Spielbetrieb in den höchsten deutschen Spielklassen organisiert haben, so haben diesen Part die Profisport-Ligen übernommen – mit dem Ziel, sich im veränderten und konkurrierenden Sportmarkt als eigene Marke zu positionieren und darüber hinaus wirtschaftliche Erfolge zu erzielen. Unternehmen sehen im Sport die Möglichkeit, die breite Masse zu erreichen und ihre Marke zu emotionalisieren; die Sportligen wiederum haben ein Verständnis für die Bedürfnisse des Unternehmens entwickelt und entsprechende Vermarktungsstrategien entwickelt – eine Situation, die beiden Stakeholdern von Nutzen ist.

23.3 Situation 2000 bis 2009

Im Jahr 2000 stieg das Textilunternehmen s.Oliver als Namensgeber ein. Es war nicht das erste Mal, dass die Liga ihren Namen änderte, denn die Brauerei Veltins hatte bereits in den 90er Jahren das Namensrecht erworben. Somit wurde aus der Basketball Bundesliga die „s.Oliver Basketball Bundesliga". Einhergehend mit der Umbenennung zur Saison 2000/2001 fand der erste Markenrelaunch statt. Ein modernes Logo, integriert mit dem Schriftzug s.Oliver, und ein frischer Auftritt sollte die jüngere Zielgruppe (15 bis 25 Jahre) ansprechen – zumal die höchste deutsche Spielklasse in den Medien so präsent war wie nie zuvor. Der Kirch-Konzern hatte sich die TV-Rechte gesichert und berichtete in einer Magazin-Sendung auf Sat.1 („Jump ran") und mit einem Live-Spiel im Deutschen Sport-Fernsehen (DSF) regelmäßig und ausführlich über das Geschehen.

Doch wofür die Liga stand, was ihre Leistungsversprechen und Botschaften sind, um sich von den anderen Profisportligen abzugrenzen – dies wurde nur schemenhaft sichtbar. Außer der Tatsache, dass Basketball gerade in der jüngeren Zielgruppe hohe Popularitätswerte genießt, gab es kaum gesicherte Erkenntnisse. Nachdem s.Oliver seine Kommunikationsziele erreicht und die Partnerschaft wie vertraglich vereinbart nach drei Jahren beendet hatte, folgte eine Übergangsphase, die bis zum Ende der Saison 2005/2006 andauerte.

Abb. 23.1 S. Oliver BBL-Logo
und Beko BBL-Logo

Mit Beginn der Spielzeit 2006/2007 begann schließlich die positive und nachhaltige Entwicklung. Neben steigenden Zuschauerzahlen und höheren Etats wurden steigende TV-Reichweiten verzeichnet. Drei wichtige Erfolgsindikatoren, die auch BEKO nicht verborgen geblieben waren.

Im September 2009 stieg das Unternehmen, das zur weltweit operierenden Arcelik-Gruppe mit 17.000 Mitarbeitern gehört und eines der führenden europäischen Marken für Haushaltsgeräte und Unterhaltungselektronik ist, als Namensgeber ein. Seitdem firmiert die Liga unter dem Namen Beko Basketball Bundesliga – und genau wie zu s.Oliver-Zeiten wurde der Unternehmensname in das Logo integriert (Abb. 23.1).

BEKO die Namensrechte an den Basketball-Ligen in der Türkei, Russland und Litauen gesichert. Der ohnehin auf sechs Jahre angelegte Vertrag wurde im September 2011 bis zum Ende der Spielzeit 2015/2016 vorzeitig verlängert.

Zur Standortbestimmung und als Grundlage für die Entwicklung einer Strategie, mit der die positive Entwicklung weiter vorangetrieben und die Marke Beko BBL im deutschen Sport noch deutlicher positioniert werden könnte, wurde durch den Lehrstuhl für innovatives Markenmanagement (LiM) der Universität Bremen untersucht, was die Beko BBL auszeichnet und wofür die Liga steht (LiM 2009). Dazu wurden in einer Vorstudie in der Zeit von Oktober 2008 bis Februar 2009 persönliche Interviews und Telefoninterviews mit den Verantwortlichen der BBL GmbH ($n=4$), den Geschäftsführern oder Marketingverantwortlichen aller 18 Erstligisten ($n=19$) sowie ausgewählten Sponsoren ($n=6$) und Sportjournalisten ($n=10$) durchgeführt. Des Weiteren gab es vier Gruppendiskussionen an den Standorten Bremerhaven und Frankfurt mit Basketball-Interessierten und Fans ($n=32$). Darauf aufbauend wurde die nachstehend vorgestellte Hauptstudie erstellt (Tab. 23.1).

Tab. 23.1 Untersuchungsdesign der Hauptstudie ($n = 1956$)

Häufigkeit des Spielbesuchs	BBL-Zuschauer haben ein hohes Basketballinteresse und mehr als 1 Spiel vor Ort angeschaut	Basketball Interessierte haben ein hohes Basketballinteresse aber maximal 1 Spiel vor Ort angeschaut
Räumliche Systematisierung		
Deutschlandweite Zielgruppe	Online-Erhebung bei 389 BBL-Zuschauern	Online-Erhebung bei 619 Basketball-Interessierten
Reginale Zielgruppen (Bremerhaven, Frankfurt, Bamberg, Göttingen, Berlin, Quakenbrück)	Online-Erhebung bei 637 BBL-Zuschauern aus der Regionen Bamberg (529), Frankfurt (53) und Bremerhaven (55)	Online-Erhebung bei 152 Basketball-Interessierte aus den Regionen Bamberg (46), Frankfurt (53) und Bremerhaven (53)
	Hallenbefragung bei 159 Zuschauer von MEG G Frankfurt (53) und (529), Frankfurt (53) und Bremerhaven (55). elefonintervi	

Befragungszeitraum und -ort: 23.03.2009–14.04.2009, Deutschland

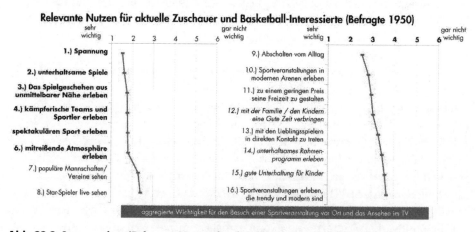

Abb. 23.2 Imageanalyse (Relevante Nutzen für aktuelle Zuschauer und Basketball-Interessierte)

Das Resultat der Untersuchung förderte, in dieser Reihenfolge, folgende Markennutzenversprechen zutage: „Spannung", „unterhaltsame Spiele", „Nähe zum Spielgeschehen", „kämpferische Teams und Sportler", „spektakulärer Sport" und „mitreißende Atmosphäre". Angesichts der Tatsache, dass die Beko BBL im Gegensatz zu ihren Mitbewerbern über einen ausgeglichenen und spannenden Wettbewerb verfügt (der Letzte kann den Ersten schlagen, 2003 war es ALBA BERLIN letztmalig gelungen, den Titel zu verteidigen), hieß das klare Nutzenversprechen zur Markenpositionierung „Spannung" (Abb. 23.2, 23.3).

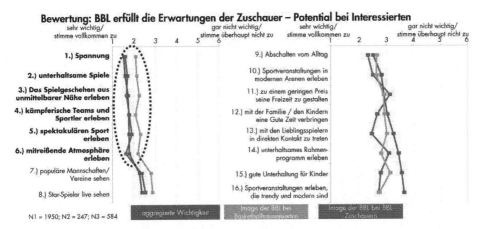

Abb. 23.3 Imageanalyse (BBL erfüllt die Erwartungen der Zuschauer – Potential bei Interessierten)

Da die bestehenden Kommunikationsmittel – allen voran das Logo und die Homepage – das Thema „Spannung" nicht ausreichend transportierten, lautete das Ziel, mit einem neuen Auftritt die „Marke Beko BBL" stärker in die Wahrnehmung zu rücken und den Bekanntheitsgrad – auch von BEKO – zu steigern. Begleitet wurde der neue Markenauftritt in der ersten Phase von der Hamburger Agentur deepblue sports.

23.4 Maßnahmen

23.4.1 Leitbild

Auf Grundlage der Untersuchungs-Ergebnisse wurde ein Leitbild, also „eine schriftliche Erklärung einer Organisation über ihr Selbstverständnis und ihre Grundprinzipien", entwickelt, das sowohl für die tägliche Arbeit im Inneren der Organisation als auch für den Umgang mit allen relevanten Stakeholdern handlungsleitend ist. Das Leitbild der Beko BBL gibt Orientierung und formuliert einen Ist- und einen Soll-Zustand. Es ist Basis für die Corporate Identity einer Organisation und beschreibt die Mission und Vision einer Organisation sowie die angestrebte Organisationskultur. Es ist Teil des Normativen Managements und bildet den Rahmen für Strategien, Ziele und operatives Handeln.

- Vision:
  - 2020 die beste nationale Liga in Europa
- Mission:
  - Die Beko BBL ist die Dachmarke für die regional-individuell geprägten Klubs und sorgt für fortschreitende Professionalisierung in allen Bereichen.
  - Sie ist als Premium-Produkt der Taktgeber für eine spektakuläre, qualitativ hochwertige und durchgängige Inszenierung des Basketballs.

- – Sie gewinnt so für die Wettbewerbe Meisterschaft und Pokal sowie für den Beko BBL ALL-STAR Day und den Beko BBL Champions Cup eine stetig wachsende Zahl an Fans.
- – Sie fördert den Nachwuchs und entwickelt so Vorbilder („Helden") und Nationalspieler.
- – Sie erhöht die Produktattraktivität auch für Vereinssponsoren und trägt so zur Verbesserung der wirtschaftlichen Lage der Klubs bei.
- Kernbotschaften:
  - – Spannend & intensiv
  - – Beste Unterhaltung
  - – Atmosphärisch dicht
- Claim:
  - – Spürst Du das Dribbeln?
- Tonalität:
  - – Locker, cool & jung
- Angebot:
  - – Ausgeglichener Wettbewerb
  - – Spektakulär und mitreißend bis zur letzten Sekunde
- Werte:
  - – 45 Jahre Tradition als Verpflichtung
  - – Dynamisch
  - – Fairplay bei aller sportlichen Konkurrenz
  - – Weltoffen-international, aber mit deutschen Wurzeln & Prägung
  - – Sozial verantwortungsvoll

23.4.2 Entwicklung des Logos und Resultat

Im ersten Schritt wurden die Anforderungen an das neue Logo festgelegt. Im Vordergrund standen dabei die Zielgruppenaffinität (junge Zielgruppe), die Profilierung (Abgrenzung im Basketballumfeld und im weiteren Sportumfeld), die Mehrdimensionalität (Sponsor, Basketball, Spannung und Dynamik im Bildelement) und die Mehrfunktionalität (Geschäftsausstattung, Medien, Event, Merchandising) (Abb. 23.4, 23.5, 23.6, 23.7, 23.8 und 23.9).

Die Zielgruppenanalyse der Beko BBL wurde von der Allensbacher Markt- und Werbeträgeranalyse (AWA) im Jahre 2010 ermittelt (AWA 2010).

Aus der Zielgruppenanalyse ergeben sich folgende Daten:

- 45 % der Kernzielgruppe im Basketball sind zwischen 14 und 29 Jahren und 78 % zwischen 14 und 49 Jahren
- 70 % sind männlich und 30 % weiblich
- Überdurchschnittlich hoher Bildungsgrad: 35 % haben Abitur oder abgeschlossenes Studium

	Ges.-Bevölkerung AWA (64,82 Mio)		Gesamtzielgruppe Basketball (14,13 Mio)		Kernzielgruppe Basketball (2,30 Mio)	
	In Mio	in %	In Mio	in %	In Mio	in %
Altersgruppe						
14-29 Jahre	13,44	20,7	4,42	31,3	1,04	45,2
30-49 Jahre	21,42	33,0	4,73	33,5	0,75	32,6
50-69 Jahre	19,36	29,9	3,46	24,5	0,39	17,0
Geschlecht						
Mann	31,51	48,6	9,33	66,0	1,60	69,6
Frau	33,31	51,4	4,80	34,0	0,70	30,4
Bildung						
Niedrig	27,35	42,2	4,50	31,8	0,64	27,8
Mittel	22,26	34,3	5,06	35,8	0,85	37,0
Hoch	15,21	23,5	4,58	32,4	0,81	35,2

Abb. 23.4 Die Beko BBL-Zielgruppe ist jünger, gebildeter und hat einen höheren männlichen Anteil im Vergleich zu der Gesamtbevölkerung. (Quelle: AWA 2010)

Abb. 23.5 Vergleich Altersgruppen und Mannschaftssportarten. (Quelle: AWA 2010)

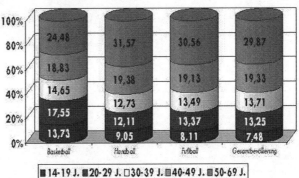

Abb. 23.6 Bildungsniveau der Basketballzielgruppe im Vergleich zu Mannschaftssportarten und Gesamtbevölkerung. (Quelle: AWA 2010)

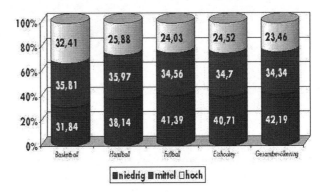

Abb. 23.7 Gesellschaftlich-
wirtschaftlicher Status der Basketball-Interessierten. (Quelle:
AWA 2010)

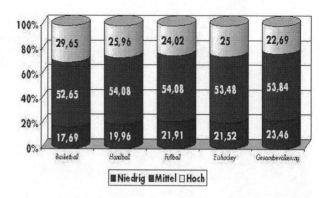

Abb. 23.8 Trenduntersu-
chung. (Quelle: AWA 2010)

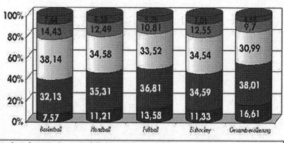

Abb. 23.9 Persönlichkeits-
stärke im Vergleich zu anderen
Mannschaftssportarten und
der Gesamtbevölkerung.
(Quelle: AWA 2009)

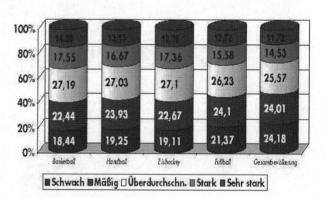

- Hoher gesellschaftlich-wirtschaftlicher Status und überdurchschnittliche Kaufkraft
- Sehr hohe Affinität zum Internet und neuen Medien
- Hoher Anteil an Innovatoren und Trendsettern

In Abb. 23.5 wird deutlich dargestellt, dass die Basketball-Interessierten erkennbar jünger
sind als die Fans anderer Mannschaftssportarten.

Die Basketballzielgruppe weist den größten Anteil an Hochgebildeten (Abitur, Studium) auf. Wie in der Abb. 23.6 zu erkennen ist, besitzen mehr als 2/3 mindestens die
mittlere Reife.

Abb. 23.10 Das Inter-
essenspektrum der Bas-
ketball-Interessierten im
Vergleich zu anderen Mannschaftssportarten und der
Gesamtbevölkerung

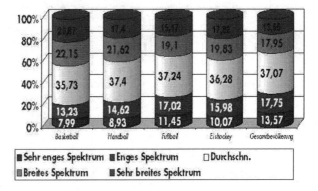

Sowohl im hohen als auch im mittleren Segment des gesellschaftlich-wirtschaftlichen
Status stellen die Basketball-Interessierten den prozentual höchsten Anteil im Vergleich zu
anderen Mannschaftssportarten und der Gesamtbevölkerung.

Abbildung 23.8 verdeutlicht, dass Basketball-Interessierte einen überdurchschnittlich
hohen Anteil an Innovatoren und Trendsettern haben.

Bemerkenswert ist auch, dass die Basketball-Interessierten überwiegend Meinungsfüh-
rer und überdurchschnittlich persönlichkeitsstark sind (Abb. 23.8) und dass sie über ein
sehr breites Interessenspektrum verfügen (Abb. 23.7, 23.10).

Am 13. Juni 2010, anlässlich des dritten Finalspiels um die Deutsche Meisterschaft der
Saison 2009/2010, wurde der Öffentlichkeit erstmals das Logo und der Claim „Spürst Du
das Dribbeln?" (Abb. 23.11) präsentiert.

Auszüge Pressemitteilung vom 13.06.2010
„Spannung, Nervenkitzel, Action, Dynamik und eine mitreißende Atmosphäre in den Arenen: Das
sind die elementaren Merkmale der Beko Basketball Bundesliga (Beko BBL). Zu diesem Ergebnis
kommt eine Studie, die im vergangenen Jahr vom Lehrstuhl für innovatives Markenmanagement der
Universität Bremen unter der Leitung von Prof. Dr. Christoph Burmann durchgeführt wurde (LiM
2012a, b). Das Fazit des renommierten Wissenschaftlers: Die Liga steht für Nervenkitzel und große
Nähe zum Spielgeschehen. In der Tat zeichnet sich die höchste deutsche Spielklasse durch einen
atmosphärisch dichten und im Vergleich zu anderen europäischen Basketball-Ligen ausgeglichenen
Wettbewerb aus.

Um die zentralen Elemente Spannung, Nervenkitzel, Action, Dynamik für das bereits bestehende
basketballbegeisterte Publikum einerseits und neu zu gewinnende Basketball-Fans andererseits noch
stärker herauszuarbeiten, führt die Beko BBL einen Markenrelaunch durch. Begleitet wird dieser
– es ist der dritte seit der Selbstständigkeit der Liga im Jahr 1996 – durch eine Marketing- und PR-
Kampagne in den Bereichen Online, Print, und TV Sichtbarstes Zeichen des neuen Markenauftritts,
der die Dachmarke „Beko BBL" in den Vordergrund stellen soll, ist das neue Logo mit dem Claim
„Spürst du das Dribbeln?". Das Logo, das in der Saison 2010/2011 zum Einsatz kommt, und der
neue Image-Trailer, der zunächst exklusiv auf der Fan-Seite der Beko BBL auf Facebook zu sehen ist,
wurden heute im Rahmen des dritten Finalspiels um die Deutsche Meisterschaft zwischen den Brose
Baskets und den DEUTSCHE BANK SKYLINERS erstmals der Öffentlichkeit präsentiert. Die Final-
serie markiert die Crunch Time. In dieser Phase kulminieren Spannung und Emotionen."

(Beko Basketball Bundesliga 2010)

Abb. 23.11 Beko BBL-Logo

23.4.3 Umstellung der Homepage

Parallel zur Logo-Entwicklung wurde der Relaunch der Homepage (www.Beko-BBL.de) forciert. Das wichtigste Informationsmedium in Sachen Erstliga-Basketball erhielt unter Einbettung des Logos und unter Berücksichtigung des Markennutzenversprechens ein modernes, edles und klar strukturiertes Design mit benutzerfreundlicher Menüstruktur und einer opulenten Optik. Am 19. August 2010 ging die neue Seite online; mit „Fanzone"

PRESSEMITTEILUNG

19. August 2010

BBL GmbH
Willy-Brandt-Platz 2
50679 Köln

Kommunikation
Dirk Kaiser

Online
Kaiser@Beko-BBL.de
www.Beko-BBL.de

Telefon
TEL 0221 9817750
MOBIL 0171 6824567

Beko BBL zündet Stufe zwei des neuen Markenauftritts

Homepage in neuem, modernem Design / Informationsmedium Nummer eins besticht durch eine opulente Optik, eine klare Gliederung und trägt den Markenversprechen Rechnung / Neue Social-Media-Plattform „Fanzone" erweitert die Kommunikation mit den Fans und fördert den Dialog mit der Liga / Marketing- und PR-Kampagne zum Saisonstart

Teil zwei des Markenrelaunchs ist nun sichtbar: Die Homepage der Beko BBL (www.Beko-BBL.de), das wichtigste Informations-Medium in Sachen Erstliga-Basketball (über eine Million User pro Monat sorgen für 25 Millionen Page Impressions), präsentiert sich fortan in einem modernen, edlen und klar strukturiertem Design. Die Homepage, gehalten in den Liga-Farben und mit viel Liebe zum Detail erstellt – so findet sich künftig in der Rubrik „Top-Performer" die im Ball implementierte Herzfrequenz-Kurve wieder – besticht durch eine opulente Optik und trägt darüber hinaus dem User-Verhalten durch eine optimierte Menü-Struktur Rechnung. Mit großflächigen Bildern und einem deutlich vergrößerten Video-Player soll noch mehr Appetit auf die Beko BBL gemacht werden. Neue Features wie der wöchentlich erscheinende „Klartext" eines Experten oder das „Interview der Woche" zu einem aktuellen Thema sorgen für zusätzlichen exklusiven Content. „Ich bin mir sehr sicher, dass wir durch die Neu-Ausrichtung weitere Basketball-Fans gewinnen und dadurch die Zahl der User steigern werden – zumal wir mit dem Relaunch die Markenversprechen der Liga transportieren", sagte der Geschäftsführer der Beko BBL, Jan Pommer.

Abb. 23.12 Auszüge Pressemitteilung 19.08.2010. (Quelle:BBL GmbH)

Abb. 23.13 Kampagnenmotiv

wurde zudem eine Social-Media-Plattform ins World Wide Web gebracht (Abb. 23.12). Damit war die zweite Stufe des Markenauftritts vollzogen.

23.4.4   Kampagne

Stufe Nummer drei des neuen Markenauftritts wurde schließlich drei Wochen vor dem Start in die Spielzeit 2010/2011 umgesetzt. Das neue Kampagnenlayout ist ein „ungesehenes" und unikates Motiv mit hoher Aufmerksamkeit (Abb. 23.13 und 23.14)

Zu diesem Resultat kam auch das Kölner Unternehmen Sport+Markt, das Basketball-Interessierte im Alter zwischen 17 und 45 Jahren anhand von Tiefeninterviews zu dem Motiv befragt hatte. Nicht nur der Farbkontrast und der Einsatz der Neonfarben führte zu sehr hohen Aufmerksamkeitswerten, auch der künstlerische Anspruch sowie die Attribute „spannend" und „dynamisch" wurden deutlich hervorgehoben.

Über die Kommunikationskanäle Print (B2C-Anzeigen in sportaffinen Medien sowie B2B-Anzeigen), Online (Beko-BBL.de, SPORT1.de und die Vereinsseiten) und TV (Produktion eines gemeinsamen Spots mit dem exklusiven TV-Partner SPORT1) wurde die Kampagne deutschlandweit bekannt gemacht.

PRESSEMITTEILUNG

13. September 2010

BBL GmbH
Willy-Brandt-Platz 2
50679 Köln

Kommunikation
Dirk Kaiser

Online
Kaiser@Beko-BBL.de
www.Beko-BBL.de

Telefon
TEL 0221 98177-50
MOBIL 0171 6824567

Unverwechselbar und emotional: Die neue Outline-Kampagne der Beko BBL macht Appetit auf eine spannende Liga

Umsetzung auf zahlreichen Kommunikations-Kanälen / Auftakt im Online-Bereich / Weitere Werbemaßnahmen im Print- und TV-Sektor / „Energetische Wirkung zieht einen sofort in seinen Bann"

Mit einer unverwechselbaren und emotionalen PR- und Marketing-Kampagne startet die Beko Basketball Bundesliga (Beko BBL) in die dritte Phase ihres neuen Markenauftritts. Die Outline-Kampagne, die die Markenversprechen Spannung, Dramatik, Nervenkitzel und Action in einer noch nie gesehenen Weise transportiert, ist seit heute, knapp drei Wochen vor dem Start in die Saison 2010/2011, fester Bestandteil der Beko BBL-Homepage (www.Beko-BBL.de) und der Liga-eigenen Social-Media-Plattform Fanzone.Beko-BBL.de. In den nächsten Tagen findet sich das von der Hamburger Agentur deepblue sports entwickelte Motiv zudem auf den Vereinsseiten der Erstligisten sowie auf der Online-Plattform des TV-Partners SPORT1 (www.sport1.de) wieder.

Die PR- und Marketing-Maßnahmen im World Wide Web, zu denen ab Ende September eine Microsite (www.wie-fussball-nur-spannender.de) zur B2B-Ansprache gelauncht und die zudem bei Facebook, dem weltweit größten Netzwerk dieser Art, Spuren hinterlassen wird, sind indes nur der Anfang: In den kommenden Tagen und Wochen wird die Kampagne auf den Print- und TV-Bereich ausgeweitet. So werden die unterschiedlichen Motive in Magazinen sowie in General- und Special-Interest-Publikationen auf die Beko BBL hinweisen – stets in Zusammenhang mit dem neuen, festen Sendetermin auf SPORT1 (samstags 20.00 Uhr).

„Das Kampagnen-Motiv zieht einen ob seiner energetischen Wirkung sofort in seinen Bann", sagt der Geschäftsführer der Beko BBL, Jan Pommer. „Sicherlich wird es auch Einige geben, die sich mit dem Motiv nicht unbedingt anfreunden können. Gleichwohl halten wir diese Form der Darstellung geradezu für ideal, um auch diejenigen für Basketball zu begeistern, die sich bislang noch gar nicht oder nur sehr wenig für die Sportart allgemein oder die Liga im Speziellen interessiert haben."

Abb. 23.14 Auszüge Pressemitteilung 13.09.2010. (Quelle: BBL GmbH)

23.4.5 Dachmarkenstrategie

Um den neuen Markenauftritt zu einem Erfolg werden zu lassen und die Beko BBL als „Qualitätssiegel" wahrzunehmen, bedurfte es der Mitarbeit der 18 Erstligisten: Die Klubs wurden verpflichtet, das neue Liga-Logo prominent und dominant in ihre Kommunikation zu integrieren. So findet sich das Liga-Logo nicht nur auf den jeweiligen Homepages, sondern auch in den Arenen (Bodenaufkleber, Rotobanden-Sequenz) und ist somit gut sichtbar für die Zuschauer vor Ort und am Fernseher.

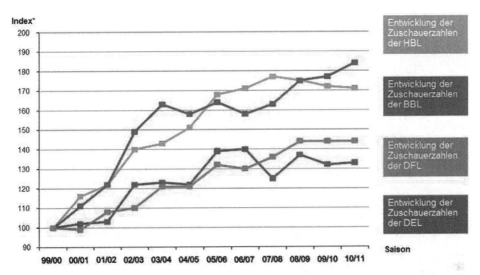

Abb. 23.15 Zuschauerentwicklung der vier großen deutschen Profisportligen. (Quelle: LiM 2012a)

23.5   Ergebnisse

Mit dem neuen Markenauftritt hat sich die Beko BBL, so das Ergebnis der Markencontrolling-Studie 2012, die erneut vom Lehrstuhl für innovatives Markenmanagement (LiM 2012a) durchgeführt wurde, zu einem „attraktiven Produkt, unabhängig vom Basketballinteresse" entwickelt. So verzeichnet die Beko BBL den stärksten relativen Anstieg bei den Zuschauerzahlen im Vergleich zu den anderen Sportligen (Deutsche Fußball-Liga, TOYOTA Handball-Bundesliga, Deutsche Eishockey-Liga) bei wohl konstanten 14 Mio. Basketball-Interessierten (vgl. Abb. 23.15). Ursächlich dafür sei, so die Studie, eine „stärkere Ligamarke".

Im Vergleich zu anderen Sportligen verzeichnet die Beko BBL den stärksten relativen Anstieg der Zuschauerzahlen bei einer wohl konstanten Zahl von 14 Mio. Basketball-Interessierten.

Die Markencontrolling-Studie 2012 des Lehrstuhls für innovatives Markenmanagement der Bremer Universität weist auch auf eine Attraktivitätssteigerung unabhängig vom Basketballinteresse hin. Die Begründung dieser Steigerung ist laut der Markencontrolling-Studie 2012 die immer stärkere Ligamarke (LiM 2012a, b).

Auch das Logo und der Claim werden in der Markencontrolling-Studie 2012 sehr gut bewertet: 68 % der Zuschauer und 67 % der Interessierten gefällt das Logo; der Claim „Spürst Du das Dribbeln?" wird von 69 % der Zuschauer und 52 % der Interessierten positiv bewertet – wobei der Claim das zentrale Positionierungsmerkmal „Spannung" transportiert und die am meisten genannte Assoziation (ungestützt) bei Zuschauern (37 %) und Interessierten (21 %) hervorruft (vgl. Tab. 23.2, 23.3).

Bemerkenswert ist der Transport durch das neue Logo des zentralen Positionierungsmerkmals „Spannung".

Tab. 23.2 Bewertung des Logos. (Quelle: LiM 2012b)

Attribut	Basketball-Interessierte	Basketballzuschauer
Spannung/Adrenalin	27,7	23,8
modern/stylisch	14,0	14,5
dynamisch/sportlich	12,3	6,8
gelungen/gut	9,9	9,5
Basketball	9,9	8,4
Beko im Vordergrund	9,6	9,0
ansprechend/schön	9,7	5,6
cool/lässig	5,3	4,7
bieder/langweilig	4,1	3,6
einprägsam	3,1	–
gute Farbkombination	1,8	–
„spürst du das Dribbeln"	–	10,6
authentisch	–	5,2

Auch der Claim transportiert das zentrale Positionierungsmerkmal der Spannung. Die mit Abstand am meist genannte Assoziation (ungestützt) liegt bei den Interessierten bei 21 % und bei den Zuschauern bei 39 %. Die Auswertung der Markencontrolling-Studie 2012 zeigt auch einen sehr hohen Bekanntheitsgrad des Claims, der bei den Zuschauern eine Quote von 67 % und bei den Interessierten von 15 % erreicht.

Die Herausarbeitung und die konsequente Positionierung des Markennutzenversprechens haben zu einer sehr erfreulichen Entwicklung geführt und die Beko BBL zu einem Premium-Produkt mit weiterem Wachstumspotenzial gemacht. Innerhalb kurzer Zeit hat die Liga ihr Profil geschärft (Abgrenzung zu den anderen Profisport-Ligen) und wird nicht nur in den Medien als Qualitätssiegel wahrgenommen, sondern hat sich in der nationalen Sportlandschaft weiter etabliert. Zweifelsohne wird die Beko BBL in Zusammenhang mit dem Markennutzenversprechen verbunden (Tab. 23.3).

Um das aktuelle Imageniveau der Beko BBL mit dem aus dem Jahre 2009 zu vergleichen, wurde den Zuschauern die offene Frage: „Wenn Sie an die Beko Basketball Bundesliga denken, was fällt Ihnen dazu spontan ein?" gestellt (Markencontrolling-Studie 2012). Bemerkenswert ist der entstandene Gewinn des Begriffs „Spannung" bei den Zuschauern als eine TOP-Assoziation und, daraus folgend, ein insgesamt positiveres Gesamtbild (Tab. 23.4).

Auch BEKO profitiert von der Dachmarkenstrategie. Durch die Integration des Namens in das Liga-Logo und den ganzheitlichen und strategischen Kommunikationsansatz hat das Unternehmen seinen Bekanntheitsgrad in Deutschland gesteigert. Laut Promit-Studie (Sportmonitor 2010) bringen 3,1 % der Gesamtbevölkerung den Namen BEKO mit der Basketball-Bundesliga in Verbindung. Gefragt wurden die Teilnehmer nach dem Namen des Titelsponsors der Basketball-Bundesliga. Dieser Wert ist insofern sehr beachtlich, als dass der Name des Titelsponsors der Handball-Bundesliga (TOYOTA) zwar 5,5 % der

Tab. 23.3 Bewertung des Claims. (Quelle: LiM 2012b)

Attribut	Basketball-Interessierte	Basketballzuschauer
Spannung	20,9	35,1
Wortspiel	13,4	8,7
gut/gelungen	12,9	8,5
Emotionen	7,8	10,3
ansprechend/interessant	7,3	8,7
Basketball	7,0	9,7
nicht gelungen	6,5	5,5
dynamisch/sportlich	5,5	–
live dabei zu sein	4,4	9,0
Ballsport (Fußball/Handball)	4,2	–
wirkt gezwungen	3,9	–
Spaß und Unterhaltung	3,6	3,0
dribbeln	–	3,6
„Ich spüre das Dribbeln"	–	4,0

Gesamtbevölkerung bekannt ist, TOYOTA jedoch wesentlich früher als Namensgeber eingestiegen ist.

23.6   Aktuelle Situation

Dass die Beko BBL den vor Jahren begonnen Wachstumskurs sehr kraftvoll fortführt, lässt sich an den wichtigen Indikatoren „Zuschauer", „Umsatz" und „TV-Reichweite" festmachen. So stieg die Zahl der Besucher in den Arenen in dem Zeitraum von sechs Jahren (Saison 2005/2006 bis 2010/2011) um 39 % (von 980.000 auf 1,37 Mio.). Das stärkste Wachstum erzielte die Beko BBL jedoch in den Bereichen „Einnahmen" und „TV-Reichweite": Betrug der Gesamtumsatz der Klubs in der Saison 2005/2006 noch € 34,1 Mio., so wird für das Ende des Geschäftsjahres 2012 (30. Juni) ein Gesamtumsatz von € 69,5 Mio. erwartet – eine Steigerung von über 100 % (vgl. Abb. 23.16).

Die TV-Reichweiten verbesserten sich in den vergangenen zwei Spielzeiten – beginnend ab der Saison 2008/2009 – gar um 106 %. So wurden am Ende der Saison 2010/2011 1,7 Mrd. Werbeträgerkontakte erzielt.

23.7   Ausblick

Auch die jüngsten Erhebungen aus der Spielzeit 2011/2012 im Hinblick auf die TV-Reichweite und die Zuschauerzahlen deuten darauf hin, dass die Beko BBL nach Abschluss der Saison 2011/2012 erneute Bestmarken aufstellen wird.

Die Zuschauerentwicklung weißt sehr positive Zahlen auf: In den vergangenen sechs Jahren hat die Beko BBL einen Anstieg der Zuschauer um 39 % auf 1,37 Mio.

Tab. 23.4 Markencontrolling-Studie 2012 – Untersuchungsergebnisse Beko BBL-ImageZuschauer der BBL. (Quelle: LiM 2012b)

	Studie 2009	Studie 2012
Top-Teams: Alba Berlin/Bamberg	35,6	25,5
Spannung	14,5	24,1
zu hohe Fluktuation der Spieler	7,3	–
zu viele und schlechte Amerikaner	7,2	–
zu wenig TV-Präsenz	7,1	–
ausgeglichene Liga	6,4	–
Artland Dragons	3,2	–
Insolvenzen	2,8	–
gute Atmosphäre in der Halle	2,3	–
Play-Offs	1,9	–
Spektakulär (Dunkings)	0,4	–
gute Stimmung/Atmosphäre	–	8,9
Spaß/ Freude	–	8,7
attraktiver Sport	–	8,4
hohes Niveau/guter Basketball	–	7,7
geringe mediale Aufmerksamkeit	–	7,5
FC Bayern München	–	7,4
spektakuläre Aktionen	–	6,7
Dynamik/Tempo	–	6,3
Steigendes Niveau	–	6,2
Emotionen	–	5,7
	Nennungen = 588 $N=361$ Angaben in % der Befragten	Nennungen = 1101 $N=584$ Angaben in % der Befragten

(Saison 2010/2011) verzeichnet. Bei einem Vergleich der durchschnittlichen Zuschauer-zahlen der Hinrunden für die Saison 2010/2011 und die Saison 2011/2012 ist eine Steige-rung von 15 % auf 4.246 Zuschauer pro Spiel zu erkennen. Demzufolge wird auch für die Spielzeit 2011/2012 eine absehbare erneute Steigerung erwartet.

Die signifikante Steigerung berührt nicht nur die Zuschauer-, sondern auch die TV-Werbeträgerkontakte. In den zurückliegenden zwei Jahren sind die TV-Werbeträgerkon-takte um 106 % auf 1,7 Mrd. gestiegen. Eine weitere Steigerung ist absehbar, wenn man die Hinrunden der Spielzeiten 2010/2011 und 2011/2012 betrachtet, die eine Zunahme um 169 % auf 1 Mrd. ausdrücken (Sport und Markt 2011).

Angesichts dieser Parameter und eines antizyklischen Wachstums befindet sich die Liga auf einem gutem Weg, ihr Ziel, im Jahr 2020 die stärkste nationale Basketball-Liga in Europa zu sein, zu realisieren. Diesen Platz hat derzeit die spanische Endesa-Liga (vormals ACB) inne. Doch im Gegensatz zu den ernsthaften und vergleichbaren Mitbewerbern aus

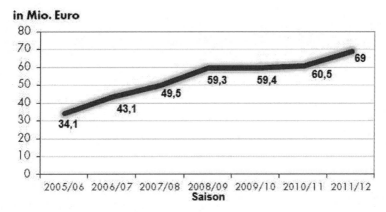

Abb. 23.16 Gesamteinnahmen der Liga

Frankreich, Italien und Griechenland weist die Beko BBL nicht nur das stärkste, sondern auch konstanteste Wachstum auf.

Literatur

AWA. (2010). *Allensbacher Markt- und Werbeträgeranalyse.* Institut für Demoskopie Allensbach.

Kotler, P., Keller, K.-L., & Bliemel, F. (2007). *Marketing-Management. Strategien für wertschaffendes Handeln* (12. aktual. Aufl.). München: Person Studium.

LiM. (2009). *Markenentwicklung der Basketball Bundesliga (BBL).* Lehrstuhl für innovatives Markenmanagement (LiM). Universität Bremen. Unveröffentlichte Studie im Auftrag der BBL (Veröffentlichung in Vorbereitung).

LiM. (2012a). *Markencontrolling-Studie. Lehrstuhl für innovatives Markenmanagement (LiM).* Universität Bremen. Unveröffentlichte Studie im Auftrag der BBL (Veröffentlichung in Vorbereitung).

LiM. (2012b). *Auswertung Markencontrolling Studie. Lehrstuhl für innovatives Markenmanagement (LiM).* Universität Bremen. Unveröffentlichte interne Auswertung.

Sport und Markt. (2011). Unveröffentlichte Studie von Sport und Markt im Auftrag der BBL.

Markenmanagement in einem Sportverband zwischen Haupt- und Ehrenamt – das Beispiel Badischer Handball-Verband e.V.

24

Thomas Könecke und Nils Fischer

24.1 Einleitung

In dieser Fallstudie wird am Beispiel des Badischen Handball-Verbandes e. V. (BHV) vorgestellt, wie Markenmanagement in einem Verband an der Schnittstelle zwischen Haupt- und Ehrenamt praktisch angegangen werden kann. Wie die meisten Sportverbände in Deutschland ist auch der BHV dadurch geprägt, dass einige Hauptamtliche und/oder Teilzeitbeschäftigte in Zusammenarbeit mit vielen Ehrenamtlichen und Vereinsvertretern die Verbandsarbeit bestreiten. Zentral ist außerdem, dass ein Sportverband nie allein „funktionieren" kann. Ein Verband repräsentiert seine Mitgliedsvereine und deren Interessen, ist Dienstleister für diese und letztendlich davon abhängig, dass die Vereine erfolgreich sind und mitarbeiten. Hieraus resultieren für den BHV verschiedene, für Verbände sehr typische Herausforderungen:

- Der BHV und seine Dienstleistungen müssen von seinen Mitgliedsvereinen sowie den Funktionären, Spielern und sonstigen Interessensgruppen als positiv und relevant wahrgenommen werden. Nur derart kann eine produktive Zusammenarbeit gelingen, ohne die das Wirken eines Verbandes für sich selbst, den Sport und seine Mitgliedsvereine ins Leere laufen muss.
- Als zentrale Organisation des Handballs in Baden fällt es dem BHV zu, dafür zu sorgen, dass der Handball als Sport in Gesellschaft, Politik und Wirtschaft positiv konnotiert und weitgehend akzeptiert ist. Gelingt dies nicht, wird die lokale und regionale Arbeit

T. Könecke (✉)
Mainz, Deutschland
E-Mail: koenecke@uni-mainz.de

N. Fischer
Karlsruhe, Deutschland
E-Mail: nils.fischer@badischer-hv.de

H. Preuß et al. (Hrsg.), *Marken und Sport,*
DOI 10.1007/978-3-8349-3695-0_24, © Springer Fachmedien Wiesbaden 2014

der Vereine nicht zielführend unterstützt, wodurch der Verband mittel- und langfristig kaum erfolgreich agieren kann.

Vor diesem Hintergrund steht die inhaltliche Arbeit des BHV unter dem Leitmotto „Attraktivität und Qualität – Handball im BHV-Verein", welches auch das „BHV-Konzept 2012–2015" prägt. Dieses Konzept beschreibt einerseits die strategischen Schritte, die unternommen wurden, um die Verbandsarbeit für die Jahre 2012 bis 2015 zukunftsorientiert zu gestalten. Außerdem werden die operativen Maßnahmen vorgestellt, die aus diesen Schritten abgeleitet wurden. Das Konzept bildet die Grundlage für diese Fallstudie, in der vor allem die hinsichtlich des Markenmanagements besonders relevanten Aspekte vorgestellt werden. Die Frage, ob der BHV selbst als „Marke" bezeichnet werden kann, soll hier jedoch nicht diskutiert werden. Es wird vielmehr dargelegt, wie in einem Verband, in dem Hauptamtliche mit vielen Ehrenamtlichen zusammenarbeiten, verschiedene Methoden aus dem strategischen und operativen Markenmanagement praktisch angewendet wurden.

24.2 Vorgehen

Am 29./30.10.2010 fand der erste von drei Strategieworkshops des BHV in der Manfred-Sauer-Stiftung in Lobbach bei Heidelberg statt. Hier versammelten sich Vertreter des Verbandes und aller ihm zugehörigen Handballkreise (lokale Untergliederungen des Handball-Verbandes) mit dem Ziel, die strategische Route des BHV für die Jahre 2012 bis 2015 auszuarbeiten, um weiterhin die Stellung als einer der führenden Handball-Verbände in Deutschland zu wahren und sich nicht auf den bestehenden Erfolgen auszuruhen. In den Jahren 2011 und 2012 folgten zwei weitere Workshops, aus denen letztendlich das „BHV-Konzept 2012–2015" resultierte.

Anlass der Workshops war die Erkenntnis, dass nur durch gemeinsames, strategisch ausgerichtetes Handeln den entscheidenden Faktoren begegnet werden kann, die das Handlungsumfeld von Sportverbänden, also auch des BHV, aktuell und absehbar prägen. Beispielhaft seien hier der demografische Wandel, die leistungssportliche Entwicklung und die Änderungen im Schul- und Hochschulsystem genannt. Die Workshops sollten den Grundstein dafür legen, die anstehenden Herausforderungen proaktiv und gestaltend anzugehen, um Chancen zu nutzen und nicht lediglich auf Entwicklungen zu reagieren. Die grundlegenden Fragen, die zur Diskussion standen, lauteten:

- Wie gestalten wir die vor uns liegende 3-jährige Legislaturperiode?
- Wie gestalten wir teamorientiert den Wandel?
- Wie können wir gemeinsam lösungsorientiert zusammenarbeiten?
- Wie gehen wir gemeinsame Lösungen an?

Das „BHV-Konzept 2012–2015" wurde dann durch ein strategisch geleitetes Vorgehen, unter Einbeziehung eines erfahrenen Unternehmensberaters mit einschlägiger Handball und Verbandserfahrung, innerhalb der 3 Workshops erarbeitet. Das Hauptaugenmerk lag dabei darauf, die knappen personellen, finanziellen und zeitlichen Ressourcen des Verbandes und der involvierten Ehrenamtlichen möglichst effizient und effektiv einzusetzen.

Im Rahmen des ersten Workshops wurden mittels einer SWOT-Analyse die Stärken und Schwächen des BHV analysiert und die sich daraus ergebenden Chancen und Risiken abgeleitet. Auf dieser Grundlage wurde gemeinsam die fünf Bausteine umfassende „Konzept-Basis" des BHV-Konzepts erarbeitet (Vision, Rahmenbedingungen, Selbstverständnis, Basis-Ziele, strategische Faktoren). Auf dieser Basis aufbauend wurden im zweiten Workshop die drei Grundsatzziele definiert, die für die Periode von 2012 bis 2015 oberste Priorität genießen sollen. Der dritte Workshop diente dann dazu, aus den bisherigen Erkenntnissen einen Maßnahmen-Katalog zur Verwirklichung dieser Grundsatzziele zu entwickeln, der als konkrete und verbindliche Leitlinie des BHV dienen soll.

24.3   SWOT-Analyse

Um die verschiedenen Blickwinkel und Erkenntnisse der an dem Workshop teilnehmenden Personen strukturiert zu bündeln und einen möglichst objektiven und von Emotionen losgelösten Blick auf das komplexe Konstrukt des BHV werfen zu können, wurde im Rahmen des ersten Workshops eine SWOT-Analyse durchgeführt. Diese diente dazu, die Stärken (Strengths), Schwächen (Weaknesses) sowie die daraus resultierenden Chancen (Opportunities) und Risiken (Threats) zu beschreiben bzw. zu veranschaulichen (zur SWOT-Analyse vgl. z. B. Müller-Stewens und Lechner 2005). Die einzelnen Aspekte wurden in einem zweiten Schritt ihrer Wichtigkeit nach in die Kategorien A, B und C eingeordnet, die folgende Bedeutung haben:

A   existenziell – Diese Punkte sind unbedingt zu beachten und ihnen ist höchste Aufmerksamkeit zu widmen.

B   wichtig – Diese Dinge dürfen nicht vernachlässigt werden und sind bei aktuellen Überlegungen mit einzubeziehen.

C   nachrangig – Diese Aspekte können beachtet werden, wenn noch Zeit dafür bleibt, im Zweifelsfall sind sie allerdings erstmal zurückzustellen.

Das Ergebnis der SWOT-Analyse ist in Abb. 24.1 zusammengefasst und wird nachfolgend näher erläutert.

24.3.1   Stärken des BHV

Zu den wichtigsten Stärken (Kategorie A) des BHV zählen die breiten- und leistungssportlichen Erfolge im Jugendbereich. Im Leistungssport ist die Grundlage hierzu die gezielte Förderung durch den Verband, aber auch das akribische Arbeiten der Spitzenvereine.

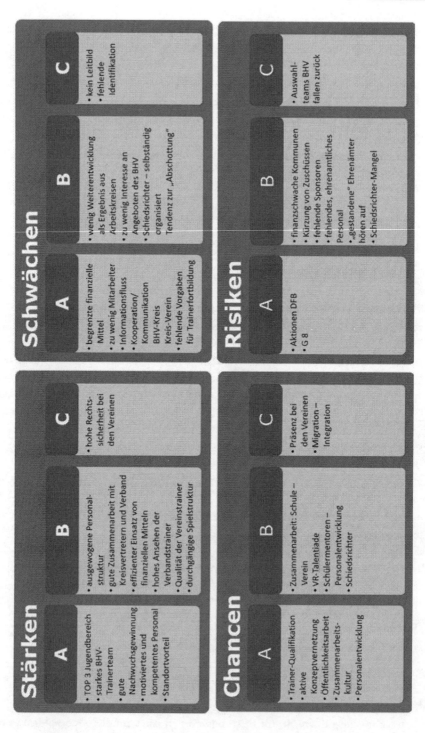

Abb. 24.1 Zusammenfassung der Ergebnisse der SWOT-Analyse

Unerlässlich hierfür sind ein starkes BHV-Trainerteam und kompetente Trainer in den Handballkreisen und Vereinen. Die stetige Qualitätssicherung erfolgt durch kontinuierliche Qualifizierungsmaßnahmen und die fachliche sowie überfachliche Weiterentwicklung des Trainerteams. Die erfolgreiche Nachwuchsgewinnung wird durch gute Kontakte des BHV zu Schulen und durch vielfältige Events und Projekte gewährleistet. Außerdem wird die Personalentwicklung im Ehrenamt durch Schülermentorenprogramme und den Einsatz von Absolventen des Freiwilligen Sozialen Jahres stetig vorangetrieben. Auf der Geschäftsstelle ist schlagkräftiges, motiviertes und kompetentes Personal beschäftigt. Ein Standortvorteil gegenüber Flächenländern ergibt sich durch das relativ kleine Verbandsgebiet des BHV und die dadurch bedingten kurzen Wege.

Zu den wichtigen, nicht zu vernachlässigenden Stärken (Kategorie B) des BHV gehört die ausgewogene Personalstruktur, die aus einem guten Verhältnis zwischen Haupt- und Ehrenamtlichen resultiert. Sehr wichtig ist auch die in der Regel gute Zusammenarbeit zwischen den Kreisen und dem Verband, die sich in der Kompetenz der Kreisvorstände und -vertreter widerspiegelt und auf einer guten Kommunikation mit den im geschäftsführenden Präsidium vertretenen Kreisen basiert. Ein effizienter Einsatz der begrenzten finanziellen Mittel wird durch ein effektives Controlling und die regelmäßige Budgetierung ehrenamtlicher Mitarbeiter erreicht. Des Weiteren genießen die Verbandstrainer auf DHB-Ebene ein hohes Ansehen und die Qualität der Vereinstrainer ist durch die hervorragenden C- und B-Traineraus- und -fortbildungen in der Spitze sehr hoch und konstant. Spieltechnisch kann der BHV sowohl im Aktiven- als auch im Jugendbereich eine durchgängige Spielstruktur aufweisen, die sich von der Badenliga, der höchsten Spielklasse im BHV, bis in die Kreisebene erstreckt.

Eine positive, aber nicht überzubewertende Tatsache (Kategorie C) ist die hohe Rechtssicherheit der Vereine, welche sich in wenigen Einsprüchen und Rechtsverfahren manifestiert und die durch die kompetente Beratung der Vereinsvertreter durch den BHV bedingt wird.

24.3.2   Schwächen des BHV

Zu den bedeutendsten Schwächen (Kategorie A) des BHV gehören, wie bei jedem gemeinnützigen Verein, die begrenzten finanziellen Mittel, die in der schwierigen Wirtschaftslage auch nicht ohne Weiteres durch Sponsoren aufgebessert werden können. Darüber hinaus werden noch mehr Mitarbeiter benötigt, wobei für viele Posten keine Stellenbeschreibungen existieren und die Tätigkeitsinhalte unklar sind. Weiterhin gibt es Mängel im Informationsfluss, da häufig nicht die korrekten Empfänger angesprochen werden (können) und ein gewisser Informationsoverflow herrscht, was sicherlich auch einer der Gründe dafür ist, dass sich Terminplanung und -umsetzung oft äußerst schwierig gestalten. Allgemein ist die Kommunikation auf verschiedenen Ebenen als kritisch anzusehen. So ist der Informationsfluss zwischen BHV und den Kreisen wegen mangelnder Zeit- und Personalressourcen problematisch, ebenso wie die Kommunikation zwischen dem Verband/ den Kreisen und den Vereinen, da hier häufig auch die Ansprechpartner nicht bekannt sind beziehungsweise die Kontaktdaten fehlen. Zwischen den Handballkreisen kommt es mitunter zu Konkurrenzdenken und einer bewussten oder unbewussten Abschottung gegeneinander. Bezüglich der Trainerfortbildung im Jugendbereich fehlen verbindliche Vorgaben, es gibt keine zeitliche Planung und es wird häufig einfach die „alte" Methode angewandt.

Eine zwischen den Kategorien A und B anzusiedelnde Schwäche ist die Tatsache, dass aus den bisherigen Arbeitskreisen/Workshops keine bzw. nur wenige Veränderungen und Weiterentwicklungen resultierten. Dies kann auch aus den zeitlichen Möglichkeiten und sonstigen Kapazitäten der ehrenamtlichen und angestellten Mitarbeiter des BHV resultieren, die sehr unterschiedlich sind und die konkrete Umsetzung einer großen Anzahl von Maßnahmen erschweren.

Zu den im weiteren Vorgehen sicherlich zu berücksichtigenden Schwächen (Kategorie B) gehört das geringe Interesse an einigen wichtigen vom BHV offerierten Angeboten hinsichtlich Aus- und Fortbildungen, was u. a. vielleicht dem damit einhergehenden großen zeitlichen Engagement geschuldet ist. Nicht vernachlässigt werden darf hier auch das „Eigenleben" der Schiedsrichter, die in einer Art „geschlossener Gesellschaft" verharren.

Die einzigen Schwächen der Kategorie C wurden darin gesehen, dass kein Leitbild existiert und eine fehlende Identifikation mit dem Verband vorherrscht, da sich die Spieler und Funktionäre vor allem mit ihren Vereinen, nicht aber mit dem Verband identifizieren.

Zum letzten Absatz sei eine kritische Anmerkung der Autoren erlaubt:
Aus Sicht des Markenmanagement ist es sehr problematisch, dass diese Schwächen in die Kategorie C eingeordnet wurden. Wie allerdings zu sehen sein wird, kamen der Entwicklung eines Leitbildes sowie der Förderung der Identifikation mit dem Verband beim weiteren Vorgehen eine hohe Bedeutung zu. So steht das gesamte „BHV-Konzept 2012–2015" unter dem Motto „Attraktivität und Qualität – Handball im BHV-Verein", was gerade darauf hinweist, dass der fehlenden Identifikation begegnet werden sollte. Außerdem wurde der Themenbereich „Image/Ruf" als eines von drei Grundsatzzielen für die Jahre 2012 bis 2015 ausgegeben (vgl. Abschn. 24.5), was ebenfalls deutlich macht, dass die hier vorgenommene Einstufung in Kategorie C nicht der Priorisierung bei der weiteren Arbeit entsprach.

Zu erklären ist diese Unstimmigkeit mutmaßlich vor allem dadurch, dass zwischen den einzelnen Workshops jeweils ca. ein Jahr lag. Es zeigt sich also, dass durch andauernde Beschäftigung mit den Zielen und der strategischen Ausrichtung des BHV dessen Positionierung im Sinne eines Markenmanagements, für das ein Leitbild und die Identifikation mit dem Verband elementar sind, zunehmend an Bedeutung gewann. Außerdem wird deutlich, dass Findungsprozesse, die ein zentraler Aspekt eines umfassenden Markenmanagements sind, einer gewissen Dynamik unterliegen. Für Sportverbände kann dies aufgrund der vielen verschiedenen Interessensgruppen sowie der komplexen und i.d. R zeitintensiven Entscheidungsprozesse in besonderem Maße gelten.

24.3.3 Chancen des BHV

Eine der entscheidenden Chancen (Kategorie A) des BHV liegt in den Qualifizierungsmaßnahmen für die Trainer im Verbandsgebiet des BHV, die durch die Geschäftsstelle eine professionelle Begleitung erfahren und durch eine aktive Konzeptvernetzung zwischen

BHV, Kreisen und Vereinen fortlaufend weiterentwickelt werden. In der Öffentlichkeitsarbeit können sicherlich noch Meilensteine durch das Einbringen neuer Strukturen der Zusammenarbeit, beispielsweise im Internet, erreicht werden. Genauso kann eine starke Intensivierung der „Zusammenarbeitskultur" zwischen den 3 Bereichen (BHV, Kreise, Vereine) den Verband nachhaltig stärken. Weiterhin ist die Personalentwicklung mit ihren attraktiven Konzepten eine große Chance für den BHV, sich hier in Zukunft von anderen Verbänden und Sportarten positiv abzusetzen. (Speziell FSJ, Schülermentoren und andere Elemente der Nachwuchsgewinnung werden als besonders relevanten Bereiche der Personalentwicklung nachfolgend in Kategorie B sogar noch einmal als gesonderter Punkt aufgeführt.)

Eine relevante Chance (Kategorie B) stellt u. a. die Zusammenarbeit zwischen den Vereinen und Schulen dar, die in dem Grundschulaktionstag und etlichen Kooperationen gipfelt, wodurch der Handballsport in den Schulen vorgestellt und vorangebracht werden kann. Eine weitere Chance, die wegbereitende E-Jugend-Zielgruppe anzusprechen, ist die VR-Talentiade, die in Zukunft in die Netzwerkarbeit mit den Schulen eingebunden werden kann. Die FSJler, BFDler und Schülermentoren sind ein wichtiger Baustein des Personalentwicklungsprojekts, da diese kurzfristig an Aufgaben als Übungsleiter oder Trainer herangeführt werden sollen. Mittel- bis langfristig sollten sie dann ebenfalls als Mitarbeiter der Vereine, Kreise oder des BHV gewonnen werden können. Ein weiterer hoffnungsvoller Aspekt sind die Schiedsrichter, allerdings unter der Voraussetzung, dass ein griffiges Konzept existiert, um die Schiedsrichtersituation in Zukunft gezielt auszubauen.

Grundlegende Chancen (Kategorie C) ergeben sich aus der übersichtlichen Größe des Verbandsgebietes, welches eine große Nähe zu den Vereinen ermöglicht, die kaum ein anderer Verband bieten kann, sowie aus den Problemen der Migration und Integration, die zu den zentralen Zukunftsthemen der Politik in Bund und Ländern zählen.

24.3.4 Risiken des BHV

Eines der zwei größten Risiken (Kategorie A) ist in den Aktivitäten des „großen Bruders" Fußball zu sehen, der mit der Männer- und vor kurzem auch mit der Frauenfußballweltmeisterschaft große Aufmerksamkeit und ein immenses Medieninteresse erregt hat. Die andere existenzielle Bedrohung stellt der Nachmittagsunterricht im Rahmen der Ganztagesschulen und des G8 dar, worunter die Zeitressourcen für das Handballtraining leiden.

Zu den weiteren Risiken, denen der Verband offen begegnen muss (Kategorie B), gehören die Finanzschwäche der Kommunen und die damit einhergehenden steigenden Hallenkosten. Es ist auch mit geringer ausfallenden Förderungen und Zuschüssen vom Land, den Verbänden und den Sportbünden zu rechnen. Ebenso gibt es ein Sponsorenproblem, das auf eine nicht ausgeprägte Akquise, auf die wirtschaftliche Lage und auch auf die Attraktivität des Verbandes zurückzuführen ist. Außerdem ist ein Mangel an ehrenamtlichem Personal zu befürchten, da die Bereitschaft hierzu wegen beruflicher Belastungen und einem geänderten Freizeitverhalten sinkt. Gleichzeitig hören immer mehr

Abb. 24.2 Grundlagen
BHV-Konzept

„gestandene" Ehrenamtliche auf, was genauso wie der Schiedsrichtermangel ein Gefährdung für den BHV darstellt.

Ein Risiko der Kategorie C ist das drohende Zurückfallen der BHV-Auswahlteams im
nationalen und internationalen Vergleich, da die Masse an Spielern fehlt und die Qualität
der Ausbildung in vielen Vereinen zu wünschen übrig lässt.

24.4 Konzept-Basis

Aufbauend auf der SWOT-Analyse ist die Konzept-Basis die zweite große Säule des BHV-
Konzepts (Abb. 24.2). Diese Konzept-Basis setzt sich aus fünf miteinander verwobenen
Bausteinen zusammen. Im Einzelnen sind dies die Vision(en) für die zukünftige Entwicklung des Verbandes, die relevanten Rahmenbedingungen und das Selbstverständnis, die
Basis-Ziele sowie strategische Faktoren. Aus diesen fünf Bausteinen werden später die
drei BHV-Grundsatzziele (Abschn. 24.5) und die zur Realisierung der Ziele notwendigen
konkreten Maßnahmen (Abschn. 24.6) abgeleitet.

24.4.1 Vision

Bei den in der Abb. 24.3 dargestellten Punkten handelt es sich um die in dem ersten Workshop zusammengetragenen Visionen. Eine Vision ist dabei eine Vorstellung, wie sich die
Entwicklung des BHV im Idealfall vollziehen kann.

Abb. 24.3 Visionen des BHV

24.4.2   Rahmenbedingungen

Bei den Rahmenbedingungen, die die Arbeit des BHV in gewissen Bahnen hält und diese auch begrenzt, muss unterschieden werden in „Prämissen" und „Ressourcen" (Abb. 24.4). Prämissen sind dabei unumgängliche Regeln, seien sie gesetzlich vorgegeben, durch Satzungen geregelt oder einfach eine ganz klare Moralvorstellung, die der BHV so vertritt. Die Ressourcen sind die Personen sowie die Finanz- oder Sachmittel, auf die bei der Verwirklichung der Visionen zurückgegriffen werden kann.

24.4.3   Selbstverständnis

Das Selbstverständnis des Verbandes ist eng mit den Prämissen aus Abb. 24.4 verbunden. So haben gewisse Prämissen Einfluss auf das Selbstverständnis und umgekehrt. Hier wurde unterteilt in drei Bereiche (Abb. 24.5). „Eigencharakterisierung/Selbstbeschreibung" bezieht sich konkret auf die Eingliederung des BHV in die Sport-/Handballwelt. „Schlüsselbegriffe" kennzeichnen die Punkte, die den BHV seinem Selbstverständnis nach auszeichnen. Aufgeführten „Werte" möchte der BHV mit Hilfe der als Schlüsselbegriffe aufgeführten Eigenschaften in seinem Handlungsfeld verwirklichen.

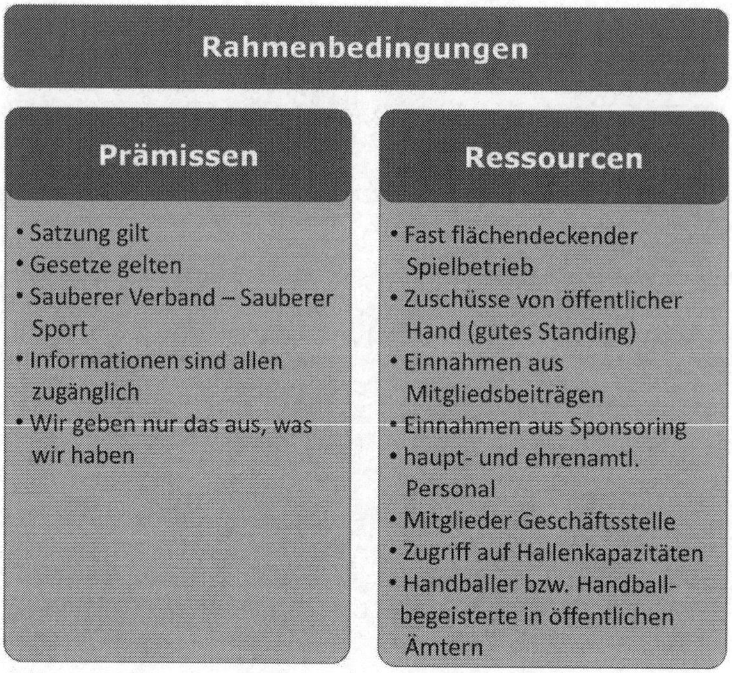

Rahmenbedingungen

Prämissen

- Satzung gilt
- Gesetze gelten
- Sauberer Verband – Sauberer Sport
- Informationen sind allen zugänglich
- Wir geben nur das aus, was wir haben

Ressourcen

- Fast flächendeckender Spielbetrieb
- Zuschüsse von öffentlicher Hand (gutes Standing)
- Einnahmen aus Mitgliedsbeiträgen
- Einnahmen aus Sponsoring
- haupt- und ehrenamtl. Personal
- Mitglieder Geschäftsstelle
- Zugriff auf Hallenkapazitäten
- Handballer bzw. Handballbegeisterte in öffentlichen Ämtern

Abb. 24.4 Rahmenbedingungen des BHV

24.4.4 Basis-Ziele

Ziele sind grundsätzlich dazu da, um verwirklicht zu werden. Daher müssen diese häufig in verschiedenen Ebenen erarbeitet werden, um schließlich operationalisierbar zu sein. Im Rahmen der Konzeptbasis wurden die „Basis-Ziele" des BHV herausgearbeitet (Abb. 24.6). Diese dienten später dazu, die Grundsatzziele (Abschn. 24.5) zu definieren, aus denen konkrete Maßnahmen (Abschn. 24.6) abgeleitet wurden.

24.4.5 Strategische Faktoren

Die „strategischen Faktoren" (Abb. 24.7) umfassen einerseits die „Alleinstellungsmerkmale" des BHV, die den Verband aus Sicht seiner Mitglieder und anderer Interessensgruppen wichtig und attraktiv machen. Diese Besonderheiten müssen dauerhaft, verteidigbar und vor allem wahrnehmbar sein, da sonst der Nutzen sehr begrenzt ist. Das „Motto des Handelns" beschreibt andererseits, wie die Umsetzung der operativen Maßnahmen erfolgen soll.

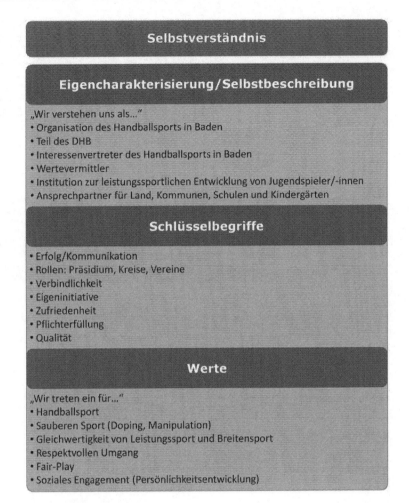

Abb. 24.5 Selbstverständnis des BHV

24.5 Grundsatzziele

Bei der Operationalisierung von Zielen, welche sich Sportorganisationen setzen, ist es wichtig, dass diese in der vorgesehenen Zeit mit den zur Verfügung stehenden Mitteln erreichbar und auch für alle relevanten Personen verständlich sind. Insbesondere bei der Arbeit in einem Verband, der begrenzte Ressourcen verwalten und mit einem überschaubaren Mitarbeiterstab und vielen Ehrenamtlichen, die nicht immer zur Verfügung stehen können, agieren muss, ist es dabei entscheidend, „gekonnt verzichten zu können" und sich auf die entscheidenden, wesentlichen Ziele zu konzentrieren. Vor diesem Hintergrund

Abb. 24.6 Basis-Ziele des
BHV

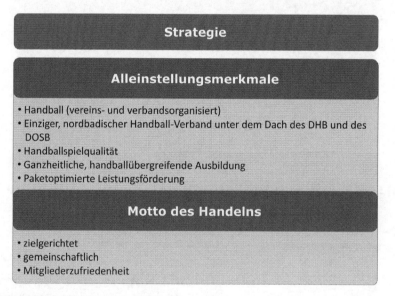

Abb. 24.7 Strategische Faktoren des BHV

wurden im Rahmen des zweiten Workshops auf der Grundlage der SWOT-Analyse und der vielen „Basis-Ziele" (Abschn. 24.4.4), die als Teil der Konzept-Basis zusammengestellt worden waren, die drei wichtigsten Grundsatzziele abgeleitet, die bis zum Jahre 2015 die Agenda des BHV bestimmen sollen. Diese lauten:

1. Handball als Nr. 1 im Breitensport der Hallensportarten im Einzugsgebiet des BHV zu etablieren bzw. zu behaupten.

Abb. 24.8 Grundsatzziele 1 und 2 des BHV mit Unterzielen

2. Den bisherigen Erfolg im Leistungssport zu erhalten bzw. auszubauen.
3. Das Image, den „Ruf", des BHV zu schärfen und den Verband im Sinne eines Markenmanagements klar nach innen und außen zu positionieren. Hierbei sollen insbesondere drei Felder im Fokus der operativen Maßnahmen stehen: Bekanntheit, Beliebtheit, Offenheit/Zugänglichkeit.

Diese drei Grundsatzziele wurden in überprüfbaren Unterzielen konkretisiert, welche wiederum in operative Maßnahmen überführt wurden, die in den Jahren 2012 bis 2015 umgesetzt werden sollen. Abbildung 24.8 fasst diese Unterziele der ersten beiden Grundsatzziele zusammen.

Da der Schwerpunkt dieser Fallstudie auf der Anwendung von Werkzeugen des Markenmanagements in einem Verband liegt, werden die Unterziele und operativen Maßnahmen für diese ersten beiden, sehr „produktorientierten" Grundsatzziele nicht weiter vertieft. Nachfolgend wird vielmehr dargelegt, in welche operativen Maßnahmen die in Abb. 24.9 dargestellten Unterziele des dritten, für das operative Markenmanagement besonders bedeutenden Grundsatzziels „Image/Ruf" überführt wurden.

Anmerkung der Autoren zu diesem Kapitel:

Die Auswahl und Formulierung sowie die Zergliederung der Grundsatzziele in Unterziele beanspruchte neben der Ausarbeitung des Rollenverständnisses den gesamten zweiten Workshop. Dies zeigt, dass hier ein Aushandlungs-, Priorisierungs- und Konkretisierungsprozess stattfand, der offensichtlich nicht leicht war und der sehr wesentlich davon geprägt wurde, wie die einzelnen Akteure in ihrem Handeln wahrgenommen werden möchten (Rollenverständnis).

Festzuhalten ist in diesem Zusammenhang, dass es für einen Sportverband als unerlässlich angesehen werden kann, gerade diejenigen Prozesse mit großer Sorgfalt zu gestalten, bei denen es darum geht, das Selbstverständnis und die gewünschte Fremdwahrnehmung des Verbandes und seiner Mitglieder mit deren erwünschten Zielen in Einklang zu bringen. Gelingt es an dieser Schnittstelle nicht, aus den vorher angewandten eher strategischen Werkzeugen Schlüsse zu ziehen, die auf einem breiten Konsens in Verband und Mitgliedsvereinen basieren, werden die im Anschluss formulierten operativen Maßnahmen (insbesondere beim Auftreten von Schwierigkeiten) mit großer Wahrscheinlichkeit weder von den wesentlichen Interessensgruppen getragen noch mit der notwendigen Überzeugung umgesetzt.

Abb. 24.9 Grundsatzziel 3
mit Unterzielen

24.6   Operative Maßnahmen für das Grundsatzziel „Image/Ruf"

Wie bereits erwähnt, wurden aus den Grundsatzzielen und deren Unterzielen operative
Maßnahmen abgeleitet, die in den Jahren 2012 bis 2015 dazu beitragen sollen, die ge-
steckten Ziele zu erreichen (Abb. 24.9). Bei deren Formulierung flossen neben den Grund-
satz- und Unterzielen viele weitere der bisher dargelegten Erkenntnisse und Vorgaben ein.
Die Maßnahmen wurden in die Prioritäten 1 (höchste Priorität) bis 3 (geringere Priorität)
eingeordnet, welche sich aus der Dringlichkeit der jeweiligen Maßnahme und dem zur
Umsetzung notwendigen Vorlauf bzw. Ressourcenaufwand ergab. Ferner wurde unterschieden, ob die Maßnahmen den Bereichen Sport, Organisation oder Personal zuzuordnen sind. Die für das Grundsatzziel 3, Image/Ruf, erarbeiteten operativen Maßnahmen,
deren Prioritäten sowie Zuordnung zu den drei genannten Bereichen sind in Abb. 24.10
zusammengefasst und werden nachfolgend umfassender erläutert.

24.6.1   Priorität 1 – Maßnahmen mit höchster Priorität

Die VR-Talentiade ist eine gute Möglichkeit, das Image des Hadballs als visionäre, zu-
kunftsweisende Sportart weiterzuentwickeln. Mit ihrer Hilfe kann die Wichtigkeit gewisser Ausbildungsinhalte, die bisher häufig ein Schattendasein im Kindertraining führten, in
den Köpfen verankert und damit auch der allgemeine Nutzen des Handballtrainings für
die Bewegungsentwicklung der Kinder erhöht werden. Um hier erfolgreich zu sein, muss
die Verbesserung der VR-Talentiade zielstrebig vorangetrieben werden, wodurch auch ihr
Ansehen bei den BHV-Vereinen und Funktionsträgern gesteigert werden dürfte. Derart
soll die Akzeptanz dieser tollen Veranstaltungsserie erhöht und diese im Badischen Handball etabliert werden.

Um das Image des Handballs zeitgerecht zu gestalten, ist es wichtig, die Bedürfnisse
der Gesellschaft zu berücksichtigen, weshalb Beachhandball in der Zukunft eine bedeutsame Rolle spielen kann. In der heutigen Zeit besteht eine Tendenz zu Trendsportarten,
die gerade im Bereich der drop-out-gefährdeten Jugendlichen und jungen Erwachsenen
deutlich ausgeprägt ist. Im Volleyball haben sich bereits Beachvolleyball-Veranstaltungen
als regelrechte Lifestyle-Events erfolgreich durchgesetzt. Beachhandball bietet sicherlich
die Voraussetzungen, um ebenfalls in dieser Nische aktiv zu werden.

Durch die Veröffentlichung der ersten realistischen Handball-Videospiele bietet sich
durch E-Handball die Möglichkeit, das revolutionäre Image des BHV intensiv voranzu-

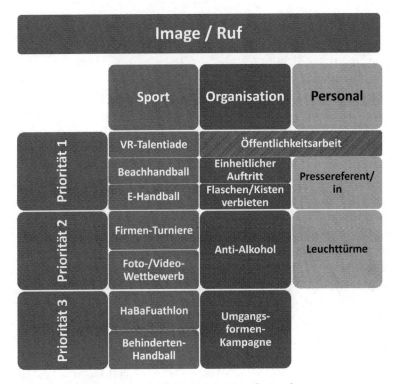

Abb. 24.10 Maßnahmenkatalog zur Realisierung von Grundsatzziel 3

treiben. Die Ausrichtung eines ersten offiziellen Verbands-Pokals mit einer elektronischen Handball-Variante wäre sicherlich eine visionäre und imageprägende Veranstaltung.

Die Öffentlichkeitsarbeit des BHV kann deutlich professionalisiert werden. Hier ist es wichtig, die Kontakte zu den Medien zu intensivieren, und somit die Veröffentlichung einer größeren Anzahl von Artikeln des BHV zu erreichen. Ein wichtiger Schritt hierzu ist es, eine/n Pressereferent/in einzusetzen, wobei dieses Amt dann unbedingt auch aktiv wahrgenommen werden muss.

Nicht nur auf die mediale Außendarstellung bezogen muss im BHV ein einheitlicher Auftritt gewährleistet sein (d. h. etwa Corporate Design mit einheitlichem Briefpapier und gleichem Homepagedesign des BHV und der Handballkreise). Von großer Bedeutung ist hier auch die einheitliche Kommunikation zwischen BHV und den Kreisen. Nur wenn diese dieselbe Ansicht gegenüber den Vereinen vertreten, ist dem Verband und den Kreisen deren volle Unterstützung sicher.

Eine eigentlich einfach zu verwirklichende Maßnahme sollte die Verbannung von Flaschen/Kisten aus den Handballhallen darstellen. Noch ist es häufig üblich, dass Glasflaschen in Hallen geduldet und sogar verkauft werden.

24.6.2 Priorität 2 – Maßnahmen mit mittlerer Priorität

Durch Firmen-Turniere kann es gelingen, den Handballsport für die Zielgruppe ehemaliger Handballer, die nicht mehr aktiv sind, aber gerne hin und wieder ein Turnier spielen würden, attraktiv zu machen. Damit kann diese Personengruppe idealerweise wieder an den Handballsport gebunden und die Wahrscheinlichkeit eines Engagements im Verein oder im Verband erhöht werden. Des Weiteren kann die Nähe zu den Firmen genutzt werden, um die Präsenz des Handballs hier zu steigern, und den BHV als potenziell zu unterstützende Organisation ins Gespräch zu bringen.

Durch beeindruckende Aktionen, blitzschnelle Bewegungen und spektakuläre Tore ist Handball eine der medial attraktivsten Sportarten, was ausgenutzt werden soll. Mit einem Foto-/Video-Wettbewerb, an dem jeder im BHV teilnehmen kann, ist es möglich, dieses faszinierende Spiel publikumswirksam zu präsentieren, da die Teilnehmer sich möglichst kreativ mit Handballsport auseinandersetzen werden.

Eine der wichtigsten Aufgaben des Sports ist seine Vorbildfunktion. Deshalb ist es aus Sicht des BHV wichtig, die seinem Selbstverständnis entstammenden Werte „Sauberer Sport" und „Soziales Engagement" (vgl. Abschn. 24.4.3) auch nach außen zu vertreten und das Thema „Anti-Alkohol" aufzugreifen. Hier geht es sowohl um die Spieler, die vor allem gegenüber Kindern und Jugendlichen ihrer Verantwortung gerecht werden müssen, als auch um den Wirtschaftsbetrieb in den Hallen.

Im personellen Bereich muss es gelingen, die im BHV vorhandenen Leuchttürme wie Nationalspieler Uwe Gensheimer und Patrick Groetzki in die Verbandsarbeit und -kommunikation zu integrieren.

24.6.3 Priorität 3 – Maßnahmen mit geringerer Priorität:

Sein Image als Innovator in der deutschen Sportlandschaft kann der BHV auch mit aufmerksamkeitserregenden Projekten im sportartübergreifenden Bereich ausbauen. HaBa-Fuathlon könnte eine Turnierform darstellen, bei der die drei Sportarten Handball, Basketball und Fußball vermischt werden, und die für Teilnehmer aller Sportarten/-verbände offen ist. Nebenbei wären die Handballer als Allroundsportler hierin sicherlich sehr erfolgreich und es könnte gelingen, die Sportart auch im Fußball und Basketball in den Trainingsbetrieb zu integrieren.

Um dem Wert „Soziales Engagement" (vgl. Abschn. 24.4.3) gerecht zu werden, soll der Behinderten-Handball von Menschen mit körperlicher und geistiger Behinderung gefördert werden. Erstrebenswerte Schritte sind hier ein erstes Turnier im Rollstuhl-Handball und die Vergrößerung der Mannschaftszahl an integrativen Teams.

Die Umgangsformen in den Hallen beeinflussen das Image des Handballs häufig negativ. Hier geht es in erster Linie um die Kommunikation zwischen Eltern und Kindern sowie zwischen Zuschauern und Schiedsrichtern, die teilweise nicht in akzeptalber Form erfolgt und mit einer Kampagne angesprochen und verbessert werden soll.

24.7 Schlussbemerkungen

Einleitend soll hier noch einmal an das dem „BHV-Konzept 2012–2015" zugrunde liegende Leitmotiv „Attraktivität und Qualität – Handball im BHV-Verein" erinnert werden, das die besondere Situation eines Sportverbandes bei der Anwendung von Werkzeugen des Markenmanagements sehr gut illustriert. Der Verband ist Repräsentant, Dienstleister und Wegbereiter seiner Vereine, jedoch auch in hohem Maße von diesen abhängig, da er letztendlich sehr wesentlich durch die Vereine bzw. deren Funktionäre und Spieler wahrgenommen wird und nur mit diesen bzw. durch deren Mitarbeit erfolgreich sein kann. Folglich resultiert für einen Sportverband aus diesem Zusammenhang die besondere Herausforderung, einen hinreichend großen Teil der Haupt- und Ehrenamtlichen auch außerhalb des Verbandes für eine strategische Positionierung und ein aktives Markenmanagement zu gewinnen.

Somit ist, wie am Beispiel des Badischen Handball-Verbandes e. V. dargestellt, ein Vorgehen notwendig, das sämtliche Interessensgruppen einbindet. Diese müssen die Möglichkeit haben, sich beim Herausarbeiten wesentlicher Punkte, wie z. B. des Selbstverständnisses, von Visionen und Zielen, einzubringen. Auch sollten sie bei der Anwendung analytischer Werkzeuge (wie z. B. der SWOT-Analyse) mitwirken. Schließlich muss ihre Meinung nach der strategischen Grundlagenarbeit auch bei der Überführung dieser Überlegungen in operative Maßnahmen hinreichend berücksichtigt werden.

Zusammenfassend kann festgehalten werden, dass das Beispiel des Badischen Handball-Verbandes e. V. zeigt, dass aktives Markenmanagement inzwischen auch im Verbandswesen betrieben wird. Wie in hochprofessionalisierten Fußballunternehmen mit entsprechendem Personal wird auch hier vor dem Hintergrund mittel- und langfristiger gesellschaftlicher und anderer Entwicklungen immer häufiger strategisch agiert und nicht mehr lediglich (personengebunden) reagiert. Anders als in Wirtschafts- oder Sportunternehmen muss jedoch den Besonderheiten der deutschen Sportlandschaft mit ihrer Verquickung von Ehrenamt und Professionalisierungsdruck konsequent Rechnung getragen werden, um zielgerichtetes Handeln initiieren zu können. Außerdem haben Verbände eine besondere Rolle, da sie praktisch über keine eigenen Mannschaften verfügen, wenn von Jugendauswahlmannschaften abgesehen wird, die aus Vereinsspielern für wenige Spiele zusammengesetzt werden. Somit sind sie, insbesondere vor dem Hintergrund eines aktiven Markenmanagements, vor allem für Außenstehende schwer „greif- bzw. erlebbar". Deutlich wird an dem hier vorgestellten Beispiel, dass zukunftsorientiert agierende Sportverbände ihre Entwicklung vor dem Hintergrund dieser Zusammenhänge strategisch angehen und ihre Zukunft mit ausgewählten Werkzeugen des Markenmanagements aktiv zu gestalten versuchen.

Literatur

Müller-Stewens, G., & Lechner, C. (2005). *Strategisches Management: Wie strategische Initiativen zum Wandel führen* (3., aktualis. Aufl.). Schäffer-Poeschel Verlag.

Ruben Püschel

25.1 Einleitung

Gesundheit ist in allen Industriegesellschaften ein wachsender Wirtschaftsmarkt. Die demografische Entwicklung und die steigende Zahl von Zivilisationskrankheiten lassen die Bereiche Medizin und Fitness immer weiter zusammenwachsen. Dabei kommt der „Prävention durch Bewegung" eine hohe Bedeutung zu. In der „body LIFE Branchenstudie 2005/2006" gaben auf die Frage nach der Ausrichtung der Fitnessclubs 70,3 % der interviewten Clubs an, sich gesundheits- und medizinorientiert am Markt zu positionieren (body LIFE Branchenstudie 2006). Dieser Anteil wuchs im Jahr 2007 passend zu der genannten Entwicklung sogar auf fast 75 % der Clubs an (body LIFE Branchenstudie 2007). Erstaunlicherweise waren es laut der body LIFE Branchenstudie 2010/2011 nur noch 34,8 % der Befragten, die angaben, sich gesundheits- und medizinorientiert am Markt zu positionieren (body LIFE Branchenstudie 2011), obwohl Deloitte (2012) in der Studie zum deutschen Fitnessmarkt 2012 als wesentlichen Trend eine weiter zunehmende Gesundheitsorientierung der Bevölkerung und ein steigendes Qualitätsbewusstsein der Kunden sieht. Der Anteil der Fitness-Studios, die keine spezielle Ausrichtung haben, ist von 6,3 % im Jahr 2005 (body LIFE Branchenstudie 2006) auf 49,9 % in 2010 (body LIFE Branchenstudie 2011) gestiegen. Begründet wurde dies von den befragten Studiobesitzern mit dem wirtschaftlichen Druck und der besseren Kompensationsmöglichkeit des steigenden Konkurrenzdrucks (body LIFE Branchenstudie 2011). Doch gerade diese Konkurrenzsituation fordert eine klare Positionierung. Und so sieht auch Deloitte (2012) in der Studie zum deutschen Fitnessmarkt 2012 einen der wesentlichen Trends in der weiteren Ausdifferenzierung der Angebote und der Notwendigkeit einer eindeutigen Positionierung am Markt.

R. Püschel (✉)
Oppenheim, Deutschland
E-Mail: ruben.pueschel@email.de

H. Preuß et al. (Hrsg.), *Marken und Sport,*
DOI 10.1007/978-3-8349-3695-0_25, © Springer Fachmedien Wiesbaden 2014

In diesem Beitrag soll aufgezeigt werden wie sich Fitness-Studios als (Dienstleistungs-) Marke so positionieren, dass sie als Gesundheitsdienstleister wahrgenommen werden und die spezielle Ausrichtung dadurch auch einen Beitrag zur Abgrenzung vom Wettbewerb leistet.

25.2 Begriffsbestimmungen

25.2.1 Fitness-Studio

In Anbetracht des sehr heterogenen Marktes und fehlender beziehungsweise uneinheit- licher Definitionen von Fitness-Studios, hat „Deloitte", in Zusammenarbeit mit dem DSSV (Deutscher Sportstudio Verband) und dem DIFW (Deutscher Industrieverband für Fitness und Wellness) erstmals einheitliche Kategorien zur Einteilung aller Studios in Deutschland formuliert und damit vergleichbare Messgrößen und Definitionen ge- schaffen. Fitness-Studios werden demnach in gemischte Studios, Multifunktionsanlagen, Frauen-Studios, wellness-fokussierte Fitnessanlagen sowie Budo- und Racketsportanlagen unterteilt (vgl. Deloitte 2004).

Der Begriff des Fitness-Studios soll hier über das Angebot des Studios definiert werden, da es die spezielle (Dienst-)Leistung ist, die Fitness-Studios als Anbieter im Gesundheits- markt qualifiziert. In der Angebotsstruktur deutscher Fitnessanlagen liegt das Krafttrai- ning und das Ausdauertraining auf den vordersten beiden Plätzen (vgl. body LIFE Bran- chenstudie 2011) und entspricht damit dem Angebot, wie es die Kategorisierung von De- loitte, DSSV und DIFW für die Definition der „Gemischten Anlage" vorsieht.

Ein Fitness-Studio soll hier als kommerzieller Anbieter von Kraft- und Ausdauertrai- ning verstanden werden. Weitere Angebote sollen durch dieses Verständnis nicht aus der möglichen Leistungspalette eines Fitness-Studios ausgeschlossen werden, sie stellen aller- dings mehr ein Zusatzangebot dar. Im Folgenden werden die Begriffe „Fitness-Studio", „Fitnessanlage" und „Fitnessclub" synonym verwendet.

25.2.2 Gesundheitsdienstleister

In den führenden Fachzeitschriften der Fitnessbranche ist der Begriff des Gesundheits- dienstleisters mittlerweile ein gängiger Terminus (siehe beispielhaft: Hodyas 2007; Wolff 2006; Hartmann 2006), der nahezu selbstverständlich und ohne genauere Begriffserläute- rung verwendet wird. Im gewöhnlichen Sprachgebrauch wird der Begriff „Gesundheits- dienstleistung" mit einer heterogenen Fülle von Dienstleistungen in Verbindung gebracht. Nach Lindl (2005) erstrecken sich diese Dienstleistungen von Krankenhausleistungen über ambulante medizinische und zahnmedizinische Versorgung, Rehabilitations- und Altenpflegeleistungen sowie Krankengymnastik und alternativmedizinische Leistungen bis hin zu Beratungs- oder Vorsorgeleistungen.

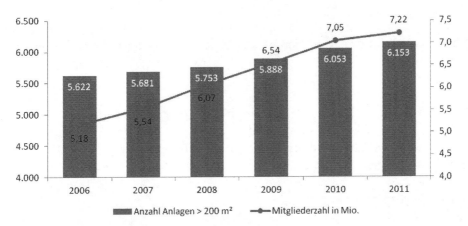

Abb. 25.1 Anlagen- und Mitgliederentwicklung seit 2006. (Quelle: Deloitte 2012)

Grundsätzlich besteht die Gemeinsamkeit dieser heterogenen Fülle von Leistungen darin, was für diese Arbeit auch als Begriffsverständnis eines Gesundheitsdienstleisters gilt, dass es sich um eine personenbezogene Dienstleistung handelt, die durch die Interaktion von Leistungserbringer (Produzent) und Leistungsempfänger beziehungsweise Patient (Konsument) erbracht wird und dabei stets die Erhaltung, Wiederherstellung oder Verbesserung des individuellen Gesundheitszustandes des Leistungsempfängers zum Ziel hat (vgl. Oberender und Hebborn 1998).

Um die Motivation von Fitnessstudios, sich als Gesundheitsdienstleister zu positionieren, analysieren zu können, sollen zunächst die Rahmenbedingungen des Marktes beschrieben werden.

25.3 Rahmenbedingungen des relevanten Marktes

25.3.1 Entwicklung der Fitnessbranche

Schon in der „Focus Medialine Studie" (2005) zum Fitnessmarkt 2005 wurde der Fitnessbranche attestiert, sie gehöre in Zeiten allgemeiner wirtschaftlicher Unsicherheit zu den krisenfesten Wirtschaftszweigen, die auch in Zukunft weiter wachsen werden. So ist es nicht verwunderlich, dass sich die Fitnessbranche auch im Jahr 2011 weiter gut entwickelte, wie die Zahlen in Abb. 25.1 verdeutlichen. Im Jahr 2011 waren es 6.153 Studios im deutschen Fitnessmarkt. Die Anzahl der Mitglieder lag im gleichen Zeitraum bei etwa 7,22 Mio., das sind 8,8 % der deutschen Bevölkerung. Der durchschnittliche jährliche Mitgliederzuwachs in der Zeit von 2006 bis 2011 lag bei 6,9 %, das sind über 2 Mio. Mitglieder mehr als im Jahr 2006 (vgl. Deloitte 2012).

Durch die steigende Zahl der Fitness-Studios steigt letztendlich auch die Wettbewerbsintensität. Gleichzeitig sind große Ähnlichkeiten in dem Leistungsangebot der Unternehmen erkennbar, was die Unternehmen untereinander austauschbarer werden lässt. Eine klare und transparente Positionierung der Anbieter wird dadurch immer bedeutsamer (vgl. Deloitte 2012).

25.3.2 Wachstumsmarkt Gesundheit und „Zweiter Gesundheitsmarkt"

Gesundheit gilt als Megatrend, als Wachstumsmarkt und Jobmotor der Zukunft. Der Gesundheitsmarkt gehört zu den Branchen, die weltweit am schnellsten wachsen (vgl. Münchner Rück 2006). Das steigende Gesundheitsinteresse wird durch die demographische Entwicklung gefördert:

> Der bedeutendste Einflussfaktor für den Megatrend Wellness und Gesundheit ist die demographische Veränderung unserer Gesellschaft. Wenn die Menschen immer älter werden, haben sie andere Bedürfnisse und Konsumgewohnheiten, die vorwiegend mit dem Gesundheitsaspekt zu tun haben. (Eberle 2004)

Von besonderem Interesse ist hier jedoch die Entstehung des so genannten „Zweiten Gesundheitsmarkts". Als „Zweiter Gesundheitsmarkt" wird die Summe derjenigen medizinischen Leistungen verstanden, die nicht Gegenstand einer gesetzlichen Zwangsversicherung oder eines staatlichen Gesundheitsdienstes sein können (vgl. Krimmel 2005). Er umfasst damit also jene Leistungen, die nicht zum Leistungsumfang der gesetzlichen Krankenversicherung (GKV) gehören, aber trotzdem von Patienten nachgefragt werden, ärztlich empfehlenswert oder je nach Intensität des Patientenwunsches zumindest ärztlich vertretbar sind und dessen Lebensqualität verbessern können (vgl. Streit 2005; Pliwischkies 2006). Diese Leistungen werden als individuelle Gesundheitsleistungen bezeichnet.

Eine Studie des Unternehmens Roland Berger Strategy Consultants (2007) zum „Zweiten Gesundheitsmarkt" ergab, dass die privaten Gesundheitsausgaben, das heißt die Ausgaben, die zusätzlich zur gesetzlichen Krankenversicherung getätigt werden, seit 2000 jedes Jahr um 6 % gestiegen sind. Zudem wurde das jährliche Volumen dieses Markts mit 60 Mrd. € beziffert. Im Jahr 2003 lag das Volumen noch bei 49 Mrd. €. 2007 waren es bereits 900 € pro Jahr, die jeder Erwachsene im Durchschnitt für private Gesundheitsleistungen ausgab, die somit dem „Zweiten Gesundheitsmarkt" zuzurechnen sind. Zu diesen Leistungen zählen beispielsweise Vorsorgeuntersuchungen, alternative Medizin, Wellness, Sport und gesunde Ernährung.

Das Wachstum im Gesundheitsmarkt kann bedingt durch finanzielle Restriktionen in der GKV und die gesetzlichen Eingriffe und Budgetierungen im „Ersten Gesundheitsmarkt" nur über den wachsenden „Zweiten Gesundheitsmarkt", also den Selbstzahlermarkt, realisiert werden (vgl. Krimmel 2005, Streit 2005). So gehen unterschiedlichste Prognosen einhellig davon aus, dass in Zukunft die selbst zu tragenden Leistungen, inklusive privater Zusatzversicherungen, eine zunehmend größere und die gesetzliche Krankenversicherung (GKV) eine immer geringere Rolle spielen werden (vgl. Krimmel 2005). Grund für die Entstehung dieses Marktes ist die steigende Eigeninitiative der Deutschen für ihre Gesundheit (vgl. Focus Medialine 2007).

Da der „Zweite Gesundheitsmarkt", das heißt der Präventionsmarkt, bis heute aber noch vollkommen ungeregelt ist, muss es das Ziel sein, Qualität sicherzustellen (vgl. o.V. 2007). Eine starke Marke für Anbieter im „Zweiten Gesundheitsmarkt" gibt den Konsumenten die Möglichkeit sich zu orientieren und die für Gesundheitsdienstleistungen so wichtige Vertrauensfunktion zu erfüllen.

25.4 Notwendigkeit der Markierung von Dienstleistungen

Die Intangibilität von Dienstleistungen führt zu zwei Phänomenen, die eine Markierung besonders notwendig erscheinen lassen: erhöhtes subjektives Kaufrisiko der Kunden und leichte Imitierbarkeit durch Wettbewerber.

Die Besonderheiten vieler Dienstleistungen sind ihre Intangibilität und die Gleichzeitigkeit von Produktion und Absatz. Daher ist zum Zeitpunkt des Kaufes eine entsprechende Absatzleistung noch nicht existent (vgl. Adler 1996). Dem Kunden ist es also nicht möglich wie bei einem Sachgut die Dienstleistung in Augenschein zu nehmen, wodurch er sich vor der Inanspruchnahme der Leistung kein Urteil über die Qualität der versprochenen Leistung bilden kann. Aus informationsökonomischen Gesichtspunkten haben Dienstleistungen daher einen hohen Anteil an so genannten Erfahrungs- und Vertrauenseigenschaften. Erfahrungseigenschaften (experience qualities) sind Eigenschaften, deren Qualität der Kunde erst während oder nach der Inanspruchnahme einer Leistung beurteilen kann (vgl. Adler 1996; Meffert und Bruhn 2009; Stauss 1998). Von Vertrauenseigenschaften (credence qualities) spricht man, wenn Eigenschaften selbst während oder nach der Inanspruchnahme nicht beurteilt werden können (vgl. Adler 1996; Meffert und Bruhn 2009; Stauss 1998). Dadurch bedingt besteht zwischen Dienstleistungsanbieter und Dienstleistungsnachfrager eine Informationsasymmetrie, die bei der Nachfrage von Dienstleistungen beim Kunden zu einer höheren Unsicherheit führt (vgl. Meyer und Trostmann 1995; Tomczak und Brockdorff 2000). Je höher der Anteil an Erfahrungs- und Vertrauenseigenschaften ist, desto größer der Grad an Informationsdefiziten und Unsicherheit (vgl. Meffert und Bruhn 2009). Da Erfahrungs- und Vertrauenseigenschaften vor dem Kauf nicht überprüfbar sind und der Nachfrager somit gezwungen ist, auf Ersatzindikatoren auszuweichen, besitzt die Marke einen besonderen Stellenwert bei der Reduktion des wahrgenommenen Risikos (Burmann et al. 2005b).

Die Intangibilität der Dienstleistung führt ebenfalls dazu, dass sie nur schwer gegen Nachahmung durch die Konkurrenz geschützt werden kann (vgl. Meffert und Bruhn 2009; Schleusener 2002; Stauss 1998). Erweisen sich Dienstleistungsangebote als erfolgreich, können diese relativ schnell und einfach durch Konkurrenten kopiert werden. Durch den Kunden sind die Leistungen dann nur noch schwer oder gar nicht mehr zu unterscheiden (vgl. Meffert und Bruhn 2009; Stauss 1998). Im schlimmsten Fall werden die Dienstleistungen für den Kunden austauschbar (vgl. Tomczak und Brockdorff 2000).

In dieser Situation gewinnt die Dienstleistungsmarke an entscheidender Bedeutung, weil sie dazu beiträgt, das Angebot zu differenzieren und dadurch vor Nachahmung schützt (vgl. Meffert und Bruhn 2009). Auch können durch eine professionell geführte Dienstleistungsmarke, die im Dienstleistungsmarkt grundsätzlich eher als geringer einzustufenden Marktzugangsschranken zum eigenen Vorteil und Schutz aufgebaut werden, um neuen Anbietern den Markteintritt zu erschweren beziehungsweise diesen gar zu verhindern (vgl. Burmann et al. 2005b).

Der ehemalige Marketingleiter von „Kieser Training" belegt mit folgender Aussage bezüglich der Bedeutung der Marke für „Kieser Training", und damit auch für andere Anbieter dieser Branche, die Relevanz der hier angeführten Schutzfunktion der Marke für Dienstleister vor Nachahmung durch Konkurrenten:

> Einen Trainingsraum anzumieten, Trainingsmaschinen zu kaufen, Räume sauber zu halten, Mitarbeiter zu suchen und einzustellen sind leicht kopierbare Aktivitäten. Es ist die Marke, welche den echten Unterschied zwischen zwei Anbietern ausmacht. Sie entscheidet über den Erfolg und Misserfolg einer Dienstleistung. (Schäppi 2004)

25.5 Markenpositionierung

25.5.1 Wesen der Markenpositionierung

Ein ganz wesentlicher Punkt der Markenpositionierung ist, dass mit der Position einer Marke die Stellung in den Köpfen der Kunden bzw. Zielgruppen gemeint ist (vgl. Ries und Trout 2001; Esch 2012).

Ziel der Markenpositionierung ist,

> dass die Marke in den Augen der Zielgruppe so attraktiv ist und gegenüber konkurrierenden Marken so abgegrenzt wird, dass sie gegenüber diesen Konkurrenzmarken vorgezogen wird. (Esch 2012)

Der Maßstab für den Erfolg der Umsetzung eines Positionierungskonzeptes ist demnach die subjektive Wahrnehmung der Konsumenten (vgl. Kroeber-Riel und Esch 2011).

Die Stellung einer Marke und ihrer Konkurrenzmarken aus Sicht der Anspruchsgruppen kann in einem Positionierungsmodell abgebildet werden. Die Dimensionen des Positionierungsmodells setzen sich aus für den Konsumenten relevanten Nutzendimensionen, funktionaler und/oder symbolischer Art, zusammen. Als Voraussetzung gilt, dass sie einen Einfluss auf das Markenwahlverhalten der Konsumenten in der entsprechenden Produktkategorie haben. In einem solchen Positionierungsmodell kann dann die eigene Position im Verhältnis zu Konkurrenzmarken, aber auch die eigene Position im Verhältnis zu einer aus Konsumentensicht idealen Marke dargestellt werden (vgl. Meffert et al. 2008). Je näher die einzelnen Marken beieinander liegen, desto höher ist deren Austauschbarkeit. Marken, die in der Nähe der Idealposition liegen, werden von den Konsumenten gegenüber anderen, weiter entfernten Marken vorgezogen (vgl. Esch 2012).

In einem Positionierungsmodell können nicht alle relevanten Positionierungseigenschaften berücksichtigt werden, doch gerade hier liegt der Kern der Positionierung. Es gilt, sich auf wenige relevante Merkmale zu konzentrieren (vgl. Esch 2012).

25.5.2 Zusammenhang zwischen Markenidentität, Positionierung und Markenimage

Die Begriffe „Markenidentität", „Markenpositionierung" und „Markenimage" sind sehr eng miteinander verbunden. Die „Markenidentität" dient als Ausgangspunkt für die Positionierung und spiegelt das Selbstbild der Marke wider, das „Markenimage" dagegen beschreibt das Fremdbild der Marke, bei dem die Marke aus den Augen der relevanten externen Anspruchsgruppen betrachtet wird (vgl. Esch et al. 2005). Während die „Markenidentität" und die „Markenpositionierung" aus Sicht des Unternehmens die Aktionsebene widerspiegeln, stellt das „Markenimage" die Wirkungsebene dar (vgl. Meier-Kortwig und Stüwe 2000). Einem Unternehmen ist es daher nur mittelbar möglich, über sein Auftreten in Form der Markenpositionierung Einfluss auf das „Markenimage" zu nehmen. Burmann et al. (2003) definieren das „Markenimage" als „ein in der Psyche relevanter externer Zielgruppen fest verankertes, verdichtetes, wertendes Vorstellungsbild von einer Marke." Das „Markenimage" stellt somit den Maßstab für den Erfolg der Umsetzung der Identität durch die Positionierung der Marke im Markt dar (vgl. Esch 2012).

Aufgabe der „Markenpositionierung" ist es, die „Markenidentität" durch Konzentration auf wenige relevante Merkmale umzusetzen (vgl. Esch 2012).

Da das Positionierungsziel schon feststeht, nämlich die Positionierung als Gesundheitsdienstleister, die Positionierung in der Wahrnehmung der Konsumenten so aber noch nicht ankommt, muss die Diskrepanz zwischen Ist-Positionierung und Soll-Positionierung auch in der mangelhaften Umsetzung der Markenpositionierung in operativen Maßnahmen gesucht werden.

25.5.3 Positionierungsziele festlegen

Nach Esch (2012) können sich die Positionierungsziele auf emotionale oder sachorientierte Produkteigenschaften beziehen. Dem langfristigen Involvement der Zielgruppe kommt für die Entscheidung für das eine oder das andere Positionierungsziel besondere Bedeutung zu (vgl. Esch 2012). Unter Involvement ist dabei das Engagement zu verstehen, mit dem sich Konsumenten für ein Angebot oder einen bestimmten Sachverhalt interessieren (vgl. Kroeber-Riel und Weinberg 2003). Involvement kann dann als Maß für die individuelle, persönliche Bedeutung verstanden werden, die eine Person einem Produkt oder einer Leistung in einer bestimmten Situation beimisst.

		Kognitives Involvement	
		hoch	niedrig
Emotionales Involvement	hoch	**Merkmale:** • Bedürfnisse aktuell vorhanden und nicht trivial • hohes Informationsinteresse Gemischte Positionierung	**Merkmale:** • Bedürfnisse aktuell vorhanden und nicht trivial • geringes Informationsinteresse, da Produkteigenschaften bekannt Erlebnisorientierte Positionierung
	niedrig	**Merkmale:** • Bedürfnisse sind trivial • hohes Informationsinteresse Sachorientierte Positionierung	**Merkmale:** • Bedürfnisse sind trivial • geringes Informationsinteresse, da Produkteigenschaften bekannt Steigerung der Markenbekanntheit (Aktualität)

Abb. 25.2 Normziele der Positionierung. (Quelle: in Anlehnung an Esch 2012)

Die Ausprägung des anhaltenden Involvements bestimmt somit, welches Positionierungsziel zu wählen ist (vgl. Esch 2012). Aus der Kombination der beiden Dimensionen
kognitives Involvement und emotionales Involvement ergeben sich vier wesentliche Kategorien von Positionierungszielen, die in Abb. 25.2 dargestellt sind.

25.5.4 Positionierungsziele für Fitness-Studios als Gesundheitsdienstleister bestimmen

Um nun ein Positionierungsziel für die Positionierung eines Fitness-Studios als Gesundheitsdienstleister zu bestimmen, gilt es noch einmal, sich die Besonderheiten eines Gesundheitsdienstleisters bezogen auf das Involvement des Konsumenten anzusehen.

Das Involvement bei der Nachfrage von Dienstleistungen, bedingt durch den höheren
Anteil an Erfahrungs- und Vertrauenseigenschaften, ist als tendenziell höher einzuschätzen, als dies bei der Nachfrage von Sachgütern der Fall ist (vgl. Meffert und Bruhn 2006).
Darüber hinaus sieht Eberle (2004) gerade bei gesundheitlichen Angelegenheiten ein
besonders hohes Involvement der Konsumenten. Bei der Nachfrage einer Gesundheits-
dienstleistung kann somit mit einem sehr hohen Involvement der Zielgruppe gerechnet
werden.

Differenziert man bezüglich des Konsumenteninvolvements weiter zwischen kogni-
tivem und emotionalem Involvement, so ist zuerst der große Informations- und Bera-

tungsbedarf zu nennen, der nach Eberle (2004) mit allen gesundheitlichen Themen zusammenhängt. Auch die Studie von Focus Medialine zum Gesundheitsmarkt (2007) sieht ein steigendes Informationsbedürfnis der Konsumenten, bedingt durch die zunehmende Verantwortung gegenüber der eigenen Gesundheit.

Der Begriff des „informierten Patienten", der für den modernen Menschen mit Anspruch auf Selbstbestimmung und Information rund um das Thema Gesundheit, welches seine persönliche Zukunft betrifft, steht, deutet ebenfalls auf das hohe kognitive Involvement hin, das Konsumenten in Bezug auf Gesundheitsfragen haben (vgl. Kreyher 2001).

Das kognitive Involvement von Gesundheitsdienstleistungen ist demnach als sehr hoch einzuschätzen, womit folglich dieser Dimension als Positionierungsziel eine hohe Bedeutung beizumessen ist.

Das emotionale Involvement von Gesundheitsdienstleistungen könnte davon abhängig sein, ob die Leistung bei dem konkreten Anbieter mehr präventiven oder eher therapeutischen Charakter hat. Der Unterschied zwischen diesen beiden Ausprägungen des Leistungsangebotes besteht in der Dringlichkeit des Bedürfnisses. Bei der Inanspruchnahme einer therapeutischen Leistung liegt in der Regel ein konkretes Bedürfnis in Form einer gesundheitlichen Beeinträchtigung vor. Nach Esch (2005a) ist bei bereits vorhandenem Bedürfnis ein Bedürfnisappell trivial, die Positionierung sollte eher sachorientiert sein und den Konsumenten darüber informieren, dass und wie das Angebot beziehungsweise die Dienstleistung das Bedürfnis befriedigen kann.

Bei einer präventiven Leistung hingegen wird die Gesundheit als Zukunftsgut angesprochen, das heißt es geht um gegenwärtige Maßnahmen, die sich zeitlich aber oft erst viel später auf die Gesundheit des Einzelnen auswirken, wodurch sie in ihrem Wert häufig unterschätzt werden. Dadurch könnte der Aktivierung des Bedürfnisses Gesundheit über emotionales Involvement eine besondere Rolle zukommen.

25.5.5 Einfluss des Images der Fitnessbranche auf einzelne Studios

Von großer Wichtigkeit bei der Überlegung, ein Fitness-Studio als Gesundheitsdienstleister zu positionieren, ist die Auseinandersetzung mit Schemata. „Schemata sind große komplexe Wissenseinheiten, die typische Eigenschaften und feste, standardisierte Vorstellungen umfassen, die man von Objekten, Personen oder Ereignissen hat." (Esch 2005b)

„Für die Speicherung des Markenwissens sind zwei Aspekte für die Markenführung besonders wichtig:

1. Das im Gedächtnis gespeicherte Wissen ist hierarchisch strukturiert: Das Markenwissen ist dem Wissen zur entsprechenden Produktkategorie untergeordnet.
2. Diese hierarchische Struktur ermöglicht ein Vereinfachungsprinzip bei der Wissensspeicherung: die Vererbung von Wissen. Alle Marken einer Produktkategorie erben automatisch die mit der Produktkategorie gespeicherten Produktvorstellungen." (Esch und Wicke 2001)

Ein kommerzieller Anbieter von Kraft- und Ausdauertraining wird umgangssprachlich als Fitness-Studio (synonym: Fitnesscenter oder Fitnessclub) bezeichnet. Es wurde bisher für diese Produktkategorie kein anderer Begriff geprägt, der sich im allgemeinen Sprachgebrauch durchgesetzt hätte. Kommerzielle Anbieter von Kraft- und Ausdauertraining werden entsprechend in die Produktkategorie Fitness-Studio eingeordnet. Umso weniger spezifische Vorstellungen der Konsument zu einem konkreten Fitness-Studio beziehungsweise einer Marke besitzt, desto stärker werden produktgruppentypische Eigenschaften mit dem Studio beziehungsweise der Marke verbunden (vgl. Esch 2012). Was also sind die produktgruppentypischen Eigenschaften beziehungsweise welches Image wird Fitness-Studios zugeschrieben?

Caimi (2006) erwähnt hierzu in Bezug auf die von „Kieser Training" angebotene Medizinische Kräftigungstherapie (MKT), dass Neukunden bedingt durch verbreitete Vorurteile gegenüber dem Krafttraining, die Assoziationen zu Bodybuilding bis hin zu Muskelbergen und Doping beinhalten, dem Angebot anfangs oft kritisch gegenüberstehen. Auch Vetter (2007) gibt zu bedenken, dass Fitness-Studios oft mit dem Vorurteil zu kämpfen haben, es ginge nur um „Muckis" und „Spaß" und sich dadurch schwer tun, überhaupt als Gesundheitsdienstleister wahrgenommen zu werden. Das Anliegen der Fitness-Initiative-Deutschland (FID) unterstreicht die Aussagen von Caimi und Vetter noch einmal. Denn sie hat sich zum Ziel gesetzt, „das gesellschaftspolitische Standing der gesamten Fitnessbranche zu verbessern und Politikern und Wirtschaft zu erklären, dass Fitnessstudios weit mehr sind als „Muckibuden" – nämlich kompetente Gesundheitsdienstleister." (Wolff 2006) Diese Aussage lässt vermuten, dass das bestehende Image der Fitnessbranche der Zielsetzung, als Gesundheitsdienstleister wahrgenommen zu werden, durch die Vererbung der produktgruppentypischen Eigenschaften auf das einzelne Studio beziehungsweise die Marke, nicht förderlich ist.

Vor diesem Hintergrund ist auch die folgende Aussage des ehemaligen „Kieser Training" Marketingleiters Peter Schäppi zu sehen:

> Wir sind weder ein Fitness-Studio noch eine Klinik, sondern Kieser Training. Von Fitness-Studios und Kliniken hat jedermann eine Vorstellung. Wir müssen verhindern, dass wir dort »zugeordnet« werden. Deshalb muss sich unsere Ansprache deutlich von den gängigen Mustern absetzen; und zwar signifikant. (Löffler 2003)

Schäppi deutet mit seiner Aussage schon an, dass es nicht nur die Zuordnung zu der Produktkategorie der Fitness-Studios zu vermeiden gilt, sondern auch die Zuordnung zu dem anderen Extrem dieses Marktes, nämlich Kliniken beziehungsweise Krankenhäusern. Kieser selbst sagt, er habe mit „Kieser Training" eine neue Kategorie eröffnet. Er sieht „Kieser Training" zwischen „Sport" und „Medizin" angesiedelt (vgl. Brandmeyer et al. 2008,). Auf das Thema der Markenpositionierung übertragen, würde man in diesem Falle sagen, die Marke „Kieser Training" wurde auf einer neuen Positionierungsdimension profiliert, wodurch die Marke aus dem bisherigen Imageraum „herauspositioniert" wurde (vgl. Trommsdorff 2004).

Um trotz seines Angebotes von Krafttraining nicht in die Produktkategorie „Fitness-Studio" zu geraten, hat sich „Kieser Training", soweit es möglich war, von den üblichen Schemata, welche die meisten Personen mit Fitness-Studios verbinden, abgehoben.

Die folgende Übersicht soll zeigen, durch welche Merkmale sich „Kieser Training" unter anderem vom Schema eines klassischen Fitness-Studios abhebt:

- Nüchterne und funktionale Raumgestaltung (z.B. keine Bilder an der Wand, keine Pflanzen)
- Keine Musik, keine Fernseher
- Keine Sauna, kein Solarium
- Keine Bar mit Getränkeverkauf
- Keine Cardiogeräte
- Formelle Berufsbekleidung, ähnlich wie Physiotherapeuten (keine Sportbekleidung wie beispielsweise Jogginganzug)
- Mitarbeiter nennen sich nicht Trainer, sondern Instruktor (vgl. Schäppi 2004; Prill 2007; Bergmann 2005)

Aufgrund dieser vielen stimmigen Details schließen die Menschen daraus, dass Kieser Training ein quasi-medizinisches Trainingsangebot für sie bereithält, das für sie das beste [sic] ist. (Prill 2007)

25.5.6 Abgrenzung von Fitness-Studios untereinander

Eines der grundlegenden Ziele der Markenpositionierung ist die Abgrenzung der eigenen Marke gegenüber konkurrierender Marken (vgl. Esch 2012). Da es in der body LIFE Branchenstudie 2007 (2007) aber rund 75 % aller befragten Studios waren, die eine Positionierung als Gesundheitsanbieter beziehungsweise Gesundheitsdienstleister angaben, ist es nicht unwahrscheinlich, mit anderen Fitness-Studios in Konkurrenz zu treten, die ebenfalls eine Positionierung als Gesundheitsdienstleister anstreben.

Eine Positionierungsdimension auf der eine Differenzierung vom Wettbewerb vorgenommen werden könnte, wäre die unterschiedlich gewichtete Ausprägung der Leistungspalette zwischen den beiden Merkmalsausprägungen Prävention und Therapie. Zwischen diesen beiden Bereichen als Extreme, besteht natürlich ebenso die Möglichkeit, eine Mischform mit unterschiedlich großen Anteilen der einzelnen Bereiche zu wählen.

„Kieser Training" bietet beide Bereiche an und unterscheidet sein Angebot in das präventive selbständige Training für gesunde Menschen ohne besondere gesundheitliche Einschränkungen und in die ärztlich geleitete Medizinische Kräftigungstherapie (MKT), welche für Personen mit signifikanten körperlichen Beschwerden gedacht ist (vgl. Huber 2008).

Eine weitere Möglichkeit zur Differenzierung vom Wettbewerb wäre die Strategie der Spezialisierung. Sawtschenko (2006) bezeichnet die Spezialisierung als die Königsdisziplin der Positionierung. „Kieser Training" positioniert sich beispielsweise als Rückenspezialist und bringt dies mit seinem Claim „Ein starker Rücken kennt keinen Schmerz" zum Ausdruck (vgl. Schäppi 2004). Zur Differenzierung vom Wettbewerb wäre eine Spezialisierung ebenso über andere Beschwerdebilder möglich (Abnehmspezialist, Bluthochdruckspezialist, Diabetesspezialist, usw.). Bei einer Spezialisierung sollte grundsätzlich darauf geachtet werden, dass dem Angebot immer eine ausreichend große Zielgruppe gegenübersteht.

25.6   Realisierung der Markenpositionierung

Um die Markenpositionierung und Markenstrategie umzusetzen, kommen Markenelemente, die Markenanreicherung durch zusätzliche Imageobjekte und die Instrumente des Marketing-Mix zum Einsatz (vgl. Baumgarth 2008). Als Best Practice Beispiel bezüglich der Positionierung sollen die von „Kieser Training" verwendeten und als relevant empfundenen Maßnahmen bezüglich Markenführung und -positionierung näher erläutert werden.

25.6.1   Markenelemente

Zu den Markenelementen gehören alle Gestaltungsparameter, die der Markierung („Branding") der Leistung dienen. Zu nennen sind hier im Wesentlichen:

*   Markenname
*   Claim
*   Logo und Symbole
*   Charaktere
*   Schlüsselbild
*   Verpackung (vgl. Baumgarth 2008)

Beispielhaft wird im Folgenden auf den Markennamen und den Claim eingegangen.

Der Namensgebung kommt bei der Umsetzung der Positionierung eine besondere Bedeutung zu, da sie einen erheblichen Beitrag zur Schaffung von Markenbekanntheit und zur Markenpositionierung leisten kann (vgl. Esch 2012; Schweiger und Schrattenecker 2005). Nach Esch (2012) sollte der Markenname beides leisten, also für Bekanntheit sorgen und auch ein Markenimage vermitteln. Bezüglich der Vermittlung eines Markenimages durch den Markennamen ist allerdings darauf zu achten, ob eine klare Positionierung über alle Produkte beziehungsweise Dienstleistungen, die unter einer Marke geführt werden, überhaupt möglich oder wünschenswert ist (vgl. Esch 2012). Auch mit Blick in die Zukunft ist daran zu denken, dass sich Markennamen, welche bei den Konsumenten sehr spezielle Assoziationen zu einer bestimmten Produktkategorie wecken, später nur schwer auf neue Produktkategorien ausdehnen lassen (vgl. Schweiger und Schrattenecker 2005).

Es können grundsätzlich bedeutungslose und bedeutungshaltige Markennamen unterschieden werden. Letztere können noch einmal differenziert werden in Markennamen

- ohne Angebotsbezug
- mit assoziativem Angebotsbezug oder einem
- direkten Angebotsbezug (vgl. Esch 2012)

Trotz der erleichterten Zuordnung und Erinnerbarkeit bei einer möglichst großen Verbindung von Markenname und Produktkategorie beziehungsweise Markenname und Markenpositionierung, muss allerdings auch auf die Gefahr der Austauschbarkeit und Verwechslungsgefahr mit Konkurrenzmarken hingewiesen werden, wenn immer wieder für die Branche beziehungsweise Produktkategorie typische Bezeichnungen Verwendung finden (vgl. Esch 2012).

Für ein Fitness-Studio, das sich als Gesundheitsdienstleister positionieren möchte, bietet die Wahl eines Markennamens, der die Positionierung stützt, eine gute Möglichkeit, schon beim ersten Kontakt mit dem Unternehmen entsprechende Assoziationen zu wecken.

Bedeutungshaltige Markennamen mit direktem Bezug zum Angebot könnten beispielsweise durch Namenszusätze, wie „Gesundheitszentrum", „Therapiezentrum" (bei therapeutischer Ausrichtung des Unternehmens) oder Begriffen aus der englischen Sprache, wie „health" oder „medical" geschaffen werden.

„Kieser Training" verdankt seinen Namen der Empfehlung seines ersten Kunden, der Werner Kiesers Namenssuche mit dem Satz stoppte: „Wenn Sie zu Ihrer Sache stehen, geben Sie ihr Ihren Namen, und wenn nicht, lassen Sie die Finger davon." (Kieser 2006) Der Name „Kieser Training" lässt durch den Begriff des „Training" gewisse Assoziationen zum Angebot zu. Für eine Person, welche noch kein Markenwissen zu „Kieser Training" besitzt, ist die Zuordnung des Unternehmens beispielsweise in den Bereich eines Anbieters für Seminare und Fortbildungen aber ebenso möglich wie der Zuordnung als Anbieter von körperlichem Training. Um sein Angebot klar zu positionieren und die Assoziationen in die richtige Richtung zu lenken, arbeitet Kieser Training sehr erfolgreich mit der Verwendung eines Claims.

Claims sind Positionierungsaussagen, die beschreiben, wofür eine Marke steht (Görg 2005). Unterschieden werden kann zwischen „Kampagnenclaim" und „Markenclaim". „Kampagnenclaims" sind zeitlich oder medial beschränkt und nicht fester Bestandteil des Markenauftritts. Ein „Markenclaim" dagegen ist fester Bestandteil des Markenauftritts und ein bedeutendes Instrument der strategischen Markenführung, der im Idealfall in wenigen Worten beschreibt, wofür eine Marke steht (vgl. Görg 2005).

Betrachtet man einen Claim aus Sicht des Markenmanagements, so ist er genauso als Element der Marke und ihres Auftritts zu sehen, wie es der Markenname, das Logo und sonstige Kennzeichnungselemente sind. Dem Claim kommt dann eine Führungsrolle innerhalb der Kennzeichnungselemente zu, wenn er es schafft, den Konsumenten Positionierung, Nutzen und Werte der Marke zu vermitteln (vgl. Görg 2005).

Tab. 25.1 Positionierung ausgewählter Anbieter. (Quelle: in Anlehnung an Deloitte 2011)

Claim	Cluster	Betreiber
Einfach. Echt. Freundlich	Preis	*Kingdom of sports*
Hier trainieren die Schlauen	Preis	*FitnessKing*
Training muss nicht teuer sein	Preis	*NewFit24*
Unverschämt günstig	Preis	*Clever fit*
Einfach gut aussehen	Aussehen	*McFit*
Get sexy	Aussehen	*Jonny m*
Dein Ziel. Unser Weg	Ergebnis	*Fitness First Germany*
Erfolg statt Vergnügen	Ergebnis	*Eisenhauer Training*
Zum Bewegen bewegen	Gesundheit	*FAMILY fitness*
Bewegung ist Leben	Gesundheit	*Pfitzenmeier*
Ein starker Rücken kennt keine Schmerzen	Gesundheit	*Kieser Training*
Celebrate yourself	Wohlbefinden	*body + soul*
Ich fühl mich gut	Wohlbefinden	*ELIXIA*
Fitness unter Freunden!	Sozialaspekt	*World of Fitness*
Ihr persönlicher Sportclub	Sozialaspekt	*Mrs.Sporty*

Gerade wenn der Markenname keine Assoziationen zum Produkt zulässt und er erst mit Bedeutungsgehalt aufgeladen werden muss, ist der Markenclaim ein probates Mittel.

So wirbt „Kieser Training" seit seinem Eintritt in den deutschen Markt konsequent mit dem Claim: „Ein starker Rücken kennt keinen Schmerz". Die Problemlösung „Kräftigung zur Beseitigung von Muskeldefiziten" wird hier von „Kieser Training" noch weiter reduziert und ganz gezielt auf die Lösung von Rückenproblemen fokussiert (vgl. Schäppi 2004). Durch den Claim von „Kieser Training" wird dem Kunden das Nutzenversprechen vermittelt.

In Tab. 25.1 finden sich beispielhaft einige Claims ausgewählter Anbieter aus der Fitnessbranche, die damit verschiedenste Positionierungsziele verfolgen. Darunter auch drei Anbieter, die nach Deloitte dem Cluster Gesundheit zuzuordnen sind.

25.6.2 Markenanreicherung

Baumgarth (2008) versteht unter Markenanreicherung die Verbindung einer Marke mit anderen Objekten mit einem eigenen Image, um die Marke dadurch in der Wahrnehmung der Anspruchsgruppen zu verändern oder zu stärken. Ob zusätzliche Imageobjekte integriert werden sollen ist abhängig von der Markenpolitik. Nach Baumgarth (2008) kann die Integration von Imageobjekten

zur Steigerung der Bekanntheit in der Markenaufbauphase und zur Umpositionierung oder zur Unterstützung einer Positionierung durch Glaubwürdigkeit in der Markenpflegephase beitragen.

Hier sollen im Folgenden zwei Formen der Markenanreicherung näher beleuchtet werden, denen in Bezug auf die Positionierung als Gesundheitsdienstleister eine besondere Bedeutung zukommt. Dies sind:

- Gütesiegel und Zertifizierungen als neutrale Quellen
- Formen des Co-Branding

25.6.2.1 Gütesiegel/Zertifizierungen

Gütesiegel beziehungsweise Zertifizierungen bieten für Fitness-Studios eine Möglichkeit, ihre Qualität nach außen darzustellen, sich zu positionieren und sich dadurch vom Wettbewerb abzuheben (vgl. Lintner 2007). Sie können darüber hinaus zu mehr Transparenz und damit Vertrauen in den Anbieter führen (Kreyher 2001). In der Fitnessbranche gab es bis 2009 im Wesentlichen zwei Gütesiegel, die auch im Zusammenhang mit Gesundheitssport beziehungsweise gesundheitsorientiertem Fitnesstraining standen. Dies waren das „TÜV Fitness Siegel" der TÜV Rheinland Group und das „Prae-Fit"-Gütesiegel, das durch die Arbeitsgemeinschaft Gesundheit-Fitness-Wellness vergeben wurde (vgl. Lintner 2007; Verbraucherzentrale 2007). Zum 1. Juli 2009 wurde das „TÜV Fitness Siegel" und das „Prae-Fit"-Gütesiegel zusammengeführt, wodurch die Fitnessbranche das von vielen Seiten gewünschte einheitliche Qualitätssiegel bekam (Arbeitsgemeinschaft Gesundheit – Fitness – Wellness 2009).

Durch die gesundheitsbezogene Ausrichtung der Gütesiegel, die sowohl die Qualität, als auch die gesundheitsorientierte Ausrichtung des zertifizierten Studios belegen, können diese vom Studio beispielsweise in Pressemitteilungen, auf Kommunikationsmitteln oder auch im Beratungsgespräch mit potentiellen Kunden positionierungsunterstützend eingesetzt werden (vgl. Lintner 2007).

Neben der positiven Darstellung gegenüber dem Kunden können Gütesiegel einem Fitness-Studio bezogen auf die Positionierung als Gesundheitsdienstleister einen weiteren bedeutenden Nutzen bringen. Dieser liegt in der Kooperationsmöglichkeit mit Krankenkassen, bei der ein Gütesiegel nützlich, wenn nicht sogar erforderlich ist (vgl. Lintner 2007). Krankenkassen verweisen dann beispielsweise auf ihrer Homepage oder bei entsprechenden Anfragen durch Kunden auf zertifizierte Studios aus der Region beziehungsweise auf konkrete Kooperationspartner der Krankenkasse. Oft besteht bei entsprechenden Kooperationen auch die Möglichkeit für die Versicherten einer Krankenkasse, an verschiedenen Bonusprogrammen teilzunehmen, die beispielsweise eine Mitgliedschaft in diesem Fitness-Studio oder zumindest einzelne gesundheitsorientierte Kurse durch finanzielle Zuwendungen oder ein Punktesystem, bei welchem der Kunde durch Sammeln dieser Punkte Sachprämien erwerben kann, fördern.

„Kieser Training" arbeitete mit zwei Gütesiegeln und verwendete diese beispielsweise auf seiner Homepage und verschiedenen anderen Kommunikationsmitteln. Verwendet wurde das „TÜV Fitness Siegel" und die bisher noch nicht erwähnte Auszeichnung der Stiftung Warentest (vgl. Huber 2008; Stiftung Warentest 2006). Die Stiftung Warentest nimmt in zweifacher Hinsicht eine besondere Stellung innerhalb der Kategorie der Qualitätssiegel ein. Zum einen besitzt das Qualitätssiegel der Stiftung Warentest einen enorm hohen Bekanntheitsgrad von 96 % unter allen erwachsenen Deutschen, bei einem gleich-

zeitig ebenfalls sehr hohen Wert von 83 % aller erwachsenen Deutschen, die ein hohes bis
sehr hohes Vertrauen in das Siegel setzen (vgl. Stiftung Warentest 2004). Zweite Besonderheit des Stiftung Warentest Qualitätssiegels ist der Fakt, dass es nicht wie viele andere Gütesiegel durch Antragsstellung an die entsprechende Institution und anschließende
Qualitätsüberprüfung erworben werden kann, sondern die Stiftung Warentest die Unternehmen beziehungsweise Produkte, die sie testet, selbst auswählt.

Bedingt durch die hohe Bekanntheit und das hohe damit verbundene Vertrauen, welches das Qualitätssiegel der Stiftung Warentest in sich vereint, ergab sich für „Kieser Training", das in dem Test von 2006 als Testsieger mit der Gesamtnote GUT (2,4) abgeschnit-
ten hatte, ein bedeutendes Alleinstellungsmerkmal. Vor allem, da „Kieser Training" nicht
nur Testsieger, sondern auch als einziger getesteter Fitnessanbieter mit der Note GUT
ausgezeichnet wurde (Stiftung Warentest 2006). Nachdem die Stiftung Warentest dann
aber 2009 erneut Fitness-Studios testete, und „Kieser Training" nicht mehr als Testsieger
und auch nur noch mit der Gesamtnote BEFRIEDIGEND (2,6) abschnitt (vgl. Stiftung
Warentest 2009), wird das Qualitätssiegel der Stiftung Warentest nicht mehr in der Unternehmenskommunikation genutzt.

25.6.2.2 Formen des Co-Branding

Unter Co-Branding versteht man die Markierung einer Leistung durch zwei oder mehr
Marken, die für externe Betrachter wahrnehmbar und auch weiterhin eigenständig auftreten müssen (vgl. Baumgarth 2008).

Es sind vier Merkmale zu nennen, die Co-Branding auszeichnen:
- Verbindung von mindestens zwei Marken
- Kooperation der Marken schafft gemeinsame Leistung
- Zusammenarbeit der Marken ist durch den Konsumenten wahrnehmbar
- die Marken werden sowohl vor als auch nach dem Co-Branding durch die Konsumen-
  ten als selbständige Marken gesehen (vgl. Baumgarth 2008; Burmann et al. 2005a)

Gegenseitiger Imagetransfer und die Nutzung eines vorhandenen Vertrauensbonuses des
Kooperationspartners gelten beim Co-Branding als wesentliche Argumente (vgl. Burmann
et al. 2005a).

Genau diese beiden Punkte sind es, die Co-Branding für Fitness-Studios so interessant
machen, wenn es um die Positionierung als Gesundheitsdienstleister geht. Um die Wahrnehmung der externen Anspruchsgruppen dahingehend zu beeinflussen, das Fitness-Studio als Anbieter von Gesundheitsdienstleistungen zu sehen, kann eine Kooperation mit
einem Anbieter/einer Marke, der/die schon dem Gesundheitsmarkt zugeordnet wird, hilfreich sein.

Für Fitness-Studios kommen daher vor allem Ärzte, Physiotherapeuten, Krankenkassen aber auch Apotheken als Kooperationspartner in Betracht. Denn gerade die Möglichkeit, an dem vorhandenen Vertrauensbonus des Kooperationspartners zu partizipieren, ist
hier groß, da die Berufsstände des Arztes und des Apothekers bei den Deutschen höchstes
Vertrauen genießen (Brandmeyer 2003).

Die body LIFE Branchenstudie (2007) nennt drei Vorteile einer Kooperation mit Ärzten, Krankenkassen und/oder Physiotherapeuten:

- Erschließung neuer Mitglieder
- Erhöhung des Bekanntheitsgrades
- Kompetenzzuweisung des Personals durch den Kunden

Sawtschenko (2006) sieht Co-Branding ebenfalls gerade im Zusammenhang mit Gesundheit und einer hohen wissenschaftlichen Glaubwürdigkeit als wichtige Strategie. Diese Strategie wird am Schnittpunkt von Fitness- und Gesundheitsmarkt auch schon entsprechend umgesetzt. So wurde die Kooperation mit Ärzten und Physiotherapeuten in der body LIFE Branchenstudie (2006) von den Unternehmen, welche sich als Gesundheitsanbieter positionieren, schon als eine von insgesamt drei bisher genutzten Maßnahmen genannt.

In der body LIFE Branchenstudie (2007) wurde geäußert, dass es für die gesamte Fitnessbranche wünschenswert wäre, wenn es zu einer umfassenden Zusammenarbeit mit Ärztenetzen, Krankenkassen und anderen Partnern aus dem Gesundheitsbereich käme, um der hohen Bedeutung der Fitnessbranche für die Prävention noch mehr Gewicht zu verleihen.

Zusammenfassend werden in Abb. 25.3 die für Fitness-Studios relevanten Faktoren der Markenanreicherung dargestellt.

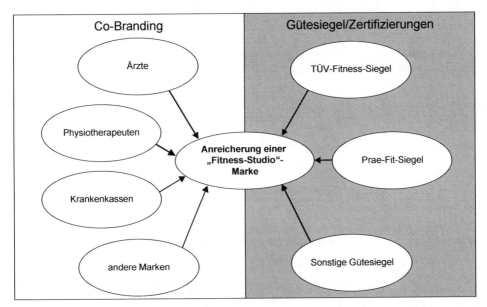

Abb. 25.3 Faktoren der Markenanreicherung. (Quelle: Eigene Darstellung in Anlehnung an Baumgarth 2008)

25.6.3 Umsetzung des Positionierungskonzepts durch die Marketinginstrumente

Die angestrebte Markenpositionierung muss nun in für die Anspruchsgruppen sichtbare bzw. erlebbare Maßnahmen umgesetzt werden. Um eine solche Position im Kopf der Anspruchsgruppen aufzubauen, müssen alle Instrumente des Marketing-Mix miteinbezogen werden (vgl. Esch 2012; Schweiger und Schrattenecker 2005). Die Instrumente des Dienstleistungsmarketing stellen nach dem am weitesten verbreiteten Ansatz von Magrath (1986) die „7 Ps" dar: Produktpolitik („Product"), Preispolitik („Price"), Kommunikationspolitik („Promotion"), Distributionspolitik („Placement"), Personalpolitik („Personnel"), Ausstattungspolitik („Physical Facilities"), Prozesspolitik („Process Management").

Im Folgenden sollen die Marketinginstrumente näher betrachtet werden, die für die angestrebte Positionierung am relevantesten erscheinen.

25.6.3.1 Produktpolitik

In der Produktpolitik wird festgelegt, wie das Produkt, oder im Falle einer Dienstleistung, die Leistung, die angeboten werden soll, gestaltet wird. Die Kernleistung eines Fitness-Studios besteht in seinem Bewegungsangebot, im Wesentlichen offeriert durch verschiedene Formen von Kraft- und Ausdauertraining (vgl. body LIFE Branchenstudie 2007; body LIFE Branchenstudie 2011). Der gesundheitliche Nutzen dieses Angebotes ist es, der ein Fitnessstudio als potentiellen Gesundheitsdienstleister qualifiziert.

Neben diesem klassischen Kernangebot eines Fitnessstudios sollen hier einige weitere Elemente des Leistungsangebotes beschrieben werden, die die Positionierung als Gesundheitsdienstleister in den Augen des Kunden stärken können. So bietet der Kursbereich Fitnessstudios neben dem Kernangebot eine interessante Erweiterung der Angebotspalette mit hohem Potential zur Positionierung als Gesundheitsdienstleister. Drei Bereiche von Kursangeboten können hierbei unterschieden werden:

- Freies Kursangebot des Studios
- Präventionskurse
- Rehabilitationssport

Unter freien Kursangeboten sind die Kurse zu verstehen, welche vom Studio selbst angeboten werden und im Mitgliedsbeitrag enthalten sind bzw. als Selbstzahlerleistung angeboten werden. Diese Kurse unterscheiden sich von den Präventionskursen dadurch, dass sie nicht durch die Krankenkasse unterstützt werden. Die Positionierung des Fitnessstudios unterstützen können diese Kurse über die Namensgebung und dadurch dem Aufbau entsprechender Assoziationen zu einem Gesundheitsdienstleister, analog zur Namensgebung des Studios (vgl. Abschn. 25.6.1).

Bei der nächsten Gruppe von Kursen handelt es sich um die Präventionskurse nach § 20 SGB V. Die Primärprävention umfasst die vier Handlungsfelder Bewegungsgewohnheiten, Ernährung, Stressmanagement und Suchtmittelkonsum (GKV-Spitzenverband

2010). Für Fitnessanbieter bieten sich dabei vor allem die Felder Bewegungsgewohnheiten, Ernährung und Stressmanagement an. Die Präventionskurse werden von den gesetzlichen Krankenkassen bezuschusst. Dies ist nicht nur für die Versicherten ein interessantes Angebot, für Fitnessanbieter stellt es auch eine gute Möglichkeit dar, sich auf dem Gesundheitsmarkt zu positionieren (vgl. Fröböse 2007). Denn durch die auch nach außen wahrnehmbare Kooperation des Fitness-Studios mit der Krankenkasse kann von dem in Abschn. 25.6.2.2 beschriebenen Imagetransfer eines etablierten Marktteilnehmers des Gesundheitsmarktes profitiert werden. Die positionierungsunterstützende Funktion des Kursnamens ist, wie auch schon bei den freien Kursen, ein weiterer Pluspunkt.

Einen weiteren von den Krankenkassen bezuschussten Kursbereich stellt der Rehabilitationssport dar. Rehabilitationssport wird durch den Arzt verschrieben, wodurch man auch über „Sport auf Rezept" spricht. Durch die Verschreibung des Arztes und die Kostenübernahme durch die Krankenkasse kann der Rehabilitationssportanbieter von einem positiven Imagetransfer wie schon bei den Präventionskursen profitieren, verstärkt allerdings noch um die Komponente des verordnenden Arztes. Durch diese klare Positionierung des Unternehmens hin zu einem Gesundheitsdienstleister mit kassenbezuschusstem Bewegungssport können ganz neue Zielgruppen erschlossen werden (vgl. Scheibl 2007).

Die gesundheitliche Ausrichtung kann aber auch bspw. über die Erweiterung der Angebotspalette um Physiotherapie zum Ausdruck kommen (vgl. Schranz 2010). Auch hier kann das Fitness-Studio von dem Imagetransfer eines etablierten Gesundheitsdienstleisters profitieren. Möglich wird dadurch dann auch die Abrechnungsmöglichkeit von „Krankengymnastik am Gerät", einer ärztlichen Verordnung von physiotherapeutischen Maßnahmen an Trainingsgeräten.

25.6.3.2 Preispolitik

Im Rahmen der Preispolitik werden die Konditionen und Lieferbedingungen festgelegt, zu denen eine Marke am Markt angeboten werden soll. Dabei muss sich die Markenidentität und die angestrebte Positionierung in einer für die Marke angemessenen Preispolitik widerspiegeln und sich mit den Qualitätsvorstellungen der Marke vereinbaren lassen. Sie hat damit einen unmittelbaren Einfluss auf das Markenimage (zum Beispiel über die typische Verwenderschaft) und über die bestehende wechselseitige Beziehung auch auf die Markenidentität. Die Preispolitik, im Kontext der Markenführung auch Markenpricing genannt, steuert also wie die anderen Markenführungsinstrumente ihren Teil zur Erreichung der übergeordneten strategischen Markenziele bei (vgl. Burmann und Meffert 2005).

Durch die Besonderheit der Immaterialität von Dienstleistungen und der dadurch fehlenden sichtbaren Leistungsmerkmale, kommt der Preispolitik zur Positionierung eine hohe Bedeutung zu, da das Preisniveau einer Dienstleistung von dem Konsumenten als Ersatzkriterium zur Qualitätsbeurteilung beim Dienstleistungskauf herangezogen werden kann (vgl. Meffert und Bruhn 2009). Dieses Phänomen wird als „Preisabhängige Qualitätsbeurteilung" bezeichnet. Der Konsument ist hierbei häufig nicht in der Lage, ein objektives Urteil bezüglich der Qualität der verschiedenen Produkt- bzw. Dienstleistungsalternativen zu treffen und schätzt daher ein Produkt/eine Dienstleistung qualitativ umso besser ein, je höher der Preis ist (vgl. Meffert et al. 2008; Simon 1992, Felsner 2007). Die Preispositionierung ist deshalb für viele Unternehmen interessant, weil sie die Möglichkeit bietet, den Wert des Produkts bzw. der Dienstleistung herauszustellen (vgl. Großklaus 2006).

Möchte ein Fitness-Studio mit dem Positionierungsziel als Gesundheitsdienstleister nun den besonderen Wert seiner Dienstleistung hervorheben, seine Qualität und Kompetenz herausstellen und sich von den Discount-Anbietern im Markt differenzieren, so ist das Markenpricing ein Instrument, mit welchem es die Positionierung zusätzlich untermauern könnte. Der Preis darf also im Verhältnis zur Qualitätsvorstellung der Marke nicht zu gering sein, da es sonst auf Dauer zu einer Verwässerung des Markenwertes kommen kann (vgl. Stauss und Bruhn 2008).

Gesundheit und „billig" passt nach Wolff (2006) nicht zusammen, da Gesundheit Qualität und Kompetenz braucht, und die unter einem niedrigen Preis leiden würde. Für das Anliegen der Fitness-Initiative-Deutschland (FID), das Image der gesamten Fitnessbranche zu verbessern und Politikern und Wirtschaft zu verdeutlichen, dass Fitness-Studios keine „Muckibuden", sondern kompetente Gesundheitsdienstleister sind, hält Wolff (2006) die in der Fitnessbranche stattfindenden Preiskämpfe somit für kontraproduktiv.

Ein somit nicht nur für die Gewinnmarge, sondern vor allem für das Markenimage abträglicher Preiskampf wird im Allgemeinen durch gesundheitsorientierte Fitness-Studios vermieden und durch andere Aktionsparameter substituiert (vgl. Lorenzsonn 2006).

Interessant für die Preisbestimmung wäre hier neben der angestrebten Positionierung noch die Preisbereitschaft der Konsumenten bezüglich Gesundheitsdienstleistungen zu kennen. Unter der Preisbereitschaft ist die Absicht zu verstehen, für eine bestimmte Leistung höchstens einen bestimmten Preis zu akzeptieren (vgl. Diller 2008). Zu klären wäre ebenfalls, inwiefern sich die Preisbereitschaft situationsabhängig, das heißt bei der Inanspruchnahme von beispielsweise präventiven versus therapeutischen Gesundheitsdienstleistungen unterscheidet.

25.6.3.3 Kommunikationspolitik

In Bezug auf die Markenkommunikation wird grundsätzlich von den gängigen Instrumenten der Marketingkommunikation (klassische Werbung, Sponsoring, Event-Kommunikation, Verkaufsförderung, Direktkommunikation, Public Relations, Messen und Ausstellungen, Online-Kommunikation etc.) Gebrauch gemacht (vgl. Meffert et al. 2008).

Die klassische Werbung muss vor allem genutzt werden, um dem Kunden die verschiedenen ergriffenen Maßnahmen zu kommunizieren, Markenbekanntheit aufzubauen und das Markenimage zu stärken (Esch 2012).

Im Folgenden werden die Kommunikationsinstrumente Public Relations und Corporate Publishing näher betrachtet, da sie für die angestrebte Positionierung durch die hohe Relevanz der Themen „Informationsbedürfnis" und „Vertrauen" eine besondere Bedeutung haben und auch von unserem Best Practice Beispiel „Kieser Training" genutzt werden.

Public Relations

Eines der wesentlichen Ziele der Positionierung ist die Erreichung eines positiven Images und die Erzielung eines hohen Bekanntheitsgrades, die nach Vetter (2007) letztendlich mit über den Erfolg eines Fitnessstudios entscheiden. Für die Erreichung dieser Ziele sieht er die PR-Arbeit, besonders über die redaktionelle Berichterstattung, als wesentliche Maßnahme. Fitness-Studios ist mit diesem Instrument die Möglichkeit gegeben, die Vorstellungen der verschiedenen Anspruchsgruppen vom Studio und damit das Markenimage (Fremdbild) in die gewünschte Richtung (Selbstbild) zu lenken beziehungsweise dieses zu festigen (vgl. Vetter 2007).

Wird Public Relations als Kommunikationsinstrument eingesetzt, so versteht Bruhn (2007) darunter

> die Analyse, Planung, Durchführung und Kontrolle aller Aktivitäten eines Unternehmens, um bei ausgewählten Zielgruppen (extern und intern) primär um Verständnis sowie Vertrauen zu werben und damit gleichzeitig kommunikative Ziele des Unternehmens zu erreichen.

Public Relations ist ein optimales Werkzeug, um Bekanntheit und Image aufzubauen. Über Public Relations erreicht man die größte Adressatengruppe, nämlich die allgemeine Öffentlichkeit und spricht dadurch über die eigentlichen Konsumenten auch die anderen Anspruchsgruppen des als Gesundheitsdienstleister positionierten Fitness-Studios an. Dies sind beispielsweise auch Ärzte, Physiotherapeuten, Krankenkassen und andere mögliche Kooperationspartner sowie die eigenen Mitarbeiter und potentielle Arbeitnehmer (vgl. Meffert et al. 2008). Viele Medien verfügen nicht nur über eine große Verbreitung, sondern „neutrale" Berichterstattungen genießen im Vergleich zur klassischen Anzeige eine deutlich höhere Glaubwürdigkeit (Vetter 2007). Gesellschaftliche Problemstellungen und Themen, die sich auf „das Gut Gesundheit" und die medizinische Versorgung durch Ärzte und Krankenhäuser beziehen, finden in der Öffentlichkeit – vor allem in der Presse – eine hohe Beachtung (vgl. Kreyher 2001).

„Kieser Training" betreibt Public Relations über Eröffnungen, Vorträge, Tage des gesunden Rückens beziehungsweise Tage der offenen Tür.

Corporate Publishing

Ein weiteres wichtiges Element der Kommunikationspolitik ist das Thema Corporate Publishing, also die Herausgabe einer Kundenzeitschrift. Weichler (2007) definiert Corporate Publishing als

> ein Instrument der Unternehmenskommunikation, das sich der Mittel des Journalismus bedient, um die Aufmerksamkeit von Zielgruppen zu erreichen, die für das Unternehmen relevant sind. Das Corporate Publishing zielt dabei in erster Linie auf Kundenbindung, Imageaufbau und Absatzförderung ab.

Als bedeutender Teil der Öffentlichkeitsarbeit haben Kundenzeitschriften nach Winkelmann (2010) insbesondere folgende Funktionen:

- Sie geben wertvolle Informationen über den Anbieter selbst
- Sie geben Kunden nötige Informationen über neue Produkte und Angebote
- Sie vermitteln eine Nähe zum Anbieter und schaffen somit eine Vermenschlichung

- Sie dienen der internen Motivation von Mitarbeitern
- Sie erhöhen das Kaufinteresse
- Sie stärken die Kundenbindung

Ein übergeordnetes Ziel von Kundenzeitschriften stellt nach Wahl (1993) die Informierung der Öffentlichkeit über Tätigkeiten eines Unternehmens, die Schaffung eines transparenten Handelns und somit der Aufbau eines positiven Images dar. Limmer und Wimmer (2006) heben zudem den Nutzen einer kosteneffizienten professionellen Präsentation des eigenen Dienstleistungsangebots hervor. Ca. 90 % der Leser empfinden die Inhalte einer Kundenzeitschrift als fachlich kompetent und glaubwürdig (vgl. Limmer und Wimmer 2006). Auch „Kieser Training" bietet monatlich eine Kundenzeitschrift mit dem Titel „Reflex" an, die Informationen und Neuerungen im Bereich des gesundheitsorientierten Krafttrainings, Veröffentlichungen über Kieser Training, Veranstaltungen und häufig gestellte Fragen umfasst.

25.6.3.4 Ausstattungspolitik

> Customers for goods don't visit the factory; service customers often do. (Berry und Lampo 2004)

Diese Aussage impliziert eine weitere Besonderheit der Markenführung von Gesundheitsdienstleistungen. Professionelle Ausstattungsräume sollen nicht nur symbolisch den Wert der Dienstleistungen in FitnessStudios markieren, die Qualität der Materialien ist auch in entscheidendem Maße für die Qualität des Leistungsergebnisses verantwortlich. Es gehört somit zu den zentralen Aufgaben des Markenmanagements, diese Qualität dem Kunden sowohl funktional als auch emotional zu kommunizieren (vgl. McDonald et al. 2001; Berry und Lampo 2004).

Auch „Kieser Training" verfügt über eine mit seiner Markenidentität übereinstimmende Ausstattungspolitik, die das Erscheinungsbild der Trainingsräume prägt. Hierbei setzt „Kieser Training" seinen auf das Training bezogenen funktional-reduktionistischen Ansatz auch auf die Gestaltung seiner Räumlichkeiten um (vgl. Bergmann 2005).

Einen wesentlichen Teil der Ausstattung eines Fitness-Studios stellen die Trainingsgeräte dar. Einer sorgfältigen Auswahl der Trainingsgeräte kommt damit eine doppelte Funktion zu, so ist die Qualität der Geräte ausschlaggebend für die Prozessqualität und im Zusammenhang mit der erwähnten Ausstattungspolitik kommt der Anmutungsqualität der Geräte zudem eine hohe Bedeutung zu, da der Kunde auch diese zur Beurteilung der Gesamtqualität des Anbieters heranzieht. Moderne Geräte mit integrierten Trainingscomputern könnten hierbei möglicherweise eine verstärkte Assoziation zu modernen Medizingeräten herstellen. Auch ein eher filigranes Design könnte im Gegensatz zu klobigen Trainingsgeräten ein stimmigeres Bild eines Gesundheitsdienstleisters hervorrufen.

25.6.3.5 Personalpolitik

Die Personalpolitik stellt eine wichtige Erweiterung des Marketing Mix dar, da Dienstleitungen meist von Menschen erbracht werden. Für die Qualitätswahrnehmung eines Dienstleistungsangebots haben Mitarbeiter mit Kundenkontakt eine entscheidende Bedeutung (vgl. Stauss 2000), denn Kunden bewerten Dienstleistungen in Anbetracht der Immaterialität vorwiegend anhand der wenigen tangiblen Elemente, zu denen Mitarbeiter in diesem Falle gehören (vgl. Woodruffe 1995). Je höher der Anteil an Vertrauenseigenschaften an der Dienstleistung, das heißt, je höher eben auch das subjektiv empfundene Kaufrisiko von Seiten des Nachfragers, desto höher ist für diesen die Bedeutung des Mitarbeiters als Qualitätsindikator (vgl. Woodruffe 1995). Es ist daher eine wesentliche Aufgabe der Personalpolitik eines Dienstleitungsunternehmens, ein einheitliches Bild der Mitarbeiter zu erzeugen, welches dem Kunden Kompetenz signalisiert und dementsprechend Vertrauen aufbaut. Die signalisierte Kompetenz muss vom Dienstleister dem Kunden gegenüber aber letztendlich auch erfüllt werden, da nicht erfüllte Kundenerwartungen zu Kundenunzufriedenheit und entsprechenden Konsequenzen wie beispielsweise Kundenabwanderung führt (vgl. Meffert und Bruhn 2006).

Der Qualifikation der Mitarbeiter ist daher besondere Beachtung zu schenken, dies gilt sowohl für die Auswahl der Mitarbeiter, als auch deren Weiterbildung (vgl. Meffert und Bruhn 2009). So wird die Qualifikation der Mitarbeiter in der Fitnessbranche neben der Kundenbetreuung als größter Wettbewerbsvorteil gegenüber anderen Clubs gesehen (vgl. body LIFE Branchenstudie 2011).

Eine weitere Besonderheit bei der Personalpolitik von Dienstleistungsunternehmen stellt die Integration des externen Faktors, also des Kunden dar, da dies die Heterogenität des Leistungserstellungsprozesses bedingt. Um trotzdem eine möglichst hohe Homogenisierung der Leistungserstellung zu erreichen, sollte die Beziehung zwischen Mitarbeiter und Kunde von Kontinuität geprägt sein, um die Bildung einer Partnerschaft zwischen Unternehmen bzw. Mitarbeiter und Kunde zu ermöglichen (vgl. Stauss und Neuhaus 1995). Dazu ist eine möglichst geringe Mitarbeiterfluktuation anzustreben.

Da Mitarbeiter in Fitness-Studios ganz entscheidend das Markenimage prägen, sollten diese möglichst selten wechseln (vgl. Stephan 2007). Dies gilt auch für Beschäftigte auf 400-Euro-Basis, die zwar günstige Mitarbeiter darstellen, zu einem langfristigen Markenaufbau von Fitness-Studios aber nicht unbedingt beitragen (vgl. body LIFE Branchenstudie 2006).

Ein bemerkenswerter Punkt in Bezug auf die Personalpolitik von Fitness-Studios liegt in dem hohen Anteil von recht jungen Mitarbeitern. So liegt der Altersschnitt aller Mitarbeiter in Fitness-Studios bei 31,8 Jahren (vgl. body LIFE Branchenstudie 2011). Beachtet man die demografische Entwicklung, ist mit einem Wandel der Kundenwünsche und -ansprüche zu rechnen. Ältere Mitarbeiter gewinnen dadurch an Bedeutung, da sie durch ihre Lebenserfahrung und soziale Kompetenz einen besseren Zugang zu den älteren Mitgliedern haben und dadurch besser auf deren Bedürfnisse eingehen können (vgl. body LIFE Branchenstudie 2007). Da es gerade die älteren Mitglieder sind, die mit einem hohen Gesundheitsinteresse zu einer potentiellen Zielgruppe von als Gesundheitsdienstleister positionierten Fitness-Studios gehören, sollte diesem Aspekt besondere Aufmerksamkeit geschenkt werden.

Das Unternehmen „Kieser Training" ist sich bewusst, welche Bedeutung die Mitarbeiter für eine Dienstleistungsmarke besitzen: „Eine Dienstleistungsmarke wie Kieser Training wird durch die Mitarbeiter transportiert." (Schäppi 2004) Entsprechend sorgsam wird das Thema Personalpolitik bei „Kieser Training" behandelt. Das gesamte Auftreten und Verhalten, hierzu zählen ebenso eine gepflegte Erscheinung, einheitliche Kleidung, fachliche und soziale Kompetenzen, die Kommunikation mit den Kunden, wie auch die einheitliche Instruktion und Kontrolle der Trainingsqualität tragen zur Markenbildung bei, da jeder dieser Faktoren die subjektive Einstellung der Kunden und somit das Markenimage beeinflusst (vgl. Schäppi 2004).

Um eine einheitliche Dienstleistung in dieser Form anbieten zu können, bildet „Kieser Training" jeden einzelnen Mitarbeiter, egal welcher Funktion (Instruktor, Therapeut, Arzt, Geschäftsleiter, usw.) in einem eigenen Fortbildungszentrum, der so genannten Ausbildungs- und Dokumentationsstelle aus (vgl. Schäppi 2004).

Die besondere Bedeutung von Mitarbeitern für die Markenbildung von Dienstleistungsunternehmen soll abschließend durch folgendes Zitat nochmals unterstrichen werden: „Die Marke ist so stark, wie der schwächste Mitarbeiter." (Schäppi 2004).

25.7   Fazit

Die zwei Wachstumsmärkte (Gesundheitsmarkt und Zweiter Gesundheitsmarkt) auf der einen Seite und der Fitnessmarkt wachsen zusammen und bilden einen vielversprechenden Zukunftsmarkt. Dieses Potential ergibt sich in seinem Kern durch die zunehmend alternde Bevölkerung. Gesundheit bekommt in diesem Kontext und mit der zunehmenden Selbstverantwortung einen neuen Stellenwert, der zu einem steigenden Gesundheitsbewusstsein führt. Vor allem die Prävention gewinnt sowohl für den Einzelnen als auch für das gesamte Gesundheitssystem an Bedeutung, da ein Gesundheitswesen, das auf „Reparaturmedizin" fußt, die durch Bewegungsmangel und die dadurch bedingte steigende Zahl von Zivilisationskrankheiten entstehenden Kosten nicht mehr im Griff hat.

Durch dieses gesteigerte Interesse an Gesundheit und Prävention gewinnen Bewegungsangebote in Form von gesundheitsförderndem Kraft- und Ausdauertraining („Medikament Fitness"), wie sie in kommerziellen Fitness-Studios angeboten werden, an enormer Bedeutung. Dass sich Fitness-Studios mit diesem überzeugenden Angebot in diesem Markt positionieren wollen und müssen, ist eine logische Konsequenz. Möglichkeiten zur Umsetzung galt es hier aufzuzeigen.

Der Nutzen einer starken Marke ergibt sich aus den Funktionen der Marke und den Besonderheiten dieses speziellen Angebotes und Marktes. Die Besonderheit des Angebotes von Fitness-Studios besteht in dem hohen Anteil an Erfahrungs- und Vertrauenseigenschaften, die eine Dienstleistung, noch verstärkt durch den Bezug zu dem Thema Gesundheit, mit sich bringt. Konsumenten empfinden bei der Inanspruchnahme von

Gesundheitsdienstleistungen ein besonders hohes subjektives Kaufrisiko, welches durch die Vertrauensfunktion einer starken Marke gemindert werden kann. Der Zweite Gesundheitsmarkt ist bisher weitestgehend ungeregelt und für den Konsumenten durch ein überaus umfangreiches und nahezu unüberschaubares Angebot geprägt. Eine starke Marke ist hier durch ihre Orientierungsfunktion für den Konsumenten von elementarer Bedeutung. Aus Anbietersicht besteht für einen Gesundheitsdienstleister der Nutzen einer starken Marke in dem Schutz vor Imitation durch Konkurrenzanbieter und die Differenzierung vom Wettbewerb, da Dienstleistungsangebote schwerer zu schützen, aber oft leichter zu kopieren sind als Produktangebote.

Für die Positionierung, also der Stellung einer Marke im Kopf des Verbrauchers, ergibt sich für ein Fitness-Studio, das als Gesundheitsdienstleister wahrgenommen werden möchte, die Notwendigkeit, sich von dem Image der Fitnessbranche zu lösen, da Assoziationen zur Produktkategorie durch die Vererbung von Schemata auf den einzelnen Anbieter einer Produktkategorie übertragen werden. Das Image der Fitnessbranche und damit verbundene Assoziationen scheinen die wirksame Positionierung als Gesundheitsdienstleister aber tendenziell zu hemmen. Durch ein deutliches Abheben von gängigen Schemata, wie es beispielsweise „Kieser Training" erfolgreich getan hat, muss eine neue Produktkategorie zwischen „Fitness" und „Medizin" geschaffen werden. Bei der Wahl eines Positionierungsziels für einen Gesundheitsdienstleister ist hierbei besonders das hohe kognitive Involvement der Konsumenten mit dem einhergehenden Informationsbedürfnis rund um das Thema Gesundheit zu beachten.

Einen wesentlichen Teil des Positionierungskonzeptes stellt die Realisierung der Markenpositionierung durch Markenelemente, Markenanreicherung und Einsatz der Marketinginstrumente dar, da die Positionierung erst so für den Konsumenten wahrnehmbar wird. Die Ansätze, die die body LIFE Branchenstudie 2005/2006 aufgezeigt hat (Angebot von Rückenkursen, dem Monitoring von Trainingsdaten und der Kooperation mit Physiotherapeuten und Ärzten) können als Einzelelemente zur Markenpositionierung durchaus herangezogen werden, sind aber zur nachhaltigen Umsetzung einer Positionierung als Gesundheitsdienstleister nicht ausreichend. Um eine Positionierung erfolgreich umzusetzen ist ein aufeinander abgestimmter Einsatz aller zur Verfügung stehenden Marketinginstrumente zu nutzen, da für Positionierungskonzepte das Motto gilt: „Das Ganze ist mehr als die Summe seiner Teile." (Esch 2012).

Markenelemente wie Markenname und Claim bieten Fitness-Studios die Möglichkeit, starke Assoziationen zum Angebot und zur Marke aufzubauen und damit die Markenpositionierung zu stützen und gleich vom ersten Kontakt des Kunden mit der Marke wirksam aufzubauen. Die beiden dargestellten Formen der Markenanreicherung scheinen ebenfalls ein Erfolg versprechendes Mittel darzustellen, um das Image der eigenen Marke durch die Verbindung zu anderen Objekten mit einem eigenen Image zu stärken oder zu verändern. Die Markenanreicherung durch Gütesiegel beziehungsweise Zertifizierungen, vorausgesetzt der Konsument kennt und vertraut diesen Siegeln, kann zu mehr Transparenz und damit Vertrauen in den Anbieter führen, was sich bei dem schon erwähnten hohen subjektiven Kaufrisiko bei Gesundheitsdienstleistungen positiv auf die Kaufbereitschaft des

Nachfragers auswirken kann. Eine sehr Erfolg versprechende Strategie zur Unterstützung des Positionierungsziels stellt das Co-Branding dar. Gerade die Kooperation mit Unternehmen bzw. Marken aus dem Gesundheitsbereich, dem damit verbundenen gegenseitigen Imagetransfer und die Nutzung eines vorhandenen Vertrauensbonus des Kooperationspartners, sind wesentliche Vorteile des Co-Branding.

In Bezug auf die weiteren Marketinginstrumente ist besonders die Bedeutung der Personalpolitik herauszustellen, da sie für eine personenintensive Dienstleistung, wie es ein Gesundheitsdienstleister darstellt, eine besondere Herausforderung, aber auch Chance darstellt, die Markenpositionierung durch die Mitarbeiter und ihr Verhalten an den Kunden zu vermitteln. Denn eine Dienstleistungsmarke wird durch die Mitarbeiter transportiert.

Literatur

Adler, J. (1996). *Informationsökonomische Fundierung von Austauschprozessen: Eine nachfragerorientierte Analyse.* Wiesbaden.

Baumgarth, C. (2008). *Markenpolitik. Markenwirkung – Markenführung – Markenforschung.* Wiesbaden.

Bergmann, J. (2005). Marken-Kolumne: Der Muskelmacher. brand eins, 7/2007, S. 20.

Berry, L. L., & Lampo, S. S. (2004). Branding labor-intensive services. *Business Strategy Review, Vol.15,* No.1, S. 18–25.

Body Life. (2006). Branchenstudie 2005/06. Karlsruhe.

Body Life. (2007). Branchenstudie 2007. Karlsruhe.

Body Life. (2011). Branchenstudie 2010/2011. Karlsruhe.

Brandmeyer, K. (2003). Die selbstähnliche Marke. In K. Brandmeyer (Hrsg.), *Pharma trifft Marke. Markentechnik für den Gesundheitsmarkt* (S. 13–33). München.

Brandmeyer, K., Pirck, P., Pogoda, A., & Prill, C. (2008). Marken stark machen. *Techniken der Markenführung.* Weinheim.

Bruhn, M. (2007). *Kommunikationspolitik* (4. Aufl.). München.

Burmann, C., & Meffert, H. (2005). Managementkonzept der identitätsorientierten Markenführung. In H. Meffert, C. Burmann & M. Koers (Hrsg.), *Markenmanagement. Identitätsorientierte Markenführung und praktische Umsetzung* (2. Aufl.) (S. 73–139). Wiesbaden.

Burmann, C., Blinda, L., & Nitschke, A. (2003). Konzeptionelle Grundlagen des identitätsbasierten Markenmanagements, Arbeitspapier Nr. 1 des Lehrstuhls für innovatives Markenmanagement (LiM). In C. Burmann (Hrsg.). Bremen: Universität Bremen.

Burmann, C., Meffert, H., & Blinda, L. (2005a). Markenevolutionsstrategien. In H. Meffert, C. Burmann & M. Koers (Hrsg.), *Markenmanagement. Identitätsorientierte Markenführung und praktische Umsetzung* (2. Aufl.) (S. 183–212). Wiesbaden.

Burmann, C., Schleusener, M. & Weers, J.-P. (2005b). Identitätsorientierte Marken-führung bei Dienstleistungen. In H. Meffert, C. Burmann & M. Koers (Hrsg.), *Markenmanagement. Identitätsorientierte Markenführung und praktische Umsetzung* (2. Aufl.) (S. 412–432). Wiesbaden.

Caimi, M. (2006). Der Umgang mit Patienten. In W. Kieser (Hrsg.), *Krafttraining in Prävention und Therapie. Grundlagen – Indikationen – Anwendungen* (S. 223–231). Bern.

Deloitte. (2004). Der deutsche Fitness- und Wellnessmarkt. *Eine detaillierte Marktanalyse.* Düsseldorf.

Deloitte. (2012). *Der deutsche Fitnessmarkt – Studie 2012.* Düsseldorf.

Diller, H. (2008). *Preispolitik* (4. Aufl.). Stuttgart.

Eberle, B. (2004). Wellness und Gesundheit als Marketingimpuls. *Wie Sie den Megatrend für Ihre Produkte nutzen.* Frankfurt/Main.

Esch, F.-R. (2005a). Markenpositionierung als Grundlage der Markenführung. In F.-R. Esch (Hrsg.), *Moderne Markenführung. Grundlagen, innovative Ansätze, praktische Umsetzungen* (4. Aufl.) (S. 131–164). Wiesbaden.

Esch, F.-R. (2005b). Aufbau starker Marken durch integrierte Kommunikation. In F.-R. Esch (Hrsg.), *Moderne Markenführung. Grundlagen – Innovative Ansätze – Praktische Umsetzung* (4. Aufl.) (S. 707–745). Wiesbaden.

Esch, F.-R. (2012). *Strategie und Technik der Markenführung* (7. Aufl.). München.

Esch, F.-R., Langner, T., & Rempel, J. E. (2005). Ansätze zur Erfassung und Entwicklung der Markenidentität. In F.-R. Esch (Hrsg.), *Moderne Markenführung. Grundlagen – Innovative Ansätze – Praktische Umsetzung* (4. Aufl.) (S. 103–129). Wiesbaden.

Esch, F.-R., & Wicke, A. (2001). Herausforderungen und Aufgaben des Markenmanagements. In F.-R. Esch (Hrsg.), *Moderne Markenführung. Grundlagen – Innovative Ansätze – Praktische Umsetzungen* (3. Aufl.) (S. 3–55). Wiesbaden.

Felsner, G. (2007). *Werbe- und Konsumentenpsychologie* (3. Aufl.). Berlin.

Froböse, I. (2007). Leitfaden Prävention. § 20 SGB V – die wichtigsten Regeln und welche Fehler es unbedingt zu vermeiden gilt. body LIFE, 10/2007, S. 58–60.

GKV-Spitzenverband. (2010). Leitfaden Prävention. *Handlungsfelder und Kriterien des GKV-Spitzenverbandes zur Umsetzung von §§ 20 und 20a SGB V vom 21.* Juni 2000 in der Fassung vom 27. August 2012 (2. Korrigierte Fassung). Berlin.

Görg, U. (2005). Claims. *Claiming als Wertschöpfungselement der Markenführung.* Offenbach.

Großklaus, R. H. G. (2006). Positionierung und USP. *Wie Sie eine Alleinstellung für Ihre Produkte finden und umsetzen.* Wiesbaden.

Hartmann, B. (2006). Wer sind die Gewinner der Gesundheitsreform? *Fitnessstudios als Gesundheitsdienstleister.* body LIFE , Medica-Special/2006, S. 18–19.

Hodyas, M. (2007). Health-Management. body LIFE, 4/2007, S. 108.

Huber, G. (2008). Gesundheitsorientiertes Krafttraining. *Bewegungstherapie und Gesundheitssport, 24*, 60–63.

Kieser, W. (2006). Das Konzept „Kieser Training". In W. Kieser (Hrsg.), *Krafttraining in Prävention und Therapie* (S. 95–103). Grundlagen – Indikationen – Anwendungen. Bern.

Kreyher, V. J. (2001). Gesundheits- und Medizinmarketing – Herausforderung für das Gesundheitswesen. In V. J. Kreyher (Hrsg.), *Handbuch Gesundheits- und Medizinmarketing. Chancen, Strategien und Erfolgsfaktoren* (S. 1–51). Heidelberg.

Krimmel, L. (2005). Die politische Dimension: Der Zweite Gesundheitsmarkt. In V. Streit & M. Letter (Hrsg.), *Marketing für Arztpraxen* (S. 187–196). Berlin, Heidelberg.

Kroeber-Riel, W., & Esch, F.-R. (2011). *Strategie und Technik der Werbung* (7. Aufl.). Stuttgart.

Kroeber-Riel, W., & Weinberg, P. (2003). *Konsumentenverhalten* (8. Aufl.). München.

Limmer, E., & Wimmer, B. (2006). Literatur mit Unterhaltungswert. *Die Kundenzeitung – Werbung auf höchstem Niveau.* body LIFE, 4/2006, S. 64–68.

Lindl, C. (2005). Potenziale und Ausschöpfungsmöglichkeiten für den internationalen Austausch von Dienstleistungen. *Das Beispiel Gesundheitsdienstleistungen.* Hamburg.

Lintner, A. (2007). Drum prüfe, wer sich ewig bindet. Zertifizierung im Fitnessstudio. body LIFE, 1/2007, S. 12–15.

Lorenzsonn, P. (2006). Der Markt für Gesundheitssport. *Grundlagen, Analyse, Perspektive.* Saarbrücken.

Magrath, A. J. (1986). When Marketing Services 4 Ps Are Not Enough. *Business Horizons, 29*(3), 44–50.

McDonald, M. H. B., de Chernatony, L. & Harris, F. (2001). Corporate marketing and service brands – Moving beyond the fast-moving consumer goods model. *European Journal of Marketing,* 35(3/4), 335–352.

Meffert, H., & Bruhn, M. (2006). *Dienstleistungsmarketing. Grundlagen – Konzepte – Methoden* (5. Aufl.). Wiesbaden.

Meffert, H., & Bruhn, M. (2009). *Dienstleistungsmarketing. Grundlagen – Konzepte – Methoden* (6. Aufl.). Wiesbaden.

Meffert, H., Burmann, C. & Kirchgeorg, M. (2008). Marketing. *Grundlagen Marktorientierter Unternehmensführung* (10. Aufl.). Wiesbaden.

Meier-Kortwig, H., & Stüwe, B. (2000). Gestaltete Werte: Wie die Markenbotschaft erfahrbar wird. *Absatzwirtschaft,* Jg. 43, Sondernummer Oktober, S. 190–197.

Meyer, A., & Trostmann, T. (1995). Die nur erlebbare Markenpersönlichkeit. *Harvard Business Manager, 17*(4), 9–15.

Oberender, P. O., & Hebborn, A. (1998). Wachstumsmarkt Gesundheit. *Therapie des Kosteninfarkts.* Bayreuth.

o.V. (2007). *Der 2. Gesundheitsmarkt bietet großes Potenzial.* body LIFE, 9/2007, S. 86.

Pliwischkies, M. (2006). Untrennbar: Fitness & Medizin. *body LIFE, Medica-Special/2006,* S. 14–15.

Ries, A., & Trout, J. (2001). Positioning. *The battle for your mind.* New York.

Sawtschenko, P. (2006). Positionierung – das erfolgreichste Marketing auf unserem Planeten. *Das Praxisbuch für ungewöhnliche Markterfolge.* Offenbach.

Schäppi, P. (2004). Kraftaufbau, schnörkellos. *Marketingjournal,* 6/2004, S. 42–44.

Scheibl, A.-C. (2007). Der Mensch im Mittelpunkt. *Rehasport: Chancen, Risiken & Modelle.* body LIFE, 9/2007, S. 46–48.

Schleusener, M. (2002). Identitätsorientierte Markenführung bei Dienstleistungen. In H. Meffert, C. Burmann & M. Koers (Hrsg.), *Markenmanagement: Grundfragen der identitätsorientierten Markenführung* (S. 263–289). Wiesbaden.

Schranz, B. (2009). Was kommt nach § 20 und § 44? body LIFE, 7/2009, S. 44–45.

Schranz, B. (2010). Integration einer Physiopraxis. Physiotherapiepraxis als Profitcenter. body LIFE, 4/2010, S. 106–108.

Schweiger, G., & Schrattenecker, G. (2005). *Werbung* (6. Aufl.). Stuttgart.

Simon, H. (1992). Preismanagement. *Analyse – Strategie – Umsetzung* (2. Aufl.). Wiesbaden.

Stauss, B. (1998). Dienstleistungen als Markenartikel – etwas Besonderes? In T. Tomczak, M. Schögel & E. Ludwig (Hrsg.), *Markenmanagement für Dienstleistungen* (S. 10–23). St.Gallen.

Stauss, B. (2000). Internes Marketing als personalorientierte Qualitätspolitik. In M. Bruhn & B. Stauss (Hrsg.), *Dienstleistungsqualität. Konzepte – Methoden – Erfahrungen* (3. Aufl.) (S. 203–222). Wiesbaden.

Stauss, B., & Bruhn, M. (2008). Dienstleistungsmarken – Eine Einführung in den Sammelband. In M. Bruhn & B. Stauss (Hrsg.), *Dienstleistungsmarken. Forum Dienstleistungsmanagement* (S. 3–33). Wiesbaden.

Stauss, B., & Neuhaus, P. (1995). Das Qualitative Zufriedenheitsmodel. *Diskussionsbeiträge der Wirtschaftswissenschaftlichen Fakultät Ingolstadt* Nr. 66. Ingolstadt.

Stephan, R. (2007). Mitarbeiter sind die beste Werbung. body LIFE, 10/2007, S. 46–49.

Stiftung Warentest. (2006). Fitnessstudios. *Noch nicht ganz fit. Stiftung Warentest,* 10/2006, S. 88–93.

Stiftung Warentest. (2009). Fitnessstudios. *Einsame Spitze. Stiftung Warentest,* 10/2009, S. 82–87.

Streit, V. (2005). Der Markt für Selbstzahlerleistungen. In V. Streit & M. Letter (Hrsg.), *Marketing für Arztpraxen* (S. 171–186). Berlin, Heidelberg.

Tomczak, T., & Brockdorff, B. (2000). Bedeutung und Besonderheit des Markenmanagements für Dienstleistungen. In C. Belz & T. Bieger (Hrsg.), *Dienstleistungskompetenz und innovative Geschäftsmodelle* (S. 486–502). St. Gallen.

Trommsdorff, V. (2004). *Konsumentenverhalten* (6. Aufl.). Stuttgart.

Verbraucherzentrale. (2007). *Fitnessstudios.* Auswahl & Vertrag. Stuttgart.

Vetter, H. (2007). Verbessern Sie die Medienpräsenz Ihres Clubs – Public Relations. body LIFE, 5/2007, S. 24–27.

Weichler, K. (2007). Corporate Publishing: Publikationen für Kunden und Multiplikatoren. In M. Piwinger & A. Zerfass (Hrsg.), *Handbuch Unternehmenskommunikation* (S. 441–552). Wiesbaden.

Winkelmann, P. (2010). *Marketing und Vertrieb* (7. Aufl.). München.

Wolff, J. (2006). Gesundheit und „billig" – passt das zusammen? body LIFE, 5/2006, S. 118–121.

Woodruffe, H. (1995). *Services Marketing.* London.

Internetquellen

Arbeitsgemeinschaft Gesundheit – Fitness – Wellness. (2009). Einheitliches Qualitätssiegel für die Fitnessbranche ab 01. Juli 2009. http://www.prae-fit.de/pics/tuv_praefit_presse.pdf. Zugegriffen: am 28. Juni 2012.

Deloitte. (2011). Der Fitnessmarkt. https://www.deloitte.com/assets/D-comGermany/LocalAssets/Documents/06_CBuTransportation/2011/Fitness_Newsletter_01_2011_DE_FINAL.pdf. Zugegriffen: 28. Juni 2012.

Focus Medialine. (2005). Der Markt der Gesundheit. Daten, Fakten, Trends. http://www.medialine.de/media/uploads/projekt/medialine/docs/service/bestellung_download/deutsch/marktinformationen/marktanalysen/2005/11_2005_ma_gesundheit.pdf. Zugegriffen: 28. Juni 2012.

Focus Medialine. (2007). Der Markt der Gesundheit. Daten, Fakten, Trends. http://www.medialine.de/media/uploads/projekt/medialine/docs/service/bestellung_download/deutsch/marktinformationen/marktanalysen/2007/foc_ma_gesundheit_200712.pdf. Zugegriffen: 28. Juni 2012.

Löffler, J. (2003). Der ganzen Welt den Rücken stärken. http://www.m-k.ch/portal/site/content.asp?typ=Artikel&category=6%24Titelstory&subcategory=&id=453057368&action=detail&ref=. Zugegriffen: 06. Okt. 2008.

Münchner Rück. (2006). Topics. Wachstumsmarkt Gesundheit – Neue Umwelthaftung – Risiko Großveranstaltungen. http://www.munichre.com/publications/302-05114_de.pdf. Zugegriffen: 08. Okt. 2008.

Prill, C. (2007). Wie Mitarbeiter zu Botschaftern der Apotheke werden. http://www.gaba-dent.de/download/htm/1376/de_DE-1996/Apothekendialog_1-07.pdf. Zugegriffen: 28. Juni 2012.

Roland Berger Strategy Consultants. (2007). Studie zum Zweiten Gesundheitsmarkt. http://www.rolandberger.com/company/press/releases/517-press_archive2007_sc_content/Study_on_the_secondary_healthcare_market_de.html. Zugegriffen: 09. Okt. 2008.

Stiftung Warentest. (03.12.2004). 40 Jahre Stiftung Warentest. http://www.test.de/themen/bildung-soziales/meldung/-40-Jahre-STIFTUNG-WARENTEST/1226096/1226096/. Zugegriffen: 06. Okt. 2008.

Olympische Spiele – mehr als nur eine Marke

26

Michael Payne

26.1 Das Ring-Ritual

Sport wird oft als Metapher für Krieg verwendet. In Wirklichkeit ist Sport ein Katalysator für den Frieden. Die Welt des Sports und die Sehnsucht nach Frieden treffen sich in Olympia. Keine andere Marke verfügt über solch große Kraft.

Das Potenzial der Marke Olympia besser ausschöpfen und verstehen zu lernen, wurde dem IOC ab Mitte der 1990er zunehmend wichtig. Die Einnahmen aus TV-Übertragungen und Sponsorverträgen waren stabil, und nun war es an der Zeit, in die Zukunft zu blicken und zu sehen, welche Struktur das IOC seinen zukünftigen Marketingprogrammen verpassen sollte. Denn es regten sich besorgte Stimmen, dass die verzweifelte Suche nach Einnahmen seitens des Organisationskomitees von Atlanta die Marke Olympia zu gefährden begann. Das IOC musste daher mehr Kontrolle ausüben und eine aktivere und direktere Rolle beim Aufbau der Marke Olympia einnehmen.

In den vergangenen 100 Jahre hat sich die Marke Olympia einfach durch den natürlichen Lauf der Dinge entwickelt – mit wenig oder gar keiner Struktur bzw. formaler Leitung. Die musste sich ändern. Bereits seit Jahren betonten Richard Pound und ich, dass es sich das IOC zum Schutz der Marke Olympia nicht leisten könne, die Behandlung von Marketing-Fragen den örtlichen Organisationskomitees zu überlassen. Die meisten Organisationskomitees dachten immer nur kurzfristig, nämlich: Wie schaffen wir es bis

---

Der nachfolgende Text ist eine Kurzfassung des Kapitels „Mehr als nur eine Marke" aus folgendem Buch des Autors: Payne, M. (2005): *Olympic Turnaround. Die Olympische Wende*. Bad Reichenhall.

M. Payne (✉)
Monaco, Monaco
E-Mail: sportoekonomie@uni-mainz.de

H. Preuß et al. (Hrsg.), *Marken und Sport,*
DOI 10.1007/978-3-8349-3695-0_26, © Springer Fachmedien Wiesbaden 2014

zur Schlusszeremonie, ohne vorher Konkurs anmelden zu müssen? Wir bedurften also größerer Kontinuität. Wir mussten unseren Marketing- und TV-Partnern deutlicher klar machen, was die Marke Olympia wirklich bedeutet. Sie mussten begreifen, was die Spiele so einmalig und besonders machte. Sie brauchten mehr Stabilität und eine langfristigere Vision und Sicht der Dinge.

Was heute in der Werbebranche als „Branding" bezeichnet wird, ist schon seit jeher Teil der Olympischen Bewegung. Man denke nur an die Vision citius, altius, fortius – schneller, höher, stärker – die von Coubertin als das Motto des IOC gewählt wurde, nachdem er den französischen Dominikanerpater Didon gehört hatte, der als Direktor des Kollegs Albert-le-Grand d'Arcueil seine Studenten diesbezüglich in einer Rede belehrt hatte.

Die Olympischen Spiele haben schon immer auf Symbolen, mächtigen Bildern und Ritualen gefußt, die im vergangenen Jahrhundert der Schlüssel zur Ausschöpfung der Marke Olympia wurden. 1910 sagte Coubertin, dass „die Spiele ohne Rituale einfach zu großen Sportweltmeisterschaften würden". Später stellte er dem Welt-Kongress 1914 die Olympische Fahne und das Olympia-Symbol vor. So schuf de Coubertin eines der bekanntesten Symbole unserer Zeit. 1913 schrieb er hierzu in der Olympic Review: „Die fünf Ringe stellen die fünf Erdteile dar, die nun für die Olympische Idee gewonnen wurden und sich dem erbaulichen Wettkampf zu stellen bereit sind. Die auf diese Weise entstandenen sechs Farben sind ohne Ausnahme in den Flaggen aller Länder enthalten."

Für manche war Olympia viel mehr als eine Marke. Schließlich konnten die Olympischen Spiele lange vor der Globalisierung auf eine 3000-jährige Geschichte und eine weltweite Bewegung zurückblicken. Dennoch war klar, dass das IOC viel über internationale Geschäftstätigkeit lernen musste, um seine Marke gut zu managen und zu pflegen.

26.2 Yin und Yang

Mitte der 1990er war durch den wachsenden Druck seitens vieler Stakeholder (Austragungsorte, TV-Stationen, Sponsoren und viele andere) die Zeit gekommen, eine klarere Zukunftsvision der Marke Olympia zu entwickeln. „Wo ist der Plan? Wir brauchen einen Plan!", sagte IOC-Präsident Juan Antonio Samaranch gegen Ende des traditionellen Marketingberichts an die IOC-Vollversammlung im Jahr 1995.

Zahlreiche Marktstudien hatten zwar gezeigt, dass das Olympia-Symbol das bekannteste Symbol der Welt war. Kein anderes Symbol war in so vielen verschiedenen Kulturen und auf allen Kontinenten bekannt.[1] Doch eine sehr grundlegende Frage blieb offen: Wofür steht das Olympia-Symbol tatsächlich? Wir am IOC-Hauptsitz in Lausanne hatten unsere eigene Meinung dazu, was die Ringe bedeuten, aber was bedeuteten sie den Menschen in China, südlich der Sahara oder in Peru?

---

[1] SRI-Forschungsergebnisse nach Befragungen von 10.000 Personen in neun Ländern und auf fünf Kontinenten haben ergeben. dass die Olympischen Ringe von über 90 % (99 % in Japan) der Befragten als solche erkannt wurden. Zum Vergleich: Shell 88 %; McDonald's 88 %; Mercedes 74 %; das Kruzifix 54 %; Vereinte Nationen 36 %; World Wildlife Fund 28 %.

Nach den Winterspielen in Nagano im Jahr 1998 gab das IOC das größte Marktforschungsprogramm in Auftrag, das jemals von einer Sportorganisation in Auftrag gegeben worden war. Das Ziel: Herauszufinden, was die Konsumenten wirklich von der Marke Olympia halten.

Die Markenanalysten Edgar Dunn und Terence Bums, beides Mitglieder der 10C-Marketingagentur Meridian, erstellten eine umfassende Studie in 11 Ländern, die aus genauen Interviews mit Testgruppen von insgesamt 5500 Konsumenten sowie aus 250 Interviews mit den wichtigsten Printmedien und TV-Sendern, der Olympischen Familie (Sponsoren) sowie Meinungsführern bestand. Die Ergebnisse waren auffallend einheitlich. Es überraschte kaum, dass die Griechen die Marke Olympia am leidenschaftlichsten verteidigten. Sobald die Spiele außerhalb von Griechenland abgehalten werden, sind die Olympischen Werte gefährdet. Eine der Testgruppen in Griechenland fragte sich sogar, ob der Wettbewerb nicht gänzlich außer Kontrolle geraten und die Olympischen Spiele nicht mehr rein seien. „Die Olympischen Spiele sind wie eine griechische Jungfrau, die vergewaltigt wird, sobald sie Griechenland verlässt."

Abgesehen vom griechischen Patriotismus bestätigten die Interviews, dass die Marke Olympia sich auch insofern von anderen Marken unterscheidet, als dass sie zwei markante, unterschiedliche Universen in sich vereint. Sie ist nicht allein humanitär, wie das Rote Kreuz, und auch nicht ausschließlich kommerzorientiert, wie Disney oder andere Unterhaltungs- oder Sportmarken. Die Marke Olympia strahlt mehr Dynamik und Modernität aus als andere, nichtkommerzielle Organisationen, doch ihr Geist und ihr Erbe verleihen ihr Moral und mehr Tiefgang, als bei anderen kommerziellen Marken zu finden ist.

Nach Samaranchs Appell von Lillehammer hatte Kofi Annan, der damalige UN-Generalsekretär, für die Spiele von Nagano 1998 eine Waffenruhe verkündet: „In einer Zeit, in der sich die Krisen vervielfachen, in der Konflikte in den Herzen der Länder ausbrechen, stellt eine Waffenruhe einen Lichtstrahl der Hoffnung in einer Welt des Hasses und der Vernichtung dar. Olympia ist eine Schule der Demokratie. Es herrscht eine natürliche Verbindung zwischen der Ethik der Olympischen Spiele und den grundlegenden Prinzipien der UNO", sagte er. Die Olympische Waffenruhe wurde von der 48. Vollversammlung der Vereinten Nationen einstimmig angenommen.

Die Marktforscher stellten die folgenden vier Aussagen über die Marke Olympia in den Raum:

- Hoffnung: Die Olympischen Spiele bieten allen Menschen durch sportlichen Wettbewerb ohne jede Diskriminierung Hoffnung auf eine bessere Welt. Sie wirken als Beispiel und Vorbild.
- Träume und Inspiration: Durch das Streben, die Opfer und die Entschlusskraft der Athleten vermitteln die Olympischen Spiele Inspiration, persönliche Träume zu verwirklichen. Diese so wesentliche und dauerhafte Botschaft der Marke Olympia inspiriert die Menschheit zu größeren Leistungen.
- Freundschaft und Fairplay: Die Olympischen Spiele sind lebendiges Beispiel dafür, dass die Menschheit politische, wirtschaftliche, religiöse und rassische Vorurteile durch sportliche Werte zu überwinden vermag.

- Freude an Leistung: Die Olympischen Spiele sind eine Feier der Freude daran, sein Bestes zu geben, ganz unabhängig vom Ergebnis. Durch ihr ehrenhaftes und würdiges Verhalten im Wettbewerb sind die Olympischen Sportler uns allen ein gutes Vorbild.

Und nun das Paradoxon: Nichtkommerzielle Werte der Marke Olympia verhelfen ihren Marketing-Partnern zu kommerziellen Werten. Die Olympischen Spiele weisen Merkmale auf, die für jeden Marketing-Zuständigen von großem Wert sind. Sie versinnbildlichen Ehre, Anstand, Entschlusskraft und Streben nach Spitzenleistung – alles Eigenschaften, die auch den meisten Unternehmen wichtig sind. Die Olympischen Spiele verkörpern Attribute wie z. B. Erhabenheit, Weltoffenheit, Globalität, Multikulturalität und Dynamik – was den Sponsoren einen guten Ruf und ein positives Image einträgt.

David D'Alessandro, Präsident und CEO des Versicherungsunternehmens John Hancock Life Insurance, fasste die gesamte Bedeutung und das Potenzial der Marke Olympia zusammen, indem er sagte: „Die Olympischen Spiele sind deswegen die größte Marketing-Gelegenheit der Welt, weil sie zuvor etwas anderes waren."

Genau das ist der Kern der Sache. Die Olympischen Spiele sind weitaus mehr als nur ein weiteres Sportereignis. Der einmalige Wert der Olympischen Bewegung, die im Laufe des vergangenen Jahrhunderts sorgfältig genährt wurde, die aber auf 3000 Jahre alte Wurzeln zurückblicken kann, hat den Wert dieser Partnerschaft so groß werden lassen. Der Marke Olympia liegt also ein gutartiges Paradoxon zugrunde. Jede Erosion der Olympischen Ideale würde auch eine Erosion der Marke zur Folge haben.

26.3 Skeptische Sponsoren

Zu Beginn waren die Fernsehsender und Sponsoren äußerst skeptisch bezüglich der Pläne des IOC hinsichtlich einer globalen Markenprüfung. Sie waren davon überzeugt, dass das IOC die Ergebnisse dazu verwenden würde, ihnen Bedingungen für Programmgestaltung und Werbung aufzuoktroyieren und diese zur Prüfung beim Genehmigungsverfahren der Olympia-Marketingkampagnen zu verwenden. Auf gewisse Weise hatten sie natürlich völlig Recht. Wir wollten tatsächlich einen klaren Plan vorgeben, wir wollten darstellen, wofür die Olympischen Spiele wirklich stehen. Es ging darum, noch integriertere Marketingprogramme zu entwickeln und gleichzeitig die Olympischen Werte zu bewahren.

Das massive Auftreten der Sponsoren und Werbefirmen begann nun langsam, die öffentliche Meinung über die Olympischen Spiele zu definieren. Die Sponsoren wussten die Vorteile der Marke Olympia am besten auszunutzen. Daher musste das IOC alle Partner in gleichem Maß vereinen. Sie mussten durch ihre Marketingprogramme zu echten Vertretern und Förderern der Olympischen Markenwerte werden.

Sponsorenwerbung ging auch manchmal daneben. Meistens stand die Werbung durchaus in Einklang mit den Olympischen Werten. Ab und zu gab es aber auch Werbekampagnen, die die Marke Olympia lächerlich zu machen drohten. Das IOC musste dann einen Weg finden, dies zu verhindern. Es musste sichergestellt werden, dass es einen wirksamen Kontrollprozess gab, der mehr zustande brachte, als nur festzustellen, dass die Olympischen Ringe in den richtigen Farben abgedruckt wurden.

Anfangs ging das IOC sehr vorsichtig vor und gewann langsam aber sicher die Herzen und dann den Verstand der Marketingleiter der einzelnen Unternehmen. Sobald eine Werbekampagne vorgeschlagen wurde, die nicht den Werten der Marke Olympia entsprach, sprachen wir vorsichtig mit dem oder der jeweiligen Marketingzuständigen und baten sie oder ihn, sich doch an unsere Stelle zu versetzen. Meistens gelang es uns, ihn oder sie zu überzeugen, doch gelegentlich glitt uns die eine oder andere Werbeaktion durch die Finger, die uns dann später vor Grauen zusammenzucken ließ und den Kritikern in die Hände spielte, die die negativen Folgen des Olympiamarketings ohnehin ständig kritisierten. Beispiele dafür sind: eine Werbeaktion des USOC (United States Olympic Committee), die aus den Frühstücksflocken namens Cheerios in Form essbarer Olympischer Ringe bestand; 1988 wurden in Korea chinesische Esslöffel mit der Geschichte Olympias verteilt; 1944, als die Spiele abgesagt wurden, stellten die Koreaner eine künstlerische Darstellung der Atombombe her, die aus den Olympischen Ringen herausragte.

Ein wichtiger Teil der Strategie des IOC bestand darin, die richtigen Unternehmen in der richtigen Kategorie als Olympia-Sponsoren auszuwählen. Seit jeher waren die Olympia-Marketingregeln alles andere als streng. Wer die Kommerzialisierung der Olympischen Spiele in den 1980ern kritisiert hatte, wäre vielleicht weniger kritisch gewesen, wenn er gewusst hätte, wie es in den Jahren zuvor gewesen war. Die Spannung zwischen den Olympischen Werten und kommerziellen Interessen blickt auf eine lange Geschichte zurück. Eines der erfolgreichsten lizenzierten Olympia-Produkte war die Zigarettenmarke „Olympias", die aus einer Mischung von türkischem und griechischem Tabak hergestellt wurde und die Durchführung der Spiele in Tokio 1960 finanzieren sollte. „Olympias" brachte dem Organisationskomitee über 1 Mio. $ an Einnahmen.

Die Verbindung zwischen den Zigaretten und den Olympischen Spielen war bei den Spielen 1964 ein beliebtes Thema. Die populäre japanische Zigarettenmarke „Peace" veranstaltete eine Werbekampagne, bei der jede Packung mit nummerierten Gewinnlosen verkauft wurde. Wer eine Packung mit einem Hauptgewinn erwischte, gewann weitere 365 Packungen. Schon in den 1960ern war den Werbefachleuten also bewusst, dass die Olympischen Ringe die Aufmerksamkeit des Publikums auf ein Produkt lenken konnten. Jede Packung Peace-Zigaretten war mit einem Bild der Olympischen Ringe bedruckt.

Vier Jahre später, bei den Winterspielen von Grenoble im Jahr 1968, gaben die Organisatoren wieder zwei Lizenzen für Zigaretten mit den Olympischen Ringen heraus. Der damalige IOC-Präsident Avery Brundage schrieb deswegen an die IOC-Mitglieder und beklagte die zunehmende Kommerzialisierung der Olympischen Spiele. Auch die Medien reagierten auf den scheinbar immer schlimmer werdenden Kommerz mit Olympia. Das Skiing Magazine schrieb: „Die Olympischen Ideale sind in Grenoble gestorben."

Noch lange nachdem das IOC jede Verbindung mit Zigaretten verboten hatte, ließen Veranstaltungskomitees und Behörden besondere Zigarettenverpackungen anlässlich der Olympischen Spiele produzieren. So gaben z. B. die koreanischen Tabakwerke eine besondere Verpackungsserie anlässlich der Spiele 1988 in Seoul heraus. Nach offiziellen IOC-Protesten wurde dies jedoch eingestellt. Auch später wurde berichtet, dass die chinesischen Tabakwerke einen Goldmedaillengewinner aus Athen dafür unter Vertrag haben sollten, eine bestimmte Zigarettenmarke zu bewerben. Das Problem war also noch lange nicht gelöst.

Die Herausforderung besteht also aus zweierlei: Auf der einen Seite brauchen die Organisationskomitees Geld, um solvent zu bleiben, sie müssen also genügend Einnahmen generieren. Andererseits muss das IOC darauf achten, dass die Spiele erfolgreich ablaufen und das Trachten nach mehr Einnahmen nicht die Olympischen Ideale unterminiert.

Als es dem IOC schließlich gelang, aus dem Verkauf von Übertragungsrechten und dem TOP-Programm mehr Geld für die Organisationskomitees einzunehmen, legte es strengere Richtlinien fest, zu denen ein Schema gehörte, das bestimmte, in welchen Produktkategorien wie und von wem geworben werden durfte, um das Olympia-Image nicht zu untergraben.

Der Großteil der offiziellen Sponsoren für die Jubiläumsspiele in Atlanta waren hervorragende Beispiele der Partnerschaft zwischen der Wirtschaft und Olympia. Doch als die Organisatoren auf ihrer Suche nach mehr Einnahmen immer verzweifelter wurden, ließen sie sich in letzter Minute auf Verträge ein, die dem Olympia-Image sowie den Bemühungen der Veranstalter durchaus abträglich waren. Die Medien nutzten dies sofort aus und verwendeten sie als Beispiele für die krasse Kommerzialisierung Olympias. Da gab es beispielsweise „Jeopardy – die Offizielle Olympische Game Show", die Offizielle Vidalia-Zwiebelsauce oder den Offiziellen Olympischen Klodeckel, die als Beispiel dafür herangezogen wurden, dass die Olympische Agenda außer Kontrolle geraten war. Und als Billy Payne bekannt gab, dass das Organisationskomitee in Atlanta vorhatte, „offizielle Frauenhygieneprodukte" für die Olympischen Spiele zu empfehlen und eine entsprechende Werbekampagne vorschlug, hatte das IOC endgültig genug.

Es machte nichts aus, dass 39 von 40 Partnern die Marke Olympia entsprechend gut bewarben. Solange es nur einen Partner gab, der die Marke Olympia irgendwie lächerlich machte oder die Glaubwürdigkeit der Marke in der Öffentlichkeit untergrub, konnte dies den Wert der Marke für alle anderen Partner zunichtemachen, sogar langfristig gesehen. Rob Prazmark, der zwischenzeitlich von ISL ausgeschieden und Leiter der IMG Olympia-Marketingabteilung geworden war, beschuldigte das ACOG (Atlanta Committee for the Olympic Games), „den Olympischen Spielen fast irreparablen Schaden zuzufügen, den Wert des Sponsorentums zu unterminieren, zu viele Unterverträge zu unterzeichnen, Produktkategorien in Scheibchen zu teilen und unterklassige Sponsoren zu Billigtarifen an Bord zu ziehen."

26.4 Celebrate Humanity[2]

Einer der ersten konkreten Schritte, die das IOC als Teil seiner breit angelegten Strategie des Brand-Buildings unternahm, bestand darin, eine Reihe von TV-Werbeeinschaltungen produzieren zu lassen, in denen die Olympischen Werte beworben wurden. Das Timing dieser IOC-Entscheidung hätte kaum zu einem schwierigeren Zeitpunkt kommen können – befanden wir uns doch mitten in der Salt-Lake-Krise.

---

[2] Humanity im englischen Sprachgebrauch und auch im US-amerikanischen Sprachgebrauch steht sowohl für Menschlichkeit als auch Menschheit. Der Doppelsinn lässt sich im deutschen Sprachgebrauch nicht mit einem Wort zum Ausdruck bringen. Übersetzt heißt „Celebrate Humanity" also „Menschlichkeit und die Menschheit feiern".

Sechs führende Werbeagenturen wurden vom IOC eingeladen, Vorschläge einzureichen. Die Arbeit selbst würde der Agentur, die schlussendlich den Auftrag bekommen würde, finanziell nicht sehr viel einbringen, da die Produktion an sich durch bestehende IOC-TV- und -Medienverträge erfolgen sollte, doch das Prestige war auch einiges wert.

Schließlich blieben zwei Agenturen übrig: Young & Rubicam und TBWA/Chiat Day. Lee Clow, Kreativer Leiter von Chiat, leitete die Präsentation. Clow ist eine der kreativsten Personen in der Werbeindustrie und hat im Laufe der vergangenen Jahre für zahlreiche große Werbekampagnen verantwortlich gezeichnet, darunter die berühmte „Big Brother"-Werbung von Apple Macintosh im Jahr 1984 sowie Apples „Think Different"-Slogan.

Clow und sein Kreativdirektor Rob Siltanen präsentierten eine Serie kreativer Werbespots, die direkt vermittelten, wofür die Olympischen Spiele stehen. Der Slogan lautete: „Go Humans". Alle meine Kollegen vom IOC sowie auch unsere Marketingagentur Meridian fanden sie großartig. Ich fand sie schrecklich und wusste, dass es unmöglich sein würde, sie dem IOC-Hauptausschuss schmackhaft zu machen. Ich fand sie viel zu amerikanisch und vertrat die Ansicht, dass es unmöglich sein würde, sie zu verkaufen und international zu übersetzen. Sie hörte sich nach Werbemasche an und stellte keinerlei Unterstützung der Marke Olympia dar. Ich hatte schon genug Arbeit damit, das IOC vom Wert der Kampagne an sich zu überzeugen, und ich konnte dieses zusätzliche Risiko nicht brauchen. Alle 200 Ländervertreter mussten schon beim ersten Blick auf die Werbekampagne erkennen können, dass es dabei um die Darstellung der Olympischen Ideale ging.

Chiat Day hatte mit der ersten Kampagne die richtige kreative Richtung für das IOC vorgegeben. Was wir nun brauchten, war der richtige Werbeslogan. Es ist kaum zu glauben, wie viele Monate und Sitzungen vergingen, bis das Team endlich den richtigen Werbeslogan fand: „Celebrate Humanity" (Eine Feier für die Menschheit). Die Wörter „celebrate" und „humanity" standen mit 50 anderen Wörtern die ganze Zeit auf der weißen Tafel, aber es schien eine Ewigkeit zu dauern, bis jemand auf die Idee kam, die beiden Wörter miteinander zu verbinden. Dies trifft sicherlich auf viele große Werbekampagnen zu.

Die nächste Herausforderung bestand darin, eine Stimme für die Kampagne zu finden. Zahlreiche Namen wurden vorgeschlagen, doch alle waren sich schließlich einig, dass der Schauspieler Robin Williams am besten dafür geeignet wäre. Wir wussten alle, dass Robin Williams seine Stimme noch nie einem Werbespot geliehen hatte, doch Chiat kannte jemanden, der wiederum jemanden kannte, der Williams' Agentin kontaktieren könnte – seine Frau. Wir glaubten nicht, dass er annehmen würde, und suchten daher nach anderen Lösungen, doch immer wieder kehrten wir zur Kraft und zum Nuancenreichtum seiner Stimme zurück.

Ganz unerwarteterweise erhielten wir einen Anruf von Marsha Garces Williams. Sie sagte, dass Robin zum Mitmachen bereit sei, sobald sich die Werbeagentur zum Aufnahmestudio bewegen könne. Williams fing den wahren Zauber jedes Olympischen Augenblicks ein. „Viele meiner Lieblingserinnerungen an Olympia sind nicht mit Goldmedaillen verbunden", erinnerte sich Williams. „Sondern es waren inspirierende Momente der Menschheit, die Grenzen, Hindernisse und Sprachen überschreiten und Menschen rund um die Welt vereinen."

Die erste „Celebrate Humanity"-Kampagne wurde im Januar 2000 in New York einem äußerst skeptischen Publikum vorgeführt. Zwölf Monate zuvor hatte das IOC vor demselben Publikum als Folge des Bestechungsskandals von Salt Lake seine eigene Existenz rechtfertigen müssen. Die Presse war überzeugt, dass diese Kampagne Teil einer breiteren Strategie sei, uns aus den Problemen von Salt Lake herauszuwinden und das Image des IOC zu rehabilitieren. Die Medien begannen erst dann zu akzeptieren, dass diese Kampagne nur wenig mit der Salt-Lake-Krise zu tun hatte, als ihnen bewusst wurde, dass das IOC in keinem der Spots auch nur mit einem einzigen Wort erwähnt wurde. Lee Clow erklärte: „Hier geht es nicht um Werbung im herkömmlichen Sinn, sondern es geht darum, die Welt daran zu erinnern, welche Werte und Träume die Olympischen Spiele repräsentieren. Die Olympischen Spiele sind die höchste Zelebrierung der Menschheit. Wir wollen, dass die ganze Welt an dieser Feier teilhat."

Sechs Fernseh-Spots, acht Radio-Spots und eine Reihe von Einschaltungen in den Printmedien wurden geplant und produziert. Die Bilder zusammen mit einigen der magischsten und herausragendsten Olympia-Momenten und einem kompakten Text, der von einer Werbeagentur verfasst worden war, deren Aufgabe es war, die Botschaft in unter 30 Sekunden rüberzubringen, waren eine starke Kombination.

Ein Spot zeigte den englischen Sportler Derek Redmond, wie er sich während der Spiele 1992 in Barcelona die Rennbahn entlangmühte, nachdem er sich auf den letzten Metern des 400-Meter-Laufes die Achillessehne gerissen hatte, und wie er dann in den Armen seines Vaters zusammenbrach, nachdem dieser über die Absperrung gesprungen war, um an den Sicherheitsbeamten vorbeizukommen und seinem Sohn über die Ziellinie zu helfen. Die Off-Stimme sagte: „Kraft wird in Pfund gemessen; Geschwindigkeit in Sekunden. Mut? Mut ist unermesslich."

In einem anderen Spot wurde die große Freude des nigerianischen Staffellauf-Teams gezeigt, deren Mitglieder zuerst geglaubt hatten, sie seien Vierte geworden, bis die Anzeigetafel zeigte, dass sie die Olympische Bronzemedaille gewonnen hatten.

In den Radiospots wurden inspirierende Begebenheiten erzählt, wie zum Beispiel die Geschichte von Karoly Takacs. Takacs, ein Mitglied des ungarischen Olympia-Teams und einer der besten Schnellfeuerpistolenschützen der Welt, hätte sicherlich die Goldmedaille bei den Spielen von 1940 gewonnen, wenn diese infolge des 2. Weltkrieges nicht abgesagt worden wären. Während des Krieges explodierte eine Granate in seiner rechten Hand und riss ihm die Hand ab. Unbeeindruckt davon schwor sich Takacs, mit der linken Hand schießen zu lernen. Die nächsten Jahre trainierte er alleine und in völliger Abgeschiedenheit. Die meisten seiner Freunde glaubten, er sei im Krieg ums Leben gekommen, und konnten es kaum fassen, als er bei den Olympischen Spielen 1948 in London auftauchte und mit der linken Hand schießend die Goldmedaille eroberte und den Rest der Welt hinter sich zurückließ.

Dann gab es die Geschichte von Bill Havens, Favorit für die Goldmedaille bei den Ruderwettkämpfen 1924 in Paris. Kurz vor Abreise des Teams zu den Olympischen Spielen nach Paris, eine Reise, die damals mehrere Monate in Anspruch nahm, erfuhr Havens, dass seine Frau zur gleichen Zeit ihr erstes Baby bekommen sollte.

Nach langem Überlegen entschied sich Bill Havens, seinen Olympiatraum aufzugeben und bei seiner Frau zu bleiben. Vier Tage nach den Olympischen Spielen wurde sein Sohn

Frank am 1. August 1924 geboren. 28 Jahre lang fragte sich Bill Havens insgeheim, ob er wohl die richtige Entscheidung getroffen hatte. Im Jahr 1952 erhielt er ein Telegramm aus Helsinki, wo gerade die Olympischen Spiele stattfanden. Das Telegramm lautete: „Lieber Papa, danke, dass du 1924 wegen meiner Geburt zu Hause geblieben bist. Ich komme jetzt mit der Goldmedaille heim, die du hättest gewinnen sollen." Frank Havens hatte soeben im 10.000-Meter-Kanu-Einer-Rennen die Goldmedaille gewonnen.

Viele der Spots wurden von einem der besten Olympiageschichtenerzähler aller Zeiten inspiriert, nämlich dem legendären und preisgekrönten Filmemacher Bud Greenspan, der seit 1948 auf Englisch über die Olympischen Spiele berichtet. Greenspan hatte ein untrügliches Gespür dafür, die magischsten Augenblicke Olympias einzufangen – und oft handelten seine Geschichten nicht von Siegern, sondern von den Sportlern auf dem letzten Platz. Einer seiner bewegendsten Filme erzählt die Geschichte von John Stephen Akhwari, einem Marathonläufer aus Tansania, der bei den Olympischen Spielen 1968 in Mexiko lief. Das Rennen war entschieden und die Medaillen waren verliehen. Es war Abend und die meisten Zuseher hatten das Stadion bereits verlassen, als ein einsamer, humpelnder Akhwari in das Stadion einlief. Eine Stunde ruhte er auf dem Feld aus. Sein Bein war nach einem Sturz noch immer verbunden, und er litt ganz offensichtlich große Schmerzen. Trotzdem lief er die letzte Runde um die Leichtathletikbahn. Als ihn ein Journalist fragte, warum Akhwari bis ans Ende gelaufen war, antwortete dieser: „Mein Land hat mich nicht 7000 Meilen in die Ferne geschickt, um ein Rennen zu beginnen. Sie haben mich 7000 Meilen geschickt, um bis ans Ende zu laufen."

Sogar die zynischsten Kommentatoren waren bewegt. Medienvertriebe rund um die Welt waren von der Kampagne begeistert und sendeten sie als Werbespots für öffentliche Institutionen kostenfrei. CNN zeigte die Kampagne acht Monate lang vor den Olympischen Spielen jeden Tag 30-mal; 30 Fluglinien zeigten sie als Teil ihre Bordfernsehens; über 200 Radiostationen in den USA sendeten sie, und die Kinowerbeagentur Val Morgan Cinema zeigte sie auf Kinoleinwänden auf drei verschiedenen Kontinenten. Printmedien von Time bis USA Today, von National Geographic bis Rolling Stone druckten Anzeigen. Am Ende der Spiele von Sydney hatte die Celebrate-Humanity-Kampagne geschätzte 120 Mio. $ an Gratiswerbung geschenkt bekommen.

Es war keine schwierige Entscheidung, die Celebrate-Humanity-Kampagne bis Salt Lake fortzuführen. Die Anweisung an Chiat war einfach – nichts verändern, nur die Botschaft „verwinterlichen"! Chiat kam mit den Spots zurück, die er den Winterspielen angepasst hatte, plus einer zusätzlichen Serie an Jugendspots, die mit Musik von Daft Punk und Radiohead versehen war.

Die Entscheidung, die MTV-Generation miteinzubeziehen, war wichtig, um zu gewährleisten, dass das IOC und die Fernsehsender den ganzen Lärm der Werbeindustrie durchbrechen könnten, und um die Jugend der Welt auch weiterhin mit den Olympischen Werten bekannt zu machen. Marktforschungsergebnisse haben nämlich gezeigt, dass die Olympische Botschaft bei Jugendlichen nach wie vor beliebt ist. Ihr Leben ist aber so voll gepfropft mit Angeboten, dass sie der Erinnerung bedürfen, dass die Olympischen Spiele etwas Besonderes sind, und dass es wichtig ist, sich Zeit zu nehmen und bei den Spielen zuzusehen.

Einer der dramatischsten Spots war der, in dem der Österreicher Hermann Maier beim Herren-Abfahrtslauf mit einer Geschwindigkeit von über 130 km/h stürzte. Seine Knochen prallten gegen das Eis, und er flog in das Fangnetz. Es war einer der schrecklichsten Stürze in der Geschichte des Schilaufs. Die Off-Stimme sagte: „Stürzen ist leicht. Wiederaufstehen ist schwieriger." Und dann erwähnte er, dass Maier später zwei Goldmedaillen gewonnen hatte.

Die Celebrate-Humanity-Winterkampagne sollte Mitte September 2001 beginnen und sechs Monate bis zu den Spielen von Salt Lake City laufen. Alle Fernsehstationen hatten die Spots erhalten und bereiteten ihre Zeitpläne vor, als die Ereignisse des 11. September ihren Lauf nahmen. Wir wollten die Celebrate-Humanity-Kampagne verschieben, doch CNN meinte, es sei durchaus passend, die IOC-Spots ab sofort zu senden. Alle anderen Werbeeinschaltungen wurden gestoppt, doch die folgende Botschaft passte durchaus:

> Gegner.
> Du bist mein Kontrahent, aber nicht mein Feind.
> Dein Widerstand gibt mir Kraft.
> Dein Wille gibt mir Mut.
> Dein Geist veredelt mich.
> Und obwohl es mein Ziel ist, dich zu besiegen,
> werde ich dich nicht demütigen, auch wenn ich gewinne.
> Stattdessen werde ich dich ehren,
> denn ohne dich bin ich ein geringerer Mensch.

Innerhalb weniger Tage riefen auch andere TV-Stationen beim IOC an, baten um den Spot und wollten wissen, wie viel sie für die Ausstrahlung bezahlen müssten.

Was haben wir daraus gelernt? In früherer Zeit war die Marke (engl. brand = eigtl. Brandzeichen für Tiere) ein Zeichen des Besitztums. Später bedeutete die Marke ein Qualitätsversprechen. Manche Marken bedeuten jedoch noch viel mehr. Die Marke Olympia steht für sportliche Leistungskraft und Fairness, aber auch für Vertrauen in die Olympischen Ideale: Brüderlichkeit, Freundschaft, Friede und Verständnis.

26.5   Das Erbe kehrt nach Hause zurück

Ein wichtiges Element der Marke Olympia ist ihr Erbe: kraftvolle Bilder, die dazu beitrugen, das 20. Jahrhundert zu definieren. Dabei gab es jedoch ein kleines Problem: Das IOC hatte kein Recht auf die Verwendung vieler dieser Bilder.

Im Laufe der Jahre hatte das IOC so wie auch viele anderer Sportorganisationen der Frage nach dem Urheberrecht an den offiziellen Filmen und Übertragungen der Spiele wenig Aufmerksamkeit geschenkt. Bis in die frühen 1980er gestatteten IOC-Anwälte den US-Fernsehstationen, die Übertragungsrechte erstens exklusiv und zweitens auf ewig zu erwerben. Das bedeutete, dass nicht einmal das IOC Filmmaterial von Carl Lewis und seinen vier Goldmedaillen in Los Angeles oder Franz Klammers halsbrecherischer Abfahrt den Patscherkofel hinunter auf seinem Weg zu Olympiagold bei den Spielen 1976 in Innsbruck verwenden durfte, ohne ABC dabei zu entschädigen.

Das IOC darf über die Geschichte Olympias schreiben und Fotos von großen Momenten zeigen, doch es durfte keinen Dokumentarfilm über die Olympiageschichte der letzten hundert Jahre produzieren. TV-Stationen konnten nur unter schwierigen Umständen an historisches Filmmaterial gelangen, und Sponsoren durften keine starken, eindrucksvollen visuellen Programme produzieren, die die wichtigsten Elemente der Marke Olympia einfingen.

Mitte der 1980er begannen die Medienmogule der Welt, sich des potenziellen Wertes von Film-und Sportbibliotheken bewusst zu werden, um ihre neuen TV-Sender zu unterstützen. Dabei waren sie aber nicht alleine. Der Boxsport-Promoter Bill Cayton stellte ein Olympia- und Boxarchiv zusammen, das er für über 70 Mio. $ an ABC verkaufte. Vor dem Verkauf der Cayton-Bibliothek an ABC wies das IOC ABC darauf hin, dass die Eigentumsrechte an Olympia-Material in dieser Sammlung keine unumstrittene Sache seien. Dennoch fuhr ABC mit dem Erwerb fort, und das IOC war gezwungen, das Olympia-Material in einem Rechtsstreit zurückzugewinnen. Darunter war auch das einzige vorhandene Filmmaterial aus Melbourne 1956, wo die TV-Sender die Spiele boykottiert hatten. Nach einem langen Rechtsstreit entschied das australische Gericht schließlich zugunsten des IOC.

Es wurde immer klarer, dass das IOC sich die Rechte an altem Olympia-Filmmaterial und Nachrichtenarchiven sichern musste, denn sonst würden es andere tun, und der Zugang zu dem reichen Olympischen Erbe wäre auf ewig verloren.

Samaranch und Pound verstanden die Wichtigkeit dessen, dass das IOC wieder die Kontrolle über sein visuelles Erbe erlangen müsse. Also wurde ein Budget in der Höhe von 5 Mio. $ eingerichtet, um die Rechte insgeheim zurückkaufen zu können. Es war von größter Bedeutung, diesen Prozess diskret zu handhaben, um niemanden darauf aufmerksam zu machen, was das IOC da tat, und dadurch die Preise für das Filmmaterial in schwindelerregende Höhen zu treiben. Es war klar, dass das IOC nie gegen die großen Medienkonzerne gewinnen könnte, wenn es zu einem Preiskrieg käme.

Klar war auch, dass es dem IOC an der Expertise und an Ressourcen mangelte, sich durch die Filmbibliotheken der Welt zu arbeiten und nach vergessenem Olympia-Filmmaterial zu suchen. Ich wandte mich also an Eric Drossart, den Präsidenten von Trans World Sport, eine Firma, die wiederum der TV-Arm von Mark McCormacks IMG-Gruppe ist, um zu fragen, ob man daran interessiert sei, mir zu helfen. Mit Ausnahme der US-amerikanischen National Football League verfügte niemand über ein Sportarchiv.

Drossart zeigte sich interessiert. Gemeinsam entwarfen wir einen Plan und riefen 1995 das Olympic Television Archive Bureau (OTAB) ins Leben, dessen Aufgabe darin bestand, altes Olympisches Film- und TV-Material zu erwerben, wiederherzustellen und es sodann den Olympia-TV-Stationen und Sponsoren sowie anderen TV-Produzenten zur Verfügung zu stellen. Auf diese Weise entstand ein kleines Team unter der Leitung von Stewart Binns, dem preisgekrönten Dokumentarfilmer, und dem Filmarchivspezialisten und Historiker Adrian Wood.

Zehn Jahre später war das Akquisitionsprogramm beinahe abgeschlossen, und das IOC hatte so gut wie jeden Zentimeter Olympia-Film und TV-Material zurückgekauft und eine der heute weltgrößten Sportbibliotheken geschaffen, die über 50.000 h Olympia-Filmmaterial bis zu den Spielen 1900 in Paris enthält.

Die Geschichte, wie das IOC die Rechte zurückgekauft hat, ist eine Geschichte voller Intrigen, Geheimnisse und Geheimmissionen, die jedem Spionagethriller gerecht würde. Es ist die Geschichte mühsamer Forschungsarbeit in den Tiefen ehemaliger sowjetischer Staatsarchive bis hin zu versperrten Garagen in Mexiko, einstweiliger Gerichtsverfügungen in allerletzter Minute und langer diplomatischer Verhandlungen sogar mit Regierungsoberhäuptern.

In zahlreichen Fällen fand das IOC sogar Filmmaterial, das in Archiven kaputtzugehen drohte, wenn es nicht sofort wiederhergestellt würde. In anderen Fällen lief das IOC ein Rennen gegen die Zeit, oder IOC-Anwälte mussten die Besitzansprüche des IOC an einem bestimmten Film in allerletzter Minute retten.

Das Akquisitionsprogramm wurde im Dezember 2003 abgeschlossen, als das IOC nach fünfjährigen Verhandlungen mit der deutschen Regierung sowie der Regisseurin Leni Riefenstahl die Urheberrechte an dem offiziellen Olympia-Film aus dem Jahr 1936, „Olympia", einem einzigartigen Klassiker, erwarb. Riefenstahl war 1936 von Goebbels beauftragt worden, einen Film über die Berliner Spiele zu produzieren. Riefenstahl erfand oder verbesserte viele Sportfilmtechniken, die wir heute als selbstverständlich erachten, z. B. Zeitlupe und Unterwasseraufnahmen. Um die Höhe beim Stabhochsprung noch höher erscheinen zu lassen, grub sie die Kameras in Löcher neben dem Absprung, damit die Kameras aus der Bodenhöhe filmen konnten. Sie installierte auch Systeme zur Nachverfolgung für schnellere Action.

Der Erwerb aller Filme über die Olympischen Spiele bis 1984 war von besonderer Bedeutung, da Filme von erheblich besserer Qualität als TV-Übertragungen sind. Einige der größten Filmproduzenten des 20. Jahrhunderts hatten Olympiafilme gemacht. Kon Ichikawas Film über die Spiele 1964 in Tokio wurde beispielsweise ebenso zu einem Dokument über dieses Ereignis wie die Zeit, der Ort und die Kultur, da sich Japan wieder mit der globalen Gemeinschaft verband. David Wolpers Visions of Eight in Munich bestand aus der Zusammenarbeit legendärer Produzenten rund um die Welt, darunter der Brite John Schlesinger und Milos Forman aus der Tschechoslowakei. Erst in den späten 1980ern konnte die TV-Technologie mit der Qualität und Intimität des Zelluloids mithalten.

Das IOC konnte nun darüber bestimmen, wer die Olympia-Bilder verwenden durfte, wodurch gewährleistet war, dass die Marke Olympia auf richtige Weise verwendet wurde.

26.6 Das Götterfeuer

Das Olympische Feuer ist das Herzstück der Olympia-Symbolik. Das Feuer war im Laufe der Geschichte stets ein mächtiges und heiliges Symbol. Die griechische Mythologie berichtet, dass das Feuer durch Prometheus den Göttern gestohlen und den Menschen gegeben wurde, die seine Macht anbeten. Seit Prometheus den Funken des himmlischen Feuers den Menschen auf der Erde gebracht hat, gilt es in den meisten Kulturen als Symbol

der Reinigung. In manchen Kulturen wurde eine Fackel neben ein neugeborenes Kind gehalten, und bei Hochzeiten trugen die Mütter des Brautpaares Fackeln. Da Begräbnisse vor
Sonnenaufgang stattfanden, wurden Fackeln von den Prozessionsteilnehmern getragen,
wodurch die Luft gereinigt und sodann der Scheiterhaufen zur Feuerbestattung entzündet
wurde. Außerdem gilt Feuer schon lange als Symbol des Opferns.

Das Entzünden der Fackel vor dem Hera Tempel im antiken Olympia stellte eine symbolische Verbindung zwischen den Spielen des Altertums und der Neuzeit dar und unterstreicht die Kraft und Rechtmäßigkeit der Olympischen Ideale. Dadurch wurde ein Mythos des Altertums wieder neu belebt. Der ehemalige Präsident des hellenischen Komitees,
Antonios Tzikas, sagte: „Immer wenn sich die Welt an derselben Stelle in Olympia trifft,
bei den Ruinen des Hera-Tempels, entzünden wir erneut den Olympischen Geist in dem
Augenblick, in dem die Olympische Flamme ins Leben birst."

Baron de Coubertin wollte, dass die modernen Spiele die Rituale der antiken Spiele
enthalten. Das Olympische Feuer wurde bei den Spielen von Amsterdam 1928 zum ersten
Mal entzündet. Ohne jegliche Zeremonie brannte sie am Eingang des Olympiastadions für
die Dauer der Spiele. Erst bei den Spielen von Berlin im Jahr 1936 führte der Präsident des
Organisationskomitees, Carl Diem, die Tradition des Staffellaufes mit der Olympischen
Flamme ein. Zur Ehre verschiedener griechischer Götter liefen die Läufer bei den antiken
Spielen von einem Altar zum nächsten, und der Gewinner entzündete die Opferflamme
mit dem Feuer seiner eigenen Fackel und brachte dann das Opfer dar. Sogar der erste
Fackellauf der Spiele der Neuzeit wurde gesponsert. Zeiss, das führende Unternehmen für
Optikerzeugnisse in Griechenland, wurde vom Griechischen Olympischen Komitee damit
beauftragt, den Reflexionsspiegel zur Entzündung der Flamme herzustellen. Daimler-Benz
war für den Transport verantwortlich, und die Fackel wurde von Krupp-Stahl entwickelt.
Leider wurde Diems Idee eines friedlichen Staffellaufes von der Nazi-Propagandamaschi-
nerie übernommen, die ihre Kraft und Symbolik durchaus auszunützen wusste.

Im Laufe der Jahre hat das Entzünden des Feuers einige der schönsten symbolischen
Momente der Geschichte Olympias geschaffen. Bei den Spielen 1964 in Tokio war Yoshin-
ori Sakai, der am 6. August 1945 in Hiroshima geboren worden war, zur genauen Stunde,
als die Atombombe explodierte, der Schlussläufer.

Vier Jahre später wurde die Flamme von der ersten Frau, Enriqueta Basilio de Sotelo,
entzündet, nachdem der Staffellauf jener Route gefolgt war, auf der Christoph Kolumbus
die Neue Welt entdeckt hatte. In Seoul trug Son Kee Chung, der Goldmedaillensieger im
Marathon 1936 in Berlin, die letzte Fackel in das Olympiastadion, und zwar dieses Mal
als Koreaner. Zweiundfünfzig Jahre zuvor hatte er unter dem Namen Kitei Son und unter
japanischer Flagge teilnehmen müssen, da Japan Korea besetzt hatte.

Die Olympische Fackel ist ein wahrer Zauberstab für die Spiele geworden. Der Träger
der Fackel ist zugleich Träger der Olympischen Botschaft, während die Flamme ihre groß-
artige Reise von Olympia in Griechenland zu dem jeweiligen Austragungsort der Spiele
antritt.

26.7 Die Olympia-DNA

Mir wurde die Symbolkraft der Olympischen Flamme besonders gut vor Augen geführt, als ich im Oktober 2001 gemeinsam mit Jacques Rogge nach seiner ersten Amerika-Tour als IOC-Präsident nach Hause zurückkehrte. François Carrard, der IOC-Generaldirektor, und ich hatten ihn dabei begleitet, als er die vielen Präsidenten und CEOs unserer TOP-Partner sowie die Herausgeber der führenden amerikanischen Zeitschriften besucht hatte.

Wir kamen am Donnerstag, dem 10. Oktober, spät abends in New York an, und zwar nach einer dreitägigen Nonstop-Reise in sechs Städte und endlosen Besprechungen. New York war unser letzter Stopp. Tags darauf sollten wir uns früh morgens in den NBC-Studios einfinden, wo Rogge als Gast der Today-Show über die Vorbereitungen auf die Spiele von Salt Lake City sprechen sollte.

Wir saßen in der NBC-Gästesuite und warteten auf Rogges Interview, als Feuerwehrmann Kevin Hannison den Raum betrat. Er trug seinen Feuerwehranzug und hatte seinen Einsatzhund mit. Einen Monat nach dem 11. September erklärte uns Hannison, dass sein jüngerer Bruder, der ebenfalls bei der Feuerwehr gewesen war, nun in dem Schutt der Twin Towers gefunden worden war und man ihn endlich bestatten könne. Ich schrieb mir Hannisons Adresse auf und fragte ihn später, ob er zum Gedenken an seinen Bruder beim Olympischen Fackellauf für Salt Lake mitmachen wolle. Das Thema des Staffellaufes war „Inspiration. Entzünde das Feuer in dir". Die örtlichen Gemeinwesen wurden gebeten, ihre Helden für den Lauf zu nominieren. Der Staffellauf von Salt Lake wurde nach dem Trauma des 11. September ein Symbol der Hoffnung.

Nun war es uns gelungen zu verstehen, was die Marke Olympia wirklich bedeutet und welche besondere Stelle sie in der Welt einnimmt. Wir hatten die Olympische DNA entziffert. Wir hatten unsere Erkenntnisse gewonnen und sie kultiviert, gefestigt und durch die „Celebrate Humanity"-Kampagne in einen Schrein eingeschlossen. Wir hatten unsere Hände ausgestreckt und Menschen berührt, indem wir ihnen den Kern und das Wesentliche, um das es bei den Olympischen Spielen eigentlich geht, vor Augen geführt hatten.

Die Entscheidung, Mitte der 1990er als Erste aller internationaler Sportorganisationen ein Marken-Managementprogramm auf die Beine zu stellen, führte zu einer dramatischen Erhöhung des Wertes der Marke Olympia, wodurch, so hofften wir, eine finanzielle Grundsicherung der Olympischen Bewegung gelingen würde. Es war aber nicht genug, zu verstehen, was an Olympia so einmalig ist. Wir mussten bereit sein, auf die Barrikaden zu steigen und sie zu verteidigen. Das IOC wurde im Laufe der vielen Jahre schwer geprüft.

Das Olympiaschutzgesetz und seine Effekte für die olympische Bewegung in Deutschland

27

Andreas Pohlmann

27.1 Einleitung

Wer im World Wide Web nach „Olympiaschutzgesetz"-Einträgen googelt, erhält als ersten Suchvorschlag – noch vor „Wikipedia" – „Olympiaschutzgesetz verfassungswidrig". An dieser Stelle soll gleichwohl nicht eine (erneute) explizit rechtliche Würdigung erfolgen, ob und in welchem Umfang das gesetzgeberische Ziel erreicht wurde. Dies haben Cherkeh und Momsen bereits in einem anderen Beitrag umfassend dargelegt. Das Augenmerk soll hier vielmehr auf die wirtschaftlichen und politischen Motive und Effekte des Olympiaschutzgesetzes (OlympSchG) gerichtet werden. Warum wurde das Gesetzesvorhaben initiiert, welche Bedenken haben es begleitet und – zu guter Letzt – welche Auswirkungen hat es seit seinem Inkrafttreten gehabt?

27.2 Die nationale Olympiabewerbung als Gesetzesbegründung

Bereits 2002 hatte IOC-Vizepräsident Bach ein Gesetz zum Schutz der olympischen Symbole und Bezeichnungen gefordert. Aus IOC-Sicht sei Deutschland von „den relevanten Märkten der, auf dem wir die meisten Probleme haben" (Cáceres 2003a). Seine Forderung nach einem OlympSchG begründete Bach, der Äußerungen im „ultimativen Entweder-Oder-Duktus bevorzugt" (Cáceres 2003a), knapp: Andernfalls habe eine deutsche Olympiabewerbung ohnehin keine Aussicht auf Erfolg. Cáceres (2003b) wertete diese Aussage als „unverhohlene Drohung". Gleichwohl ist diese Gesetzesinitiative nichts Ungewöhnliches: „[...] heavyweight event owners may be able to secure promises to enact such legislation

---

A. Pohlmann (✉)
Bonn, Deutschland
E-Mail: andreas.pohlmann@bisp.de

H. Preuß et al. (Hrsg.), *Marken und Sport*,
DOI 10.1007/978-3-8349-3695-0_27, © Springer Fachmedien Wiesbaden 2014

from governments seeking to benefit from hosting a major sporting event" (White et al. 2004).

Die Gesetzesverabschiedung fiel in eine Zeit gleichsam explodierender Sonsoring-Einnahmen des IOC (vgl. Klotz 2004). Cáceres (2002) bemerkte lapidar, angesichts der genannten Beträge „schielt man schon mal auf Trittbrettfahrer. Auf echte und vermeintliche." Auch für die Olympiavermarktung in Deutschland konstatierte Brock (2001) „volle Fahrt voraus", nachdem Mitte 1999 die Geschäftsführung der Deutsche Sport-Marketing GmbH (DSM) neu geordnet worden war. Das neue Vermarktungskonzept habe zu einer Steigerung der Lizenzeinnahmen von 25,4 Mio. auf 38,3 Mio. DM geführt. Der DSM-Geschäftsführer Achten strebte bis Ende 2004 „gut 45" Mio. DM an (Brock 2001).

Die nationale „Begleitmusik" geriet nichtsdestotrotz ausgesprochen dissonant: zum einen durch Meinungsverschiedenheiten zwischen IOC-Vizepräsident Bach und dem Bundesministerium der Justiz (BMJ), zum anderen durch die rechtliche Auseinandersetzung mit der Bundes Sport Agentur GmbH (BSA), die im Jahr 2000 mit der Deutschen Olympischen Gesellschaft (DOG) einen Vertrag zur Vermarktung des DOG-Logos geschlossen hatte, das die Olympischen Ringe beinhaltete.

Bach ging der im Gesetzentwurf vorgesehene Rechtsschutz nicht weit genug; das Ministerium zeigte sich von diesem Vorwurf überrascht und ließ verlauten, der „rechtliche Rahmen für eine erfolgreiche deutsche Olympiabewerbung [sei] sichergestellt" (Waldbröl und Teuffel 2003).

Die Wuppertaler BSA fühlte sich als „olympischer Trittbrettfahrer" vom IOC-Vizepräsidenten Bach „als Schmarotzer verunglimpft" (Waldbröl und Teuffel 2003). NOK und DSM bemühten sich über mehrere Instanzen erfolglos, die geschlossene Kooperationsvereinbarung anzufechten, obwohl das NOK in seiner Öffentlichkeitsarbeit den Eindruck erweckte, zur fristlosen Vertragskündigung berechtigt gewesen zu sein (NOK 2003). Stratmann (2003a) charakterisierte die Situation als „unbefestigtes juristisches Terrain". Eggers (2003) stellte dagegen ungleich deutlicher fest: „Alle Betroffenen bezeichnen den Vertragsabschluss durch die DOG [...] heute je nach Laune als ‚dumm', ‚dämlich' oder als ‚unfassbar naiv'." Für den Sommer 2003 kündigte die BSA zudem die Eröffnung einer Niederlassung in Leipzig an (Stratmann 2003a) – und das, obwohl die Applicant City Leipzig zu diesem Zeitpunkt selbst nicht mit den Olympischen Ringen werben durfte. Der Kommentar von Stratmann (2003c) fällt lapidar aus: „Selbst ein eigenes Gesetz verhindert nicht jedes olympische Nebengeschäft."

Darüber hinaus stellte die DSM – Vermarkter der olympischen Symbole für das NOK (später DOSB) – auch Begriffe wie „Olympiastützpunkt" (OSP) in Frage, was offensichtlich bereits vor der Verabschiedung des OlympSchG zu Sponsorenverlusten bei diesen zentralen Einrichtungen des bundesdeutschen Spitzensports führte (Stratmann 2003b). Ein von der Gemeinschaft der deutschen OSP in Auftrag gegebenes Rechtsgutachten (Finger et al. 2003, s. u.) erhob massive rechtliche Bedenken und prognostizierte „unabsehbare Folgen für die deutsche Sportförderung" (Stratmann 2003c).

Die politische Diskussion im parlamentarischen Raum war gleichfalls nicht von ein-vernehmlicher Staatsräson geprägt, auch wenn letztendlich die Gesetzesverabschiedung ohne Gegenstimmen und ohne Aussprache im Bundestag erfolgte. Der langjährige Staats-sekretär im BMJ, Funke, titulierte das OlympSchG als „Lizenz zum Gelddrucken" und gab seiner Hoffnung Ausdruck, die Mehreinnahmen der olympischen Familie könnten einen „positiven Nebeneffekt" bewirken, indem „die staatliche Sportförderung ja vielleicht geringer werden kann" (Cáceres 2003b). Die Geschichte sollte zeigen, dass die steigenden olympischen Vermarktungserlöse mitnichten zu einer Entlastung des Bundeshaushalts führen. Eine maßgebliche Erklärung für diese Tatsache dürfte die bereits in 2004 geäußer-te Kritik des Fachverbandes für Sponsoring und Sonderwerbeformen (FASPO) sein, dass „verstärkte Schutzmaßnahmen gegen Ambusher und eine fortschreitende Aufsplittung der Lizenzrechte" z. B. durch das IOC zu einer Gefährdung des nationalen Sponsorings führ-ten (o. V. 2004).

Transparenz war nicht das vorherrschende Prinzip bei der Gesetzesinitiative. Die wie-derholt angeführte Legitimation für das OlympSchG, die Olympischen Ringe seien vorher nicht geschützt gewesen, wurde selbst von dem für NOK und DSM tätigen Rechtsanwalt Schäfer vehement bestritten: „Das ist ein Ausspruch, der schlicht unzutreffend ist, der sich aber leider auch in der Begründung zum Olympiaschutzgesetz [Drucksache 15/1669 des Deutschen Bundestages] wiederfindet, und da schreiben dann die Juristen ab" (Richter 2004). Auch Cáceres (2002) und Stratmann (2003a) wiesen bereits frühzeitig darauf hin, dass zumindest die olympischen Ringe Markenschutz genießen. Anderer Auffassung war hier offenbar das Landgericht Darmstadt, das in seinem Urteil vom 22.11.2005 (Az. 14 O 744/04) den (neuen) Markenschutz der Olympischen Ringe kritisch hinterfragte: „Ob es möglich ist, dass der Gesetzgeber – ausschließlich aus kommerziellen Gründen und wohl auf Druck des IOC – die Verwendung dieses Symbols einschränkt, bzw. von seiner Zu-stimmung abhängig macht, erscheint mehr als fraglich" (Entscheidungsgründe, Tz. 25).

Der demnach wohl eher symbolhafte Charakter des Gesetzes gipfelte in der Übergabe einer Farbkopie der Original-Gesetzesurkunde an den IOC-Präsidenten Rogge im Rah-men seines Leipzig-Besuches am 19. April 2004. Wenige Wochen später – am 18. Mai 2004 – sollte die deutsche Bewerbung an der ersten Hürde – dem Schritt von der Appli-cant City zur Candidate City – scheitern (Abb. 27.1).

Man darf berechtigte Zweifel haben, dass ohne ein deutsches Olympiaschutzgesetz die nationale Bewerbungsinitiative deutlich schlechtere Chancen gehabt hätte. Eine condi-tio sine qua non – wie vom späteren DOSB- und IOC-Präsidenten behauptet – ist das OlympSchG sicherlich nicht gewesen. So hat China ein entsprechendes Gesetz erst ein Jahr nach Vergabe der Olympischen Sommerspiele 2008 an Peking in Kraft gesetzt (dpa 2003). Zumindest die gesetzliche Eile war aus sachlichen Gründen nicht zwingend geboten. Bach selbst hatte Ende 2002 noch zeitlich relativiert, das OlympSchG „muss vor 2005 kommen, bevor das IOC über 2012 entscheidet" (dpa 2002b). Der IOC-Vizepräsident weiter: „Das Problem ist seit vielen, vielen Jahren bekannt" (dpa 2002b). Träfe dies zu, muss die Frage erlaubt sein, warum man auf eine Gesetzesverabschiedung erst bzw. schon im Frühjahr 2004 drängte. Ganz offensichtlich suggerierte die deutsche Bewerbungsinitiative 2012

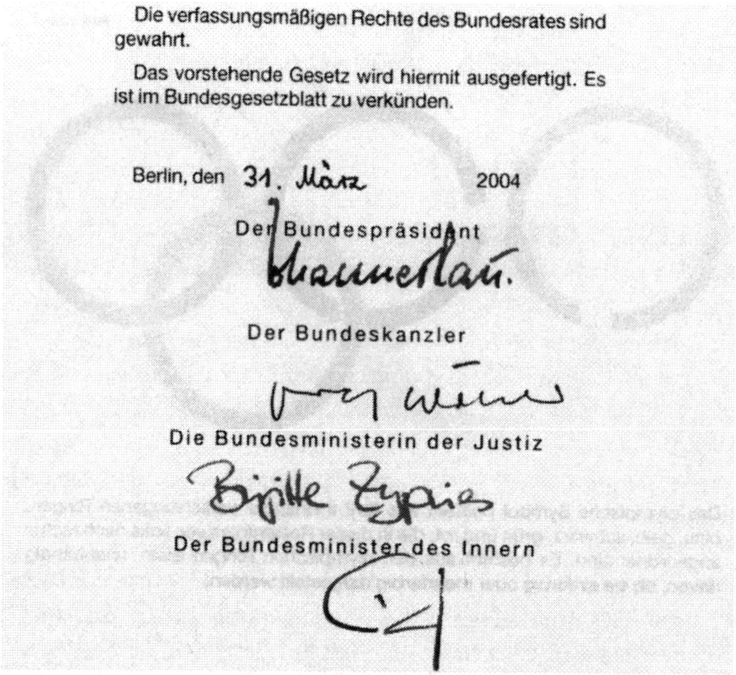

Die verfassungsmäßigen Rechte des Bundesrates sind gewahrt.

Das vorstehende Gesetz wird hiermit ausgefertigt. Es ist im Bundesgesetzblatt zu verkünden.

Berlin, den 31. März 2004

Der Bundespräsident

Der Bundeskanzler

Die Bundesministerin der Justiz

Der Bundesminister des Innern

Abb. 27.1 Ausschnitt aus der Urkundenkopie des OlympSchG. (Quelle: BMJ)

einen rechtlichen Handlungsdruck, der mit dem durchaus wahrscheinlichen Ausscheiden Leipzigs aus dem Vergabewettbewerb schon an der ersten Auswahlhürde abrupt entwichen wäre.

27.3 Olympia – Allgemeingut oder schutzwürdige Marke?

Nach dem Wortlaut der Gesetzesbegründung der Bundesregierung (Bundestags-Drucksache 15/1669) ist die Zielsetzung des OlympSchG eindeutig: „Ziel dieses Gesetzes ist es, einen rechtlichen Schutz für diese Zeichen [Olympische Ringe sowie olympische Bezeichnungen] zu Gunsten der olympischen Organisationen zu schaffen." Ein vorher offenbar fehlender Markenschutz sollte nunmehr als Exklusivrecht der internationalen und deutschen olympischen „Familie" zugewiesen werden – und dies, obwohl in der Gesetzesbegründung auf den Vertrag auf Nairobi (1981) explizit Bezug genommen wurde, der die Eintragung der Olympischen Ringe als Marke unterbinden und die Benutzung der Ringe zu gewerblichen Zwecken verbieten sollte.

Vergleichbare Widersprüche traten nicht nur im Zuge der OlympSchG-Initiative auf. Generell sind die Meinungen, ob die olympischen Symbole und Bezeichnungen Rechtsschutz genießen bzw. genießen sollten, ausgesprochen heterogen (vgl. z. B. Richter

2004, s. o.). „Das olympische Symbol und die olympischen Bezeichnungen seien zwar weltbekannt für die Spiele, aber deshalb noch nicht ohne weiteres auch für das Internationale Komitee als Hersteller von Waren oder als Erbringer von Dienstleistungen" (Grabrucker und Fink 2005). „Im deutschen Markenrecht gilt der Grundsatz, dass sich niemand durch eine Markeneintragung ein Monopol auf Allgemeinbegriffe verschaffen kann" (Reinholz 2005). Nicht alle Fachleute sind geneigt, diesen Rechtszustand hinzunehmen. So würden Hamacher und Weber (2008) als Alternative zum Markenschutz (hier am Beispiel „WM 2010") „eine explizite Regelung im Rahmen der Rechtssicherheit […] begrüßen". Dagegen verneinen Buchroithner et al. (2008) ein „eigenes generelles Leistungsschutzrecht für Sportveranstaltungen". „Nach herrschender Meinung handelt es sich diesbezüglich um eine vom Gesetzgeber bewusst in Kauf genommene Gesetzeslücke" (Buchroithner et al. 2008). Weber et al. (2009) bejahen ein besonderes Schutzinteresse grundsätzlich, weil „die Durchführung sportlicher Großveranstaltungen grundsätzlich auch im öffentlichen Interesse [sei], da volkswirtschaftliche Vorteile etwa durch zusätzliche Steuereinnahmen erzielt werden können oder die Möglichkeit besteht, sich den Besuchern und einem breiten Medienpublikum als Gastgeber zu präsentieren und damit eine positive Imagewerbung zu betreiben". Aber: „Die Veranstalter, Sponsoren etc. von sportlichen Großveranstaltungen stehen nicht schutzlos da" (Weber et al. 2009). „Zu beachten ist dabei stets, dass gegen einen spezialgesetzlichen, insbesondere einzelfallbezogenen (Marken-) Schutz verfassungsrechtliche Bedenken bestehen. Beispielhaft hierfür ist das OlympSchG […]" (Weber et al. 2009).

Das Landgericht Darmstadt hatte in seinem Urteil vom 22.11.2005 das OlympSchG kurzerhand für verfassungswidrig erklärt. Ausgangspunkt war eine Werbung des Tabakkonzerns BAT für sein Produkt „Lucky Strike" (Die strittige Anzeige findet sich z. B. bei Zentek 2006). Ob dieses Urteil rechtlich haltbar ist, soll an dieser Stelle dahingestellt bleiben. Kritische Ausführungen finden sich insbesondere bei Nieder und Rauscher (2006), die voraussagen, das OlympSchG werde „weiter an praktischer Relevanz gewinnen"; Zweifel an der rechtlichen Bindungswirkung des Urteils meldet auch Wichert (2006) an.

Das NOK legte zunächst Berufung gegen dieses Urteil ein, zog diese aber später wieder zurück – obwohl es zunächst angekündigt hatte, notfalls den Rechtsweg bis zum Bundesverfassungsgericht beschreiten zu wollen (Spiller 2011; Völker 2007). Während gegenwärtig der DOSB seine Rechtsposition durch das OlympSchG unverändert gestärkt sieht, vertritt Krähe, der langjährige Geschäftsführer und heutige Vorsitzende der Deutschen Vereinigung für Sportrecht, eine klare Position: „Ich habe Zweifel an der Verfassungsmäßigkeit und diese Zweifel hat der DOSB offensichtlich auch" (Spiller 2011). Die Tatsache, dass das Begriffspaar „Olympiaschutzgesetz" und „verfassungswidrig" gleichsam die Goldmedaille für die meisten Einträge bei Google gewinnt, erscheint vor diesem Hintergrund symptomatisch. Dennoch: „Nach wie vor ist das OlympSchG in Deutschland in Kraft" (Hamacher 2012).

Sind wirklich wirtschaftliche Nachteile für einen IOC-Top-Sponsor oder nationalen Förderer des deutschen Spitzensports zu erwarten, wenn Bäcker im Rheinland anlässlich

Abb. 27.2 Bäcker haben Spaß beim Sport. (Quelle: Pohlmann)

der Olympischen Spiele in Athen 2004 ihre Backerzeugnisse in diesen Tüten verpacken (Abb. 27.2)?

Die Tütenvorderseite (oben links) schlägt die Brücke von olympischen Spitzenleistungen zu den Qualitätsprodukten des Bäckerhandwerks. Zudem wird das Bäckerhandwerk generell beworben, nicht ein einzelner Bäcker. Die abgebildeten „Bäcker-Sportler" haben ausnahmslos großen Spaß an den unterschiedlichsten sportlichen Disziplinen. Wenn man so will, wird Sport uneingeschränkt positiv präsentiert. Die Tütenrückseite vermittelt sogar Olympia-Wissen gleichsam als Allgemeinbildung (oben rechts):

Ohne ins Detail gehen zu wollen, hätte es aus juristischer Perspektive wohl eine ausreichende Handhabe gegeben, um diese Brötchentüten auch schon vor dem 1. Juli 2004 – dem Inkrafttreten des OlympSchG – aus dem Verkehr ziehen zu lassen. DOSB-Anwalt Schäfer zufolge wurde (wohl bis zum Frühjahr 2011) in etwa 4.000 Fällen gegen unlautere Nutzer der olympischen Symbole eingeschritten (Spiller 2011). Die Position des Anwalts bestätigt die rigide Position des DOSB: „Das Restaurant mit seinem Olympia-Teller mahnen wir nicht ab. Es sei denn, es verwendet die Olympischen Ringe"

(Spiller 2011). Nieder und Rauscher (2006) stellen klar: „Der Auslobung ‚olympiareifer Leistungen' will das Gesetz gerade Einhalt gebieten."

Aber: Was könnte den Verwaltern der olympischen Symbole Besseres passieren als die nichtkommerzielle Ansprache möglichst breiter Bevölkerungsschichten, in einem gänzlich unbelasteten Alltagsrahmen, ohne Hinweis auf die durchaus existenten negativen Begleiterscheinungen des hochkommerzialisierten olympischen Spitzensports? Spiller (2011) ist beizupflichten, wenn er konstatiert: „Eigentlich müsste das Olympiaschutzgesetz ganz anders heißen: Sponsorenschutzgesetz […]."

In der Realität dürfte weniger die Marke „Olympia" durch Ambush Marketing in Mitleidenschaft gezogen werden; gefährdet wird vielmehr der Wert der Sponsorenverträge. Der NOK-Rechtsanwalt Schäfer wird zur exklusivitätsfördernden Wirkung des OlympSchG zitiert: „Der Schutz ist einzigartig. […] Ich bin mir ganz sicher, dass er dazu beitragen wird, die Verträge mit unseren Sponsoren aufzuwerten" (Hoeller Rechtsanwälte 2005, zu § 1 OlympSchG, mit Angabe der Originalquelle).

27.4 Die Bekämpfung des Ambush Marketing – und ihre Effekte

Das Ambush Marketing ist in der Vergangenheit wiederholt Gegenstand wissenschaftlicher Betrachtung gewesen, z. B. bei Wittneben und Soldner (2006), Pechtl (2007), Nufer und Geiger (2011) sowie Nufer et al. (2012). Klingmüller (2001) unterscheidet zwei Gruppen des Ambush Marketing:

- eindeutige Verletzungen bestehender Schutzrechte, z. B. die unerlaubte Logonutzung („Piraterien");
- andere eher subtile Aktivitäten; „hier wird über Suggestion versucht, einen eigentlich nicht bestehenden Zusammenhang zu der Veranstaltung herzustellen" (Klingmüller 2001). Dieses Vorgehen ist juristisch allenfalls schwer angreifbar.

Auch die Bekämpfung des Ambush Marketing hat bereits frühzeitig beträchtliche Ausmaße angenommen. Preuß (1999) hielt fest, das Organisationskomitee von Atlanta 1996 habe allein für sein „sponsor protection program" 9,8 Mio. US-Dollar aufgewendet. Das „Brand Protection Program" für Sydney 2000 wurde als Benchmark für künftige Aktivitäten gerühmt (Roper-Drimie 2001). Groll und Klewenhagen (2000) berichten, das dortige Organisationskomitee habe „aufgrund der Erfahrungen der letzten Olympischen Spiele eine Brand Protection Group eingerichtet, die das Stadtgebiet von Sydney durchkämmt, immer auf der Suche nach Verstößen gegen das olympische Sponsoring". Für Anfang 2002 wurde vermeldet, dass „ein 25-köpfiger Stab [des IOC] in diesen Tagen alle olympischen TV-Übertragungen auf der Welt [überprüft], ob sich ein Unternehmen eines olympischen Symbols unberechtigt bedient" (dpa 2002a). Zum Schutz der Markenrechte für die Fußball-WM 2002 in Japan und Korea investierte die FIFA 14 Mio. Schweizer Franken (Pohlmann und Kohkemper 2006). Nöcker (2004) berichtete aus der griechischen Haupt- und Olympiastadt: „10.000 bestehende große Werbeflächen in und um Athen wurden entfernt, die verbliebenen Plakatwände sind ausschließlich den offiziellen Sponsoren vorbehalten – hierzu haben die Griechen schnell noch eigens ein Gesetz erlassen."

Die Maßnahmen zur Werterhaltung (und -steigerung) der olympischen Symbole und Bezeichnungen gegen die Nutzung durch nicht lizenzierte Unternehmen glichen jedoch von Anfang an einem Wettlauf zwischen Hase und Igel. Wittneben und Soldner (2006) konstatieren, rückblickend auf die Olympischen Sommerspiele in Sydney: „Sämtliche Maßnahmen konnten jedoch nicht verhindern, dass im Zusammenhang mit den Olympischen Sommerspielen 2000 zahlreiche Ambush Marketing Maßnahmen stattfanden." Detaillierte Befunde zum Ambush Marketing in China sowie eine Differenzierung der unterschiedlichen Kategorien des Ambush Marketing präsentieren Preuß et al. (2008). Für Deutschland stellt Hemminger (2011) fest, dass aktuell „die illegalen Ambusher […] inzwischen akribisch überwacht" werden; sie seien aber „weltweit nur schwer in den Griff zu bekommen". Stelmaszyk (2010) berichtet, „bereits seit einigen Jahren" überwache „eine Task-Force aus Vertretern des DOSB, der DSM [Deutsche Sport Marketing] und einer Rechtsanwaltskanzlei das Geschehen am Markt". Personalintensiv ist die Verfolgung von Ambush Marketing generell wegen eines grundsätzlichen Problems: „Die Grenzen zwischen illegalem und nicht strafbarem Ambush-Marketing sind fließend" (Stelmaszyk 2010).

„Was die bis zum Äußersten gehende Vermarktungsstrategie angeht, können sich das NOK/IOC und die FIFA durchaus die Hand reichen" (Zentek 2006). Folgt man der Vermutung von Reinholz und Redlich (2008), sollte auch die UEFA im gleichen Atemzug erwähnt werden: „Der Verdacht liegt nahe, dass die UEFA mit den Begriffen ‚EURO 2008' und ‚EM 2008' sog. Sperrmarken angemeldet hat. Sperrmarken sind Marken, die der Anmelder von vornherein gar nicht beabsichtigt, zu nutzen, sondern – z. B. flankierend zu seiner Hauptmarke – nur schützen lässt, um anderen die Möglichkeit zur Nutzung der ‚gesperrten' Begriffe im Geschäftsverkehr zu nehmen." Zu vermuten ist, dass solche Strategien den gleichsam sportlichen Ehrgeiz von Ambushern noch steigern dürften. Zudem gilt: „Anmeldungen in Sperrabsicht sind rechtsmissbräuchlich" (Reinholz und Redlich 2008) – und somit, im Falle des Bekanntwerdens, imageschädigend. Gerade die FIFA hat sich in der Vergangenheit keinen Gefallen getan, z. B. den Begriff „Fußball WM 2006" markenrechtlich schützen lassen zu wollen. Geiger (2006) attestierte dem Weltfußballverband, „verblendet und größenwahnsinnig" zu sein, und verkündete spürbar erbost: „Erst der Bundesgerichtshof hat der FIFA jetzt deutlich gemacht, dass auch für selbst ernannte Halbgötter noch die Regeln eines gewöhnlichen Kaufmanns und des Rechtsstaats gelten." In die gleiche Richtung zielt Lieske (2012), der die Außerkraftsetzung geltender Gesetze – hier: des Alkoholverbots in brasilianischen Fußballstadien während der WM 2014 – kritisiert: „Wenn die Gesetze irgendeines Landes nicht mit den Wünschen des Fußball-Weltverbandes (Fifa) korrespondieren, hat dieser stets ein verblüffend simples Rezept parat: Dann macht doch einfach andere Gesetze!"

Dass die Bemühungen um Markenschutz bisweilen realsatirische Ausmaße annehmen können, dokumentierte zwei Jahre später ein Vorfall im Vorfeld der FIFA WM 2006. Auslöser waren zwei Zettel, die im Frühjahr 2006 in Köln verteilt worden waren. Es handelte

Der Vorsitzende

Organisationskomitee FIFA WM 2006™ der Stadt Köln

Sportamt
50667 Köln

Ruf: 0221/ 4983 - 400
Fax: 0221/ 4983 - 420

OK FIFA WM 2006™ Köln
Sportamt
50967 Köln

info@wm2006koeln.org
www.wm2006koeln.org

Mit öffentlichen Verkehrsmitteln zu erreichen:

An die BewohnerInnen
der Stadt Köln

Haltestelle Heumarkt:
Stadtbahn-Linien: 1 7, 8, 9

Haltestelle Gürzenichstr.:
Bus-Linie: 136

Liebe Kölnerinnen und Kölner, ·

Der Endspurt beginnt: Köln im WM-Fieber! In wenigen Wochen wird auch hier das Leder rollen.
Wir freuen uns auf unsere Gäste aus aller Welt.

Die FIFA WM 2006™ bietet eine ideale Gelegenheit, um die Stadt Köln und das lebenslustige und
weltoffene Gemüt der Rheinländerinnen und Rheinländer kennen zu lernen. In der sympathischen
Stadt am Rhein gibt es, neben den wichtigen Fußballturnieren, viel zu erleben – von den ganz
persönlichen kölschen Eigenheiten bis hin zu einer breiten Kulturlandschaft.
Die FIFA Fussball-Weltmeisterschaft Deutschland 2006™ ist auch für unsere Partner aus der
Wirtschaft ausgesprochen attraktiv. Bereits im März 2003 haben sich alle internationalen Sponsor-
en versammelt und ein Programm ausgearbeitet, welches einen reibungslosen Ablauf der aufwen-
digen Werbemaßnahmen für die FIFA WM 2006™ garantiert.

Die 15 Offiziellen Partner der FIFA WM 2006™ sind: adidas, Anheuser-Bush, Avaya, Coca-Cola,
Continental AG, Deutsche Telekom AG, Emirates Airline, Fujifilm, Gillette, Hyundai, MasterCard,
McDonalds, Philips, Toshiba und Yahoo!. Als Nationale Förderer stehen fest: die Energie Baden-
Württemberg AG (EnBW), OBI AG, Hamburg-Mannheimer Versicherungs-AG, die Postbank und
Oddset.

Liebe Fussballfreundinnen und - freunde, bitte helfen sie der Stadt Köln sowie unseren Partnern
aus der Wirtschaft und sehen sie daher in der Zeit der Weltmeisterschaftsspiele davon ab, Markenzeichen von Nicht-Sponsoren öffentlich, vor allem aber innerhalb der kontrollierten Zone
(Bannmeile), zu tragen. Dazu zählen Bild- sowie Wortmarken wie z.B. Logos, Signets, Markenzeichen und Schriftzüge.
Ziel soll sein, die hohe Service- und Leistungsbereitschaft in ganz Deutschland und insbesondere
in unserem schönen Köln in den Mittelpunkt zu stellen.
Bei der Weltmeisterschaft 1974 hatten wir noch nicht die Chance, aber diesmal können wir
Kölnerinnen und Kölner der ganzen Welt beweisen, wie leistungsbereit und fußballverrückt wir
sind.

Auf ein gutes Gelingen!
Ihr Organisationskomitee FIFA WM 2006™ der Stadt Köln

(Joachim Schütheiss, 1. Vorsitzende)

Abb. 27.3 So gut kann eine Fälschung sein. (Autor unbekannt; Quelle: Patalong 2006)

CHECKLISTE FIFA ZUR WM 2006™

Hinweise für die kontrollierte Zone im Bereich Müngersdorf (Bannmeile)

Offizielle Sponsoren der FIFI WM2006™ sind:
adidas, Anheuser-Busch, Avaya, Coca-Cola, Continental AG, Deutsche Telekom AG, Emirates Airline, Fujifilm, Gillette, Hyundai, MasterCard, McDonalds, Philips, Toshiba , Yahoo!, Energie Baden-Württemberg AG (EnBW), OB AG, Hamburg-Mannheimer Versicherungs-AG, die Postbank ,Oddset.
Alle anderen Unternehmen sind **Nicht-Sponsoren**. Denn Marken dürfen innerhalb der Bannmeile in keiner Weise präsent sein.
Beachten Sie insbesondere folgende Hinweise:

Bekleidung:
Vermeiden Sie während der Spieltage das öffentliche Tragen von Markenzeichen der Nicht-Sponsoren, z.B. auf T-Shirts, Pullovern, Socken, Mützen etc.

Hausfassade:
Sehen Sie davon ab Fahnen, Handtücher oder sonstige großflächige Werbeträger mit Markenzeichen von Nicht-Sponsoren sichtbar im Bereich Ihrer Hausfassade anzubringen.

PKW:
Falls sich auf ihrem PKW Werbeaufschriften von Nicht-Sponsoren befinden, versuchen Sie während der Spieltage so unauffällig wie möglich zu parken, oder die Aufschriften mit einem neutralen Material abzudecken.

Fernsehübertragungen:
Halten Sie während Werbesendungen von Nicht-Sponsoren ihre Fenster geschlossen, oder schalten Sie Ihr Fernsehgerät ab. Diese Regeln gelten besonders wenn Sie beabsichtigen, die WM-Übertragungen im Freien zu empfangen.

In der Öffentlichkeit:
Vermeiden Sie das Nachsingen, Nachsummen oder Pfeifen von Werbemelodien der Nicht-Sponsoren, sowie das Abspielen von Handy-Klingeltönen selbiger.

Kinder und Senioren:
Helfen Sie auch ihren Angehörigen bei der Einhaltung der Regelungen für eine erfolgreiche Fifa WM 2006™.

Trinkhallen und Gaststätten:
Beinhaltet ihr Firmenschriftzug Bild- oder Wortmarken der Nicht-Sponsoren, so entfernen Sie diese oder machen diese unkenntlich. Als Gast bestehen sie bei der Bewirtung auf einen werbefreien Bierfilz, oder nur auf den offiziellen mit dem Fifa WM 2006™ Logo.

Beim Einkaufen:
Wenn Sie beim Einkaufen gezwungen sind Fremdprodukte zu kaufen, achten Sie auf dem Nachhauseweg darauf diese nicht offen zur Schau zu stellen.

Rechtlicher Hinweis:
Für den Inhalt und die Sprache ist ausschließlich das jeweilige Städtekomitee zuständig. Offensichtliche Fehler im Inhalt, in der Interpunktion, Grammatik, oder der Rechtschreibung können aus technischen bzw. dürfen aus rechtlichen Gründen nur von dem jeweiligen Städtekomitee selbst korrigiert werden.

Bei Fragen:
0221/ 4983 - 400
info@wm2006koeln.org
www.wm2006koeln.org

Abb. 27.4 Sponsorenschutz, nah an der Realität. (Quelle: Patalong 2006)

sich um eine Fälschung, aber: „Das irrwitzige Schreiben […] hätte echt sein können" (Patalong 2006) (Abb. 27.3 und 27.4).

Beeinträchtigungen eines grundsätzlich positiven Images durch überzogene rechtliche Initiativen führen zum Kernproblem des OlympSchG. Das Bundespatentgericht charakterisiert in seinem „Olympiafackel-Urteil" vom 08.05.2007 (Az. 33 W [pat] 12/05) die Regelungen des OlympSchG als „privatrechtliche Ausschließlichkeitsrechte zugunsten bestimmter Personen". Substantielle Kritik übte auch Degenhart, der konstatierte: „Das OlympSchG bewirkt vielmehr eine gezielte Begünstigung einzelner Organisationen zu Lasten der Allgemeinheit" (Degenhart 2006). „Dem Gesetzgeber ging es hier um inhalts- und tendenzbezogenes Sonderrecht"; er „handelt hier unmittelbar privatnützig und nicht gemeinwohlorientiert". Entsprechend eindeutig fällt sein Schlusssatz aus: „Rechtsstaatliche Bedenken, so scheint es, wurden gegenüber dem Anspruch der olympischen Organisationen hintangestellt" (Degenhart 2006). Eine im Jahr 2007 verfasste und von mehr als 1.300 Personen unterzeichnete Petition an den Deutschen Bundestag gegen das OlympSchG dokumentierte die verbreitete Kritik (Spiller 2011). Daran änderte auch die Erfolglosigkeit der Petition nichts.

Erschwerend kommt hinzu, dass auch das „Gesetzesmanagement" durch NOK und DSM alles andere als professionell verlaufen ist. Angesichts der sich frühzeitig im Gesetzgebungsverfahren abzeichnenden Dissonanzen mutet es fahrlässig an, die Domain www.olympiaschutzgesetz.de ausgerechnet Gesetzesgegnern überlassen zu haben – statt dort selbst für die Regelung zu werben. (Hinzuweisen ist in diesem Zusammenhang darauf, dass unter den Betreibern dieser Domain – Hoeller Rechtsanwälte (2005) – der Bonner Rechtsanwalt Boris Hoeller ist. Beim Geschäftsführer der BSA handelt es sich dagegen um Ralf Höller.)

Zusätzlich wurde das Gesetzesziel in der Folgezeit durch den Verdacht überschattet, der DOSB wolle durch Abmahnungen „Abzocke" betreiben. Völker (2007) schreibt von „rund 260 Fällen, in denen ein kommerzieller Hintergrund erkennbar war", die seit 2004 bis (Anfang) 2007 zu Abmahnungen geführt hatten. In der Tat kann man sich des Eindrucks nicht erwehren, dass die vermeintlich ausschließlich dem Schutz der offiziellen Sponsoren dienenden Aktivitäten des NOK-Rechtsnachfolgers bisweilen unverhältnismäßig, in jedem Fall aber ein Kommunikationsdesaster gewesen sind. Insbesondere die Abmahnung der Saftkelterei Walther in Arnsdorf (Sachsen) im Jahr 2006, die in ihrem „Saftblog" olympische Symbole und Bezeichnungen verwendet hatte, steigerte die Empörung der Netzgemeinde derart, dass die Webdiskussionen wiederum den Weg in die Printmedien fanden (Völker 2007). Dadurch wurden die verfassungsrechtlichen Bedenken gegen das OlympSchG erneut virulent. Nach dem Urteil des Landgerichts Darmstadt (s. o.) waren die „NOK-Juristen" noch dafür kritisiert worden, dass „die vom Betrachter zu erbringende gedankliche Verknüpfung von Überschrift, Zahl, Anordnung der 5 Schachteln und der stilisierten Lichtkreise" ausreichen solle, um gegen die Regelungen des OlympSchG zu verstoßen (Hoeller Rechtsanwälte 2005, zu § 3 OlympSchG). Nunmehr richtete sich der Online-Widerstand gegen die Einschränkung der Pressefreiheit (Artikel 5 GG); sogar der Tatbestand des Missbrauchs der Rechtspflege (hartensteynreport 2006, mit weiteren Links; http://eckpfeiler.net/2006/12/15/olympischer-frieden/) wurde thematisiert. Zumindest die Verwendung der olympischen Bezeichnungen im „Saftblog" wurde letztendlich vom DOSB nicht mehr beanstandet. Im World Wide Web kursierte zu diesem Zeitpunkt aber bereits unter der Überschrift „Abmahnsport als Königsdisziplin" ein vernichtendes Urteil: „Eine Blamage für den DOSB, aber das hat man von juristischer Kraftmeierei" („Lawblog", Link über hartensteynreport 2006).

Zudem hinterließen die rechtlichen Auseinandersetzungen auch innerhalb des deutschen Sports Spuren, die bis heute spür- und sichtbar sind. Ruft man z. B. https://www.sporthilfe.de/Hinweis_Olympiaschutzgesetz.dsh?ActiveID=1871 auf, erhält man folgende Mitteilung der Stiftung Deutsche Sporthilfe (SDSH; unter der Überschrift „Aktueller Hinweis"): „Liebe Besucher, wegen des Gesetzes zum Schutz des olympischen Emblems und der olympischen Bezeichnungen ist es uns aktuell nicht gestattet die Porträts der Athleten zur Verfügung zu stellen. Sie finden diese nach Beendigung der XXI. Olympischen Winterspiele in Vancouver wieder an dieser Stelle." Wohlgemerkt: Diese Website war auch Anfang Mai 2012 noch „aktuell". Dass selbst die Einstellung von Sportler-Porträts(!) einen Verstoß gegen das OlympSchG darstellen soll, zeigt deutlich die große Unsicherheit, die in diesem konkreten Fall die Sponsoreneinwerbung der SDSH nicht eben beflügeln dürfte.

Die Olympiastützpunkte Deutschland GmbH sah ihre Vermarktungserlöse durch das OlympSchG massiv gefährdet. Da eine Untersagung der Nutzung olympischer Bezeichnungen angekündigt worden war (s. o.), legte die Wirtschaftsgesellschaft der deutschen OSP noch vor der Gesetzesverabschiedung ein umfassendes Gutachten vor (Finger et al. 2003). Die Autoren, unter ihnen auch ein verantwortlicher Mitarbeiter des Landessportbundes Nordrhein-Westfalen, kamen zu eindeutigen Beurteilungen:

- „Das OlympSchG steht […] systemwidrig außerhalb des Kennzeichnungsrechts".
- „Die Zuweisung des ausschließlichen Rechts auf die Verwendung und Verwertung der olympischen Bezeichnungen an das IOC/NOK schafft einen neuen Vermögenswert, in Form eines sondergesetzlichen ‚Markenrechts', für diese, mit unabsehbarem wirtschaftlichen Potential. Es würde sich sicher um eine der größten Subventionsgewährungen der deutschen Wirtschaftsgeschichte handeln". U. a. mangels Vereinbarkeit mit Art. 3 GG sei der Entwurf des OlympSchG als verfassungswidrig abzulehnen.
- Erst das „Gefälligkeitsgesetz" OlympSchG „würde einen Schutzgegenstand schaffen, den es bisher, insbesondere nach deutschem Recht, nicht gibt".

Einen Teilerfolg konnte die Olympiastützpunkte Deutschland GmbH immerhin erzielen: Die Änderung der Bezeichnung „Olympiastützpunkt" wurde in der Folgezeit nicht vollzogen; eine Werbung mit den Olympischen Ringen ist den OSP jedoch nicht möglich.

27.5 Ausblick und Fazit

Nach Aussage von Bach geht es „der Mehrheit der IOC-Sponsoren vornehmlich um Relationship-Management und Imagesteigerung" (Klotz 2004). Die Erreichung dieser Ziele setzt stets voraus, dass das Olympia-Image hinreichend positiv ist. Daran hatte aber bereits

das Landgericht Darmstadt in seinem Urteil vom 22.11.2005 massive Zweifel: „[…] angesichts der Dominanz kommerzieller Interessen, angesichts des inflationären Dopings und
angesichts des Gigantismus" erscheine es „zumindest fraglich […], ob die Olympischen
Spiele des ausgehenden 20. Jahrhunderts überhaupt positive Assoziationen zu wecken vermögen" (Entscheidungsgründe, Tz. 33).

Trotz aller Bemühungen des Gesetzgebers, den Rechtsschutz durch zusätzliche Gesetze
zu verbessern, behält ein Fazit seine Gültigkeit, das noch vor Inkrafttreten des OlympSchG
formuliert wurde: „However, there remain limits to the extent of the control that right
holders can exert and merchandisers and suppliers who are well advised will always ex-
ploit the gaps in the armoury of rights and measures available to right holders" (White
et al. 2004). Knapper formuliert es Klingmüller (2004): „Die rechtlichen Möglichkeiten
gegen Ambush Marketing vorzugehen sind begrenzt […]." Gleichwohl: „Eine besondere
Behandlung von Marken, die sportliche Großveranstaltungen betreffen, erscheint nicht
erforderlich" (Weber et al. 2009).

Verhindern lassen wird sich Ambush Marketing nie. Wie das nachfolgend abgebildete
Beispiel aus der aktuellen Werbekampagne der Textilmarke Anson's demonstriert, erlauben
gerade die hohe Bekanntheit der Olympischen Spiele und die Popularität ihrer jeweiligen
Austragungsorte die Aktivierung von Assoziationen beim Konsumenten, die auch ohne
die explizite Nutzung der olympischen Ringe und Bezeichnungen funktioniert (Abb. 27.5).

Zudem werden sich Lizenzgeber wie IOC, FIFA und UEFA darauf einstellen müssen,
dass ihre Rechtsposition im Bemühen um Markenschutz in Deutschland nicht gestärkt
wird. Wittneben und Soldner (2006) konstatierten bereits im Jahr der Fußball-WM in
Deutschland: „In der deutschen Rechtsprechung zeichnet sich spätestens seit den diesjäh-
rigen Beschlüssen des BGH zu den Marken der FIFA eine deutliche Tendenz ab, die eine
umfassende Schutzwürdigkeit von Veranstaltungen ablehnt."

Dem DOSB ist inzwischen klar, dass das OlympSchG die Werthaltigkeit seiner Sponso-
ring-„Pakete" erhöht hat; das Procedere bis zur Gesetzesverabschiedung, die Instrumentalisierung der Parlamentarier und der defizitäre Gesetzes-„Vollzug" haben dem Image
Olympias jedoch einen Bärendienst erwiesen. Rechtlich beratene Werbetreibende werden
zudem unverändert einen Weg finden, auch ohne explizite Verwendung von olympischen
Symbolen und Bezeichnungen die Bekanntheit der Olympischen Spiele für ihre Zwecke zu
nutzen (vgl. auch Völker 2007).

Ambush Marketing ist bei Sportgroßereignissen gleichsam systemimmanent: Angesichts des großen Werbewerts bei einer gleichzeitig überschaubaren Zahl von Vermarktungsrechten können nicht alle Interessenten für eine „offizielle" Rechtelizenz bedient
werden (vgl. am Beispiel Fußball-WM 2006 z. B. Schmitt und Wulzinger 2003). Für diese
– aber auch für „kostenbewusste Nutzenmaximierer" – gilt demnach das Motto: „Ohne
Lizenz helfen nur kreative Ideen" (Fasse 2004). Ambush Marketing symbolisiert damit eine
hohe Wertschätzung des Events, mit dem eine Assoziation angestrebt wird.

IOC und DOSB ist sicherlich bewusst, dass ihr Image in Deutschland nicht durchweg
positiv ist. Daumann und Römmelt (2011) kommen auf der Basis einer repräsentativen
Befragung zwar zu dem Befund, die Einstellung der deutschen Bevölkerung zu München

Abb. 27.5 Modewerbung im Jahr der Olympischen Sommerspiele. (Quelle: Anson's)

2018 sei „trotz eines teilweise in den Medien anders verkündeten Bildes grundsätzlich positiv". Allerdings wäre lediglich ein Fünftel der Bevölkerung bereit gewesen, die Veranstaltung der Olympischen Spiele 2018 mit einer Sonderabgabe zu finanzieren (Daumann und

Römmelt 2011). Bemerkenswerte und deutlich positivere Ergebnisse zum Erlebniswert Olympischer Winterspiele in München und zur Zahlungsbereitschaft der Bevölkerung für dieses Event ermitteln Preuß und Werkmann (2011). Für London 2012 stellt eine Marktforschung das Resultat heraus, dass mit steigender Distanz des Wohnorts der Befragten zum Austragungsort die Einschätzung häufiger wird, der Steuerzahler habe zu viel für die Finanzierung des Events bezahlt (BBC Sports 2012).

Gerade vor dem Hintergrund ständig weiter steigender Kosten für die Ausrichtung Olympischer Spiele verdient auch die Grundsatzfrage von Finger et al. (2003) besondere Beachtung, „warum einem auf Lizenzierung ‚seiner' Zeichen aufgebauten Wirtschaftsimperium der Status der Gemeinnützigkeit gewährt wird und warum ihm im Rahmen der Nebenprivilegierung eine milliardenschwere Veranstaltung ausgerichtet werden kann."

Literatur

BBC Sports. (2012). Taxpayers have paid ‚too much' for Olympics. *sport intern, 44*(20120418a), 2.

Brock, B. (2001). Altlasten über Bord geworfen. *Sponsors, 12*(2001), 34–36.

Buchroithner, H., Albiez, S., & Miceli, C. (2008). Wem gehört der Fußball? – Oder anders: Wie weit geht das Werbemonopol der UEFA? *Kommunikation & Recht,* 208–214.

Cáceres, J. (2002). Regierungsschutz für das IOC – Trittbrettfahrer im Visier. *Süddeutsche Zeitung,* (05.12.2002).

Cáceres, J. (2003a). Öffentliche Zurückweisung – IOC-Vize Bach: Ohne Markenschutz keine Spiele für Leipzig. *Süddeutsche Zeitung,* (17.04.2003).

Cáceres, J. (2003b). Herr über die Ringe – Gesetz soll olympische Embleme und Bezeichnungen schützen. *Süddeutsche Zeitung, 42,* (13.12.2003).

Daumann, F., & Römmelt, B. (2011). Forschungsreport – Olympische Winterspiele in Deutschland aus Bevölkerungsperspektive. *Sciamus, 2*(2011), 47–49 (online verfügbar unter: www.sport-und-management.de).

Degenhart, C. (2006). Olympia und der Gesetzgeber – Ist ein sondergesetzlicher Schutz gerechtfertigt? *Archiv für Presserecht,* 103–110.

dpa. (2003). Rechtlicher Ringwall – Kabinett beschließt Schutz der olympischen Symbole. *Frankfurter Rundschau, 20,* (14.08.2003).

dpa. (2002a). Werbeflut bricht die IOC-Dämme – Sponsoren scheren sich um olympische Regeln wenig. *Frankfurter Rundschau,* (19.02.2002).

dpa. (2002b). Olympia 2012 in Deutschland – Gesetzesänderung nötig. *Süddeutsche Zeitung,* (11.11.2002).

Eggers, E. (2003). Kurioses Gefecht um die Ringe. *Frankfurter Rundschau,* (13.10.2003).

Fasse, M. (2004). Sponsoren haben die WM im Visier. *Handelsblatt,* (07.07.2004).

Finger, G., Kühn, A., Klöpper, G., & Rickers, V. (2003). Stellungnahme zum Regierungsentwurf für ein Gesetz zum Schutz des olympischen Emblems und der olympischen Bezeichnungen (OlympSchG), Ausschussdrucksache Nr. 73 des Sportausschusses des Deutschen Bundestages (verteilt am 05.12.2003).

Geiger, S. (2006). Verblendet – Die Fifa und der Markenschutz. *Stuttgarter Zeitung,* (28.04.2006).

Grabrucker, M., & Fink, E. (2005). Aus der Rechtsprechung des Bundespatentgerichts im Jahr 2004. *Gewerblicher Rechtsschutz und Urheberrecht,* 289–304.

Groll, M., & Klewenhagen, M. (2000). Das Ringen um Olympia. *Sponsors, 7*(2000), 14–22.

Hamacher, K. (2012). Olympia-Werbung für alle erlaubt? *Sponsors, 8*(2012), 40 f.

Hamacher, K., & Weber, N. (2008). Rechtsstreit um „WM-Marken". *Sponsors, 10*(2008), 44 f.

Hartensteynreport (2006). Saftblog-Skandal: DOSB kann Prozesse nicht gewinnen (15.12.2006). hartensteynreport.twoday.net/stories/3068141. Zugegriffen: 27. Feb. 2012.

Hemminger, S. (2011). London Callin. *Sponsors, 10*(2022), 14–15.

Hoeller Rechtsanwälte (2005). OlympiaSchutzGesetz – Das Magazin. www.olympiaschutzgesetz.de. Zugegriffen: 27. Feb. 2012.

Klingmüller, A. (2001). Ambush Marketing – Probleme mit Piraterien und Suggestionen? *Sponsors, 11*(2001), 46 f.

Klingmüller, A. (2004). Ambush Marketing – Die Marketing-Piraterie blüht. *Sponsors, 9*(2004), 54 f.

Klotz, P. (2004). Olympische Spiele 2004 in Athen – Spiele der Superlative. *Sponsors, 3*(2004), 20.

Lieske, M. (2012). Simple Rezepte. *Frankfurter Rundschau, 24*, (08.03.2012).

Nationales Olympisches Komitee für Deutschland. (2003). Stellungnahme der DOG zur ARD-Sendung „Monitor". NOK-Report Nr. 07/2003 (01.07.2003), S. 4.

Nieder, M., & Rauscher, O. (2006). Inhalt und Reichweite des Olympiaschutzgesetzes. *Sport und Recht, 6*(2006), 237–243.

Nöcker, R. (2004). Keine Chance für Trittbrettfahrer. Frankfurter Allgemeine Zeitung, (28.08.2004).

Nufer, G., & Geiger, C. (2011). Ambush Marketing im Sport – Systematisierung und Implikationen für Ambusher. *Sciamus, 2*(2011), 1–17 (online verfügbar unter: www.sport-und-management. de).

Nufer, G., Cherkeh, R., & Banke, B. (2012). Ambush Marketing im Sport – eine interdisziplinäre Betrachtung. Causa Sport, 37–54.

o. V. (2004). FASPO-Chef sieht nationales Sponsoring gefährdet. *Sponsors, 12*(2004), 15.

Patalong, F. (2006). Kölner WM-Gag – „Vermeiden Sie das Nachsingen!" , Spiegel Online vom 01.06.2006. www.spiegel.de/netzwelt/web/0,1518,419278,00.html. Zugegriffen: 27. März. 2012.

Pechtl, H. (2007). Trittbrettfahren bei Sportevents: das Ambush-Marketing, Wirtschaftswissenschaftliche Diskussionspapiere der Universität Greifswald (Rechts- und Staatswissenschaftliche Fakultät), Nr. 01/07, Februar 2007, online verfügbar unter: www.rsf.uni-greifswald.de/bwl/paper. html.

Pohlmann, B., & Kohkemper, R. (2006). Die Stolperfallen der Fifa-Regelkunde. *Bonner Rundschau*, (28.04.2006).

Preuß, H. (1999). Ökonomische Implikationen der Ausrichtung Olympischer Spiele von München 1972 bis Atlanta 1996, Kassel.

Preuß, H., & Werkmann, K. (2011). Erlebniswert Olympischer Winterspiele in München 2018. *Sport und Gesellschaft, 8*(2), 97–123.

Preuß, H., Gemeinder, K., & Séguin, B. (2008). Ambush marketing in China: Counterbalancing Olympic sponsorship efforts. *Asian Business & Management, 7*, 243–263.

Reinholz, F. (2005). Marketing mit der FIFA WM 2006 – Werbung, Marken, Tickets, Public Viewing. *Wettbewerb in Recht und Praxis*, 1485–1492.

Reinholz, F., & Redlich, P. (2008). Werbung mit der Marke EURO 2008 – Markenmacht der UEFA nach der BGH-Entscheidung zu „WM 2006"? *Wettbewerb in Recht und Praxis*, 610–616.

Richter, N. (2004). „Wir verfolgen in der Regel jeden Verstoß" (Interview mit R. A. Schäfer). *Horizont Sport Business, 2*(2004), 16.

Roper-Drimie, M. (2001). Sydney 2000 Olympic games – A case study on how to combat ambush marketing. *Sports Law, 7*(7), 1–5.

Schmitt, J., & Wulzinger, M. (2003). Ins Abseits verhandelt. *Der Spiegel*, (24.11.2003).

Spiller, C. (2011). Fünf Ringe zum Geldverdienen, Zeit Online vom 07.04.2011. www.zeit.de/ sport/2011-04/olympiaschutzgesetz-dosb-verfassung-kritik. Zugegriffen: 27. Feb. 2012.

Stelmaszyk, L. (2010). Auf kleiner Flamme. *Sponsors, 1*(2010), 34–35.

Stratmann, J. (2003a). Das Gerangel um die olympischen Ringe geht zu Ende. *Frankfurter Allgemeine Zeitung*, (20.06.2003).

Stratmann, J. (2003b). Olympiastützpunkte wehren sich – Gefälligkeitsgesetz für das IOC? *Frankfurter Allgemeine Zeitung*, (04.12.2003).

Stratmann, J. (2003c). Gesetzentwurf zum Schutz der olympischen Ringe weiter umstritten – Ernste Bedenken oder „Seifenblase"? Frankfurter Allgemeine Zeitung, 31 (10.12.2003).

Völker, M. (2007). Petition der Blogger. *Die Tageszeitung*, (18.01.2007).

Waldbröl, H.-J., Teuffel, F. (2003). Überraschung im Justizministerium – Ein „Trittbrettfahrer" meldet sich. *Frankfurter Allgemeine Zeitung*, (17.04.2003).

Weber, N., Jonas, K. U., Hackbarth, R., & Donle, C. (2009). Der Schutz großer Sportereignisse und darauf bezogener kommerzieller Maßnahmen durch Marken und andere IP-Rechte (Q210). Gewerblicher Rechtsschutz und Urheberrecht – Internationaler Teil, S. 839–848.

White, N., Couchman, N., & Harrington, D. (2004). Ambush marketing: Major sporting events and the limits of the law. *Sports Law, 11*(3), 1–5.

Wichert, J. (2006). Sind die Olympischen Ringe doch nicht gegen Werbung geschützt? *Sponsors, 11*(2006), 44 f.

Wittneben, M., & Soldner, A. (2006). Der Schutz von Veranstaltern und Sponsoren vor Ambush Marketing bei Sportgroßveranstaltungen. *Wettbewerb in Recht und Praxis,* 1175–1185.

Zentek, S. (2006). Olympiaschutzgesetz – Eine etwas anrüchige „Extrawurst". Designers' Newsletter, Ausgabe 24, Mai 2006, S. 1 f.